JN437231

대구대학교

국립중앙도서관 출판시도서목록(CIP)

(고종의 서양인 전의典醫 에비슨 박사의 눈에 비친) 구한말 40여년의 풍경 / Oliver R. Avison [저]
책임 번역 : 황용수 ; 책임 편집 : 장의식. -- 경산 : 대구대학교출판부, 2006
p. ; cm

ISBN 978-89-7794-028-4-93040

911.059-KDC4
951.902-DDC21 CIP2007000539

舊韓末風景

고종의 서양인 전의(典醫) 에비슨 박사의 눈에 비친

구한말 40여년의 풍경

Oliver R. Avison

올리버 R. 에비슨(Oliver R. Avison) 1860~1956

Oliver R. Avison

올리버 R. 에비슨 박사 – 조선명 : 어비신(魚조信)

- 영국 출생, 캐나다 선교사
- 고종 전의(典醫) 겸 제중원(濟衆院) 책임자
- 우리나라 근대 의료와 의학 교육의 개척자
- 세브란스 의대 · 병원 · 간호학교 학장 · 병원장 겸 연희전문학교 학장

1860 (6월 30일)	영국 요크셔 출생
1866 (12월)	캐나다 윈스턴 이주
1885 (7월 28일)	제니와 결혼
1887	토론토 의대 졸업, 모교 교수
1893	부산을 경유하여 서울 도착 동년 11월 제중원(濟衆院) 책임자로 임명됨
1895 (여름)	서울에 만연한 콜레라 방역사업 책임자, 고종의 전의(典醫)로 임명됨
1899	제중원에서 의학 교육 실시, 수학 자연과학 농학 강의
1900	미국에서 안식년을 보내며 조선 의료선교 확대 제창 루이스 H. 세브란스(Louis H. Severance)의 후원으로 조선 최초의 근대식 종합병원 및 의과대학 건립 구체화
1904	건물을 완공하고 "세브란스 연합 의과대학 · 병원 · 간호학교 (약칭 세브란스 연합의대)"로 명명, 병원장 겸 학장 취임
1916~1934	연희전문학교 학장 겸직
1934 (3월)	세브란스 의전과 연희전문학교 명예학장, 두 학교의 통합에 힘씀
1935	조선에서 은퇴, 12월 미국으로 귀국
1956 (8월 29일)	플로리다 피터스버그에서 96세로 별세

재출간에 즈음하여

2006년 올해는 우리 대구대학교가 개교 50주년을 맞는 뜻깊은 해입니다. 한 인간의 생애에서도 그러하듯이, 50년이란 세월의 깊이는 지나온 날들을 되돌아 보고, 다가올 날들을 전망해 보아야 하는 연륜입니다.

시간과의 경쟁이라고나 할까요? 우리 대학은 정말이지 숨 가쁘게 달려왔습니다. 격동의 순간 순간들 속에서, 우리는 앞으로 앞으로 달려왔던 것입니다. 그 결과 우리 대학은 이제 전국 10위권 규모의 큰 대학으로 성장했습니다.

지나온 날들을 되돌아보고, 다가올 날들을 전망해 보는 이 시점에서 우리는 전국 10위권 규모에 걸맞는 내실을 다질 것을 다시 한번 다짐합니다. 우리는 50년 이후의 우리 대학을 양과 질에서 공히 전국 10위권의 유수한 대학으로 키워갈 것입니다.

개교 50주년을 경축하는 이 시점에서 20여 년 전에 우리 대학이 발굴, 출간한 바 있는 고종의 서양인 전의(典醫) 에비슨(Oliver R. Avison) 박사의 회고록 『구한말 비록』을 재출간하고자 합니다. 재출간에 즈음하여 제목은 물론이고 번역과 체제 등을 전면적으로 개정하여 전혀 다른 모습을 갖추게 되었습니다.

모쪼록 이 책을 재출간함으로써 우리 대학 개교 50주년을 경축함과 동시에 격동하는 세계 정세 속에 처했던 구한말 우리나라의 모습을 이해

하고, 이에 대한 연구에도 도움이 되기를 기원합니다.

재출간에 즈음한 인사의 말을 이쯤하여 줄이고자 하는 것은 아래에 인용한 바와 같이 1984년 출간된 초간본에 쓴 우리 대학 초대 총장이신 고 이태영 박사님의 발간사가 이 책의 출간 의미를 지금도 잘 말해주고 있기 때문입니다.

대구대학교 출판부에서 올리버 R. 에비슨의 궁중기록인 「구한말 비록」을 출간하게 되었다. 저자 「올리버 R. 에비슨(Oliver R. Avison」은 캐나다의 감리교 선교사로서, 혹은 구한말의 궁중 전의로서만 알려져 왔다.

그러나 에비슨은 1893년 선교사로 우리나라에 파견된 이래 15년간 고종의 전의로서 궁중에 머물렀으며 1935년 미국으로 떠나기까지 42년간 한국에 살면서 직접 보고 혹은 들은 이야기를 영문 약 20만 단어의 방대한 기록으로 남겨 놓았다.

타이프 용지 총 675매의 수기 형식으로 된 이 영문기록은 그가 무상으로 드나들 수 있었던 궁중 내의 이야기는 물론 서민들의 생활상 등 구한말의 시대상을 엿볼 수 있는 귀중한 기록으로 평가되고 있다. 또한 「에비슨」은 고종이 가까이서 부를 수 있는 두 사람의 외국인 중 한 사람이었다는 점에서 이미 이 기록은 상당한 신빙성을 지니고 있다고 보여진다.

이 기록에는 왕실의 이야기가 많이 포함되고 있음은 물론 개화기를 주름

잡았던 인물들에 관해서도 상세히 기술하고 있으며 그 당시의 시대적 상황에서부터 서민의 생활, 풍습, 민속, 무속, 스포츠, 휴양지에 이르기까지 언급되어 있다.

이러한 기록은 비록 외국인의 손에 의해 이루어진 우리의 기록이라는 점에서 논란의 여지가 전혀 없는 바는 아니나 저자가 직접 보고 느낀 바를 서술하고 있기 때문에 더욱 현장감이 있는 것이며 「에비슨」이란 인물이 「알렌(Horace Neuton Allen)」이나 「언더우드(Horace Grant Underwood)」 등의 다른 외국인에 가려져 있어서 정확한 평가가 어려웠다는 점에서 이 『구한말 비록』의 발간은 더욱 뜻깊은 일이라 하겠다.

무릇 「기록」이라는 것은 역사를 구성하는 가장 기본적인 요소이며 기록되지 않은 역사는 없는 것이나 마찬가지라고들 한다. 물론 기록에 따라서는 그 신빙성 여부나 청탁성에 있어서 역사의 한 부분으로 취할 것이냐, 아니면 과감히 버릴 것이냐가 결정된다고 하겠으나 경건한 자세로 「기록」을 대하고 이에 대한 충분한 검토에 임한다는 것은 후대의 임무이며 준열히 요구되는 시대적 사명이라 하겠다. 이러한 의미에서 『구한말 비록』은 새로운 「기록」이라는 점에서도 충분한 검토가 따라야 할 것으로 보이며 나아가 한국근대사를 재조명해 볼 수 있는 기회를 가질 수 있다는 점에서도 제1차 사료의 가치를 충분히 지닌다고 보겠다.

이 영문기록이 대구대학교 출판부에서 발간되기까지 저자 「에비슨」의 손

녀「크로우포드」부인의 흔쾌한 호의와 본 대학교 명예 이사인 향토 출신 재미교포 강석영씨의 열렬한 주선에 힘입은 바 컸음을 밝혀둔다.

위에서 전문 인용한 초간본 발간사에서도 알 수 있듯이, 이 책은 에비슨 박사의 손녀이신 크로우포드 여사와 대구 출신 재미 실업가 강석영님의 도움이 없었다면 빛을 보지 못했을 것입니다. 다시 한번 감사드리며, 이 책의 초간본을 번역하신 우리 대학 김동석, 김형태, 황보근 교수님과 독자를 위한 주석을 붙여 주신 이문수 교수님께 감사드립니다.

재출간에 즈음하여 초간본의 번역을 다시 꼼꼼히 재검토하고 초간본 당시 번역되지 않은 부분까지 번역하여 완역에 이르게 하신 우리 대학 황용수 명예 교수님, 번역 문장에 대한 재검토와 장절(章節)의 구성, 소제목과 독자를 위한 주석과 사진 작업 등 이 책 재출간의 책임 편집자로 수고한 장의식 교수님께도 감사드립니다. 또한 구한말의 귀한 사진을 무상으로 제공해 주신 영남일보 배성노 사장님과 정성길 동산의료박물관 명예박물관장님께도 심심한 감사의 말씀을 드립니다.

2006년 12월

대구대학교 총장 이 용 두

책임 편집자 일러두기

이 책은 구한말 의료 선교사로 우리나라에 파견되어 고종의 전의(典醫)로 활동한 올리버 R. 에비슨 박사의 회고록이다. 영국에서 출생, 캐나다에 이민하여 의사가 된 후 우리나라에 온 그가 40여 년간 이 땅에 머물면서, 보고 듣고 느낀 바를 80세가 된 시점에 진솔하게 회고한 것이다.

한 외국인의 눈에 비친 구한말 40여 년의 풍경. 그것은 약 20만 단어(200자 원고지 4,000여매 분량)를 담은 총 675매의 타이프 용지에 담겨 있다. 1940년 80세의 노구에도 불구하고 또박또박 타이핑하고 군데군데 수정한 방대한 원고는 마치 빛바랜 사진처럼, 혹은 유유히 사라지는 차창 밖 풍경처럼 구한말 40여 년의 우리의 모습을 보여주고 있다.

거기에는 구한말 궁중과 정계의 거물들이 등장하는가 하면, 서구 문명이 밀려드는 개화기 우리나라의 여러 풍경들, 당시 이 땅에 살던 민초들의 다양한 삶의 모습과 풍습, 이 땅에 발을 붙이기 시작하는 교회와 서양식 병원들이 등장한다. 말하자면 이 방대한 원고에는 구한말 정치사와 사회사만이 아니라 생활사, 풍속사, 교육사, 병원사 측면에서 매우 진귀한 증언들을 담고 있는 것이다.

한편 이 책은 명성황후 시해에 대한 기존의 이해와는 다른 증언들을 담고 있고, 이토 히로부미의 우리나라 독립에 대한 시각이나 우리나라 역사나 풍습에 대한 외국인 특유의 시선들을 담고 있다. 잘 이해할 수 없는

부분도 있지만, 당시 우리나라에 주재하던 외국인들이 가진 시각의 일단을 볼 수 있는 귀한 기회이기도 하다.

고종이 설립한 우리나라 최초의 근대적 의료기관인 광혜원(廣惠院)은 곧 제중원(濟衆院)으로 이름이 바뀌는데, 에비슨은 제중원의 책임자이자 고종의 전의로 임명되어 고종이 믿고 의지한 두 사람의 외국인 중 한 사람이었다. 따라서 고종과 궁정에 관한 그의 기록은 희소성에서만이 아니라, 정확성과 신뢰성의 측면에서도 높은 가치를 지니고 있다.

이 책이 가진 가치는 이 책을 읽는 독자들의 관심과 취향에 따라 다양할 수 있으므로 이쯤에서 줄이고, 이 책이 어떻게 해서 우리 대학에서 출간하게 되었는지에 대한 설명을 덧붙이고자 한다.

초판에 실린 '독자를 위한 참고문'에 의하면, 에비슨의 타이핑 원고는 대구시와 미국 애틀랜타시의 자매결연을 주선한 대구출신 재미 사업가 강석영씨에 의해 발굴되었다. 자매결연 주선 차 대구에 온 강씨는 에비슨 박사의 유일한 직계 손녀인 크로우포드 여사가 할아버지의 회고록 원고를 고이 간직하고 있다는 사실을 두터운 친분의 우리 대학 이태영 총장님에게 알렸다.

이 자료의 가치를 직감한 이총장님은 당시 조지아주 문교장관 부인이던 크로우포드 여사에게 원고를 우리 대학에 기증해 줄 것을 간곡히 요청했고, 이 요청을 흔쾌히 수락한 여사가 두 도시의 우정 사절단을 인솔

한 강석영씨 편에 사본을 보내옴으로써 이 귀중한 자료가 우리 대학에 오게 된 것이다. 그 뒤 크로우포드 여사는 대구시와 애틀랜타시 자매위원으로 대구와 본교를 방문하기도 했다.

이 귀중한 자료를 입수한 이태영 총장님은 이를 기리는 '에비슨 기념사업회'를 조직함과 동시에 이 귀중한 원고를 번역 출간하는 사업을 전개하였다. 이 과정에서 이 회고록의 가치를 높이 평가한 대구 매일신문이 원고 내용 중 중요 부분을 연재하였다. 당시 연재된 부분의 번역은 우리 대학 김동석, 김형태, 황보근 교수님이 맡았다. 그 후 연재분을 종합하여 대구대학교 출판부에서 1984년 『구한말 비록』이란 제목으로 이를 출간하게 된 것이다.

당시 출간된 초간본은 에비슨 박사가 조선에 오기 전, 청소년기에 대한 회고 부분이 빠져 있는 등의 한계를 안고 있었다. 현 이용두 총장님의 특별 지시에 의해 개교 50주년 기념사업의 일환으로 이 책을 재출간함에 즈음하여 완역과 동시에 체제 등도 대폭 개정하기로 했다. 재간본의 번역은 황용수 명예 교수님이 맡고, 재출간 사업 전반에 대해서는 본 편집자가 책임자로서 작업을 진행하게 되었다.

원래의 원고에는 저자가 붙인 소제목이 있는 부분도 있지만, 장절의 구분이 없다. 초고에 대한 필자 자신의 어느 정도의 수정이 가해진 상태에서, 아마도 그의 죽음으로 작업이 중단되어 출간에는 이르지 못하였다

고 보인다. 이번 재출간에 즈음하여 방대한 내용을 4개 부(部)로 나눔과 동시에, 내용을 참작하여 장(章)으로 나누고 적절한 제목을 붙임으로써 독자들의 이해를 돕고자 했다.

한편 주석의 경우 저자 자신이 손수 붙인 주석들도 있음을 고려, 이를 '저자 주'로 살리면서 편집자가 다수의 주석을 추가하였다. 역시 독자의 이해를 돕고자 한 것이지만, 초간본 발간 시에 우리 대학 이문수 교수님이 이미 작업한 주석에 힘입은 바 컸음은 말할 필요도 없다.

2006년 12월

책임 편집자 장 의 식

(대구대학교 사범대학 역사교육과 교수)

차 례

＊ 표 제목은 저자 자신이 붙인 제목임

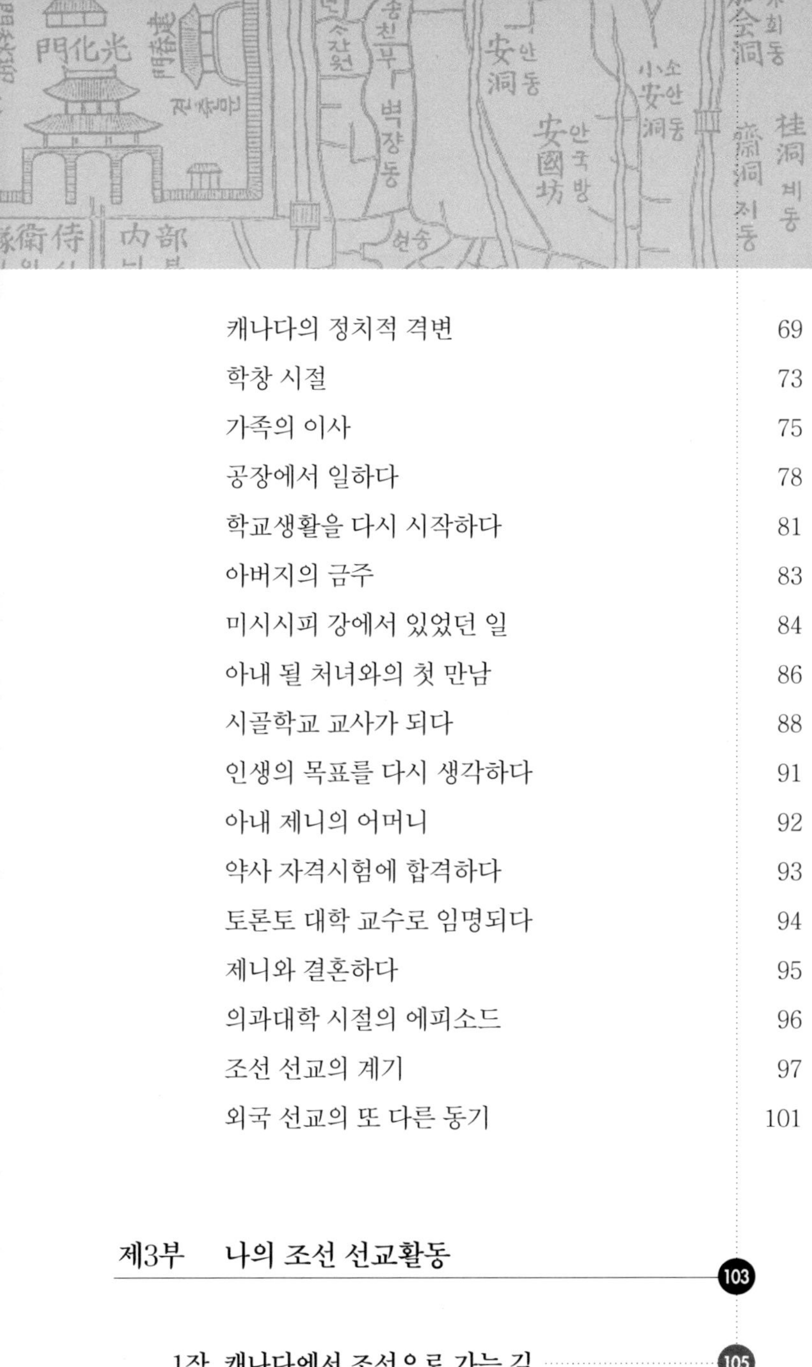

차 례

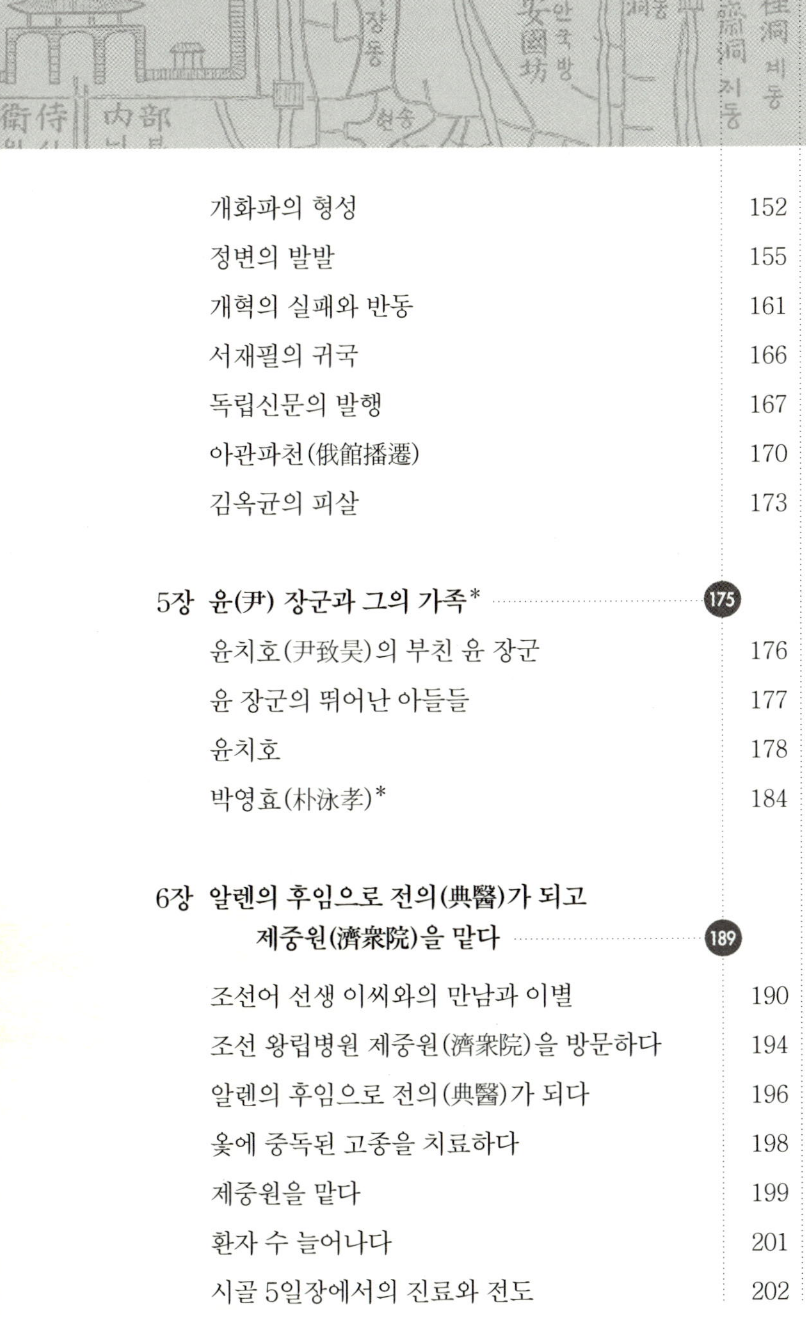

차 례

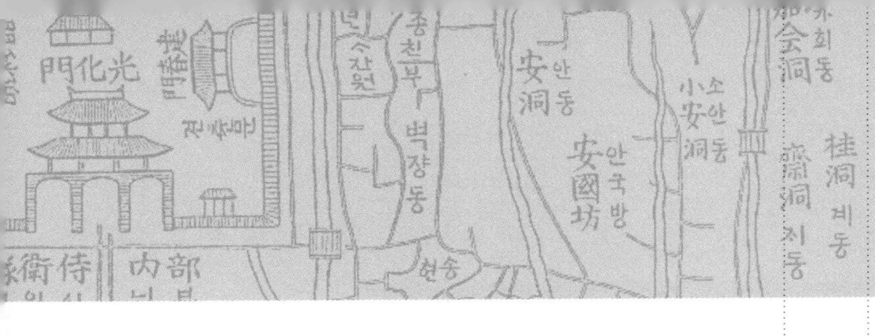

차 례

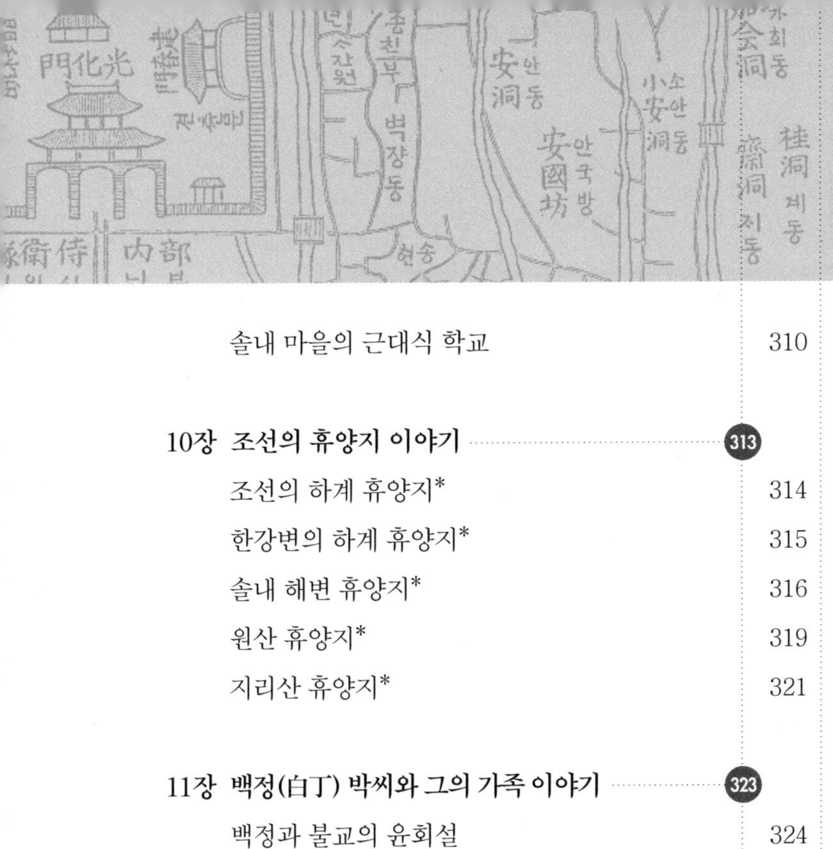
門化光
安洞 안동
小安洞 소안동
安國坊 안국방
桂洞 계동
벽장동

차 례

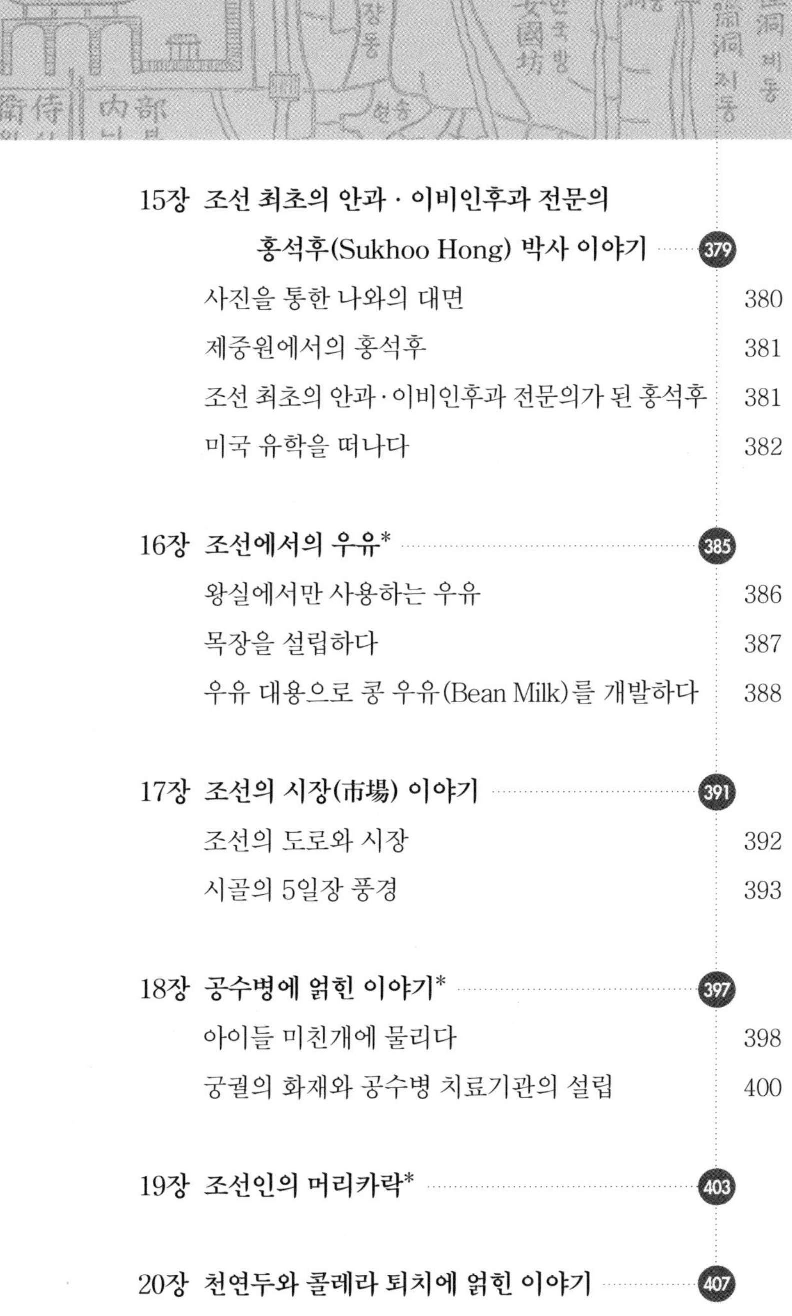

차 례

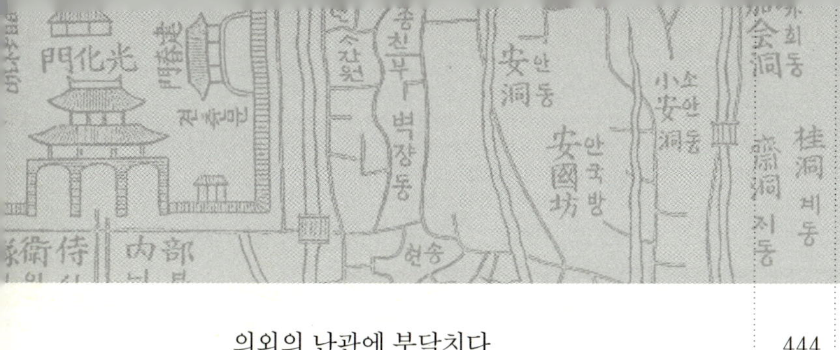

門化光
安洞 안동
安國坊 안국방
小安洞 소안동
桂洞 계동
齋洞 재동
회동
종친부
벽장동

차 례

차 례

자 서(自序)

나는 이 서문을 1940년 6월 30일 나의 80회 생일을 맞아 쓰고 있다. 나의 일생은 온갖 사건의 연속이었다. 모든 이의 삶이 다 그러하겠지만, 특히 나의 경우 먼 아시아에서도 외떨어진, 이름도 생소한 작은 나라에서 내 인생의 절반 이상을 보낸 터라 더욱 그러했다. 이같은 연유로 친구들은 여러 해 동안 나의 일생을 책으로 정리해 보라고 줄기차게 권유해 왔다.

마지못해 동의는 했지만, 막상 이 권유에 동의하는 일이 어찌나 힘겨웠던지 옛날 미지의 나라 조선으로 선교여행을 떠날 결심을 할 때가 오히려 이보다 쉬웠으리라. 게다가 막상 그들의 제안을 따르기로 동의한 후에도 이를 회피할 구실을 계속 찾아보았으나, 이 또한 힘에 겨워 차라리 집필에 착수해 버리면 심적 고통이 덜하리라는 생각이 들었던 것이다.

친구들의 집요한 요구에 몇몇 유력한 조선인 인사들까지 가세하지 않았더라면, 이 치열한 '신경전'에서 오히려 내가 끝내 승리하여 집필을 포기했을지도 모른다. 조선인 인사들은 내가 일본이나 서양 열강의 대표들과 자주 접촉했을 뿐 아니라, 조선 국왕이나 정부요인들과 친밀한 관계를 장기간 유지했기 때문에, 다른 선교사들이나 거류(去留) 외국인들이 깊이 알 수 없었던 이 매력적인 나라에서 일어난 여러 가지 흥미로운 사건의 진상을 그 누구보다도 자세히 알 것이라고 했다. 이 말은 사실일 수도 있었다. 사실이든 아니든, 결국 나는 그들의 요구에 굴복하고 말았던 것이다.

구시대 사람인지라 나의 문체는 지금의 시대에 잘 어울리지 않을 것이다. 길고 복잡한 문체가 일색이었던 시대에 작문 교육을 받은 탓으로, 이미 굳어진 이 오래된 습관을 바꾸기가 그리 쉽지 않았기 때문이다. 시대 경향을 따르지 못하는 문장 때문에, 간결하고 '다채로우면서도 박진감 넘치는' 문장을 선호하는 사람들이 행여 흥미를 크게 잃어버리지나 않을까 염려스럽다.

'다채로우면서도 박진감 넘치는'이라는 표현은 이 회고록이 관심의 대상이 되기를 간절히 바라는 호의적인 조언자들이 내 귀에 못이 박힐 정도로 거듭 강조한 말이다. 그들은 내게 '올해의 책' 정도의 베스트셀러를 쓰게 될 것이라는 야심 찬 희망을 줄곧 일깨워 주었지만, 사실 내게는 전혀 가망 없는 일로 보인다.

설령 그렇더라도, 사실에 기초한 이 책의 내용이 꽤나 흥미롭고 또 그만큼 호소력과 설득력이 있을 것으로 자신하며, 내 인생의 절반이 넘는 사십 수년간 초심(初心)으로 헌신해 온 고귀한 선교의 목적에 큰 지지와 성원을 이끌어 내는 데에는 분명히 일조를 하리라 믿는다.

이 책에는 분명한 장점이 하나 있다. 책에 기술된 사건들은 모두 실제로 일어난 일들이며, 허구적인 이야기는 일언반구도 없다는 사실이다. 혹 내가 겪은 여러 가지 사건이나 사실에 대해 부정확한 설명이나 미흡한 해석이 있다면, 인간된 소치에서 오는 피할 수 없는 오류 때문임을 널리 이해해 주기 바란다.

조선은 과학과 발명 분야에서 훌륭한 업적을 남긴 역사를 갖고 있다. 이 나라는 한동안 여러 가지 요인으로, 정신적으로나 국가의 기반적 측면에서 잠정적인 쇠퇴기를 겪었다. 그러나 지난 반세기 동안 이러한 침체 국면에서 크게 벗어나, 민족적 정기와 도덕적 측면에서 과거 전성기의 수준을 회복하고 있다.

이 기록을 통해 독자들이 지난 수세기에 걸쳐 침체 상태에 빠져있다가 지금 다시 활기를 되찾은 조선 민족을 알게 되고, 나아가 조선 민족의 쇠퇴와 부흥에 관한 연구를 촉진하는 자극제가 된다면 저자가 바라는 한 가지 목적은 달성하는 셈이다.

이 책을 통해 해외 선교활동에 대한 관심이 크게 환기되어 훌륭한 자격을 갖춘 사람들 가운데 이 분야에서 헌신하려는 사람이 늘어나고, 또 많은 분들이 그 가치를 깊이 이해하면서 재정 지원을 통해 이에 흔쾌히 동참해준다면 나로서는 더 이상 바랄 나위가 없겠다.

어느 민족보다 천부적 재능을 많이 가진 조선 백성들이 일본의 지배에서 벗어나 자유민으로 그 능력을 마음껏 발휘하여 다시 한번 인류 발전에 크게 기여할 수 있도록 하기 위해서는 무엇보다 열강의 도움이 절실하다는 사실을 널리 알리고, 이에 대한 그들의 관심을 촉구하는 일에 이 책이 기여하는 바가 있다면, 이는 조선 백성들 뿐 아니라 온 인류를 위해서도 결코 작지 않은 은택이라 하지 않을 수 없을 것이다.

덧붙여 이 책의 내용이 흥미로워 많은 편집자들의 관심을 끌고, 그로인해 출판사의 재정에 도움이 될 만큼 많은 독자가 확보된다면 저자로서 한 가지 염려는 더는 셈일 것이다. 더욱이 그로인해 소액의 연금으로 살아가는 은퇴한 선교사에게도 다소나마 경제적인 도움이 된다면, 그 또한 고무적인 일이기도 하다.

나와 내 아내는 회고록 따위를 남긴다는 생각은 전혀 없이 조선에서 하루 하루를 살았을 뿐이다. 그 당시 우리의 가장 큰 관심사는 우선 어떻게 하면 조선의 백성을 질병에서 구하고, 또 급격한 인구 감소의 원인이 되는 엄청난 사망률을 줄일 수 있을까 하는 것이었다. 그 다음은 어렵사리 착수한 의료사업을 발전시키고, 이를 위해 유망한 조선의 젊은이들을 유능한 일꾼으로 길러내는 일이었다.

아내는 조선에서의 선교활동 내내 나와 함께 하였으나, 우리가 미국으로 돌아온 지 수개월이 못되어 갑자기 세상을 떠났다. 아내가 좀 더 오래 살았더라면, 훌륭한 스승이자 비평자로서 이 책의 내용이 될 중요한 사건들을 상기시켜 주기도 하고, 사소하거나 불필요한 내용을 배제하도록 적절한 조언도 해 주었을 것이다.

나는 자주 일인칭 단수 대명사를 사용하지만, 조선인들에게 행한 가치 있는 일들은 모두 아내의 부단한 협력과 나에 대한 그녀의 끊임없는 신뢰에 의해서만 오직 가능했었다는 점을 재삼 강조하고자 한다. 아내는 열 명의 자녀들(이중 일곱 명은 살아남아 자기 몫의 세상일을 다하고 있다)의 어머니요, 또 오랫동안 유일한 교사로서 '부인 성경 연구회'를 이끌었고, 바쁜 가운데에서도 틈을 내어 조선인 가정을 열심히 방문하였으며, 그녀 자신의 가정도 행복하게 가꾸었다.

이 회고록을 집필하려 하자, 40여 년에 걸친 나의 조선생활과 그와 연관된 사건에 관한 자료가 너무나 방대하여 당황하지 않을 수 없었다. 또한 이 막대한 양의 자료로부터, 극적이면서도 오히려 비극적인 무수한 현대사적 사건에 휘말린 한 국가와 민족의 특성을 가장 잘 나타내주는 사건들을 선택해야 하는 일은 무척 어려웠다.

뿐만 아니라, 나름대로 역사적 정확성을 기하기 위해서는 나와 직접 관련된 사건을 집중적으로 다룰 수밖에 없는 한계를 고려하지 않을 수 없는 제약도 따랐다. 지난 50여 년간 조선이 겪어온 파란만장한 변화에는 나 이외도 수많은 선교사, 교사, 사업가, 그리고 관련 국가를 대표하는 외교관들의 노력이 총체적으로 작용했음을 인정해야 함은 물론이다.

나의 이 기록은 마치 두 짝의 맷돌(위의 돌은 막강하면서도 비도덕적인 인접국들, 아래 돌은 해당 국가 자체의 미성숙함과 정치적 무능) 사이에 끼어있는 한 나라의 소생과 회복을 미력이나마 도우려 했던 한 개인과 그 가족에 관련된 극히 부분적인 기록에 불과하다. 현재 조선은 그 어떤 주변국에게도 뒤지지 않을 만큼 훌륭한 물질적인 활력과 휴면 상태에서 깨어난 각성된 지적능력을 실제로 증명해 가고 있다.

제 1 부
조선이라는 나라

구한말 결혼식 / 1903

글을 시작하며*

조선의 근대사는 '대외적 투쟁과 내부적 공포'라는 말로 집약될 수 있다. 조선을 지리적으로 보면, 대륙 쪽으로 중국의 일부인 만주와 접해 있고, 바다 건너 반대편으로는 일본을 두고 있어 양 지역을 연결하는 길목에 위치해 있다.

이러한 지리적 구도에 러시아가 다시 외교적 측면에서 자국의 아시아 영토인 시베리아로부터 세계 진출의 출구를 마련하려는 의도에서 끼어들었다. 이와 같이 길목으로서의 지리적 조건을 가진 조선은 외세에 맞선 전쟁뿐 아니라, 일본과 대륙 국가 간에 벌어지는 전쟁의 충격도 고스란히 받지 않을 수 없었다. 오랜 세월을 두고 끊임없이 계속된 전쟁의 여파로, 조선이 과거의 융성했던 당당한 모습에서 서구 열강들에게 처음 문호를 개방할 당시의 옹색한 모습으로 전락하였다는 사실은 부인할 수 없다.

이 책의 저술에서, 조선과 외국과의 관계에서 일어난 주요 사건들을 간결하게 기록한 알렌(H. N. Allen) 박사의 연표(Chronological Index)에서 많은 것을 인용했다. 알렌 박사가 연표 서문에서 언급한 주요한 내용 가운데, 이 회고록의 독자들과 동양을 연구하는 이들에게 특히 도움이 될 만한 부분 몇 구절을 인용해 보겠다.

> 조선이 외국과 교류를 시작하면서 현 세대가 등장하게 되었다.(알렌 박사는 '현 세대'라는 표현으로, 그 당시 조선에 살고 있던 첫 세대의 서양 사람들을 지칭했다)[1]

---

1. 인용문 중 괄호 안의 내용은 에비슨의 서술이다. 이하 저자 자신의 각주를 제외한 나머지 모든 각주는 편집자

20년 전(아마 1876년경을 지칭하는 듯함) 조선은 '은자의 나라'라는 이름으로 널리 알려져 있었다. 그 이전까지 외부 세계와 조선의 관계는 강제적 수단 또는 불운이 수반된 강압적인 의식(儀式)을 통한, 그야말로 형식적인 교류에 불과했고 실질적인 국교는 없었다.

한 나라가 새로 탄생하는 모습을 지켜보는 일은 그리 흔한 경험이 아닐 것이다. 어쩌다 내가 서양인들의 입국이 허락된 초기부터 조선에 체류하고 있었다는 이유로 저간(這間)에 일어난 사건들과 날짜에 관한 질문을 자주 받는데, 그에 대한 적절한 답을 하려면 먼지가 가득한 기록들을 장시간 들추어 보아야 하는 경우도 있다.

영국의 왕립 지리학회에서 '조선에 대한 영문자의 첫 머리자를 K로 쓴다'고 결정했음에도, 영국을 비롯한 몇 개국에서는 여전히 C를 사용하고 있다. 미국 정부가 K를 사용하므로 나도 이에 따르겠다.[2)]

이 연표를 참고하는 사람들은 조선의 문호 개방에 기여한 선교사들의 역할, 특히 순교자들의 피로 얼룩진 역사를 갖고 있는 천주교의 선교사들이 행한 역할이 얼마나 컸던가를 분명히 알 것이다.

위의 인용구의 내용으로 미루어 보건데, 조선 역사를 연구하는 사람들은 알렌 박사의 '연표' 편찬을 감사하게 생각해야 할 것이다. 이 연표는 예술, 과학, 발명, 문학 등 전 분야에서 나름대로 이룩한 업적으로 인류

각주이다. 저자 자신의 각주는 '저자 주'라고 표시한다. 한편, 제목 옆에 *를 한 것은 저자 자신이 붙인 제목이며, 이 표시가 없는 것은 편집자가 내용을 감안하여 편의상 붙인 제목임을 밝혀둔다.

2. 19세기 후반의 조선에 관한 많은 서양 고서들도 C와 K를 혼용하고 있다. 정성화, 『한국 관련 서양고서 해제집』(서울 : 명지대학교 출판부, 2005) 참조.

의 발전에 공헌해 온 이 나라의 발전 과정을 올바르게 평가하기 위해, 극히 중요한 사건과 그 시기 등에 대해 충분한 지식을 얻고자 하는 사람들의 수고를 크게 덜어줄 수 있기 때문이다.

이제 집필에 들어 갈 이 책에서는 비록 제한된 기간이긴 하나, 내가 조선이라는 나라와 나아가 그 백성들과 함께 겪었던 일을 다룰 뿐이며, 역사 기록물로서의 기능을 부여할 의도가 전혀 없음을 밝혀 둔다. 다시 말하거니와 다만 내가 개인적으로 요행히 관여하게 된 사건들을 기술할 뿐이다. 그 사건들은 시기나 그 중요성의 측면에서, 조선 근대사의 근간을 이루는 요소들이다.

선교사들이나 외국 정부 대표들, 그리고 많은 조선인 인사들을 포함한 가까운 친구들은 내가 역사의 소용돌이에서 위로는 국왕에서부터 아래로는 신분이 가장 낮은 상민에 이르기까지, 모든 계층의 조선 사람들과 일상적으로 접촉하는 가운데, 의료와 교육 선교사로서 40년 이상을 보냈기 때문에 내가 회고록을 집필함으로써 이 나라에서 일어났던 다양한 일들을 소상히 밝혀 줌과 동시에, 나아가 사건 배후의 여러 요인들과 이 흥미로운 기간에 조선이 겪어야 했던 온갖 험난한 과정을 상기시켜 줄 것이라 주장해 왔다. 재삼 말하거니와, 분명 이 책은 역사서가 아니다. 다만, 조선에서 있었던 일부 사건들을 있는 그대로 다소 일관성 없이 서술한 것일 뿐이다.

혹 이 회고록에 각기 나름대로 유익한 일을 하고자 했던 개인이나 단체를 비난하거나, 그와 반대로 적절치 못한 인물을 두둔하는 부분이 들어 있다면, 필자로서는 오로지 송구할 따름이다. 언급한 내용은 하나 같이 실제로 있었던 일들이다. 물론 사건에 대한 나 자신의 해석에 잘못이 있을 수도 있겠지만, 사건 당시 내게 비친 그대로 기술한 것이다.

이 회고록의 내용은 극히 제한된 기간에 걸친 한 나라에 관한 이야기긴 하지만, 독자들의 이해를 돕기 위해 서두에서 조선 민족의 기원에서 시작하여 이들이 과거 문화 창달에 기여한 일들 가운데 몇 가지만이라도 간략히 기술하는 게 올바른 순서라고 생각하고, 이를 시작으로 이야기를 전개하고자 한다.

한민족(韓民族)의 기원(Origins of Korean People)*

수많은 학자들이 한민족의 기원을 밝히려는 연구를 해오고 있으나 아직 결정적인 답은 제시되지 않고 있다. 조선 사람들은 자기 나라 개국의 시초는 오늘날 조선의 북부에 있는 백두산(원문에는 장백산)에 단군이 나타난 때인 기원전 2333년으로 거슬러 올라간다고 주장한다.

처음 생긴 나라는 조선(朝鮮)이라 불리었으며, 이 국호는 서술적인 두 개의 한자로 구성된 것으로, 조(朝)는 '아침'을 뜻하며 선(鮮)은 '밝음'과 '고요'를 뜻한다. 이 매력적인 나라에 참으로 어울리는 아름다운 국호이다. 백두산 남쪽에 있던 나라들은 여러 가지 다른 명칭 아래 흥망을 거듭하다, 1392년 이씨(李氏) 왕조가 세워지면서 옛날의 조선이란 이름을 다시 사용하게 되었다. 이 명칭은 지방의 여러 도(道)를 합한 전 국토를 표현했다. 조선 백성들은 이 국호를 좋아해서 1895년 청일전쟁이 끝날 때까지 변함없이 지켜왔다.[3)]

---

3. 저자주 : '조선(朝鮮)'이라는 국호는 1897년 광무개혁(光武改革)에서 국호를 '대한제국(大韓帝國)이라 하기 전까지 사용했다.

단군 유적지*

그러면 최초의 통치자인 단군은 어디에서 왔을까? 역사에는 밝혀져 있지 않지만, 워싱턴 소재 스미소니안(Smithsonian) 연구소의 유명한 인류학자인 흐드리카(Hrdlicka) 박사는 분명히 알 수는 없으나, 조선 민족은 타타르인들의 고장에서 온 것이라 믿고 있다.[4] 시간이 경과함에 따라 이들이 몽고를 거쳐 만주에 이르렀고, 그곳에서 장기간 중국인들과 접촉한 후 한반도지역으로 들어 와, 오늘날 조선이라고 알려진 나라로 전승되었다고 한다.

단군이라는 이름은 오늘날에도 조선인들이 순례하는 몇 군데의 깎아 세운 듯한 산악 요새와 관련되어 있다는 것을 알 수 있다. 그 중 한 곳은 황해도 북쪽의 높은 산기슭에 있다.[5] 물론 단군은 전적으로 전설상의 인물이지만, 그의 통치를 추정할 수 있는 유적지들은 전설을 더욱 윤택하게 해 준다. 단군의 유적지 중에서 가장 유명한 곳은 한강 어귀에서 수마일 떨어진 강화도에 있는, 한 높은 산 정상에 있는 아주 오래된 먼 옛날의 제단(祭壇)이다.[6]

흐드리카 박사는 조선 민족이 타타르 계통에서 유래되었다고 믿는 이유로 조선인들의 수염 색깔과 이따금 나타나는 머리카락의 색깔 변화를 들고 있다. 중국인들의 수염과 머리카락은 검은색으로, 갈색으로 변하는 경향이 전혀 없는데 반해, 조선인들의 수염은 항상 거의 갈색을 띠고 있으며 또 드물게 머리카락에 붉은 색이 나타나기도 한다는 것이다. 또한 중국인들의 눈은 타원형이며 바깥 언저리가 위로 치켜 올라가는 경향이

4. '타타르인' 이란 몽골족의 한 일파를 말한다. 한민족이 결국 몽골족의 일종이라는 것이다.
5. 단군 신화에 '환웅이 무리 삼천 명을 거느리고, 태백의 산꼭대기에 있는 신단수(**神檀樹**) 아래로 내려와 이를 신시(**神市**)라 일렀다' 고 하는데, 에비슨은 태백을 이곳이라 비정하는 설을 인용하고 있는 것이다.
6. '강화도의 한 높은 산' 은 마니산을, '옛날의 제단' 이라 함은 첨성단을 말한다. 단군에 대한 제사나 전국 체전 성화 채화가 이곳에서 이루어진다.

있는데 반해, 조선인들에게는 이러한 특징이 거의, 혹은 전혀 나타나지 않는다는 것이다.

어쨌든, 단군과 그 직계 자손들이 다스린 조선의 역사는 잘 알려져 있지 않다. 단군 이후의 중요한 통치자로는 기자(箕子)를 들 수 있는데, 그는 중국의 정치가로서 5천명의 추종자와 함께 기원전 1122년 조선으로 와, 이 나라를 손에 넣고 평양을 수도로 삼았다고 한다. 수도 주위에 석성을 쌓았는데, 일부는 몇 개의 아치형의 성문과 함께 현존하고 있다. 이들 아치형의 성문은 너무나 잘 지어져, 3천여 년이 지난 지금에도 완벽한 상태이다. 기자의 수도는 오늘날 평양의 위치와는 일치하지 않고, 그보다 남쪽에 있었다고 한다.[7)]

이 위대한 통치자는 재임기간 동안, 많은 예술과 문화를 도입한 것으로 알려져 있다. 그 때의 유적이 지금도 당시 수도였던 곳에서 발견되는데, 특히 현재의 철도역 부근에 있는 우물에는 아직도 사용할 수 있는 물이 고여 있고, 그의 무덤이라 알려진 상당히 훌륭한 능(陵)은 현 평양 시내의 한 산에 위치하고 있다. 능 앞에 비석이 있는데, 비명(碑銘)은 이 능이 기자의 것임을 말해주고 있다.[8)] 능은 울타리로 둘러싸여 있으며, 주위에는 석상(石像)이, 능 앞에는 제물을 놓는 석상(石床)이 있다.[9)]

기자 이래로 조선은 중국과 잦은 접촉을 가졌다. 한자도 이때에 도입되

---

7. 에비슨은 이른바 기자(箕子) 조선설, 즉 은(殷) 혹은 상(商)이라 불린 중국 고대 왕조의 폭군 주(紂)의 삼촌인 기자(箕子)가 자신의 간언(諫言)에도 폭정을 일삼는 왕에게 실망하고 초야에 묻혀 있다가 은나라가 망하자 그 유민을 이끌고 동쪽으로 와 조선이라는 나라를 세웠다고 하는 설을 인용하고 있으나, 이는 현재 학계에서 부정되는 식민사관의 일종이다. 기자 조선 때 것이라 하는 각종 건축물 유적도 후대에 만들어진 것을 오해한 것이다. 이하 서술도 마찬가지로, 당시 서양인 방문자들의 우리나라 고대사에 대한 시각의 일단을 보여줄 뿐이다.
8. 에비슨이 말하는 능은 평양시 기림리(箕林里) 모란봉에 있는 봉분으로 비명(碑銘)에 '기자릉(箕子陵)'이라 각자되어 있지만, 기자의 능이란 아무런 근거도 없다. 1102년 (고려 숙종 7) 분형(墳形)을 찾아 제사를 지내고, 성종·고종 때 중축하였다고 한다.
9. 여기서 말하는 석상은 혼유석(魂遊石)이라고도 하는데, 능원이나 묘의 봉분 앞에 놓는 장방형의 돌로 영혼이 나와서 놀게 하기 위하여 설치한 것이다. 묘제 때 후손이 올리는 제수(祭需)를 조상이 흠향(歆饗)하는 자리이기도 하다.

었다. 한자를 익힐 시간적 여유가 있던 사람들은 이를 받아들여 사용했으며, 이를 통해 중국의 학문을 받아들일 수 있었던 조선의 학자들은 동양의 문학에 크게 기여하게 되었다.

6세기경 아시아 3대 종교–유교, 불교, 도교–가 신봉자들에 의해 전래되었다. 조선에도 고유한 원시 종교가 존재했지만, 3대 종교의 신봉자들로부터 직접적인 도전을 받지는 않았다. 원시 종교는 이들 외래 종교에 위축되지 않고 오히려 이들로부터 많은 교리를 받아들임으로써, 결과적으로 조선의 종교는 상당히 혼합적인 요소를 지니게 되었다. 참고로 중국 기록에 의하면, 3세기에 만리장성이 축성될 때 많은 조선인들이 이 역사적 사업을 도왔다고 한다.[10)]

나침반(The Magnetic Campus)*

조선 역사기록에 의하면 나침반은 12세기 이전에 조선에서 이미 사용되었으며, 1100년경에 조선에 온 아라비아 상인들이 자기 나라로 가져갔다고 한다. 아라비아인들이 나침반을 유럽에 전했다고 하는데, 1492년 콜럼버스가 신대륙으로 항해할 때 나침반을 사용했으므로, 조선인들이 나침반을 발명했다는 기록이 사실일지도 모른다.[11)]

10. 만리장성 축성을 3세기라 한 것은 기원전 3세기의 착각이다.

11. 11세기 말 중국인들이 항해에 처음으로 지남침을 도입하였다 하며, 곧 고려에도 들어와 사용되었을 것이다. 아랍 행해자들이 사용한 나침반은 아마도 중국에서 가져 간 것으로 짐작된다. 정수일, 『실크로드학』(서울: 창작과 비평사, 2003), 295~296쪽 참조.

근대적 인쇄술(Modern Method of Printing)*

12세기 중엽 고려는 세계 최초로 새로운 인쇄 방법을 창안했다.[12] 그때까지 모든 책은 붓으로 필사되거나, 한자를 손으로 힘들게 새긴 목판으로 인쇄되었다. 그러다가 부지런히 그러면서도 더디게 전체 문장이 담긴 목판을 새기던 사람들 가운데, 어느 영리하고 생각이 깊은 사람이 글자를 한 자씩 별도로 새기자는 생각을 하게 되었던 것이다. 이렇게 하여 낱개로 만든 목활자들은 필요한 곳이면 어디에나 적절히 사용되어 페이지 별로 조판이 가능하게 되었으며, 인쇄가 끝나면 떼어 내어 다시 사용하기 위해 보관할 수 있게 되었다.

참으로 훌륭한 발상이었다. 그러나 필요한 수만큼 글자를 새긴다는 것은 너무나 힘든 작업이기도 했다. 동일한 활자 한 벌을 갖추기 위해서는 수천 개의 목활자가 필요했고, 또 한 페이지를 조판하기 위해서는 여러 벌의 활자가 필요했다.

다른 방도를 강구해야만 했다. 주조할 수 있고 또 단단한 재료로 만든 활자가 필요했다. 그래서 생각해낸 것이 자기 활자(磁器 活字)였다. 주형이 하나씩 만들어지면, 점토를 부어 넣고 구웠다. 완전한 것도 있었지만 대개는 사용할 수 없었다. 완전한 활자로 조판하여 인쇄할 수는 있었지만 손실이 너무나 많았고, 또 활자를 만드는데 드는 인력과 시간의 낭비도 컸다.

이런 약점을 보완하기 위해서 청동을 이용하자는 생각을 하기에 이르렀다. 주형(鑄型)을 이용하여 청동 활자를 완벽하게 만들었는데, 이 활

12. 종전에는 최초의 금속활자 인쇄를 1234년으로 보았지만, 최근에는 이미 12세기에 이루어졌으며 적어도 1232년 강화도 천도보다 앞선다고 보고 있다. 프랑스 국립도서관 소장의 현존하는 세계 최고(**最古**) 금속활자본인 이른바 『직지심경(**直指心經**)』은 1377년 청주 흥덕사(**興德寺**)에서 인쇄된 것이다.

자는 내구성도 있었다. 어려운 문제가 이처럼 해결되면서, 인쇄를 훨씬 더 쉽고 빠르게 할 수 있게 되었다.

영어를 가르치기 위해 최초로 조선 정부에 고용된 3명의 미국인 중 한 사람인 헐버트(Homer B. Hulbert)가 조선 체류 중 어느 날 나에게 다음과 같이 물었다.[13)]

"에비슨, 금속활자로 책을 인쇄하려는 시도가 조선에서 최초로 성공했다는 사실을 알고 있소?"

"아니, 들어본 적이 없는데요?"

"그래요?" 그가 말했다.

"나는 그 사실을 옛 조선의 역사서에서 알았소. 조선인들은 구텐베르크(Johannes Gutenberg, 1398~1468)가 태어나기 훨씬 전에 금속활자를 발명했지만, 알 수 없는 이유로 이 인쇄술을 망각하고, 지루하게 목판을 새기는 옛 방법을 수세기 동안 사용해 왔던 것이요."

"이 문제를 두고 조선의 노학자들과 이야기를 나누었는데, 그들의 말에 의하면, 옛 자기 활자와 청동 활자가 어느 궁궐 창고에 많이 보관되어 있다 하오. 국왕의 허가를 얻어 궁궐 내에 있는 오래된 창고를 뒤져 이들 활자를 찾을 수가 있었소. 몇 개를 가지고 나와 내가 미국에 갔을 때, 뉴욕에 있는 자연사 박물관(The Museum of Natural History)에 두고 왔지요."

한번은 내가 런던에 있는 대영박물관(British Museum)에 갔을 때, 텅 빈 방 한가운데 있는 삼각대를 보고는 호기심이 생겼다. 이렇게 분리 진

---

13. 헐버트(1863~1949)는 미국 동부 버몬트 주 출신으로, 1886년 우리나라에 왔다. 같은 해 세워진 우리나라 최초의 근대식 학교인 육영공원(育英公院)에서 외국어를 가르쳤다. 을사조약 후 고종의 밀서를 휴대하고 미국에 가 국무장관과 대통령을 면담하려 했으나 실패했다. 『한국평론(韓國評論)』을 통해 일본을 규탄하고, 고종에게 헤이그 밀사 파견을 건의하는 등 우리나라 국권 회복에 노력했다. 해방 후 1949년 조선에 돌아와 병사(病死), 서울 양화진 외국인 묘소에 묻혔다.

열된 것이 무엇일까 궁금했던 것이다. 가까이에서 나는 한자로 인쇄된 책 한권을 보게 되었는데, 거기에 붙은 꼬리표에는 이렇게 적혀 있었다.

'금속활자로 인쇄된 세계 최고(最古)의 책–조선'. 이것이 눈에 확연히 띌 수 있도록 그곳에 진열되어 있는 것을 보았을 때, 나는 크게 놀라기도 하고 또 한편으로는 매우 기쁘기도 했다.

후일 조선을 합방한 후, 옛 조선의 문물을 애써 수집하여 박물관에 비치했던 일본인들은 자기 활자와 청동 활자를 찾아내, 자신들이 궁궐 북쪽에 건립한 소규모 특별 박물관에 진열했다.

나는 종종 그곳을 찾아가 이들 활자를 보았으며, 서울을 찾는 외국인에게도 조선이 한때 동양에서 가장 앞선 문명국의 하나였다는 증거로서 기꺼이 이 활자를 보여 주었다. 이러한 나라를 도와 혼수상태에서 다시 벗어나도록 하지 못한다면 유감천만의 일일 것이다.

조선인들이 겪었던 것과 같은 인쇄의 문제를 150년 후에야 구텐베르크가 실제 똑같은 방법으로 해결했다. 물론 그 후 청동보다 더 훌륭하고 값싼 다른 형의 금속활자가 개발되었다.

최초의 현수교(懸垂橋)(The First Suspension Bridge)*

16세기 후반 그러니까 1592년, 당시 일본을 섭정하고 있던 히데요시(豊臣秀吉)가 중국과의 전쟁에서 조선으로 하여금 자기를 돕도록 강요하려는 의도에서 대규모의 군대로 조선을 침략했다. 일본의 병력은 육해군 연합군이었고, 해군은 물론 노(櫓)로 나아가는 소규모의 목선으로 구성되어 있었다. 조선 국왕이 돕기를 거절하자, 일본군은 조선군을 거의 평양까지 퇴각시켰다. 그러나 조선군은 반격을 가해, 남쪽으로 강행군을 시작했다.

조선군이 송도 남쪽 황해로 흘러 들어가는 임진강에 닿았을 때, 마침 조수는 썰물이었다. 이 지점에서 강은 양안의 높은 둑 사이를 흐르는데, 서해에서 밀물이 들어오면 강물은 순식간에 거의 둑 높이까지 불어났다. 평소에는 이 밀물 때를 이용하여 그곳에 대기하는 여러 척의 나룻배로 쉽게 강을 건널 수 있었다.

그런데 조선군이 이곳에 도착 했을 때, 마침 썰물이었다. 강물이 바닥까지 빠져나가 강둑은 우뚝했고, 강바닥은 진창이었으며 따라서 미끄러웠다. 강둑 아래로 내려갔으나, 실어다 줄 배는 한척도 없었다. 강을 횡단할 수 있는 방법을 찾았다 해도, 반대편 강둑 너머에 나 있는 길로 접어들기 위해서는 가파르고 미끄러운 둑을 다시 올라가야만 했다.

밀물이 들어와 강을 쉽게 건널 수 있을 때가 되면, 일본군들이 바짝 추격해 올 수도 있었다. 조선군이 할 수 있는 방법은 무엇이었을까? 그들에게 한 가지 묘안이 떠올랐다. 조선에는 '칡'이라고 하는 넝쿨식물이 있는데, 줄기는 땅 위를 번져 나가지만 나무를 감아 올라가기도 한다.

줄기는 섬유질이 많고 단단하여 종종 밧줄을 만드는데 이용되었다. 강을 가로지를 만큼 긴 밧줄을 만들어 반대편 나뭇가지에 매달아 현수교(懸垂橋)를 가설하여 횡단하면 어떨까? 몇 명의 병사가 강을 헤엄쳐 건너가 약한 가닥을 연결하고, 이를 반복하면 더욱 튼튼한 밧줄을 매달게 될 수도 있었다. 단시간에 여러 명이 강한 밧줄을 만들어 적교(吊橋)를 완성하고, 모든 군대가 적절한 시간 내에 도하 작전을 마치고는 다리를 없애버렸다고 한다.

이제 이 강에는 철교가 가설되었다. 나는 기차를 타고 이 강을 건널 때마다, 썰물로 인해 이곳에서 조선군들이 겪었던 곤경과 이를 극복한 그들의 지혜로운 방법을 생각하곤 한다.

철갑선(Iron Clad Boats)*

조선 육군이 실지(失地) 회복에 어느 정도 성공을 거두었을 때에도, 조선 수군보다 월등한 세력를 가진 수천 척의 일본 선박들이 조선을 위협하고 있었다.

조선 수군 절도사였던 이순신(李舜臣) 장군은 이 위급한 상황을 타개할 수 있는 묘안을 창출했다고 한다. 즉 그는 철판을 씌운 새로운 배를 만들어, 나무로만 건조된 일본 선박을 공격할 생각을 하기에 이르렀던 것이다.

신속히 거북 모양을 한 배들이 건조되고, 거북의 등을 모방하여 철판을 겹쳐 깔았다. 철판의 보호를 받았던 군사들은 전투에서 적보다 훨씬 유리했다. 소수의 배들만이 건조되었지만, 섶을 가득 싣고 적선 가까이 가서 불을 붙여 일본 수군의 목선을 향해 던졌다. 이 새로운 공격법이 주효해, 일본 함선들은 화염에 싸여 전투력을 상실했다.

요행히 탈출한 자를 제외하고 많은 일본 함선과 병사들이 수장되고, 일본군의 사기는 크게 떨어져 결국 조선으로부터 철수했다. 내가 남부지방을 여행하면서 한번은 동료 선교사들의 안내를 받아, 혁혁한 승리를 거두었던 한 해전 격전지에 가 본 적이 있다. 그 때 해안과 여러 섬에 남아 있는 옛 성채의 유적을 볼 수 있었는데, 이는 대접전의 흔적을 말해주고 있었다.

현재까지도 조선인들은 이순신 장군이 나라를 구했다고 믿고 있으며, 얼마 전 내가 조선에 체류하고 있을 동안, 조선 남부 한산도라는 섬에 사당을 마련하고[14] 여기에 많은 유물을 안치했다. 철갑선 건조에 대한 생

14. 충무공 이순신 장군의 유적지인 사적 제113호(1959. 8. 19 지정) 한산도 제승당(制勝堂)을 이른다. 1593년 8월 삼도(三道) 수군 통제사를 제수받은 이순신 장군이 한산도에 통제영 본영을 설치하면서 지금의 제승당 자

각이 처음으로 실전에 이용된 지 3백여 년이 지난 지금도 조선 애국자들은 그의 사당으로 가는 순례의 발길을 멈추지 않고 있다.

서울에 있는 연합 선교 기관인 '조선 기독교 연합대학'[15] 도서관은 최근 1만 2천여 권의 도서를 기증받았는데, 목판으로 인쇄된 것과 이보다 훨씬 이전에 붓으로 필사된 것 등 조선 초기의 거의 모든 책을 망라하는 것이었다. 이들 도서 중에는 친필 서명이 있는 유명 학자가 쓴 진본도 있는데, 그 가운데 위와 같은 사실을 언급한 이순신 장군이 직접 쓴 책도 있었다.

도서관에 기증된 약 1만 2천여 권의 책을 보면 옛 인쇄 방법을 알아 볼 수 있다. 어떤 책은 붓으로 쓰여 졌고, 어떤 책은 목판으로 인쇄되었다. 조선의 많은 학자와 영웅들이 서명한 책도 있다. 이 중에 이순신 장군이 서명한 편지가 있는데, 대학 관계자들은 이 편지를 아주 귀중한 것으로 여기고 있다.

리에서 막료 장수들과 작전회의를 하는 운주당(**運籌堂**)을 세웠다. 정유재란 때 폐허가 된 이곳에 제107대 통제사 조경(**趙儆**)이 1740년 유허비를 세우고 운주당 옛터에 다시 건물을 세우면서 제승당(**制勝堂**)이란 현판을 걸었다.

15. 저자는 'Chosun Christian College'라 하였는데, 당시 우리말 교명은 정확하지 않다. 1915년 우리나라 주재 미국 북 장로교, 남북 감리교, 캐나다 장로교 등 선교 연합위원회가 서울 YMCA 내에서 개교하였다. 이러한 경위를 고려하여 '조선 기독교 연합대학'으로 표기한다. 1917년 사립 '연희 전문학교'로 교명을 변경하였으나 연도가 명확할 경우 '연희 전문학교'로 표기하지만 그렇지 않을 경우 '조선 기독교 연합대학'으로 표기한다.

제2부
나의 어린 시절

에비슨 부부

탄생과 유년기

나는 1860년 6월 30일 영국 요크셔 지역의 웨스트 라이딩(West Riding)에 있는 제그스 그린(Jagges Green)이라는 작은 마을에서 태어났다. 이 마을은 풍경이 아름다운 곳으로, 요크셔의 그 유명한 히드 초원이 있는 고원에 위치했다.[16)]

마을 아래 계곡에는 브루크로이드 공장(Brookroyd Mills)이라고 불리던 존쇼 씨와 그의 아들이 경영하는 큰 모직공장이 있었는데, 나의 아버지는 6살 때부터 성인이 되어 세 명의 자녀를 둘 때까지 이 공장에서 일했다. 그는 승진을 거듭하여, 마침내 직조된 천을 가져다 출하 준비를 하는 마감부의 감독이 되었다. 그는 비록 노동자 계층에서는 지위가 높았지만, 넉넉하게 가족을 돌볼 형편은 못되었다.

나의 어린 시절의 추억은 출생지 보다 아버지의 직장 가까운 곳으로 이사 갔던 아래 계곡의 브루크로이드 마을과 더 관계가 깊다. 그곳에서 나는 처음으로 학교를 다녔다. 여자가 경영하는 사립 초등학교였는데, 우리가 살던 구역의 어느 개인 소유의 집에서 수업을 했다. 이 학교에서 무엇을 배웠는지는 기억에 별로 남아있지 않지만, 학과공부를 못하거나 나쁜 짓을 한 학생이면 누구나 써야만 했던 '바보 모자'는 기억하고 있다. 때로는 벽 쪽을 향한 채 방구석에 서 있어야 했고, 어떤 때는 벤치 위에 서 있기도 하고 사정이 더욱 좋지 않을 때는 한쪽발로 서 있어야 했다. 나도 이런 벌을 받았으므로 결코 잊을 수 없다.

---

16. 에밀리 브론테(Emily Jane Bronte, 1818~1848)의 소설 『폭풍의 언덕』의 배경이 되는 곳이다.

이때의 사진들을 보면 나의 태생이 비천하다는 것을 알 수 있다. 사진에 보이는 집은 대부분의 영국 집과 마찬가지로 돌로 지어져 있다. 앞문으로는 울타리를 친 정원이 내려다 보였고 그 너머로는 작은 개울이 있었다. 이 정원은 내 기억으로 상당히 넓은 곳으로 생각되었으나, 43년 후 내가 이곳을 다시 찾았을 때는 상상 외로 너무나 좁았다.

어린 우리는 널판지 한 장을 걸친 개울을 잔뜩 겁을 먹은 채 건너 다녔다. 어느 날 나는 운이 나빠 다리 아래 물속으로 떨어지면서, 팔꿈치가 바위에 부딪쳐 탈골되는 사고가 났다. 뼈를 교정할 때 겪었던 그 지독한 고통을 생각하면 지금도 몸서리가 쳐진다.

이 조그만 집은 그 지역 노동자 가족이 살고 있던 여느 집들과 다름이 없었다. 아래층에는 커다란 거실이 하나, 그리고 위층에는 침실이 두 개 있었다. 아래층 바닥에는 표면이 꽤 넓고 매끈한 판석들이 깔려 있었는데, 판석 사이의 이가 잘 맞지는 않았다. 이 판석에 깨끗한 잔모래를 뿌린 뒤 부지런히 문질러 청소를 했다.

주부들은 바닥을 걸레로 문지를 뿐만 아니라, 모래까지 뿌려야 직성이 풀리는 듯 했다. 거실 한쪽 편에는 난방과 취사용을 겸하는 커다란 벽난로가 있었다. 이런 종류의 벽난로에서 어떻게 요리를 할 수 있었는지는 구태여 기술할 필요가 없을 것 같다. 그러나 여기서 요리된 음식, 특히 식사의 상당한 부분을 차지했던 구운 쇠고기와 전통 있는 요크셔 푸딩은 만족스러운 것이었다. 미국 쇠고기는 구울 때 오그라들지만 영국 쇠고기는 늘어나는 점이 다르다고 부모님들은 말하곤 했다.

침착한 아이

글을 쓰고 있는 이 순간, 이 집에서 일어난 일 한 가지가 생생하게 떠오른다. 거실과는 차단된 이층으로 가는 계단은 위층 전체를 난방하는 벽난로가 있는 침실 쪽으로 나 있었다.

어느 날 아이들만 집에 두고 어머니가 외출하자, 몇몇 동네 아이들이 놀러왔다. 흔히 아이들끼리만 있을 때 그렇듯이 우리도 틀림없이 야단법석을 부렸을 것이다. 내 또래 사내 아이들과 마찬가지로, 나도 옷 위에 자락이 긴 덧옷을 입고 있었다. 정신없이 뛰어다니던 중 벽난로 쪽으로 너무 가까이 다가갔다가 순식간에 덧옷에 불이 붙었다. 아이들이 아우성을 치고 있는 중에 나는 침착하게 두 손으로 불붙은 옷자락 위쪽을 움켜쥐고 아래층을 거쳐 집밖으로 달려 나갔다. 곧 도움을 받아 덧옷이 망가진 것 외에는 별 피해가 없었다.

어머니가 돌아오고, 저녁에 아버지가 귀가할 무렵에는 이야기가 상당히 과장되어 있었다. 사람들마다 내가 보인 침착성을 칭찬하는 말을 하자 두 분이 매우 기뻐하셨던 기억이 난다. 보통 아이였다면 불에 타 죽었을 것이라고 생각하셨는지도 모를 일이다. 그때 나는 앞으로도 사람들에게 좋은 평판을 얻도록 행동해야겠다고 마음먹었으므로, 이 칭찬사건은 그 후 나의 성격 형성에 상당한 영향을 미쳤으리라 생각한다.

어린 시절의 종교 생활

소년 시절의 또 다른 추억은 이웃한 스텐인랜드 마을에 있는 교회로 매주 걸어 다녔던 일이다. 큰 누나가 나를 데리고 들판을 가로질러 교회로 가서는 주일학교 성경공부를 하고 곧이어 열리는 설교 예배에도 참석했다.

주일학교가 끝난 후 우리는 조그마한 교회 묘지의 평평한 묘석에 앉아 점심을 먹었다. 점심은 흔히 기름과자라는 일종의 피자였다. 밀가루 반죽을 얇게 밀어 설탕과 건포도를 끼얹고, 한쪽을 말아 올려 피자처럼 반원으로 구워 만들었다. 얼마나 맛이 있었던지! 주일학교가 끝난 후 예배에 참석하지 않고 곧장 집으로 가고 싶었지만, 이 기름과자 때문에 그렇게 할 수 없었다. 과자를 먹고 나면 도리 없이 예배에 참석해야 하는데도 말이다.

주일학교나 예배 도중에 들은 것은 한마디도 기억에 남아 있지 않으나, 훌륭한 말씀들이 나의 신앙심에 커다란 영향을 끼쳤으리라 생각한다. 그러나 누나는 적어도 교회의 가르침을 가슴 깊이 새겨두었다는 증거를 보이는 한 가지 사건을 기억하고 있다. 어느 일요일 들판을 지나가다 땅에 떨어져 있는 조그만 나뭇가지를 주워들었다. 누나는 "주일에 나뭇가지를 줍는 것은 좋지 못해"라고 말하면서, 즉시 집어던지게 했다. 누나는 나보다 세 살 위였다.

브루크로이드에서 우리는 작은 개울의 둑 가까이에서 살고 있었다. 개울 바로 건너편에는 오랫동안 사용하지 않은 돌로 지은 방앗간이 있었다. 방앗간 주위에는 검정딸기 덤불과 다른 관목이 수북이 자라 있었는데, 우리는 자주 이 방앗간 주위나 안에서 놀았다. 이 방앗간에는 유령이 나온다는 소문이 있었다.

그곳에서 한 번도 유령을 본 적도 없었고 또 그때쯤 귀신 이야기를 의심하기 시작할 나이도 되었건만, 그래도 그 소문은 여전히 우리들의 마음을 졸이게 했다. 이 낡은 방앗간과 유령에 관한 기억은 그 후에도 오래 남아 있었던 것으로 보아, 이와 같은 사소한 경험도 내 정신 성장에 한 요인으로 작용했으리라 생각한다.

에비슨 가계의 유래

친가와 외가의 두 분 할아버지는 기억에 남아 있으나 할머니들에 대한 기억은 없다. 친할아버지 조지 에비슨은 이 지역 대부분의 사람들과 마찬가지로 모직공장 일에 관계하고 있었다. 우리가 영국을 떠나기 전에 돌아가신 이 할아버지에 대한 기억은 또렷하지 않다. 다만 아버지께서 할아버지에 관한 일화를 들려 주셔서 지금까지 기억에 남아 있다.

할아버지가 일하시던 모직공장이 무슨 일로 잠시 문을 닫게 되면, 이 노신사께서는 집으로 돌아가 나들이 옷을 차려입고 시내로 나가시곤 했다. 왜 그러시느냐고 물으면, "가난한 것과 또 가난하게 보이는 것은 아무짝에도 쓸모없는 것이야"라고 말씀하셨다고 한다. 공장이 문을 닫아 일거리가 없을 때, 할아버지는 가난한 티를 감추고 오히려 부유하게 보이도록 노력하셨던 것이다. 비록 할아버지에 대한 기억은 희미하지만, 불운이 닥칠 때 지혜롭게 위기를 극복하셨던 그분의 독특한 방법을 나는 언제나 가슴 속에 새기고 살아 왔다.

내 기억으로 할아버지는 7남 4녀 즉 11명의 자녀를 두셨는데, 아버지는 그 중 막내였다. 이들 중 몇 분에 대한 기억은 희미하지만, 나머지 분들은 확실히 기억하고 있다. 아버지는 예외였으나 형제 분 모두가 음악에 재능이 있어 그 지역 관현악단의 단원이거나 합창단의 지휘자였다. 요크셔는 음악적 재능으로 유명한 곳이다.

빅토리아 여왕[17]은 해마다 이곳의 취주악대를 궁궐[18]로 불러 연주하게 했는데 삼촌 한 분은 이 악대의 단원이었다. 이 악대의 단원들은 음악에 전념하는 사람들이 아닌 음악을 오락으로 여기는 사람들로 구성되어 있

17. 영국의 여왕으로 1819년에서 1901년까지 생존했으며, 1837년에 등극, 60여 년간 영국을 통치했다. 그녀의 재임 시 영국은 서양 최강의 국가로 부상했다.

18. 영국 런던 웨스트민스터(Westminster) 시에 있는 영국 왕실 궁전이다.

었다. 대개 직조공장에서 일하는 음악 동호인들로 여가를 이용해 연습을 했다.

아버지와 우리 형제들에게는 특별한 음악적 재능은 보이지 않았으나, 모두 음악을 즐기는 편이었다. 그러나 우리의 다음 세대에서는 음악적 재능을 타고 난 아이들이 여럿 나타났다. 그러고 보니 음악적 재능은 에비슨 가(家)에 전승되어온 소질인 것 같다.

오늘날 대부분의 찬송가집에서 에비슨이란 이름이 기재된 곡을 찾아 볼 수 있는데, 이 곡은 엘리자베스 여왕 재위 시 요크셔의 뉴 캐슬 지방에 살았던 한 가문의 일족인 찰스 에비슨이 작곡한 것이다. 이 찬송가의 가사는 조지 로우슨이라는 사람이 썼는데, 인연이 있어선지 그의 후손인 캐더린 로우슨은 내 아들 더글러스 B. 에비슨 박사의 아내가 되었다. 많은 사람들이 내가 스웨덴계가 아닌가하고 묻는데, 나도 우리 가문의 성씨인 에비슨의 유래에 대하여 가끔 궁금하게 생각했었다.

그런데 나의 오랜 친구이며 온타리오의 토론토 대학 교수인 샤틀워쓰가 에비슨의 유래를 조사하다가, 영국의 가계를 다루는 계보 문장(紋章)에 관한 책에서 다음과 같은 인용구를 찾아 알려 주었다.

이 성(姓)은 일견 외국에서 유래된 별명 같은 것이라고 자칫 성급한 결론을 내리기 쉽다. 단어 유추에서 흔히 그러하듯이, 이 성은 에비스의 아들이라 분명히 해석되어 인명을 나타내는 것이라고 볼 수 있으나, 이제 밝혀지겠지만 이 성은 지역에 국한된 것으로, 어느 지역에 서식하는 희귀종 새의 이름인 에비스와는 전혀 관계가 없다.

이 성은 Haweis, Haws··· 등등 여러 가지로 표기된 앵글로 색슨의 말로 보이며 이 모든 것은 여러 종의 산사나무,[19] 즉 영국의 서양 산사나무

19. 세계 여러 곳에 자라는 3~6미터 정도의 장미과 나무이다. 5월에 꽃이 피므로 Mayflower라고도 한다.

를 나타내는 데 사용되기도 한다. 이 관목을 흔히 생 울타리로 사용하므로 '산사나무'와 '울타리'라는 말이 거의 동의어가 되었다. '울타리'는 제한된 지역 혹은 구역을 뜻하며, 스코틀랜드의 강변 저지대 초원의 집 안뜰의 경우처럼 집을 둘러싸고 있거나, 울타리를 둘러친 인접 공간을 뜻하기도 한다.

에비스란 성은 하위스(Hawis)에서 기식음 /h/ 발음이 소실되고 /w/ 음도 변하여, 본래의 음에 변화가 생긴 결과로 생각된다. 처음 이 성을 가졌던 사람은 산사나무로 뚜렷한 풍경을 이루고 있던 지역이나, 혹은 주위를 산사나무가 에워싼 집에 살았기 때문에 그렇게 불리었을 것이다.

이 기록은 계속해서 "에비슨이란 성을 가진 사람들을 멀리 남쪽으로 콘웰 지방[20]에서도 찾아볼 수 있으며, 또 귀족에서 비천한 신분에 이르기까지 온갖 계급 · 신분에 나타난다. 위대한 충신이 있는가 하면, 반역자도 있었다. 이 성은 알프레드 대왕[21] 통치 시의 궁중기록에서도 발견되는데 이 계보문장에 관한 기록에 의하면, 에비슨 가문은 요크셔에서 유래하는 것 같고 이 성을 가진 사람들은 거의 대부분 이곳에 살고 있다"고 한다.

나의 이름 올리버(Oliver)의 유래

그런데 왜 내 이름이 올리버(Oliver)이며, 또 'R' 자가 들어갔을까? 올리버와 'R'이 나의 이름에 붙여지게 된 경위를 보면, 부친이 올리버라는

20. 영국의 남쪽에 있는 반도로, 많은 섬들이 산재해 있다.
21. 알프레드 대왕(849~899)은 앵글로 색슨 계의 잉글랜드 왕으로, 871년에 왕이 되었다. 당시 노르만계의 바이킹의 지배를 받던 잉글랜드 영토를 회복하였다.

이름을 가진 세 사람, 즉 군인이었던 올리버 크롬웰(Oliver Cromwell),[22] 작가 올리버 골드스미스(Oliver Goldsmith),[23] 그리고 시인인 올리버 웬델 홈즈(Oliver Wendell Holmes)[24]를 크게 존경하셨기에, 이를 기리기 위해 내가 태어나기 전에 죽은 나의 형에게 올리버란 이름을 지어 주신데서 비롯되었다.

장남이 태어난지 얼마 되지 않아 죽자, 아버지는 다음에 태어날 아기가 사내 아이라면 역시 올리버라는 이름을 붙여 주기로 작정하셨다. 내가 세 사람의 올리버 중 적어도 어느 한 사람처럼 훌륭하게 되기를 바라는 마음에서 이 이름을 나에게 붙여주신 것이다. 그러나 나는 이 세 사람의 직업 중 어느 것도 내 것으로 선택하지 못했다.

'R'은 내 스스로 별 뜻 없이 삽입한 것에 지나지 않는다. 학교 다닐 때 거의 모든 학생들이 두 단어로 된 이름을 가지고 있었으나, 내 경우 세 개의 머리글자를 쓰면 두개의 머리글자 'O. A'보다 더 잘 어울릴 것이라는 생각이 들었다. 그리하여 'O'와 'A' 사이에 들어가면 가장 잘 어울릴 뿐만 아니라, 쓰기에도 극히 쉬운 글자를 찾으려고 여러 가지 시도를 하다가 마침내 'R'자를 선택했던 것이다. 그 누구의 허락도 받지 않고 서명의 일부로 규칙적으로 사용하기 시작한지 어언 60여년, 그동안 별 탈 없이 사용해 왔기 때문에 'R'자가 없는 내 서명은 이제 생각조차 할 수 없다.

---

22. 코롬웰(Oliver Cromwell, 1599~1658)은 청교도 혁명 당시 국왕 찰스 1세에 맞선 의회파 지도자로 국왕을 처형하고 군주제와 귀족원을 폐지하여 영국 역사상 최초로 공화정의 토대를 놓은 인물이다. 통치장전(統治章典)을 제정, 호국경으로 독재정치를 자행하였지만, 이때 만들어진 제도적 장치와 경험은 궁극적으로 130년 후 발발한 미국 독립혁명과 프랑스 혁명에 영향을 끼쳤다.

23. 올리버 골드스미스(Oliver Goldsmith, 1728~1774)는 아일랜드 출생의 영국 시인, 소설가, 극작가. 대표작으로 『세계의 시민』, 『웨이크필드의 목사』 등이 있고, '나그네'와 '한촌행(寒村行)' 등의 시가 있다.

24. 올리버 웬델 홈즈(Oliver Wendell Holmes, 1809~1894)는 미국의 생리학자, 시인. 『올드 아이언사이드스(Old Ironsides)』(1830), 『아침 식탁(Breakfast-Table)』 등의 에세이 시리즈로 유명하며, 시집으로 『선실이 있는 노틸러스(The Chambered Nautilus)』(1858)를 발표해 전국적인 명성을 얻었다. 1847년 하버드대학 해부학 및 생리학 교수가 되었다.

외할아버지의 이름은 조셉 브레이였으나 그의 직업에 대한 기억은 없다. 우리 가족이 캐나다로 이주해 오고 몇 해 지나자, 외할아버지도 캐나다로 건너오셨다. 그가 대서양 횡단 여행을 커다란 연못 횡단이라고 아주 익살맞게 말씀하셨던 기억이 난다. 우리 집에서 함께 사시다가 내가 청년이 된 후에 작고하셨다.

외할머니의 처녀시절 성은 사이커스였다. 외할머니와 외가에 대한 기억은 전혀 없다. 지금까지 그러한 성을 가진 사람들을 많이 만났고, 또 그들 전부가 내가 태어난 요크셔의 중심지인 허더스필드 인근 출신임을 알았지만 이들과 외가의 관련 여부를 추적할 수는 없다.

내 아들 하나가 최근(1938년 여름)에 요크셔로 가서 일가들을 찾아보았더니, 아직 여러 사회 계층에서 살고 있더라고 했다. 아들의 말로는 가장 호감이 가는 사람은 회계사로 일하는 분이었는데, 외모가 내 아들 레이먼드와 매우 닮았더라고 했다. 이 회계사로부터 버킹검 궁전의 의사로 있는 에비슨 성을 가진 사람이 근처 장원(莊園)에 살고 있다는 말도 들었다고 했다. 조상과 인척에 관한 이야기는 이것으로 족하리라 생각한다.

나의 아버지 에비슨

나의 부모님들은 학교도 찾아보기 힘들고, 또 부유한 집 자녀들만 교육의 특권을 누리는 그런 지역에서 성장했다. 교육의 기회를 충분히 갖지 못했던 양친은 사정이 허락하는 한, 자식들에게는 훌륭한 교육을 시키려고 애를 쓰셨던 것이다.

그 당시 대다수 노동자 가정의 아이들과 마찬가지로 나의 부친도 어려서부터 노동일을 시작하셨으니, 6살 때 모직공장에 들어가 그 당시 통상적인 노동관행에 따라 하루 12시간을 일하셨다.

성장하면서 부친은 독서를 무척이나 좋아하여 틈나는 대로 생물, 역사, 시 등을 닥치는 대로 열심히 읽었으며 당대의 훌륭한 시도 많이 암기하게 되셨다. 청년기의 아버지는 친구 노동자와 함께 이웃 마을로 가서 밤새도록 교대로 시를 낭송하여 마을 사람들을 즐겁게 해주었다고 말씀하신 적이 있다. 또 한번은 늘 함께 다니던 동료가 같이 갈 수가 없어, 혼자서 시낭송으로 밤새껏 흥을 돋우었다고 하셨다. 부친의 이 같은 독서열은 평생 동안 지속되었다.

내가 아직 어릴 적에 벌써 아버지는 우리가 살고 있던 인근지역에서 가장 박식한 사람 중 한분으로 알려져 있었다. 그는 소설류를 꺼리지는 않았지만, 좀 더 진지한 그 당시의 작품들을 탐독하셨다. 아버지가 좋아하신 시는 당대의 시인인 찰스 미게이의 작품이었다. 그 분의 취향을 따라선지 나도 그의 작품을 무척 좋아하게 되었으며, 실제로 시구에 담긴 내용들이 나의 이상을 형성하는 데 영향을 끼쳤다고 생각한다.

그 당시 영국에는 위대한 경제학자들이 다수 나타나 다양한 경제이론을 전개하고 있었다. 또 방적기,[25] 방직기,[26] 직조산업에 필요한 여러 가지 기계가 발명되어 수많은 노동자들의 일자리를 위협하고 있었고, 또 공장주의 경영 방침과 새로 개발된 기계로 인해 이미 해고되거나 해고될 위기에 있는 노동자와의 분쟁이 심화되고 있을 때였다.

어릴 때 나는 아버지가 집에 찾아온 손님들과 이러한 문제들을 논의하시는 것을 듣곤 했다. 아버지는 이러한 상황 때문에 할아버지도 급진파의 당원이셨으며, 자신 역시 소위 진보주의 사상에 심취해 있다는 말씀

25. 실을 꼬는 기계로 당시에는 제니 방적기 외에 많은 방적기가 있었다.
26. 천을 짜는 기계로 19세기에는 증기 기관을 이용하는 많은 방직기가 있었다.

을 자주 하셨다. 제조업자와 귀족들은 당연히 토리당 즉 보수당원이었고, 노동자들은 휘그당, 바꾸어 말해 자유당 즉 개혁파에 속하는 사람들이었고, 자유 무역주의의 충실한 신봉자였다.[27] 만년에 이르러서도 아버지는 젊었을 때의 이상을 결코 버리지 않고, 일생동안 자유당에 찬성표를 던지셨다. 아버지의 절친한 친구들이 보수당원이었을 뿐 아니라 캐나다에 온 후에도 여러 명의 가까운 친구들이 캐나다 자치정부(The Dominion Government)에서 보수당 소속 의원으로 활동하고 있었음에도, 변함없이 자유당에 투표했다.

캐나다로 이주하여 내가 꽤 성장한 후에도 공장에서의 일일 노동 기준시간은 여전히 11시간이었다. 다시 말해서 자유당은 아버지의 소년기에서 나의 소년기에 이르는 긴 기간 동안 단 1시간의 여가시간에 대한 요구를 관철시키는데 그친 셈이었다. 아버지와 친구들의 대화를 들으면서 나의 정치적, 경제적인 관점도 당연히 그분의 급진적인 견해(자신의 독학과 조부의 쓰라린 경험에서 배운)에 크게 영향을 받았다.

미국으로 이민가다

누구나 마찬가지로 가족의 생활여건을 개선해야겠다는 충동을 느낀 아버지는 영국의 어느 식민지로 이민가는 문제를 신중히 고려하게 되었다. 내가 여섯 살이 채 되기도 전 처음에는 뉴질랜드로 갈 계획이었지만, 아버지의 절친한 친구 한 사람이 먼저 일리노이로 가 있었으므로, 그 친구분을 따라 그곳에 정착할 생각으로 가족을 미국으로 데리고 오셨던

27. 휘그(Whig)당은 17세기 후반 영국에 나타난 개혁주의 당파로, 토리당과 반대되는 당. 휘그는 가발을 의미했다. 토리(Tory)당은 17세기 후반에 생긴 보수정당으로 귀족과 대지주를 기반으로 했다. 18세기 중반 휘그당은 자유당, 토리당은 보수당으로 바뀌었다.

것이다.

뉴질랜드로 갔더라면 형편이 더 나아졌을지도 모른다. 몇 년 전 뉴질랜드는 영국의 다른 식민지 또는 자치령과는 전혀 다른 경제정책을 채택한 결과, 다른 곳에 비해 실업률도 크게 낮아지고 빈곤층도 거의 사라졌기 때문이었다.

1866년 2월 보스턴 호(The City of Boston)를 타고 뉴욕을 향해 리버풀 항을 출항했다. 물론 우리는 이민 승객이었기 때문에, 1등 선실은 구경도 할 수 없었다. 우리의 잠자리가 이층 침대였기에 우리에게는 너무 높아 서로 어깨를 밟고 올라가서 줄지어 누웠던 기억이 난다. 선상의 공간도 부족하여 다른 여러 가족들과 한 방을 사용하지 않을 수 없었다.

항해는 14일간 계속되었다. 그때의 2주간을 돌이켜 보니, 거의 매일같이 폭풍우가 몰아치고 배는 끊임없이 뒤흔들렸던 것 같다. 우리와 같이 선실을 사용했던 사람들 거의 모두가 배 멀미로 고생했다. 그런데 우리가 배 멀미를 아무리 심하게 해도 선장은 강제로 우리를 갑판으로 내보내 신선한 공기를 틈틈이 마시도록 했다. 물론 우리는 선실에 그대로 머물러 있고 싶어 했다. 그러나 비가 오는 경우를 제외하고는, 배가 흔들리든 바람이 불든 선장의 명령에 따라 강제로 갑판으로 나가야 했다.

한번은 우리가 갑판에 있는데 배가 몹시 흔들리면서 파도가 갑판 위로 밀어닥쳤다. 그때 어떤 노부인이 물살에 휩쓸려 창구를 통해 아래쪽 선실로 떨어졌다. 이 일로 모두 갑판 아래로 내려가도 좋다는 허락을 받긴 했지만, 노부인 사건에 전혀 악의가 개입되지 않았다고는 생각되지 않았다.

항해 중 즐거웠던 기억도 남아 있다. 영국의 훌륭한 관례를 따라 매주 제공되는 일요일 정찬의 주식으로 자두 푸딩이 나와 우리 모두가 배불리 먹었던 일이다. 그보다 맛있는 음식은 세상에 다시없는 듯 했다. 이 때문에 75년이 지난 지금도 즐거우면서도 한편으로는 두려웠던 항해를 생각하면, 잊을 수 없는 그때의 푸딩이 눈앞에 떠오르고 그 맛도 입안에 감도는 듯하다.

보스턴 호는 그 당시 성능이 우수한 선박이라고 생각되었으나, 유감스럽게도 귀항 길에 바다 속으로 가라앉고 말았다. 이 선박에서 일어난 사고에 관한 유일한 보고 자료라고는 광활한 바다에서 건져 올린, 코르크 마개로 밀봉된 병 속에 들어있던 다음과 같은 내용의 쪽지뿐이었다고 한다.

"보스턴 호는 화염에 싸여 전혀 가망이 없음"

드디어 우리가 탄 배는 브로드웨이의 저지대 끝에서 좀 떨어진 조그마한 섬 케슬 가든에 있던 뉴욕 이민국 앞에 정박했다. 이곳에서 있었던 일에 대한 기억은 이민자에 대한 조사 시간이 너무 지연되어 밤이 이슥해서야 상륙했다는 것 뿐이다.

미국에서의 새로운 삶

뉴욕에서 삼촌 한 분이 살고 있는 코네티컷(Connecticut)으로 곧장 가기로 한 아버지의 결정에 따라, 우리는 지금은 사우드 노웍(South Norwalk)이라고 불리는 위니포크(Winnipauk)행 열차를 탔다. 그 곳에 도착하자, 비는 억수같이 쏟아지고 날은 어두웠다. 우리가 도착하리라는 전갈이 삼촌에게 닿지 않아 역으로 마중 나온 사람은 아무도 없었다.

그러나 누군가가 삼촌의 거처를 알려주어 우리는 진흙투성이의 길을 걸어서 가기로 했다. 무척이나 어려운 진흙탕 밤길에서 우리 중 누군가는 진흙 속에 덧신을 잃어버리기도 했다. 그 먼길을 부모님은 내 아래 두 동생을 한 명씩 업고 가셨다.

어머니는 더 이상 걷지 못하겠다고 몇 번이나 불평하셨지만, 강행군 끝에 마침내 삼촌댁에 도착했다. 그곳에는 삼촌 두 분이 함께 살고 있었다. 첫째 삼촌 토머스는 결혼하여 여러 명의 자녀를 두고 있었고, 둘째 삼촌 조지는 아직 미혼이었다. 토머스 삼촌은 건전한 분이어서 단란한 가정을 꾸리고 있었지만, 퇴역 군인인 조지 삼촌은 음주가 심했고 또 술을 마시면 성질이 고약했다.

조지 삼촌에 관한 기억은 항상 술에 취해 집으로 돌아오는 모습 뿐이다. 아이들 중 아무나 잡아서 마룻 바닥에 내동댕이쳤으므로 모두 그를 무서워했다.

토머스 삼촌은 미국 여인과 결혼하여 영국시민권은 이미 포기한 터였다. 이념이나 국적을 바꾼 사람들이 종종 새로운 대상에 대하여 열광적인 태도를 보이듯이, 삼촌도 예외가 아니었다. 미국 땅에서 태어난 사람보다도 훨씬 더 미국적이었다.

한 번은 이런 일이 있었다. 아버지가 아기를 품에 안고 방안을 거닐면서, '한 나라가 있다네, 유명한 나라가 있다네, 비록 작은 나라이지만…'으로 시작하는 영국의 유명한 애국 노래를 불러 잠재우려 하자, 토머스 삼촌이 벌떡 일어나 나지막한 목소리로 이 집안에서 두 번 다시 영국노래를 부르지 말라고 경고조로 말했다. 일이 이렇게 되자 아버지는 몹시 화를 내어, 두 형제분이 거의 싸우다시피 했다. 아버지는 철저한 영국인이었기 때문이었다.

캐나다로 이주하다

결국 아버지는 캐나다에 살고 있는 다른 삼촌에게 가기로 하여, 토머스 삼촌댁에는 오래 머물지 않았다. 제임스 삼촌은 캐나다 서부 온타리오의 브랜트포드(Brantford)로 가서, 원단 마감공(boss finisher)인 아버지나 다른 삼촌들과 마찬가지로 모직공장에 다니고 있었다. 캐나다로 이주하기 전에 이 삼촌은 매사추세츠(Massachusetts) 주에 살았으며, 거기서 미국 여인과 결혼하였으나 영국시민권은 그대로 유지하고 있었다.

브랜트포드에 머물고 있을 동안, 우리는 도시 외곽에 있는 인디언 보호구역으로 구경을 간 적이 있었다.[28] 내가 어렸을 때 영국에서도 인디언의 습격에 관한 이야기를 들었음에 틀림없었다. 왜냐하면 인디언 야영지 가까이 갔을 때, 인디언들이 뒤쫓아 와서 머리껍질을 벗기지나 않을까 하고 잔뜩 겁을 먹고 얼마나 몸을 도사렸는지 지금도 그때의 무서웠던 기억이 생생하기 때문이다.

브랜트포드에 있을 때, 나는 영국과 캐나다에서 단어를 다르게 사용한다는 사실을 처음으로 깨달았다. 예를 들어, 사촌들이 "shop으로 가지 않겠니?"라고 했을 때, 그들은 공장(mill)으로 가자는 뜻으로 말했던 것이다. 나는 'shop'은 물건을 파는 곳으로 알고 있었으나, 사촌들은 그런 곳을 'store'라고 했으며, 내가 지금까지 공장(mill)이라고 들어왔던 곳을 사촌들은 'shop'이라고 했다.

이러한 차이를 이해하려니 무척 긴장되었다. 돈을 셈하는 법도 영국과는 전혀 다르다는 것을 알았다. 우리는 달러와 센트라는 어휘에 어리둥절해서 상당기간동안 금액을 헤아릴 수도 없었고, 심지어 도움을 받지

---

28. 1830년대 앤드루 잭슨 대통령은 인디언들을 중서부 지역의 인디언 보호구역으로 이주시켰다.

않고서는 물건 값도 치를 수 없었다.

사촌들은 우리가 사용하는 귀에 익숙지 못한 말 때문에 놀리기도 했지만, 꾸준히 캐나다의 어법을 가르쳐 주었다. 캐나다 방식에 따라, /h/음을 발음하거나 혹은 생략할 수 있기까지는 꽤 시간이 걸렸다. 양친은 우리만큼 이 발음을 정확하게 하지 못했다.

나 자신도 12년간 캐나다에서 학교를 다니고, 또 고등학교도 그곳에서 마쳤지만, 이 지역의 대학입학 준비과정인 모델 고등학교를 다닐 때 이 /h/발음을 잘못한 적이 있었다. 어느 날 수업시간에 내가 나서서 받아쓰기를 시키다가 그만 /h/발음을 빠뜨렸다. 그러자 아이들이 당황하여 웃기도 했지만 나로서는 결코 웃어넘길 일이 아니었다. 비록 어색한 웃음으로 얼버무리긴 했지만, 그때 어린 시절에 배운 발음에서 벗어나기가 얼마나 어려운가를 절실히 깨달았다. 지금도 졸지에 그와 같은 실수를 가끔씩 하는 것이다.

제임스 삼촌은 아버지가 일리노이(Illinois)로 가시려 한다는 것을 알고, 캐나다가 살기에 훨씬 더 좋은 곳이라고 하면서 가지 못하게 설득하기 시작했다. 아버지는 일리노이로 가서 농사일을 해보려는 계획을 갖고 계셨다. 삼촌이 그곳에서 특히 농사일을 해 보지 않은 사람이 정착하려면 많은 어려움이 따를 것이며, 이곳에 머물면 자기와 같은 일자리를 구해줄 수 있다고 하자, 마침내 아버지는 삼촌의 권고에 따랐다.

이 사건이 내 인생의 진로를 완전히 바꾸어 놓았다. 만약 우리가 일리노이로 갔더라면, 나는 어느 정도 철저한 미국시민이 되었을 것이다. 그러나 나는 지금도 충성스러운 한 사람의 영연방 시민이다. 그렇다고 내가 결코 맹목적으로 열광적인 영국인이라는 말은 아니다. 왜냐하면 내가 미국인들 사이에서 오래 살았고 또 그들과 협력하여 많은 일을 해 왔으므로 미국인들을 잘 알고, 또 미국 국민들과 그들의 국가에 대하여 경건한 애정과 깊은 존경심을 가지고 있기 때문이다.

제임스 삼촌이 아버지에게 일자리를 마련해 준 모직공장은 토론토에서 북서쪽으로 약 8마일 떨어진 함버 강가에 위치한 웨스턴이라는 조그만 마을에 있었다. 이 강이 이 마을의 주요 산업인 방직공장에 동력을 제공했던 것이다.

이곳에서 아버지는 영국의 훌륭한 풍습에 따라 매주 일요일 아침에는 산책을 나가셨으며, 때로는 우리들을 데리고 가시기도 했다. 산책이란 말을 쓰긴 했지만 영국인들의 도보에는 이 산책이란 말이 정확히 어울리지는 않는다.

우리는 종종 수 마일을 쉬지 않고 걸었으며, 느린 걸음으로 한 곳에서 머뭇거리는 일은 거의 없었다. 가장 좋아했던 산책로는 근처의 철교를 건너가는 길이었다. 그 철교는 두 갈래 강물이 아래로 흐르는 깊은 골짜기에 걸쳐 있었는데, 그랜드 트렁크 철도(Grand Trunk Railway)의 일부였다. 철교에 발을 들여 놓을 때 현기증을 느낄까봐, 감히 침목 사이로 아래를 내려다보지 못하고 아버지의 손에 매달렸던 기억이 난다.

그 후 몇 년이 지나 웨스턴으로 가는 길에 어릴 적 경험한 전율을 다시 맛보기위해 철교를 찾아 건너보기로 했었다. 그러나 철교는 찾았지만 깊은 골짜기는 찾지 못했다. 철교는 비교적 짧았고, 작은 두 시내 위에 기껏해야 15 내지 20피트 높이에 걸려 있어서 그전같이 오싹한 느낌은 들지 않아 크게 실망했다.

웨스턴에서 나는 처음으로 산타클로스를 경험했다. 내 기억으로는 성 니콜라스와 그의 사슴에 관한 이야기[29]가 너무나 이상하게 들려 이 신세계에서 맞이한 첫 번째 크리스마스 전날 밤, 내 누이와 나는 밤새 자지

---

29. 270년경 소아시아 지방의 성 니콜라스 이야기로, 자선심 많은 성 니콜라스 이야기가 성탄절의 산타클로스 이야기가 되었다.

않고 있다가 선물자루를 메고 굴뚝을 타고 내려오는 산타클로스 할아버지를 만나보기로 했다. 그러나 어느새 우리는 잠이 들었고, 이튿날 아침 깨어나서야 우리와 인사도 나누지 않고 그냥 다녀 가버린 사실을 알게 되었다.

우리가 살고 있던 집에는 과수원이 곁에 있어, 몇 그루의 나무에는 맛있는 버찌도 열려 있었다. 그리고 과수원 뒤쪽에 있는 헛간은 들어가 놀기에 좋은 곳이었다. 나는 이 헛간에서 조지 워싱턴[30]의 그것과는 전혀 다른 도끼와의 인연을 갖게 되었다.

목수인 사촌이 이 헛간을 목공소로 사용하고 있었다. 그가 하는 일이 매우 재미있어 보여, 여러 가지 연장을 다루는 것을 유심히 지켜보곤 했다. 연장 중에는 날카로운 도끼가 있었는데, 어느 날 그것으로 나무토막을 쪼개보고 싶었다. 나무토막을 제대로 세울 수가 없어, 의자에 앉아 두 무릎 사이에 나무토막을 끼워 세우고는 도끼를 올렸다가 내리쳤다.

그런데 도끼는 나무토막이 아니라 왼쪽 무릎 뼈를 내려치고 말았다. 처음에는 놀랐으나, 피가 쏟아지는 것을 보고 도끼를 팽개치고 울면서 집으로 달려갔다. 상처에서 고름이 생기고 굳은살이 돋아나서 학교에도 가지 못했다. 이웃 사람들이 갖가지 치료방법을 알려주려고 찾아왔다. 끔찍하기 짝이 없는 이 사고를 통해, 불과 수십 년 전까지만 해도 흔히 있던 어처구니없는 치료방법 하나를 지금도 생생하게 기억하고 있다. 누군가가 방금 배설한 쇠똥을 습포(濕布)처럼 상처에 바르면 상처부위에 생긴 굳은살이 곧 없어질 것이라고 했다. 물론 그렇게 해보았지만 결과는 만족스럽지 못했다. 시간이 지나 상처는 나았으나 그 자국은 남아, 자칭 만물박사였던 소년의 어리석음을 새삼 상기시켜 준다.

---

30. 독립운동 총사령관이었다가 독립 후 미국 초대 대통령으로 8년간을 재임하였다.

캐나다의 정치적 격변

우리가 웨스턴에 살고 있을 때 정치적으로 매우 중요한 사건이 발생했다. 대영제국의 속령인 캐나다에서 뉴 파운드랜드(New Poundland)를 제외한 모든 지역이 하나의 독립된 자치령으로 선포된 일이다. 뉴 파운드랜드는 지금도 영국 직속의 자치 식민지로서 캐나다에 포함되어 있지 않다. 캐이프 브래톤 · 노바스코시아 · 프린스 에드워드 아일랜드 · 퀘벡 · 온타리오 · 브리티시 컬럼비아 등 6개 식민 구역이 새로운 연방법(Confederation Act)에 서명했으나, 이들 구역 사이에 위치한 모든 지역과 훨씬 북쪽에 위치한 이들 지역은 이 연방조직에 편입되지 않고 있는 것이다.

이 연방헌법은 대영제국의 정부로부터 승인을 받아, 1867년 7월 1일을 기해 새로운 정부의 활동이 시작되었다. 그 후로 7월 1일은 마치 미국의 7월 4일 독립기념일처럼 캐나다의 자치 기념일로 경축되고 있다.[31]

이것은 실로 중대한 사건이었다. 이를 계기로 하여 캐나다 자치 정부가 점차 성장하여, 지금과 같이 영국연방에 속한 별개의 독립국가로 발전했기 때문이다. 캐나다를 하나의 독립국가로 보는 이유는 독립된 조세 정책 및 관세법을 시행하고, 자치령으로 승격된 지 60년도 채 안된 지금 세계 각국에 외교 공관을 설치하여 다른 주권 국가와 동등한 대우를 받고 있기 때문이다.

캐나다가 자치령으로 승인되기 이전에는 한 제국의 일부가 그 제국이나 다른 나라로부터 독립된 주권 국가로 인정됨과 동시에 모국의 국왕

---

31. 7월 1일은 '캐나다의 날(Canada day)'로, 1867년 이날 캐나다가 영국으로부터 자치권을 획득한 것을 축하하는 건국 기념일이다.

에게 충성도 다하는 양면적인 기능 구조는 불가능한 것으로 여겨졌었다. 따라서 1867년 7월 1일 캐나다에서 일어난 사건은 고대 및 현대사에서 그 유례를 찾아보기 힘든 신기원에 가까운 정치적 발전이었다.

이 같은 역사적 사건을 경축하는 첫 번째 행사를 직접 목격할 수 있었던 것은 나로서는 영광스러운 일이었고, 내가 이 중대한 행사에 동참할 수 있을 만한 나이가 되어있었다는 것 또한 다행스러운 일이었다.

나는 오래 살아서 처음 정했던 원칙이 70년이 넘는 이 시간까지 성공적으로 이행되어 오고 있고, 또 이 제도가 대영제국의 다른 지역으로도 확산되고 있음을 보아왔다. 대영제국의 이러한 자치령들이 모여 마침내 현재의 영연방을 구성하고 있는 것이다.

나는 1876년 7월 1일 웨스턴에서 거행된 최초의 자치 기념일 경축행사를 생생하게 기억하고 있다. 전체 마을사람들이 이날을 마을 공유지에서 보냈다. 정말로 재미있는 하루였다. 나는 난생 처음으로 젊은이들이 기름칠을 한 나무기둥에 올라가는 경기와 기름칠한 돼지를 잡으려고 애를 쓰는 광경을 보면서 흥분을 감추지 못했다. 그 밖에 구대륙에서 최근에 이주해 온 사람들에게는 전혀 생소한 여러 여흥도 구경했다.

지금도 캐나다에서 자치기념일은 미국에서의 독립기념일과 마찬가지로 화려하게 지켜지고 있다. 다만 차이가 있다면, 미국에서 7월 4일은 미국의 식민지들이 영국에서 완전히 분리된 것을 경축하는 반면에 7월 1일은 캐나다의 식민지들이 아직도 모국과 특별한 자치령의 관계로 결속되어 있음을 경축한다는 점이다.

74년이 지난 지금에 와서 보니, 보수주의자였던 존 A. 맥도널드(Jonh A. Macdonald) 경과 진보주의자였던 올리버 모워트(Oliver Mowat) 경이 이끈 캐나다 정치가들의 지혜를 엿볼 수 있다. 이 두 정치가는 캐나다 자치령의 헌법을 초안하여 캐나다 국민들을 기쁘게 했고, 한편으로는 대영제국 정치가들의 승인을 얻었으며, 양자의 관계를 예속이 아니라 협력의 관계로 발전시켰던 것이다.

아버지가 저녁마다 미국의 남북 전쟁사를 큰소리로 읽는 것을 듣고, 밀접한 관계가 있는 사람끼리 심지어 형제 또는 부자가 남북전쟁에 휘말려 때로는 전장에서 반대편에 서서 싸웠다는 사실이 뇌리에 강하게 남았었지만, 내가 처음으로 전쟁을 실감한 것은 웨스턴에 있을 때였다.

소름끼치는 일들을 포함한 남북전쟁에 관한 이야기와 그 후 나의 사고에 영향을 미친 민병대의 무력 충돌사건은 비록 내가 평화주의자는 아니었지만, 전쟁 그 자체에 대한 혐오감을 나에게 심어 주었다.

그 당시 캐나다는 미국 영토 내에 거점을 둔 어떤 아일랜드 애국자 단체와 일전을 불사해야 할 위태로운 지경에 처해 있었다. 이미 1867년 다수의 아일랜드 사람들이 영국으로부터의 분리를 주장하고, 페니언[32]이란 단체를 결성하여 영국정부를 괴롭히고 있었다.

이 단체의 소속 대원들은 자신들이 미국과 캐나다의 국경을 넘어 캐나다를 침공하면, 미국에 거주하는 많은 동포들이 동조해주리라 믿고 있었다. 그러나 이 침공군은 나이아가라 강 도하작전에서 캐나다 민병대에 의해 격퇴되고 말았다. 이리하여 이 사건은 적어도 겉으로는 종결이 되었다. 그러나 미국정부에 대한 캐나다인들의 감정은 상당히 격앙되어 있었다. 캐나다 국민들이 볼 때 우호관계에 있는 국가를 공격하려는 의도에서 자국민들이 공공연하게 군사훈련을 하고, 전쟁에 쓸 탄약을 준비하도록 허락한 미국정부의 행위는 선린국 캐나다에 대한 적대행위로 간주되었던 것이다.

---

32. 저자 주 : '페니언(Fenian)' 이란 말은 원천적으로 '아일랜드' 의 독립을 열렬히 지지하는 일단의 '에이레' 인들에게 사용되었다. 이들은 '아일랜드' 의 독립 문제를 영국에서 강압적으로 해결토록 하기 위해, 단체를 결성하여 캐나다 내에서 영국 정부에 대한 분쟁을 시도했다.

물론 현재의 사정은 크게 다르다. 이제 모든 캐나다 사람들이 양국 간에 이룩된 굳건한 유대감과 영국과의 긴밀한 동맹관계를 진심으로 환영하고 있기 때문이다.

페니언의 단원들 대다수가 가톨릭 신자였기 때문에, 온타리오 지역의 신교도들은 이 사건을 이용하여 가톨릭에 대한 반대 여론을 조성하려 들었다. 이 반대운동은 오렌지맨[33]이라고 알려진 과격파 신교도 단체가 주도했다. 이 단체는 캐나다에서, 특히 토론토 주변과 신교도 지역인 온타리오 전역에서 큰 영향력을 행사할 수 있을 만큼 세력을 키워갔다.[34] 이와 같이 연이어 일어난 사건들이 나의 정신적 성장에 크게 영향을 미쳤다.

아버지의 견해가 오렌지맨 단체에 속한 사람들의 사고방식에 비해 폭이 넓지 않았다면, 나는 격렬한 오렌지맨 당원이 되었을지도 모른다. 내가 종종 경청한 바로는 아버지의 대화 내용은 과격한 태도와는 거리가 멀었고, 언제나 평화와 단결에 관한 것이었다.

이 당시 내게 한 가지 즐거운 일은 부모와 함께 마차를 타고 토론토로 용무 차 여행하는 것이었다. 허술해 보이는 다리를 건너갈 때 말을 빨리 몰아 건너는 것과 천천히 몰아 건너는 것 중 어느 것이 좋은지에 대해 토론을 벌인 적이 있었다. 내가 어느 쪽이 유리할까 궁금해 하자, 아버지는 자신의 의견을 유도하거나, 내 스스로 그 결과를 깨달을 수 있도록 위의 두 가지 방법으로 말을 몰아 시범을 보이시기도 했다.

---

33. 저자 주 : 이 명칭은 가톨릭을 영국의 국교로 삼으려고 하면서 영국 왕위를 노렸던 한 가톨릭 신자가 이끈 군대를 1688년 7월 12일에 격퇴시킨 오렌지맨 파의 윌리암 프린스에서 유래한다.

34. 저자 주 : 캐나다 침공 기도가 있은 지 70년이 지난 지금도 오렌지맨 당원의 후손들은 매년 7월 12일을 기념하고 있다. 이들은 시가행진을 하며 페니언주의가 성행할 당시 사용한 방법에 따라 가톨릭을 비난함으로써 가톨릭에 대한 반감을 고조시키려고 한다. 그러나 이 시가행진은 현재는 주로 관례의 문제, 즉 하나의 연중행사에 지나지 않는다. 가톨릭 신도들도 밖에 나가서 이 시가행진을 구경하며, 행진에 참여한 사람들도 아주 격렬해 보이지만 겉모습에 지나지 않는다. 이날이 지나면 종교에 관계없이 모두가 다정한 친구나 이웃으로 다시 만나고 있다.

그 후 기차가 위험스러운 철교를 건널 때 서서히 전진한다는 사실을 주목하게 되었고, 이 방법이 틀림없이 더 안전할 것이라는 결론을 내렸다. 아버지는 나에게 이와 같은 질문들을 계속 던짐으로써 스스로 사색하는 방법을 훈련시켰고, 또 어떤 방법에 따른 이점을 스스로 판단해 내도록 유도하셨다.

학창 시절

나의 학창 생활은 캐나다 웨스턴에서 시작되었다. 첫날 학교에 갔을 때 교실에서는 철자법 수업을 하고 있었다. 선생님이 어느 손을 쓰느냐고 묻자 나는 오른손을 들어 대답을 대신했다. 그러자 선생님과 학생들이 함께 웃었다. 그들이 웃는 이유를 처음에는 몰랐다. 선생님은 어느 손으로 글씨를 쓰느냐를 알고 싶은 것이 아니라 대문자와 소문자 중 어느 것을 쓰는지 알고 싶었다고 설명해 주셨다. 이리하여 말에는 전문 용어라는 것이 있으며, 공부를 잘하기 위해서는 먼저 사용하는 단어의 뜻을 제대로 알아야한다는 것을 어릴 때부터 깨닫게 되었다.

그 당시 대부분의 다른 학교와 마찬가지로, 우리 학교에도 자주 방문객들이 내방하여 우리에게 필기시험을 보게 하기도 하고, 학과내용을 암기하는 것을 경청하기도 했다.

대개 선생님은 이들에게 우리를 위한 덕담을 요청하곤 했는데, 그들은 거의 예외 없이 어린 시절의 이야기를 하면서 자기들이 받은 교육이 지금보다 훨씬 더 엄격했다는 말을 강조하듯 했다.

그들은 또 자기들이 어렸을 때에는 부모님과 선생님의 말씀을 어김없이 따랐지만, 요즈음의 아이들은 유감스럽게도 윗사람의 말을 잘 따르지 않고 자신들이 원하는 대로 행동한다고도 했다. 계속해서 그들은 오늘날의 이러한 경향은 결국 우리 모두를 곤경에 빠뜨리는 지름길이 되므로 이런 나쁜 버릇은 고쳐야 하며, 윗사람을 공경하고 순종하는 태도를 가꾸는데 노력을 아끼지 않아야 한다고 훈계했다. 나는 이런 말을 들으면서, 이분들은 내가 부모님을 통해 얻은 것과 같은 좋은 경험을 충분히 하지 못했을 것이라는 생각을 했다. 오늘날에도 많은 사람들이 학교를 방문하여, 요즘의 아이들도 버릇이 없다고 생각하고 옛날과 다름없는 설교를 하고 있을 것이다.

웨스턴에 살고 있을 때 수영을 배웠다. 아버지는 나를 등에 업고 강을 헤엄쳐 건너는 등, 물에 대한 나의 공포심을 없애 주기 위해 최선을 다하셨지만 별 소용이 없었다. 그러다가 한 무리의 소년들과 어울리면서 수영을 익히게 되었다. 혼자서는 감히 갈 엄두도 내지 못했던 곳으로 이들을 따라가서 함께 물놀이를 하는 가운데, 다른 아이들처럼 어려서부터 헤엄치기와 다이빙을 배웠던 것이다.

강폭이 좁은 곳에 얼음조각이 꽁꽁 얼어붙어 있는 광경을 웨스턴에서 처음 보았다. 비록 나이는 어렸지만, 얼음에 막힌 강물이 방직공장까지 차올라올 위험을 막기 위해 얼음을 깨려고 애쓰는 사람들을 퍽 관심있게 바라보았다.

얼음을 깨려는 작업이 처음에는 실패로 끝나면서, 주위사람들의 우려는 거의 공포심에 가까웠다. 계속되는 작업으로 얼음 한 조각이 떨어져 나오자 나는 야릇한 흥분을 느꼈다. 그렇게 되면 얼음덩이 전체를 깨뜨릴 수 있을지도 모른다고 생각되었기 때문이다. 그 광경을 지켜보면서 우리는 기술공학이 하는 훌륭한 일을 눈으로 보게 되었으며, 그 작업이 너무나 흥미로워서 나도 나중에 토목기사가 되어야겠다고 생각했다.

가족의 이사

우리가 웨스턴에 살고 있을 때, 직조산업에 불황이 닥쳐 공장이 문을 닫았다. 나는 너무 어려서 이 같은 상황을 제대로 이해하지는 못했지만, 부모님들이 몹시 걱정하고 계시다는 것을 알 수 있었다.

공장주가 다른 도시로 공장을 옮기기로 결심하고 아버지에게 같이 가자고 했다. 우리는 기쁨을 가누지 못한 채 트렌트(The Trent)강 어귀에서 그다지 멀지 않는 캠프벨포드(Campbellford)라는 도시로 이사를 갔다.

함버 강과 비교할 때 이 강은 훨씬 더 컸으며, 주요 교량의 길이에 크게 감탄했다. 더욱이 강 하류에 위치한 여러 공장으로 용수를 공급하기 위해 만든 거대한 댐의 깊은 물을 다리 위에서 내려다보았을 때에는 등골이 오싹했다.

아버지는 공장에서 멀지 않는 마을 공유지에 지어진 조그만 집을 빌렸는데, 우리는 이곳에 살면서 정원도 가꾸고 젖소와 닭도 길렀다. 트렌트 강에는 흑농어 · 참농어 · 곤들 메기 등의 물고기가 많아서 낚시하기에 좋았고, 또 나는 낚시를 무척 좋아했다. 마스크란지라는 거대한 물고기가 상류 쪽 호수에 살고 있다는 소리도 들었다.

이 물고기는 길이가 수 피트나 되고, 무게는 삼사십 파운드나 된다고 했다. 깊은 물속에 산다는 이 괴물 같은 고기를 내가 잡아본 적은 없다. 다른 사람에게 잡힌 이 물고기를 눈으로 본 적이 있어서 실제로 존재한다는 것은 분명히 알았지만, 우리 소년들에게는 여전히 괴물처럼 여겨졌다.

어느 날 캠프벨포드 마을에 내가 익사했다는 소문이 퍼져 한바탕 소동이 일어났다. 나는 그때 죽음이라는 것의 의미를 처음으로 알게 되었다.

그날 늦도록 내가 학교에서 돌아오지 않자, 어머니는 걱정하기 시작했다. 그때 어느 이웃 사람이 우리 집으로 달려가 내가 강에 빠졌다고 하자, 어머니는 미친 듯이 현장으로 달려갔다.

이미 많은 사람들이 모여 있었고, 남자들은 배를 타고 댐 상류 깊은 곳에서 사체 수색작업을 하고 있었다. 소문에 내가 뗏목을 타고서 이를 다룰 줄 몰라 쩔쩔매고 있었다고 한다. 그때 내가 갑자기 군중 속에서 나타났던 것이다. 사정을 알고 보니, 소문대로 어느 소년이 뗏목을 타고 허우적거리고는 있었지만, 그 소년은 내가 아니라 내 친구였던 것이다. 그는 실제로 익사하여 다음 날에야 사체를 찾을 수 있었다. 당시의 풍습에 따라 장례식이 치러졌다. 장례식에 참석한 사람들에게 많은 다과가 제공되었는데, 당시에는 장례식이 이따금 주연으로 변하기도 했다. 지금은 세월이 바뀌어 엄숙한 장례식에서 주연을 벌이는 일이 더 이상 없는 것만은 다행한 일이다.

내 기억에 캠프벨포드 학교에 다닐 때 그곳에서 첫 번째 맞이하는 5월 24일이 다가오고 있었다. 빅토리아 여왕의 탄신일이 5월 24일이었으므로 처음으로 여왕에 대한 나의 관심도 생겼다. 학생들이 이날에는 수업이 없을 것이라고들 했지만, 혹시 선생님이 그날을 그냥 지나쳐 버릴까 봐 우리 모두는 수업 도중에 일제히 큰소리로 외쳤다.

“5월 24일은 여왕님의 탄생일! 만약 수업하신다면 우린 모두 달아나겠어요” 수업 도중이었지만, 놀랍게도 그 여자 선생님은 전혀 화를 내지 않았다. 다만 미소를 지으며 잠자코 있을 뿐이었다. 마침내 그 날이 되자 무수히 불꽃을 쏘아대며 축하했다.

한편 공장주 피런드는 잠시라도 한곳에 머무르지 못하는 사람 같았다. 새로 이사 온 이곳에서도 사업을 확대하려 들지 않고 오히려 이사를 가기로 결정했기 때문이다. 아버지는 이번에는 그와 함께 가지 않기로 하고, 곧 동쪽으로 좀 떨어진 레너크라는 마을에서 새 일자리를 찾았다. 그곳은 임대한 공장이 아니라 경영주 소유의 공장이어서, 아버지가 오래 근무할 수 있는 가능성이 컸다.

이 마을에서 발생한 몇 가지 사건들이 나의 태도와 사고에 영향을 미쳤다. 그 중 한 가지는 심한 뇌우로서, 어느 날 내 친구 중 한사람이 벼락에 맞아 의식을 잃어 버렸다. 그는 회복되었지만 벼락에 대한 공포감은 수년이 지나도록 없어지지 않았다. 또 한 가지는 성홍열이 유행하여 친구 몇 사람의 목숨을 앗아갔던 일이다. 그 당시에는 심지어 의사들에게도 병원체 이론이 알려지지 않았기 때문에 희생이 더욱 컸었는지 모른다.

학교 수업에서는 산수에 흥미를 느꼈다. 그 결과 덧셈을 매우 잘할 수 있었으며, 그 후 다른 산수 문제도 유사한 방법으로 익혀 나갔다.

이같은 훈련과정은 후일 나에게 큰 도움이 되었다. 왜냐하면 다른 학생들보다 산수 문제를 더 빨리 풀게 되었고, 또 수학과목에서는 학급에서 수위를 유지할 수 있었기 때문이다. 후일 사업에도 수학을 응용하여 숫자 사용에 관련된 문제라면 다른 동료들보다 앞섰다. 내가 사용한 것과 같은 산수 교육방법을 다른 학교에서는 왜 사용하지 않을까하는 생각을 지금도 가끔 한다.

이 방법으로 교육한다면 학생들이 계산을 빨리 할 수 있을 뿐만 아니라, 적어도 내 생각에는 모든 문제를 신속히 생각할 수 있는 능력을 길러주게 될 것이다. 이러한 생각에 대해 오늘날 심리학자들은 오히려 반박하고 있다. 그들은 한 분야에서의 능력은 다른 영역의 능력과 상관이 없다고 하는데, 내 경험으로는 그들의 생각과는 달리 분야 간의 상관성은 매우 크다고 본다.

이 마을에서 겪은 여러 일들이 나의 인생에 많은 도움을 주었다. 이점에 대하여 나는 지금까지 감사하게 여기고 있다.

우리는 감리교도였으나 주로 스코틀랜드인들이 살고 있는 이 지역에는 감리교회가 없었다.[35] 물론 장로교회[36]와 조합교회,[37] 그리고 성공회교회[38]도 있었다. 아버지는 조합교회를 선택했다. 당시에는 성직자 간의 교류가 없었고, 다른 종파의 목사들이 공회당의 연단에서조차 함께 자리하는 일도 없었다.

공장에서 일하다

나는 점차 학교생활에 싫증이 나기 시작하여, 학교 대신 공장노동자가 되겠다는 강한 충동을 느끼게 되었다. 그리하여 아버지가 맡고 있는 공장 부서에서 일하게 해 달라고 졸랐다. 아버지는 자신의 경험을 통해 교육의 가치를 잘 알고 있었으므로, 학교를 그만두어야 하는 나의 이 같은 요청에 극구 반대하셨지만 결국 승낙하셨다.

어머니는 공장노동자들이 흔히 입는 상하가 달린 작업복을 내 몸에 맞도록 고쳐주셨고, 나는 이 옷을 자랑스럽게 입고 다녔다.

아버지는 내가 다른 부서의 감독관 아래서 작업하기를 원했으므로, 피킹(picking) 기계에 배치되었다. 피킹 기계는 못이 박힌 원통과 그 안에 들어있는 고속 회전 실린더로 구성된 것으로, 실린더에도 똑같이 못이

35. 감리교는 18세기 중반 영국 성공회에서 분리된 개신교이다. 요한 웨슬레가 만든 이 개신교는 감리교(Methodist Church)라는 말 자체로 엄격한 신앙심을 고수하였다. 감리교는 교리 상 자유의지를 믿는 교파이다.

36. 장로교회(Presbyterian Churches)는 16세기 종교개혁 때 발생한 고전적 개신교의 대표적인 집단 중 하나로, 현대 장로교회는 보다 포괄적인 명칭인 개혁교회로 알려진 유럽의 장로교회와 영국식 캘빈주의 교회로 그 근원이 거슬러 올라간다. 장로교회라는 명칭은 목사와 평신도 지도자인 장로가 교회정치를 위해 협동하는 형태를 의미한다. 따라서 모든 개혁교회의 정치형태가 장로교회의 그것은 아니지만, 모든 장로교회는 캘빈주의적 개혁교회 전통의 일부분에 속한다.

37. 조합교회(The Congregational Church)는 각 교회가 자치 · 독립되어 위로부터의 지배를 거부하는 개신교 교회 형태이다. 신앙의 자유와 심령의 평등을 표방한다.

38. 성공회교회(Anglican Church)는 영국 국교회의 전통과 조직을 같이하는 개신교의 한 교파이다.

박혀 있다. 내가 하는 일이란 뒤엉켜 있어 올올이 펴지 않으면 일반 양털과는 섞을 수 없는 것들을 이 기계 속으로 넣는 것이었다. 또 천을 짜는 데에는 버릴 것이 없으므로, 두루마리 끝에서 잘라낸 천 조각도 이 기계 속으로 다시 넣었다.

이 과정을 거친 양모는 길이가 짧아서 이것으로 직조한 천은 원래의 털로 짠 천에 비해 튼튼하지가 않았다. 그렇지만 이 털을 잘 가공해서 길이가 긴 양털에 적당량 섞어 짜면 새 양털만으로 만든 방사에 못지않게 튼튼했다.

나는 일당 40센트, 즉 월 10달러 가량의 임금으로 일하기 시작했다. 하루에 11시간, 1주일에 6일, 다시 말해 주 66시간을 일했던 것이다. 그 당시 나는 11살에 지나지 않았지만, 아침 일찍 일어나 아침 식사를 마친 후 6시 30분까지는 공장에 가야했다.

요즈음도 그 당시의 생활을 가끔 생각해 본다. 우리는 오전 내내 작업했고 정오가 되면 1시간 동안의 점심시간에 집으로 가서 식사를 했다. 오후 1시까지 작업장으로 돌아와 6시30분까지 휴식 없이 작업했다. 하루의 작업이 끝나면 집으로 가 저녁식사를 하고 잠자리에 들 때까지 즐겁게 시간을 보냈다. 우리는 이른 아침 종소리와 함께 기상하여 판에 박힌 일과를 거듭해야 하므로, 대개 일찍 잠자리에 들어야 했다. 일요일이 유일한 휴식일이었다.

피킹 기계 앞에서 한동안 일하다가 '잭'이라고 하는 방적기를 다루는 자리로 승진되었고, 임금도 일당 45센트로 인상되었다. 이 기계는 길이가 60피트, 폭이 15피트나 되는 공간을 차지하고 있었다. 이 기계의 뒤편에는 빗질 공정을 거친 양털 더미가 거대한 원통모양을 한 채 여러 개 놓여 있었다. 이 더미는 이 보다 앞선 공정에서 반 인치 정도의 굵기로 말아놓은 보풀이 많은 가락이 수없이 모여 있는 것으로서, 이 양털 가락

하나하나로부터 나중에 천을 짜게 될 방사를 뽑아내게 되어 있었다.

이 '색'이라는 이름의 방적기는 고정된 부분과 움직이는 부분으로 이루어져 있었다. 고정된 부분은 빗질한 작은 양털 가락들을 한데 묶은 큰 꾸러미를 여러 개 올려두는 곳이고, 움직이는 부분에는 빠르게 회전하면서 양털 가락을 방사로 꼬아내는 방추가 여러 개 달려 있었다. 또한 이 기계는 실패에 실을 감는 기능도 갖고 있었다. 방사가 빠른 속도로 감길 때, 어느 한 실패에 압박감이 너무 심하거나 혹은 가닥이 약하여 정상적인 장력을 견디지 못하면 방사가 끊어지곤 했다. 끊어진 가닥을 살피는 일은 실패를 담당하는 소년 직공들의 몫이었다. 이들은 일정 구역을 맡아 살펴보다가 실이 끊어지면 절단된 실의 양끝을 찾아내어 매듭을 남기지 않고 잘 감길 수 있도록 조심스레 연결했다.

이와 같은 공정 모두가 마감부에서 행해졌으며, 이 부서의 책임자는 아버지였다. 마감부에서는 천의 조직이 두꺼워지고 단단해져서 마침내 올의 신축성이 안정되면 무늬가 있는 표면에 보풀을 세워서 전단기로 보냈다. 이 전단기는 잔디를 깎듯이 보풀을 잘라내는 기계였다. 이와 같은 처리과정을 거치면 천의 표면이 고르게 되고 무늬는 더욱 뚜렷하게 나타났다.

이 일을 하면서 일당 50센트를 받았으나 같은 작업을 하는 다른 아이들은 60센트를 받았다. 나도 같은 노임을 받아야겠다고 여러 번 간청하다시피 말해보았지만, 아버지는 자기 아들을 너무 빨리 승진시킨다는 말을 듣지 않기 위해 번번이 거절하셨다. 이러한 처리에 불만은 있었으나 참을 도리 밖에 없었다.

내가 이 공장에서 일한 기간은 도합 2년가량 된다. 그동안 1일 11시간 노동제는 처음 10시간 30분으로, 그리고 10시간으로 바뀌었다. 이러한 변화는 공장주와 노동자 사이에 상당한 논란을 거친 후에 이루어진 것이었다.

감독관이라는 아버지의 위치는 고용주들과 거의 대등하였지만, 노동시간 단축 문제에 관한 한 아버지는 노동자의 입장을 지지하셨다. 이 문제가 거론되고 있을 때 아버지가 내걸었던 주장을 나는 아직도 기억하고 있다. 아버지는 하루 11시간 노동을 하는 경우 작업을 채 마치기도 전에 노동자들이 너무 지쳐버리므로 오후의 생산량은 실제로 감소되고, 노동시간이 단축된다면 노동자들은 하루 종일 여력을 가진 상태에서 일을 할 수 있으므로 생산량은 증가될 것이라고 주장했다. 생산 속도에 이익이 달려있는 업주들을 설득시키는 일은 매우 어려웠으나, 얼마 후 그들은 노동시간 단축을 시험 삼아 해보자는데 동의했다.

학교생활을 다시 시작하다

2년가량의 공백이 있은 후 나는 학교생활을 다시 시작했다. 어느 날 아버지께서 "올리버, 입학시험을 한 번 치러보지 않겠니?"라고 하셨다. "별로 생각이 없는데요"라고 했더니, "그래도 한번 시도해 보면 어때?"라고 하시기에, 아버지의 생각이 정 그러시다면 한번 해보겠다고 했다. "그래, 그러면 한번 시도해보아라"고 하셨다. 나는 그때 내 생애에서 그 어느 때 못지않은 대단한 의욕이 생겼다.

그로부터 입학시험 때까지 열심히 공부했다. 그 결과 시험에 합격했을 뿐만 아니라, 수석까지 하게 되어 나 자신도 크게 놀랐다. 전혀 자랑하고 싶지는 않지만, 나는 성실히 공부했었다. 아마 학교를 그만두고 있을 동안에도 공부 이외에 다른 일은 하지 않던 아이들보다도 더 열심히 공부한 덕택일 것이다.

고등학교에서 내가 처음 만난 선생은 존 윌키였다. 자그마한 키에 매우 정열적인 사람이었으나 10대 소년들에게는 그다지 인기가 없었다.

하루는 윌키 선생님이 못된 장난을 치고 있던 몸집이 큰 학생 중 하나와 언쟁을 하게 되었다. 윌키 선생님이 벌을 주려고 하자 그는 선생님을 붙잡아 걸상 위로 거세게 밀쳐버렸다. 품위를 상실한 자세에서 일어난 선생님은 큰 모욕감을 느꼈을 것이다. 이때 나는 학생인 짐 밀러의 용맹을 경탄해야할지, 혹은 당혹해 하는 윌키 선생님을 동정해야할지 갈피를 잡을 수 없었다.

이런 일을 목격하기는 그때가 처음이었다. 그러다가 고등학교를 졸업하기 전, 관련된 사람들은 다르지만 비슷한 사건을 또 한번 목격하게 되었다. 이번 사건은 어느 흥분한 교사가 자제력을 잃고 학생을 적절히 다루지 못한데서 비롯되었다. 부당한 수치를 당했다고 생각한 학생은 평소 완력에 자신 있어 하는 아이였다. 그해 학년 말에 윌키 선생님은 토론토의 녹스대학(Knox College)에서 신학연구를 마치기 위해 사임했다.

내가 다닌 초등학교와 고등학교의 교장이 스코틀랜드인이고 또 존 녹스(John Knox)[39]의 진지한 신봉자였지만, 그렇다고 나는 장로교에 대한 어떤 거부감은 갖고 있지 않았다. 이것은 아마도 아버지가 마치 운명에 예정되어 있는 것처럼 독실한 감리교 신자였고, 또 자유 의지에 대한 감리교 교리를 확고하게 믿고 있었기 때문일 것이다.

또 한편으로는 가정교육의 영향으로 나는 정치적인 면에서 혁신주의자가 되었고, 따라서 점점 정치적 자유주의로 기울어졌다. 내가 엘몬트(Almonte)에 다니고 있을 때, 캐나다 의회(The Dominion Parliament)가 상정한 가장 중대한 법안은 캐나다 태평양 횡단철도(The Canadian Pacific Railway) 부설기금을 확보하는 일에 관한 것이었다. 국가발전을

39. 16세기 영국 스코틀랜드의 종교개혁가로, 장로교 창시자의 한 사람이다.

위해서 보수당과 혁신당이 이 법안이 필요하다는 점에 동의했으나, 그 방법에 대해서는 의견 충돌이 있었다.

캐나다 보수당원 중에서 가장 위대한 정치가인 존 A. 맥도널드의 영도 하에 그 당시 집권당은 정부의 보조를 받는 개인회사에 철도부설을 위임하자는 주장을 했고, 혁신당은 이 사업은 전적으로 정부의 주도 하에 이루어져야 한다고 했다. 이 문제에 대하여 별로 아는 바가 없는 학생들도 이 같은 논란을 거론했던 것이다.

아버지의 금주

어느 날 아버지가 많은 양의 맥주를 쏟아버리셨다. 나는 그 이유를 알고 싶었다. 아버지가 설명하시기를, 그 날 점심식사 때 집에서 평소와 같이 우리 집에서 양조한 맥주를 한잔 마신 후 공장을 향해 걸어가는 도중에 방금 지나쳐 간 두 사람이 주고받는 이야기를 우연히 엿듣게 되었다는 것이다.

그들은 "시몬 에비슨에게서 술 냄새가 나는 것을 맡아봤소? 나는 그가 절대 금주가이고 또 절주운동[40]을 하는 연사인 줄 알았는데, 방금 술 냄새가 났다오. 그 사람 순전히 위선자로구먼"이라고 말했다는 것이다. 아버지가 들으라고 한 말은 아니었지만, 크게 느낀 바가 있어서 두 번 다시 집에서 담근 술이라 하더라도 입에 대지 않을 것이며, 가족 중 어느 누구도 술을 마시지 못하게 하겠다고 다짐을 하셨다는 것이다.

이웃 주민들은 금주가인 아버지의 충고를 열렬히 원했고, 또 그의 열정

---

40. 19세기 내내 영국과 미국, 그리고 캐나다에서 여성운동의 일환으로 일어난 금주운동(Prohibition Movement)과 절주운동(Temperance Movement)이다. 미국에서는 이 운동의 영향으로 1820년 1월부터 금주법이 실시되었다.

으로 우리 가족 모두는 어떤 형태의 술이든 마시지 않는 것이 바람직하다는 생각을 가지게 되었다. 그래서 내가 글자를 배운 직후 어느 날, 내 키가 겨우 테이블에 닿을 정도였지만 금주 맹세에 서명을 하게 되었는데, 그 일은 내 인생에 있어서 아주 중요한 결정이었다고 생각한다.

아버지께서 품위있는 문학을 좋아하셨기에, 우리들 마음속에도 자연스레 독서열이 싹트게 되었다. 우리들 중에서 그 어느 누구도 아버지만큼 많은 독서를 하지는 못했지만, 어릴 때부터 몇 편의 시를 기억하게 되었고 또 때로는 대중 앞에서 암송하기도 했다. 한번은 아버지에게 시를 암송해 드리려했는데, 일어서기 전에도 그리고 처음 시작할 때에도 몸이 떨려 암송할 수 없을 것이라고 생각되었다. 첫 행을 마칠 때쯤 두려움이 사라져서 쉽게 계속할 수 있었다고 말했더니, 아버지는 훌륭한 분들도 연설할 때는 마찬가지라고 일러주셨다.

나는 유아세례는 받지 못했고, 제법 성장해서야 계단에 무릎을 꿇고 세례를 받았다. 이때가 열 너 댓 살쯤이었다고 생각된다. 그때까지 우리는 가족기도를 해본 적도 없고, 또 식탁에서의 감사기도도 하지 않았다. 그러나 바로 그 일요일에 아버지는 가족예배를 시작했고 이것은 그가 사망할 때까지 지속되었다. 사실 이 일은 우리 가족 모두의 인생행로에서 기쁘기 짝이 없는 중대한 변화가 아닐 수 없었다.

미시시피 강에서 있었던 일

엘몬트는 미시시피 강 연안에 위치하고 있다. 미시시피라고 해서 독자 여러분이 생각하는 큰 강은 아니다. 미 대륙에는 두 개의 미시시피 강이 있는데 하나는 미국에, 또 하나는 캐나다에 있다. 내가 말하는 강은 모든 점에서 멕시코 만으로 흘러 들어가는 강보다는 작지만, 잔잔한 물속에는 물고기가 풍부하고 곳곳에 급류와 폭포도 있어 흥미롭고 낭만적인 강이다. 급류와 폭포가 평지로 떨어지기 때문에, 거대한 댐을 건설하여 많은 모직공장을 가동할 수 있는 동력을 공급할 수 있었다.

엘몬트는 바로 이러한 급류와 폭포에 가까운 곳에 건립되었고 또 많은 모직공장이 들어서면서, 이미 언급한 바와 같이 엘몬트라는 도시가 온테리오의 동부지역에서는 모직공업의 중심지가 된 것이다. 이 강의 근원은 남쪽의 바위투성이의 고산지대이며, 엘몬트의 서쪽은 광활한 산림지대로 그때까지 벌목꾼들이 산림을 베어내고 있었다. 이 벌목꾼들은 주로 겨울철 농한기에 일손이 한가한 농부들의 아들로서, 대개 벌목 일을 해서 수입을 보충했다.

벌목꾼들의 숙소를 방문하는 것은 참으로 재미있는 일이었다. 요리사는 거의 언제나 퀘벡 출신으로 이들은 그 지방의 독특한 방언과 함께 영어와 불어를 섞어 사용하였다.

이들은 일반적으로 너그러웠으며 우리를 보면 반가워했다. 우리가 이곳을 찾을 때면 우리가 원하는 것(갓 구워낸 빵을 두껍게 잘라낸 조각에 굳은 버터를 잔뜩 바르고 또 설탕이나 크림을 넣지 않은 진한 차에 담뿍 적신 것)이 무엇인가를 잘 알고 있었다. 집에서 이 같은 식사를 하면 조롱받기가 일쑤겠지만, 이곳 숲속에서 통나무를 기어 오른 후, 우리들의 왕성한 식욕으로 먹는 그 맛은 이루 말할 수 없었다.

이러한 소도시에 사는 소년들 가운데 수영 못하는 애가 있다면, 그는 오히려 경멸을 받기 마련이었다. 학교 친구들 중 수영을 못하는 축에 드는 아이가 둘 있었는데, 이들에게 수영을 가르치려고 하다가 하마터면 내가 익사할 뻔 했다. 어느 날 우리들이 수영하러 가서, 통나무 뗏목으로부터 상당히 깊은 물속으로 뛰어들었다. 두 친구 가운데 한 사람이 좀 늦게 도착하여 황급히 옷을 벗고 통나무를 뛰어 넘어 우리가 있는 곳으로 달려오더니 우리에게 한마디 말도 건네지 않고 곧장 깊은 물속으로 뛰어들었다. 그때 나는 통나무 유실을 방지하기 위해 목재 끝부분을 연이어 쇠사슬로 묶어 고정시킨 방재(防材)위에 서 있었는데, 존이 수영을 못한다는 것을 알고 있던 나는 그가 수면 위로 솟아오르기를 지켜보고 있었다.

그런데 이상하게도 그의 머리카락만 수면 위로 떠올랐다. "존이 물에 빠졌다!"하고 소리치고는 물속으로 뛰어들었다. 그의 등 뒤로 헤엄쳐 가, 두 손으로 목을 잡고 머리를 물 위로 추겨 올렸다. 그리고는 그의 허리를 잡고 방재 쪽으로 헤엄쳐 나왔다. 친구들에게 그를 건져내라고 고함을 쳤지만, 장난에만 몰두하고 있었다. 다급한 내 목소리를 듣고서도 장난인 줄 알고 별다른 주의를 기울이지 않았다.

존을 끌고 웅덩이 가장자리로 헤엄쳐 가자, 그곳에 앉아있던 소년 하나가 사태를 짐작하고 손을 내밀어 도와주었다. 우리는 함께 존을 잡아 물 밖으로 끌어 올렸다. 존과 나는 가쁜 숨을 몰아쉬었고 무척이나 놀란 나머지 가슴이 몹시 두근거렸다. 그러나 내 힘으로 존을 구해 무사히 아버지한테 돌아가게 한 것에 대하여 무척이나 기뻐했다.

아내 될 처녀와의 첫 만남

엘몬트에 있는 동안 참으로 잊을 수 없는 사건이라면 사건인 한가지 일이 일어났다. 모의 결혼식(Mock Wedding)이 그것이다. 모의 결혼식 놀이는 마을의 처녀 총각들이 모인 곳에서 눈을 가린 그날의 좌장이 어느 처녀를 선택하면, 그 처녀가 그 방안에서 자기 마음에 드는 총각에게 키스를 하게 되어 있었다.

그날 좌장이 선택한 처녀는 16살에 3개월이 모자라는 소녀였다. 몹시 당황한 소녀는 그곳의 농부 청년들을 잘 알지 못하는 데에다, 그날 자기를 데려 온 농부 청년에게도 키스하고 싶어 하지 않았다. 말하자면 그 행위가 너무나 아끼는 것이었으므로, 쉽게 내버리듯 할 수는 없었기 때문이었다. 그곳에 남아 있는 대상이라고는 생전 처음 보는 애송이 청년 하나뿐이었다. 그 남자는 이제 겨우 17살을 넘긴, 깨끗한 얼굴에 피부가 발그레한 소년티를 채 벗지 못한 모습을 하고 있었다.

그녀는 이 청년을 택하면 동네에 달리 소문이 날 부담도 없이 자기에게 부과된 임무를 다할 수 있다는 생각을 하였을 것이다. 그녀는 얼굴을 붉히고 있는 이 청년에게 다가가서 자기 의무를 다했다. 게다가 그것도 멋지게 했다. 주위에서 박수를 치는 가운데 자기에게 부과된 대가를 거두는 동안 그녀의 얼굴 또한 상기되어 있었다. 그때 나의 기분은 어떠했느냐고? 절대로 고백할 수 없다!

이내 나도 대가를 치를 순서가 되었다. 좌장이 이 행위의 전권을 갖고 지명 당한 사람은 당장 제니 바니스(Jennie Barnes)와 결혼해야 한다고 선언했기 때문이었다. 이 선언에 좌중은 더 큰 박수로 호응했다. 손님 중 한사람이 주례목사로 선정되고, 모든 순서와 형식이 실제 결혼식처럼 진행된 후 이 모의 결혼식은 끝났다.

신랑은 신부에게 부과된 임무에 충실하게 신부에게 키스했으며, 이 때 신부는 전보다 더욱 얼굴이 상기되어 있었다. 이 모든 일이 예언적인 의미를 갖고 있었던 것일까? 아니면 이 사건이 자연의 순리를 따라 자연스레 일어난 일이었던 것일까? 어쨌든 이 한 쌍의 어린 부부는 8년 쯤 지난 후에 실제로 부부가 되었고, 그 후 51년을 넘게 함께 해로(偕老)했다.

시골학교 교사가 되다

엘몬트의 고등학교를 졸업하고 군청 소재지인 퍼드에 있는 모델 학교(Model School)에 입학했다. 처음 개교한 학교였기 때문에 교사나 학생들의 활동지표가 될 이전의 기록은 전무한 상태였다. 그러나 이 학교를 졸업할 때 우리는 초등학교나 초 · 중등 공립학교의 교사 자격을 부여하는 3급 자격증을 받았다.

졸업 후 나는 신문에서 교사채용 광고를 살피기 시작했다. 마침내 엘몬트에서 약 25마일 떨어진 스미스즈 폴즈(Smith' s Falls)에 가까운 어느 시골학교에서 교사를 구한다는 광고를 보게 되었다. 내가 그 학교 재단이사회 앞으로 지원서를 보내자, 그 쪽에서 면접을 하겠다는 통지를 보내왔다. 편지에는 30명의 지원자 중에서 나를 선발했으나 최종 결정을 내리기 전에 서로 만나보는 것이 좋겠다고 했다.

기차로 스미스즈 폴즈까지 가고, 그곳에서 학교가 있는 시골까지 가는 길은 현지에서 묻기로 했다. 운 좋게 같은 방향으로 가는 농부라도 만나면 요즘 말로 히치하이킹을 하기로 하고, 그럴 운이 없다면 나머지 3마일은 걸어서 가기로 했다.

스미스즈 폴즈에 도착한 후, 그곳 서점에 들어가서 목적하는 학교의 재단 이사장인 윌리암 그램 씨 댁을 찾아가는 길을 물었다.

학교 재단이사회는 그램, 데비드슨 그리고 존 맥도널드 등 세 사람으로 구성되어 있었다. 그들은 나를 보자 매우 반가워하며 이것저것 물었다. 학교의 분위기도 매우 마음에 들었으며, 주위의 풍경도 교육에 알맞다고 내 나름대로 생각했다.

재단이사 중 맥도널드 씨는 혹시 내가 이 학교에 채용되자마자 그만두지 않을까 염려하는 것 같았다. 나는 이렇게 대답했다. "맥도널드 씨, 내가 비록 몸집은 작을지 모르나 결코 아이들을 두고 저 언덕 너머로 달아나지는 않을 것입니다. 이 점을 명심해 주시기 바랍니다." 이렇게 하여 채용이 결정되어 계약서를 작성하고 서명도 했다. 나의 봉급은 연봉 2백 40달러였다. 이 돈이면 숙식과 의복 등 필요한 비용을 충당할 수 있었다.

계약을 맺은 후 엘몬트로 돌아왔다. 교사가 되고 한 사람의 성인이 되었기에 자랑스러웠고 또 기뻤다. 1878년 1월 2일부터 근무하기로 되어 있었다. 주당 2달러로 그램 씨 댁에 하숙을 정하고, 남은 돈으로 의복과 필요한 물품을 구입했다. 다음날의 준비를 하기 위해 1월 1일 나는 그램 씨 댁으로 갔다.

그램 씨 댁에는 제니 양의 부모인 바니스 씨 부처를 포함한 신년 축하객들이 저녁식사를 위해 읍내에서 와 있었다. 수백 야드 떨어진 근처의 강이 얼어붙어, 남자들은 빙판에서 크로켓 시합을 하러 갔었는데 그들과 인사를 나누기 위해 나도 그곳으로 갔다.

학교는 돌로 지은 건물로 교실이라곤 한 칸 밖에 없었다. 그러나 그 안에 수용되는 학생 수는 40명이 넘었다. 초등과정 전 학년에 걸쳐 분포된 학생들이 대부분이고, 고등과정 1, 2학년 과정에 적을 둔 나이든 학생들도 더러 있었다. 많은 학생들이 여름에는 농사를 짓고 겨울에만 학교를 다녔기 때문에 나보다 나이가 많은 경우도 있었다.

그들은 내가 그들에게 그랬듯이 조심성 있게 나를 주시했다. 얼굴이 곱상하고 아직 한 번도 면도해 보지 않은, 그렇다고 수염도 없으며 5피트 2인치의 키에 몸무게라야 1백 파운드도 채 안 되는 소년이 교사라는 신분으로 그들 앞에 섰을 때, 그들이 무슨 생각을 했을지는 나도 모를 일이다. 다만 처음 대했을 때 그들의 태도를 조심스럽게 살폈던 일과 미소를 지으며 간단한 인사를 나눈 후, 수학공부를 하자고 했던 일이 기억난다.

학교생활은 그런대로 즐거웠다. 추억에 남을만한 일들도 많았으며, 혹

날 이따금 생각이 날만큼 나보다 나이 많은 학생들과의 에피소드나 즐거운 일들도 많았다.

그때의 에피소드 한 토막을 소개한다. 내가 조선으로 떠난 후에는 사실 이때의 많은 일들을 잊어버릴 만큼 조선에서의 생활은 눈코 뜰 새 없이 바쁜 나날들이었다. 그런데 한번은 특별 휴가를 얻어 조선에서 돌아와, 그곳을 찾았을 때 옛 제자 한 사람을 만났다. 그는 건장한 농부가 되어 슬하에 많은 자녀를 두고 있었고, 나 역시 머리가 반백이 되어 있었다.

그해 여름 스미스즈 폴즈에서 동창회를 가졌는데 아주 즐거웠다. 어느 날 저녁 나와 아내는 무도회가 열리는 매우 넓은 중앙로를 걷고 있었다. 모든 지역의 농부들이 이곳에 모였다.

갑자기 몸집이 큰 사내가 우리 앞을 가로막고 이 같이 말했다.

"나를 기억하시지 못하겠지만, 당신은 내가 한턴 학교에 다닐 때 선생님이었지요."

"물론 자넬 기억 하고 말고." 내가 대답했다.

"자넨 조지 맥길브리가 아닌가?" 이 말에 그는 호탕하게 웃고는 "나를 때려 눕히려고 했던 일을 기억하시오?"라고 말하고는 또 웃었다.

"결코 잊을 수 없지. 그때 때려 눕혀야 했었는데"라고 말했다.

"좋은 시절이었소, 우리 모두는 당신을 좋아 했다오."

교직은 직업으로서는 결점이 있지만, 오랜 세월이 지난 후 가르쳤던 학생들을 만나 "우리 모두는 당신을 좋아 했습니다"라는 말을 듣는 것보다 더 즐거운 일은 없을 것이라 생각한다.

임시 교사를 채용케 하고, 한동안 수도 오타와에 가 있던 기간을 제외하고 나는 그곳에 3년간 머물렀다. 내가 오타와로 간 이유는 더 좋은 자리를 보장해 줄 상급학교 교사자격증을 얻으려고 사범학교에서 공부하기 위해서였다.

인생의 목표를 다시 생각하다

스미스즈 폴즈를 떠나 엘몬트에 있는 집으로 돌아온 나는 언젠가는 대학교수가 되겠다고 마음먹고, 이에 걸맞는 자격을 갖추기 위해 토론토대학의 입학 허가를 얻기 위한 준비를 시작했다. 준비는 고등학교 재입학으로 시작되었다.

그러나 이 입학 준비과정을 채 끝내기도 전에, 나는 인생목표를 다시 생각하게 되었다. 생활비와 학비라는 이중 부담을 안고 교수가 되기 위해 입시 예비학교를 졸업할 때까지 고생을 감수하겠다는 내 열의가 가상하기는 하나, 현실적으로 매우 어렵다는 사실을 깨달았던 것이다.

그럼 무엇을 할 것인가 하고 고심하노라니, 그럴듯하게 여겨지는 직종도 생각났지만 딱히 결정할 수도 없었다. 우선 장사는 내 적성에 맞지 않을 것 같았다. 그러다가 고등학교 시절에 화학이 특히 흥미로웠다는 생각이 떠올랐다. 그 분야의 공부를 앞으로 계속할 수 있고 생계도 꾸려나갈 수 있는 직종이라면, 극히 이상적이라는 생각이 들었다.

이런 결정을 내리고 나자, 공교롭게도 스미스즈 폴즈의 어느 약국에서 조수를 구한다는 광고가 지방신문에 실렸다. 약국 주인은 내가 교사로 근무할 때 알게 된 J. S. 맥컬름 박사였다. 곧 그를 찾아갔다. 그는 선뜻 나를 조수로 고용했는데, 보수는 오늘날 기준으로 볼 때 우스울 정도로 보잘 것 없었다. 첫 해에는 침식만 제공하고, 2년째에는 침식 이외에 1백 달러를 주고, 그리고 3년 되는 해에는 여기에다 또 1백 달러를 더 주겠다고 했다.

이 제의는 3년 동안 침식을 제공받고, 현금 3백 달러를 마련할 수 있으며 거기에다가 화학, 생물학, 의약품 가공법, 조제법 및 사업 방법까지 배울 기회가 보장된다는 것을 뜻했다.

아내 제니의 어머니

제니의 집은 약국에서 불과 한 블록 떨어져 있어서 그녀가 매일 아침 집 앞 보도를 쓸고 있을 때 나 역시 밖으로 나갔으며, 우리는 서로를 향해 손을 흔들어 아침 인사를 했다. 그녀의 어머니는 항상 내편을 들어주었다. 그래서 밤에 찾아가면 – 때로는 늦은 시각인 밤 9시 30분에도 방문했다 – 이해심 많게 여러 가지로 보살펴 주었다.

그 당시 방문한 남자가 돌아가기에 적절하다고 여겼던 10시가 되었어도 내가 떠나기를 바라지 않고, 오히려 쟁반에 파이나 과자를 담아 마실 것과 함께 거실로 가져와서 탁자 위에 올려놓고, 미소를 지으며 작별인사를 하고 조용히 방을 나가곤 했다. 참으로 훌륭한 어머니였다. 그녀는 찾아오는 젊은이들 중에 사윗감으로 자기가 원하는 사람이 누구인가를 분명히 알고 있었던 것이다.

내가 약국에 근무한 지 1년이 채 못 되어, 사무장이 행정자치 구역으로 새로 조직된 매니토바 주의 수도인 위니팩으로 가버렸다. 나는 지금까지의 내 근무 성적에 비추어 그 자리는 당연히 나에게 주어질 것으로 기대했지만, 맥컬름 씨는 자치주의 약사법에 따라 법적으로 인정된 유자격 약사를 채용하고 싶다고 했다. 맥컬름 씨는 자신의 법해석이 잘못되었음을 나중에야 깨달았다. 그 자신이 의사이므로, 법에 따라 유능하고 합법적인 약사로 간주되기 때문이었다.

일단은 유자격 약사를 채용했다. 그런데 채용된 약사는 사업 수완은 있었으나, 약사로서는 유능하지 못하여 맥컬름 씨는 몇 달 후 그를 해고했다. 마침내 나에게 그 자리를 맡기고 조수 한 사람까지 고용하여 나의 일을 돕도록 배려해 주었다. 이리하여 잔심부름 따위는 할 필요 없이, 약국 운영과 공부에만 전념할 수 있게 되어 매우 기뻤다.

약사 자격시험에 합격하다

수개월 후에 약사 자격시험이 실시될 예정이었다. 이 시험에 합격만 하면 유자격 약사가 되어 원하는 여성을 신부로 떳떳하게 맞아들일 수 있었기 때문에 나는 3년 전 용기 있게 진로를 바꾼 것을 오히려 다행으로 생각하고 있었다. 혹 독자 가운데 그런 단기간에 내가 어떻게 대학 과정을 마칠 수 있었을까 궁금하게 생각하는 사람도 있을 것이다. 이해를 돕기 위해 그 당시의 약사제도에 관하여 간단히 설명하는 것이 좋겠다.

약사가 되기 위해서는 먼저 유자격 약사의 지도 하에 3년 이상 수련을 쌓아야 했다. 물론 이 수련기간에 여러 시험과목을 철저히 공부하여 실력을 쌓아야 했다. 그러나 응시생 대부분은 준비가 미비하여 토론토 약사 자격시험 관리위원회가 관장하는 시험에 낙방하기 일쑤였다. 자격시험 관리위원은 약사협회에서 임명하였는데 이 약사협회는 해당 자치주의 모든 유자격 약사들의 투표에 의해 선출된 대표들로 구성되어 있었다.

토론토에서 의약품 제조업을 하는 E. B. 샤틀워스 씨는 약사 중의 한분으로, 영국에서 화학을 전공하고 약사법이 요하는 모든 과목을 이수한 사람이었다. 그는 약사 양성의 필요성을 절실히 느낀 나머지 약사 양성 단기학교를 개설하고, 약사 시험을 치르기 전에 원하는 모든 사람들을 대상으로 유능한 강사로 하여금 한 달 동안 집중 강의를 하게 했다.

이 학교의 설립 목적은 3년간의 수련기간 중 대부분의 시간을 근무로 보내느라 시험에 충분히 대비하지 못하는 젊은이들의 사정을 고려하여, 부족한 학과 공부를 보충해 주자는 데 있었다. 이 새 제도의 가치가 높이 평가되어 약사협회에서는 약사가 되고자 하는 사람은 누구든지 반드시 이 과정을 이수하도록 했다.

토론토 대학 교수로 임명되다

약사시험에 합격한 후 나는 토론토 대학에서 생물학을 맡아 달라는 초청을 받았다. 한편 약국의 맥컬름 씨는 내가 계속 함께 일한다면 봉급을 인상해 주겠다고 했다. 그러나 결국 나는 토론토로 갔다. 장차 장인이 될 사람은 내가 앞으로 성공할 수 있는 기회가 온 것을 기뻐하면서, 진심으로 나의 결정에 동조했다.

한층 수준 높고 실용적인 생물학 연구가 나를 매혹시켰다. 나는 매주 토요일 오후 학생들과 함께 약초를 찾아 다녔다. 토론토 시 북쪽에 있는 숲과 들을 누비고 있을 때, 어네스트 톰슨 세턴은 이 지역의 야생동물을 연구하여 그의 최초의 저서인『내가 발견한 야생 동물들』을 집필했다.

1학기 말 경 약품학(요즈음은 약리학이라 한다) 담당 교수가 건강악화로 캘리포니아로 떠나게 되자, 학장은 나에게 생물학 이외에 또 이 과목을 담당해 달라고 요청했다. 이 제의를 수락하자 연봉 이외에도 6백 달러의 수입이 더 늘어나게 되어 경제적인 어려움도 줄어들었다. 역시 약국 일을 그만 두기를 잘했다는 생각이 들었다.

뿐만 아니라 그즈음 나는 토론토 시의 여러 약국들로부터 훌륭한 일자리를 제안 받았다. 이러한 사정을 샤틀워스 씨에게 알리고 그의 조언을 구했다. 그는 "만약 내가 자네라면 토론토에서 가장 훌륭한 약국이라 하더라도 거절하겠네"라고 했다. 그의 대답을 듣고 나는 놀랐다. 어리둥절하여 그 이유를 물었더니, 그의 대답은 더욱 놀라웠다.

"자네는 현재 봉급도 많고 또 여가 시간도 많은 셈이지. 이 도시에는 의과대학이 두 개나 있어…" 그제서야 나는 그의 말뜻을 알아들었다.

그때 약학대학의 약리학 교수가 병으로 사직하자, 학장은 그 자리를 나에게 제의했다. 연봉 이외에 6백 달러의 수입을 더 얻는 자리였으므로 나는 이 제의를 기꺼이 수락했다.

제니와 결혼하다

이즈음 나는 고독감을 느끼게 되어 하숙생활을 그만두고 가정을 꾸려 정착하고 싶은 생각이 간절했으나, 연간 1,200 달러의 수입으로 과연 이런 일이 보장될 수 있을까 하는 걱정이 앞섰다.

제니에게 편지를 보내 그녀의 의견을 물었다. 그녀가 이 일을 부모님들과 상의한 결과, 그 정도의 수입이면 단출한 가정을 충분히 꾸려나갈 수 있다고 했다. 이제 일은 순탄하게 진행되었다. 그녀에게 다가오는 여름방학 때 결혼하는 것이 어떠냐고 했더니 그녀는 그러마라고 했고, 1885년 7월 28일 우리는 결혼식을 올렸다.

계획한 신혼여행 일정에 따라 오타와에 들렀다. 마침 그곳에는 이전에 나와 제니를 두고 구혼 경쟁을 벌였던 한 젊은이가 멋진 여성을 만나 우리보다 먼저 결혼해 살고 있었다.

우리가 그곳에 도착한 바로 다음날 아침, 그들 부부가 우리가 투숙한 호텔로 찾아와서 자기네 집으로 가자고 성화를 부렸다. 끈질긴 설득에 어쩔 수 없이 동의했다. 참으로 어처구니없는 일로 여겨졌지만, 우리는 모두 한바탕 웃음으로 달리 남아 있을 수도 있었던 어색한 감정을 떨쳐버릴 수 있었다.

우리는 곧 스미스즈 폴즈로 돌아가 그곳에서 나머지 신혼여행 기간을 보냈다.

다시 학교로 돌아온 나는 한때 강의실 사용 문제로 고민했다. 학교 사무관의 승인 없이는 강의실을 사용할 수 없다는 것이었다. 어디에서 강의할 수 있느냐고 물었더니 당국에서는 그 문제는 좀 고려해 볼 사항이라고 했다. 며칠 후 사무 책임자를 교정에서 만나니, 학생들의 요구를 들었으며 이제 강의실을 마음대로 사용해도 좋다고 했다.

의과대학 시절의 에피소드

내가 의과대학을 다닐 때 여러 가지 특별한 사건이 있었지만 그 중 몇 가지만 언급하기로 한다. 그러나 이 사건들로 인해 학교 교칙이 바뀌기도 하고, 또 내 생애에 중대한 발전도 가져 왔으므로 매우 흥미 있는 일들로 생각한다.

지금 생각해 보니 모든 대학에는 어디에나 학생들의 짓궂은 장난이 있게 마련이다. 그러나 이 장난기가 때로는 빗나가서 의과대학생들을 의심스러운 눈초리로 바라보게 하여, 개인적으로 나는 매우 굴욕적인 경험을 한 적이 있다.

언젠가 동료 한사람과 방을 구하러 갔었다. 마침 우리에게 알맞는 방을 찾아서 흥정이 다되어 가려는데, 하숙집 안주인이 "당신들은 의과대학생이 아니지요?"하고 확인하려 들었다. 의과대학생이라 대답하고 왜 그러느냐고 하자, 그녀는 "의과대학생들은 나빠요, 방값을 아무리 많이 준다 해도 우리 집에 의과대학생을 하숙시키지는 않겠어요. 당신네 두 사람은 그렇지 않아 보이지만, 미안하지만 안 되겠어요"라고 했다. 우리는 "의과대학생들 중에 더러 나쁜 학생들도 있지만, 우리는 절대 말썽을 일으키지 않을 것입니다"라고 했지만, 그녀는 끝내 거절하여 다른 방을 구하러 가지 않을 수 없었다.

조선 선교의 계기

어느 날 나는 하디(Hardie)와 게일(Gale)에게서 편지를 받았다.[41] 두 사람의 편지는 신앙적으로 열정적인 내용을 담고 있었으며, 하디는 앞으로 의사로 파견되어 게일과 함께 봉사하기를 갈망하고 있었다. 하디는 관심있는 학생들을 중심으로 의료 기독청년회 'Y'[42]를 조직하자는 생각을 하고 있었는데, 어느 날 밤 이 문제를 의논하기 위해 모두 우리 집에 모였다. 그날 밤에 'Y' 청년회를 조직하고 또 필요한 임원도 선출하게 되면서, 하디의 열정은 드디어 결실을 보게 되었다.

우리는 다른 학교와의 유대를 강화하기 위해, 청소년 금주모임이 그랬듯이 의과대학에서 회합을 갖기로 했다. 첫 모임은 토론토 의과대학의 대강당에서 있었다. 나는 회의에 앞서 기도를 인도하기로 되어 있었다. 계단식 좌석에 앉은 많은 사람들(대부분 호기심에서 참석했었다)을 쳐다보았을 때, 평소와는 다른 매우 특별한 느낌이 들었다. 이때 나는 난생 처음으로 공개석상에서 기도를 했다. 이 모임은 큰 성공을 거두었으며, 그 후 교수들도 이 일에 대해 자주 언급했었다.

예상했던 일이지만, 얼마 후 하디는 기독청년회 'Y'에 자기를 조선에 파견하여 게일 씨를 돕도록 해 달라고 제안했다. 처음에는 이 제안이 다소 어처구니가 없어 웃음으로 받아 넘겼지만, 이상하게도 그 일이 한 가지씩 구체화되어 마침내 조선까지의 여비와 그곳에서 소요될 생활비에 관한 자료를 수집하기 위한 소위원회가 구성되었다. 이에 관하여 게일 씨와 펜위크 씨로부터 보고를 받았는데 그들이 산출한 액수는 아주 적었다.

---

41. 게일(1863~1937)은 1891년 토론토 대학 학생기독청년회가 조선에 파송한 선교사로, 부산을 중심으로 전도사업에 진력하다 뒤에 소개할 연동교회(**蓮洞敎會**)를 중심으로 전도운동을 펼쳤다. 그의 기념비적 저서인 『한영대자전(**韓英大字典**) : Korean-English Dictionary』은 우리나라 최초의 한영사전이다.

42. YMCA를 의미할 것이다. 기독청년회가 Young Men Christian Association이기 때문이다.

나는 하디보다 일년 먼저 졸업하여 약리학 교수로 임명되고, 동시에 시내에서 개업도 했다. 따라서 진료 이외에 약학대학에서 주 9시간, 의과대학에서 주 4시간 강의하는 등 매우 바빴다.

그러나 바쁜 가운데서도 의료 'Y'회와는 관계를 계속 가져, 'Y' 중앙회 임원이 되고, 또 이사로도 일했다. 동시에 나는 셔본가에 소재한 감리교회의 간사였고, 지역 설교자, 즉 평신도 설교자이기도 했다. 매주 일요일 오후에는 셔본 감리교회의 지부 교회에서 성경을 가르쳤으며, 매주 일요일 밤에는 돈 강 너머 새로 생긴 지부 교회에서 예배를 도왔다. 그리고 매주 목요일 밤에는 빈민구호사업을 하는 도시 선교단을 위하여 토론토 동부 맨 끝 변두리 지역에서 '연소자 금주동맹회(Band of Hope)'의 지도자로 봉사했다. 따라서 나에게 한가한 시간이란 거의 없었다.

대학을 졸업하고 칼튼 가의 동쪽 끝에 있는 조그만 집을 구입하여 이곳에서 개업을 하게 되었다. 이때 나에게는 두 가지가 꼭 필요했다. 첫째 요건은 그 당시 개업의의 관습에 관계된 것이었다. 모든 의사들은 자락이 긴 더블 프록코트와 실크 햇을 착용했는데, 특히 대학과 관계가 있는 의사가 이런 복장을 갖추지 않고 왕진을 가는 일은 체통에 어울리지 않는 행위였다. 두 번째 것은 모든 의사는 마차를 소유한다는 것이었다. 나는 의복과 모자는 구입했으나 마차는 좀 더 여유가 있을 때까지 미루기로 했다. 어쨌든 까만 옷을 차려입고 거리에 처음 나섰을 때, 무한한 자부심을 느꼈다.

개업을 하고난 지 얼마 되지 않아, 토론토 시장의 주치의가 되어 달라는 위임요청을 받았다. 이미 케머론(Cameron) 박사가 당시 토론토 시장의 주치의로 있었지만, 사정에 의해 그는 그만두기로 했다는 것이었다. 이날 케머론 씨가 찾아 와서 그날 밤 한 환자의 집을 방문할 것이니 그곳에서 만나자고 했다. 약속대로 환자의 집으로 갔다. 캐머론 박사는 나의 진료행위에 찬사를 보내고 그만하면 훌륭한 주치의 자격이 있다고 했다. 물론 그렇게 하기로 동의했고, 이때부터 조선으로 떠날 때까지 토론토 시장의 가족 주치의가 되었다.

나의 치밀성에 흡족한 케머론 박사는 그가 바빠서 돌볼 수 없는 많은 다른 환자들을 나에게 보냈다. 동료 개업의에게 인심을 쓰는 것은 보람 있는 일이기는 하나, 절대 신중을 기해야 하는 일이기도 하다.

대학교수로 근무한지 일년 쯤 되었을 때, 시험관으로 임명되었다. 이 일은 나의 판단력에 대한 신뢰를 인정받는 것이어서 너무나 기뻤다. 의과대학의 시험관이 된 것이다.

하디 부부가 선교 사업으로 임지로 떠나게 되자, 의료 'Y'회의 유지문제가 부각되었다. 이 단체의 재정이 너무 빈약하여, 하디 부부의 최종 장비구입에 보탬이 되도록 개인적으로 약 2백 달러를 지원했다. 그는 재정이 회복되기를 바랐지만, 유감스럽게도 이 단체는 계속 적자를 면치 못했다.

우선 내가 6년간 개업한 온타리오 주 토론토 시 칼턴 가(Carlton Street)에 있던 우리 집 이야기부터 시작하는 편이 좋겠다. 이미 세 명의 자녀를 두고, 게다가 넷째 아이의 출산이 임박한 꽤 나이가 든 부부(내가 32살 아내는 30살이었다)가 아름다운 나라 캐나다와 훌륭한 도시 토론토를 뒤에 두고 느닷없이 해외 선교활동을 하겠다고 나선 것은 강한 신앙심에 바탕을 둔 우리 부부의 확고한 신념 때문이었다고 감히 말할 수 있다.

아름다운 나라 캐나다에서의 우리의 미래는 사실 그때 매우 밝아 보였다. 6년간에 걸친 의사 개업으로 가족을 부양하기에 충분한 경제적 여유도 마련되어 있었고, 의과대학 교수로서 향후 5년간의 재임용 통고를 막 받은 처지였다. 모든 것이 순조롭고 아름다운 이 나라와 그 밖에 온갖 것들을 뒤로 하고 떠나려는 우리의 결정은 실로 일대 중대 사건이 아닐 수 없었다.

아내와 나는 양가 모두 독실하지만 결코 광신적인 분위기는 아닌 차분한 신앙 환경 속에서 성장했다. 결혼 전에도 우리는 캐나다 감리교파 소속의 교회에 다녔고, 신혼생활과 더불어 토론토 소재 셔본 스트리트 감리교회(The Sherbourne Street Methodist Church)에 다녔다.

이 교회는 매우 훌륭한 곳이어서, 우리는 곧 기독청년회 회원이 되어 적극적으로 활동했다. 회원들은 일본에서의 선교활동을 연구하고 있었는데, 마침 이 교회는 일본에서 활동하고 있는 소속 교인 출신의 젊은 여성 선교사 한분을 지원하고 있었다.

아마 이것이 우리가 선교활동을 생각하게 된 계기라고 할 수 있겠다. 왜냐하면 이미 언급한 바 있듯이, 선교에의 헌신을 처음 계획한 시기가 바로 이때였기 때문이다. 내가 의과대학을 졸업한지 5, 6년 쯤 되었을 무렵, 조선 최초의 선교사인 뉴욕 브룩클린 출신의 언더우드 목사(Rev. H. G. Underwood)가 나의 초청으로 토론토에 온 적이 있었다.[43] 당시 초청 목적은 그분의 감화를 통해 의과대학생들에게 신앙심을 일깨워주려는 데 있었다.

언더우드 목사 초청은 소기의 목적을 달성하고도 남음이 있었다. 우선 학생들에게 큰 감동을 주어, 우리가 원했던 그 이상의 성과를 거두었던 것이다. 그러나 무엇보다도 더 큰 성과는 우리 부부를 크게 감동시켜 캐나다의 감리교회가 우리를 조선으로 파견한다면 기꺼이 봉사하겠다는 결심을 하기에 이르게 했다는 것이다.

---

43. 언더우드(1859~1916)는 한국명 원두우(元杜尤)로, 1887년 새문안교회를 설립하고 오늘날의 연세대학을 설립한 선교 초기의 저명한 장로교 선교사이자 교육자. 역시 선교사이자 교육자인 한국명 원한경(元漢慶)은 서울에서 출생한 그의 아들로, '왕립 아시아학회' 조선 부회장을 역임했다.

그 당시 캐나다 감리교는 우리가 가고자 하는 조선에는 선교회를 두지 않고 있었다. 그리하여 언더우드 목사는 '뉴욕 장로교 해외선교 위원회(The Presbyterian Board of Foreign Missions in New York)'에 우리 부부의 명단을 보냈다. 그때 마침 이 위원회가 '조선 선교회(The Korean Mission)'에서 일할 의사를 찾고 있던 중이어서, 언더우드 목사는 나를 적격자로 생각하고 추천했던 것이다. 뉴욕 해외선교 위원회에서 즉시 만나보자는 연락이 왔고, 이어 우리의 조선 파견이 결정되었다.

외국 선교의 또 다른 동기

우리가 외국에서 선교 사업을 하기로 결심하게 된 또 다른 동기는 '캐나다 대학생 선교협회(The Canadian Colleges Missionary Association)'가 전개하던 전도활동에 내가 지속적으로 관여한 데에도 있었다. 소규모로 운영되던 우리의 '의과대학생 선교회(Medical Students' Association)'는 온타리오 주 소재의 다른 대학에서도 학생단체가 연이어 조직되도록 지원했으며, 이 목적을 위해 순회하는 임원들에게 재정적 지원을 할 수 있을 만큼 성장도 했다.

앞서 말한 바 있는 하디(Hardie) 박사는 몇 년 후 '미국 남부 감리교회 조선 선교회(The Korea Mission of the Southern Methodist Church of U. S. A.)'[44]에 합류하였다. 이 당시 대학 선교회는 선교 열풍 확산에 총력을 기울이고 있었다. 대학 선교회의 거의 모든 회원들이 그 후 한 사람씩 차례 차례 외국선교사가 되었다는 사실만으로도 이 단체의 영향이 얼마나 컸던가를 짐작할 수 있을 것이다.

44. 미국에서는 남북전쟁의 여파로, 20세기 초까지 남북으로 감리교가 분리되어 있었다.

파견 절차가 진행되는 가운데 조선파견을 수락한 결정적인 동기는 '뉴욕 해외선교 위원회' 간사였던 엘린우드(F. F. Ellinwood) 박사[45]와 주고받은 대화 때문일 것이다. 내가 훌륭한 장로교 신자가 될 수 있을 것으로 보느냐고 묻자, 그는 굳이 장로교로 교파를 바꾸는 일은 중요하지 않으며, 다만 감리교의 좋은 불씨 약간(some good Methodist fire)을 조선으로 보내어 그곳의 선교활동을 불꽃처럼 일게 하고 싶다고 했다.

장로교 선교위원회의 뜻이 그러하다면, 이 단체의 지시 하에 일할 수 있을 것이라고 생각했다. 나는 토론토를 떠나기에 앞서, 같은 거리이지만 셔본스트리트 감리교회에서 한 구역 떨어진 성 앤드류 장로교회(Old St. Andrew's Presbyterian Church)로 이적했다. 나는 그 후 48년 동안 이 교회에 다니고 있으며, 또한 이 교회의 장로이기도 하다.

45. 1826년 미국에서 태어난 뉴욕 해외선교 위원회 간사였던 엘린우드는 미국과 캐나다의 많은 젊은이들을 조선 선교사로 보냈고, 1890년경 조선의 선교지 분할 정책에도 큰 영향을 끼쳤다.

제 3 부

나의 조선 선교활동

언더우드 목사 내외(왼쪽)를 비롯한 초기 선교사들과 가족 / 1893

캐나다에서 조선으로 가는 길 1장

존타크 호텔 베란다에서 바라본 서울 풍경 / 1903

캐나다를 출발하다

내가 뉴욕으로 떠날 때 위로 두 아이가 성홍열에 걸려 집에 격리되어 있었는데, 토론토로 돌아올 즈음에는 1년 6개월 된 셋째 아이마저 성홍열에 감염되었다. 그래도 우리는 캐나다를 떠날 여행준비를 계속했다.

이 아이는 중이염과 폐렴마저 겹쳐, 장거리 여행 준비기간 내내 상태가 호전되지 않고 오히려 생명이 위태로워 보였다. 우리의 느닷없는 계획에 반대했던 여러 친구들이 이 아이의 병을 거론하면서, 조선여행은 '하나님의 뜻(Providence)'에 합당치 않다고들 했다.

그러나 우리는 그 아이가 행여 죽는다 하더라도 우리의 여행에는 영향을 미치지 않을 것이고, 따라서 준비를 계속할 것이며 밴쿠버까지 갈 동안 요행히 살아서 승객으로 배에 탈 수만 있다면 곧장 조선으로 향할 것이며, 만약 이 아이 때문에 승선이 거부된다면 그제서야 하나님이 여행을 허락치 않으시는 것으로 간주하겠다고 대답했다.

짐을 모두 꾸리고 토론토를 떠날 준비가 거의 마무리 되었을 즈음, 막내 아이는 너무나 쇠약해져 있었다. 할아버지네까지 2백 마일의 기차여행에 이 아이를 데려가려니 몹시 불안했으나, 다행히 여행 중에 아이는 별 탈이 없었다. 할아버지 댁에 머무르는 동안 아이가 의외로 빠른 회복을 보여, 밴쿠버에 도착했을 때는 승선에 문제가 없을 정도로 건강해졌다.

캐나다 횡단 철도여행은 순조로웠다. 다만 새로 부설된 캐나다 태평양

철도의 철로 노반이 아직 제대로 다져지지도 평탄하지도 않았다. 때는 늦은 봄철이라, 비가 몹시 내려 어느 한 곳에서는 레일이 침목과 함께 물에 떠 있어 기차가 전진하면 가라앉았다가 지나가면 다시 솟아오르기도 했다.

우리는 열차 후미의 객차에 타고 있었다. 나는 밖으로 나가 객차 후미쪽 승강 계단에 서서, 철로가 아래로 가라앉았다가 다시 솟구치는 기묘한 광경을 바라보았다. 또 기차가 물속에 잠긴 철로 위를 달릴 때는 물이 거의 승강계단 위쪽까지 차올라, 세찬 물결이 객실 바닥까지 밀려들어오기도 했다.

넓은 평원에서는 수십 마일을 달려도 집은 커녕 작은 언덕 하나도 눈에 띄지 않았다. 철도가 부설된 지 얼마 되지 않은 탓도 있었지만, 정부가 원하는 정착민에게 무상으로 토지를 분배해 주어도 너무나 거리가 멀어 막상 외진 곳으로 정착하러 오는 사람들이 없었던 것이다.

이윽고 산이 나타났다. 겹겹이 솟아 있는 웅장한 산들과 수없이 늘어선 험준한 바위들, 이들이 펼쳐 보이는 장엄한 모습을 누가 감히 필설로 표현할 수 있겠는가? 이곳 철도 역시 새로 부설되어 열차의 흔들림이 몹시 심했다. 사소한 불편함을 한동안 겪고 나자, 갑자기 공기가 상쾌해졌다. 이때 벌써 미주대륙의 서쪽 태평양을 따라 흐르는 일본 난류의 영향을 느낄 수 있었던 것이다. 들판은 온통 초록색으로 뒤덮였고, 꽃들도 만발했다.

밴쿠버에 도착하다

우리가 밴쿠버에 도착했을 때, 최근에 일어났던 화재 복구 작업이 막 진행되고 있었다. 당시 밴쿠버는 행정구역상 도시라고는 하지만 그 규모가 큰 마을 정도에 지나지 않았다. 이 조그마한 도시를 내려다보는 높은 언덕에 캐나다 태평양철도회사가 건립하여 운영하는, 거대한 밴쿠버 호텔이 우뚝 솟아 있었다. 부두에 정박하고 있던, 역시 이 철도회사가 운항하는 거대한 기선 '인도 황후 호(Empress of India)'가 출항할 때까지 우리는 이 호텔에서 일주일간 머물렀다.

호텔 접수부로 가서 물었다.

"깁슨 부인(Mrs. Gibson)께서는 도착하셨는지요?"

"그렇습니다. 며칠 전에 도착하셨지요"라고 했다.

깁슨 부인은 조선에 가 있는 게일(J. S. Gale) 여사의 어머니이자, 작고한 헤론(J. W. Heron) 박사[46)]의 미망인이었다. 부인은 장기체류를 목적으로 조선으로 가는 중이었다. 이보다 앞서 우리는 '뉴욕 해외선교 위원회'로 부터 이 부인을 잘 보살펴 달라는 부탁을 받은 바 있었다. 우리는 그분을 만나서 동행하는 중에 우리가 해야 할 일, 즉 여사가 우리를 도울 것인지 아니면 우리가 여사를 도와야 할 처지인지를 어서 알고 싶었다.

막상 만나고 보니, 부인은 몸집이 큰 미모의 여인으로 작가들이 흔히 묘사하는 전형적인 남부 귀족 부인의 모습이었다. 우리는 부인과 더불어 즐겁게 여행할 수 있으리라는 생각이 들었다.

밴쿠버에 도착한 직후 우리가 타고 갈 배를 구경하러 부두로 갔다. 6천톤급 선박이라, 무척이나 크게 보였다. 흰색 페인트로 새로 칠한 모습이 근사했고, 윤곽 또한 뚜렷하여 너무나 아름다웠다. 내부의 모습이나 편

---

46. 헤론(1858~1890)은 1885년 6월 조선에 선교사로 파견되었다가, 1890년 병으로 사망하였다.

의시설 등이 얼마나 쾌적한지 살펴보려고 승선해 보았다. 그러나 침대가 있는 곳으로 내려 가려하자 악취가 풍겼고, 내려 갈수록 더 심했다. 그 당시 모든 선박은 환기가 잘되지 않아 악취를 풍겼던 것이다. 닻을 올려 부두를 빠져나가기도 전에 뱃멀미를 유발하기에 충분한 악취였다.

출항을 기다리며 며칠을 보내는 동안 새로 조성된 스텐리 공원을 구경하러 갔다. 이 공원에는 캘리포니아에서 찾아볼 수 있는 거대한 나무들이 있었고, 또 도시개발에 따라 자연미를 살려 조성된 갖가지 경관과 시설도 갖추고 있었으므로 훌륭한 곳이었다.

시가지와 주변 풍경들은 일본 난류의 영향으로 이미 초여름의 장관을 나타내고 있었지만, 부두 저쪽으로 우뚝 솟은 산꼭대기는 아직 눈으로 덮여 있었다. 가까운 산 정상에 인디언 전설로 유명한, 바로 그 '잠자는 사자들(The sleeping lions)' 이 있었던 것이다.

드디어 출항일이 되어, 선실에 자리를 잡기위해 오후 일찍 승선했다. 그러나 배는 계속 정박하고 있었다. 우리 다섯 식구는 넓은 공간이 필요하여 선실 하나를 차지했다. 선실은 매우 아늑했다. 이같이 큰 배에서는 배멀미할 사람이란 있을 수 없었다.

날이 어두워지기 전에 배는 부두를 떠났다. 놀랍게도 배는 우리가 투숙했던 호텔만큼이나 조용했다. 날이 어둑해질 때, 배는 좁은 해협을 벗어나 대양으로부터 파도가 밀려오는 넓은 만으로 들어섰다. 파도가 다소 거칠어지자, 이 정도는 우리가 곧 횡단하게 될 거대한 대양 항해의 서곡쯤 되는 것이라 생각했다. 항해가 계속되자 파도는 더욱 더 거세지고, 배는 마치 작은 나룻배 마냥 흔들리기 시작했다. 이상하게도 불길한 느낌이 나를 사로잡았다. 부두에서 불과 한 시간 정도 밖에 안 되는 거리에서 과연 이럴 수가 있을까 하는 생각이 들었지만, 엄연한 현실이었다. 이윽고 안정을 되찾자, 기분이 좋아져서 가족을 찾아갔다. 아이들은 아무렇지 않았으나, 아내는 멀미를 하는 것 같았다.

아내는 "멀미가 아니에요. 차라리 멀미라면 좋겠는데, 두통이 나고 현기증이 심해요"라고 했다.

다행히 곧 배의 흔들림에 익숙해져, 여행을 즐길 수 있었다. 2주간의 태평양 횡단 항해 중 화창한 날도 있었고, 험한 날도 많았다.

우리가 승선한지 오래지 않아, 훌륭한 복장을 한 고급 선원이 우리에게로 다가왔다. 그는 다름 아닌 하버트 A. 브루스였다. 토론토 의과대학의 우수한 학생이었던 그에게 약리학을 가르친 적이 있었다.

그는 1년 전 의과대학을 졸업하고, 병원에서 수련의 과정을 마쳤다고 했다. 세상 물정도 익히고 해외 구경도 하며, 또 학자금 융자나 기타 사정으로 생긴 부채를 청산할 수 있는 길을 마련하기 위해, 이 배에 의사로 승선하고 있었던 것이다. 여기서 그를 만나다니 너무나 반가웠다. 그 당시 여객선상의 규정으로는 의사가 승객들을 접대하기로 되어 있었기 때문에, 브루스는 그런 면에서 참으로 우리에게는 적절한 사람이었다.

용모가 단정하고 태도 역시 반듯한 훌륭한 모범 청년인 그는 곧 승객들의 호감을 사게 되었고, 특히 젊은 여성들 사이에서 인기가 대단했다. 용모가 잘 생기고 훌륭한 제복을 입은 청년에게 젊은 여성들의 마음이 끌리는 일은 그때나 지금이나 마찬가지 아닌가.

의사인 브루스와 함께 항해하는 동안, 동양인 승객의 대부분과 승무원들이 지내고 있는 아래층 선실을 돌아보는 매우 새롭고도 흥미로운 기회를 가졌다. 나의 호기심은 서구 사회에서 오랫동안 살다가 중국으로 돌아가는 어느 병든 중국인이 사망했을 때 최고조에 달했다. 중국인들은 인간의 영혼은 결코 고향과 고국을 떠나지 않으며, 객지에서 죽은 시신을 고향으로 데려가지 않으면 영혼이 평안을 찾지 못한다는 믿음을 가지고 있었다. 이런 이유 때문에 고국을 떠난 중국인들은 죽기 전에 고향으로 돌아가기를 무척이나 갈망했다.

또 귀향 도중에 사망하면 시신을 목적지까지 운구해 가야 했다. 그렇게 하지 않으면 영혼과 육체가 절대로 분리되지 않는다는 것이었다. 따라서 그 배에 탄 중국인들은 살아서, 혹은 죽은 후에라도 자신들의 육체를 중국으로 운반해 주도록 회사와 계약을 맺어두고 있었다.

따라서 배 위에서 중국인이 사망하면 이 계약을 이행하기 위해 회사 측에서 방부처리를 해야 했다. 나는 브루스를 도와 방부처리를 했다. 항해 중 방부처리를 한 경우는 이 건 하나뿐이었다.

그러나 한 싱가포르 태생의 신사가 죽었을 때, 사정은 전혀 달랐다. 싱가포르인들의 사고방식은 중국인과 달라, 수장(水葬)을 목격할 수 있는 기회를 가졌다. 이 신사는 영국 국적이었다. 우선 관이 물속으로 가라앉도록 납으로 된 추를 매달고 영국 국기로 덮었다. 그리고는 선박 측면에 돌출되게 설치한 판자 위에 일단 안치했다. 영국 성공회의 장례 기도문 낭독이 끝나자, 판자를 한쪽으로 기울였다. 그러자 국기를 뒤에 남기고 관은 조용히 바다 속으로 미끄러져 내려갔다.

나는 늘 수장이 아주 잔인한 광경일 것이라고 생각했지만, 승무원과 승객들이 엄숙히 지켜보는 가운데 거행되는 그 모습은 묘지의 무덤 속으로 관을 내리는 것과 모든 점이 흡사하여 불쾌한 느낌은 전혀 들지 않았다.

우리가 빅토리아 해안을 떠나자 배는 북서쪽을 향했다. 일본 첫 기항지인 요코하마는 그 와는 방향이 매우 다른 남서쪽에 위치하므로, 의아한 생각이 들었다. 어느 고급 승무원에게 어째서 항해 방향이 북쪽이냐고 물었더니 북극에 가까울수록 지구의 일주 거리가 단축되며, 따라서 일정기간 북서쪽으로 항해하다가 남서쪽으로 방향을 바꾸어 요코하마 항에 도착할 때까지 항해하면 최단 거리를 확보할 수 있다고 설명해 주었다. 북서 진을 계속하자 알류산 열도가 시야에 확연히 들어 왔다. 성능이 좋은 망원경으로는 해안의 갯바위로 기어오르는 물개도 볼 수 있었다.

서북쪽 항해가 진행되면서 기후가 점점 차가워지고 눈발이 날리면서, 배의 밧줄에는 얼음이 엉겨 붙었다. 추운 날씨는 일본 열도에 접근할 때까지 계속되었다. 그런데 어찌된 영문인지 항구에 들어가기 얼마 전, 갑자기 여름 날씨로 변했다. 하룻밤 사이에 이게 무슨 조화란 말인가!

일본 요코하마(橫濱)에 도착하다

토요일 밤에 담요를 두텁게 덮고 잠자리에 들었으나, 일요일 아침 잠에서 깨어났을 때에는 더운 여름 태양이 선창을 통해 빛나고 있었다. 토요일에는 두터운 겨울옷을 입고 있던 부인네들이 일요일에는 얇은 흰옷을 입고 있었다. 도대체 어떤 변화가 일어났을까? 우리는 순식간에 일본 난류의 서쪽 지류에 들어섰던 것이다. 일본 난류는 두 지류가 있는데 한쪽 해류는 우리가 항해를 시작한 캐나다 남서부의 브리티시 컬럼비아(British Columbia)를 따라 북상하고, 다른 해류는 일본 해안을 따라 북상한다. 처음 겪는 우리 일행에게는 참으로 놀랄만한 현상이었다. 이날 우리는 요코하마 항에 입항하여, 그 유명한 일본의 산[47]들을 바라볼 수 있었다.

부두는 넓었고 산들은 6월의 태양 속에 눈부셨다. 듣던 바와 같이 일본의 풍광은 그림같이 아름다웠으나, 거의 벌거벗다시피 한 많은 남녀가 작은 돛단배를 타고 정박한 우리 배를 향해 다가오자 주위의 아름다운 경치는 시야에서 사라지고 말았다. 이런 모습을 본 아내의 첫 반응은 혐

47. 일본의 요코하마에서 볼 수 있는 산은 후지산이다.

오감 바로 그것이었다. 일본의 선진화된 문명을 예찬한 소개 책자에 속았다는 느낌이 들었다고 했다. 개화된 문명으로 예찬 받은 내용이 이 정도라면 그 이전에는 과연 어떠했을까?

곧 우리는 돛단배를 타고 부두로 가서, 세관 수속을 마친 후 이상하게 생긴 인력거를 탔다. 우리는 이 교통수단에 호기심을 가졌으나, 요코하마 기항 시 머물기로 예정된 외국인 집결촌인 블러프(the Bluff)로 가는 언덕길로 접어들자 인력거꾼이 숨을 몰아쉬며 무척이나 힘들어했다. 내가 그 모습을 보고 뛰어내려 걷기 시작했더니, 그 키 작은 일본인은 무척이나 놀라는 기색이었다. 아마도 품삯을 제대로 받지 못할까봐 그러는 듯 했다.

블러프는 해안보다 상당히 높은 가파른 언덕 위에 위치하고 있었다. 그 당시 요코하마에 살고 있던 대부분의 외국인은 이곳에 거주하고 있었다. 우리는 일러준 집을 찾아가, 오랜 만에 편히 쉴 수 있었다. 그러나 날씨가 너무나 무더워 숨이 막힐 지경이었다. 캐나다의 한여름 더위보다도 더 심했다.

이곳에서 우연히 대학에서 알던 젊은 의사를 만났다. 그는 아내와 함께 중국 남부지역에 선교사로 갔으나, 가족의 건강이 나빠져 토론토로 돌아가는 길이며 동양으로 돌아올 가능성은 거의 없다고 했다. 앞으로 겪을 선교생활을 낙관하고 있던 우리였지만, 그의 처지를 듣자 마음이 개운치는 않았다.

요코하마에 머무는 동안, 조선으로부터 입국날짜를 알려주는 서신이 오기를 고대했다. 그러나 기다리는 소식은 쉬이 오지 않았다. 하루하루를 기약없이 보내는 가운데, 우리는 요코하마와 그 인근지역의 명소를 하나씩 알게 되었고 또 찾아가는 기회도 가질 수 있었다. 어떤 곳은 찾아간 보람이 있었지만, 더러는 실망스러운 곳도 있었다.

하루는 친구 선교사 한분이 우리를 홍등가로 안내했는데, 그곳에서 신앙심이 없는 이방인 사회에서도 찾아볼 수 없는 외설스런 광경을 목도하게 되었다. 이 지역에서 그 사업은 공공연하게 행해지고 있었다. 성장한 젊은 여자들이 쇼 윈도우 안에 앉아 있다가 지나가는 남자들을 불러들이고 있었는데, 아무도 그 광경을 추하다거나 이상하게 여기지 않았다. 숙소로 돌아오면서 우리 부부는 일본 문화에 대한 생각을 고쳐야겠다고 다짐했다.

며칠 후 믿을 만한 사람이라고 소개받은 일본 여인에게 아이들을 맡겨두고 우리 부부는 도쿄로 갔다. 몇 년 전에 캐나다 감리교회에서 도쿄에 선교회를 개설해 두고 있었으므로, 그곳에서 면식이 있는 선교사 몇 분을 만났으며 그분들은 우리를 다른 선교사들에게도 소개했다.

그런데 이 선교회 본부를 찾아가는 길이 쉽지 않았다. 출발할 때 아내와 나는 각기 다른 인력거에 탔지만, 당연히 같은 방향으로 가리라고 생각했다. 시내를 지나가던 중, 내가 이것 저것 보느라 한눈을 파는 사이 나를 태운 인력거꾼이 갑자기 어느 길모퉁이에서 방향을 바꾸었다. 나는 아내를 태운 인력거도 당연히 따라 오려니 생각했다. 마침 매우 흥미로운 광경이 눈에 띄어 아내에게 가리켜 주려고 돌아보니 나 혼자 뿐, 당연히 따라 올 아내의 모습은 보이지 않았다. 내 인력거꾼도 다른 인력거가 어떻게 되었는지 전혀 모르고 있었다.

내가 할 수 있는 일이란 우리가 캐나다의 스미스즈 폴즈에 살 때, 자주 우리를 방문했던 젊은 전도사 그루미(Crummy) 씨가 일하고 있는 캐나다 선교본부의 주소를 인력거꾼에게 알려주는 것 뿐이었다. 본부까지는 찾아갔으나 내가 어느 거리를 지나왔는지 몰라, 그 또한 난감해 했다.

우리는 함께 아내를 찾아 나섰으나 찾을 길이 없었다. 할 수 없이 그루미 씨 댁으로 돌아가니, 아내는 그곳에 와 있었다. 아내도 혼자임을 알고 크게 당황하였으나, 다행히 방문하려던 집 주소를 알고 있었던 것이다.

우리는 요코하마에서 조선으로부터 소식이 오기를 기다리느라 6주간을 보냈다. 불과 몇 주 후면 네 번째 아이가 태어날 예정이어서, 하루 빨리 우리의 임지인 조선으로 가야할 처지였다. 그때의 안타깝고 초초했던 심정은 이루 말할 수 없는 것이었다.

부산항을 바라보다

마침내 더 이상 편지를 기다릴 것이 아니라 목적지로 가기로 했다. 우리는 고베까지 아주 훌륭한 기선을 타고 가서, 그곳에서 소형 선박인 히고마루로 옮겨 탔다. 이 배는 마침 항구에 정박하여 조선으로 갈 화물을 싣고 있는 중이어서, 육지로 상륙하는 대신 곧장 이 배로 직행하여 승선하고는 출항을 기다렸다.

이 배에서는 건어물 냄새가 너무나 강하게 풍겨 속이 메스꺼웠다. 아래 선실의 숙박시설은 협소하여 답답하였고, 또 식당은 무덥고 환기가 되지 않아, 우리 가족은 의자를 갑판 위로 옮겨 밤새도록 그 곳에서 머물렀다. 공기라면 아래 선실보다 갑판 위가 훨씬 낫다고 생각했지만, 밤이 되자 모기떼가 사정없이 달려들었다.

이튿날, 우리는 우뚝한 바위산이 멀리 보이는 부산항을 바라볼 수 있었다. 그토록 기다리던 조선 땅이 눈앞에 펼쳐진 것이다. '이제부터 우리에게는 새로운 삶이 전개된다' 고 생각하니, 가슴이 마냥 부풀어 올랐다. 드디어 조선에서의 생활이 시작되는가 보다.

조선에서의 생활을 시작하다 2장

제물포 건어물 하치장 / 1903

부산 땅에 발을 딛다

부산이 가까워지자, 나는 뱃머리에서 우리를 부른 이 나라의 첫 모습을 열심히 지켜보고 있었다. 이 항구에 대해서 묘사한 기록을 읽은 적이 있어, 다가올 광경을 익히 알고 있었다. 바로 입구까지 갈 동안 항구의 모습은 보이지 않고, 다만 거대한 바위산이 가로 막고 있었다.

항구 입구에 들어서자 양쪽에 거대한 바위가 마치 보초처럼 우뚝 서 있었다. 이 통로를 천천히 지나가니 바로 눈앞에 거대한 항구가 나타났다. 뒤쪽에는 장엄한 산이 모습을 드러내고, 해안을 따라 기어가듯 저지대가 길게 뻗어 있었다.

이곳 부산에는 1443년을 전후하여 일본인들이 최초로 정주하였다고 하며, 우리가 도착했을 때에는 상당한 지역에 걸쳐 거주하고 있었다.[48] 일본식 기와지붕을 한 단층집들이 있었고, 간혹 높은 건물도 있었다.

초가지붕을 한 조선 사람의 작은 오두막들이 저지대를 따라 길게 늘어서서 마을을 형성하고 있었으나, 사람 사는 흔적이 없는 언덕과 산이 그 뒤에 솟아 있었는데 나무도 없고 또 개간된 흔적도 보이지 않았다. 그다지 사람의 마음을 사로잡을 만한 풍경은 아니었다.

선교사 한분이 부산에 주재하고 있다는 말을 듣고 있었다. 살펴보니 언덕 위에 서구식 방갈로가 눈에 띄어, 우리가 찾고 있는 곳이라는 짐작이 갔다. 가족을 기선에 남겨두고 혼자 나룻배를 이용하여 해안에 닿은 후, 거칠고 꼬불꼬불한 길을 따라 그 집을 향해 올라갔다. 이때가 1893년

48. 초량동을 중심으로 한 일본인 거주지역을 말한다.

6월 16일 일요일 오후였다.

방갈로의 주인은 베어드 목사(Rev. W. M. Baird)였다.[49] 그 댁에 도착하자 일요일 예배를 위해 몇 사람의 외국인들이 모여 있었다. 베어드 목사 부부, 우리 선교회 소속인 브라운 박사(Dr. Brown) 부부, 그리고 2, 3마일 떨어져 살고 있는 오스트레일리아 장로교 선교회(The Australian Presbyterian Mission)의 선교사 등 몇 분이었다.[50]

나는 크게 환영을 받았는데, 그것으로 보아 이들이 무척 외로운 처지임을 알 수 있었다. 배가 항구에 하루나 이틀 가량 정박할 예정이었으므로, 그 다음날 아내와 아이들을 베어드 목사 댁으로 데려왔다.

이틀 후 화요일, 서울에 주재하고 있던 감리교 선교사인 벙커 목사(Rev. Bunker) 부부가 일본으로 가는 도중 마침 그곳에 들렀다. 그들 부부는 우리가 서울로 가는 길임을 알고 놀라워하면서, 가을까지 일본에 머물러 있으라고 보낸 전보를 요코하마에서 받지 못했느냐고 되물었다. 물론 그런 전보를 받았더라면 출발했을 리가 없었다. 그는 서울의 외국인들은 모두 더위를 피해 산으로 갔으며, 다만 언더우드 목사 부부만 집을 수리하느라 서울에 머물러 있다고 했다.

일이 이렇게 되자 달리 어떻게 할 수가 없었다. 서울로 가는 도중 이곳 부산에 머물게 되었고 언더우드 목사네 집은 수리 중이었으므로, 우리를 맞아 줄 사람이라곤 아무도 없는 처지였다. 달리 조처가 있을 때까지 서울로 가지 않는 것이 좋겠다고 했지만, 사실 다른 방도가 없었다.

"이곳에서 불편만 참을 수 있다면, 저희들 집에 머무시는 것을 환영합니다." 베어드 목사 부부가 말했다. 그러나 그곳도 이미 만원이었다. 브

---

49. 베어드는 1892년에서 1895년까지 주로 부산지역에서 활동한 선교사로서, 부산의 초량교회를 세웠다.

50. 에비슨이 말하는 호주 선교사는 무어 부부(S. F. Moore), 멕케이 선교사(1893년 9월 호주로 귀국) 등이다. 대한 예수교장로회 초량교회, 『초량교회 100년사, 1892~1992』(부산 : 1994), 16~17, 61쪽.

라운 박사 부처가 자기네 집을 완공할 때까지, 이 집의 두 방을 사용하고 있었기 때문이었다.

베어드 목사 부부는 현관 양쪽의 서재를 비워 우리가 편하게 지낼 수 있도록 하겠다고 했다. 그는 나와 함께 배로 가서 가족들이 상륙하는 것을 도와주었다. 저녁식사 전에 아내와 아이들, 그리고 모든 짐을 옮겨와 책상을 임시 침대로 바꾸어 둔 두 방에 자리 잡았다. 우리의 조선 선교생활은 이렇게 시작되었다.

조선 모기들이 환영하다

그날 밤 베어드 부인이 모기장을 가져 왔느냐고 물었다. 모기장이 필요하리라는 생각은 전혀 하지 못했다. 이들은 염려스러운 표정으로 이곳에서는 모기장이 꼭 필요하다고 했다. 나는 대수롭지 않게 생각하고 하룻밤이야 어떻게 지낼 수 있을 것이고, 필요하다면 다음날 일본인 마을로 가서 필요한 천을 사서 모기장을 만들면 되리라 생각했다. 그러나 어두워지자 공중에서 모기 소리가 나더니, 삽시간에 방안은 온통 모기떼로 들끓었다.

한쪽 방에 세 아이들을 재우고 우리는 다른 방을 차지했으나, 이날 밤 우리 식구는 아무도 잠을 잘 수 없었다. 한 방의 모기를 잡고 옆방으로 가서 그곳 모기들 잡느라, 밤새 오락가락 했다. 이 같은 노력에도 불구하고 아이들은 모기에 너무 많이 물려, 얼굴이 부어올라 눈은 거의 감겨 있었다. 다음날 지체하지 않고, 아래 마을로 모기장을 구하러 갔다. 상점에서 외국산 모기장을 찾을 수 없어, 커다란 녹색 모기장 두 개를 구입했다.

모기장 한 개는 일본식 방에 맞을 만큼 컸다. 이 모기장을 침대 위에 설치하니, 침대 주위를 걸어 다닐 수 있을만한 공간이 생겼다. 그러나 그날 밤 모기가 모기장 안으로 들어와 또 잠을 설치고 말았다. 얼마 후 모기장 사용법을 제대로 배우게 되어, 이 지겨운 곤충을 멀리 할 수 있었다.

베어드 목사네 집은 항구를 굽어보는 높다란 언덕 위에 있었지만, 더위는 마찬가지로 지독했다. 우리는 가능한 한 옷을 적게 입었지만, 그래도 옷을 많이 입은 편이었다.

부산 입항 후 1주일째 되는 일요일, 네 번째 아이가 태어났다. 더글러스가 태어나기 전에 서울에 도착하기를 바라면서 일본을 떠났지만, 부산에서의 일시적인 체류는 숙명적인 것처럼 여겨졌다. 우리가 베어드 씨 댁으로 옮겨 온 며칠 후 머펫 목사(Rev. Samuel A. Moffatt)[51]가 베어드 목사 부처와 함께 여름을 보내기 위해 예고 없이 서울에서 내려왔다.

"목사님을 환영합니다만 빈 침실이 없어요." 베어드 부부는 난처한 표정으로 말했다. "식당 창문 쪽 넓은 공간에 매트리스를 깔겠습니다만 당신이 그와 같은 불편함을 참을 수 있을는지요?" 그래도 그가 머물기로 하였으므로, 이집은 부엌을 제외한 모든 방이 침실로 변했다.

부산에 머무는 동안 나는 베어드 목사 댁 부근의 여러 곳을 방문하여, 그의 선교활동을 직접 볼 수 있는 기회를 가졌다. 조선어를 이해하지 못하는 나는 당연히 불편을 겪지 않을 수 없었다. 얼마 후 베어드 목사가 나더러 시간을 내어 조선어 선생과 함께 지내는 것이 어떠냐고 했다. 자기의 선생이자 조력자인 고씨라는 사람을 소개하면서, 그가 한가할 때 도움을 청해도 괜찮다고 했다.

---

51. 1864년에 미국에서 태어나 1939년에 사망한 조선 선교사이다. 1893년 이후 주로 평양에서 선교했다. 마포삼열 박사 전기기념 편찬위원회, 『마포삼열 박사 전기』(서울 : 대한 예수교장로회 교육부, 1973) 참조.

부산에서 조선어를 배우다

내가 조선어를 처음 배우던 때를 지금도 잘 기억하고 있다. 고씨와 나는 좁은 조선식 방에 나지막한 탁자를 사이에 두고 마주 앉았다. 나는 조선어를 한마디도 못했고, 고씨는 영어를 한마디도 몰랐다. 어떻게 공부를 시작할 수 있었겠는가? 베어드 여사는 처음으로 대하는 조선어 문장 하나를 나에게 제시했다. 그것은 "이것이 무엇이오?"라는 것이었다.

나는 탁자 위에 놓인 책을 집어 들고 위의 문장으로 물었다. 그는 "그것은 책이오"라고 대답했다. 나는 그의 "책 이오"라는 대답이 책의 명칭을 뜻하는 것이라고 생각했다. 그리고는 연필을 쥐고 같은 질문을 했다. 내 선생은 "그것은 연필이오"라고 했다.

내가 질문할 때마다 그의 대답이 '이오'로 끝이 나서 첫 시간을 마쳤을 때, 나는 베어드 여사에게 "모든 물건의 명칭이 '이오'로 끝나는 것이 이상한데요"라고 하자, 그녀는 웃으면서 "그렇지 않아요. 잘못 이해하셨군요. 책의 명칭은 '책'이고 뒤에 오는 '이오'는 영어로 'it is'를 뜻한답니다. 영어로 우리는 간단히 'a book' 'a pencil'이라고 하지만, 조선어는 관용적으로 항상 뒤에 동사를 가집니다. '이오'라는 동사는 'it is'를 뜻하므로, 완전한 대답은 'It is a book' 혹은 'It is a pencil'이랍니다." 이렇게 하여 나는 복잡한 조선어를 처음으로 접하게 되었던 것이다.

부산에 머물고 있을 동안 오래된 조선인 마을을 가 본적이 있다. 마을 근처에 약 3백여 년 전 도요도미 히데요시의 조선침략 당시 일본군이 세운 요새가 있었다. 잡초만 무성했고 꼭대기의 총구멍이나 조악한 석성의 잔해 말고는 요새의 흔적은 거의 남아 있지 않았다. 머펫 목사가 이 성의 탐사 길에 동행하게 되었는데, 길을 따라 가며 꽃을 따 모으다가 우리 둘 다 생물학에 관심이 있다는 것을 알게 되었다.

나는 8년 동안 토론토의 약학대학에서 생물학을 가르쳤고 그는 대학 재학 시절 특히 생물학에 관심이 많았었기 때문에, 때가 되면 협력하여 조선의 식물군(flora)을 연구하기로 하고 표본을 채집하여 건조시켜 분류하자고 했다. 이 일은 즐겁고 취미로서도 매우 가치있을 것이라는 생각이 들었다. 그러나 우리 두 사람은 곧 본래의 임무에 몰두하게 되어, 산발적인 방법 이외에 본격적인 계획을 실행할 겨를이 없었다. 생물학은 흥미있는 분야로서, 식물을 채집하고 분류하는 등의 일은 보람은 있지만 많은 시간을 요하는 작업이다. 그 후 나는 조선어를 공부하고 또 환자를 돌보아야 했으므로, 이 취미를 살릴 시간적 여유를 갖지 못했다.

부산에서 서울로

여름이 사실상 끝나는 8월 말까지 베어드 목사 댁에 머물다 서울로 갈 수 있으리라 생각했다. 그러던 중 언더우드 목사가 서울에서 편지를 보내왔다. 그 편지는 부산에 체류하던 선교사들이 서울로 가면, 일시적이나마 머물 곳을 구할 수 있으리라는 내용을 담고 있었다.

당시 부산에서 서울로 가는 여행에는 배편이 유리했다. 우리는 제물포행 겐까이마루라는 배에 올랐다. 이 배에 승선하자, 조선에서 이미 선교사업을 시작한 개신교 선교사인 알렌 박사(Dr. Horace N. Allen)[52]가 서

52. 알렌(1858~1932)은 미국의 선교사이자 의사. 조선식 이름은 안연(安連). 중국을 거쳐 1884년 조선에 들어온 최초의 장로교 선교사로 고종의 시의(侍醫)와 외교 고문이 되었으며, 광혜원(廣惠院)과 관립 의학교를 설립했다. 조선 주재 미국 외교관으로, 1887년 주미 전권공사 박정양(朴定陽)의 수행원으로 도미, 당시 우리나라에 대한 청나라의 간섭을 규명하고 독립국 사신의 체면을 유지하게 하는 등 공로가 컸다. 그의 행적은 본 회고록 곳곳에 나온다.

울로 가기위해 같은 배에 타고 있다는 것을 알았다.

그는 시카고에서 열린 박람회에 조선 국왕이 파견한 '조선 사절단'의 일원이자 안내자로 미국으로 갔다가 귀국하는 길이었다. 우리는 이 개척 의사를 이처럼 빨리 만나게 되어 매우 기뻤다.

부산에서 제물포까지의 뱃길여행에는 꼬박 이틀이 걸렸다. 겐까이마루의 선장은 톰슨이라는 스코틀랜드 사람이었다. 사실 그 당시 모든 일본 여객선의 선장은 외국인이었고, 그 밖의 승무원들은 대개 일본인이었다.

우리를 맞이하여 한강을 따라 수도 서울까지의 여행을 도와주기 위해 언더우드 목사가 제물포로 왔다. 제물포에 상륙한 우리는 스튜어드 호텔로 가서, 중국인 경영주인 스튜어드(E. D. Steward) 씨와도 사귀게 되었다.

모든 외국인들은 제물포에 도착하면 예외 없이 그의 도움을 청했다. 그는 수 년 동안 태평양을 횡단하는 선박에서 승무원으로 일했는데, 배타기를 그만두고 호텔을 운영하기 시작했을 때, 선원생활 중 항상 불리던 스튜어드라는 호칭을 자기의 성으로 삼았다고 했다. 거기에다 자신의 중국 이름 'E-Dai'의 머리글자를 그 앞에 붙인 E. D. 스튜어드를 성명으로 사용하고 있었다. 이 호텔 1층에는 잡화점이 있었고 모든 종업원들은 중국인 일색으로 피진 영어를 사용하고 있었다.[53] 각 층은 단출하면서도 깨끗하게 장식되어 있어, 피곤한 여행객들에게는 천국과 같은 곳이었다.

언더우드 목사는 나룻배가 자정 쯤 떠난다는 것을 알고, 우리가 서울에

53. 저자 주 : '피진' 영어는 동양 거의 모든 나라의 항구 도시에서 원주민들이 이해하고 있는 것이다. 이 언어는 중국어와 다른 여러 언어가 영어와 혼합된 파격적인 영어로서, 이를 통해 서양의 상인들이 동양인들과 의사소통을 하고 있다. '피진'이라는 말 자체도 'business'의 파격적인 발음으로 원주민들이 이 단어를 그렇게 발음하는 것을 나타내며, 따라서 피진 영어는 단순한 상업영어라고 하겠다.

서 가장 가까운 나루터에 내릴 수 있도록 주선해 주었다. 초저녁에 배에 올랐다. 선실은 천장이 매우 낮아, 앉으면 머리가 겨우 닿지 않고 일어서면 머리가 부딪쳤다.

작은 배에는 잠자리가 따로 없었으므로, 부인네들을 이 협소한 선실로 보내고 남자들은 갑판 위 의자에 앉아 밤을 새웠다. 지루한 여행 끝에, 새벽에 마포에 도착했다. 야간 여행을 하느라, 훌륭한 경치는 물론 큰 섬인 강화도도 보지 못했다. 강화도는 1867년 미국이 강압적으로 조선과 국교를 맺기 위해 수도로 진격하려 하자, 이를 막으려는 조선군과 미국 군함 세나도 호 간에 격전이 벌어졌던 곳이다.[54] 그때 조선군은 1866년에 침공한 프랑스 군함으로부터 노획한 무기를 본 따 제작한 대포를 사용하여 용감히 싸웠다.[55]

머펫 목사가 마포에서 우리를 기다리고 있었다. 그는 조선인 뱃사공과 우리 모두를 상륙시킬 조치를 취해 두고, 거룻배를 타고 우리를 맞으러 왔다. 우리가 거룻배로 막 옮겨 타려 하자, 한 뱃사공이 평소 뱃삯의 갑절을 그것도 선불로 요구했다. 머펫 씨가 사전에 이 문제를 타결해 두었지만, 상륙할 사람들이 모두 이상한 외국인들임을 알자 마음을 바꾸어 계약 이행을 거부했던 것이다. 머펫은 뱃사공들과 몇 분 동안 입씨름을 했으나 소용이 없음을 알고, 강가에 있던 품팔이 인부 한 사람을 배 옆으로 오게 하여, 이 사람의 어깨에 올라타고 물 밖으로 나갔다.

우리 모두도 그렇게 하려하자, 일거리를 송두리째 잃게 될 것을 직감한 뱃사공들이 정상적인 값으로 우리를 건네주겠다고 거꾸로 애원하다시

54. 1871년(고종 8)에 미국 군함이 강화도 해협에 침입한 신미양요(辛未洋擾)를 말하는 듯 하다. 대동강에서 불탄 제너럴 셔먼 호 사건에 대한 문책과 조선과의 통상 조약을 요구하다 격퇴된 사건이다.

55. 대원군의 가톨릭 탄압을 빌미로 1866년(고종 3) 프랑스 함대가 강화도에 침범한 병인양요(丙寅洋擾)를 말한다. 병인박해 때 중국으로 탈출한 리델 신부가 천진(天津)에 와 있던 로즈 제독에게 박해를 보고함으로서 발생했는데, 프랑스 함대는 40여일 만에 물러갔다.

피 했다. 우리는 등에 업혀서 도강하는 데 익숙해 있지 않았을 뿐 아니라, 또 정상적인 방법이 좋다고 생각되어 이 제의를 받아들였다.

도성까지의 여행에는 가마가 사용되었다. 가마는 이 당시 가장 보편적인 여행수단이었다. 가마 종류는 매우 다양하지만, 대개 두 사람이 메는 가마와 네 사람이 메는 가마로 분류할 수 있다.

서울에 도착하다

우리는 곧 성으로 둘러싸인 도성을 처음 보게 되었다. 서대문을 지나 좁은 골목길을 통해, 빈턴(C. C. Vinton) 박사 댁으로 갔다. 빈턴 박사는 우리를 위해 새로 빌린 집을 꾸밀 때까지 우리를 돌봐주기로 되어 있었다.

박사네 집은 외부는 조선식이었으나, 내부는 서양식이었다. 이 집의 구조가 서양식으로 꾸며진 데에는 나름대로 이유가 있었다. 조선이 서구의 열강들과 조약을 맺게 되자, 조선 정부의 관련 관청을 통괄하도록 중국에서 파견한 독일인 뫼렌도르프(Mollendorff)[56]의 거주지로 지어졌던 것이다. 이 집은 도성의 북쪽에 위치하여, 다른 외국인들의 집과는 1마일 가량 떨어져 있었다.

우리의 대가족이 빈턴 박사 댁에 오래 머물 수는 없었다. 그 댁의 여러 자녀들이 우리가 차지하고 있는 방을 필요로 했기 때문이었다.

우리는 그때까지 배편으로 탁송한 가정용품과 가구가 도착하지 않아,

56. 조선 말의 독일인 외교 고문. 1882년 청나라 이홍장(李鴻章)의 추천으로 조선 정부의 '통리아문 협판(統理衙門 協辦)'으로 부임했다. 통리아문은 서양과의 새로운 외교관계를 전담하는 부서. 1884년 7월 러시아 공사 웨베르와 협조하여 '조 · 러 수호통상조약'을 성립시켰으나, 이로 말미암아 이홍장에 의해 중국으로 소환되었다.

선교사 가정에 부탁하여 필요한 용품을 빌리기로 했다. 모든 가정에서 한 가지씩 – 요리용 화로, 탁자, 침대 혹은 의자 등 – 을 빌려주어, 곧 그런대로 살림을 시작할 수 있었다.

수개월 전 가구 등을 캐나다에서 배편으로 보냈지만 뉴욕까지 기차로, 그곳에서 대서양을 횡단하여 런던으로, 다시 지중해와 홍해와 인도양을 거쳐 싱가포르로 운송되고, 그곳에서 다시 중국 연안을 따라 북상하여 황해를 건너 제물포까지, 육로로 다시 서울까지 운송되어야 했으니 우리가 서울에 닿았을 때에도 가구는 아직 도착하지 않았던 것이다.

하인들을 고용하다

집안일을 원활히 꾸리기 위해 하인들도 고용했다. 영어를 약간 할 수 있는 일본인 하녀와 서양 요리를 할 줄 안다는 조선인 한 사람, 그리고 연료를 공급하고 잔심부름이라도 시킬 조선인 머슴 한 사람 등이었다.

제물포에 상륙한 이후 줄곧 건강이 좋지 않았던 아내가 새집으로 이사하자마자, 자리에 눕고 말았다. 일본인 하녀는 일에 서툴러 서양 아이들의 입성을 제대로 챙기지 못하였다. 왼쪽 구두를 오른발에 신기기도 하고, 여자아이의 옷을 거꾸로 입히는 등 모든 일이 이상하게 꼬여가서, 아내의 회복에 조금도 도움을 주지 못했다. 조선인 요리사는 서양 음식을 조리할 줄 몰랐다. 그는 심지어 계란 하나 요리할 줄 몰랐으며, 머슴은 자기 집에 쓸려고 땔감을 훔쳐 가는 등 매사가 잘못되어 가고 있었다.

나를 위해 구해준 조선어 선생은 매일 찾아와 시간을 많이 빼앗아 갔다. 그 때문에 내가 집안일을 도울 시간적 여유도 없었고, 아내의 병세는 더욱 악화되어가 나는 절망감에 사로잡혔다.

마침내 나는 할 수만 있다면 경험 있는 중국인 요리사를 고용하기로 했다. 영어를 조금 아는 미국 영사관의 중국인 하인에게 도움을 청했다.

"지금 고용되어 있지 않은 중국인 요리사를 알고 있소?"

"찾을 수 있겠지요."

"요리 솜씨는 좋소?"

"물론이죠. 그는 원산에서 독일인 가정에서 요리를 했으니까요."

"정직한가요?"

"물론입니다. 만약 그 녀석이 물건을 훔친다면 제가 혼을 내주지요."

그 요리사를 보내달라고 했다. 중국인 요리사는 영어가 서툴렀다. 음식 재료가 있는 곳을 알려준다면 혼자서 정찬을 마련할 수 있겠느냐고 묻자, "할 수 있지요(can do)"라고 대답했다. 그에게 창고를 열어주고 열쇠를 맡겼다.

얼마 후 식사 준비가 되었다고 해서 가보니, 정말 놀랄 지경이었다. 수프, 앙트레, 주 음식, 샐러드 및 후식까지 마련했는데, 정말로 맛이 좋았다. 아내가 음식을 즐겨먹기는 새집으로 옮겨온 후 이때가 처음이었다.

어느 날 오후, 여전히 병석에 누운 채 아내는 스테이크가 먹고 싶다고 했다. 나는 요리사를 불러 아내가 스테이크를 먹고 싶어 한다고 했더니, 그는 "할 수 있습니다(can do)"라고 했다. 잠시 후 그는 스테이크를 들고 왔는데, 아주 연하게 잘 요리된 것이어서 아내는 남김없이 먹었다.

이와 같은 식단의 변화로 아내는 병석에서 일어나, 일본인 하녀에게 아이들을 보살피는 일을 가르칠 수가 있었다.

첫 한 주간 요리사에게 돈을 주지 않았음에도 우리에게 맛있는 음식을 양껏 제공했으므로, 비용을 계산할 때가 되었다고 생각했다. 아니나 다를까 토요일 밤에 그는 1주일 동안 구입한 품목을 적은 회계장부를 들고 왔다.

그는 숫자 이외의 글자를 쓸 줄 몰랐기 때문에, 달걀 · 닭 등 구입한 품목을 그림으로 그려놓았는데 내가 본 것 중에서 가장 이색적인 회계장부였다. 각 품목에 가격이 적혀있고 합산한 액수를 보니, 당시 내 봉급을 훨씬 초과하고 있었다.

"음식은 훌륭하고 요리 솜씨도 좋지만, 비용이 지나치게 많아요. 지금부터는 1주일 마다 일정한 액수의 돈을 줄테니 그 이상 초과하지는 말아요"라고 했더니, 그 후 그는 상당기간 동안 우리와 함께 하면서 훌륭한 요리를 제공했지만 예산은 초과하지 않았다. 그는 훌륭한 요리사였다.

하루는 이 요리사가 부엌 일손이 더 필요하다고 했다. 자신은 요리사이지 부엌 하인이 아니기 때문에, 청소하고 바닥을 닦을 소년이 필요하다는 것이었다.

나는 머슴에게 부엌 바닥을 닦도록 하겠다고 했다. 그는 여기에 대해 아무 말 없이 얼마동안 지났다. 그러던 어느 날, 부엌에서 청소하고 있는 중국인 젊은이를 보게 되었다. 요리사를 불러 부엌에 있는 하인에게는 돈을 지불할 수 없으며, 따라서 이미 말한 대로 부엌 청소는 머슴에게 시키라고 했다.

그는 소년이 자기 조카이며 조리법을 배우고자 한다고 했다. 그리고는 "돈을 지불하지 않아도 돼요"라고 했다. 동의하지 않을 수 없었다.

얼마 있지 않아, 머슴이 보이지 않았다. 요리사는 "머슴이 하던 일을 이 아이가 할 수 있어요(can do)"라고 했다. 이렇게 하여 중국인 소년은 허드렛일도 하고 연료도 나르는 등 모든 것이 순조로웠다. 우리는 이 소년에게 머슴의 임금을 지불했으나, 부엌 일은 무보수였다.

또 하루는 침실 청소와 세탁 일을 맡아 보던 하인이 보이지 않았다. 중국인 요리사가 "걱정 마십시오. 중국 소년이 할 수 있어요(can do)"라고 했다. 이렇게 하여 그 소년은 두 하인의 몫까지 하게 되었다.

청일전쟁이 발발하자 요리사가 와서 일을 그만두겠다고 했다. 이유는 중국에 아내가 있어 가족이 어떻게 되었는지 보살피러 가야 한다는 것이었다. 우리에게는 요리사가 꼭 필요하니 보낼 수 없다고 했더니, 이번에도 "중국 아이가 할 수 있어요(can do)"라고 했다. 중국인 소년이 그를 대신하여 요리사가 되었다.

그 대신 우리는 집안일을 맡아 볼 조선인 한 사람을 고용했는데, 이 젊은 중국인 요리사는 정말로 훌륭하게 음식을 요리했다.

이렇게 하여 나는 중국인들의 멀리 보는 안목과 폭넓은 계략을 배울 수 있었다. 그 나이 많은 중국인 요리사는 언제나 고국으로 가족에게 돌아갈 뜻을 간직하고 있다가, 우리와 자기 조카를 위해 적절한 대책을 세웠던 것이다.

혹 어째서 여러 명의 하인을 고용했는지 의아스럽게 생각할 분도 있을 것이다. 특히 나와 같이 가족과 함께 사는 경우에 하인 한 사람 정도의 도움만 있으면 충분히 집안일을 꾸려 나갈 수 있을 것이므로, 이런 의문은 오히려 당연하다.

여러 명의 고용인을 두게 된 데는 사유가 많지만, 다음 두 가지 이유만으로도 설명이 될 것이다.

첫째, 선교사의 부인들은 현지의 말을 배워야 하고, 선교 사업에도 헌신해야 했기 때문이다. 주일학교와 교회에서 성경을 가르치고 여신도의 가정을 심방하기도 하고, 또 변두리 지역의 성경학교도 운영해야 했다. 더욱이 남편이 의료 선교사일 경우 여자환자를 돌보아야 하며, 그들이 회복한 후에도 인간관계를 계속 유지하여 개척교회 설립을 돕도록 하는 등 자신의 가정을 돌 볼 시간적 여유가 별로 없었던 것이다.

둘째, 그 당시 고용인들은 익숙지 못한 환경, 특히 외국인 가정에서는 한 가지 일만 할 수 있을 뿐, 몇 가지 일을 겸해서 할 수 있는 능력을 갖추지 못했기 때문이다. 의사 아내가 여성 환자들의 가정을 방문하여 얻은 성과가 얼마나 컸던가는 다음의 사례로 미루어 짐작할 수 있을 것이다.

서울 근교에 사는 중류층 가정의 부인이 병원에 입원한 적이 있었다. 내 아내와 다른 성경 부녀회 회원들의 가르침을 받아, 이 여인은 기독교인이 되기로 결심했다. 퇴원 후 자기 집을 방문한 성경 부녀회원을 통해 다음과 같은 간곡한 부탁을 해 왔다. 내 아내가 일주일에 한 번씩 자기 집에 와서 성경공부를 지도해 준다면, 그 모임에 이웃의 모든 부녀자들을 불러 모으겠다는 것이었다. 물론 이 요청은 받아 들여졌으며, 그 여인의 집은 참석을 원하는 사람들로 초만원을 이루었다.

이즈음 병원 수위의 아들도 매주 일요일 오후, 마을 소년들을 모아 가르치는 일로 봉사하기로 마음먹었다. 그는 성경을 교재로 하여 소년들에게 읽기 지도를 했는데, 머지않아 마을 전체의 소년들이 참석하게 되었다. 그 동안 옥외에서 행하던 이 수업은 겨울철이 되어도 추운 바깥에서 중단 없이 진행되었다. 마을에는 이 소년들을 모두 수용할 만한 실내 공간이 없었기 때문이었다.

그러나 다행히도 이들은 겨울철에 실내에서 공부할 수 있게 되었다. 그 배경을 설명하려면 우선 조선의 농촌 사람들이 농사일이 시작되는 봄이 올 때까지 농한기인 겨울철을 어떻게 보내는가를 잠깐 살펴 볼 필요가 있다.

대부분의 일꾼들은 볏짚을 꼬아 바닥을 포함하여 전체가 짚으로 된 짚신을 만들어 신었다. 볏짚은 쉽게 말라 부서지기 때문에 따뜻한 방에서 짚을 다듬어 쓸 수도 없었고, 또 옥외에서 짚신을 삼을 수도 없었다. 짚이 바깥 추위에 얼어, 역시 쉽게 부서졌기 때문이다.

이런 문제를 해결하기 위해 일꾼들은 다음과 같은 방법을 사용했다. 해마다 겨울이면 땅에다 약 16평방피트 크기의 장방형 구덩이를 2~3피트 깊이로 파서, 그 위에 기둥을 세우고 짚으로 지붕을 만들어 덮었다. 지붕의 일부분을 잘라내어 적당한 크기의 개폐식 통풍구를 내어, 날씨가 좋으면 열어 실내 환기를 돕고, 필요한 햇볕도 들어오게 했다. 바닥에는 짚을 깔고, 그 위에 일꾼들이 둘러앉아 짚신을 삼았다.

겨울이 되자 이 마을사람들도 이런 움막을 지었다. 소년들이 옥외에서 공부하는 광경을 목격한 일꾼들은 소년들을 불러들여 움막에서 공부하게 했다. 소년들은 기쁜 마음으로 겨울철 내내 매주 일요일 오후 일꾼들의 환영을 받으며 이곳에 모여 공부했다. 일꾼들은 일손을 멈추고 소년들이 책을 읽고 찬송가를 부르며 배운 것을 암송하는데 귀를 기울였다.

수년이 지나자 아주 보잘 것 없이 시작된 이 모임이 조직적인 교회로 발전하였다. 250명의 신자와 교회 건물을 가지게 되었고, 유치원과 주간 및 야간학교를 운영하는 등 현대 교회의 여러 조직을 갖추게 된 것이다. 이 모든 것을 조선인 목사가 관장하여 이끌었다. 아내와 내가 선교사직에서 퇴임하고 조선을 떠나기에 앞서 마지막 일요일을 그곳에서 보냈다. 예배가 끝나자 아내와 나, 그리고 의사가 된 내 아들을 가운데 세우고, 수많은 신도들과 더불어 기념촬영도 했다.

이 아름다운 신도들의 모임은 아내가 병원에서 아낌없이 봉사한 결과로 얻어진 모임 중의 하나였다. 이런 고귀한 봉사의 결실을 생각해보면 내 아내가 가사에 전념하지 못한 이유를 충분히 이해하리라 믿는다.

아내는 가정 심방을 하고 성경학교를 지도하는 등 선교활동에 진력했을 뿐만 아니라, 당시에는 외국인 자녀를 위한 학교가 없었으므로 집에 돌아와서는 우리 아이들의 교사 노릇도 훌륭히 했다.

짐이 도착하다

12월이 되어서야 기다리던 가구가 제물포에 도착했다. 이 짐들을 바퀴가 두 개 달린 소달구지(바퀴는 나무로 만든 것으로, 완전히 둥근 것도 아니었다)에 싣고서 험한 산길을 지나 거의 30마일 거리의 내륙에 있는 서울의 집까지 운반했다.

세간이 도착했다는 말을 듣고 크게 기뻤지만, 가구들의 상태가 어떠할런지 걱정되기도 했다. 조선에 처음 들어오는 셈인 피아노에 대해서 아내는 특히 염려했다. 기차로, 배로, 그리고 마지막에는 달구지로 운반되는 도중에 행여 손상이나 입지 않았을까 하는 우려 때문이었다.

가구들이 도착하자 아내는 제일 먼저 피아노가 든 상자를 열고, 그 앞에 서서 건반을 두들겨 보았다. 다행히 음정에 이상이 없이 온전하여, 우리 모두 기뻐했다. 아내가 연주한 첫번째 곡은 '만복의 근원이신 하나님을 찬미하라' 였다. 우리 모두는 피아노 주위에 둘러서서 우렁차게 찬송가를 불렀다. 나머지 가구들도 이상이 없었고, 다만 과일을 담아 두는 항아리 하나만 깨져 있었다.

조선에서의 이상한 경력 3장

- Dr. Horace N. Allen의 개신교 선교 소개 - *

동대문 이화여대 부속 병원 부지 / 1903

험난한 조선 입국 과정

내가 조선에 입국했을 당시 가장 관심을 끈 사람은 우리보다 먼저 조선에 입국하여 그때까지 머물고 있던, 최초의 장로교 선교사인 알렌 박사였다. 조선 선교활동에 관련된 인물과 사건에 관한 이야기를 하려면, 알렌 박사와 그와 관련된 사건들을 먼저 기술하는 것이 순서일 것 같다.

젊은 의사 알렌은 1883년 10월, 아내와 함께 중국에서 의료선교 사업을 하기 위해, 오하이오 주 톨레도를 떠났다. 중국에 간 그는 거의 일 년 동안 중국어를 배우며 상해에 머물렀으나, 최종적인 발령을 받지 못해 낙담하고 있었다. 그러던 중, 이 보다 앞선 1882년 조미(朝美)간에 체결된 조약[57]에 근거하여 '뉴욕 해외 선교위원회(The Missions Board in New York)'에서 조선 선교사업을 시작하기로 결정했다는 소식을 듣고, 조선으로 자기를 파견해 주기를 요청하는 전문을 보냈다.

1884년 7월 22일자로 그는 조선 최초의 개신교 선교사로 임명되었다. 아내를 상해에 남겨두고, 9월 20일 우선 새로운 개척 임지에 도착하였다. 이날은 조선선교 역사상 기념할 만한 날이다. 수도 서울에 도착한 그는 즉시 미국공사 푸트(Lucius H. Foote) 장군을 집으로 찾아갔다. 거기서 그는 조선과의 조약규정에 선교 활동에 관한 언급이 없다는 점, 그로 인해 그의 입국에 대해 바람직하지 못한 반응이 일어날 수도 있다는 점,

57. 1882년 조선과 미국 사이에 체결된 '조미수호통상조약(朝美修好通商條約)'을 말한다. 조선과 서구 국가와의 최초의 근대적 조약이지만, 불평등조약이다.

따라서 이들 문제를 공사와 자신이 지혜롭게 처리해 나가야 한다는 사실을 알게 되었다.

미국 공사는 알렌에게 선교 활동은 자신의 재량으로 보장할 수 없지만, 다만 공사관 소속의 의사로 임명할 수는 있다는 대안을 제시했다. 그렇게 하면 거류 외국인 사회에서 알렌 박사의 신분이 보장될 뿐 아니라, 선교활동에 따르는 문제가 당장은 제기될 염려도 없고 오히려 필요로 하는 사람들에게 의술을 베풀 수 있는 이점도 있다고 했다. 알렌 박사는 공사관 건물 옆 한옥 한 채를 구입하여, 서구식 생활에 맞도록 수리한 후 곧장 상해로 가서 가족을 데리고 왔다.

갑신정변(甲申政變)으로 어의(御醫)가 된 알렌

알렌의 조선 입국은 여러 면에서 매우 시의 적절하여 오히려 하늘의 섭리로 여겨질 정도였다. 왜냐하면 그가 입국한지 얼마 되지 않아 조선국 내에서 매우 심각한 사건이 발생하였으며,[58] 이 사건으로 조선 선교활동의 규제 여부에 대한 문제가 별 무리 없이 해결되었기 때문이다.

이 사건에 앞서 조선 정부에서는 서양의 제도와 유사한 우편제도를 실시하려는 정책을 진행하고 있었다. 전국의 통신망을 개선하는 등 이 제도를 적극적으로 실현하기 위하여 정부는 우정국(郵政局)을 신설하고, 일본 유학을 다녀와 이미 관리로 등용되어 있던 귀족 청년 홍영식(洪英植)을 책임자인 총판(總辦)에 임명하였다.[59] 1884년 12월 4일 우정국

58. '심각한 사건'은 1884년 10월 우정국 낙성식을 계기로 김옥균 · 박영효 · 서재필 등 개화파가 일본 세력을 빌려 보수파를 몰아내고 서구의 근대 입헌군주제 도입 등 개혁을 펼치려던 갑신정변을 말한다.

59. 홍영식(1855~1884)은 김옥균 · 박영효 등과 개화파를 형성, 갑신정변을 일으켜 혁신 내각의 우의정이 되었으나, 3일 천하로 끝나고 대역 죄인으로 처형되었다.

새 청사 낙성식과 더불어 새로운 제도의 시작을 축하하는 연회가 마련되고, 조선의 고관과 외국 사절들이 초청되었다,

한편 그 당시 일본에 유학하여 미국과 유럽의 정부체제에 관하여 상당한 지식을 갖춘 젊은 양반 관료들은 개화당이란 단체를 결성하고 있었다. 이들은 전제주의를 타도하고, 그 대신 왕권을 제한하는 입헌군주제를 도입하려 기회를 엿보고 있었다. 국왕과 왕비가 이들의 계획에 관심을 보이지 않자, 개화당 지도자들은 이 목적을 달성하기 위해서는 무력에 의존하지 않을 수 없다는 결론에 이르렀다.

이 개화당 청년들은 우정국 개국 만찬회를 기화(機化)로 보수파 관리들을 혼란에 빠뜨리고, 그 틈에 궁궐로 진입하여 국왕을 인질로 잡고 강제로 명령을 내리게 하여, 새로운 정부체제를 선포하고 새 내각을 구성하려는 계획을 세웠다.

개국식이 끝날 즈음 국왕은 동궁에 머물러 있었고, 연회는 궁궐 입구 바깥쪽에 위치한 우정국 새 청사에서 열리고 있었다. 연회가 순조롭게 진행되고 있을 때 건물 가까이에서 느닷없이 총성이 울렸다. 장내는 순식간에 어수선해지고 뒤이어 목적 달성에 유리한 비상사태를 유발하기 위해 개화당원들이 떼지어 몰려들자 연회장은 온통 아수라장으로 변했다.

우정국 총판 홍영식은 혼란 중에 피살되었고,[60] 왕비가 총애하는 사촌동생이자 조정의 영수격인 민영익(閔泳翊)은 연회장에서 얼굴과 팔에 중상을 입었다.[61]

우정국 총판 홍영식과 마찬가지로 그 자신도 개화당원이었던 민영익

---

60. 앞주에서 보듯이 홍영식은 혼란 중에 피살된 것이 아니라, 정변 후 처형되었다.

61. 민영익(1860~1914)에 대한 에비슨의 서술에는 문제가 없지 않다. 그는 민비의 측근으로 1882년 임오군란 때 난군에게 집을 파괴당하고, 난이 수습된 후 사죄 사절로 일본에 다녀왔다. 개화파에 동정적이었지만, 1883년 전권대신으로 미국에 다녀온 후 개화파를 탄압하고, 정변 후 일본에 망명 중인 김옥균 등에게 자객을 밀파하였다. 1880년 정부의 친로거청정책(親露拒清政策)에 반대하였으며, 고종 폐위 음모로 홍콩에 망명하여 그곳에서 죽었다. 행서를 잘 썼고 묵란(墨蘭)에 능하였다.

은 당원들에게 무력사용을 자제하고, 비록 더디긴 하지만 확실하고 바람직한 개혁운동을 전개하자고 주장해 왔던 사람이다.

우편제도 개혁안도 이러한 노선을 추구한 민영익의 집요한 설득에 의해 이루어진 것이었다. 민영익의 상처를 치료하기 위해 궁중 의원들이 왔지만, 해부학에 대한 지식이 전혀 없었고 심지어 그의 생명을 위협하는 유혈조차 멈추게 할 수 없었다.

누군가가 미국인 의사를 부르자고 하여, 절망 상태에서 알렌 박사를 불러들였다. 알렌 박사는 민대감의 팔이 자상(刺傷)으로 동맥이 절단된 것을 발견하고, 지체 없이 부위를 찾아 봉합했다. 그러자 즉시 유혈이 멎었다. 정말 기적 같은 일이었다. 조선의 의원들이 상처를 함부로 다루어 상처가 심하게 오염된 나머지 이미 곪기 시작했으나, 얼마간의 치료로 그의 팔은 완쾌되었다.

이 치료는 민영익의 팔만 구한 것이 아니라, 서양 의사의 명성을 구하고 나아가서 그들의 입지를 확고하게 했던 것이다. 이에 대해 알렌 박사는 이렇게 말했다.

> 이번 시술의 성공으로 선교 사업 자체를 시작할 수 있는 계기가 마련되었다. 무엇보다 서양의 의술이 영향력 있는 민공(閔公) 같은 인사에게 성공했기 때문에, 조선인들은 실제로 아프거나 심지어 의심이 가는 질병까지 치료해 달라고 찾아오게 되었다. 찾아오는 사람들이 너무나 많아 이들을 진료할 적당한 건물을 물색하여, 사용 허가를 요청하였더니 허락해 주었다. 이것이 조선인을 위한 최초의 현대식 병원이었고, 국왕은 '은혜를 널리 베푸는 곳' 이란 뜻으로 '광혜원(廣惠院)' 이라 이름 지어 주었다.[62]

62. 광혜원은 이 글에서 보듯이 1885년(고종 22) 일반 백성의 병을 치료하기 위하여 제동(齊洞)에 설립한 통리아문 관장 하의 우리나라 최초의 근대식 병원. 미국인 의료 선교사 알렌(H. N. Allen)의 주관 아래 세웠으며, 개원 12일 만인 3월 12일 '대중을 편안하게 한다' 는 의미의 제중원(濟衆院)으로 이름을 바꿨다.

이 사건이 가져온 또 하나의 결과는 알렌 박사가 궁궐의 전의(典醫)로 임명된 것이었다. 물론 그는 조선에 설치된 모든 외국 공관의 의사이기도 했다. 그 후 알렌 박사 부처는 거류 외국인 사회에서 두루 환영을 받았다. 이같이 그가 누린 사회적 신임은 그 후 조선에 입국하기 시작한 선교사들에게도 크게 도움이 되었다.

조선 선교사들에게 일어난 이와 같은 좋은 일이 다른 나라에서는 없었으리라고 장담할 수는 없다. 그러나 조선에서는 선교사의 사회적 지위는 공사관 관리와 동등한 대우를 받았으며, 이 현상은 선교 임무를 수행하는 우리에게 크나큰 도움이 되었다.

국교가 처음 열렸을 때, 조선에 주재하던 미국 관리들은 조선과의 문제 또는 여타 국가들과의 관계 개선에 관한 문제로 자주 본국을 다녀와야 했다. 이런 일로 공사(公使)가 부재 중일 때, 공사관 관리이자 선교사인 알렌 박사가 공사의 업무를 마치 당연직인양 대행했다.

알렌의 다양한 경력

조선 국왕은 알렌 박사에게 미국으로 파견되는 조선 대표들을 수행해 달라는 요청을 여러 번 했다. 1893년에는 시카고 만국박람회에 참석하는 일행과 함께 고문자격으로 동행한 경우도 그 한 예이다.

그러고 보면 알렌 박사가 의료 선교사인지, 거류 외국인 사회의 의사인지, 아니면 조선 국왕의 전의인지 그 자격에 대한 구별이 모호할 때가 있다. 그 역시 의료 선교사로서의 본래 임무에 방해가 되는 여러가지 활동에 어느 정도의 시간을 할애해야 할런지 고민한 흔적이 보인다. 결국 그는 자신의 힘이 심각할 정도로 분산되는 문제에 대하여 숙고를 거듭한 끝에, 선교업무를 포기하기로 하고 선교회와의 공식적인 관계도 끊었다. 얼마 후 해외 선교회에 재임용되어 선교활동을 재개하였으나, 여의치 못하여 결국 선교활동을 영구히 단념하게 되었다.

알렌 박사가 미국 공사관에서 처음 맡은 업무는 서기관이었다. 당시 복잡한 국제 관계로 공사나 영사가 임지를 벗어나 출장 중인 경우가 잦았다. 이들의 공석 중 대리 업무를 거듭하다 보니, 정부의 업무를 잘 알게 되었다. 이와 같은 배경으로 그는 점차 승진하여, 마침내 변리공사와 전권공사가 되었으며, 공사관이 대사관으로 승격하자 그는 초대 미국대사가 되었다.

내가 알렌 박사를 처음 만난 것은 그가 시카고에서 개최된 '백색의 도시(The White City)'라 불린 박람회에 참가하고, 조선으로 돌아오던 1893년 8월이었다. 그는 조선 대표단의 일원이자 고문 자격으로, 국왕을 대신하여 박람회에 참석했던 것이다.

이미 언급한 바와 같이 우리 가족은 부산에서 서울로 오는 겐까이마루호에서, 미국에서 돌아오는 알렌 박사를 만났다. 제물포로 오는 2~3일 동안의 여행과 마포까지 나룻배를 이용한 하룻밤 동안, 우리는 그와 함께 지냈으므로 그와 어느정도 친숙해져 있었다.

시카고에서 서울로 돌아오는 도중, 그는 국왕의 전의 자리를 사임하기로 생각을 굳혔다고 한다. 이유는 미국 정부 관리의 입장에서 국왕과 왕비에게 이의를 제기해야 할 경우도 있을 것이므로, 그때에 처할 곤경을 생각했기 때문이었다. 그 후 국왕을 알현하는 자리에서, 그는 자기를 대신할 전의로서 나를 소개했다.

알렌의 기록들

알렌 박사의 기록에는 다음과 같은 일화도 소개되어 있다.

대체로 우리 선교사들은 상식과 우수한 정신적 자질을 겸비하고 있으나 그 많은 사람 중에는 예외가 없는 것은 아니다. 어떤 사람은 사찰에 초대되어 가서는 자제력을 잃고 지팡이로 조그만 석고 불상(佛像)을 부셔 버린 적이 있었다. 이 일로 인해 선교사들에게 당분간 그 지역 출입이 거절되기도 했다. 이 사건은 그 당시 꽤나 시끄러운 일이었다. 왜냐하면 당시 영국 정부가 인도의 토착 종교에 대해 어떤 간섭도 허락하지 않는다는 방침을 세워 시행 중임을 알고, 조선에서 발생한 이 일의 경우에도 당사자인 선교사에게 가혹한 처벌을 내리도록 사찰 측에서 요구하고 나섰기 때문이었다. 따라서 새로 문호를 개방한 이 나라에서 인도에서와 같은 조치를 당하게 된 것은 다름 아닌 바로 우리들 탓이었다.

나는 당사자인 그 선교사와 이 일을 크게 유감스럽게 여기는 그의 동료들과 상의하여, 그와 같은 일이 두 번 다시 일어나지 않도록 하겠다는 연명 서약을 받아내는 것 외에는 달리 할 일이 없었다. 그러나 사건 당사자가 마침 조선에 없는 동안, 분을 참지 못한 피해자 측에서 국왕에게 상소문을 올려, 그가 사죄하고 참회 설교를 하도록 해 달라고 요청했다. 그 내용은 무식한 조선인 필경사가 쓴 것으로, 본의는 아니었겠지만 국왕에게는 모욕적인 어투로 구성되어 있었다. 이 일이 다시 나에게 알려졌고, 우리는 또 한 번 근신하겠다는 서약서를 쓰지 않을 수 없었다.

선교사들이 인격적인 면에서 여타 외국인 거주자들에 비해 그다지 뛰어날 바가 없다는 잦은 불평에 대하여 알렌은 다음과 같이 말하고 있다.

어느 신사다운 선교사가 이곳에 왔다고 하자. 그는 바람직한 목적을 달성하기 위해 고운 목소리나 악기를 다룰 수 있는 능력, 혹은 어떤 열정적인 운동경기의 기술 등 그 어떤 재능을 가졌다고 하자. 그것도 아니면 훌륭한 이야기꾼이거나, 혹은 단순히 양식과 미덕과 학식을 겸비하고 있다고 하자. 토착민들을 위해 일할 때 이러한 것들이 포괄적으로 작용하지는 않는다 하더라도, 그는 기꺼이 환영을 받을 것이며 주위에서 보내는 그를 향한 참다운 인간애를 찾아볼 수 있을 것이다.

더욱이 이러한 사람은 자기 본래의 임무 못지않게 중요한 임무의 하나가 시련에 부딪쳐 낙담하고 있는 동료 미국인들에게 호의가 베풀어지도록 노력하는 것임을 깨달을 것이다. 그와 같은 노력을 통해서만, 멀리 고국에서부터 우리가 가졌던 본래의 이상을 실현하는 길에 좀 더 다가갈 수 있을 것이다.

임지에서 해당 지역 사회에 무엇인가 기여할 수 있고, 또 기꺼이 기여하기 위해 최선을 다하는 선교사들을 나는 잘 알고 있다. 이런 일꾼들은 결코 추방되지 않을 것이며, 동료에 대한 연민과 사랑이 결코 부족하지 않을 것임을 나는 확신한다. 이런 분들은 오히려 환영을 받을 것이며, 기꺼이 약한 자들의 편에 서서 자기가 행하는 일이 아무리 힘들어도 불평없이 감내하려 들 것이다.

이미 오래 전에 유명을 달리한 몇 분을 포함해서, 이름이 널리 알려진 훌륭한 선교사들이 계신다. 이 분들은 한결같이 고귀한 사명감을 아낌없이 실천하여 지역사회에서 크게 존경을 받았다. 이 분들에게 깊이 감화된 사람 가운데에는 물질적으로, 또는 사회적으로 크게 성공한 사람들도 있다. 이 사람들은 과거에 개인적인 이익이나 안락, 혹은 동물적인 쾌락을 쫓아다니던 나락(奈落)의 생활에서 마침내 벗어나, 새로운 사람이 되도록 도와준 데 대하여 이 분들에게 깊이 감사하고 있다.

150여명의 남녀 선교사들과 이들을 따르는 조선인들로 인해 영사관의 업무가 너무나 많아졌다. 그 이유를 간단히 살펴본다. 당시 자기들의 기득권과 이익을 위해 새로운 변화를 원치 않았던 지배 계층과 달리, 소박하고 인정이 많은 서민 계층의 조선인들은 기독교 신앙을 서슴없이 받아들이고, 선교사들에게서 검소한 생활태도를 배워 세속적인 여건도 향상되어 갔다. 이러한 추세는 결과적으로 관리들의 견제를 받게 되었다.

관리들은 직권을 남용하여 조선인 기독교도들의 활동을 사사건건 방해했고, 선교사들은 신도들을 위해 그때마다 소송을 제기하기도 했다. 선교사들 가운데 생각이 다소 부족한 사람들은 이러한 경우를 오히려 환영하는 듯한 태도를 보이기도 했다. 이들은 이 기회에 미국 공사관 직원들이 나서서 민심의 동요를 부추겨야 한다고 생각했을 수도 있다. 어쨌든 선교에 관련된 소송은 거의 언제나 미해결 사건으로 처리되었다.

'이상한 경력' 이란 표제를 붙인 이유

21년간에 걸친 조선에서의 알렌 박사의 행적은 일반사람에게 쉽게 납득될 수 없는 궤적을 그리고 있다. 이 점을 염두에 두고 그의 활동상을 설명하는 이 항(項)에 '이상한 경력' 이라는 제목을 달았다.

얼마 전 알렌 박사의 자전적 기록을 살펴보다, 박사 자신도 '이상한 경력' 이라는 표제를 사용하고 있음을 알았다. 이런 면에서 보면 나도 적당한 제목을 선택한 것 같다. 그의 글을 다시 인용한다.

의료 선교사로 출발하여 특명 전권대사로 끝을 맺는다는 것은 상당히 이상한 경력의 종결이 아닐 수 없다. 이와 같은 변화는 아주 서서히 진행되어 나도 미처 모르는 사이에 일어난 것들이다. 처음에는 워싱턴 주재 조선 공사관의 임시 직원으로 시작하여, 그 다음은 미국 공사관의 말단 직원에서 대사 아래 모든 직위를 차례차례 거치게 되었다. 이렇게 봉직한 것도 지속적이었고, 그것도 한 국가에서 그리고 그 나라와의 외교관계의 전 기간과 실제적으로 일치했기 때문에, 단기간의 봉직으로는 얻기 어려운 상황대처 능력을 부지 중에 서서히 터득한 것으로 보인다. 이와 같은 과정을 거치면서 해리슨, 클리브랜드, 맥킨리, J. R. 루스벨트 등 여러 대통령의 재임기간에 걸쳐서 근속하게 되었던 것이다.

알렌 박사는 계속해서 자신이 수행했던 온갖 업무에 대하여 다음과 같이 말하고 있다.

21년간 체류한 후 조선을 떠날 때 나의 지위는 '개척 후원자(Promoter)'라는 특이한 것이었다. 기독교 선교회, 서양의 의술, 대규모의 현대식 채광술, 증기기관차, 전차, 수도시설 등 새롭고 유익한 지식과 이기(利器)를 처음으로 조선에 소개한 공로를 인정하는 말로 이해된다.

러일전쟁이 진행되고 있을 동안, 알렌 박사는 미국으로 가서 극동의 정세와 그에 관한 자신의 견해를 보고했다. 그의 극동 정세에 대한 견해는 분명했다. 그의 의견은 어느 쪽이 승리하든지 조선은 독립을 상실하게 된다는 것이었다. 또 미국은 조선 뿐만 아니라, 일본과 중국에 대해서도 영향력을 상실하리라고 보았다. 그는 얼마 후 일어날 극동의 정세 변화를 정확하게 꿰뚫어 보고 있었던 것이다.

그는 고위층에 자신의 위와 같은 견해를 납득시킬 수 없었을 뿐만 아니라 조선 주재 미국 공사가 자신들의 팽창주의 계획이나 그 계획을 실행에 옮기는 방법에 동의하지 않는다는 사실에 대해 무척 경계하는 일본 정부와도 원만한 관계를 유지할 수 없었다. 그 결과 그는 1905년 사직하고, 미국으로 돌아와 다시 오하이오 주 톨레도에 정착했다. 조선을 떠난 지 10년 후인 1915년에 쓰여진 것으로 보이는 그의 저서 『조선의 풍물』의 마지막 단락은 다음과 같다.

> 비록 중국은 피해간다 하더라도, 작은 조선 반도는 10년 후에 절대 전복되지 않는다거나 대군주(overlord)의 지배 하에 들어가지 않을 것이라고 누가 장담할 수 있겠는가? 1894년에 일본은 반도에서 중국을 몰아내었고, 1904~5년에 일본은 블라디보스톡 인근 지역을 제외하고는 러시아를 조선 국경지대로부터 몰아내 버렸다. 그리고 1915년 이후에는 — 이 공백은 후일에 보충되어야 할 것이다. 그와 같은 변화를 초래할지도 모를 사건에 우리가 무력적으로 개입되는 일이 결코 없기를!

1915년 이후 일어날 일들을 그는 예견하고 있었던가? 분명히 그는 혜안으로 꿰뚫어 보았던 것이다.

미국에서 그는 만년에 다리 골수염으로 고생했었다. 한 쪽다리를 절단했지만 그것도 잠시뿐, 곧 운명했다.

이 단락을 끝내면서 여기에 적합한 몇 문장을 그의 저서 『조선의 풍물』의 서문에서 인용하고자 한다. 여기에는 조선인에 대한 알렌의 태도와 미국이 1882년 조약에 명시한 조선과의 공약을 불이행한 사실에 대한 그의 견해가 분명히 나타나 있다.

> 불쌍한 조선인들은 현재 절망적인 곤경에 처하고 있다. 이 책을 통하여 그들(일본)의 과오를 폭로하여 백성들의 감정을 그 방향으로 이끌어 가는 노력을 경주해 주도록 하는 제의를 받기도 했지만, 현재로서는 바람직하지 않을 것 같다. 심각할 정도로 원자재 수탈을 일삼는 일본에 대한 조선민의 적대 행위는 자살행위라고 할 정도로 실제로 아무 소용이 없다. 그들이 살아남는 길은 다만 현재의 상황을 최대한 이용하는 도리 밖에 없다.

이와 같은 비극적인 양상에 우리가 애석해 하는 것은 조선인들이 곤경에 처했을 때 우리가 그들을 버렸고, 또 수세기 동안의 쇄국을 포기하고 조약관계라는 현란한 위치로 유인하기 위해 조선과 맺은 신성한 협약을 무시했다는 사실이다. 조약문에는 다음과 같은 구절이 있다. '양국은 다른 나라로부터 부당하거나 강압적인 대우를 받을 경우 상호 최선의 배려를 통해 우호관계를 유지하도록 최선을 다한다'

포츠머스 협정[63] 체결 시, 결정적인 순간에 미국은 이 신성한 약속을 지키지 않았다. 따라서 미국은 신성한 협약 파기에 따르는 비난을 감수하지 않을 수 없게 되었다.

알렌의 위와 같은 기록은 우리에게 시사하는 바가 매우 큰 것이다.

63. 1905년에 미국 포츠머스에서 미국 대통령 루스벨트의 중재로 맺은 러일전쟁 강화조약. 조선에 대한 일본의 우선권, 중국 관동(關東)지역 조차(租借) 등을 결정하였다.

1884년의 폭동(Emeute of 1884)*[64] 4장

구한말의 독립문 / 1910

64. 1884년 갑신정변을 말하는데 저자는 폭동, 반란의 의미를 가진 'emeute'로 표현했다. 서구의 입헌군주제 도입 등 개혁을 지향하는 점에서 폭동이나 반란과는 의미에 차이가 있지만, 필자의 표현을 그대로 사용한다.

조선을 둘러싼 국제적 배경

이 사건이 발생한 시기는 알렌 박사가 조선에서 선교활동을 처음 시작한 때와 거의 일치한다. 이 사건에 관한 나의 설명은 이 정변을 주도한 인물 중의 한 사람인 필립 제이슨(Phillip Jason) 박사(조선식 이름은 서재필)[65]가 나에게 서신으로 보내온 기록에 근거하여 전개하며, 필요한 부분은 본인의 승낙 하에 가감 없이 인용하기 때문에 그 신빙성은 매우 크다. 이 회고록을 쓰는 현재 그는 아직 생존하여, 미국 펜실베니아 메디아에서 병원을 개업하고 있다.

1882년 서양 여러 나라와 조선과의 우호 조약이 체결, 공포되었다. 일본은 이 보다 앞서 서양제국과 유사한 조약들을 체결한 바 있다. 이 조약이 체결되기 전에는 조선과 이들 국가 간에 공식적인 외교관계가 수립되지 않았다. 이는 조선에 대한 청국의 종주권을 인정한 결과였으나, 사실 조선은 심지어 청국과도 수년간 공식 접촉이 없었다. 조선이 청국의 속국이라는 표면적 증거는 대개 다음과 같다.

1. 이른바 조선에 대한 청국의 보호로 조선이 종주국 청에 바치는 조공을 거두기 위해 매년 청국 대표단이 조선을 공식 방문했다.
2. 동양에서 한 나라의 완전 독립을 나타내는 황제의 상징인 황색이 아닌 붉은색을 조선 왕실에서 계속 사용했다.

---

65. 서재필(徐載弼, 1866~1951)은 개화파 주요 인물로, 본 회고록에 자세한 경력이 나오므로 구체적인 설명은 피한다. 다만 최근 그가 탄생한 전남 보성에 그를 기리는 사당과 기념관, 독립문을 그대로 재현한 공원이 만들어져 있음을 덧붙인다. 서재필의 경우처럼 본 회고록에서 자세한 경력이 소개되어 있을 경우 각주를 최소화하거나 피한다.

조선과 일본은 특별한 관계가 없었고 또한 특별한 조약도 체결되지 않은 가운데, 4백여 년 동안 일본인 거류자들이 부산(Pusan)항 일각에 머물면서 이곳을 계속 사용하고 있었을 뿐이었다. 그리하여 부산을 '일본인 정착촌'이라고도 했다.

청국, 일본, 조선 중에서 조선이 가장 늦게 서양 열강들과 조약을 체결하게 되었다는 사실은 바로 외국에 대한 조선의 태도를 말해주는 것으로 청국은 1842년, 일본은 1879년, 조선은 1882년에 조약을 체결했다.[66)]

조선은 지리적으로 압록강을 경계로 청국의 만주와 분리되어 있으나 북으로부터의 침입을 충분히 저지할 수 없었으며, 따라서 압록강 이북 23마일에 달하는 무인지대(No Man's Land)를 청국과 조선이 합의하여 따로 설정해 두었다. 조약에 따라 이 지역을 황폐한 지역으로 만들어 사람이 살 수 없게 했을 뿐 아니라, 어느 쪽 군대도 쉽게 이 지역을 통과할 수 없도록 했다. 외부세계와의 접촉을 피하려는 이같은 정책으로 인해 조선은 은자(隱者)의 나라(The Hermit Nation)라고 알려지게 되었다. 이 무인지대는 1867년까지 존속했었다.

1592년 히데요시의 침략 이후 일본에 대한 조선의 적개심은 강했으며, 이러한 감정은 1893년 우리가 조선에 갔을 때도 분명히 느낄 수 있었다. 다음 인용구에서 보듯이, 조선인들은 외국과 접촉 없이 살아가기를 원했다.

66. 원문에는 중국과의 조약체결 연도 부분이 공백으로 되어 있는데, 아마도 후일 확인해 첨가하려 했던 듯하다. 중국은 1840~1842년의 아편전쟁에서 패배한 후 1842년 영국과 남경조약(南京條約)을 체결했으므로, 편집자가 1842년이라 추가했다. 1879년 미일 신통상조약이, 1882년에는 조선과 미국과의 조미수호통상조약이 체결되었다.

외부의 간섭을 배제하고자 하는 조선인들의 소망에도 불구하고, 세계 열강들은 조선을 계속 은자의 나라로 남아 있게 가만히 내버려 두지 않았다. 어느새 외국 국적의 사람들이 조선으로 들어오기 시작했다. 처음에는 밀입국하는 경향이었으나, 나중에는 상선이나 전함을 타고 와 문호를 개방할 것을 요구했다. 조선은 불안해하면서 처음에는 일본에게, 그리고는 다른 나라에게도 문호를 개방하였으나 정부 안팎에는 외교나 해외 관계를 아는 사람이라고는 아무도 없었다. 각종 조약문은 외국 사절들이 작성하고, 조선대표들은 다만 점선 위에 서명만 할 뿐이었다.

개화파의 형성

외국열강에 비추어 축적된 지식, 군사력, 국력 면에서 조선은 절대 열세에 있음을 깨달은 현명한 조선 양반 관료 청년들은 비록 그 수는 적었으나 집단을 형성하여, 외국에 관해 이용할 수 있는 모든 문헌과 학문을 연구했다.

이들을 개화당이라고 했다. 개화당의 지도자는 김옥균(金玉均)이었고, 박영효(朴泳孝) · 서광범(徐光範) · 홍영식 · 서재필도 대표적 인물이었다. 서재필의 편지를 인용하면 다음과 같다.

이 단체의 목적은 조세, 재판 및 교육에 관하여 정부 행정사의 개혁을 도모하며, 정실을 배제하고 자질에 따라 관리를 등용하며, 미신행위에 관련하여 국가 세입을 낭비하지 아니하며, 계급차별을 철전하며, 부패 매직(賣職) 및 죄를 뒤집어 씌워 백성들로부터 금품을 갈취하는 행위를 근절하는 등에 대한 법을 강화하는 것이었다.

또 명석하고 유망한 젊은이들을 외국에 많이 보내 현대 기술과 과학을 배우게 하고, 정부 각 부처에 외국인 감사와 고문을 채용하며, 도시와 마을의 위생시설을 향상시키며, 백성들에게 근검생활을 권장하며, 정부로 하여금 백성들의 권리를 존중토록하며, 법과 질서 유지를 위해 훈련된 경찰을 창설하며, 국가 방위를 위한 현대식 군대를 양성하는 것 등도 이 단체의 목적이었다.

이러한 목적을 달성하기 위해 개화당원들은 그 방법을 강구하느라 빈번히 회합을 가졌다.

조선을 발전시키고자 하는 그들의 계획에 대해 그 당시 조선에서 가장 영향력이 컸던 민비의 관심을 유도하는 책임이 김옥균에게 주어졌다. 민비는 이들이 제시한 개혁안 가운데 자신의 권한을 크게 제한하는 몇 개의 조항을 제외한 나머지 안에 대해서는 동의했다.

민비가 동의한 항목 중에는 약 50명의 젊은이를 일본에 유학시켜 신학문을 수학케 하자는 안도 있었다. 이들 유학생들 가운데 10명은 일본 군사학교에 입학시켰으며, 졸업 후 서울에 설립될 조선 군사학교의 교관으로 임명할 예정이었다.

2년간 일본유학을 마치고 귀국한 젊은이들은 비교적 나이가 많고 보수적인 관리들이 민생을 살리려는 그들의 의욕적인 건의안에 크게 반발하고 있음을 알았다. 조정 관료들의 이러한 태도는 이 혁신 계획이 실현되면 왕실의 권력이 위축될 것이고, 나아가서 자기들의 영향력도 크게 약화될 것이라고 보았기 때문이었다. 희망을 주었던 민비조차 점차 이와 같은 방향으로 생각이 기울고 있었다.

계획안이 여러모로 정당하며, 분명하고, 또 간단하다고 생각한 유학생들은 민비가 태도를 바꾸어 그들의 제안에 냉담한 반응을 보이고, 심지어 계획된 사관학교마저 설립되지 않자 크게 실망하였다.

당시 조선에 주둔한 청국 대표는 원세개(袁世凱) 장군이었다.[67] 다른 나라의 대표들은 공사(公使)에 지나지 않았으나, 조선에 대한 청국의 종주권이 존속하는 상황이라, 그의 지위는 조선의 정치 고문에 해당하였다. 그는 또한 조선에 주둔한 약 2,000명 병력의 청국군 사령관이었으며, 조선 국왕과 왕비 그리고 대신들로부터 크게 존경을 받고 있었다.[68] 조선 조정은 그의 조언을 언제나 따랐는데, 바로 그가 혁신 계획에 반대했던 것이다.

개화당 지도자들은 그들이 귀국하면 국왕과 왕비에게 충언을 할 수 있는 지위에 등용되리라는 희망을 가졌고, 그래서 여러 가지 개혁을 서서히 도입할 수 있으리라는 기대를 가졌다. 그러나 왕실의 굳어진 태도가 너무나 기대에 어긋났으므로, 평화와 점진적인 방법에 입각하여 혁신정책을 실현하려던 계획을 바꾸어, 무력을 이용하는 급진적인 방법으로 그들의 목적을 달성코자 했던 것이다. 지금도 우리는 이들 청년들이 백성들을 점진적으로 교육시켜 충분한 힘을 갖추게 한 후, 다중(多衆)의 힘으로 정부가 그들의 요구에 굴복할 때까지 왜 인내심을 갖고 기다리지 못했던가 하는 점을 안타까워하고 있다.

백성들에게는 자유국가에 대한 개념이 전혀 없었고 오직 생존을 위한 몸부림이 삶의 전부였으므로, 이상을 실현하려는 열정으로 출발했던 젊은 개혁자들은 오랜 기간을 요하는 계몽을 통해 개혁을 실현하기란 불가능하다고 생각했다. 이리하여 목적을 달성하기 위해서는 왕과 왕비와

67. 원세개(1859~1916)는 1882년 임오군란 때 이홍장(李鴻章)의 명으로 청군 2천여 명과 함께 조선에 파견되어 군란을 진압하고, 대원군을 중국으로 납치한 인물이다. '원대인(袁大人)'으로 불리며, 조선 국정에 깊이 관여했다. 중국에 돌아간 후 고속 출세하여 중화민국 초대 총통을 역임했다. 그러나 공화제를 파괴하고 황제체제로 돌아가려는 시도가 실패하면서 분사했다. 사후 그의 수하들에 의한 군벌시대를 도래케 하는 등으로 중국에서는 그를 '나라를 훔친 큰 도둑'이란 의미로 '절국대도(竊國大盜)'라 악평한다.

68. 조정 대신들이 그를 존경했다고 하나, 기실 그에 의지해 권력을 얻거나 유지하기 위함이었을 것이다.

직접 대면하여 공포감을 조성하여 강압적으로 승낙을 얻어내는 방법 외에 다른 방도가 없다고 생각하게 되었다.

이들은 국왕과 왕비를 감금하고 다른 사람들이 방해하기 전에 국왕으로 하여금 그들이 제출하는 법령을 제가하도록 압력을 가하려는 계획을 세웠다. 이들은 거사 기회를 노리면서 새 법령을 만들어 국왕의 인가를 받을 만반의 준비를 끝내놓고 있었다.

이러는 가운데 한때 급진 개화당의 일원이었던 민비의 사촌인 민영익은 온건 노선을 택하면서 이들과 결별하였다. 그는 근대화를 추구하는데 자신의 영향력을 행사하려 했으며, 그중 하나가 새로운 우편제도의 도입이었다.

온건 노선을 따른 또 한 사람으로 역시 개화당의 일원이었던 홍영식을 들 수 있다. 그는 우정국 총판(總辦)에 임명되어, 우정국 건물을 신축하는 등 새로운 제도가 운용될 만반의 준비를 갖추어 나갔다.

정변의 발발

우정국 청사 낙성을 기념하기 위해, 1884년 12월 4일 연회가 베풀어졌다. 민영익을 위시한 모든 정부고관들이 참석했고 조선과 조약을 체결한 외국대표들도 초대되었다.

새로 도입한 이 훌륭한 제도에 대해 오히려 기뻐해야 할 개화당 당원들은 조정 고관들이 우정국 개업식에 참석하고 있는 기회를 틈 타, 궁궐로 들어가 국왕과 민비를 납치하다시피 하여 감금했다. 이 사건 전모에 관하여 거사에 직접 가담한 서재필이 몸소 작성한 기록문을 인용하고자 한다.

그들은 일본 유학에서 돌아온 소수 학생들을 새 우정국 행사장 근처로 보내, 몇 채의 빈집에 불을 지름과 동시에 권총을 발사하여 일대 소동을 일으키게 했다. 이 소동으로, 연회에 참석한 정부 고관들을 조선의 풍습을 이용하여 화재 현장으로 끌어내려는 생각이었다.

화재 현장으로 처음 달려온 사람들 중에는 왕비의 사촌이자 어영대장인 민영익도 있었다. 그는 칼을 든 사관학생들의 급습을 받아 난투 중에 한쪽 귀가 잘렸고, 어떤 장군은 중상을 입었다.

이 소문은 순식간에 퍼져 도성 전체가 야단이었다. 온갖 유언비어가 난무하여 궁궐의 국왕 부처는 물론 모든 장안 사람들을 경악케 했기 때문이었다.

김옥균이 이끄는 개화당원들은 급히 궁궐로 가서 즉각적인 알현을 요구하였고, 국왕은 이를 허락했다. 김옥균은 폭도들이 언제 궁궐로 난입할 지 모르므로 안전을 도모하여, 왕실이나 궁궐을 떠나 궁궐 뒤 북산(北山) 근처에 있는 외딴 건물로 일단 피신하심이 좋을 것이라 했다.

물론 왕과 왕비는 크게 놀라서 왕의 친형인 이재면(李載冕)[69]의 집 뒤에 위치한 계동궁(桂洞宮)[70]이라는 조그만 별궁으로 김옥균을 순순히 따라갔다. 이 별궁에 도착하자 왕과 왕비는 현관으로 통하는 문 하나 뿐인 조그만 방으로 안내되었고, 출입문 밖에는 일본에서 군사교육을 받고 갓 돌아온 두 명의 사관생도가 지키고 서 있었다.

이들 사관생도는 권총으로 무장하고 또 착검한 소총을 들고 있었다. 개화당의 지도자의 서면 허가 없이는 아무도 이 방을 출입할 수 없었다. 사실상 왕의 일가는 악의에 찬 개혁자들의 포로가 되었으며, 이러한 상황 하에서

69. 이재면(李載冕, 1845~1912)은 흥선대원군의 장남, 고종의 형으로 이조참판 등을 지냈다. 1882년 임오군란 때 무위(武衛)대장으로 사태를 수습하고, 1차 김홍집(金弘集) 내각의 궁내부(宮內府) 대신이 되었다. 1900년 완흥군(完興君)에 봉해지고, 1910년 흥친왕(興親王)에 책봉되었다.

70. 대원군 조카의 저택으로, 한성부 북부 관광방(觀光坊) 계동(桂洞)에 있었으므로 계동궁이라 하였다.

그들의 말을 따르지 않을 수 없었다.

새로운 내각이 구성되어 그 당시 몇몇 유명한 학자들을 국가 의결기간의 구성원으로 하고, 김옥균 · 박영효 · 서광범 · 홍영식 · 윤치호 등과 그 외에 이름을 기억할 수 없는 여러 명의 개화당 지도자들이 각 행정 부처의 수장으로 임명되었다.

어쨌든 국가의결기구와 내각에 의해 초안된 모든 법령에 국왕은 기꺼이 서명했으며, 왕비도 착한 어린아이처럼 유순히 따랐다. 국왕과 왕비가 개혁자들의 통제 하에 있던 3일간 수많은 법령이 제정, 공포되었지만, 우리 모두가 알다시피 시행된 법령은 하나도 없었다.

새로운 법령을 다 기억할 수는 없지만, 대개 다음과 같은 것이었다. 기존의 양반 · 중인 · 상민과 같은 백성 간의 계급 철폐, 법원 · 조세청 · 재무성의 신설과 군대의 재편성, 자질에 따른 공정한 관리임용, 지역별 보통학교 설립, 도로신설 및 확장, 빈곤층의 주택 개선 및 공급 확대, 공공위생 개선, 미신행위 금지, 상투 삭발 및 양복착용 권장, 노예제도 철폐 등이었다.

그밖에도 여러 가지가 있었다. 물론 이러한 개혁은 바람직한 것이었지만, 이처럼 급진적이고 비현실적인 법령으로 아직 수용할 태세를 전혀 갖추지 못한 백성들을 혼란케 할 시기는 아니었다. 개화파 젊은이들의 사상과 생각은 옳았으나 이를 실행할 정치적 수완과 경험이 부족했다. 그들은 애국적이고 진취적이긴 했으나 혈기가 왕성하고 인내심이 부족했다.

개화당이 국왕과 왕비를 구금하는 데는 성공했으나 이런 행위에 반발하는 조선인들로부터, 그리고 휘하에 2,000명의 군대를 거느린 청나라 장군[71]으로부터 자신들을 보호해 줄 군대가 이들에게는 없었다. 새 내각은 왕실을 보호하고 아울러 새 내각이 사실상 조선의 합법적인 정부임을 승인토록 하

71. 앞서 말한 원세개를 말한다.

기 위하여, 일본 공사(公使) 다께조에(竹添進一郎)에게 공사관 호위대를 이끌고 임시 궁궐로 와 달라고 요청했다.

다께조에 공사는 이를 수락하고 125명의 병력을 인솔하여 임시궁궐에 당도한 즉시, 왕실이 구금되어 있는 방과 바로 접해 있는 건물을 막사로 정했다. 다께조에 공사가 이 요청에 응한 것이 일본정부의 사전 정보와 암묵적인 동의에 의한 임무수행인지의 여부는 알 수 없으나, 공사 단독으로 군대를 움직였다고 보기는 어렵다. 하여튼 다께조에 공사는 이곳에 와서 국왕과 그의 가족을 보호하며, 동시에 새로 조직된 개혁정부를 정신적으로 지원하기 위하여 2~3일간 그곳에 머물렀다.

다께조에 공사를 공정하게 평한다면, 새 내각의 제안이나 법령으로 제정한 모든 조선 국내의 개혁문제에 대하여 전혀 간섭하지 않았다고 말할 수 있다. 다께조에는 고풍스런 일본인 학자로서 중국 고전에 능하며 한시(漢詩)를 잘 지었으나, 일본인들이 지니고 있다고 알려진 투쟁 정신이 없는 소심하고 미숙한 외교관이었다.

그 당시 조선의 구식군대는 총 병력이 약 2,000명으로 1개 연대에 500명씩, 4개 연대로 편성되어 있었다고 한다. 그들에게 각종 소총이 지급되었으나 탄약은 지급되지 않았고, 게다가 훈련도 제대로 받은 적이 없으므로 군사교육에 대해서는 전혀 아는 바가 없었다. 장교들 역시 군사교육이나 훈련에 관한 한, 사병과 다를 바가 없었다. 군대의 일반적인 조직 목적에 비추어 보면, 당시 조선군은 하등 쓸모가 없는 집단이었다.

새 정부에 대한 적들의 예상되는 침투에 대비하여, 별궁 대문을 지키는 임무가 나에게 주어졌다. 그러나 나는 이 경계근무에 구식 조선군 병사를 배치하지 않았다. 이들은 탄띠에 탄창 하나 차고 있지 않았을 뿐 아니라, 새 내각에 대한 충성심도 의심스러웠기 때문이다. 이런 이유로 별궁 대문을 지키는 일은 나와 일본사관학교에서 교육을 받은 10여명의 사관생도들이 담당했다.

이들의 탄약 보유량 역시 보잘 것이 없었으나, 구식 병사들에 비해 다소 나은 장비를 갖추고 있었다. 더욱이 이들 사관생도들은 충직했으며, 개인적으로는 적이며 공적으로는 조국의 배신자로 여겨지는 부패한 보수주의자들에 대한 적개심으로 충만해 있었다. 이들 사관생도들은 비록 장비가 허술하고 수적으로도 열세였지만, 그 며칠 동안 온갖 달갑지 못한 일들로부터 임시궁궐을 훌륭히 지켜냈다.

이틀간 왕실은 외부와 연락이 두절되었지만, 간지(奸智)가 뛰어난 왕비가 수단껏 외부와 접촉하는데 성공하여 개혁 내각은 단명으로 끝났다. 한양에 주둔한 청국 장군 원세개에게 구원을 호소하는 쪽지를 보낸 왕비의 방법은 참으로 교묘한 것이었다. 왕비는 쪽지에다 별궁을 수비하는 일본군이 소수일 뿐이며, 청국군을 인솔해 와서 이 폭도, 반역자들로부터 어서 구출해 주기 바란다라고 썼다.

왕비는 방으로 들여온 식사를 끝낸 후, 상 위에 놓인 빈 그릇 밑에 쪽지를 숨겨 수라간을 통해 외부로 전달하게 했던 것이다. 문간에 서 있던 보초가 이 빈 그릇 밑을 미처 살피지 못했음이 분명하며, 식사가 끝난 후 다른 그릇들과 함께 치워졌던 것이다.

수라간 궁녀가 이 쪽지를 발견하고, 도성의 반대편에 있는 청국 진영으로 달려가 원세개에게 전했다. 왕실을 구금하고 있는 병력의 규모를 알게 된 원세개는 지체 없이 휘하 군대를 이끌고 구출작전에 나섰다. 별궁에 도착한 2,000여 명의 청국군은 대문 호위병을 향해 총을 쏘아대기 시작했다. 이 일은 12월 7일 오후 4시경에 일어났으며, 예상 밖의 사태에 우리 모두는 크게 놀랐다.

대문을 지키던 사관생도들은 돌진해 오는 청국군에 맞서 최선을 다해 저항했지만, 곧 수적으로 압도당했다. 우리는 별궁 뒤의 언덕으로 퇴각하여 전투대형으로 돌격해 오는 청국군을 향해 일제사격으로 대항했다. 청국군의 사상자 수는 알 수 없었지만, 사격을 할 때마다 많은 병사가 쓰러졌던 것으로 보아 그 피해는 상당했으리라고 생각한다. 전투 개시 초에는 일본군이 가담하지 않았으나, 일본군 수비대장에게 다급히 도움을 호소하자 그들도 전투에 합세했다.

다께조에 공사는 청국과 개전할 권한이 자기에게 없다는 이유로 전투를 중지시키려 했다. 그러나 일본군 수비대장은 사격 중지 명령을 무시하고 탄알이 다할 때까지 계속 총을 쏘았다.

더 이상 사격이 없자, 청국군대가 일시에 몰려와 왕과 왕비를 본궁으로 모셔갔다. 우리 쪽 사람들 상당수가 왕과 왕비의 요청으로 청국군에게 피살되었으며, 그나마 피신하여 화를 면한 사람은 김옥균 · 박영효 · 서광범 · 윤치호, 그리고 나뿐이었다. 그 외에 한 두 사람이 더 있었으나 이름이 기억나지 않는다.

우리는 임시 궁궐의 뒷문으로 탈출하여 북산의 기슭을 따라 걸어가 마침내 당시 도심에 위치한 일본 영사관에 도착하였다. 밤은 칠흑같이 어두워 사방을 분간할 수 없었고, 심신은 지치고 아팠다. 그래도 내 마음이 아픈 것은 문제가 되지 않았다. 도성의 백성들이 우리들에게 적개심을 품었고, 심지어 일본인들조차 그다지 호감을 보이지 않았던 것이다. 일본 공사관에서 견디기 힘든 하룻밤을 보내고, 날아오는 돌멩이와 기왓장 조각을 맞아가며 한양시가지를 지나 제물포를 향해 무거운 발걸음을 옮겼다. 친구도 돈도 없고, 또 조국마저 상실한 기진맥진한 우리 일행 네 사람은 오후 4시경에 서울을 떠나 다음날 동이 틀 무렵 제물포에 도착했다.

우리 일행은 작은 일본 기선 지또소이마루의 화물칸으로 내팽개치다시피 안내되어 나가사끼(長崎)로 향했다. 나가사끼에 닿자 별다른 절차도 없이 부두에 내리게 하고, 거기서부터는 알아서 갈 길을 가라고 했다. 며칠 후 우리 일행은 도쿄에 닿아 일본이 조선에서 무슨 일을 하려는지, 그리고 조선 문제를 두고 청국과는 어떤 일을 하려는지 알아보려 했지만, 우리가 얻을 수 있는 정보라고는 그 당시 일본이 이 일에 대해 전혀 준비가 되어 있지 않다는 것 뿐이었다.

개혁의 실패와 반동

이리하여 장구한 세월에 걸쳐 굳어질 대로 굳어져 버린 사고방식과 행동양식에 바탕을 둔, 극히 역사가 오래된 한 전제군주 국가를 입헌군주 국가로 바꾸어 보려는 의욕적인 시도는 시의를 타지 못해 실패로 끝나고 말았다. 이 제도를 시행하려면 무엇보다도 점진적인 교육을 통해 의식이 높아진 국민이 있어야 한다. 왜냐하면 이런 준비를 통해서만 국민들 스스로 국정을 운영할 수 있는 능력이 갖추어질 것이고, 그런 연후에야 기존의 전제 집권층으로 하여금 국민들의 국정운영 요구를 받아들이게 할 수 있기 때문이다.

몇몇 개화당 지도자들은 목숨을 잃었고, 다른 이들은 타국으로 망명했다. 이 사건 전모에 대한 중요한 자료를 나에게 제공한 서재필 박사는 언급한 바와 같이 일본으로 망명하였다가, 언젠가는 당초 계획했던 진보된 나라 조선을 실현시키겠다는 확고한 신념을 가지고 미국으로 건너가게 된다. 다시 서재필의 글을 인용한다.

우리가 간신히 도쿄(東京)에 도착했을 때 그곳에는 거처할 곳도, 돈도, 친구도 없었다. 일본인들은 비열하게, 때로는 적개심을 갖고 우리를 대했다. 나는 일본에 몇 달 머무는 동안 겪었던 소름끼치는 경험을 결코 잊을 수 없다. 때로는 이틀 동안 아무것도 먹지 못했으며, 간혹 잠자리조차 찾지 못했다. 요코하마에 살던 두 사람의 미국인이 없었더라면, 나는 일본에서 굶주림과 노숙으로 죽었을 것이다. 우리를 대하는 조선인들의 혐오감과 일본인들의 배신행위에 실망하여, 나는 동양을 떠나 미국에서 새로운 삶을 찾아보려고 결심했다.

박영효와 서광범은 나와 함께 미국으로 가고, 김옥균은 그대로 일본에 머물고 있었다. 샌프란시스코에서의 우리의 생활은 결코 행복한 것이 아니었다.

우리에게는 돈도 친구도 없었고, 또 영어도 할 줄 몰랐다. 동양 선교활동에 관심을 가진 한 두 명의 미국인으로부터 약간의 경제적 도움을 받았지만 그것도 일정하지 않았고, 또 우리 일행의 비용을 감당하기에는 매우 부족했다.

박영효는 일본으로 돌아가고, 서광범은 초대 미국 주재 조선 공사[72]의 서기관으로 일할 때 알게 된 미국인 친구들의 제의를 따라 뉴욕으로 갔다. 1~2년간 샌프란시스코에 혼자 체류하는 동안, 나는 거의 대부분의 시간을 막노동으로 보냈다. 그 중 나은 일자리는 샌프란시스코의 주거 지역에 있는 각 가정에 가구점 광고물을 배포하는 일이었다. 언어 능력이나 판매원의 재능이 그다지 필요하지는 않았으나, 하루에 약 10마일을 걸어야 했기 때문에 발과 다리가 몹시 아팠다.

72. 박정양(朴定陽)이 초대 주미공사로 임명된 것이 1887년임을 고려하면, 여기서 말하는 초대 미국 주재 조선 공사라 함은 아마도 1883년 전권대신으로 미국을 다녀온 민영익을 가리킬 것이다.

보수는 일당 2달러였고, 주당 5일 반을 일했다. 그리고 야간에는 YMCA 학교에 다니면서 영어를 배웠다. 그 이듬해 친절한 조선인의 도움으로 펜실베니아 주 소재의 어느 학교에 입학하는 길이 열려, 그곳으로 가 3년 동안 대학 입학 준비를 했다.

이곳으로 데리고 온 그 미국인은 나를 잘 대해주었고, 생활비까지 마련해주었다. 내가 졸업할 무렵 신앙심이 매우 깊은 이 사람이 나에게 목사가 되기를 권했다. 내가 이에 동의하면 대학에 진학시켜 주고, 그 후 신학교에도 보내주겠다고 했다. 이 문제를 두고 며칠 곰곰이 생각했으나, 여러 가지 이유로 그에게 확정적인 약속을 할 수 없다는 느낌이 들었다.

첫째, 내가 훌륭한 목사가 되리라는 확신이 없었고 둘째, 그 당시 상황으로 미루어 보아 앞으로 상당기간 나의 귀국이 보장될 수 없었기 때문이다.

나는 이 사실을 그에게 설명하고 확실한 약속을 할 수 없지만, 만약 조선에서의 상황이 변하고 또 내가 4년간 목사 수업을 받고 싶은 마음이 생기면, 그때 가서 그의 뜻대로 하겠다고 했다. 그는 이러한 조건부 약속에 만족하지 않았으며, 앞으로의 교육에 대하여는 재정지원을 계속할 수 없다고 했다. 결국 나는 다른 곳으로 가서 공부를 할 수 있는 방도를 찾을 수밖에 없었다.

워싱턴으로 간 나는 다행히도 일자리를 구할 수 있었다. 그 후 9년간 그곳에 살면서, 대학과정을 마치고 마침내 의과대학을 졸업하게 되었다.

내가 미국에서 직장과 학업으로 바쁜 생활을 하고 있을 때, 예상했던 청일전쟁이 일어났다. 이 전쟁에서 청국은 참패했다. 몇 달 후 청국은 시모노세키 조약에 서명하고 조선에 대한 종주권을 공식적으로 포기했다. 조선에서는 새로운 정부가 구성되어 1884년의 망명자 전원이 다시 부름을 받았다.

박영효에게 내무대신 자리가 제수되었으나 그는 동지를 위해 사양했으며, 서광범은 법무대신이 되었다. 김옥균이 생존해 있었더라면 의심할 바 없이 총리대신이 되었겠지만, 불행히도 그는 조선국왕이 보낸 자객에게 암살당했던 것이다.

자객 홍종우는 일본에서 암살하기가 두려워, 중국의 상해에 도착하면 상해은행에 예치해 둔 상당 액수의 금액을 주겠다는 약속으로 김옥균을 상해로 유인했다. 상해에 도착하자, 음흉한 자객은 전혀 의심치 않고 있던 김옥균을 살해한 것이다. 김옥균의 부재로 박영효가 조선에서 가장 영향력 있는 인물이 된 것은 당연한 일이었다. 나 역시 조선에 돌아와 외무대신이 되어달라는 요청을 받았지만, 두 가지 이유로 거절했다. 즉 일본이 막강한 영향력을 행사하고 있었기 때문에 새 정부도 오래 유지되지 못할 것이라는 점, 청국의 영향 하에 있었던 보수정부나 일본 감독 하의 새 정부가 별다른 차이가 없을 것이라는 점 때문이었다. 조선 백성들은 1884년 이후 조금도 변하지 않았고, 따라서 정부의 의도가 아무리 훌륭하다 할지라도 그 어떤 정부도 백성들의 지지를 기대할 수는 없는 상황이었다.

조선에서는 국왕과 기지(奇智)가 뛰어난 왕비만이 실권을 행사할 수 있는데, 이 두 사람은 다 같이 새로운 사상을 거부하며, 또 일본을 사갈(蛇蝎)처럼 싫어한다는 것을 알았다. 그러나 왕과 왕비는 여러 가지 이유로 단결하지 못할 것이며, 일본의 후원을 받고 있는 새 정부 역시 일본의 위압적인 영향 하에 결코 순탄하지는 않을 것이라 생각했던 것이다.

이러한 나의 추측이 옳았음은 곧 사실로 드러났다. 일본인들은 사악한 살인행위를 꾸며 왕비를 제거하려 들었으며, 박영효는 일본 측의 말을 순순히 듣지 않고 독립국가의 대신 자격으로, 본인의 뜻에 따라 국사를 처리하려는 상황이 전개되고 있었기 때문이다.

일본인들은 조선 조정에 자기들 외에는 달리 박영효의 지지 세력이 없다는 것을 알고, 왕비에게 원한다면 그를 경질시켜도 좋다고 했다. 왕비는 항상 박영효를 경원시(警遠視)하고 있었지만, 일본인들의 눈치를 보느라 속수무책으로 두고 볼 수밖에 없는 처지였던지라, 일본인들의 이러한 태도를 확인하자 그를 체포토록 했다. 그러나 박영효는 체포되기 직전 이를 모면하고 두 번째의 망명길에 올랐다. 그 후 일본은 지체하지 않고 폭도들을 시켜 또 하나의 견제 세력인 왕비를 시해하는 만행을 저질렀던 것이다.

이 두 가지 사건은 조선 백성들의 무능함을 여실히 보여 준다. 조선 백성들은 왕비가 수 백 명의 무고한 동포를 살해했을 때에도 전혀 관심을 보이지 않았고, 또 왕비 자신이 일본인에 의해 죽음을 당했을 때에도 역시 그다지 동요하지 않았다.

어느 나라든 백성이 이처럼 무능하고 무감각한 상태에 이르면, 그 나라는 더 이상 존속할 수가 없을 것이다. 법이 지켜지지 않는 나라, 감정이 없는 나라, 희망이 없으며 육체적 정신적 힘이 없는 나라는 악당들만 활개칠 수 있는 바로 그런 곳이다. 그 당시 조선은 육체적으로는 겨우 살아 있지만, 정신적으로는 이미 죽어버린 백성들로 가득 찬 나라였다.

조선의 멸망은 결코 놀라운 일이 아니다. 이미 지나간 일에 대해 통탄해 봐야 아무 소용이 없다. 그러나 전통문명을 소생시키려는 용기와 자유에 대한 사랑과 자아 존중의 정신으로 무장하고, 부패한 자기 조국에 새 생명을 불어넣기 위해 최선을 다하는 자세야말로 분별있는 사람들이 해야 할 국민된 의무이자 도리일 것이다.

이러한 이상을 가슴에 품고 미국에서 11년 동안의 추방생활 끝에 정부 관리로서가 아니라 복음전도사와 같은 순교자적 정신으로 무장하고 개인자격으로 조선으로 돌아갔다. 비록 2년 6개월 간의 짧은 조선 체류기간에도, 나는 피가 끓는 극적인 장면들을 여러 번 목격했다. 이에 대하여는 다음 기회에 언급하고자 한다.

서재필의 귀국

서재필은 워싱톤 의과대학(Washington Medical College)에 재학할 때, 이름을 영어식으로 고쳐 필립 제이슨(Phillip Jaisohn)이라 했다. 이하 그를 필립 제이슨이라 부르겠다.

의학박사 학위를 받은 후 얼마동안 그는 미 해군 의무처 연구부에 근무하다가, 미 육군 장성인 암스트롱의 딸과 결혼했다. 그가 오래 떠나 있던 조선으로 돌아갈 결심을 하자, 그의 아내도 남편과 동행했다. 이 일로 미루어 보아 그녀는 헌신적인 아내이며 용감한 여인임에 틀림없다. 왜냐하면 전제국가에서는 혁명가의 생애란 장미꽃보다는 가시로 점철되기 쉽기 때문이다.

그의 귀국은 예상되었지만, 1896년 1월 아무런 통보 없이 서울에 도착했다. 그는 곧 정부체제를 재구성하고 국가의 어려운 문제를 해결하는데 도움을 줄 수 있으리라는 기대 속에, 정부의 고문으로 임명되어 10년간 봉사했다. 그러나 매사에 전제적 특권을 유지하려는 국왕과 왕비의 태도, 10여 년 전 사건에 그가 관여했다는 사실을 기억하고 있는 각료들의 마음속에 도사리고 있는 시기심, 더 나아가서 1,200만의 무지몽매한 백성들이 그의 행적과 의도를 올바르게 이해하지 못하는 점 등 온갖 장애에 부닥치지 않을 수 없었다. 그럼에도 그는 자기가 하려는 일을 통해 자유국가에 대한 뚜렷한 가능성을 보았기 때문에 정열을 쏟았다.

그는 내가 국왕의 전의(典醫)이자 친구라는 사실을 알고, 여러 번 나를 방문했다. 그가 구상한 계획에는 조선의 의료정책을 쇄신하여 백성의 체력을 증진시키고, 또 인구 증가를 저해하는 높은 사망률을 줄이기 위한 공중 위생 대책도 포함되어 있었다. 이런 구상을 실천하기 위해, 군대를 통솔할 권한도 가진 의무총감에 임명토록 나를 국왕에게 추천할 의향이 있음을 밝히기도 했다.

그러나 성품이 강직하고 융통성이 부족하여, 그가 세우는 계획과 일하는 방법에는 늘 많은 방해가 따랐다. 그의 이런 성품은 동지들과 함께 한 과거의 갑신정변에서도 잘 나타났다. 그는 일단 목적을 설정하면 가장 직접적인 방법으로 조속히 성취하려 들었다. 갑신개혁 시에도 점진적으로 개선책을 도입하고 백성들을 이해시키면서, 그들이 바랄 때 일을 추진했었더라면 상당한 성과를 거두었을 것이다.

독립신문의 발행

필립 제이슨은 귀국 직후 『독립신문(獨立新聞) : The Independent)』[73]이라는 소규모의 신문을 편집 발행하기 시작했다. 영어를 사용하는 거류 외국인들이 그가 주장하는 바를 알고 지지해 주리라는 희망에서, 신문을 조선어와 영어로 발행했다.

1896년 4월 7일 창간호가 나오고 일주일에 세 번씩 발행되었다. 전적으로 조선인의 재정 지원으로 조선인의 손에 의해 발행되었고, 한정된 독자를 겨냥한 한문이 아니라 조선의 일반대중이 읽을 수 있는 쉬운 한글로 인쇄된 최초의 신문이었기 때문에 이 신문의 발행은 일대 사건이었다. 특히 1부당 그 당시 미화 0.5센트에 해당하는 조선화폐 1전에 신문팔이 소년들이 길거리에서 팔 때는 대소동이었다.

처음에는 2,000부를 발행하였으나, 곧 수요가 늘어 4,000부를 인쇄했

73. 1896년 4월 7일부터 창간된 우리나라 최초의 현대식 순 국문판 신문이다. 본문에서 보듯이 외국인을 위한 영문판도 발행했다. 서재필이 중심이 되어 발간하던 중 독립협회의 발족과 더불어 기관지 역할을 하였으나, 독립협회의 해산과 함께 폐간되었다.

다. 목청 좋은 사람이 큰 소리로 읽으면 여러 사람이 모여 경청했으므로, 실제로는 보급부수 20,000부에 해당되는 효과를 누렸을 것이다.

조선의 인구를 1천 2백만 정도로 추산하면 전혀 새로운 정부형태에 관하여 백성들을 교육시키려는 이 시도는 사실 무모해 보일 수도 있었지만, 분명히 매우 과감한 행동이었다. 비록 그 당시에는 이 시도가 실패로 끝났지만, 많은 사람들을 계몽하고 자극하여 이들이 후일보다 더 광범한 개혁운동의 지도자가 되었다는 것은 의심할 여지가 없다.

창간호의 사설에서 편집인의 의도를 천명하고 있는데, 그 내용은 다음과 같다.

> 조선 백성들의 관심 속에 신문을 발행할 시기가 도래했도다. 조선 백성이란 다만 서울 및 그 인접 지역의 거주자를 뜻하는 것이 아니며, 그렇다고 양반 계층만을 뜻하는 것도 아니며, 모든 계층과 계급의 백성 전부를 포함하는 것이다.
>
> 이 목적을 위해서는 세 가지가 필요한데, 그 중 첫째가 다수가 읽기 쉬운 문자로 인쇄되어야 할 것이며, 둘째 다수가 구해볼 수 있도록 저렴한 가격으로 시판되어야 할 것이며, 끝으로 다수의 최선의 이익을 위한 문제를 게재해야 한다는 것이다.
>
> 첫째 요건을 충족시키기 위해, 이 신문은 언문이라는 조선 고유의 문자로 인쇄되었다. 왜냐면 비록 때가 오지 않았다 하더라도 언문의 간단한 구조와 음성적 힘은 세계의 우수한 문자와 비교해도 유리하므로, 조선인들이 그들의 고유문자를 수치스럽게 여기지 않을 때가 곧 오게 될 것이기 때문이다.
>
> 이전에는 단어 사이를 띄우지 않았기 때문에, 언문에 익숙지 못한 사람들이 대체로 어려움을 겪었다. 이를 위해 많은 반대를 물리치고 단어를 띄우는 새로운 방법을 채택했다. 또 영어를 아는 조선인들에게 지식을 넓히는

동기를 마련해 주기 위해 2개 국어로 인쇄했다.

또한 영문판은 조선에서 일어나고 있는 사건에 관하여 정확한 정보를 얻을 다른 방법을 갖지 못한 외국인들에게 도움을 주게 될 것이다. 서울의 정보 출처에 접근할 기회가 있으며 지방과도 연락을 계속 취할 것임은 말할 필요도 없다.

둘째 요건을 충족시키기 위해 구입할 형편이 못되어 기회를 놓치는 일 없이, 구해 볼 수 있도록 하기 위해 신문크기를 그와 같이 했다.

셋째 요건을 충족시키는 일은 더욱 어려운 일이다. 조선인들에게 필요한 것은 단합하는 것이다. 구시대의 질서가 물러가고 현 사회는 두 가지 형태의 구체화 사이에 처해있는 과도기라고 할 수 있다. 과거 세력의 단합은 깨어졌거나 혹은 빠른 속도로 깨져가고 있으며, 이들은 새로운 구심점을 찾고 있다. 가까운 장래에 사회적 힘의 배열 양상이 결정될 것이다.

조선사회가 유동적인 상태에 처해 있는 이즈음 일어나고 있는 사건들을 신빙성 있게 설명하고, 때로 부당하게 보이는 일에 관한 이유를 밝히며, 상호간의 욕구 특히 상대방에 대한 욕구를 상호 이해함으로써 경성과 지방간의 올바른 균형을 꾀하기 위해, 언론의 방법으로 우리가 할 수 있는 일을 하고자 하는 우리의 욕구를 최소한이나마 반영하는 수단으로 이 신문을 발행하는 것이 적절하다고 생각하는 바이다.

우리의 강령은 조선인을 위한 조선을 이룩하고, 깨끗한 정치를 도모하고, 우방과의 우호를 공고히 하고, 외국의 기술 지도로 점진적이지만 착실하게 가능한 조선 자본으로 조선의 자원을 개발하고, 그리고 젊은이들이 외국어를 배우지 않고서도 역사 · 과학 · 예술 및 종교에 접할 수 있도록 외국의 교과서를 조속히 조선어로 번역하는 것이다.

이 당시까지만 해도 조선어로 인쇄된 모든 책은 단어 사이에 간격이나 문장 부호가 전혀 없는 중국식 방법을 따랐다. 독자들이 이해하며 읽기 위해서는 전적으로 접속어에 의존할 수밖에 없었다. 외국선교사들이 출판한 책들조차 이 점에 있어서는 조선의 관습을 따랐다. 이러한 방법 아래에서는 교육을 받지 못한 사람들이 기사 내용을 완전히 이해하기란 매우 어렵다고 생각한 제이슨 박사는 단어 사이를 띄우고 행간을 두 배로 늘리기로 하였다. 그 결과 필자의 의도가 더욱 쉽게 이해될 수 있었으므로, 이 신문은 더욱 인기가 있었다.

선교사들도 진문이라는 한자보다는 언문이라는 쉬운 글자로 선교 책자를 발행하면서 곧 이 방법을 따랐다. 고유문자를 사용하는 것은 조선인에게 민족의식을 고취시키는 큰 근거가 될 수 있다고 생각한 일본인들이 각급 학교의 교과서를 포함하여, 조선인을 위해 그들이 발행했던 모든 책에 오로지 일본어를 사용할 때까지 제이슨 박사의 이 방법이 그대로 사용되었다.

아관파천(俄館播遷)

제이슨 박사가 서울에 도착한 직후, 궁궐에서 사실상 포로와 다를 바 없는 생활을 하던 국왕이 궁궐을 빠져나와 러시아 영사관으로 피신했다[74]는 소문으로 장안은 깜짝 놀랐다.

제이슨 박사는 그가 각료들과 맺었던 협약에 차질이 생기지 않을까 염려했다. 왜냐하면 물론 현 내각이 물러가면 일단의 새로운 정치가들이

74. 명성황후가 일본인들에 의해 피살된 후, 피살 위협을 느낀 고종과 황태자가 1896년 2월 11일부터 약 1년간 러시아 공사관(俄館)으로 옮겨 거처한 '아관파천'을 말한다. 당시 일본 대신 러시아의 영향력이 강했다.

입각하게 될 것이고, 이들이 선임자들과 체결한 모든 협정의 효력을 사태변화를 핑계로 무위로 돌릴 가능성도 있었기 때문이다.[75)]

그러나 다행히 새로 외무대신에 임명된 사람[76)]은 상당한 안목을 가진 사람으로서, 제이슨 박사와 같은 사람을 조선에 유익한 인사로 판단하고 즉시 박사에게 어떤 변화도 없을 것이라고 다짐했다. 이에 힘입어 일반 대중에게 훌륭한 시민정신과 훌륭한 정부에 관한 소양을 교육시키려는 그의 사업은 계속되었고, 약 2년 후인 1898년 후반기에는 제이슨 박사가 느낄 정도로 조선 백성들의 태도가 변하고 있음을 알 수 있었다고 한다.

> 백성들은 나를 자신들의 옹호자로 보기 시작했으며, 지방 관리들로부터 부당한 처사를 받았을 때에는 나의 도움을 요청했다. 한편 러시아의 조선 주권 침해와 국왕을 에워싼 친러파 무리의 사주로 고위직에 등용된 인물에 대한 반대여론이 형성되기 시작했다. 이와 같이 백성들 간에 각성되는 징조가 생겨나자 러시아인들 사이에 불안이 일기 시작했고, 오래지 않아 국왕과 각료들도 불안을 느끼게 되었다.
>
> 이들은 여론을 조성하고 국가이익에 영향을 미치는 칙령에 대해 혹평을 했다는 이유로 모두 나를 비난했다. 관리들은 공개 강연과 토론에서 서서히 물러났으며, 러시아인들도 나에게 냉담한 태도를 보였다. 심지어 몇 몇 미국인들조차 러시아 대표들에 대하여, 그리고 국왕의 충신들이 하는 일에 관하여 내가 공개적으로 비난하는 것은 현명치 못한 처사라고 생각했다.

---

75. 서재필의 예상대로 을미사변 후의 제3차 김홍집 내각은 일본의 압력을 받아 단발령 등 과격한 개혁을 실시하다 전국에서 일어난 의병들의 규탄을 받고 1896년 이완용(李完用)을 중심으로 한 친러파 내각으로 바뀌었다.

76. 이완용을 말한다.

조선주재 미국 영사로서 실(Sill)을 이은 알렌 박사는 가끔 나에게 조선을 미국화 할 수는 없다고 하면서, 좀 더 외교적이 되라고 충고했다. 내가 이런 일을 고집스레 계속한다면 실패할 뿐만 아니라, 자기와 나 자신에게 피해를 줄 수도 있다고도 했다. 그가 말하기를 임금도 나를 반대하고 러시아 공사도 나에게 적대하며, 일본인들도 그들의 강압적인 조선정책에 대한 나의 거침없는 비판을 좋아하지 않는다고 했다. 특히 왕비의 시해와 그들의 말을 순순히 따르지 않아 박영효를 추방했다는 나의 공공연한 비판에 대해, 그들이 어떤 행동을 취할 런지 모른다고 했다. 조선 사람들이 점차 나에 대해 신인(信認)하고 있으며 나의 동기를 존경하고는 있으나, 보호나 도움을 줄 수는 없다고 했다. 따라서 나와 가족의 안전을 도모하기 위해 미국으로 돌아가는 것이 좋을 것이라고 했다. 나는 내가 떠나면 나를 대신 할 사람은 아무도 없기 때문에, 결코 돌아갈 수 없다고 말했다.

그러나 정부의 일각에서는 그를 반대하는 감정이 너무나 격해져서 신문구독 조차도 금기사항이 되었고, 우정국에서는 독립신문은 배달하지 말라는 명령을 내렸다. 서울 사람들은 당국에 신고될까봐 읽는 것조차 두려워했다. 이런 상황 하에서는 조선 백성들에게 봉사할 수 없다고 느낀 서재필은 왕의 고문직을 사임한 후, 가족과 함께 미국으로 돌아갔다. 이 글을 쓰는 1941년 10월 현재 그는 펜실베니아 주 메디아에 생존해 있으며, 그곳에서 의사 개업을 하고 있다.

김옥균의 피살

1884년 폭동의 사실상의 지도자는 김옥균이었다. 일본으로 망명했는데, 국왕은 홍종우(洪鍾宇)를 보내 김옥균을 산 채로 체포해 오든가, 죽여서 시체라도 가져오라고 했다.[77] 홍종우는 그의 임무를 수행할 기회를 노렸으나 김옥균은 언제나 경계를 늦추지 않았다. 두 사람이 친구마냥 종종 친하게 어울렸으나, 체포하거나 살해할 기회는 좀처럼 오지 않았다.

김옥균은 사실 정치 망명자로서 어느 나라에 있던지 그 나라의 법에 따라 보호받을 권리가 있었다고 생각될 수도 있겠지만, 당시의 상황으로는 그리 간단한 일이 아니었다. 김옥균의 동지였던 제이슨 박사의 증언에 의하면 홍종우는 갖은 수단을 써서 마침내 김옥균의 신임을 얻어내는데 성공한 것으로 보인다. 일본 내에서 김옥균을 해치려는 음모가 있다고 하면서 홍종우가 중국 상해에 가서 돈을 전하겠다고 했을 때, 김옥균이 아무 생각 없이 그를 따라간 것으로 보아 그런 것 같다고 했다.

도착 직후 홍종우는 전혀 의심치 않고 있던 김옥균을 호텔 문간에서 칼로 찔러 죽이고, 즉시 배를 구해 시체와 함께 부산으로 돌아왔다. 소문에는 부산에 도착하자 왕명으로 그곳에서 김옥균의 시체를 여덟 토막으로 잘라, 당시의 행정 구역인 팔도(八道)에 한 토막씩 보냈다고 한다. 반역자에게 가해지는 형벌의 준엄함을 백성들이 보도록 조리를 돌린 것이다.

일본은 이 같은 일에 혐오감을 나타냈다. 정치 망명객을 보호하는 국제

---

77. 김옥균 살해 계획은 특히 민비와 민영익에 의해 이루어졌다.

법을 무시하고 자기 나라에 관련되어 일어난 이 행위에 대하여 좌시할 수 없다는 태도를 보였다. 이 사건은 바로 뒤에 일어난 청일전쟁의 여러 요인 중 하나가 되었다.

5장 윤(尹)장군과 그의 가족*

말년의 윤치호(1865~1945)

윤치호(尹致昊)의 부친 윤 장군

내가 서울에 도착한 직후 여러 가정들을 방문하던 중, 수차례에 걸쳐 병조판서(兵曹判書)를 역임한 바 있고 또 국왕의 가장 유력한 지지자 중 한사람인 윤 장군에게 소개되었다.[78)]

윤 장군은 김옥균이 이끈 개화당의 일원이었다고 앞서 언급한 바 있는 윤치호[79)]의 아버지였다. 나는 그가 다양한 경력을 가진 사람으로서, 매우 흥미있는 인물임을 알았다.

그의 삶을 더듬어 보면 결코 순탄치 만은 않았던 것 같다. 왕이 개혁자들의 저항으로 두 번에 걸쳐 위기에 처했을 때, 윤장군도 임금에 대한 충성심 때문에 피신하지 않으면 안 될 경우도 있었다. 그는 비록 군부대신이라는 직위에 있었지만 말씨가 온화한 신사였으며, 나는 곧 그를 존경하게 되었다.

조선의 일반적인 풍습과 달리, 그는 자기 부인을 방에 들어오게 하여 언더우드 박사와 나에게 소개시켰다. 부인 역시 훌륭한 인품의 소유자였고 침착했으며, 조선 예법에 따라 대화에는 거의 끼어들지 않았다.

우리는 그의 아들인 치호에 관하여 이야기했다. 윤치호는 그 당시 청국

---

78. 윤치호의 부친 윤웅렬(尹雄烈, 1840~1911)을 말하는데, 무신으로 1880년(고종 17) 김홍집을 따라 일본에 다녀와 별기군 창설에 기여하였다. 갑신정변 때는 김옥균을 도와 거사한 후 형조판서가 되기도 하였으나 정변 실패로 능주(綾州)에 유배되었다. 그 후 갑오개혁으로 군부대신이 되었으며, 일본 정부로부터 남작(男爵)을 받기도 했다.

79. 윤치호(1865~1945)는 신사 유람단의 일원으로 일본에 다녀오면서 개화사상에 눈을 뜬 후 미국에 유학하였다. 서재필 등과 독립협회를 조직하였으며, 국권 강탈 후 총독 암살 계획에 가담한 혐의로 6년형을 받았다. 일제 강점기 말기에 귀족원 의원을 지냈으며, 광복 후 일본에 협력한 것을 자탄하다 자결하였다.

에 망명 중이었는데, 이미 기독교인으로서 신앙 고백도 했지만 이 때문에 부모들이 상심하는 것 같지는 않았다. 이들 가족에게 나를 소개한 언더우드 목사가 이들에게는 전혀 생소한 기독교에 관하여 이야기 하였으나, 이들은 분명히 관심을 가지고 들어주었다. 얼마 후 곧 부인이 기독교에 입교할 의사를 분명히 밝히고, 언더우드 목사에게서 세례를 받았다.

언더우드는 자신이 장로교 교인이었지만, 부인의 아들이 중국에서 이미 입교하여 남 감리교에 속해 있었으므로 이 교파에 소속되도록 조언했다.

윤 장군의 뛰어난 아들들

윤 장군은 오랜 풍습에 따라 둘째 아내, 소실(小室, concubine)을 두고 있었는데, 이 여인에게서 당시 5살과 6살가량 되어 보이는 두 아들을 두고 있었다. 장군은 이들을 귀여워하고 또 늘그막에 두게 된 아들이라 자랑스럽게 여기면서, 조선군 관복을 입혔다. 장군은 이 두 아들을 데리고 자주 우리 집을 방문했는데, 이들보다 더 얌전한 아이들은 없었을 것이다.

세월이 흘러 그들 중 한 아들은 의학을 공부하러 스코틀랜드로 가서 글래스코우 대학에서 M. B. 학위를 받고 졸업했다. 귀국 후 그는 세브란스 의과대학의 교수직에 지원하여,[80] 산부인과 과장인 허스트(J. W. Hirst)

80. 세브란스 의과대학은 1885년 궁정 어의(御醫)였던 H. N. 앨런이 고종의 명으로 설립한 광혜원(곧 제중원)에 1866년 부설한 의학교육부를 모체로 하였다. 에비슨이 1904년 미국의 L. H. 세브란스의 기부금으로 남대문 밖 복숭아골 터를 구입, 근대식 세브란스병원과 의학교육기관을 마련하였는데, 본 회고록에 그 과정에 대한 자세한 설명이 나온다. 그에 의하면 준공 당시 영문으로 '세브란스 연합 의과대학 · 병원 · 간호학교(The Severance Union Medical College · Hospital and Nurses' Training School)'라 하고, S. U. M. C(세브란스 연합 의대)로 약칭하였다고 한다. 다른 기록들에 의하면 1907년경 개교 당시 세브란스 의학교, 1913년 세브란스

박사의 조수로 임명되었다. 여기서 그는 단연 두각을 나타내었고, 허스트 박사가 퇴임하고 미국으로 돌아가자, 기독교적인 인격, 의학지식, 수술기술 및 교수능력 등 중요한 자질을 모두 겸비한 그는 산부인과 교수로서 허스트 박사의 뒤를 이었다. 그의 이와 같은 성공은 이 부서의 간부들이 그를 공정하게 평가했음을 입증하는 것이다. 어린 소년시절부터 알아온 그를 크게 신뢰할 수 있어, 나로서는 매우 만족스럽다.

윤치호

윤 장군의 저택은 조선 정부에서 활동하고 있던 대다수의 관리들과 마찬가지로 도성에서 남쪽으로 좀 떨어진 곳에 있었다. 윤 장군은 장남인 치호를 아직 어릴 때 일본으로 보내 영어를 배우게 했다. 이로 인해 치호는 서양의 정치체제에 대한 식견을 갖게 되었고, 생각도 민주적인 성향을 강하게 띄게 되었다.

1882년 5월 22일 조선과 미국이 조약을 체결할 때 윤치호는 일본에 체류 중이었는데, 초대 조선 주재 미국공사 푸트(Lucious H. Foote)가 부임 도중 일본에 들렀을 때, 조선어와 일본어, 영어 모두에 능통했던 젊은 윤치호는 조선인으로서 가장 준비가 잘 된 통역자로 추천되어 미국공사와 함께 조선으로 돌아왔다.

이미 언급한 바 있지만, 그는 개화당에 관계되어 정권장악이 실패로 끝난 후 중국 상해로 망명했다(갑신정변 항 참조). 중국으로 간 그는 미국

연합 의학교로 개칭하고 1917년 전문학교 설립인가를 얻어 1922년 세브란스 의학 전문학교, 1942년 일제의 강요로 아사히 의학전문학교, 1945년 세브란스 연합의학 전문학교, 1947년 세브란스 의과대학(6년제)으로 개편하였다 한다. 이 글에서는 편의상 '세브란스 의과대학' 으로 표기한다.

감리감독교(Methodist Episcopal Church) 선교회가 운영하던 남중국 남자대학(South China College for Boys)의 총장인 성직자 영(Young) 박사를 우연히 알게 되어, 그에게는 이미 익숙한 영어로만 강의하는 이 학교의 학생이 되었다. 이 학교에 재학하는 동안 그는 신앙고백에 의해서 뿐만 아니라, 실질적으로 독실한 기독교 신자가 되었다. 그는 곧 학급에서 두각을 나타내, 졸업과 동시에 선교회에서는 그를 미국으로 보내 학업을 계속하게 했다.

그는 테네시 주 내쉬빌에 있는 벤데빌트 대학(Vanderbilt University)에 입학하였고, 2년을 수학한 후 조지아 주 디케이트 소재 에모리 대학(Emory University)으로 옮겨 이곳에서 문학사로 졸업했다.

중국으로 돌아온 그는 상해에 있는 모교의 교수가 되었다. 이때 중국 감리교 여학교의 교사인, 아주 매력적인 중국인 처녀를 만나 결혼했다. 그녀는 비록 조선어를 몰랐으나 영어를 배운 적이 있으므로, 중국어와 영어로 대화를 충분히 나눌 수 있었으며 결혼 생활도 행복했다. 그는 청일전쟁이 발발할 때까지 상해에 체류했다.

그 후 1884년의 사건에 가담했던 사람들과 같은 인사들이 가진 선진 문명에 대한 식견과 조언이 필요하다고 생각한 국왕은 윤치호를 불러 학부협판(學部協辦)에 임명했다. 그의 아내도 그를 따라 조선에 왔으며, 두 사람 모두 영어를 알고 또 독실한 기독교인이었기 때문에 곧 선교사들과 친숙해졌다. 나는 이때 처음으로 그를 만났다. 선교사들 가운데에는 조정에서 차지하는 그의 위치로 인해 그의 신앙생활에 지장이 있지 않을까 우려했으나, 그들의 생각은 빗나갔다. 일주일에 6일 동안은 정사(政事)에 몰두했으나, 일요일이면 충실하게 예배에 참석했으며 때로는 조선인 교회에서 설교도 했다. 이들 부부는 자연스럽게 서울에 소재한 남부 감리감독교회에 소속되었으나, 교파를 철저히 가리는 사람들은 아니었다.

그는 곧 학부대신으로 승진했으며, 이때 그의 민주적 정신과 개혁에 대한 강한 성향이 나타났다. 그는 조선인들의 자유주의자 단체의 지도자가 되었으며, 제이슨 박사(서재필의 미국명)가 조선으로 귀국했을 때, 윤치호는 제이슨 박사가 창설한 독립협회(Independence Club)의 요원이 되었다. 제이슨 박사가 격렬한 개혁운동으로 인해 반 강제로 출국 당하자, 곧바로 젊은 윤치호가 이 협회의 총재가 되어 한동안 독립신문을 경영함과 동시에 정열적으로 개혁운동을 이끌었다.[81] 그는 서대문 바깥 언덕 위의 조그마한 집에서 중국인 부인과 함께 살았다. 그 집은 국왕과 합자(合資)하여 전차를 부설하고, 또 이를 운영하기 위해 서울에 온 미국인 파견단에 소속된 사람이 살던 집이었다.

어느 날 체포명령을 받은 조선 경찰들이 떼를 지어 그의 집에 들이닥쳤다. 그의 아내가 문을 열자, 그들은 윤치호에게 국왕의 친서를 전하겠다고 했다. 그녀는 남편을 불러올 동안 기다리라고 한 후, 그가 자고 있는 침대로 가서 깨우고는 경찰이 왔다는 것을 알렸다. 그는 재빨리 옷을 입고 아내가 경찰들과 이야기하며 주의를 다른 데로 돌리고 있는 틈을 이용하여, 벽돌 담장을 넘어 외국인 거주 지역으로 달아났다.

이 계략이 성공하여 초조해진 경찰들이 집안으로 밀고 들어왔을 때, 그는 이미 안전한 곳으로 피신하고 난 뒤였다. 그로부터 그는 외국인 구역에 머물면서 개혁운동을 했다. 경찰이 독립신문 배부를 끊임없이 방해하여 개혁을 위한 이 신문은 포기하였으나, 기타 여러 가지 방법으로 운동을 계속했다.

시간이 좀 지나자 위험을 무릅쓰고 동조자들의 보호를 받을 수 있는 시

---

81. 에비슨이 개혁운동이라 하는 서재필 등의 활동은 통상 애국계몽운동이라 한다.

내로 나가 폐간된 신문 대신에 큰길 네거리에 서서 다수의 군중을 모아 놓고 연설을 했다. 그는 정부의 통치형태가 변화되어야 할 필요성을 설명하고, 또 개혁운동에 적극 참가하도록 역설했다.[82)]

군부대신에 다시 임명된 아버지 윤 장군은 아들을 설득하여 개혁운동에서 손을 떼게 하려 했으나 소용없는 일이었다. 아들 윤치호를 추종하는 세력이 급격히 증가하여, 정동의 새 궁궐 근처에 있는 넓은 지역으로 회합장소를 옮겼다. 나는 청중들 중에 소란을 피우는 사람이 있을 때, 이따금 사회봉을 손에 쥔 채 탁자 앞에 앉은 그를 보기도 했다. 사회봉으로 탁자를 두들기면 곧 질서가 잡혔으므로, 운집한 수천 명의 청중들에게 사회봉이 놀라운 위력을 발휘한다는 것을 알 수 있었다.

이 강연회는 연사를 바꾸어 가면서 24시간 계속되었다. 물론 청중들도 바뀌었으며 따라서 온 시가가 들끓었다. 이에 놀란 국왕은 청중들을 해산시키려고 보부상단(褓負商團 : Peddlers' Guild)에 요청하자, 전국 방방곡곡에서 모든 보부상들이 몰려들었다. 이렇게 몰려온 상인들은 시내에서 3마일가량 떨어진 한강 둑까지 연설을 듣던 청중을 밀어냈다.

보부상들이 총과 탄약을 확보하고, 무력으로 개혁운동가들을 공격하리라는 소문이 나돌았다. 이런 준비가 진행되고 있는 동안, 많은 사람들이 병이 나서 혹은 병을 핑계로 병원에 피신해왔다. 영국 공사관은 모든 영국인 가정에 전보를 보내어 사태가 더욱 악화되면, 짐을 꾸려 영사관

---

82. 1898년 3월 서울 종로 네거리에서 러시아인 탁지부(度支部) 고문 뫼렌도르프와 군부 교련사관의 해고를 요구하며 이승만(李承晩) · 홍정하(洪正夏) 등 청년 연사가 열렬히 연설하여 대중의 여론을 일으킨 '만민공동회(萬民共同會)'를 말한다. 이후에도 계속 개최되어 그해 10월에는 윤치호를 회장으로 선출, 정부의 매국적 행위를 공격하고 시국에 대한 개혁안 6개조를 결의하였다. 즉, ① 일본인에게 의부(依附)하지 말며, ② 외국과의 이권계약을 대신(大臣)이 단독으로 하지 말며, ③ 재정을 공정히 하고 예산을 공표하며, ④ 중대 범인의 공판과 언론 · 집회의 자유를 보장하며, ⑤ 칙임관(勅任官)의 임명은 중의에 좇으며, ⑥ 기타 별항의 규칙을 실천할 것 등이다. 이 개혁안은 국왕에게도 제출되었는데, 처음 국왕도 그 정당성을 인정하고 실시를 확약하였으나 보수적 관료들의 반대로 이에 관계한 대신들만 파면되고 실현을 보지 못하였다. 독립협회는 해산된 후 한동안 '만민공동회'라는 이름으로 존속하였다.

으로 피신할 준비를 해두라고 지시하기에 이르렀다.

밤사이에 다음과 같은 소문이 퍼졌다. 즉 국왕이 궁궐 담 밖에서 알현의 기회를 마련하고 양 진영으로부터 청원을 받을 것이라 했다. 양 진영이 그들의 청원을 상소하면 국왕이 이를 검토한 후, 개혁파에 반대할 것인가 또는 찬성할 것인가를 선언할 것이라고 했다. 국왕이 무엇을 어떻게 해결할 것인가? 모든 사람들은 긴장했다.

이를 준비하기 위해 궁궐대문 밖에 옥좌가 마련되고, 커다란 천막들이 연이어 세워졌다. 외국 공사들과 그들의 부인, 그리고 공사관 직원들을 위해 그 옆에 천막이 마련되었다.

상소문을 접수할 시간이 되자, 구경꾼들이 거리를 꽉 메웠다. 왜냐하면 조선인들의 기억 속에는 그때까지 이와 같은 일은 전혀 없었기 때문이었다. 국왕의 전의로서 나는 옥좌 옆 외국 공사를 위해 마련된 천막으로 갈 수 있었고, 이곳에서 국왕과 사태 진전을 똑똑히 볼 수 있었다.

이러한 경우 흔히 그러하듯이, 시간이 하릴없이 지연되는 것 같았다. 어전에서는 불경하게 자리에 앉을 수 없었으므로, 좌석은 아예 마련되지 않았다. 마침내 국왕이 정좌하자 저 아래쪽에서 약간의 소요가 있었지만, 세 사람이 나타나 경건하게 옥좌를 향해 천천히 그리고 존경스러운 모습으로 걸어 나왔다.

앞선 사람은 윤치호로 상소문을 납작한 접시에 받쳐 들고 있었다. 바로 뒤에 그의 두 동료 이원경과 민영환(閔泳煥)[83]이 걸어 나왔다. 이들 세 사람 중 두 사람 즉 윤치호와 이원경은 유명한 기독교 지도자였고, 민영환은 민비와 가까운 인척이자 고관이었다.

---

83. 민영환(1861~1905)은 미국 공사를 역임했으며, 군부대신으로 있을 때 영국 · 독일 · 프랑스 등 여러 나라를 방문하여 신문명을 배웠다. 이후 학부대신 등을 역임하였으나 독립당을 옹호한다는 이유로 대신의 자리에서 밀려났다. 을사조약이 체결되자 의정대신 조병세(趙秉世)와 함께 조약의 폐기를 상소하였으나 뜻을 이루지 못하자, 1905년 11월 4일 국민과 각국 공사에게 고하는 유서를 남기고 자결하였다.

따라서 세 사람 중 두 사람이 양반가문 출신이며, 나머지 한 사람은 기독교인이며 지식계급 출신이었으나 양반가문 출신은 아니었다. 이들이 국왕에게 다가가 최대의 경의를 표하고 윤치호가 고개 숙여 상소문을 올리자, 국왕은 옥좌에서 일어나 이를 받았다. 이들이 한쪽으로 물러나자 국왕은 자리에 앉았다.

이번에는 수구파를 대표해서 상해에서 김옥균을 살해한 홍종우, 길영수, 이개동 등이 앞으로 나왔다. 이들은 걷는 대신 엉금엉금 기어 천천히 옥좌를 향해 다가왔다.

이번에도 국왕이 일어나 이들이 바치는 상소문을 받았다. 국왕이 자리에 앉자 이들은 다시 같은 자세로 뒤로 물러났다. 양 파의 태도가 엄청난 차이를 보였다. 한쪽은 정중했으나 당당했으며, 다른 한쪽은 정중했으나 비굴했다.

국왕의 결정을 오래 기다릴 필요는 없었다. 국왕이 사전에 양쪽 상소문의 내용을 알고 있었음이 분명했다. 왜냐하면 곧 국왕의 결정사항을 듣도록 양쪽 사람들을 불렀기 때문이었다.

국왕이 개혁자들의 상소를 받아들이고, 반대쪽 사람들에게는 조용히 가정으로 돌아가도록 충고했다. 그리고 국왕은 자신이 앞서 내린 명령에 따라 개혁자들을 공격할 만반의 준비를 하고 있었던 보부상들에게 시장으로 돌아가서 이번 결정으로 제시된 새로운 명령에 반대하지 않도록 하라고 했다. 궁궐로 돌아가기 전에 국왕은 나를 포함한 모든 외국 대표를 접견했는데, 이 일은 이렇게 끝나 버렸다.

개혁파에 대해서는 이 일이 커다란 승리같이 보였지만, 참다운 승리인지 아니면 소극(笑劇)의 한 장면이었는지는 오직 시간만이 알 수 있는 일이었다. 독자들을 궁금하게 하기보다는 후자의 경우였다고 미리 밝힘으로써 호기심을 충족시키고자 한다. 왜냐하면 지도자들이 할 수 있는 모든 제안을 받아들이고 또 거절할 수 있는 권한이 아직까지 국왕에게 있었기 때문이었다. 일단 그들의 의도가 성공하여 개화파들은 의기양양하게 여러 가지 개혁안을 제출하였으나, 이에 놀란 국왕과 왕비는 그들을 견제할 방도를 다시 찾게 되었다.

개화파가 제안한 계획들은 한결같이 국가와 민생을 위한 것이었지만, 개혁의 가치를 전혀 깨닫지 못하는 일반 백성들에게도, 그리고 이미 습관화되어 특권을 자신들의 당연한 권리로 여기는 양반들에게는 더욱더 쉽게 수용될 수 없는 것들이었다. 앞서 말한 바와 같이 개화파 인사들의 개혁의지는 매우 고무적이었지만, 이들의 지나친 열정과 미숙한 경륜으로 필경 실패로 끝나고 말았던 것이다. 앞에서도 지적했지만 더 오랜 기간의 교육을 통해 한 가지씩 개혁을 순차적으로 해 나갔더라면, 일정 기간 내에 더욱 빠른 진전을 이루었을 것이다.

박영효(朴泳孝)*

1884년의 폭동에 관련된 애국청년단체인 개화당에서 네 번째로 중요한 인물이 박영효다. 철종이 승하하자 왕통을 잇기 위해 대원군의 막내아들을 양자로 맞이한 순조(純祖)의 미망인인 조대비(趙大妃)와 가까운 인척관계에 있었기 때문에, 박영효는 왕실 다음으로 조선에서는 가장 신분이 높은 귀족이었다.[84)]

1939년 현재 박영효는 서울에서 한가하게 여생을 보내고 있다. 그는

84. 박영효(1861~1939)는 13세 때 철종의 딸 영혜옹주(**永惠翁主**)와 결혼하여 금릉위(**錦陵尉**)가 되었다. 갑신정변의 주역의 한 사람으로 일본으로 망명했다. 1894년 갑오개혁으로 죄가 사면되어 귀국, 제2차 김홍집 내각의 내무대신으로 김홍집 · 박영효 연립정부를 구성했다. 이때 자주적 개혁을 꾀하였으나 1895년 반역음모 사건으로 재차 일본에 망명했다. 국권 강탈 후 일본으로부터 후작을 받고 중추원 고문에 임명되었다.

과거에도 그랬지만 지금도 참다운 애국자다. 그는 언제나 조국 발전을 위한 높은 이상을 가지고 있었으며, 조선이 서양 열강들과 조약관계를 수립한 이래 전제정치의 사슬에서 조국을 해방시키고자 하는 개화당의 노력에 헌신적으로 가담하였던 것이다.

1884년의 그들의 개혁시도가 실패하자 그는 김옥균 · 서재필 등과 일본으로 망명했고, 또 서재필 · 서광범과 함께 미국으로 갔으나 오래 머물지 않았다. 일본으로 다시 건너온 박영효는 일본이 1894년 청국을 침략하기 위해 만주로 가는 전초기지로서 조선을 점령할 때까지 그곳에서 살았다.

일본 군대가 조선의 궁궐을 점령하자 국왕은 박영효와 그 밖의 폭동에 관여했던 사람들이 자신을 도와 왕위를 유지케 해주리라는 생각에서 이들을 다시 불렀다. 새 내각을 구성할 때 국왕은 박영효에게 내각의 책임자가 되어 내무대신이 되어 줄 것을 요청했으나, 그는 관직을 거절하고 대신 절친한 친구를 천거했다.[85)] 국사수행에 대한 개인적 책임을 피하는 대신, 친구에 대한 그의 영향력으로 실질적으로 국사를 관장했다고들 한다.

그 절친한 친구는 현대적 통치방법에 대해 특별한 지식을 갖지 못한 전형적인 구시대적 인물이었으나, 그 지위에 등용되도록 은혜를 베푼 사람의 제안을 기꺼이 실행에 옮기려 했다.

나는 박영효의 개인 주치의로서 그를 가끔 돌보는 중에 개인적인 사실들을 많이 알게 되었고, 또 조정중책에 어울릴 만한 그의 자질을 가늠할 수 있는 귀중한 기회도 가질 수 있었다. 박영효는 당시 조선의 실질적 통치자로 생각되던 왕비와는 절친한 사이였다. 박영효는 미국과 일본에 체류하면서 접한 선진국의 정치구조를 자신의 구상에 맞추어, 왕비를

---

85. 앞 주에서 보듯이 그는 제2차 김홍집 내각의 내무대신이었다.

통해 실천에 옮겨 보려고 마음먹고 있었던 것이다.

그는 또한 일본의 정치가들이 명목상이나마 조선의 종주국인 청국을 완전히 제거하고, 그 대신에 일본이 조선을 실질적으로 장악하고자 하는 강한 욕구를 가지고 있음도 간파하고 있었다. 일본은 청국이나 러시아가 조선을 장악할 경우 자국에 크게 불리한 상황이 전개될 것으로 보았으며, 나아가서 부족한 식량과 석탄을 위시한 천연 자원의 공급지로서, 그리고 이들 양대 국가들과 비교적 작은 섬나라인 자국 사이의 완충지대로서의 가치 때문에 더욱더 조선을 필요로 했던 것이다.

박영효는 그 당시 조선이 이미 부분적으로 일본에 예속되어 있고, 아직 잔존하고 있는 조선의 청국 의존현상을 완전히 제거하기 위해 여러 가지 일을 꾸미고 있던 일본의 속셈도 낱낱이 읽고 있었다.

그는 이 모든 정황을 왕비에게 알리고, 청일전쟁이 끝난 후 일본이 조선에서 최우선적으로 취할 정책은 교육제도를 완전히 장악하여 조선의 젊은이들로 하여금 일본을 지도국으로 여기고, 조선의 안보를 유지하는 최선의 방법이 일본에 의존하는 길임을 교육을 통해 주지시키려 들 것이 분명하다고 진언했다. 그는 또 왕비에게 일본의 종교와 문화가 조선인들에게는 적합하지 않으며, 그들의 이념에 근거한 일본인 학교의 교육이념과는 다른 노선에서 단 몇 명의 젊은이라도 조선의 국익에 맞게 교육시키기 위해 영국이나 미국에서와 같은 훌륭한 교육기관을 하나쯤 설립할 필요가 있다고 했다.

이 목적을 위해 그는 사정이 허락하는 한 많은 젊은이들을 교육시킬 수 있는 사립대학을 왕비 자신의 기금으로 설립할 것을 제안했다. 이를 실행하기 위해 공공연하게 왕비가 앞장서서 국가사업으로 학교를 설립하려 한다면 일이 시작되기도 전에 틀림없이 일본인들이 방해하려 들 것이므로, 학교 설립에 관련된 제반사항과 자금을 선교사들에게 위탁하여 선교사업의 일환으로 추진하는 것이 바람직하다는 제안도 했다.

그리하여 모든 계획이 수립되고 실천에 옮기기 직전 적당한 시기에 사업에 관련된 제반사항을 밝히려고 했다. 이러한 계획에 왕비가 동의하자, 박영효는 즉시 이 계획에 관해 언더우드 목사와 의논했다. 언더우드 목사는 에비슨 박사도 이 일에 관여시키고, 또 이 계획을 '뉴욕 선교위원회(The Missions Board in New York)'에 은밀히 알려 그에 대한 승인을 얻어낸다면 설립 사업을 맡겠다는 조건부 동의를 했다.

박영효는 선교회 측의 제안이 합리적이라 생각하였다. 언더우드 씨는 이 사실을 뉴욕 선교위원회에 보고하여 동의를 얻었다. 그 후 우리는 건물 신축과 교육과정, 교수진 확보 등에 관한 계획을 신중히 세워 나갔다. 서울 북쪽 산기슭 그러니까 궁궐의 동쪽에 위치한 대지가 학교 부지로 선정되었다. 왕비는 건축 공사의 진행상황을 어느 때라도 바라볼 수 있기 때문에 좋은 곳이라 했다.

그러나 유감스럽게도 길가의 돌마다 귀가 있고 모든 나무에도 눈이 있는, 이 첩자의 나라에서 이처럼 중요한 사업이 겉으로 드러나지 않고 어떻게 무사히 진척될 수 있었겠는가?

어느 날 박영효가 치통을 치료하러 우리 집에 왔다. 며칠 후 치료 결과를 보기 위한 재방문이 예정되어 있었으나, 약속시각이 되어도 나타나지 않았다. 그는 결국 오지 않았고 그 대신 나는 상당한 금액이 동봉된 서찰을 받았는데, 사정상 다시 일본으로 가야하기 때문에 앞으로 재회하기는 어려울 것 같다는 내용이었다.

무슨 일이 일어났음이 틀림없었다. 역시 박영효를 제거하려는 일본 측의 음모가 있었던 것이다. 대학설립 계획에 관한 정보를 알게 된 일본이 왕비와 정면 충돌을 피하는 대신, 왕비에게 박영효가 국왕과 왕비를 제거하고 자신이 왕위에 오를 음모를 꾸미고 있다는 거짓 모함을 한 것이다. 왕비는 그 말이 일본 측의 사주에 불과하며, 그 목적이 박영효를 제거하라는 그들의 우회적인 위협임을 알아챘다.

한편 일본인들은 박영효에게 그가 몇몇 인사와 공모하여 국왕 부처를 시해하려했다고 믿고 있는 왕비가 죽일 기회를 찾고 있으니, 생명을 보전하려면 즉시 일본으로 돌아가는 것이 좋겠다는 거짓 충고를 했다.[86) 이리하여 박영효는 선택의 여지없이 일본으로 가게 되었으며, 대학 설립에 관한 왕비의 구상도 수포로 돌아가고 말았다.

지금까지 1884년의 변란을 비롯, 이 사건 자체보다도 네 사람에 관한 이야기와 그들의 시도가 실패로 끝난 후 재시도를 하기 위해 벌어진 일련의 파란곡절에 대하여 장황하게 기술하였다. 폭동의 주도자였던 김옥균은 수 년 후에 살해되었으나, 나머지 세 사람은 68년이 지난 1941년 현재에도 생존하고 있다.[87)]

제이슨 박사는 미국에 살면서 기회에 따라 간혹 조국에 봉사하는 일 외에는 조선을 개혁하는 운동을 다시 하지는 않았고, 현재 후작(侯爵)의 작위를 가진 박영효는 그 후 조선의 독립을 위하여 많은 노력을 기울였다. 이에 관한 이야기는 다음으로 미루겠다. 윤치호의 경우, 모험으로 점철되는 그의 후일담은 이 회상록이 진행됨에 따라 기회를 보아 추적해 보기로 한다.

86. 박영효의 왕비 시해 계획설은 앞의 주 참조.
87. 서재필은 1951년, 윤치호는 1945년, 박영효는 1939년에 사망한다. 에비슨은 박영효가 1939년에 사망한 것을 몰랐던 것 같다. '68년이 지난 1941년 현재' 라 하였으나 1941년은 갑신정변으로부터 대략 58년 후이다.

알렌의 후임으로 전의(典醫)가 되고 제중원(濟衆院)을 맡다 6장

구한말의 제중원 / 1887

조선어 선생 이씨와의 만남과 이별

다시 이야기는 우리의 조선 생활 초기로 돌아간다. 서울에 도착한 지 거의 두 달이 지나도록, 조선 선교회는 나에게 특별한 임무를 부여하지 않았다. 나는 이 대기상태를 이용하여, 조선어도 배우고 앞으로 장기간 거주할 서울지리도 알아보고 싶었다.

특히 서울에 온 직후 조선어를 열심히 익혀야 할 필요성을 절실히 느끼게 한 사건을 겪었다. 어느 날 우리 처소 근처의 어느 집으로 여자환자가 있으니 급히 왕진해 달라는 연락을 받았다. 그 집에 도착했을 때 환자는 이미 죽어, 서양과 마찬가지인 조선의 풍습에 따라 흰 천에 덮여 있었다.

환자의 가족들이 나에게 황급히 달려왔을 때 환자는 이미 숨을 거둔 뒤였지만, 서양의사들은 기적 같은 의술을 행한다는 소문을 들은 적이 있는 가족들이 내가 가면 환자를 소생시킬 수 있으리라 생각했던 것이다. 조선어라고는 단어 몇 개만 겨우 알고 있던 내가 내 의술의 한계를 조선어로 설명하려니, 그야말로 진땀이 났다. 갖은 애를 쓴 끝에, 아무리 외국인 의사라도 이미 죽은 사람을 소생시키는 재주는 없다는 뜻을 간신히 납득시켰다.

그러나 이 경험을 통하여 하루 빨리 조선어를 배워야겠다는 생각을 굳히게 되었다. 외국에서 그 나라 말을 알아듣지 못하고 또 그 나라 말로 대답할 수 없다면 도대체 무슨 일을 할 수 있단 말인가?

동료 선교사들은 이 점을 익히 알고 있었으므로, 고맙게도 우리가 도착하기 전에 조선어 선생을 미리 구해두었다. 언더우드 목사가 조선어 선생을 데리고 와 소개도 하고 통역도 해 주었다. 조선어 선생의 성이 이씨(李氏)라고 했으나, 그의 이름은 굳이 알 필요가 없었다. 항상 교사를 의미하는 '선생'을 성 뒤에 붙여 '이 선생'이라 불렀기 때문이다. 학식이 관직보다 중요하며, 또 한문을 읽고 쓸 수 있는 능력으로 한사람의 학식을 가늠하는 이곳 조선에서 '선생'이라는 칭호는 최고의 존칭에 속했다. 그런데 수업에 쓸 마땅한 교재가 없어, 이 선생의 교수 방법에 의존하지 않을 수 없었다.

그는 매일 오전에 우리 집을 방문하여 조선어를 가르쳤는데, 그때의 교습 모습을 보면 학생은 선생의 말을 이해 못하고, 선생도 이에 뒤질세라 학생의 말을 이해하지 못하는 형국이었다. 이 선생은 이전에 H. B. 헐버트 씨를 가르친 적이 있어, 헐버트 씨가 그에게 교수법을 어느 정도 터득시켰을 것이므로 당시 이 선생은 다른 어떤 조선인보다 유능한 교사였을 것이다. 따라서 나는 아무 불평도 하지 않았으며, 얼마 후에는 더듬거리긴 하지만 조선말을 할 수 있게 되었고 또 사람들의 말을 꽤 잘 이해할 수 있게 되었다.

헐버트 씨는 분명 이 선생에게 조선어 교육에 필요한 영어 단어 몇 개를 가르친 것이 분명했다. 이 선생은 그런 단어들을 즐겨 사용했으며, 이 방법이 나에게 조선어 문법과 발음을 가르치는데 주효했다고 할 수 있다.

그가 잘 사용한 영어 단어는 'aspirate'였는데, 아주 어렵게 '아쉬퍼 레이투'라고 발음했으나 자신은 만족하는 것 같았다. 나는 나중에도 조선어를 유창하게 구사하지는 못했지만 의료행위에 관련된 사항을 다루는 데는 별 무리가 없었고, 또 조선어로 학생들에게 강의도 하고 교회에서 설교도 할 수 있었다.

이 선생은 신앙고백을 한 기독교인은 아니었으나, 나중에 듣기로는 로

마 가톨릭 교회의 비밀 신자였으며 그의 딸은 수녀원에서 수녀수업을 받는 중이라고 했다. 나는 곧 그에게 나 뿐만 아니라 다른 사람에게도 털어놓기를 꺼려하는 무슨 비밀이 있음을 알아차렸다. 나에게는 '이씨' 라고 소개되었지만 그의 과거를 잘 알고 있는 사람에게서 그의 진짜 성은 '배씨' 이며, 1860년대 대원군이 천주교도들을 무자비하게 박해할 때 성을 바꾸었다는 말을 들었다.

그 당시 그는 용기를 잃어 자신의 신앙을 부인하고, 심지어 교우들을 관헌에 밀고한 적도 있다고 했다. 그 후 자신의 행위를 수치스럽게 여기고, 신분을 감추려고 성을 이씨로 고쳤다고 했다. 그는 다른 조선인처럼 우상숭배의 풍습으로 돌아가지는 않았지만, 수년 후 죽을 때까지 자신의 기독교 신앙을 공공연하게 고백하지는 않았다.

사람들이 대화하다가 누군가가 그가 나타난 것을 보고, '배씨!' 라고 하면 갑자기 조용해지는 것을 본 적이 있다. 이 선생은 일요일을 제외하고는 매일 오전에 우리집으로 와서, 나와 함께 오전 내내 조선어 단어나 어구로 씨름했다. 오전 수업을 마친 나는 병원으로 가서, 찾아온 사람들의 유창한 조선말 달변을 이해하려고 노력하면서 그들의 길고도 빠른 말을 언젠가는 꼭 알아들을 수 있겠거니 생각했다. 처음에는 산발적으로 한두 단어만을 이해할 수 있었으나, 시간이 지나자 차츰 귀가 열리고 가끔 문장도 이해할 수 있게 되어 용기를 가지게 되었다.

어느 날 내가 이 선생에게 오후에 병원으로 같이 가지 않겠느냐고 했더니, 고개를 저었다. 계속 졸랐지만 그는 거듭 거절했다. 처음에는 몰랐으나 얼마 후 그 이유를 눈치챘다. 남의 눈을 피해서 외국인의 집에는 가지만, 외국인과 함께 있는 모습을 다른 사람에게 보이고 싶어하지 않는다는 사실을 알고, 나는 작은 충격을 받았다. 그는 경제적인 어려움 때문에 우리와 접촉하고 있었을 뿐, 가슴 속으로 우리를 사랑하고 있지는 않았던 것이다.

그러던 어느 날, 그가 병원으로 함께 가겠다고 나섰다. 처음에는 미처 몰랐으나, 좁고 인적이 드문 골목길을 골라 나를 데려가고 있었다. 이를 알아챈 나는 큰길로 가면 지름길이므로 시간이 절약된다고 했으나, 전혀 귀담아 들으려 하지 않았다. 이런 현상은 한동안 지속 되었다. 그런데 어느 날 내가 청하지도 않았는데 뜻밖에 나를 큰길로 인도하여 병원으로 가지 않는가! 나도 그도 아무 말을 하지 않았으나, 나에 대한 서먹한 감정이 사라지고 개인적으로 친숙한 사이가 되었다는 증거가 분명했다. 왜냐하면 그 후로도 거리낌 없이 대중 앞에 나와 함께 모습을 드러냈기 때문이다. 이 선생과 매일 접촉하면서 거의 6년을 지냈을 무렵, 우리 부부의 건강이 악화되어 캐나다로 귀환하라는 선교위원회의 통고를 받았다. 그때쯤 이 선생과 우리는 서로 정이 많이 들었는데, 얼마 동안 헤어져 있어야 할 처지가 된 것이다.

배편으로 짐을 미리 보낸 우리 부부는 가마를 타고 3마일 가량 떨어진 한강으로 가서, 다시 작은 기선을 타고 제물포로 가기로 되어있었다. 떠나는 날 아침 일찍, 이 선생이 작별인사 차 우리집으로 왔다. 짐꾼들이 여행용 가방을 짊어지고 나서자, 나는 그에게 작별 인사를 하려 했지만 얼마 동안만 우리와 함께 가겠다고 했다. 가족들이 탄 가마를 앞세우고 우리 두 사람은 그 뒤를 따라 걸어갔다.

그가 손을 내밀어 내 손을 잡았다. 어느새 우리는 손을 잡은 채, 이제는 거리낌없이 서울의 대로를 걷고 있었다. 그때 비로소 나는 우리를 향한 그의 사랑과 믿음이 진실된 것임을 확신할 수 있었다. 걸음을 멈추고 몇 번이나 이제 돌아가라고 했지만, 그는 사양하면서 계속 같이 오다가 성문을 지나 거의 강가에 이르렀을 때에야 걸음을 멈추고 작별 인사를 했다. 먼저 조선어로 "안녕히 가시오"라 하고, 이어 영어로 "굿바이"라고 하는 그의 눈에는 눈물이 글썽했다.

슬픈 모습으로 돌아선 그는 시가지를 향해 걷기 시작했다. 이러는 동안 나의 눈에도 눈물이 괴었다. 우리가 조선으로 다시 돌아온다는 기약도 없이 캐나다로 떠나는 길이었으므로, 이 선생의 이같은 간곡한 태도에 우리는 크게 감동했던 것이다. 18개월 후 우리는 다시 조선으로 돌아왔고, 이 선생은 여전히 우리의 성실한 교사요 친구였다.

조선 왕립병원 제중원(濟衆院)을 방문하다

서울에 도착하여 조선말을 배우기 시작한지 얼마 되지 않아, 가장 보고 싶어 했던 왕립병원 '제중원'을 구경하러 갔다.[88] 지금까지 많은 이야기를 들어왔고, 그 발전을 위해 내 일생을 바치기로 작정한 병원이었다.

이 병원은 1884년 왕비가 아끼던 사촌의 생명을 구해준 보답으로 왕이 알렌 박사에게 하사한 것이다. 몇 채의 비교적 큰 조선식 건물과 그보다는 작은 건물들로 이루어져 있었다. 이미 큰 기대는 갖지 말라는 말은 들었으나, 사실상 시약소(施藥所) 정도의 기능 밖에 갖추지 못한 빈약한 시설과 규모를 보고 실망하지 않을 수 없었다.

나는 10월에 열릴 예정인 '조선 선교회 총회'[89]를 몹시 기다렸다. 이 회의에서 내가 일할 장소와 할 일의 성격이 결정될 것이기 때문이었다.

88. 조선 정부는 1885년 제동(齊洞)에 세운 최초의 근대식 병원인 광혜원을 개원 12일 만인 3월 12일 '대중을 편안하게 한다'는 의미의 제중원(濟衆院)으로 이름을 바꾸었다. 제중원을 찾는 환자수와 업무량이 많아지자, J. H. 헤론이 가세하여 의료 활동에 종사하였다. 1886년 여의사 A. J. 앨러스가 오면서 부인부(婦人部)가 설치되었는데, 고종은 제중원의 의료활동을 높이 평가하여 책임자인 알렌과 엘러스에게 당상관 품계의 벼슬을 내렸다. 이듬해 정부의 후원으로 홍영식(洪英植)의 집(지금의 을지로 입구 한국 외환은행 본점)으로 옮겼지만, 1894년 제중원을 정지하였다. 그 과정은 이 회고록에 자세히 기록되어 있다.

89. 19세기 말 조선 주재 미국 출신 선교사 총회로서, 미국 남북 장로회와 남북 감리회 선교사를 중심으로 개최되었다.

그동안 나는 선교사회에서 논의가 분분했던 문제들에 관하여 어느정도 이야기를 듣고 있었다.

그 당시 활동하고 있던 선교사들(초기에는 모두가 서울에 살고 있었다) 중, 일부 소수 선교사들이 수도권을 벗어나 분회를 만들려는 목적으로 여러 지역에서 개척활동을 하고 있었는데, 이 일의 지도자는 머펫(Samuel A. Moffatt)[90] 목사였다. 그는 나를 수도에서 북쪽으로 멀리 떨어진 평양 지역의 의료선교 요원으로 임명해 주기를 몹시 바라고 있었다.

이 일은 매우 중요하면서도 새로 개척을 요하는 분야였다. 그러나 네 명의 어린 아이를 데리고 이제 막 이국땅에 도착한 부부를 수도에서 멀리 떨어진 곳에 개척자로 파견하는 일은 사리에 맞지 않아, 그런 결정은 결코 현명한 처사가 아니라고 생각하는 분들도 있었다. 개인적으로 나도 같은 생각이었지만, 나로서는 찬반을 말할 수 없었다.

나는 내가 최선의 봉사를 할 수 있는 곳을 아는 사람들의 판단에 따라야 한다고 생각했다. 나름대로 편견에 치우치지 않으려고 했으나, 아내를 맞으려 할 때 존 웨슬리[91]가 처했던 입장을 생각하니 나도 그와 같을까봐 두려웠다. 그는 아내를 선택하는 일에 신의 뜻을 따르려 했으며, 이를 위해 많은 기도를 했다고 한다. 그는 "오, 주여! 나는 이 문제에 있어서도 주의 뜻을 따르겠나이다. 기꺼이 주님께 선택을 맡길 수 있게 해 주소서. 그러나 주여! 한나[92]가 선택되게 하옵소서"라고 했다.

알렌 박사가 제중원 일에 전념하고, 헤론 박사도 아직 생존하여 그의 뜻을 적극 후원해준 시기에는 병원의 운영이 매우 원활하여 봉사의 기

---

90. 주로 평양을 중심으로 선교한 선교사이다. 1885년 최초로 조선에 온 선교사들 중 한 사람이다.
91. 1750년 경 감리교를 만든 영국 국교회 목사이다.
92. 구약성경 사무엘 서에 나타나는 사무엘의 어머니이기도 하지만, 여기서는 웨슬리가 사랑하던 여인일 것이다.

능을 다하였다. 그러나 알렌 박사가 공사관 근무를 겸하게 되면서 병원 경영에 전력을 다하지 못하게 되고, 오랜 후원자인 동료 헤론 박사마저 사망하였다.[93] 알렌 박사의 사임 후 병원 경영을 선교부의 다른 의사에게 맡겼는데, 내가 도착했을 때에도 그가 관리하고 있었다. 이때에는 벌써 미숙한 경영방식 등으로, 환자 수가 점점 줄어들고 있었다.

의료 선교사들도 의료봉사가 선교활동에 차지하는 비중이 크지 않다고 보기 시작했고, 마침내 거의 방치하다시피 하고 있었다. 따라서 한동안 선교회에서는 나에 대한 의료 봉사직 임명을 그다지 바람직하지 못한 것으로 여기고들 있었다.

알렌의 후임으로 전의(典醫)가 되다

1893년 미국 정부는 알렌 박사에게 서울 주재 미국영사관의 서기관직을 수락해 줄 것을 요청했다. 이를 수락하고 서기관이 된 알렌 박사는 미국정부의 관리가 한 나라의 국왕과 사적인 관계를 지속하는 일은 어느 모로 보나 적절치 않다고 판단하고, 국왕에게 전의의 자리를 사양하겠다는 진언을 했다. 바로 그 무렵 내가 조선에 입국했으므로, 알렌 박사는 왕에게 새로 입국한 의사에게 자기의 뒤를 잇도록 기회를 봐서 부탁해 보겠다고 말씀드렸다.

입국 후 수 주일이 지난 1893년 10월 어느 오후에야, 나는 이 사실을 처음으로 알았다. 그날 오후 선교사 회의가 열리고 있는 중에 언더우드(H. G. Underwood) 목사에게 알렌 박사의 메시지가 전달되었다. 에비슨 박사에게 야회복을 입혀 즉시 미국 공사관으로 함께 오면, 자기가 에

93. 헤론 박사는 1890년 병으로 사망하였다.

비슨 박사를 궁궐로 안내하여 왕실의 환자에게 소개시키겠다는 내용이었다.

회의는 곧 중단되었다. 회원 수가 얼마 되지 않았던 당시, 회의에서 두 사람이 빠지면 유고나 다름없었기 때문이다. 언더우드 목사가 나를 향해 중대한 질문을 던졌다. "야회복을 가져 오셨습니까?" 야회복이라니! 나는 야회복이 선교사업과 관계가 있으리라고는 꿈에도 생각하지 못했다. 물론 나에게 야회복이 있을 리 없었다. 언더우드 씨는 자기 옷을 입히려고 나를 데리고 자기 집으로 갔다. 몸에 맞을까? 물론 맞을 리 없었다.

그는 나보다 키가 작고 뚱뚱한 편이었다. 양팔은 소매 밖으로 쑥 빠져나왔으며, 바지는 너무나 짧았고, 조끼는 너무 헐렁했다. 이러한 사정이 곧 알렌 박사에게 전해졌다. 그는 서울에 체류하고 있는 외국인들을 수소문하여 내 몸에 맞을 옷을 찾아보도록 했다. 마침내 어느 집에서 상의와 조끼를, 또 다른 집에서는 바지를 구했다.

야회복을 구하기 위해 이렇게 법석을 떤 이유는 궁중법도에 따라 국왕을 알현하고자 하는 사람은 누구나 자기 나라의 공식의상을 입도록 되어 있었기 때문이다. 미국 정부는 자국의 외국 주재 관리들의 의상을 특별히 정해 두지 않고 다만 저녁행사 때에나 입는 정장을 예복으로 간주하고 있었기 때문에, 조선국왕은 이를 미국 대표들의 공식복장으로 받아들이고 있었던 것이다. 따라서 모든 미국인들은 비록 대낮에 궁궐에 들어간다 해도, 야회복 차림으로 갈 수 밖에 없었다.

궁정 시의로서 알렌 박사가 이 관습을 지켰으니, 나 역시 그럴 수밖에 없었다. 맞는 옷을 구하는데 시간을 허비하느라, 알렌 박사와 나는 밤 10시가 되어서야 궁궐에 도착했다. 사전에 왕의 부름을 예상하지 못한 연고로, 새로 입국한 의사의 입궐이 늦어졌다는 저간의 사정 설명을 할 수 밖에 없었다.

옻에 중독된 고종을 치료하다

국왕의 내실에 들어서자 마자 나는 국왕의 용안이 몹시 부어올라, 새로 온 시의를 보려 해도 눈을 뜰 수 없다는 사실을 알았다. 용안은 벌겋게 상기되어 있었고 물집이 생겨 있었다. 그때까지 나는 조선말을 하지 못했으나 이미 언급한 바 있는 영어를 할 줄 아는 시종 고희경이 곁에서 정확하게 통역해 주었으므로, 대화는 어려움 없이 진행되었다.

나는 국왕을 보는 순간 진단을 내릴 수 있었다. 청국에서 흔한 옻 중독 증세를 치료한 경험담을 다른 선교사들로부터 듣기도 했고, 또 조선에 온 후에도 사람들이 쓰고 다니는 갓에 광택용으로 바르는 옻나무 액즙에 중독되어 고생하는 사람들이 더러 있다는 말도 들은 적이 있었기 때문이다. 이 독은 휘발성이 강하여 유독 성분이 완전히 증발한 후에는 별 탈이 없지만, 체질이 민감한 사람이 서둘러 갓을 쓰게 되면 염증이 뒤따르게 된다.

따라서 나는 먼저 국왕께서 최근에 새 의관을 쓰신 적이 있느냐고 물었다. 그렇다고 했다. 진단은 한결 쉬웠다. 국왕께서는 옻 중독으로 고통을 겪고 있었던 것이다. 이 진단에 모두가 의견을 같이 하면서, 최근에 입국한 의사의 진단 의술을 모두가 칭찬했다.

그러나 국왕의 증세가 매우 심했으므로, 주위 사람들은 내가 신속히 치료할 수 있을런지 염려하는 눈치가 역력했다. 물론 치유될 수 있었다. 나는 즉시 병원에서 충분한 양의 액체 약품을 가져와, 피부가 항상 촉촉이 젖어 있도록 얼굴과 머리숱 밑에 아낌없이 계속 바르도록 당부한 후, 다음날 다시 궁궐에 들러 상태의 호전 여부를 살펴보기로 했다.

이튿날 입궐해 보니 용안의 부기는 많이 빠졌고, 타는 듯이 따가운 느낌도 없어졌다고 했다. 또 의사인 나를 포함한 주위 사람들을 둘러 볼 수 있을 만큼 눈도 뜰 수 있었다. 이를 보고 모두들 기뻐했으며, 새로 온 의사의 명성도 덩달아 높아졌다.

내가 그 증상을 즉시 알아내지 못했더라면, 또 치료의 효과가 즉시 나타나지 않았더라면, 그 결과는 어떠했을까? 사실 환자가 매우 중요한 인물이었기 때문에 필요 이상으로 장시간, 그리고 그것도 매일 치료한 탓도 있었지만, 이 일을 계기로 항심(恒心)으로 기꺼워하고 또 전의에게 아주 감사해 하는 인물과 15년간에 걸치는 즐거운 관계가 시작되었던 것이다.

제중원을 맡다

제중원은 시설은 말할 것도 없고 준비된 약재도 극히 빈약하였으나, 내가 가져온 것으로 우선은 충당할 수 있어서 그런대로 업무는 순조롭게 시작되었다. 아직 사용하지 않는 건물들도 많았고, 또 크기도 커서 설비만 제대로 갖추면 병원으로서 조금도 손색이 없을 것 같았다.

병원운영을 위해 국왕이 해마다 3천원(당시 미화로 1500달러)을 하사했으나, 대금 지불을 담당한 주사(主事)라는 직급의 관리들이 그 돈의 대부분을 횡령해 버려 결국 원래 목적에 사용될 수 있는 액수는 극히 적었다.

주사들이 대부분의 돈을 횡령했다고 했는데, 이 글을 읽는 독자들은 이 말이 무엇을 뜻하는지 모를 것이다. 주사라고 하는 것은 조정에서 시행하는 시험에 합격된 낮은 서열의 정부 관리이다. 이들의 봉급은 아예 없거나 있다 해도 극히 적었다. 그렇다고 이들은 이 일을 그만두고 다른 천한 일을 하려 들지도 않았다.

병원이 국왕전하의 명에 의해 설립되었을 때, 이러한 배고픈 주사들에게 일자리를 제공하는 기회는 마련되었으나 이들에게 봉급을 지급할 기금은 마련되어 있지 않았다. 이리하여 주사들은 자신들을 거쳐 전달되는 병원 운영 지원금의 일부를 개인 용도로 전용해 사용한 것이다.

보조해 줄 간호원이 없었기에 나는 당시 서울에 있던 남장로교와 북장로교 선교협회 양쪽에다 시험 삼아 간호원으로 쓸 사람을 보내달라는 요청을 했다. 두 협회에서 조선말을 좀 알고 의료사업에 재질이 있는 독신녀 한 사람씩 뽑아 보내주면, 견습 간호원의 자격으로 아직은 걸음마 단계의 병원이긴 하지만 이곳에서 의사를 보조하고 환자를 치료할 수 있는 방법을 가르치겠다고 했다.

그러자 제안을 선선히 받아드린 양 선교회에서 글자 그대로 나이가 많지 않아 일도 쉬 배울 수 있고, 남자 환자들도 간호할 수 있을 정도로 적당히 나이가 든 두 명의 여자를 선발해 보내 주었다.

이들은 남장로교 선교협회 소속의 마타 테이트 양과 북장로교 선교협회의 빅토리아 아버클 양으로, 당시의 어려운 상황 하에서도 나에게 많은 도움이 되었으나 테이트 양은 곧 협회에서 남부지방으로 전속시켜 별개의 전도활동을 맡겼고, 아버클 양은 조선을 떠나 미국으로 돌아가게 되어 그 계획은 그다지 큰 성과를 거두지는 못했다.

내가 이 병원에서 업무를 시작했을 때, 환자와 직접 대화를 나눌 수 있을 만큼 충분한 조선어 능력이 없었기 때문에 주사들 중에서 통역을 한 사람 뽑아 나를 돕도록 했다. 뽑힌 사람은 영어를 꽤 잘 했으므로, 나는 아주 쉽게 업무를 수행할 수 있었다. 그러나 그는 소위 조선의 양반[94] 계

94. 저자 주 : 이 양반(兩班 : yangban)이란 말은 조선 사람들에게 아주 분명한 의미를 가지는데, 우리 외국인들은 그 뜻을 서서히 알게 되어 영어로 번역된 '신사'라는 말 대신 '양반'이란 말을 항상 사용한다. 이 용어는 남녀 누구에게나 쓰일 수 있는데, 양반들은 관리계급에 속하지만 반드시 부유하지는 않아 흔히 극히 가난한 양반도 있다. 이들이 양반계급에 적합한 직책을 얻지 못하면 돈을 빌리거나 구걸하면서까지 하루 단위의 생계를

층에 속하는 사람으로, 육체노동은 하지 않고 생계를 꾸려가는 타성에 젖어있는 부류의 사람이었다.

그는 걸핏하면 하층 계급의 환자들에게 거만한 말투로 말을 했다. 환자들은 이에 익숙해 있어서 항의 같은 것은 하지 않았으나, 나는 마음에 들지 않았다.

한번은 어떤 소년이 쉬운 언문으로 쓴 쪽지를 그에게 가지고 오자, 그는 아주 도도한 태도를 보였다. 그 당시 한글로 쓴 편지는 배우지 못한 사람들에게나 보내는 것이라 하여 어려운 한자를 쓰는 사람들이 천시하였으므로, 주사인 그가 어찌 그런 천민계급으로 취급받을 수 있었겠는가? 그는 통역자인 자신이 상놈[95]이 아니라는 말을 주인에게 전하라고 하면서, 심부름 온 소년을 발길질하며 쪽지를 되돌려 보냈다.

환자 수 늘어나다

이 병원의 나의 전임자는 오전 내내 다른 일을 하느라 오후에만 시약소에 나와 일을 했으며, 비 오는 날에는 아예 출근도 하지 않았다는 이야기를 들었다. 이렇게 된 이유는 조선 사람들이 비 오는 날에는 바깥 출입을 하지 않았기 때문에 병원에도 나올 필요가 없다는 것이었다. 내가 진료일지를 조사해 보았더니 알렌 박사가 경영할 때에는 하루의 진료 인원이 30명 내지 40명이었지만, 근래에는 15명을 넘은 적이 좀처럼 없었다는 사실을 알았다.

아주 어렵게 끌어 나갔다. 이들 대부분이 한문학을 공부했으며, 이 때문에 학자로 존경을 받았다. 이들은 평민도 중산계급도 아니며 빈부를 막론하고 일은 하지 않는데, 이들은 일을 하지 않는 신분으로 태어났다.

95. 저자 주 : 상놈(sangnom)이란 말은 양반의 반대말로서, 바로 노동계급을 일컫는다.

외래 환자의 수가 격감한 이유가 의사를 포함한 병원 측이 환자들의 관심을 끌지 못한 때문이라 진단하고, 이제부터 환자의 관심을 끌도록 열심히 봉사하기로 마음먹었다.

하루에 몇 시간씩 조선어 공부를 해 온 덕에, 결국 통역 없이도 일을 할 수 있게 되었다. 지금껏 해오던 관례에 따라 오전에는 공부하고, 오후에는 시료원에 나와 일하는 것이 좋겠다고 생각했다.

수술 붕대를 매일 갈아줘야 하고 날씨에 관계없이 응급치료를 요하는 사람들이 있기 때문에, 맑은 날 뿐 아니라 비 오는 날에도 진료소 문을 열 것이라는 취지의 공고문을 게시했더니, 오래되지 않아 비 오는 날에도 맑은 날 못지않게 환자들이 찾아왔다. 이런 사소한 변화에도 환자의 수는 곧 불어났으며, 간호원이 있었으므로 더 많은 부인네들이 찾아와 오후 내내 그들을 돌보지 않을 수가 없었다.

처음 6개월간에는 빈 방의 일부를 병실로 만들어, 병원다운 업무를 보기 시작했다. 이렇게 하려니까 부엌과 세탁소를 만들어야 했고, 여자 환자를 돌볼 여성과 남자 환자들을 간호할 젊은이를 확보해야 했다. 그 다음으로 해야 할 일은 수술실을 확보하는 것이었다.

시골 5일장에서의 진료와 전도

바로 그즈음 시골에 은거하던 아주 중요한 인물이 중환에 빠져 이틀에 걸친 왕진을 요청한다는 전갈이 왔다. 한의들의 온갖 처방과 치료가 실패로 끝나자, 최후수단으로 서양의사를 써보기로 한 것이 틀림없었다.

이런 상태 하에서의 왕진 의뢰는 그리 기분 좋은 일이 아니었다. 이런 경우 환자는 거의 언제나 죽음 일보직전에 있었기 때문이다. 그러나 외국인 의사가 이국땅에서 인정받으려면, 이런 중환자도 치료해야 하기 때문에 거절할 수 없었다. 언더우드 씨가 통역으로 나와 함께 갔다.

환자의 집에 도착하니 짐작한대로 조선인 한의사가 온갖 방법을 다한 후였다. 심부름꾼이 오는데 이틀이 걸렸고 우리가 가는데 또 이틀이 지나가, 우리가 도착했을 때는 이미 환자가 죽은 뒤였다.

왕진은 그렇게 끝났으나 근처에 큰 고을이 있어 5일 마다 열리는 시장이 그 다음 날 선다는 말을 들었다. 우리는 5일 마다 열린다는 시골 장에 가 보기로 했다. 그 지방 인근 수마일 거리에 있는 여러 마을들로부터 많은 사람들이 모여들 것이므로, 치료와 전도를 할 수 있는 좋은 장소와 기회가 제공될 것으로 생각했기 때문이다.

내가 간이 진료소를 열어 원하는 사람들을 상대로 진료를 하는 동안, 언더우드 목사는 준비해온 전도용 소책자[96]를 배부하고 기회를 놓칠세라 전도했다. 이날도 우리는 시장이 내려다 보이는 곳에 조그만 방을 빌렸는데, 얼마 되지 않아 사람들이 문간에 몰려와 온갖 병을 치료받고자 했다.

내가 환자를 진찰하고 처방전을 쓰면, 언더우드 씨가 약을 지어주었다. 물약은 빈병에 담아 주었고, 마른 약은 종이에 싸서 주었으며, 연고제는 큰 조개껍질에 담아주었다.

이런 일은 하나 같이 캐나다에서의 생활과는 엄청나게 달랐다. 하지만 각가지 질병을 진단하고 치료해야 하는 과정에 예기치 않은 경우도 더러 있었다. 왕진용으로 가지고 다니는 방부제와 다량의 탈지면, 붕대, 핀셋 등이 있었기 때문에, 마취 없이 작은 수술도 몇 번 했다. 물론 간단한 의과용 기구도 갖추고 있었기 때문에, 이를 뽑아내고 농양을 터뜨려 뼈의 환부를 긁어내기도 했다. 그럴 때마다 사람들은 고통을 덜 느껴서인

96. 당시 전도용 소책자는 주로 '쪽 복음' 이라 하는 것으로, 신약성경 중 4복음서를 1권씩 번역한 것이다.

지, 아니면 참을성이 많아서인지 별로 불평하지 않았다.

내가 잠시 휴식을 취하는 동안, 언더우드 목사가 전도용 책자들을 나눠주고 설교도 하여 의사와 설교자가 한 조를 이루니 그 또한 효과적이었다. 해가 저물기 전에 생각지도 못한 남 장로교회의 젊은 선교사인 윌리엄 젠킨(William Jenkin) 목사가 이 지방에 왔다가, 두 사람의 외국인이 있다는 소식을 듣고 우리를 찾아왔다. 그리하여 우리 세 사람은 그날 밤 가로 세로 7피트 되는 조그만 방에 함께 자게 되었다.

구들장 위에 진흙을 바른 딱딱한 방바닥에다 잠자리를 마련했다. 그런데 젠킨 목사의 잠자리 마련은 좀 특이했다. 그는 침낭 속에 들어가더니 침낭을 겨드랑이까지 끌어 올리고 거기에 달린 끈으로 단단히 묶었다. 그 다음 고무줄로 잠옷에 단단히 묶은 장갑을 끼는 것을 보고 놀랐다.

나는 그가 잠자리를 준비하는 모습을 흥미롭게 지켜보다가 웃으면서 도대체 왜 그렇게 하느냐고 물었더니, 아침이 되기 전에 그 이유를 알게 될 것이라고 했다.

조선 가옥은 대개 방바닥에 벼룩과 빈대가 있었기 때문에 일부 선교사들은 아예 야간용 침낭을 갖고 다님으로써, 이들 불청객 약탈자들이 설치는 가운데서도 잠을 잘 수가 있었다.

다음날 아침 젠킨 씨 더러 그곳에 남아 우리가 와서 일구어놓은 관심을 최대한 이용하도록 해 놓고는 서울로 떠났다. 언더우드 목사가 나를 따라다니기만 하고, 사람들에게 복음을 전하지도 못한 채 시간만 허비했을까봐 돌아오는 길에 여러 곳에 들렀다. 우리는 일주일이 넘어서야 도성으로 돌아올 수 있었다.

제중원에 시련이 닥치다

서울로 돌아온 그 다음날 진료소에 갔더니 매우 달갑지 않는 일이 벌어져 있었다. 수술실로 정해 놓은 방과 그 옆방들을 일본인 의사들이 차지하고 있었던 것이다. 주사들이 내가 없는 사이에 이 방들을 적당한 값으로 세를 놓았는데, 수술 뒷바라지에 애를 먹느니 차라리 그 쪽이 더 편하다고 생각했던 모양이었다. 나는 그들의 이야기를 묵묵히 듣고만 있었는데, 그들은 분명 문제가 잘 해결될 것으로 생각했을 것이다.

나는 종일 그 문제에 대해 곰곰이 생각해 보았다. 문제는 그 뿐만이 아니었다. 이곳에 일한 지 6개월이 되었으니 국왕이 병원운영경비 지원금으로 하사한 3천원 중 반년 치에 해당하는 절반은 이미 받았어야 했지만, 수령된 액수는 절반의 반 밖에 되지 않았다. 이런 현상은 병원의 장래가 걸린 심각한 문제가 아닐 수 없었다. 계속 이런 비행을 방치하든가, 아니면 병원의 모든 업무를 완전히 인수하든가 양자택일의 기로에 처해 있었다.

다음날 아침 시료원에 도착하자마자 주사들의 대표를 불러 논의한 끝에, 그날 낮에는 환자들을 돌보겠지만 밤에 내 소유로 되어 있는 모든 약품과 기구들을 모아 집으로 가져갈 것이며 병원과 관계를 끊겠다고 했다. 그는 내 이야기를 듣고 깜짝 놀랐다. 전하께서 이 사실을 알면 크게 진노하실 것이기 때문이었다. 그는 간곡한 말로 그러지 말기를 당부하면서, 일본인 의사를 당장 내보내고 전하께서 하사한 돈도 모두 주겠다고 약속했다.

그러나 나는 전하께서 내게 병원 용도로 하사하신 자산의 일부를 잠깐 사이 함부로 외부인에게 대여한 사람은 그 누구도 믿을 수 없을 뿐더러, 이미 병원이 그들의 수중에 들어가 있으니 당장 떠날 수밖에 없다고 했다. 주사들은 대경실색했다. 왜냐하면 미국공사 알렌 박사가 국왕에게 이 사실을 보고하면 자기네들은 심한 곤경에 처할 것이기 때문이었다. 자기들의 사정을 거듭 설명했지만 나는 그런 이야기에 관심이 없으며, 무슨 이야기를 하든지 내 결심은 바뀌지 않는다고 단호하게 말했다.

나는 알렌 박사에게 상황을 설명하고, 재량껏 현명하게 일 처리를 해 달라는 편지를 보냈다. 조선선교회 집행위원회와 뉴욕의 선교위원회에도 서한을 보내어 내가 취한 조처를 알렸다.

그 다음날 주사 대표단이 집으로 찾아와서 간청했으나, 이제 이 일은 내 소관 밖이며 이 문제에 관한 교섭은 반드시 미국공사 알렌 박사와 해야 할 사항이라고 했다. 알렌 박사가 내게 어떤 조건이면 병원으로 돌아가겠느냐고 물어, 나는 다음과 같은 요구조건을 제시했다.

첫째, 전하께서는 주사 한 사람만 남기고 모두 소환할 것. 이 병원은 전하의 소유인 바 전하와 나 사이에 연락관으로 일할 관리 한 사람을 배정할 것.

둘째, 35명의 종사자들을 모두 해고시키고 내가 직접 선정하도록 할 것.

셋째, 병원의 모든 자산을 조선 선교단에 인계할 것. 그리고 필요 시 선교단이 비용을 부담하여 병원 구조를 개조할 수 있게 할 것.

만약 이들 조건을 수락한다면, 우리는 다음 사항을 보증한다.

첫째, 전하께서는 병원 운영 보조금으로 하사금을 지급하지 않아도 된다.

둘째, 전하께서 이 병원의 반환이 필요하실 경우 일 년 전에 통고하고 병원을 개선 또는 개조하는데 소요된 모든 비용을 보상해주시면, 한시라도 모든 자산을 전하께 반환한다.

그들은 이러한 제의에 크게 당황하여 일부 조건을 바꿔보려고 여러 번 나를 찾아 왔다. 그때마다 나는 알렌 박사에게 가보라고 했다. 그들은 이 사건의 전말이 국왕에게 알려질까봐 매우 두려워하고 있었다. 특히 내가 국왕을 자주 만나기 때문에 이에 관해 이야기를 하거나, 또는 국왕께서 병원일이 잘 되어 가고 있는지를 물어보실 수도 있었기 때문이다.

교섭을 시작한지 거의 6개월 후에, 그들로부터 나의 요구조건을 받아들이겠다는 것과 새로운 조건 하에서는 한 명의 관리라도 남아 있을 필요가 없으므로 모두 떠나겠다는 연락이 왔다. 그동안 뉴욕 선교위원회와 계속 연락을 취하고 있었으며, 선교본부 측에서도 내가 제시한 조건들을 이미 승인하고 있었다.

나는 뉴욕 선교위원회에 병원 개조 및 운영에 소요되는 자금을 지원해 줄 것과 환자 간호는 물론 조선 여성들에게 실질적인 간호업무를 볼 수 있도록 훈련도 시킬 수 있는 유능한 간호원 두 사람을 파견해 달라는 요청서를 보냈다.

특히 요청서에는 내가 원하는 간호원의 요건들이 상세히 적혀 있었다. 즉시 협회 간사로부터 답신이 왔다. 그는 내가 원하는 간호원에 관한 요건들을 보자 어떤 목사의 이야기가 생각났다고 했다. 말(馬)이 필요한 목사가 말 장수에게 그가 구입하고자 하는 말의 여러 조건을 이야기 했더니, "여보시오. 그런 말은 세상에 없소이다"라고 했다는 것이다. 간사는 계속해서 최선의 노력을 다해 보겠지만 자기도 말 장수의 말처럼 "그런 간호원은 도무지 없소"라는 말 밖에 달리 할 수 없을 것 같다고 했다.

그들은 결국 간호원 한사람과 여의사 한명을 파송해 왔다. 여의사는 화이팅(Dr. Georgiana Whiting)양이고, 간호원은 스위스 사람인 야콥슨(Anna P. Jacobson) 양이었다. 두 사람 다 훌륭했으나 불행히도 이 간호원은 아메바 성 이질에 걸려 간장에 생긴 농양으로, 얼마 살지 못하고 죽고 말았다. 여의사도 남장로교 선교협회 소속의 오웬 박사(Dr. Owen)와 결혼하여 조선의 남부지방으로 가버려, 나는 또 다시 홀로 남게 되었다.

내가 다시금 뉴욕 위원회에 도움을 청했더니, 여의사인 에버 필드 박사(Dr. Eva Field)와 간호원 쉴드(Esther L. Shields) 양을 임명하였다. 이미 선교 사업에 지원하고 있던 이 두 사람은 곧 현지로 떠나 올 수 있었다.

일본과 중국으로 휴가를 떠나다

1898년 내 처와 나는 건강히 극도로 나빠져 있었고, 언더우드 목사 부처 역시 건강이 몹시 쇠약해 있었다. 조선 선교회에서는 휴양과 기분 전환을 하면 회복되리라는 생각에서, 휴가차 우리를 일본으로 보냈다. 언더우드 목사 댁은 데려갈 아이가 하나 뿐이었다. 헌데 우리는 자그마치 여섯 명이나 되어, 여행길이 결코 쉬울 것 같지 않았다. 막내 마틴은 품안에 든 갓난아기였고, 바로 위의 아이 레이먼드는 막내보다 13개월 먼저 난 아이였다.

이미 병으로 쇠잔해진 아내는 따로 도와주는 손이 없으면 도저히 아이들을 돌볼 수가 없는 형편이었다. 그리하여 우리는 조선인 유모를 데리고 갔다. 아내의 뱃길 여행을 좀 더 안락하게 해 줄 양으로 조그만 흔들의자를 준비하여 갑판 위에서 집안에서처럼 편안케 해 주려했으나, 항해 중에는 배 자체가 흔들의자 작용을 대신했다. 또 유모는 뱃길 여행이 처음이라 아이들을 돌볼 형편이 못되었다. 이리하여 우리는 닥치는 대로 정신없이 일 처리를 해야 했다.

나가사키에 상륙하여 내륙 휴양지가 있는 곳으로 이동했다. 그곳에는 여러 개의 온천이 바다 가까이에 있었으나, 썰물 때에만 모습을 드러냈다. 밀물이 들면 바닷물에 잠겼기 때문이다. 그 곳에는 수많은 온천탕이 있었는데 대개 그 지역 주민들이 이용하고 있었다. 남녀 구별 없이 모두 발가벗은 채로 욕실로 들어가 함께 목욕했다. 실내에는 매우 규모가 큰 둥근 욕조가 있고, 욕조 안쪽에는 긴 의자가 원형으로 설치되어 있었다. 남녀 목욕객들은 옹기종기 긴 의자에 늘어 앉아, 서로 무릎을 찰싹 때리기도 하고 큰 소리로 웃기도 했다. 이런 온천을 어떤 분들이 찾느냐고 물었더니, 이곳 온천은 매우 명성이 있는 곳이며 남녀가 함께 목욕하는 행위를 그다지 흉하게 보지는 않는다고 했다.

두 사람이 운반하는 가가라는 일본식 가마를 몇 개 구하여 어른 아이 모두 11명인 우리 일행은 수많은 온천구(溫泉口)로 유명한 지코쿠(地獄, Hell)[97] 산으로 산길을 따라 높이 올라갔다. 주변에 둘러 있는 석회석 바위는 오랜 세월 뜨거운 온천물의 영향을 받아 외견상 단단해 보이지만 지팡이로 찌르면 쉽게 깊이 들어가며, 이곳 어느 지역에서는 땅에 판 구덩이에 물을 채운 냄비를 올려두면 잠깐 사이에 끓는다고 했다. 실제로 그와 같은 일을 여러 번 목격했다. 근처에 있는 또 다른 온천 지역은 규모가 좀 작고 온천의 수도 적어 '작은 지옥'이란 뜻으로 코 지코쿠(小地獄, Small Hell)라고 부른다고 했다.

그곳에서 일본에 파송된 미국인 친구 몇 사람을 만났다. 이 지역은 선교사들이 즐겨 찾는 여름휴양지로서, 사람들은 '선교사들이 휴식을 하러 지옥에 간다'는 농담을 하기도 한다.

그런데 온천지역에서도 건강이 회복되지 않아, 우리는 나가사키로 돌

97. 지코쿠(지옥)는 들끓는 온천물과 내뿜는 유황 가스가 마치 지옥을 연상시키기에 붙여진 이름으로, 현재 큐슈(九州) 벳부 온천을 말할 것이다.

아왔다. 조선왕립병원에서 일할 여자 의사와 간호원이 조선으로 가는 길에 그곳을 거쳐 갔다는 소식을 들었다.

그길로 우리는 참으로 그 정체를 알 수 없는 건강이라는 것을 찾아서 중국으로 갔는데, 이상하게도 중국의 상해(上海)라는 큰 도시에서 그렇게 소망하던 건강을 되찾았다. 이제 집으로 배를 타고 돌아갈 수 있겠다는 느낌이 들어, 북쪽 곡부(曲阜)[98] 항으로 항해한 후 황해를 건너 조선으로 돌아왔다. 새로 부임한 의사와 간호원은 이미 병원에서 일하고 있었다.

의료 환경 개선 사업을 펼치다

한편 나는 오래 전부터 장래 조선의 의료문제에 대하여 여러 모로 깊이 생각하고 있었다. 이 나라에 창궐하는 전염병과 인구를 격감시키는 끔직한 사망률, 도시와 시골을 막론하고 도처에 널려있는 비위생적인 환경 등을 해결할 방도를 강구해야 했다. 앞으로 늘어난다 해도 이 나라 전체를 통틀어 기껏 30명은 넘지 않을 턱없이 부족한 수의 외국인 의사로서는 이런 엄청난 일을 도저히 감당해낼 수 없다는 걱정이 끊임없이 나를 괴롭혔다.

가장 시급한 문제는 의사의 숫자를 늘리는 일이라고 생각했다. 이 나라의 의료문제를 해결하기 위해서는 선별한 조선 청년에게 의료교육을 실시하여, 이들을 의료 요원으로 길러내는 길 밖에 달리 방법이 없다는 결론에 도달했다.

98. 곡부(**曲阜**)는 공자 탄생지로 산동성(**山東省**)에 위치한 내지이다. 이를 항구라 한 것은 착오로 보이며, 그가 배를 탄 곳은 아마도 청도(**青島**)일 것이다.

나는 신중에 신중을 기하여 병원 조수들을 선발했다. 나의 의도는 첫째 기술적인 면에서 이들에게 의학교육을 실시하는 데 있었고, 둘째 의료인으로서의 정신자세에 관한 것으로서, 정성을 다하여 환자를 치료하여 건강을 되찾게 할 뿐만 아니라, 각종 질병의 이환율(罹患率)을 크게 저하시키기 위해 필수적으로 지켜야 할 위생수칙을 교육하는 일에 필생의 힘을 다하는 자세를 가르치기 위함이었다. 나는 이미 각종 의학교재를 저술하여, 이 교재들을 통해 나의 조수들에게 현대 의학이 가진 놀라운 기술을 가르치기 시작했다.

가마(Sedan Chair)를 타다

1893년 11월 1일 조선 왕립병원에서 근무를 시작했을 때, 내 신분은 준관리(semi-government official, 準官吏)였으므로 가마 한 대를 쓸 수 있었다. 이 가마는 네 사람의 가마꾼이 메는 사린교(四人轎)였으며, 평

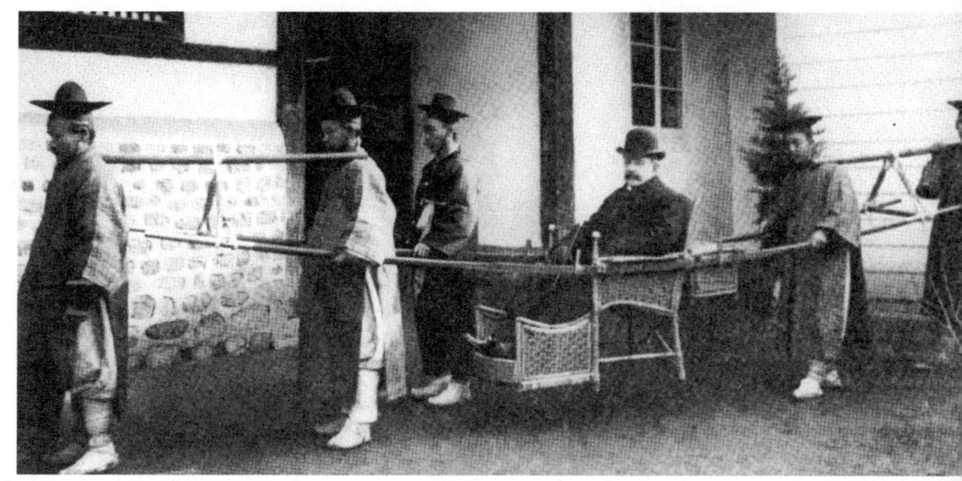

민들의 가마꾼과 구별되게 특수한 제복을 입은 이들이 가마 앞뒤에 각각 두 명씩 배치되어 있었다. 이들은 울퉁불퉁한 곳이나 개울 또는 협소한 다리 등을 지날 때 끊임없이 조심해야 했는데, 이런 곳을 지날 때는 가마 앞쪽에 있는 자가 뒤에 있는 자에게 경고를 해 주었다.

이들이 흔히 외치는 소리는 "조심해, 개천이여!"라는 것이었다. 멈추어야 할 곳에 이르면 가마가 흔들리지 않도록 특별히 주의하여 조용히 내려놓았다. 외나무다리 위로 개울을 지나거나, 얕은 개울의 징검다리를 교묘하게 딛고 건너가는 모습은 매우 흥미로웠다. 이들의 발 디딤이 한 치의 실수도 없었기 때문이다. 나는 곧 이들을 전적으로 믿게 되었고, 그 후로도 이들에게 실망한 적은 한 번도 없었다.

이들 가마꾼들이 특히 나를 즐겁게 해주는 습관이 하나 있었다. 우리 집이나 내가 찾아가는 요처에 가까이 이르면, 문지기가 대문을 열도록 가마꾼 조장이 적당한 시기에 멋지게 소리쳐 신호하고, 문간까지 달음질로 가마를 몰아 가만히 내려놓는 것이었다. 왜 그렇게 하느냐고 물어보니까, 이것은 높은 사람에게만 하는 존경의 표시이며, 내가 소위 주인으로서의 대접(taijup or offering of respect)을 받은 것이라고 했다.

그래서 나도 이 관습을 은연 중에 받아들이고 있었던 모양이다. 가끔 이런 과정이 생략되면, 서운하고 적절한 존경을 받지 못한 것 같다는 생각이 들었으니 말이다. 사람은 정말 쉽게 거드름을 피우기 시작하게 되고, 아랫사람들로부터 어느 정도 존경을 받는 것은 당연하다고 생각하는 것 같다. 이런 면에서 보면 절대군주 즉, 독재자가 자신을 성스러운 존재로 생각하는 예도 전혀 이상하다고만 볼 수 없을 것 같다.

영친왕(英親王)과 만나다[99]

박동의 새 집에 정착한지 얼마 되지 않아, 멋진 비단옷을 입은 조선 청년이 찾아왔다. 청년은 왕실의 통역관을 양성하기 위해 국왕이 설립한 왕립 영어학교의 영어연수과정을 최근에 마친 사람이었다. 내가 알기로 이 학교에서 가장 성공한 사람은 서울에 오자 본직인 선원 생활을 그만두고, 영어 교사직을 얻은 영국인이었다.

우리 집을 방문한 젊은이의 이름은 고(高)희경이라 했으며, 탁지부 대신의 아들로서 최근에 국왕의 시종으로 임명된 사람이었다. 추측컨대 영어 연습이 그의 방문목적으로 보였으나 우리는 그를 기꺼이 집안으로 맞아들였으며, 그로부터 머지않아 우리의 절친한 조선인 친구가 되었다. 그는 궁궐생활에 관해 많은 것을 알고 있었으며 국왕 부처에 관해서, 그리고 궁궐 담장 안에서 일어나는 일에 관해 많은 이야기를 해 주었다.

조선 생활 초기에 국왕의 전의가 된 나는 이 청년 고희경이 통역관임을 알고 매우 기뻤다. 입궐 시에 종종 국왕이 편리할 때까지 기다려야 하는데, 그럴 때면 그가 대기실로 와서 함께 즐거운 시간을 보낼 수가 있었다. 엄귀인(嚴 貴人)의 소생인 나이 어린 왕자[100]도 종종 그곳으로 와서 우리와 함께 앉아 있곤 했는데, 이때 제공되는 차와 과자를 좋아했기 때문이었다.

고희경은 문제를 일으킨 적이 없어 국왕의 총애를 받는 신하 중의 한 사람으로, 1893년에서 1906년까지 충실히 국왕을 모셨다. 그 후 이토

99. '영친왕과 만나다' 와 아래 '민영주(閔泳柱) 대감' 은 회고록의 원래 순서상으로는 이 장의 첫 부분에 나오지만, 내용상 순서를 달리하여 여기에 배치하였다. '영친왕과 만나다' 의 소제목도 저자가 붙인 원래 소제목으로는 '왕의 시종' 이지만, 편의상 수정하였다.

100. 영친왕(1897~1970)은 고종의 일곱째 아들, 순빈(淳嬪) 엄씨(嚴氏) 소생으로 순종황제의 이복동생이다. 1900년 영친왕(英親王)에 책봉되었다가 1907년(순종 1) 11세 때 황태자에 책립되었으나, 그해 12월 부임해 온 이토 통감에 의해 강제로 일본에 끌려가 일본 황족의 딸 마사코(方子)와 정략 결혼하였다. 1963년에 귀국하였다.

히루부미(伊藤博文)가 조선통감으로 부임하여, 세자에게 양위시키기 위해 국왕을 퇴위시키고 또 이 어린왕자를 양국 간의 우호를 증진시킨다는 명목으로 일본으로 데려가서 그 곳에서 교육을 받게 하자, 고희경은 왕자를 수행하여 일본으로 건너가 자신이 죽을 때까지 모셨다.

이토 히루부미는 왕자가 일본의 학교에서 그리고 일본의 환경에서 교육을 받으면, 성장해서 친일성향을 가지게 될 것이므로 양국관계를 더욱 공고히 하려는 계획에 큰 도움이 될 것으로 생각했다. 고희경은 왕자가 어렸을 때 같이 지냈고 두 사람이 서로 좋아했었기 때문에, 수행요원으로 선정되었던 것이다.

그의 동행은 왕자의 조국애 유지에 큰 도움이 되었다. 왕자는 일본 황실의 왕자로 예우 받았고 또 황녀 한 사람과 결혼도 했지만 가슴 속은 언제나 참다운 조선인이었다. 황태자가 된 왕자가 고국 방문차 조선에 올 때마다, 나는 그를 맞으러 기차역으로 나갔다. 그때마다 왕자는 나에게로 다가와 악수를 청하곤 했다. 한번은 왕자가 나를 보지 못하고 지나쳤는데, 우연히 뒤를 돌아보다 환영대열 속에 서있는 나를 발견하고는 돌아와 손을 내밀면서 미소를 지은 적도 있었다.

왕자의 조선방문에 동행하던 고희경은 언제나 병원으로 나를 찾아왔다. 사람들과 이야기할 때에는 늘 조심해야 했지만, 내게는 언제나 왕자에 관한 여러 가지 일화를 들려주었다.

일본에서 왕자를 모시는 기간에 고희경은 일본에 주재한 조선대표가 부재중일 때 몇 번인가 조선의 특명전권공사로 활동한 적도 있었다. 세월이 흘러 우리 부부가 조선을 떠나기 직전에 그는 건강이 악화되어 조선으로 돌아왔으나, 얼마 후 세상을 떠났다. 임종에 앞서 다행히 조국에 돌아옴으로서 다른 동양인들 뿐 아니라, 모든 조선인들이 바라는 대로 고희경은 선산(先山)에 편안히 묻혔다.

민영주(閔泳柱) 대감*

어느 날 옷을 잘 차려입고 조선사회에서 아주 높은 지위에 있음을 나타내주는, 자신에 찬 표정을 한 젊은이 박(朴)봉래가 박동으로 나를 찾아왔다. 국왕의 시종 고희경 같은 정말로 중요한 위치에 있는 사람은 교양있는 신사답게 태도가 점잖았으나, 이 젊은 박씨는 비천한 가정에서 태어나 자기 딴에는 출세라고 생각한 타인의 심부름꾼이 되었는데 그는 이런 직책에 어울릴 것으로 생각하는 모든 거드름을 피웠다.

그는 왕비의 사촌이며 말에서 떨어져 중상을 입은 민영주(閔泳柱)[101]의 사저에서 온 사람으로, 민대감이 외국인 의사의 치료를 받고 싶어 한다고 했다. 나는 "물론이죠. 기꺼이 당신을 따라 대감댁에 가겠소"라고 했다.

우리가 살던 곳은 양반과 부자들의 저택 근처였기 때문에 거리가 멀지 않아 걸어가자고 했으나, 걸어가는 행위는 박씨가 알려준 대로 조선의 관습에 위배되는 일이었다.

우리가 민대감 사저의 바깥 대문 앞에 도착하자, 양쪽 대문이 활짝 열렸는데 그 안에는 군졸들이 도열해 서 있었다. 이들은 나를 민대감의 사랑(양반의 거실)으로 안내하기 위해 기다리고 있었다. 나는 고관들이 입궐할 때 어떤 호위를 받는가에 대해서는 들은 적이 있었지만, 이런 화려한 의식에 참여해 보기는 처음이었다. 내 좌우에 군졸이 한 사람씩 서서 양팔을 부축하여, 거의 들고 가듯이 했다. 그냥 걸어가는 것만큼 편하지는 않았으나, 내게 극진한 예를 표하는 일이라 웃음으로 받아들였다.

나는 박씨의 말을 듣고 그가 중상인 줄로 생각했지만, 민영주가 거실

---

101. 민영주(1846~?)는 판서를 지낸 고관으로, 1899년 전 비서원승 송정섭(宋廷燮), 궁내부 수륜과장 강견희(姜見熙) 등과 공모, 일본인에게 3만 9천원을 받고 월미도를 팔았다가 발각되어 송정섭이 구금되기도 했다.

문 앞까지 나와 맞이했을 때 놀랐다. 예의를 차려 허리를 굽혀 절을 하고는 상처에 대해 물어 보았다. 단지 얼굴에 찰과상만 입었을 뿐이지만, 적절하게 치료하지 않으면 흉터가 남을까봐 몹시 걱정하고 있었다. 진료가방을 챙겨 갔었기에 이 상처가 마치 중상이라도 되듯 주의 깊게 붕대를 감았다. 의사로서 명성을 얻어야 했고, 또 그렇게끔 처신해야 했기 때문이었다.

민 대감은 나를 방바닥에 앉도록 권하고는 내가 담배를 피우지 못하는 점을 유감스러워 했다. 그가 피우는 담뱃대를 각별히 눈여겨 살펴보았다. 이 담뱃대는 잘게 썬 연초를 채워 넣는 하얀 쇠로 만든 아주 조그만 통에 아름다운 조각을 한 4피트 쯤 되는 대나무 줄기가 달려 있고, 윤기가 흐르는 호박(琥珀) 빨대가 끝에 붙어있었다.

그는 방바닥에 앉아 담배를 피울 때 연초가 타고 있는 대통 부분을 놋쇠로 된 재떨이에 얹어 두고 있었는데, 분명히 스스로는 담뱃대에 불을 붙일 수가 없을 것 같았다. 담뱃대에 손수 불을 붙이는 것은 고관의 체통에 맞지 않으므로 담뱃대가 길 수 밖에!

그는 담배를 피우고 싶으면 하인을 불러 재를 털고, 연초를 채워 불을 붙이게 했다. 그는 조그마한 대통에 채워진 연초가 다 탈 때까지 천천히 점잖게 피우기만 하면 되었는데, 피울 담배를 채우는 대통은 서양의 보통 담뱃대 크기의 3분의 1 정도밖에 되지 않았다.

이 담뱃대는 일본의 것에 비해서는 상당히 큰 편이었다. 일본의 담뱃대는 두세 번 정도 흡입할 수 있는 소량의 연초만 넣을 수 있어 자주 채워 넣어야 하며, 담뱃대의 길이도 6인치 정도로 짧아 담배 피우는 사람이 채울 수 있는 것이다. 나는 이미 조선말을 몇 마디 익히고 있어서, 그의 말을 몇 구절 알아들을 수 있었다.

그가 자주 쓴 표현은 "우리 조선"이라는 말이었다. 조선은 그 당시 이

나라의 국호였다. 영어로는 'morning brightness' 또는 'morning calm'으로 번역될 수 있는데, 그는 '우리나라'라는 말을 자주 썼으며 분명 자랑스러운 어투였다. 자기 나라를 사랑하는 조선인들은 이야기 중에 흔히 이 표현을 사용했다.

민대감 집을 떠나기 전에 나는 조선의 관습에 따라 훌륭한 조선음식으로 대접을 받았는데, 맛이 아주 좋았다. 내가 거실에서 나오자, 들어갈 때와 마찬가지로 군졸들이 양옆에서 부축하여 바깥 대문까지 모셔다 주었다.

보통 이런 사소한 상처를 입은 환자는 의사가 다시 찾아갈 필요가 없지만, 민 대감은 얼굴에 흉터가 남을까 봐 몹시 걱정한 나머지 긁힌 자국이 완전히 없어질 때까지 매일 찾아와 살펴달라고 간곡히 부탁했다.

나는 오래지 않아 대감집 하인 박씨가 조선인들 사이에는 물론, 앞서 입국한 선교사들에게도 좋지 않은 평판이 나 있음을 알게 되었다. 모두들 그의 이야기를 듣자 웃으면서, "그는 너무 허풍을 떨기 때문에 항상 거짓말쟁이 박(朴)으로 불린다"고 했다.

그 후 그를 자주 보았는데, 항상 예의 바르고 상냥하게 굴었다. 분명 그의 이런 특성으로 인해, 위엄과 굴종을 동시에 갖춘 심부름꾼을 필요로 하는 사람들에게 발탁되었으리다.

조선 생활의 이모저모 7장

구한말(?)의 서울 거리 / 연대 미상

외국인 묘소 마련–누가 오라 했나?*

1890년 7월 23일 헤론 박사(Dr. J. W. Heron)가 소천했다. 부인과 함께 서울에 온지 꼭 5년 1개월 되던 1890년 한 여름에 이질에 걸려 사망한 것이다. 조선에 거주하던 외국인 중 첫 사망자였다. 헤론 박사 보다 후에 조선에 온 우리들이었지만, 선교사회 구성원 가운데 누군가가 죽을 수 있고 또 그 시기는 아무도 모른다는 것을 몰랐을 리 없었건만, 그때까지 이상하게도 외국인들이 묻힐 곳을 마련할 생각들을 미처 하지 못했다. 어쨌든 박사의 사망으로 묘지의 필요성이 절박해졌다.

적당한 장소를 찾기 위해 즉시 대표단을 보내 후보지 몇 곳을 물색했다. 그 중 하나를 선택하여 조정에 매입 허가를 청원했으나 인근 지역 주민들의 반대로 거절당했다.

'살아있는 외국인도 주위에 두기 싫은데 누가 감히 죽은 자를 매장하여 지신(地神)의 노여움을 사려할 것이며, 만일 매장이 허락된다면 무슨 일이 일어날지 그 누가 알겠는가? 결코 그럴 수 없다. 도대체 누가 외국인더러 오라고 했던가? 조선 땅에 시체를 묻어 화를 불러오게 하지 말고 자기 나라로 가져가게 하라' 는 것이 그들의 주장이었다.

다른 지역에 대한 매입 요청도 결과는 마찬가지였다. 벌써 여러 날이 지나갔다. 때는 우기이고 7월의 혹서에 시체 부패를 지연시킬 얼음도 구할 수 없었다. 그야말로 속수무책이었다.

마침내 당시 미국 대리영사였던 알렌 박사가 헤론 박사의 유해를 미국

정부가 사용하는 영사관 뜰에 안장할 것을 가족에게 알리고, 그의 지휘 하에 장례준비를 진행했다. 이 사실은 은밀히 국왕에게 보고되었다. 국왕은 그 어느 누구도, 심지어 조선인이라고 하더라도 장안에는 매장이 허용되지 않기 때문에 이를 윤허할 수 없다고 했다.

그러자 선교사들은 "그러면 어찌해야 할 것인가?" 하고 서로들 묻고 있었다. 그곳은 미국 소유의 부지이며 조선의 관할지가 아니므로, 신성한 수도를 더럽히는 행위라고 하지만 경우가 다르다고들 생각하고 있었다.

수도를 더럽힐 수 없다는 이 오랜 관습을 어떻게 피해갈 수 있을까 하는 문제를 두고, 머리를 맞대고 숙의를 거듭했다. 성역 보호관행을 피하는 방법으로 서울에서 멀리 떨어져 있는 땅 가운데 외국인이 원할 경우, 소유주는 땅을 양도해야 한다는 왕의 칙령만 얻어낼 수 있다면 쉽게 문제가 해결될 것이라는 안이 나왔다. 이 안이 왕의 제가를 받자, 장례준비위원회는 시내에서 4마일 가량 떨어진 한강변에 위치한 작은 공산(空山)을 선택했다.

그곳 지주가 반대하였지만, 조정에서 땅을 팔도록 하라는 명령을 직접 하달하자 헤론 박사의 장례를 치를 수 있었다. 토지 매입이 전하의 명령으로 강행되어 지주들은 잘못이 없다는 사실 때문에 지신(地神)이 무력해졌는지 어떤지는 알 수 없으나, 그 후 인근주민들에게 무서운 일이 일어났다는 보고는 한 건도 없었다.

세월이 흐르자 이곳에 많은 묘지가 생겼고 수차 인근 들판을 사들여 묘지를 확장하게 되었지만, 시가보다 좀 더 비싸게 구입한 것 외에 그다지 큰 어려움은 없었다. 고인들이 남기고 간 육신을 묻을 장소로 도시의 소음에서 멀리 벗어나 한강을 굽어보는 이 양화진 언덕보다 더 아름다운 곳은 달리 없었으리라 생각한다.

조선의 수도 서울*

1392년까지 이 나라의 수도는 고려 왕조의 중심지였던 송도(松都)였다.[102] 당시 국왕은 유능한 장수를 보내 북쪽 변방을 위협하는 당시의 중국을 정벌하려 했다. 그러나 군대가 압록강까지 북진했을 때 이 장수는 남으로 회군하여,[103] 뒤따라오던 다른 부대와 접전을 벌인 끝에 승리를 거두었다. 이어 이 장수는 자신을 고려의 왕으로 선포하면서, 수도를 현재의 서울로 정하고 국명을 옛날 이 나라의 명칭인 조선(朝鮮)으로 바꾸었다.

왕이 된 이성계(李成桂)는 이조(李朝)로 알려진 새로운 왕조를 열었다. 새 군주는 여러 명의 자식 가운데 다섯째 아들을 후계자로 삼으려 했으나, 셋째 아들이 모반하여 왕이 되었다. 1418년 이 아들에게 왕위를 양위한 이성계는 연희동에 궁전을 지었는데, 현재 '연희'라는 조선식 명칭을 가진 '조선기독교 연합대학'과 가까운 곳이었다고 한다.[104]

서울이 수도로 선택된 것은 적의 공격에 대비하여 쉽게 요새화할 수 있는 지리적 조건 때문이었다. 서울은 몇 개의 성문을 건립한 구릉 사이의 좁은 지역을 제외하고는 산으로 둘러싸인 꽤 넓은 계곡에 위치하고 있다. 새 국왕은 주위의 모든 산과 구릉의 능선에 이르기까지 도시 주위에 높은 석성(石城)을 쌓고, 사방으로 통행할 수 있도록 각 산길 요소에 성문을 설치토록 했다. 나는 서울 주위의 산들을 바라볼 때마다, '예루살렘 사방에 산이 둘러싸고 있듯 주를 두려워하는 자 주위에는 하나님이 계신다'라는 성경 구절이 생각나곤 했다.

---

102. 현재 쓰고 있는 Korea는 '고려'를 표기한 'Koryu'에서 와전된 것이다.

103. 이성계(李成桂)의 위화도 회군을 말한다.

104. 1915년 우리나라 주재 미국 북장로교, 남북감리교, 캐나다 장로교 등 선교부 연합위원회에서 서울 YMCA 내에 개교한 조선 기독교 연합대학(Chosun Christian College)이 1917년 사립 연희전문학교로 발족하였다.

서울의 성곽과 성문

새로운 수도 주위에 축성하는 일은 1396년에 시작되어, 아주 특이한 건축법에 의해 6개월 내에 끝났다고 한다. 그 비결은 할당제에 있었다. 집집마다 성벽의 일정부분을 쌓도록 책임량을 할당받았는데, 유일한 규정은 성벽의 높이를 30자로 하고 갓돌을 적절히 올리되 도시 수비대가 성 꼭대기까지 쉽게 오를 수 있도록, 성벽 안쪽은 경사진 흙둑을 쌓아야 한다는 것이었다. 당연히 부자 집에 할당된 곳에는 적당히 잘라 깎은 큰 돌을 짜 맞추어 외벽을 쌓았다. 그 바로 옆 가난한 집에 할당된 부분은 값비싼 축성을 할 수가 없어, 다듬지 않은 여러 크기의 자연석을 쌓아올려 이음새가 불규칙하며 흙으로 돌 틈바구니를 메워 놓았다.

이와 같은 작업 할당제는 성을 쌓는 속도를 빨리하고 건축법을 달리하기 위함이었는데, 오늘날의 관광객들은 갖가지 건축법에 오히려 신기해 한다. 이 성벽은 5세기 반이나 견디어 왔으나, 일본정부에서 이 성벽이 적의 공격을 막는데 더 이상 필요치 않다는 결론을 내리고 최근 여러 곳을 허물어 다른 목적에 돌을 사용하였다. 그러지 않았더라면, 이 성벽은 아직도 원형대로 온전히 남아 있을 것이다.

이 성곽에는 여러 개의 성문이 있다. 그 중 동대문과 남대문, 서대문이 제일 크고 중요하다. 당시에는 이들보다 규모가 좀 작은 북대문이라 불리던 것과 서대문과 남대문 사이에 서소문(西小門)이라는 출입문, 그리고 북쪽에는 동북문(東北門)과 수문(水門)이 있었다. 서울로 오는 모든 사람들은 남대문의 모습에 감명을 받는다. 동양 건축물 중에서 가장 정교한 양식을 갖추고 있기 때문이다.

조선의 건축물

조선의 건축은 중국 건축의 영향을 받아, 여러 면에서 중국 건축과 비슷하지만 분명한 차이점이 있다. 또 비록 약간의 일본 사원과 궁전이 조선의 건축유형 중 최선의 것을 본 따 지은 것이지만, 조선의 건축은 일본의 그것과도 다르다.

중국 북경의 새로 건립된 도시와 고대 타르타르의 수도였던 지역 중간에 위치한 거대한 하타맨 문(Hatamen Gate)을 이 서울의 남대문과 비교해 보면, 중국과 조선의 건축양식의 차이점도 분명히 드러난다. 중국의 건축에서는 귀퉁이 부분들이 위쪽으로 살짝 치켜든 것을 제외하고는 모든 가로선이 직선인데 반해, 조선의 건축물에서는 심지어 용마루 선에 이르기까지 모든 가로선이 끝 부분으로 갈수록 위쪽으로 완만한 곡선을 이루고 있다.

조선의 궁전들

수도 서울의 초창기의 구도를 보면, 최초의 궁전은 북쪽의 산기슭에 건립되어 동대문에서 그다지 멀지 않은 곳에 있었으므로, 동대문궁 혹은 동관이라 불리었다. 얼마 후 왕이 처소를 바꾸고자 하여, 첫 번째 궁전보다 약간 서쪽에 위치한 북쪽 산기슭을 두 번째 궁전의 건축 장소로 선택하였다. 도시 중심가에서 왕궁으로 통하는 길은 매우 넓었으며, 두 번째 지은 궁전으로 통하는 길은 특히 넓었다. 방금 말한 중심가는 폭이 1백 20피트 가량 되었으며 동대문과 서대문을 이었고, 서울의 남쪽에도 또 다른 넓은 길이 이와 나란히 나 있었다. 이들 도로를 가로지르는 몇 개의 도로 역시 비교적 넓었으나, 위에 말한 길보다는 좁았다. 그 외의 길은 모두 골목길에 불과하여, 기존의 길 사이로 난 구불구불한 길이었다.

청계천

이들 길은 우리가 처음 조선에 갔을 때만 해도 비포장이어서, 폭우가 오면 진흙탕 길이 되었다. 배수를 목적으로 한 큰 수로가 서울의 저지대를 통하여 동서로 나 있었는데 폭이 100피트, 깊이가 4피트 정도 되었으며, 양쪽 옹벽은 돌을 섞어 쌓았으나 바닥은 흙이었다.

이 하수로는 서대문 가까이에서 시작하여 동으로 흘러 서울에서 수마일 떨어진 지점에서 한강으로 유입되었는데, 이보다 좁은 하수구들이 남북에서 흘러 이 중앙 배수구에 연결되어 있었다.[105] 따라서 서울의 모든 하수는 이 배수로에 집수되어 강으로 흘러들어 갔다.

좁은 도로나 골목 길 양측에도 복개되지 않은 작은 도랑들이 있었는데, 이를 통해 빗물이나 오물이 작은 배수구로 들어갔다. 모든 배수구와 도랑과 하수구가 복개가 되지 않았는데, 이것은 위생적인 관점에서 좋은 면도 있었다. 다만 쓰레기가 들어간 물이 군데 군데 괴어 악취를 풍기는 일이 없이, 제대로 흘러내릴 수 있었다면 위생상 좋았을 것이다. 사실이지 어설프게 복개한 하수구는 복개가 없는 하수구보다 건강에 더 유해하다. 비록 여름의 뜨거운 햇볕이 부패의 원인이 되어 악취가 나긴 하지만, 노출된 하수구가 소독 기능을 해주기 때문인 것이다.

105. 청계천을 말할 것이다. 에비슨의 말처럼 청계천은 서쪽에서 동쪽으로 흘렀다. 서울은 북악을 뒤로 하고, 그 남녘에 서쪽에서 동쪽으로 흐르는 청계천, 다시 그 남녘에 남산이 솟아있고, 다시 그 남녘에 한강이 동에서 흐르는 풍광으로, 세계에서 가장 절묘하고 아름다운 수도로 평가되기도 한다.

큰집의 하인들이 거처하는 곳이나 가난한 사람들의 집은 모두 길 가까이에 있어, 오물들이 이들 건물 밖으로 흘러 내렸다. 조선가옥의 대문은 길 쪽으로 열리는 것이 아니라 길에서 돌아선 골목길에서 열리게 되어 있으며, 하인들이 사는 초가나 가게의 조그마한 창문틀만이 길을 향하고 있었다. 주민들은 대소변이나 쓰레기를 치우는 가장 쉬운 방법으로, 이들을 이 창문 밖 도랑에 버리고들 있었던 것이다.

이렇게 버린 액체성 물질들이 바로 벽을 타고 흘렀으며, 때로는 벽에 들러붙어 보기에도 흉했고 악취도 났다. 이 도랑 길도 곧 이런 쓰레기로 메워졌지만, 이를 청소하는 경우는 극히 드물었다. '비가 많이 와서 이 모든 쓰레기가 하수구로 씻겨내려 가기를 기다리는 것이 더 쉬운 방법인데, 무슨 별 걱정을 다하네' 하는 식이었다. 무덥고 건조한 날씨에는 악취가 참을 수 없을 지경이었고 늘 보기에도 흉했다. 일꾼들이 쓰레기를 치우기는 했으나, 도랑을 깨끗이 할 수는 없었다.

우기에는 장애물이 쌓여 있는 이 작은 수로가 넘쳐흘러, 좁은 길은 온통 오물 투성이로 변하기 일쑤였다. 이런 골목길을 건너가는 유일한 방법은 일정한 간격으로 놓인 디딤돌을 이용하는 길 뿐이었다. 아직도 이런 상태에 있는 골목길을 더러 볼 수 있으나, 큰길의 사정은 크게 개선되었다.

집을 짓는 주요 목적 중의 하나는 사생활을 확보하는 것이므로, 모든 집이 돌담이나 흙담으로 둘러 싸여 있다. 지붕은 각기 사는 형편에 따라 누런 짚이나 검은 기와로 되어 있었다. 초가 지붕과 기와 지붕이 혼합되어 도시 전체가 우중충하게 보였다. 심지어 궁전도 이런 벽으로 둘러싸여 있는데, 가까운 언덕에 오르면 그 건물들을 조금씩 볼 수 있다.

조선의 의복

조선인들은 대개 아래 위로 흰 옷을 입는다. 논에서 쟁기질하는 농부는 흰 수건을 동여매고, 흰 적삼과 헐렁한 바지를 입고는 무릎 위까지 걷어 올린다. 긴 손톱이 육체노동을 하지 않음을 말해주는 학자 계급인 양반의 경우도 마찬가지였다. 고급 비단조끼 저고리와 긴 두루마기며 발목을 대님으로 맵시 있게 동여맨 바지 등 모두가 흰색이다. 여자들도 부자건 가난한 사람이건 모두 흰 천으로 지은 짧은 저고리와 긴 주름치마를 입는다.

여자들의 의복에 관한 재미있는 사실은 서양의 복식과 대조적이라는 점이다. 우리 관점에서 볼 때, 조선에서는 여자가 대담하면 할수록 몸을 더 많이 가리고 옷을 더 잘 입는다. 보통 여자들은 저고리와 치마 사이에 수 인치의 틈이 있어 가슴이 드러나 보이면서도 얌전치 못하다는 생각 없이 외출하는 반면, 기생(무희)들은 치마를 겨드랑이까지 올려 가슴에 꽁꽁 묶어 짧은 저고리가 치마 단을 덮게 하고서야 방을 나선다. 나는 결혼한 여자가 딸만 낳았을 경우 젖가슴을 드러내지 않으나(면목이 없으니까), 아들을 낳으면 사내를 키우는 영예로움으로 젖가슴을 내놓을 수 있다는 말을 들었다.

너무나 많은 사람들이 흰옷을 입기 때문에 사람으로 붐비는 거리를 묘사하는 관용 어귀까지 생기게 되었다. 우리는 '거리가 사람들로 까맣다' 라고 하는데 비해, 조선에서는 '오늘 거리는 인산인해다. 사람들로 하얗다' 라고 한다.

대다수 사람들이 아직까지 흰옷을 입고 있지만, 평민들의 옷에 과거 왕족이나 관리들이 쓰던 밝은 색이 나타나고 있다. 어린아이들은 항상 현란한 색의 옷을 입는데 우리 생각으로는 이상한 배색 같다. 연한 자주색과 연분홍, 초록, 빨강, 노랑 등은 갈색 흙벽의 우중충한 작은 집을 밝게 하는데 도움을 준다. 우리는 여러 가지 색깔의 줄무늬로 소매를 꾸민 아이들의 옷이 성경에 나오는 요셉의 옷과 비슷하다고 생각했다.

그런데 이 흰옷을 어떻게 깨끗하게 보존하는가 궁금해 할 것이다. 깨끗하지가 않다. 때로는 수개월간 갈아입는 법 없이, 한 벌의 옷을 입기도 한다. 일할 때나 잘 때나, 놀 때도 같은 옷을 입는다. 심지어 서구의 위생관념이 들어와, 옷을 자주 갈아입는 편인 지금도 옷 한 벌로 장기간 지낸다. 2~3주간 한 벌의 옷으로 땀 흘리며 일하다가 식사하는 사람 앞에 앉으면, 그 냄새가 결코 좋다고는 할 수 없을 것이다.

조선의 흰옷이 오랫동안 입어 더럽다고 생각할 수만은 없겠다. 우리들 역시 같은 옷을 장기간 입는다. 단지 우리들 옷은 일반적으로 흰색이 아니기 때문에 깨끗한 것으로 간주된다는 것을 잊지 말아야 한다. 우리의 경우 자주 세탁하는 내의를 입기 때문에 옷에서 더러운 냄새가 나지 않는 것이다.

위생 관념

인구 20만의 도시에는 많은 물이 필요하다. 서울은 강수량이 풍부하고 주위를 둘러싼 산들 때문에 계곡에 옹기종기 모여 있는 모든 집에 공급될 충분한 양의 물이 있다. 이 도시는 어느 지역에서나 적절한 곳에서 땅을 몇 자만 파들어 가도 물이 쉽게 나오므로, 배달꾼들이 이 물을 양동이로 인근의 가정으로 날라 주었다.

그러나 이런 우물들은 대개 주요 통행로 근처에 있고 그 통행로 양측에 오물이 흘러 들어가는 도랑이 있었는데, 하수로가 너무 가까이 있어서 우물들은 사실상 오염을 피할 수 없었다. 특히 우물은 울퉁불퉁한 돌로 구획 지어져 있어서, 돌 틈바구니 사이로 오물이나 다름없는 하수가 쉽게 스며들 수 있었다.

물을 집으로 나르기 위해서는 물장수에게 돈을 주고 필요한 만큼 배달해 달라고 하든지, 아니면 집안 여자들이 길러오는 수밖에 없었다. 여자들은 밧줄에 매단 조그마한 두레박으로 물을 길렀는데, 이 두레박은 보통 우물 가장자리에 항상 올려두어 누구든지 사용했다. 여자들은 물동이를 가득채운 후 머리에 이고 집으로 나른다. 그러나 직업적인 사람들은 양 어깨에 메는 지게에다, 물통 두 개를 한꺼번에 달아 물을 나른다.

원래 이 물통은 나무로 만든 것이었으나, 우리가 조선에 도착한 시기에 즈음해서 상당수가 5갤론 짜리 석유통으로 바뀌어 있었다. 이 석유통은 미국의 스탠다드 석유회사에서 아시아 전역에 기름을 공급하면서 편리한 용기로 제작했던 것이다. 조선 사람들은 이 석유통이 쉽게 변형되지 않도록 하기 위해 나무틀을 씌워, 시골 벽지에 이르기까지 거의 어디서나 사용하고 있었다.

이렇게 집으로 운반한 물은 갈릴리 가나의 혼인 잔치에서 예수가 물로 포도주를 만든 이야기에 나오는 항아리 같은 큰 용기에 채워놓고, 조그마한 바가지로 퍼내어 썼다. 이 바가지는 사용하지 않을 때는 아무데나 놓아두었다. 우물물이나 항아리에 담긴 물은 쉽게 오염될 수 있어, 디프테리아나 이질 같은 수인성 전염병을 퍼뜨리는 원인이 되기 십상이다.

조선의 우물을 보았을 때, 기독교 성서에 기록되어 있는 우물이 생각났다. 유태인들은 대개 여자들이 물을 길어 항아리에 담아 머리에 이고 날랐는데, 이는 조선에서도 보편적으로 사용하고 있는 방법이다. 출애굽기 제2장 15~18절을 읽어 보자.

그리고 그(모세)는 우물가에 앉았다. 미디아의 사제에게는 딸이 일곱 있었는데, 이들이 우물로 와 아비지의 양떼에 먹일 물을 구유에 채웠다.

조선 전역의 모든 읍(邑)과 촌락의 우물은 방금 기술한 서울의 우물과 비슷했다. 이 불결한 음용수로 인해 여러 가지 질병이 크게 만연되고, 나아가서 사망률이 출생률을 능가하는 현상을 가져오지나 않을까 심히 염려되었다. 이에 대한 해결책을 강구하지 않으면, 이 '조용한 아침의 나라'가 끝내 거의 멸절(滅絶)할 운명에 처할 것 같다는 생각을 떨쳐 버릴 수 없었다.

조선의 면역법

물론 오염된 우물물로 만연되는 병원체에 면역이 될 수 있는 생활 관습은 있었다. 예컨대 찬 우물물은 우리 서양인의 경우와 마찬가지로 그리 보편적인 음료수가 아니었으며, 가장 흔히 사용되는 음료수는 밥을 짓는 무쇠 솥 바닥에 달라붙어 있는 밥으로 준비했는데, 밥은 퍼내고 물을 부어 다시 끓였다. 마치 캬라멜같이 굳어졌던 누룽지가 연해지고, 일부는 새로 부은 물에 녹아 완전히 살균처리가 된 물을 얻었는데, 맛이 좋아 다른 나라에서 사용하는 차(茶)의 훌륭한 대용품이라 할 수 있다.

또 다른 요인은 자주 감염되다 보니 점차 사람에 따라 어느 정도 면역이 생기게 되어, 어릴 때 죽을 고비를 넘긴 사람들 중 다수가 만년까지 살았다. 극심한 사망률은 대개 영유아기에 집중되어 있었다.

이미 잘 알려져 있는 훌륭한 위생지식을 헌신적으로 보급하는 일보다 더 중요한 일이 의료 선교사들에게 달리 또 있겠는가? 나는 이런 교육을 시키고 조선인 의사를 양성하는데 시간과 정력을 바치기로 결심했었다. 예수의 복음을 단지 구령(救靈) 수단으로만 설교하고, 그냥 두면 당장 죽을 사람을 눈앞에 두고서도 나 몰라라 한다면 그 설교가 무슨 소용이 있겠는가?

그리스도의 가르침대로, 예수의 복음은 영혼의 구원만큼이나 사람들을 육체적 고통에서 해방시키는 일에도 절실히 관련되어 있지 아니한가?

조선 주재 외국인 사교계

서대문 바로 안쪽 언덕에 있는 커다란 흰색의 큰 건물을 보고, 어느 미국인 부인에게 "장안에서 제일 높아 보이는, 언덕 위의 저 큰 흰 저택은 무엇입니까?"하고 물어 보았다.

"저것 말입니까? 러시아 공사관입니다. 아직 가보지 않으셨습니까? 당신 부부는 다음 수요일 오후 저곳에 가셔야 합니다. 그날은 공사부인 웨버 여사(Mrs. Werber)의 접견일인데, 당신들을 보면 기뻐할 것입니다."

"접견일이라니 무슨 뜻입니까? 처음 듣는데요."

"이곳 관습으로 외국에 살고 있는 모든 부인들이 1주일이나 2주일 마다 하루 오후를 정해, 집에서 손님을 맞이하여 다과를 대접하는 것입니다. 수요일 오후에는 모두들 러시아 공사의 부인인 웨버 부인에게 예약되어 있는데, 그녀는 모든 면에서 서울의 외국인 사교계의 지도자이기 때문에, 절대로 피치 못할 경우가 아니면 그녀를 방문하지 않는 사람이 없답니다."

나는 이 이야기를 아내에게 전하고, 다음 주에 가기로 했다. 수요일 오후가 되자 한 번도 러시아인을 만난 적이 없었으므로, 망설이면서도 너무나 많은 사람들이 웨버 부인에 대해 열광적으로 이야기하고 있었으므로 기대를 갖고 그 집으로 갔다.

러시아 공관은 시내 어디에서나 보일 수 있는 높은 곳에 있었으므로 러시아 풍의 '북쪽의 큰 곰' 저택까지는 꽤 올라가야 했다. 건물에 도착했을 때는 숨이 좀 가빴다. 미소를 띤 하인이 우리를 맞이하여, 곧바로 넓은 만찬실로 안내했다. 정말 큰 방이었다.

러시아인들은 눈에 가장 잘 띄는 곳을 선택하여, 서울에서 제일 큰 공사관 건물을 갖고 있었던 것이다. 웨버 부인은 긴 식탁 한쪽 가운데 앉아서, 매력적인 미소를 지으면서 차를 대접했다. 그 미소는 모든 사람들에게 환영의 뜻을 느끼게 했다.

다소 허둥대는 안내인이 우리들을 주인에게 소개했다. "웨버 부인, 좀 늦게 와서 대단히 죄송합니다만, 새로운 친구 에비슨 박사와 예쁜 부인을 소개해야겠습니다. 틀림없이 좋아하실 것입니다. 소개해 올릴까요?"

그녀는 극히 순수한 영어로 "에비슨 박사님, 사모님을 만나 뵙게 되어 아주 기쁩니다. 여기 제 바로 맞은편에 앉으십시오. 제가 차를 따르면서 대화를 나눌 수 있게"라고 했다.

우리는 그녀의 친절에 아주 편안한 마음으로 자리에 앉았다. 대형 식탁 주위에 놓인 의자에는 거의 모두 사람들이 앉아 있었는데, 우리를 주인에게 소개한 것이 모든 손님들에게 소개한 것으로 간주되었다. 이러한 간편한 절차는 모인 사람들이 차를 마시고 과자를 들면서, 유쾌하게 나누는 대화를 방해하지 않는 아주 좋은 관습이었다.

우리를 데리고 간 친구들도 우리들 옆에 앉아 손님들의 이름과 하는 일을 일일이 알려 주었다.

"저 키가 작은 일본인 부부는 일본공사와 그 부인이지요. 근일에 그들을 방문하게 됩니다. 당신도 좋아하게 될 겁니다. 저기 앉아 있는 키가 작은 사람 말이요? 그는 웨버 부인의 남편 웨버 씨지요. 좋은 사람입니다. 영어를 잘 알아듣긴 하지만, 부인과 달리 말은 잘 못합니다. 처음에는 말이 없는 편이지만, 알고 나면 아주 호감이 가는 사람이지요."

"웨버 씨 옆에 앉아 있는 이국적으로 보이는 저 두 사람은 누굽니까?"

"아! 드 플랑시(De Plancy) 부부입니다. 프랑스 공사지요. 그들도 영어를 잘 합니다만, 억양이 강해요. 그렇지만 곧 익숙해지게 될 겁니다."

이렇게 하여 우리는 모든 외국 공사들과 그 부인, 그리고 그곳에 참석한 많은 선교사들에 대해서도 얼굴과 성격을 빨리 알게 되었다.

"저 이색적인 프랑스인은 누구입니까?"

"조선의 로마 가톨릭 선교회 회장이신 뮤텔 주교(Bishop Mutel)입니다. 아주 어릴 적부터 여기서 살았는데, 프랑스에 다시 갔다 온 적이 한 번도 없습니다. 프랑스인 로마 가톨릭 선교사들은 모두 그렇지요. 영어를 많이 하지는 못하지만, 우리가 하는 말을 대부분 알아듣는답니다."

"그럼 그와 대화는 어떻게 합니까?"

"나는 불어를 좀 알아들을 수 있기 때문에 문제가 없습니다. 조선말을 배우면 그와 이야기하는데 어려움이 없을 것입니다. 그는 조선말을 유창하게 하니까요. 그 동안은 간단한 단어를 사용하고 너무 빨리 말하지만 않는다면, 영어로 통할 수 있을 것입니다. 기회가 오는 대로 소개시켜 드리겠습니다."

대화는 이런 식으로 이어졌다. 나는 주인을 관찰하고 있었는데, 그녀가 여러 가지 언어를 구사하는데 놀라움을 금할 수 없었다. 그녀의 저택에는 조선인, 일본인, 그리고 중국인 등 여러 나라 출신의 하인들이 있었는데, 그들과 대화할 때 일일이 그들의 모국어를 사용하고 있었던 것이다.

하인들 모두가 러시아어를 조금씩 알고 있었지만, 그녀가 자신들의 모국어를 알아듣고 말하는 만큼 잘 할 수 있는 자가 없었던 것이다. 정말 그녀는 놀라운 부인이었다.

웨버 씨는 당시 서울에 있던 공사단 중 제일 먼저 조선에 왔기 때문에 이곳 사정에 밝았으며, 이곳 외국인 사교계의 지도자이기도 했다. 사실 그 누구도 웨버 부인만큼 이 직분을 훌륭하고 효과적으로 수행할 수 있는 사람은 달리 없었다. 외국인 가정에 환자가 있으면 그녀가 제일 먼저 달려와 위로해 주었으며, 언제나 맛있는 음식이나 술을 갖고 왔다. 누가 죽으면 제일 먼저 장례준비를 돕겠다고 나섰다.

우리의 조선생활은 이와 같이 여러 나라에서 온 사람들과 사귐으로 시작되었으며, 서울은 정녕 세상의 중심이라는 느낌이 들 정도였다.

군졸 선발 방식*

그때까지 조선의 군졸 선발 방식은 극히 간단했다. 해마다 시행하는 필기시험을 통과하면 군인으로 임명되었고, 심지어 장교들도 이와 같은 방식으로 선발했다. 따라서 군대는 1895년까지도 전술이 무엇인지 제대로 모르는 무식한 병사들로 이루어져 있었으나, 이러한 체제가 옳지 못함을 당국자들은 깨닫고 있었다.

우리가 도착한 직후 왕의 군사가 되려는 자는 모두 심성 및 신체적 적격성에 대한 검사를 받아야 한다는 칙령이 내려졌다. 심성 검사는 이를 위해 임명된 조선 관리들이 맡았고, 나는 지원자 개개인의 신체를 검사하여 그 상태를 별도로 준비된 용지에 기록하라는 명을 받았다.

신체 검사장은 영국 및 미국의 공사관 뒤쪽, 옛날 과거(科擧) 시험장으로 사용하던 장소였다. 그곳에는 넓은 한옥이 있었는데, 그 현관에 국왕 전하가 좌정하여 진행과정을 지켜보고, 좀 작은 건물의 앞뜰에 조정대신들과 군관들이 머물렀다.

신체검사는 별채에서 행해졌다. 별채에는 여러 개의 방이 있어, 그곳에서 관리들이 내가 부르는 대로 보고서를 작성하였다. 지원자는 수백 명이었으나, 모든 검사를 하루에 마쳐야 했기 때문에 대충대충 할 수밖에 없었다.

다행히 보조원 수가 많아 체중, 신장 측정은 이들이 하게 하고 나는 심장, 폐장 및 다른 신체기관을 검사하는 데 집중할 수 있었다. 풍부한 음식이 제공되어, 검사자나 수검자 모두에게 즐거운 날이었다. 이 날 저녁 전하는 나를 포함한 고관들을 인견하셨는데, 내게는 사적으로 수고에 대한 감사를 하셨다. 나도 나라를 위해 훌륭하게 봉사할 군대를 창설하는 일에 한 몫 했다는 생각에 기쁜 마음으로 귀가했다.

영국인 맥리비 브라운(McLeavy Brown)*

당시 조선에 거주하던 외국인 가운데 가장 흥미를 끄는 사람은 아마도 영국인 맥리비 브라운(McLeavy Brown)이었을 것이다. 그는 중국 해관(海關)에서 영국과 관련된 업무를 주로 담당했던 사람이었으나,[106] 조선이 새로이 문호를 개방하자, 조선 정부에 고용되어 세관 업무를 담당하게 되었다. 이런 직책은 무엇보다도 대범하고 정직한 사람을 요하

106. 개항 이후 서양과의 무역을 관장하기 위해 설치된 세관, 즉 해관(海關)은 중국의 경우 설치 이래 줄곧 외국인에 의해 관리되었다. 서양 열강이 외국과의 무역관계 세무를 처리하는데 있어 중국 정부 임명자를 신뢰할 수 없다는 인식에서 압력을 행사한 결과였다. 30여 년간 중국 해관 총세무사는 영국인 로버트 하트(Robert Hart) 경으로서, 중국의 대외 세입 비중이 커짐에 따라 이를 관장하는 그는 중국 정부에 대해서도 막강한 영향력을 행사했다.

는데, 조선 정부는 브라운 씨를 고용함으로써 바로 그런 사람을 얻은 셈이었다.

그와 교분을 쌓았던 수년 동안, 사리를 채울 기회가 무수히 많은 직책에 있으면서도 그가 이를 이용하는 것을 보지 못했다. 또 조선인이나 외국인 중 그 어느 누구에게서도 그가 비리를 저질렀다는 말을 들은 적이 없었다. 공무를 수행하는 사람에게 이보다 더 큰 칭찬이 어디 있겠는가? 이와 같은 그의 행위는 이미 극동지역에서 인기를 얻고 있던 영국의 위상을 더욱 높이는데 크게 기여했다.

그는 자기가 맡은 특수한 부서를 효율적으로 운영했을 뿐 아니라, 시간 나는 대로 서울을 더 아름답게 가꾸거나 조선을 발전시킬 수 있는 일을 여러모로 생각했다. 예를 들면, 그는 재능이 풍부하고 정직한 한성부 판윤(判尹) 이재양과 힘을 합쳐 도로와 길거리 정비, 하수시설 개량, 식수 공급방법 개선 등에 관한 계획을 수립했으며, 한성부의 재정을 잘 관리하도록 도와주어 이런 개선사업의 비용을 충당하고 다른 여러 개량사업도 착수하게 했다.

안타깝게도 이 젊은 판윤은 연동교회의 젊은 목사와 함께 뱃놀이를 하다가 전복 사고로 익사하고 말았다. 그의 뒤를 이어 한성판윤이 된 사람은 서울의 아름다움이나 위생에 전혀 관심이 없는 그야말로 구식 조선인이었다. 따라서 서울을 건강하고 아름다운 도시로 만들려던 의욕적인 개선사업은 크게 지연되어, 훗날에 가서야 상당 부분 시행되었다.[107]

세월이 지나면서 국왕은 브라운 씨의 정직성과 훌륭한 판단력을 더욱 더 신임하여 그에게 국가의 재정을 전적으로 관리하게 했다. 정부가 발행하는 국채증서(國債證書)의 경우, 심지어 국왕 자신이 발행한 것이라

107. 근래 들어, 구한말 서울을 근대적 도시로 만들기 위한 노력들이 재조명되고 있다. 연구들에 의하면 당시 서울의 근대적 도시로의 변모는 아시아 지역에서 선두였다는 긍정적 평가가 있다.

도 브라운 씨의 확인 날인이 있어야만 유효하도록 했다. 조선을 사랑하는 모든 사람들은 조선의 재정이 이처럼 건전한 기반 위에 서게 되는 것을 보고 기뻐했다.

신임 재정 고문이 제일 먼저 취한 조치는 조세제도 정비였다. 조선의 모든 행정구역을 대상으로 각 지역에 할당된 세금액과 세금징수 현황을 파악할 수 있는, 건전한 세제를 도입할 준비 작업을 하는 것이었다. 조세제도가 제대로 확립되지 않고서는 현명한 행정계획이 수행될 수 없을 것이기 때문이었다. 그는 또한 매관매직을 금지하고 지방 수령들에게 소정의 급료를 주는 제도를 만들었다. 지방수령들이 직권을 남용하여 자의적인 결정에 따라 최대한 징수하는 당시의 행패를 근절하고, 정해진 기준에 따라 가정이나 개인에게 공평하게 과세하도록 했다.

그러나 애석하게도 영국 이외의 국가 출신도 골고루 정부에 등용되도록 애쓴 그의 노력에도 불구하고, 일개 영국인에게 너무나 많은 권력이 주어진다는 불만이 여러 나라 사이에 일고 있었다. 특히 1896년 2월 11일부터 1897년 2월 20일까지 자기나라 공사관에 전하께서 피신[108]한 바 있는 러시아가 그러했다.

러시아가 이 기회를 이용하여 전하의 직권 하에 있는 실리적인 권리를 더 많이 할애해줄 것을 더욱 강력히 주장하고 나서자, 전하께서도 마땅히 이런 요구에 응할 필요성이 있다고 생각하셨다. 그 당시 궁중 시위대는 미국인 장교가 지휘하고 있었는데, 이 사건 이후 러시아인으로 대치되었다.

5월 8일 러시아 측은 러시아 교관들의 수를 늘리려고 했으나, 조선의 외무대신 이완용은 이 협정서에 서명하기를 거부했다. 이 때문에 5월

108. 아관파천(俄館播遷)을 말한다.

10일 러시아의 알렉시오프 제독이 서울에 오게 되었다.

9월 7일 유화적인 러시아 공사 웨버가 물러나고, 강경파인 드 스포이어(De Spoyer)가 부임했다. 10월 8일 러시아의 재무관리들이 대거 도착하였고, 24일에는 이들이 다른 나라 국적의 외국인들이 일하던 자리를 접수했다. 이들 러시아 관리들이 전하를 설득하여 브라운 씨를 해임하고, 그 대신 일렉시오프 제독(Admiral Alexieff)을 임명하게 되었는데 이 소식을 들은 우리는 모두 놀랐다.

이 일이 있은 후, 곧 이어 서울에 조로은행(朝露銀行)이 설립되고 정부 자금이 이곳에 이전되어 예치되었다. 오랫동안 조선 국왕의 호의를 받아 온 영 · 미 두 나라와 조선인들의 슬기로운 대처에도 불구하고, 러시아가 조선의 내정에 깊이 간여하게 된 것이다. 러시아의 적극적인 조선 진출은 국제적인 이해관계에 얽힌 열강들을 크게 자극했다.

오래되지 않아 뮬러 제독(Admiral Muller)이 이끄는 8척의 영군 군함들이 제물포 항 앞바다에 나타났다. 제독과 참모진들이 서울로 와 영국 공사를 방문하고, 특별히 국왕을 알현했다. 누군가가 제독에게 방문의 목적이 무엇이냐고 묻자, 그는 제물포 항 근해에 고기잡이가 잘 되는가 시험해 보러 왔다고 했다. 아마도 고기잡이가 여의치 못했던지 제독은 며칠 후 함대를 이끌고 중국에 있는 기항지로 돌아가 버렸다.

그런데 납득하기 어려운 일이지만, 오래되지 않아 조로은행이 문을 닫고 예치금은 원래 은행으로 이전되는 등 일련의 사태가 발생하기 시작했다. 러시아 교관과 관리들이 떠나고, 브라운 씨가 복직되었다. 아마도 제독의 고기잡이 여행이 표면에 나타난 것보다 더 큰 성공을 거두었던 모양이다.

하지만 당시 조선의 과도기에는 어느 것 하나 지속적인 것이 없었다. 오래지 않아 조정에 다른 변화들이 일어났다. 조선의 제반 국내사정은 타국에 비해 유리한 위치를 점하려는 열강끼리의 이권 싸움에 영향을 받아, 크게 흔들리는 상황이었다. 이런 와중에 브라운 씨는 또 다시 해임되었다. 마침내 그는 중국과 조선에서의 장기간의 근무를 끝내고, 영국으로 돌아가서 여생을 보냈다.

이리하여 중국 및 조선왕조가 유서 깊은 동아시아 문명에서 벗어나려는 산고를 치르고 서양의 새로운 문물을 받아들이려는 고된 역경을 겪고 있을 때, 훌륭한 유대 관계를 통해 이들 국가에게 큰 도움을 준 멋진 사람이 극동에서 사라진 것이다.

순교한 프랑스 신부의 유골 발굴*

조선에 처음 입국한 외국 선교사들은 천주교 신부들로서, 이미 1770년대에 입국한 이들 가운데 상당수는 순교했다. 심지어 대원군의 섭정기간(1864~1873년)에도 천주교 선교사들은 박해를 받았다. 대원군은 통상이든 종교든 간에 외국인들과 그 어떤 관계도 맺기를 완강히 거부했다. 1866년에는 당시 조선에서 활약하던 프랑스 신부들과 조선인 신도들을 찾아내어 처형하라는 명을 내렸다.[109)]

이 학살은 한강 둑 용산이라는 곳에서 행해졌다. 조선에 오기 전에 이 학살에 관해 읽은 적은 있었으나, 어느 날 서울에 살던 프랑스 신부가 나에게 함께 용산으로 가서 30여 년 전에 처형되어 묻힌 프랑스 신부들의 시체를 확인하는 일을 도와달라는 요청을 받기까지 이에 대해 별로 생

109. 러시아로부터 통상 요청을 받은 대원군이 프랑스의 힘을 빌려 막고자 하였으나 뜻대로 되지 않자 가톨릭 탄압령을 내리고 9명의 프랑스 선교사와 남종삼을 비롯한 8,000여 명의 교도를 학살한 1866년(고종 3)의 병인(丙寅)박해를 말한다. 이로 말미암아 병인양요(丙寅洋擾)가 일어났다.

각해 본 적은 없었다.

이들은 유해를 발굴하여 로마 가톨릭 교회가 정한 방식에 따라 성지에 매장하라는 교황의 명령을 받았다고 했다. 용산 근처 교회 부지에 천주교 묘지가 있었는데, 유해는 이곳에 이장될 계획이었다.

무덤을 파헤치자 4구의 유골이 나와 신부들을 놀라게 했다. 세 사람의 프랑스인 외에 누군가가 그들과 함께 매장된 것이 분명한데, 아마 함께 처형된 조선인의 유골일 수도 있었다.

프랑스인 주교는 프랑스 신부들의 유해를 확인하여 성역에 매장하고자 했으며, 의사인 나에게 네 구의 유골 중 프랑스 신부 유골 세 구를 확인해 달라고 했다. 프랑스 사람의 뼈와 조선 사람의 뼈를 구별할 수 있는 방법이 있을까? 골격상의 특징에 의존하는 것 외에 다른 방법으로는 세 사람의 유골을 구별할 수 없을 것 같았다.

유골들은 천주교 신학교의 어느 방 기다란 테이블 위에 가지런히 놓여졌다. 나는 일반적으로 조선인들이 유럽인들보다 키가 작기 때문에, 유골 중에서 길이가 짧은 것으로 구별이 가능하리라 생각했다. 그러나 유골의 길이가 거의 동일했다. 두개골의 형태로 구별하려 했으나, 모두 비슷하여 도움이 되지 못했다. 나는 그들에게 이 신부들의 나이에 대한 기록이 있느냐고 물어보았다. 그들의 생각으로는 이 신부들을 따라 다녔을 조선인이라면 그들보다 젊었을 것이라고 생각되었지만, 뼈에는 이런 연령의 차이가 나타나 있지 않았다.

나는 신부들이 담배를 피웠는지 물어보았다. 피웠을지도 모르나 조선인의 흡연 여부도 알 수 없으므로 이 문제와 관련지을 수도 없었다. 나는 금속 빨대를 자주 물면 이빨이 마모될 수도 있다고 했다. 만약 세 유골의 이빨이 다른 유골 보다 마모상태가 심하면 판정에 도움이 될 수도 있다는 생각에서였다.

이를 조사하는 데 수 시간이 걸렸으나 결국 확실하게 어떤 유골이 다른 것과 확연히 구별될 만한 신빙성 있는 증거는 끝내 찾을 수가 없었다. 그러나 결정을 내려야 했기 때문에, 이빨을 다시 조사하여 마모 정도가 심한 세 유골을 가려내어 프랑스 신부들의 유골로 판정했다.

그때 이래 나는 가끔 세 사람의 프랑스 신부들이 성역에 묻혔는지, 아니면 우연히 어느 훌륭한 신부님이 조선인 대신 순교했는지 궁금해 하곤 했다.

천주교 금지령*

전술했듯이 극동지역에 천주교를 처음 들여온 것은 프랑스 천주교도로서, 이미 1556년에 중국에 교두보를 확보하고 있었다. 일본에도 1586년에 천주교도들이 있었다는 기록이 있다.[110] 역사에 따르면 일본의 다이묘(일본의 계급이름) 야스히로가 조선에 소홀해진 조공을 다시 보내도록 압력을 넣는데 실패하자, 천주교도인 대마도의 다이묘 요시또시를 다시 파견했다고 한다. 또 다른 기록을 보면, 이 때문에 일어난 전쟁에서 기독교도 장수인 고니시(小西行長)가 전투를 지휘했다고 한다.[111] 또 다른 기록에는 1594년에 예수회 소속 신부 한 사람과 일본인 기독교인이 조선으로 건너와 일본군과 조선인들 사이에서 활동했다고 한다.

110. 아마도 스페인의 예수회 선교사로 파견된 프란시스 사비에르(Francisco Xavier, 1506~1552)의 선교에 의한 신자들을 가리키는 듯 하다. 그는 일본 최초의 선교사로 1552년 중국에 선교하기 위해 광동항(廣東港)에 도착하였으나 열병으로 죽었다.

111. 임진왜란을 말하는 것으로, 고니시 유시유끼(小西行長)는 기독교도였다고 한다.

그 후 오래지 않아 1605년 일본에서 세례를 받은 조선의 어떤 상류층 자제가 북경을 거쳐 조선으로 돌아오려다 실패하고, 일본으로 되돌아갔으나 그곳에서 기독교 박해사건이 일어나 그 와중에 살해됐다고 한다.

1784년 조선조정은 천주교를 금하는 포고령을 내렸다. 이 때 북경에서 천주교로 개종한 조선인 신부 토마스 김이 고향에 돌아와 포교활동을 하던 중 체포되어 처형되었다.[112] 1793년에 두 사람의 김씨 성(姓)을 가진 조선인이 북경에서 돌아와 같은 운명에 처해졌으며, 1794년 중국인 천주교도 익크스 츄이가 조선에 왔다가 그도 1801년에 효수되었다.

1802년 천주교를 금하는 또 다른 칙령이 내렸지만, 기록에 따르면 "천주교가 급속히 전파되기 시작했으며, 오히려 이 칙령으로 인해 기독교를 더 많이 알리는 결과를 가져왔다"고 한다. 항상 그렇듯이 이와 같은 박해가 개인의 생명을 희생시키는 대신 교의(敎義)를 전파하는 데는 도움이 되었던 것이다.

1811년 조선의 천주교도들이 교황에게 도움을 청했다. 이 편지에는 "1853년에 페리올 주교(Bishop Ferriol)가 자연사하고, 1854년에 얀센 신부(Priest Yansen)도 자연사했다"고 기록되어 있다.[113] 너무나 많은 사람들이 신앙 때문에 처형되었기 때문에, 이 기록에서 자연사라는 말은 특별한 의미를 지닌다.

1860년 네 사람의 프랑스인 신부가 더 왔는데 당시 조선의 천주교도의 수는 1만 8천명으로 보고되었다. 이 숫자는 천주교의 관례에 따라 신자의 자녀들까지 포함한 것이다.

1863년 철종이 승하하자 그의 양자가 11살의 나이에 왕위에 오르고 그의 생부(生父) 흥선군이 섭정으로 임명되었다. 그는 '큰 집을 다스리

112. 토마스 김은 김대건 신부를 가리킨다.

113. 1811년에 보낸 편지에 1853년과 1854년의 일이 기록되어 있다는 것은 어느 쪽의 착오일 것이다.

는 자' 라는 뜻의 대원군(大院君)으로 기록되어 있다. 대원군의 부인은 천주교인이라고 전해지고 있지만, 대원군 자신은 천주교가 조선에 들어오는 것을 완강히 반대하여 1866년 베르네욱스 주교(Bishop Berneux)와 8명의 신부를 처형하라는 명령을 내려, 천주교도와 외국인을 심하게 박해하기 시작했다.

1884년에 개신교 선교사로는 미국 장로교파 소속의 알렌 박사(Dr. H. N. Allen)가 처음으로 입국하여, 1885년 2월에 첫 병원을 열었다. 여기서 국왕이 1873년 21회 생신을 맞아 정사를 돌보기 시작했다는 사실이 주목되며, 1884년 신교가 들어올 때까지 별다른 박해가 있었다는 기록은 없다.

그 해에 알렌 박사는 민비의 사촌인 민영익의 부상을 치료하여 생명을 구해줌으로써 국왕의 신임을 얻게 되었고, 그 다음에 수 명의 장로교와 감리교 목사들과 한 명의 의사가 입국함으로써, 이후 개신교 선교사들의 입국에는 별다른 반대가 없었다. 실제로 새로 입국한 이들 선교사에 대한 왕의 태도는 1886년 '미국 장로교회 외국선교협회(The Foreign Missions Board of the Presbyterian Church)' 에 세 사람의 외국인 교사를 조선으로 파송하여 정부가 세운 학교에서 영어를 가르치게 해 달라는 요청과 이와 더불어 왕비를 치료할 여의사를 선택해 파송해 달라는 요청에서 보듯이, 매우 우호적인 것이었다.

그러다 돌연 1888년에 기독교 금지 포고령이 선포되었다. 무슨 일이 있었기에 외국인 의사나 교사 또는 친구 등 기독교인들로 둘러싸여 있던 국왕의 태도가 이처럼 돌변하였을까?

사건은 천주교에서 큰 성당을 짓기 위해 도성 내에 산을 하나 구입한데서 비롯되었다.[114] 비록 이 산은 궁궐에서 시가를 가로질러 건너편 먼 곳

114. 현재의 명동성당을 말한다.

에 위치하고 있지만, 지대가 높아 성당 건물을 지으려는 이 산에 오르면 궁궐 내부를 볼 수 있고, 쌍안경을 이용하면 왕궁 안에 있는 사람들까지도 볼 수 있었다. 이는 조선의 왕가에 대한 법도에 어긋나는 일이었으므로, 성당 관계자들은 다른 곳으로 위치를 바꾸라는 요청을 받았다. 그러나 천주교인들은 성당이 왕궁보다 더 중요하다는 생각에서 이 요구를 거절했다. 이에 대한 응징으로 조선의 조정은 기독교 금지령을 내렸던 것이다.

이와 같은 조처는 다수의 영 · 미 선교사들이 입국하면 백성들이 갖고 있던 오랜 관습과 사상이 타파될 지도 모른다는 백성들의 두려움을 일깨워, 외국인들에 대한 이들의 적대감을 부추기기 위해 취해진 것이기도 했다. 1887년 정부 관리 몇 사람은 외국인들의 도성 내 거주를 금지하고, 한강 제방 근처 용산에 있는 외국인 거주 지역으로 쫓아내야 한다고 주장했었다. 바로 이즈음 왕궁을 굽어보는 곳에 성당을 지으려는 사건이 일어났던 것이다. 감리교도들도 높은 곳에 교회를 지었으나,[115] 왕궁을 굽어보는 곳이 아니었기 때문에 별다른 제재를 받지는 않았다.

이와 같은 천주교 금지령에도 불구하고, 천주교도들은 그들이 구입한 땅에 성당을 건립하려는 계획을 관철하려 했다. 이미 체결된 프랑스와의 국제조약에 따라, 이들에게는 조선의 토지를 구입할 권리가 부여되어 있었다. 따라서 토지 소유자의 허락을 받아 원하는 부지를 매입하는 행위를 저지할 합법적인 방법은 없었던 것이다. 어쨌든 성당들이 대개 수도 내의 높은 곳에 세워지고, 사람들도 이런 모습에 익숙해져 갔다.

이후 선교사를 비롯한 외국인들은 말할 것도 없고, 기독교로 개종한 사람들까지 외국풍의 큰 건물을 짓기 시작했다. 새로운 모습의 대형 건물

115. 현재 서울 중구 정동에 있는 정동 감리교회이다.

을 짓는 풍조와 기타 여러 가지 외국풍의 관행이 점차 확산되어 감에 따라, 조선 백성들의 마음 속에 오랜 세월 깊이 뿌리내려 온 동양의 수많은 관습을 경시하는 풍조가 일기 시작했다. 또한 이에 못지않게 외국풍조의 유입에 저항하는 감정도 만만치 않게 일어났다.

제주 출신 김씨*

1903년경 병원이 옛날 위치에서 그대로 운영되고 있을 때, 한 젊은이가 우측 흉부의 농흉(膿胸)을 치료받으러 왔다. 환부는 만성이 되어 냄새가 고약한 고름이 나왔고, 갈빗대도 이미 몇 개나 부식되어 있었다. 물론 장기간 치료를 요하는 상처였다. 우측 갈빗대를 모두 제거하여 흉곽의 외벽이 내벽에 붙을 정도의 오랜 치료를 한 후에야 회복이 될 수 있었다. 그는 2년 가량 우리와 함께 지냈다.

그동안 그는 신앙문제에 관심을 갖게 되었으며, 제주에 있는 집으로 돌아가서 친구들에게 자기는 기독교인이 되었다고 했다. 그는 친구들에게 기독교가 무엇인가를 설명하고, 신과 그리스도에 대해 그가 배운 바를 모두 이야기 해 주었다. 그의 이야기가 전파되면서 기독교에 대한 관심이 높아졌고, 마침내는 그와 함께하는 신자들이 생기게 되었다. 내가 아는 바로는 그 때까지 제주도에 개신교 전도활동은 없었다.[116)]

가끔 그의 소식을 듣긴 했지만, 그 후 수년 동안 그를 다시 보지 못했다. 그러다가 감리교 연합회가 제주도에서 전개되는 그의 종교 활동이 계속되도록 목사와 성경을 읽어주는 부인을 파견했다. 교회가 세워졌으며

116. 공식적인 교회사에 의하면, 제주도에서의 첫 전도는 장로교의 이기풍 목사에 의한 1908년으로 보고 있다.

시간이 지나면서 더욱 많은 교회가 생겨나게 되었다.

그러던 어느 날 아내가 현관에 앉아 있는데, 웬 낯선 사람이 찾아와 에비슨 박사님이 계시냐고 했다. 아내는 에비슨 박사는 지금 나가고 없으나 곧 돌아온다고 했다. 잠시 기다리는 동안 그가 "부인 저를 모르시겠습니까?"하고 물었다. "죄송합니다만 기억이 나지 않는데요"라고 하자 "30년 전쯤 당신 병원에 입원하여 한쪽 갈빗대를 모두 들어내고, 2년간 입원해 있었던 사람입니다"라고 자기소개를 했다. 아내는 비로소 그가 제주도의 그 김씨라는 것을 알았다. 그때의 반가움이란 이루 형언할 수 없었다.

조선의 시간 계산법*

조선에 도착한 직후 그곳의 달력이 우리가 쓰는 것과 다르다는 것을 알았다. 1년의 길이는 사실상 같으나 시작과 끝나는 시기가 달랐다. 우리는 한해가 한겨울에 시작되는 반면 조선에서는 초봄에 시작되었다. 1개월은 대개 28일로 구성되어 있었다. 이 때문에 열두 달로는 29일이 모자라 정상적인 1년을 구성하지 못하게 되어 있었다. 이를 조정하기 위해 열두 달이 아닌, 열세 달을 1년으로 하고 있었다. 우리가 쓰는 달력 역시 1년은 365일에 4분의 1일이 추가되므로, 4년 마다 2월에 하루를 추가하는 윤년을 두고 있다.

결국에는 어느 방법이나 다 좋은 것이지만, 일단 우리는 조선식 달력 보는 법을 익혔다. 현대 세계와 교류함에 있어서 서류에 날짜를 명기해야 했으므로 그때마다 어느 달력을 뜻하는지를 밝혀야 했다.

또 조선은 60년을 한 주기로 보는 중국의 연대 계산법을 사용했는데,

이 생각은 인간의 평균 수명에 대한 오랜 체험에서 얻은 것이 분명하다.[117] 이런 방법으로 세월의 흐름을 계산하는 주기는 각기 상이한 명칭을 갖고 있어서, 역사에 나타나는 사건들을 계산하는 근거로 사용된다. 한 주기 내(內)의 한 해는 별도의 명칭을 갖고 있어서, 이에 익숙한 사람들은 그 명칭으로 세월의 흐름을 정확히 알 수 있었다.

이 달력은 중국 · 만주 · 조선 · 일본 등지에서 사용되었다. 그러나 이들 지역이 서양 여러 나라와 통상이나 우호조약을 체결하면서, 표준 달력을 편의상 선택할 필요가 생겼다. 이러한 배경으로 실용성이 높고 편리한 서양의 달력이 채택되었다.

동양의 날짜에 해당하는 서양의 날짜를 계산하는 것은 어렵지 않다. 서양의 1944년은 중국의 21번째 주기이기 때문에 1944년에 21년을 빼면 이 주기의 첫해인 1923년이 나오며, 1940년에 43년을 더하면 다음 주기가 시작되는 1983년이다.[118]

수도의 밤*

조선 부인들의 은둔생활에 대해서는 앞서 언급한 바 있다. 나도 그랬듯이 이에 관해 읽어 본 적이 있는 사람들은 부인들이 어떻게 이러한 구금생활을 참고 지냈는지 궁금해 할 것이다. 그들에게는 이를 극복하는 방법이 몇 가지 있었다. 그들도 가마 문을 닫고 남자 하인이 가마 옆에서

117. 60갑자(甲子)를 일컫는데, 이는 에비슨이 보듯이 인간의 평균 수명에 대한 오랜 체험의 산물이라기보다, 10간(干)과 12지(支)의 최소 공배수가 60인데서 연유하였다. 다만 이 최소 공배수 만큼 산 것을 기념하는 회갑(回甲) 잔치 풍속에서 수명과 관련되었을 것이다.

118. 에비슨의 이해는 조금 복잡한데, 주기 첫해인 1923년에 60년을 더하면 다음 주기 첫해는 1983년이 된다는 의미일 것이다.

수행하면, 낮에 거리에 나갈 수 있었다. 부인들이 가마를 탈 때, 가마꾼들이 보는 것은 괜찮았다. 왜냐하면 이들은 인부에 불과했고, 은거한 동일 계층의 남성들과 만나는 일에만 관계되는 문제였기 때문이다.

낮에 외출하는 또 다른 방법은 어깨 위까지 덮는 일종의 긴 저고리를 입고 얼굴이 가리도록 양손으로 움켜 잡음으로써, 다른 사람은 그들의 얼굴을 볼 수 없으나 자신들은 가는 길을 알 수 있게 하는 것이다. 낮에는 어느 시각에라도 이렇게 차려입은 중류 계급의 부인들을 볼 수 있었다. 그러나 상류 계급의 사교적 방문은 밤에 하는 것이 제일 좋았다. 저녁의 일정한 시각이 지나면 남자들은 거리에 나갈 수가 없고, 여종을 딸린 부인들만이 이 특권을 가졌기 때문이다.

이 관행은 외국인 남자들에게는 적용되지 않았기 때문에, 우리는 어느 시각이건 자유롭게 다닐 수가 있었다. 내가 어두운 거리를 돌아다닐 때, 흔히 이런 부인들을 지나쳤다. 일반적으로 하인의 딸인 나이어린 소녀가 주인보다 몇 발자국 앞서 걸었다. 조선 남자가 밤거리에 다니는 것을 금하는 법이 있음에도 감히 외출했다가, 순라꾼들에게 잡힌 남자들도 더러 보았다.

당시 서울의 거리에는 가로등이 없었다. 대문이 열려 있거나 창문을 가리지만 않았더라도 야간에 다니는 것이 좀 더 안전했겠지만, 모든 집의 문은 밤이면 닫혀 있었다. 이따금 틈으로 새어 나온 불빛으로 집이 있는 곳을 알 수 있을 뿐이었다. 야간에 외출할 때 외국인들은 등을 갖고 다녔는데, 불을 들고 안전하게 디딜 곳을 비춰주는 하인을 데리고 다니는 경우가 많았다.

아펜젤러(H. G. Appenzeller) 목사의 충고

나는 몇몇 친구들로부터 내가 위층으로 올라갈 때, 항상 한꺼번에 두 계단씩 때로는 세 계단씩 딛고 올라간다는 잔소리를 들은 것 외에 크게 활동적이라고 생각한 적은 없었다.

그런데 어느 날 꽤 활기차게 서울거리를 거닐다가, 아펜젤러 목사님을 만났다. 그는 나를 불러 세우더니 "에비슨 씨, 당신은 너무 빨리 걸어요. 매사를 너무 빨리하려 해요. 왜 항상 줄달음치지요? 동양에서 그런 속도로 살다가는 곧 쇠잔해져서 이곳에서 10여년 밖에 못살아요. 그렇지만 적당한 속도로 살면 장수하면서 큰일을 할 수 있을 거요. 여유를 가지시오. 당신이 있는 곳은 미국이 아니라 동양이요!"라고 조언했다.

아마 그의 말이 옳았나 보다. 6년이 채 못 되어, 건강상의 문제로 캐나다로 돌아오라는 명령을 받아야 했기 때문이다. 우리 부부는 무슨 특별한 다른 방도가 없는 한 이곳 활동을 계속할 수가 없게 되었고, 또 조선으로 다시 올 빌미를 찾아낼 가능성도 없었다. 할 수 없이 가재도구를 정리했다. 가져가야 할 것들을 꺼내놓고, 나머지 물건들은 기증해야 할 것과 그냥 두었다가 팔 것으로 구분했다.

그런데 우리의 건강이 나빠진 원인을 일로 인한 과로나 지나친 속도 때문이라고 보는 데는 의구심이 생겼다. 왜냐하면 병의 증상이 열병의 징후를 보였기 때문이다. 환자를 다루느라 전염병에 접할 기회가 많아 학질이나 이질, 발진티푸스, 그리고 여타 질병에 걸렸으나 그때마다 항상 회복되었다. 그러나 전반적으로 볼 때 이러한 반복현상은 건강에 좋지 않은 영향을 미쳤고, 아내도 나처럼 쇠약해졌던 것이다.

조선의 이(虱)와 발진티푸스

발진티푸스의 병원체를 옮기는 매체가 흔히 보는 이(虱)라는 사실을 아는 사람들은 청결을 강조해야 할 의사인 내가 어떻게 이 병에 걸리게 되었을까 궁금해 할 것이다. 그 이유를 설명하기는 어렵지 않다.

포도밭 주인이 거리에 나가 고용되기를 기다리는 사람들을 찾는다는 그리스도의 일화에 나타나는 유대 지역의 풍습(마태복음 20장 1~7절)처럼, 우리의 서울생활 초기에는 날품팔이꾼들이 일거리를 기다리며 노변에 앉아 있는 것을 볼 수 있었다. 이들 조선의 날품팔이꾼들이 옷 솔기에 숨어 있는 이(虱)를 잡으면서, 일거리를 기다리며 시간을 보내는 것을 흔히 볼 수 있었다. 그들은 사람들의 눈을 피해 이를 잡지 않았다. 그런 모습을 이상하게 생각하거나 깨끗하지 못한 때문이라고 생각하는 사람이 없었기 때문이다.

이렇게 이가 만연하다 보니, 발진티푸스가 극히 흔한 질병이 되었다. 발진티푸스 환자가 있는 가족이 단칸방에서 함께 잠을 잔다고 생각해 보자. 환자의 피를 빨아 배를 채운 이(虱)가 다른 사람에게로 옮아갈 것이다. 그리고 옮아간 사람의 피부에서 흡혈하는 가운데, 병원체가 섞인 환자의 피를 뱉어놓는다.

이에 물려 본 적이 있다면, 그 물린 자리가 몹시 가렵다는 것을 알 것이다. 물린 사람은 위험에 대한 생각 없이 그 곳을 긁게 되는데, 이렇게 긁음으로써 피부가 벗겨지기 쉽고 그로인해 노출된 혈관 속으로 전염된 피가 스며들 수 있는 것이다. 결과적으로 병이 전염될 것이며, 위와 같은 생활환경에서는 전염병에 이환될 가능성은 높을 수밖에 없다.

발진티푸스에 걸린 환자들이 빈번히 우리 병원으로 실려 왔다. 그 당시 우리들은 그 병이 어떻게 해서 환자로부터 건강한 사람에게 옮는지 잘 알지 못하여, 지금처럼 우리 자신이나 동료들을 보호할 수 없었다. 어쨌든 접촉에 의해 전염된다는 정도로 이해하면, 내가 어떻게 해서 이 병에 걸렸는가를 설명하기란 그다지 어렵지 않다.

토론토 출신 선교사 맥켄지(Miss McKenzie) 양이 시골로 여행하다가 발진티푸스에 걸렸다. 서울로 돌아오자 그녀의 숙소가 환자가 쓰기에는 너무 비좁고, 간호하던 여자 일꾼이 너무 서툴러 우리 집으로 왔다. 서울로 돌아오기 전에 이미 그녀의 기력은 크게 쇠잔해 있었으며, 우리 집에 온 지 며칠 되지 않아 죽었다.

발진티푸스로 사경을 헤매다

우리 병원에도 환자가 몇 명 있어서 나는 나날이 감염에 노출되어 있었는데, 결국 성탄절 직후 이 병에 감염되고 말았다. 당시 서울에는 나 말고는 다른 의사가 없었다. 제물포에 있던 의사에게 돌보아 달라고 했더니, 그는 정성을 다하여 치료해 주었다. 위험한 고비를 넘길 때 마다 그는 우리가 쉽게 부를 수 있는 시내 가까운 곳에 대기해 있었고, 열이 최고로 올라갈 때에는 주야를 가리지 않고 내 곁에 있어 주었다.

내가 혼수상태에서 벗어나 정신을 차리고 나서야, 그 동안 받아 마시던 유동식의 하나가 브랜디였음을 알았다. 옆방 테이블 위에 한 줄이나 되는 빈 브랜디 병을 보고서, 나는 너무나 놀랐다. 우리 집에서는 처음 보는 것들이기 때문이었다. 아내에게 이 술병에 관해 묻자 아내는 얼굴을 붉히면서 의사가 보조 치료 방법으로 브랜디를 사용할 것을 고집했다는 것이다. 나 혼자 저렇게 많은 술을 마셨다니 믿을 수 없다고 했다. 나는 우스개 소리로 아내에게 체력을 유지하기 위해 동일한 식이요법을 쓰지는 않았느냐고 물었다.

사랑스런 아내는 매일 세심하게 나를 돌보았으며, 밤에는 병수발을 도와 줄 사람이 있긴 했으나 잠을 거의 자지 못했다. 장기간에 걸친 정신적 고통과 육체적 피로를 덜어줄 온갖 방책을 권했으나, 아내는 웃으면서 고개를 저었다.

남자 선교사 몇 사람이 번갈아 가면서 야간간호를 해주었다. 그들의 극히 세심한 간호는 고맙기 그지 없었다. 그러나 나는 가끔 훈련을 받은 여자들만이 할 수 있는 부드러운 봉사를 받고 싶었다.

내가 무의식 상태에 있을 때 두 가지 생각이 나를 지배했다. 하나는 약과 유동식을 자주 번갈아 투입했기 때문에 생긴 듯한데, 나중에 들은 이야기지만 내가 이를 꽉 다물고 있어 예전에 발치(拔齒)하고 남아 있던 틈바구니 사이로 고무관을 삽입하지 않을 수 없었다고 한다. 나는 무의식중에도 두 가지 유동물 즉, 영양식과 약물을 구분하였고, 또 목구멍에는 이 유동식에 각기 맞는 두 개의 유입구(流入口)가 있어서 고무관을 거기에 적절히 맞춘다고 생각했다. 의식을 회복한 후 간호원들에게 이 이야기를 했더니, 몹시 재미있어 했으며 나도 신기하다는 생각이 들었다.

고무관을 유입구에 맞춘다는 이 두 번째 생각은 내가 죽을지도 모르는 위험한 고비에 처해 있다는 잠재의식에서 온 것이 분명했다. 이 생각은 내가 철교 밑에 누워있는 꿈의 형태를 취했다. 두 대의 열차가 반대 방향에서 달려오고 있었으며, 이 열차들이 철교에서 충돌하여 철교 옆으로 떨어질 것 같은 생각이 들었다. 내 위에 떨어지면 나는 죽을 것이며, 꼭 그럴 것만 같았다. 나는 움직일 수 없었으며, 두 대의 열차가 양쪽에서 철교로 다가오는 소리를 들었을 때 몹시 고통스러웠다.

그러나 이 두 열차는 충돌하기 직전에 멈추었으며, 바로 그 순간 의식이 돌아왔다. 아내가 나를 안고 있었다. 나는 크나 큰 공포에 질려 있었으나, 미소를 지으며 좀 낫다고 하면서 열이 어떤지 물었다. 아내는 열이 다 내렸다고 나를 안심시키고, 이제 잠을 청해 푹 쉬라고 다독거렸다. 발진티푸스에 걸렸다가 회복되는 환자들이 모두 그렇듯이 나도 많은 땀을 엄청나게 흘렸다. 그때부터 옷과 침대 시트를 갈기에 바빴다. 서서히 원기를 회복하자, 문안객의 출입도 허용되었다.

빅토리아 여왕의 서거

어느 날 필드 박사(Dr. Eva Field)가 빅토리아 여왕이 서거했다는 소식을 전해 주었다. 한낱 소식에 불과했지만 내가 눈물을 주르르 흘리자 그녀는 당황했다. 64년간 대영제국을 이끌었던 여왕에 대한 영국민의 연민의 정을 그녀가 이해하기는 어려웠을 것이다. 내가 기억하는 한 그녀는 모든 영국인들이 존경과 사랑으로 우러러 보는 위대한 여왕이었다. 우리는 해마다 5월 24일을 여왕 탄신일로 축하했는데, 33년 전의 이 행사가 기억에 떠올랐다. 나 자신이 병마를 치르느라 여왕의 와병소식을 듣지 못하다가, 이제 겨우 소생하는 쇠약한 몸으로 갑자기 서거소식에 접하자 더욱 슬픔이 컸던 것 같다.

수도의 요새(要塞)*

1392년 이조(李朝)가 창건될 때 사방을 둘러싼 산들을 이용하여 튼튼한 요새를 구축했다. 거의 난공불락에 가까운 높은 성벽을 도시 주위에 쌓아 올리고, 출입이 쉬운 저지대에는 튼튼한 성문을 세웠다. 이와 같은 방어시설 덕분에 외적의 도성 진입은 불가능해 보이지만, 배신자 무리가 내부에 있으면 쉽게 성문이 돌파될 수도 있었다. 이런 가능성을 예상하여 서울 외곽에 두 개의 대피용 산중 요새를 구축했다.

그 중의 하나가 북산(北山) 요새로서, 왕궁 바로 뒤 북산 깊숙한 곳에 위치해 있었다. 이 피난처는 산정 높은 곳에 위치해 있고 가파른 경사면 꼭대기에 설치한 두 개의 작은 문이 있을 뿐, 산 전체가 높은 성벽으로 둘러싸여 있었다. 왕궁 뒷대문으로 나 있는 길이 이 성으로 통했다.

조선이 문호를 개방하여 다른 나라와 통상우호조약을 체결하자, 조선에 체류하는 외국인들은 여름철에는 더위와 우기로 인한 진흙 길을 벗어나 산정의 신선한 공기를 마시고자 흔히 이 산에 올랐다. 이 산 여러 곳에 불교 사찰이 있었는데, 스님들은 소풍객들에게 항상 거리낌 없이 절을 개방하여 휴식처로 제공했다. 그들은 불상들을 법당구석이나 다른 방으로 옮겨, 손님들의 소지품이나 침구를 둘 공간을 마련해 주었다. 물론 이와 같은 친절이 손님들이 떠날 때 어김없이 주고 갈 푸짐한 보상을 염두에 둔 일이기는 했지만 말이다.

어느 절에는 불상이 5백 개나 있었는데, 찾아오는 사람들을 편안하게 해주기 위해 불상들이 이리 저리 옮겨 다니는 것을 보니 이상한 생각이 들었다.

의사로서 나는 가끔 밤에도 선교사나 사업가 가족 환자를 치료하러 이 산에 올라갔다. 울퉁불퉁하고 꼬불꼬불하기 짝이 없는 길을 따라 때로는 앞에 놓인 바위를 넘어 가는 이 힘든 길을 처음 올라간 것은 한 밤중이었다. 그 다음날 갔던 길을 다시 가보니, 햇빛이 환한 대낮에도 따라가기가 힘들었다. 전날 밤 캄캄한 어두움 속에서 나를 안내한 사람은 어떻게 그리도 쉽게 길을 찾아왔을까 궁금했다.

산정에서 바라본 경치는 아름다웠고 — 조선의 이런 전망들이 다 그러하듯이– 시원한 여름바람이 맑고 신선하여 여름을 나고자 하는 사람에게는 이상적인 장소였다. 산정 생활에 만족하고, 건강하여 의사의 도움도 필요없고, 하인을 시켜 매일 시내에서 음식물을 날라 오게 할 수만 있다면 더욱 좋을 것이다. 무한정으로 또는 점령군이 퇴각할 때까지 필요한 식량을 충분히 확보할 수만 있다면 이곳은 왕과 왕족 및 신하들의 피난처로 안전할 것 같았다. 그러나 왕궁이나 산으로 오르는 길이 점거당하여 보급로가 차단된다면, 이 요새는 오히려 감옥이 될 것이다. 이곳을 벗어나는 길은 적에게 항복하거나 끝까지 버티다가 아사(餓死)하는 수밖에 없을 것이다. 이 북악은 운동을 좋아하는 젊은 외국인들에게 인기가 높아, 이곳에서 그들은 주야로 갖가지 모임을 가졌다.

또 다른 요새인 남한산성은 왕궁에서 약 12마일 떨어진 곳에 있다. 외적이 도착하기 전에 서둘러 피신해야만 도달할 수 있는 곳이다. 사실 이 남쪽 요새는 예상되는 적의 침입을 미리 피하기 위해 만들어졌다. 그런데 이 산성은 방어 기능면에서는 북쪽의 요새에 미치지 못한다. 그리 높지도 않고 지세도 험하지 않아 접근하기가 비교적 용이하다.

그러나 이러한 결점을 보완하기 위해, 능선 꼭대기 부분에 방어벽과 시설을 튼튼히 구축해 두었다. 또 이 방어 시설은 지세를 잘 이용하여 산 아래로 바위를 굴리고 사방에서 포화를 퍼부어 노출된 공격군을 쉽게 공략할 수 있도록 배치되어 있다. 그러나 이 성의 취약점 역시 식량을 포함한 군수품 보급로의 손쉬운 차단이다. 침략군이 포위하여 요새 내의 식량이 바닥날 때까지 장기전을 벌이면, 방어군의 저항에는 한계가 있을 수밖에 없는 것이다.

남한산성의 동학군(東學軍)

1894년에 이런 일이 실제로 일어났다. 관군에 밀린 동학군이 이 산성을 점거했다. 서울 우리 집에서도 이 요새를 멀리 볼 수 있었는데, 어느 해 여름 그곳에 잠시 머물렀던 경험을 토대로 다소 자세한 이야기를 할 수 있다. 당시 이 전투에서 입은 부상을 치료하러 수백 명의 관군들이 병원을 찾아왔다. 그들의 이야기에 따르면 현명치 못한 지휘관들이 무모하게 성을 공격하여, 은폐가 잘된 유리한 위치에서 반격을 가해 온 저항군의 총탄에 속수무책으로 당했다는 것이다.

부상자들 중 한사람은 가슴에 총상을 입고 있었다. 그는 상처에 갓 잡은 닭의 내장을 붙여 붕대로 감은 채, 힘든 발걸음으로 며칠 만에 간신히 우리 병원에 도착했다. 그의 상태를 상상하기란 어렵지 않을 것이다. 과다한 출혈에다 제대로 먹지도 못하고, 무더운 여름 날씨에 며칠간 기를 쓰고 걸어 온 이 환자는 작은 병실에 들어서자마자 방바닥에 쓰러져 버렸다. 상처에 붙인 닭고기의 부패한 냄새와 상처에서 스며 나오는 고름 냄새, 수 주간 씻지 못한 몸에서 나는 불결한 냄새, 이 모든 것이 겹친 악취는 정말 견디기 어려웠다.

자세한 이야기는 제쳐두고 상처를 세척하고 붕대를 감은 후 몸을 씻겨 주었을 때, 그의 고마워하던 미소는 비록 사정상 치료비와 식대를 내지는 못했지만 돈을 받는 이상의 대가가 되고도 남았다.

우리는 그로부터 수 주 동안 계속된 포성과 총성에 익숙해졌다. 그러나 마침내 강화도에서 영국 장교들에게 훈련을 받은 관군의 정예부대가 그때까지의 공격군과 교체되었다. 전술에 익숙한 그들은 무모하게 요새를 점령하려 하지 않는 대신, 산기슭에 야영하면서 성안의 저항군과 바깥 지원군 간의 교신(交信)을 차단하고 적의 보급품 확보 기도를 효과적으로 저지했다. 이 전술은 주효했다. 결국 동학군은 굶주림을 견디다 못해, 백기를 들고 항복했다.

조선의 이상한 스포츠

서울에 도착하고 얼마 되지 않았을 때의 일이다. 어느 날 저녁 시약소에서 집으로 가려는데, 거리에 사람들이 몰려 있는 것을 보았다. 그들은 두 패로 나뉘어 마치 폭동이라도 일으키는 것 같았다. 두 패는 서로를 향해 돌이나 물건을 던지고 있었다. 거리는 사람들로 매우 혼잡하여 지나갈 수가 없었다. 우리는 영문을 모르는 채, 한 구석에 비켜서서 구경만 하고 있었다. 내 옆에 서 있던 구경꾼들이 영문을 몰라 하는 우리에게 그것은 일종의 스포츠이며 연례행사로서, 해마다 이맘때면 전국 각지의 읍이나 촌락에서 열린다고 했다.

조선어 선생에게 물어 보니, 이 관습은 전쟁이 없었던 옛날에 시작되어 오랫동안 전래되어 온 행사라고 했다. 옛날 어느 임금이 백성들의 용맹성을 높이기 위해 이 행사를 장려했다고 한다. 그 방식은 한 마을 사람을 두 편으로 나누거나 이웃 마을과 편을 갈라 싸움 날을 정하고, 그때까지 돌이나 흙벽돌 등 기타 던질 수 있는 물건들을 준비한다고 했다.

부상을 당하거나 죽을 수도 있지만, 처음에는 오로지 놀이에만 뜻을 두었다고 했다. 투석전에서 아무리 심하게 다치거나, 심지어 죽더라도 가족이나 친척들은 불평을 할 수 없었다. 간혹 원한을 품은 사람이 이 점을 악용하여 대상자를 다치게 하거나 심지어 죽이기도 하여, 범죄혐의 없이 원한을 갚으려 하는 경우도 있다고 했다. 이런 투석전으로 서울에서 누가 죽었다는 말을 들어 본 적은 없으나, 싸움이 끝나면 많은 사람들이 병원에 치료를 받으러 왔다.

평양 박치기와 기독교 선교

이 때문에 내게 이상하게 여겨지는 관습에 대해 나를 가르치던 사람과 이야기를 나누게 되었다. 그는 나에게 평양에 퍼져있는 또 다른 관습에 관한 이야기도 들려주었다.

박치기 이야기도 그 중의 하나이다. 평양 사람들은 대단히 용감하다는 소문이 나 있으며 전국에서 제일가는 투사로 여겨진다고 했다. 이상한 이야기이지만 그들은 주로 머리로 싸우는데, 목을 굽혀 상대편과 박치기를 하며 이런 가운데 흔히 죽기도 한다. 물론 이렇게 싸우기 위해서는 머리가 아주 단단해야 하며, 싸움이 없을 때는 이마를 단단하게 하려고 집이나 성벽에 박치기를 하는 습관이 있다고 했다.

또 평양 사람들은 대개 극히 배타적이어서 외국의 종교가 들어오는 것을 반대할 것이지만, 일단 받아들이기만 하면 아무리 엄한 박해도 견디어 낼 것으로 생각한다고 했다. 그는 당시 평양에서 선교활동을 벌이던 선교사들이 개종할 사람을 얻는 데에는 어려움이 많을 것으로 생각하고 있었다. 사실 평양에 부임한 초기의 선교사들은 욕을 먹기도 하는 등, 환영하는 모습은 찾아 볼 수 없었다. 그러나 이에 좌절하지 않고 선교활동을 계속하여 기독교인의 수가 점차 불어났다. 평양의 기독교도들은 조선에서도 가장 독실하다는 평판이 나게 되었으며, 오래지 않아 평양은 조선에서 으뜸가는 복음 전파의 중심지가 되었다.

부산 가는 길*

서울에 도착한 직후 어느 일요일 오후, 빨리 부산으로 내려와 열병으로 몹시 앓고 있는 어빈(C. H. Ervin) 박사를 돌봐 달라는 전보를 받았다. 부산은 조선반도의 최남단에 위치한 항구로서, 당시로서는 서울에서 가기에 쉬운 여행이 아니었다. 철로도 없었고, 다만 서해의 주요항인 제물포에서 이따금 배가 다닐 뿐이었다. 육로로 가면 말을 타고 열흘이 걸렸으며, 배를 타고 가장 빠른 속도로 가더라도 3, 4일이나 걸렸다.

배 사정을 알아보기 위해 제물포로 전보를 친 결과, 배 한척이 화요일에 떠날 예정이라는 것을 알았다. 운이 좋으면 4일내에 부산에 도착할 수 있으리라 생각했다.

그런데 무슨 질병인지 알아보고 싶었다. 조선어를 할 줄 아는 선교사 친구 한 명을 전신소(電信所)로 데리고 가서, 수 시간 동안 서울과 부산 간에 전신으로 교신하였다. 박사의 집은 전신소에서 반마일 떨어진 가파른 산꼭대기에 있었기 때문에, 내 물음에 대한 답을 얻는데 한참 걸렸다. 여하튼 수 시간 전보를 주고받은 끝에, 잠정적으로 회귀 열병(relapsing fever)이라는 진단을 내리고 이에 대한 조처를 처방해 줄 수 있었다. 그러나 왕진을 해야 하므로, 부산으로 가는 배를 타기 위해 서울에서 제물포까지 26마일의 산길을 여행할 준비를 서둘러 했다.

당시 조선에는 외국인들이 흔히 타는 그런 크기의 말이 없었으며, 말이란 게 모두 세틀랜트 종 조랑말만한 것 밖에 없었다. 나귀도 이처럼 작아서 키가 큰 사람이 안장에 앉으면, 발이 땅에 닿을 지경이었다. 마침 선교사 한 사람이 자기가 소유한 조선 토종말보다 키가 한 뼘 가량 큰 만주산 조랑말을 타고 가도록 허락해 주었다.

빨리 가고 싶어 한 나머지 이 말의 평소 속도보다 더 빨리 달리도록 재축한 결과, 얼마 가지 못해 말의 다리가 접혀 나는 앞쪽으로 나동그라졌다. 다행히 다치지는 않았는데, 말을 몰던 마부가 달려와 다시 말에 오르도록 도와주었다.

보통 마부들이 고삐를 잡고 말을 몰았으나, 고삐가 끊어져 마부가 뒤에 따라 왔다. 좀 천천히 길을 갔으나, 다행히 밤이 되기 전에 제물포 항에 도착했다. 그날 저녁 부산으로 갈 배표를 준비해 두고 스튜어드 호텔[119]에 투숙했다.

다음날 아침 조그마한 증기선에 올랐는데, 그 배에는 일본으로 운반할 쌀을 싣고 있는 중이었다. 제물포의 조수 간만의 차는 때로는 20여 피트나 된다. 내 생각으로는 세계에서 두 번째로 큰 조수 간만[120]이었다. 이런 간만의 차 때문에 제물포 항에는 외항과 내항이 있다. 해안에 가까운 내항에서 짐을 싣는 것이 더 편리하고 시간과 경비가 절감되었으나, 썰물이 되면 소형선박만 연안에 접근할 수 있었던 것이다.

내가 탄 증기선은 내항에 정박하고 있었는데, 짐을 싣는 인부들이 조수가 빠지기 전에 일을 끝내려고 서두르고 있었다. 그러나 짐 싣는 일이 끝났을 때, 배 밑바닥은 이미 땅에 닿아 있었다. 선장은 두 가지 중 하나를 택해야 했다. 즉 다음 조수가 들어와 배가 뜰 때까지 기다리던가, 아니면 짐의 일부를 하역하여 배를 뜨게 한 후 외항으로 끌고 가는 것이었다. 그는 짐의 일부를 하역하게 했는데, 이러는 동안 많은 시간이 흘러 다음 날까지 닻을 올릴 수가 없었다.

부산의 환자가 걱정되었으나 참고 기다리는 수밖에 없었다. 그래도 이 배로 가는 것이 그나마 가장 빠른 길이었기 때문이다.

---

119. 저자 주 : 호텔 소유주인 스튜어드 씨는 조선의 모든 항구에서 외국인이 하숙이나 여타 모든 것을 구할 수 있는 곳을 독점하고 있었는데, 그와 그가 경영한 호텔에 대해서는 다음에 쓰겠다.

120. 저자 주 : 어떤 사람들은 30피트라고도 한다. 미국 북 감리교 선교사 아펜젤러 목사(Rev. H. G. Appenzeller)는 이 해안에서 배가 충돌해 목숨을 잃었다. 그는 조선에 온 최초의 감리교회 선교사였다.

서해안을 따라 가는 항해도 쉽지만은 않았다. 연안에 연이어 산재한 섬 사이를 이리 저리 돌아갔는데, 이들 섬 때문에 흔히 조선을 '섬이 만 개가 되는 나라' 라고 한다. 짙은 안개 때문에 서행하지 않을 수 없었다. 이 해안에서는 흔히 있는 일이었다. 갑자기 검은 그림자가 눈앞에 나타났다. 바위투성이의 섬이었다. 조타수가 즉시 이 섬을 발견하고, 기관수에게 명하여 엔진을 역회전시키고 닻을 내리도록 했다. 하마터면 난파될 뻔했다.

그곳에서 안개가 걷힐 때까지 닻을 내리고 기다리느라, 또 하루가 지나갔다. 첫 전보를 받은 지 일주일 후에야 겨우 부산항에 도착하였다. 환자가 어떻게 되었는지 몹시 궁금했다.

그때까지도 이 중요한 항구에 부두 시설이 제대로 갖추어져 있지 않아, 노를 젓는 삼판선(三板船)을 타고 해안까지 갔다. 배에서 내리자 마침 하인이 마중을 나와 있었다. 그로부터 박사의 건강이 회복되고 있다는 말을 듣고 안도감을 느꼈다. 결국 회귀 열병(relapsing fever)이라는 원격 진단이 옳았던 것이다. 회귀 열병이 재발할 염려가 없어지자, 제물포행 배가 들어오는 데로 집으로 돌아갈 수 있게 되었다.

당시에는 회귀열의 원인이 밝혀지지 않아, 증상에 따라 치료하는 수밖에 없었다. 그 후 환자의 혈액에서 나족균(螺族菌 : spirilium)이 발견되어, 이 균이 회귀열을 유발시키는 병원체로 밝혀졌다. 나족균은 현미경으로 볼 수 있는데, 시간이 지나면서 비교적 소량의 살바르산으로도 이 병원체를 박멸할 수 있다는 것을 알게 되었다. 나아가서 살바르산을 투입하면 잠시 후 모든 증상이 가셔질 뿐 아니라, 회귀열도 예방된다는 사실도 알게 되었다. 이 현상은 조선에 있던 우리들에게는 큰 발견이었다.

힘겨운 서울로의 귀환

귀로 길의 바닷길 항해는 순조로웠다. 그러나 제물포에 도착했을 때, 한강 입구까지 운행하던 배가 한 이틀 동안 다니지 않는다는 것을 알았다. 서울까지는 26마일 밖에 되지 않았으므로, 갈 때처럼 산을 넘어 걸어가기로 했다. 청일전쟁이 발발할 상황이었고 전쟁은 주로 조선에서, 그것도 틀림없이 서울 일원에서 치러질 것으로 보여 더더욱 빨리 집에 가고 싶었다.

오후 2시에 제물포 항을 떠났으나 옛날부터 앓아 오던 편두통이 재발되어, 걸음이 느려짐에 따라 도중 찻집에서 휴식을 취해야 했다. 또 다음에는 한쪽 무릎이 아팠다. 서울이 가까워져 오자, 걷는 것이 고통스러워 걸음이 느려졌다. 이제 강나루를 건너면 된다고 생각했다. 강둑까지 1마일 쯤 되는 부드러운 모랫길을 걷고 나니 거의 기진맥진했다. 나루터에서 나룻배를 찾아 보았으나 헛수고였다. 이미 밤이 되어 나룻배 영업이 끝난 후였다.

그 곳은 강폭이 3백 야드 쯤 되었다. 강 건너편에 가 있는 사공에게 들리도록, 그야말로 황량한 강을 가로 질러 건너편에다 대고 소리를 질렀다. 마침내 대답하는 소리가 들려와 앉아서 배가 오기를 기다렸다. 배가 오는 시간은 너무나 느린 것 같았다.

그러나 환자에게 여명이 비치듯, 마침내 배가 강안에 닿았다. 잠시나마 배 위에서 휴식을 취하면서 여행을 할 수 있었다. 한참 후 반대편 연안에 닿기는 했지만, 아직도 서울까지는 3마일이나 더 가야 했다. 길은 좁고 무릎이 아파, 느린 발걸음을 옮길 때마다 신음소리가 나왔다.

끝없이 멀게만 느껴지던 길을 걷다 보니 어둠 속에 희미하게 성벽이 나타났다. 성문을 찾아 갔으나 문이 잠겨 있었다. 성문을 닫는 시간이 훨씬 지났으므로 수문대(守門臺)를 지키는 군졸들이 열어줄 리 없었다. 성벽 높이는 30피트나 되었다. 그러나 그 너머에 우리 집이 있었으므로, 어떻게 하든 가야했다. 미소 띤 아내와 포근한 잠자리가 나를 반겨주면, 험한 길과 모래사장과 편두통과 무릎통증 등 모두를 잊게 될 것이기 때문이었다.

나는 늦게 온 여행객들이 이 성문에서 멀지 않은 곳에서 손가락이나 마구(馬具) 고리를 이용하여 돌 틈바구니나 돌출 부분을 잡고 성벽을 기어오르거나, 성벽 꼭대기에서 기다리고 있던 친구들이 줄을 늘어뜨려 준다거나, 혹은 누군가가 돈을 받고 도와주어 성벽을 넘기도 한다는 것을 알고 있었다. 어떻게 하면 이런 도움을 받을 수 있을까 하고 궁리한 끝에 사람들이 주의를 끌기 위해 외치는 소리대로 '여보! 여보!' 하고 몇 번 불러 보았더니, 오래지 않아 '누구요?' 하는 소리가 났다.

"제중원 에비슨 박사요."

"알았소, 줄을 내려 보내겠소. 줄을 몸에 묶고 발 디딜 곳을 찾아보시오. 그러면 내가 도와주겠소."

잠시 후 나는 성벽 꼭대기에 올랐다. 도와 준 사람을 바라보았으나 모르는 사람이었다. 나는 왜 모르는 사람을 기꺼이 도와주었느냐고 물어보았더니, 그의 대답이 놀라왔다.

"내 동생이 당신 병원에서 치료받은 적이 있습니다. 가끔 동생을 찾아갔었지요. 박사님은 나를 잘 모르시겠지만, 나는 잘 알고 있습니다."

나는 그에게 진심으로 감사했다. 돈을 주려고 했지만 한사코 받으려 하지 않았다. 일단 성안으로 들어온 나는 오래지 않아 집에 도착했다. 그러나 어찌하랴! 집은 텅 비어 있었고 시간은 밤 11시였다. 대문 두드리는 소리를 듣고 나온 이웃 주민들이 우리 가족들은 여자 선교학교에 피신했다고 했다. 그곳은 약 1마일 쯤으로 떨어져 있어 그다지 멀지는 않았으나 무릎통증은 더욱 심해져, 그 1마일이 내가 걸어온 26마일 보다 더 멀어 보였다.

마침내 목적지에 도착하자 아내가 기다리고 있었다. 아내는 영국과 미국 선교사들이 전쟁이 곧 일어날 것이라는 소문을 듣고 모든 자국민들은 집을 나와 영사관 근처에 숙소를 찾아 피신하라는 지시를 내렸다고 했다. 아내는 요행히 선교학교에 방 두개를 배정받았으며, 나에게 연락을 취할 길이 없어 기다리다 못해 이곳으로 옮겨 왔다고 했다. 다리의 통증은 곧 씻은 듯이 사라졌다.

리승만(李承晩)과의 만남 8장

초대 대통령 리승만 박사(1875~1965)

리(李) 씨 청년의 등장*

1895년 조지아나 화이팅(Georgiana Whiting) 박사가 파송되어 왕립병원에서 필자와 같이 일하게 되자, 무엇보다 조선어 선생이 필요했다. 이 일을 위해 마침 감리교회에서 설립한 남자학교[121]의 젊은 학생이었던 리승만(李承晩)이 선발되었다.

그는 가난한 선비의 아들로서 조선이 문호를 개방하자 서양의 사상을 이해하고 조선에 물밀듯 들어오는 외국인들의 '속셈이 무엇인지'를 헤아리는데(fathom the designs) 도움이 될 수 있는 영어라는 언어와 그들이 운영하는 학교에 개설된 모든 학과목의 내용을 배워볼 목적으로 미션계 학교에 들어갔던 것이다. 내가 '속셈을 알아 보려 한다'고 한 것은 문호개방을 강요당한 동양 사람들이 서양인들의 동기를 크게 불신했기에 한 말이다. 선교사들 역시 자기 나름의 내심의 동기를 갖고 활동한다고 보았는데, 흔히 자국 정부의 밀사로 간주되었다.

이와 같은 불신이 전혀 터무니없지는 않다. 동양인들이 보기에는 지금은 미국영토인 하와이 군도 역시 수년간 사업가와 선교사들이 침투하는 과정을 거친 후, 때가 무르익자 미합중국에 합병할 것을 요청하여 최근에 흡수되지 않았던가?[122] 인도란 나라 또한 영국의 손아귀에 잡혀, 같은 운명을 겪지 않았던가? 리승만은 조선에 온 선교사들에 대해서도 그와

121. 1885년(고종 22) 미국 북 감리교 선교사인 아펜젤러가 서울에 세운 우리나라 최초의 근대식 사립학교인 배재학당(培材學堂)을 말한다. 배재 중 · 고등학교의 전신이다.

122. 하와이 왕국은 1897년 미합중국의 준주(準州)로 합병되었다가, 1959년 미국의 정식 주(州)의 하나로 편입되었다.

같은 목적으로 활동하리라는 의구심을 갖고 있었으나, 처음에는 내게 말하지 않았다.

정부형태에 대한 리승만과의 토론

리 씨(리승만은 자기 성을 스스로 '리(Rhee)'라고 부른다)는 이런 염려를 혼자 마음속에만 간직하고, 겉으로는 우리들 모두에게 친절하게 대했다. 그는 학교 수업시간을 제외하고는 매일 병원으로 와서 G. 화이팅 박사의 조선어공부를 지도해 주었으며, 기회 있을 때마다 나와 서양과 조선의 정부 조직의 차이에 대해 즐겨 토론했다. 이런 일로 우리는 매우 친밀한 사이가 되었다.

조선은 전제군주 제도로서 국왕의 권력은 절대적이었다. 미국과 영국, 캐나다의 민주주의 제도와 조선의 정치형태를 비교해 본 리 씨는 그러한 제도가 이 나라에 절실히 필요하다고 확신하게 되었고, 이를 실현시키기 위해 전력을 다해 일하겠다는 뜨거운 열망을 보였다.

조국을 향한 그의 이런 마음은 모든 면에서 그의 동포들의 조국애와 다를 바 없었다. 당시 조선인들은 그들의 조국을 '조용한 아침의 나라'(The Country of Morning Calm), 즉 조선(朝鮮)으로 알고 있었는데 사실 자연 경관에 관한 한 사랑 받고도 남을 만한 나라였고 그것은 지금도 그러하다.

전제주의 체제 하의 조선의 조정에는 국왕을 보필하는 신하들이 있었으나 그마저 왕이 임명했다. 왕의 마음에 들지 않거나 원하는 자금을 조달하지 못하면 가차 없이 해임해 버렸다.

이런 제도는 절대권을 가진 군주의 지혜에 따라 좋을 수도 있고 나쁠 수도 있다. 나는 이 독특한 전제군주를 돌보는 전의(典醫)의 신분으로 국왕의 전제권이 행해지는 경우를 볼 기회가 많았는데, 가끔은 심지어 최하층 계급의 백성에게 가해지는 경우도 있었다.

국왕에게 반항하는 자는 신분의 고하를 막론하고 엄벌에 처해진다는 마음 아픈 증거를 어느 날 목격했다. 그날 아침 시내를 산책하다가 두 개의 참수된 수급[123]이 길가에 세워진 장대에 매달려 있는 것을 보고 놀랐다. 이 두 사람은 간밤에 참수되어, 왕의 노여움을 사는 자에게 가해지는 형벌의 본보기로 효수되었던 것이다.

민주주의에 대한 이해

리 씨가 등장하기 9년 전에 서구의 몇 나라가 조선과 우호통상조약을 강요하여 체결했다. 빈부귀천을 막론하고 대부분의 조선 백성들은 이른바 이들 오랑캐들 때문에 자기들의 관습이 저해되는 것을 몹시 싫어했으나, 극소수의 지체 높은 가문의 젊은이들은 외국이 그들의 조국보다 훨씬 더 부강한 이유를 깨닫고 그와 더불어 민주주의에 대해서도 눈을 뜨게 되었다.

그러나 민주주의를 실현하기 위해서는 정치원리를 이해할 수 있는 교육받은 백성이 필수 전제조건이라는 사실을 미처 깨닫지 못하고, 오직 야망과 열정만으로 무장한 이 젊은이들이 일으켰던 정체(政體) 개혁시도와 그에 관련된 이야기는 전술한 '1884년의 폭동'[124]을 참조하기 바란다.

---

123. 수급(首級)은 전쟁에서 베어 얻은 적군의 머리를 말하는데, 여기서는 참수된 이들의 머리를 말한다.
124. 1884년의 갑신정변을 말한다.

첫 번째 시도가 실패로 돌아가자, 이들 청년 지도자들은 일본 · 중국 · 미국으로 뿔뿔이 망명했다. 그러나 씨앗은 뿌려진 셈이었다. 리 씨는 이들 주동자들과 접촉하면서, 조국을 민주주의 국가로 만들어야겠다는 각오를 단단히 다지고 있었던 것이다.

병원에 올 때마다 나와 더불어 이 문제에 대해 이야기하는 가운데, 어느새 그의 관심사를 솔직하게 밝히기 시작했다. 그는 내가 자주 국왕을 찾아간다는 사실을 알고 있던 터라, 더욱 조심해야 할 처지임에도 불구하고 속마음을 기탄없이 터놓는 그의 태도에 나는 놀라지 않을 수 없었다.

어느 날 역시 같은 대화를 나누다가 그는 아주 흥분하여 자기 일생을 조국의 정치체제를 바꾸는데 바치기로 결심했다고 하였다. 나는 이런 일이 가져올 위험을 지적해 주고, 장기간 굳혀진 정치형태를 너무 빨리 바꾸려는 기도가 있었던 모든 국가에서 자칫 유혈극으로 끝난 몇 가지 사례를 들려주었다.

만일 그런 경우에 처한다면 기꺼이 목숨을 바칠 용의가 있느냐고 묻자, 조금 냉정을 되찾고는 잠시 생각해 보더니 크나 큰 대의명분을 추구하는 과정에 어떤 어려움이 닥칠지라도 감수하겠다고 했다. 그 후 그의 행적을 보면 실제로 이 명분을 위해 혼신의 힘을 기울였음을 알 수 있다. 우리도 알다시피 가장 극심한 시련기에 크나큰 고통과 생명의 위협을 받으면서도, 그는 자기 이상에 충실했다.

그러나 현실 생활에서는 예기치 못한 일로, 우리의 지고(至高)한 이상마저 적어도 일시적으로는 겉으로 드러나지 않는 경우를 보게 되기도 하는데 그의 경우에도 그러했다. 그의 경우 이와 같은 현상은 청일전쟁이라는 일대 전환기를 겪으면서, 일본이 조선을 서서히 지배하는 과정에 일어났다. 그의 이야기를 계속하기 전에, 이 전쟁의 전말과 조선 국내의 사정을 잠깐 살펴볼 필요가 있다.

청일전쟁*

1894년과 1895년에 걸쳐 일어난 이 전쟁은 조선과 일본 간에 있었던 작은 알력이 직접적인 도화선이었다. 식량을 자급자족할 수 없는 일본은 이미 조선과 협약을 체결하여, 해마다 일정량의 대두(大豆)를 일본에 수출하겠다는 약속을 받아두고 있었다. 물론 이 협정은 양국에 모두 이로운 조건이었으나, 조선은 어느 해 작황이 나빠 이 협정을 이행할 수 없게 되었고, 이 사실을 일본 측에 통고했다.

수확량의 절대 부족으로 협정 이행이 불가능했음에도 불구하고, 일본 측은 협정조건 불이행에 대한 보복조치를 취하겠다고 위협했다. 조선정부는 사정상 조건 이행이 불가능하다는 선언을 하기에 이르렀다. 이를 계기로 양국 사이에 표면적인 불화가 싹트기 시작했고, 이와 관련하여 일본의 불만을 키우는 사건들이 뒤이어 발생했다.

일본이 이유 불문하고 조약 불이행을 문제 삼아 보복하겠다고 위협하자, 이를 염려한 조선 국왕은 명목상이나마 종주국인 청국에 도움을 청했다. 당시 청국과 일본은 이미 상대국의 양해 없이 조선에 파병할 수 없다는 상호조약을 체결해 두고 있었으나,[125] 청국은 이 협약을 무시하고 조선 국왕의 요청에 따라 일방적으로 조선에의 파병을 감행했다. 이를 문제 삼은 일본정부는 조선과 청국을 상대로 논쟁을 벌이다가 급기야 조선에 파병하게 되었고, 이것이 청일전쟁으로 이어졌다.[126]

---

125. 갑신정변과 관련하여 조선으로부터 청 · 일 양국 군대의 철병과 상대국 양해 없이 조선에 파병할 수 없음을 약속한 1885년의 청 · 일간의 천진조약(天津條約)을 말한다.

126. 에비슨은 청일전쟁의 직접적 원인을 다소 단순하게 이해하는 듯하나, 그렇게 단순한 것이 아니었다. 가장 중요한 배경은 제국주의화한 일본이 전쟁을 통해서라도 조선에 대한 중국의 종주권을 걷어내고 조선을 식민지화하려는 야욕이었다. 일각에서 이 전쟁을 임오군란 이후 조선에 대한 직접 지배의 성격을 강화하여 동아시아의 패권을 재구축함으로써 '제국주의화 되어 가는 중국'에 일본이 도전한 것으로 보는 것은 일본의 제국주의적 침략 야욕을 면죄하는 점에서 문제가 있다.

이 전쟁에 대한 이야기는 본 회고록의 다른 항목에서 계속될 것이나, 여기서 언급할 사항은 대부분의 전투가 조선에서 벌어졌고 그 여파로 조선 역사의 방향이 크게 바뀌었으며, 리 씨(氏)의 향후 행로에도 지대한 영향을 끼쳤다는 것이다.

일본군의 왕궁점령

개전 초 일본군은 조선 수도에 들어오자, 곧 왕궁을 점령했다. 이들은 국왕을 위협하여 청국과의 관계를 청산하고 일본의 동맹국이 될 것과 청국과의 예상 접전지인 만주로 진군하는 일본군의 자유로운 지상(地上) 통과권 등을 강요했다.

우리 집은 왕궁이 잘 보이는 산위에 위치하고 있어서, 일본군의 공격상황을 한눈에 볼 수 있었다. 조선군은 훈련과 무장이 잘된 공격군을 맞아 싸울 무기도 병력도 없었기 때문에, 전투는 오래 계속되지 않았다.

국왕은 이들의 요구에 굴복했으나, 심지(心地)가 굳고 영특한 왕비는 전력을 다해 막으려 했다. 이 일에 한해서는 여러 면에서 그녀의 주요 정적이었던 종전의 섭정(攝政) 대원군의 지지를 얻었다. 일본인들은 왕비가 완고하다는 것을 염두에 두고, 국왕에게 왕비로서의 모든 권력을 박탈하고 평민으로 신분을 격하시키도록 강요했다.

일본 혐오감 팽배

청일전쟁에 승리를 거둔 일본은 조선이 독립국가임을 선언하고 국가의 위상을 왕국(王國)에서 제국(帝國)으로 높였다. 소위 '친구'로 자처하는 일본의 행위는 겉으로 그럴 듯 해 보였지만, 곧 조선의 외교에 관한 문제를 모두 장악하려 들었다. 뒤이어 조선의 국내 문제에도 거리낌 없이 관여하기 시작하면서, 조선은 그때부터 허울뿐인 독립국으로 남게 되었다. 지금까지 극히 제한적인 범위에서 중국에 의존하다가 이제 노골적으로 일본에 강제로 의존해야 하는 현실로 바뀌자 조선인들의 일본에 대한 적대 감정은 극도에 달했다.

이와 같은 국내외 정세변화는 조선을 개혁하여 근대국가를 세워보려는 사람들에게 심각한 문제로 등장하였다. 이들은 조선을 완전히 지배하려는 일본의 음모에 맞서야 하는 동시에, 내적으로 정치체제를 개혁해야 하는 이중의 도전에 직면했기 때문이다. 국왕은 개혁파를 적으로 생각했고, 일본인들도 이들을 가장 위험한 적대세력으로 간주했다.

일본이 조선의 통치권을 확보하기 위해 뜻있는 조선인들을 설득하여 이들의 허락을 얻어내려 한 온갖 책략을 기술하려면, 리 씨(氏)를 포함한 개혁자들과 국왕 및 조정의 관계에 대한 이야기를 빼 놓을 수 없다. 다만 일본이 자국의 통치를 조선인들이 받아들이도록 하기 위해 획책한 여러 가지 일들 가운데, 리 씨와 관련된 것 외에는 다른 장에서 다루도록 하겠다.

청일전쟁이 끝나고 민비가 옛날의 지위와 특권을 되찾게 되었을 때, 그 명칭은 이제 왕비(王妃)가 아니라 황후(皇后)였다.[127] 사실 이러한 사태

127. 민비는 을미사변 때 시해된 후 서인(庶人)으로 강등되었다가 같은 해 10월 복위되었고, 1897년(光武 1) 광무개혁으로 명성황후(明成皇后)로 추존되었다.

변화는 개혁자들에게 전혀 도움이 되지 못하는 현상이었다.

단발령(斷髮令)

일본인들은 조선 백성들이 그들의 지배를 받아들이도록 하기 위해 갖은 방법을 동원했다. 조선 백성들의 완고한 태도를 깨뜨리는 방법을 찾다가, 조선의 남자들이 상투머리(top knot)를 하는 관습이 민족 감정과 밀접한 연관성이 있다는 것에 착안했다.

옛날에는 상투가 중국인들의 머리 모양이었다. 그들이 어느 전쟁에서 승리하자 복종의 표시로 조선인에게 이런 머리형을 하게 했던 것이다. 비록 처음에는 이것이 복속의 뜻을 지녔으나 시간이 흐름에 따라 민족 정체성의 독특한 상징으로 생각하게 되었으며, 오히려 소중하게 여기게 되었다.

중국에서도 이와 같은 일이 있었다. 만주가 중국을 정복했을 때 만주인들은 중국인들에게 복종의 표시로 변발(辮髮)을 하게 했는데, 오랜 세월이 지나자 중국인들은 이것을 민족성의 상징으로 간주하게 되었고, 그 근원이 치욕스러운 것임에도 이를 고수하게 되었다. 조선인들의 상투도 이와 유사한 유래를 가지고 있었다.

일본인들은 상투에 대한 조선인들의 정서에 비추어 상투머리를 고수하는 한, 마음속으로 조선인으로 계속 남아 있을 것이라 판단하고 모든 남자는 상투를 자르고 서양식으로 조발(調髮)하라는 시행령을 선포했다.

조선의 성인남자들은 이 명령을 거부하는 정도가 아니라, 아예 공공연하게 무시해 버렸다. 장안에 살고 있던 사람들은 쉽게 다룰 수 있었으나, 이 명령이 조선 전역 특히 전 국민의 80% 이상을 점하는 농촌 지역에까지 미치게 하기 위해서 어떤 정책을 사용했을까?

성문마다 파수꾼과 군졸들이 배치되어 감추고 있던 긴 가위로 지나가는 남자들의 상투를 잘랐다. 성 밖에서 안으로 들어오는 시골사람들은 아무런 제지를 받지 않고 들어올 수 있었으나, 성안에서 나가려는 남자들의 갓은 예외 없이 벗겨지고 가위가 나와(out came the scissors) 상투를 잘랐다(off came the topknot).

고종의 단발

모든 국민에게 상투를 없애라는 명령이 공포되었을 때, 궐내의 사람들도 예외일 수는 없었다. 나는 당시 거의 매일 입궐했는데 그때마다 전하께서는 근심스럽게 그 단발령이란 것이 언제 실시되는지 아느냐고 하문(下問)하셨다.[128] 물론 나도 모르고 있었으나, 어느 날 내가 퇴궐하려 할 때 내일은 입궐하지 말고 모레 오라고 말씀하셨다. 창백한 용안(龍顔)을 보고 그 다음날 전하께서 큰 곤욕을 치르시는 언짢은 날임을 짐작할 수 있었다.

그로부터 이틀 후 전하의 부름을 받고 입궐하면서 주변사람들을 보니, 슬픈 기색이 역력하였다. 전하의 처소로 통하는 곁방을 걸어 갈 때, 전하께서 평소 보다 더욱 유심히 나를 바라보고 계심을 알 수 있었다. 인사를 건네신 후 "경의 머리는 괜찮아 보이오. 누가 깎아 주오?" 하고 물으셨다.

---

128. 1895년 11월, 을미사변을 자행한 일본의 영향 아래 수립된 친일적인 제4차 김홍집 내각은 갑오개혁에 이어 다음해 건양(建陽) 1월 1일을 기하여 양력을 채용하고 단발령을 시행한다고 포고하였다. 을미사변 후의 배일감정을 무시한 개혁으로 의병이 일어나 김홍집 내각은 무너지고 김홍집도 피살되었다.

전하는 시종을 불렀다. 시종이 들어오자 갓을 벗게 하고는 나에게 "보시오. 저들이 우리 모두를 중으로 만들어 놓았소"라고 하셨다. 이 말은 전하께서 쓸 수 있는 가장 모멸적인 표현이었다. 3백여 년 동안 불승들은 가장 지위가 낮은 사람들로 간주되어 왔으며, 도성 안으로 들어오는 것조차 허락되지 않았기 때문이다. 모든 사람들이 알고 있듯이, 이들의 신분은 짧은 머리로 표시된다.

심각한 상황이 아니었더라면 시종의 머리를 보고 가히 웃음이 터져 나올 지경이었다. 상투는 싹둑 잘려 나갔고 남은 머리카락은 헝클어져 있었다. 이 단발령으로 인해 이미 일본인들이 자행한 여러 가지 행위로 야기된 적개심에 극히 불필요한 모욕감마저 더해지게 되었다.

단발령과 리승만

과거 승려들이 가장 존경받던 나라에서 왜 이처럼 지위가 추락하게 되었는지 궁금할 것이다. 그 내력은 다음과 같다.

3백여 년 전 오랫동안 조선을 정복하고 싶어 했던 일본이 마침내 때가 온 것으로 판단하고 첩자를 보내 조선의 방비상태를 알아오게 했는데, 조선이 불교를 숭상하는 점을 이용하여 첩자들을 승려로 변장해서 보냈다.

승려로 변장한 첩자들은 환대를 받았으며 국왕의 손님으로도 대접받았다. 이들은 서울에 살았으며, 조선의 습속대로 불도를 수행하고 싶다는 핑계로 도시건 시골이건 전국 어디에나 갈 수 있었다. 그러나 후에 이들이 승려가 아니라 일본군의 장수이며, 그들의 임무가 서울의 방어책에 관한 모든 사실을 염탐하여 침략전이 벌어질 때 서울을 쉽게 함락시킬 수 있는 전략을 마련하는데 있었음이 밝혀졌다. 그때부터 불승들은 혐오의 대상이 되어 도성의 사대문 출입이 일체 금지되었고, 조선인들 간에도 가장 경멸받는 계층이 되고 말았다. 국왕께서 머리를 잘라 중으로 만들어 놓았다고 하신 것은 가장 경멸적인 뜻으로 말한 것이었다.

사실 불승의 도성출입 금지령은 3백여 년 후인 1893년 내가 조선에 갔을 때까지도 지속되고 있었다. 비록 도성 바깥에서 병이 난 스님들이 가끔 시약소로 찾아오긴 했지만 항상 변장을 하고 왔는데, 그 이유를 설명하면서 위의 이야기를 들려주었다.[129]

이야기는 다시 근세로 되돌아간다. 개화당원들은 청일전쟁과 그 후 한동안 조국을 완전히 잃어버릴 수도 있다는 위기의식 때문에, 정치에 대한 자신들의 이상을 강력히 추진할 수가 없었다. 시간이 지나자 이들은 기회가 닿는 대로 자신들의 견해를 다시 일깨우기 시작했다. 그러나 이 일은 이미 언급했듯이 국왕의 전제정치 제도에 대해서는 물론 일본인들과도 맞서야 하는 이중고와 그에 따른 위험을 겪어야 했다.

전하께서 머리를 깎은 직후 어느 일요일 오후, 리 씨(氏)가 우리 집을 찾아와 상투를 잘라 달라고 하여 나를 놀라게 했다. 내가 "정말 상투를 자르고 싶습니까?"하고 묻자 "물론 싫지요. 그러나 잘라야 하기 때문에 이왕이면 친한 친구가 자르게 하고 싶습니다. 이 일을 재미로 아는 자들에게 잘리고 싶지는 않습니다"라고 대답했다.

우리는 시약소로 가, 거기서 그의 상투를 단번에 잘라 테이블 위에 얹어두고는 남은 머리카락을 내 기술껏 조발해 주었다. 내 기술이래야 별것 아니었지만, 적어도 전하의 머리카락을 깎은 자 보다는 나았다.

---

129. 에비슨이 말하듯이 임진왜란 시 스님으로 변장한 왜군 첩자들의 후유증도 스님 경멸의 원인이 되었겠지만, 보다 중요한 원인은 조선조의 숭유억불(崇儒抑佛) 정책 때문이었다. 다만 당시 스님들이 외국인들에게 자신들에 대한 경멸의 원인을 이러한 식으로 설명하는 방식이 흥미롭다.

조발이 끝나자 리 씨는 잘린 상투를 정성스레 집어서 가제 천에 쌌는데, 두 뺨에는 눈물이 흘러 내렸다. 집에 가져가 어머님께 드리겠다고 했다.

물론 그래야지. 장차 대장부가 되고 또 장가든 징표로 어머니가 주신 것이며 그럼으로써 장성한 백성이 되게 한 것이 아닌가! 그 순간 나는 이 조그마한 머리카락 다발에 얽혀있는 감정을 과거 어느 때 보다 더 잘 이해할 수 있었으며, 조선인들이 일본인 지배자들에게 갖고 있던 반감의 깊이를 어느 정도 헤아릴 수 있었다.

국왕과의 개인적인 접촉에서 나는 그가 심덕이 어질고 백성의 복리에 대해 많이 생각하고 있음을 알았는데, 혼자 내버려두었더라면 개화파의 요구에 응했을 것으로 생각했다. 그러나 많은 관리들과 양반들, 황실재정에 매달려 있던 모든 사람들이 이런 변혁이 자신들이 누리는 특권을 저해한다는 것을 알고 있었다. 이들은 리 씨와 그의 동료들의 계획을 저지하기 위해 순사들을 손쉽게 이용했다.

리승만 체포령

어느 날 오후 리 씨와 성이 같은 과거 나의 조선어 선생 이(李) 씨가 황급히 우리 집에 와서, '선교사를 가르치고 있는 리 씨라는 사람을 체포하라는 포고령이 나붙고 있다는 소문을 들었다' 고 했다. 상세한 내용을 모르겠으나 두 사람이 다 같이 수배 전단의 인상서와 부합했기 때문에, 잠시 만이라도 보호해 달라고 찾아왔던 것이다.

그날 오후 그들 친구들로부터 수배된 사람은 피신해 온 이 씨가 아니라 더 젊은 사람, 즉 이 이야기의 주인공 리 씨라는 말을 전해 들었다. 내 조선어 선생은 집으로 돌아갔다.

이들이 우리들에게 보호를 요청하러 온 것은 조선이나 일본 순사가 해당 국가를 대표하는 공사의 허가서 없이는 외국인의 거주영역에 들어올 수 없다는, 이미 실시되고 있던 치외법권(治外法權) 제도 때문이었다. 그들은 적어도 체포를 위한 적법 절차를 거치기까지는 안전할 것이며, 또 이 절차에는 상당한 시일이 소요된다는 사실을 알고 있었다. 물론 그런 상황이 아니더라도 그들은 우리의 친구들이며 우리가 보기에 범죄자가 아니었기 때문에, 숨겨줄 수 없다고 거절할 수도 없었다.

한편 우리 집에 피신해 있는 리 씨를 무한정 머물게 할 수는 없는 처지였으므로, 대책을 강구하지 않을 수 없었다. 그와 의논해 본 결과, 멀리 시골로 가서 친구 집에 머물기로 했다. 조선인 유모로부터 빌린 옷으로 그를 여장시키고, 부인들이 타는 가마를 불러 날이 밝기 전에 도성 밖으로 내보냈다. 우리는 그에게 이 고비를 무사히 넘길 때까지 멀리 가 있으라고 당부했다. 물론 우리들은 그의 거처를 모르고 있는 것이 더 좋을 것이기에, 어디로 가느냐고 묻지 않았다. 그러나 리 씨 같은 사람들은 쉽사리 한 곳에 눌러 앉아 있을 사람이 아니었다. 두 주일이 못되어 서울로 돌아와, 우리 집을 다시 찾아왔다.

우리는 그를 꾸짖었으나 소용이 없었다. 그의 전 영혼이 격동하고 있었기 때문이다.

사형선고를 받고 수감되다

그는 곧 체포되어 구금되었으나, 탈출에 성공했다. 그는 어떻게 해서 연발식 권총 한 자루를 구하여 소지하고 있다가, 순사가 그를 다시 체포하려 하자 총으로 위협했다. 결국 붙잡혀 투옥된 그의 죄목은 순사에게

총을 쏘려했다는 중범죄였다. 곧 재판에서 사형선고를 받고 수감되어, 형 집행을 기다리고 있었다.

그러나 형은 곧 집행되지 않은 채, 하루하루 시간이 흘러갔다. 일본경찰은 그의 의지를 꺾기 위해 매일 족쇄를 채웠다. 오늘날 선진국에서 이 족쇄는 지난날의 유물이 되고 말았지만, 과거에는 영국이나 미국에서도 자주 사용되었다. 매사추세츠 청교도의 이야기나 영국의 존 번연이 쓴 『천로역정』을 읽어본 사람이라면, 번연과 뉴잉글랜드의 마녀들에게 자신들의 주장을 철회하거나 참회하도록 족쇄를 채웠다는 사실을 알고 있을 것이다.

이 형구(刑具)를 사용하면 완강하기 이를 데 없는 죄수들도 오래 버티지 못하고 굴복하기 마련인데, 리 씨는 매일 그가 기절하기 직전까지 장시간 족쇄에 채워졌으나 두려워하지 않았다고 한다. 이 형구마저도 그의 필생의 목표를 저버리게 하지는 못했다.

어느 날 은밀히 사람을 통해 영어성경을 보내달라고 하더니, 곧 이어 사전을 보내 달라고 했다. 그 다음에 일어난 일들에 대하여는 미국의 여러 교회에서 그가 직접 간증(干證)하여 나도 들은바 있는 이야기로서, 그를 통해 직접 들어 보기로 하자.

리승만 자신의 옥중 이야기*

미국의 선교사들이 조선에 입국하기 시작한 직후, 우리 조선인들은 오래전 선교사들이 왜 하와이 제도에 갔던가를 알고 있었고, 또 수많은 원주민들이 기독교 신앙을 받아들였다는 것도 알고 있었다. 이들 선교사들에 이어 곧 미국 사업가들이 건너왔는데, 이들은 원주민들과의 교역을 늘렸지만 원주민들은 그다지 혜택을 받지 못했다.

선교사들이 조선에 처음 들어오기 직전에 우리는 미국정부가 하와이에 있는 미국인들의 요청에 따라 모든 도서들을 합병하여 미국영토로 만들었으며, 이에 따라 원주민 여왕이 물러나야 했다는 것을 알고 있었다. 우리 조선인들은 당연히 우리나라에 대해서도 이런 운명을 획책하고 있다고 생각했다. 미국이 일본, 중국 및 조선으로 하여금 문호를 개방하여 외국과 통상을 하도록 강요했으며, 곧 이어 선교사들이 입국하지 않았던가?

우리가 그렇게 생각할 이유는 분명히 있지 않은가? 우리는 선교사들을 미국정부가 장차 합병할 길을 마련하기 위해 보낸 요원으로 간주하지 않을 수 없었다.

당시 나는 아주 젊은 사람이었고 한문학에 대한 통상적인 교육을 받았는데 이것으로는 서양의 여러 방식이나 외국의 사상이 어떻게 작용하는가를 이해하는 데 도움이 되지 못했다. 이러한 나의 마음 속에는 선교사에 대한 강한 불신감과 그들의 종교나 모든 외국의 것에 대한 적개심이 일어났다. 이리하여 나는 서울로 가서 선교학교에 입학하여, 서구 열강의 비밀을 캐낼 수 있는 모든 것을 배우는 동시에 선교사들이 무슨 의도를 가지고 우리나라에 와서 어린이와 젊은 사람들을 위한 학교를 개설하는가를 알고 싶었다.

이 일을 위해 나는 돈이 필요했다. 돈을 벌기 위해 선교사에게 조선어를 가르치는 일을 맡았는데, 이 때문에 내가 가르친 부인은 물론 에비슨 박사와 그의 많은 동료들과 가까이 접촉할 수 있었다. 나는 그들이 오로지 우리 백성에 대한 명백한 호의만을 갖고 있음을 알고 놀랐으나, 여전히 그들을 믿지 않았다. 그들이 우리나라에 오게 된 진정한 동기가 무엇일까라는 시각에서 볼 때 이 호의마저도 한낱 위장에 불과하다고 생각했다.

처음 서울에 올라와 나는 곧 새로운 정치형태의 도입을 위해 노력하던 일단의 젊은이들을 알게 되었다. 그들의 지도자는 병부상서의 아들인 지체 높은 젊은이로서, 1884년의 정변에 깊이 개입했으나 그 일이 실패로 돌아가자 조국을 떠나 있던 사람이었다. 그는 중국에서 선교사들로부터 배웠고, 미국의 대학을 졸업했으며, 청일전쟁 중에는 조국으로 불려와 조정 관직에 임명되었다.[130)]

그 청년은 중국에 있을 때 기독교인이 되었으며, 선교사들의 신앙과 의도를 굳게 믿었을 뿐 아니라 더욱 열렬히 입헌정치체제를 지지하게 되었다. 이번에는 백성을 교육시킴과 동시에 국왕 전하와 대신들에게 순조롭게 영향을 미쳐 유혈극 없이 목적을 달성하려 했다.

나는 이들과 운명을 같이하기로 결심했다. 우리는 동양의 여러 국가와 더불어 조선에 오랫동안 이어져 오던 전제 정치를 타파하지 않을 수 없다고 생각했으며, 동시에 청국을 물리친 후 우리의 조국을 집어삼키려던 일본의 지배에 항거했다.

우리는 조선의 수구파뿐 아니라 일본인들과도 적대관계였기 때문에 아주 어려운 상황에 처해 있었다. 따라서 오래되지 않아 우리들 중 다수가 투옥되어 앞날이 암담했으며, 죽을지도 모를 운명에 처해 있었다. 그러나 이 어려운 시기 내내 나는 훌륭한 동지들과 함께 있었다. 우리들 중에 조선에서 가장 훌륭한 사람들이 있었기 때문이다.

우리 단원 중 몇 사람은 기독교인이 되었으며, 나는 다수의 동지들과 같이 옛날에 갖고 있던 신앙을 더욱 굳혔다. 많은 선교사들과 접촉하다 보니, 나도 모르게 그들의 성실성을 인정하지 않을 수 없었으나 아직 그들을 믿지는 않았다. 그러나 에비슨 박사의 경우에는 피차 진정한 신임이 생겨나게 되었다. 내가 상투를 잃지 않을 수 없었을 때, 나는 에비슨 박사에게 잘라달

130. 윤치호를 가리킨다.

라고 부탁했다. 너무나 소중한 것이기에 상투 자르기를 장난삼아 즐기는 사람들에게 맡길 수 없었던 것이다.

후에 나를 체포하라는 지령이 내렸을 때, 나는 그의 집으로 가서 잠시 보호를 받았으며, 그는 나를 시골에 있는 안전한 곳으로 보내주었다. 그러나 나는 동료와 떨어져 있는 것이 좋지 않아, 얼마 후 서울로 되돌아갔다. 그러나 곧 반체제 분자로 체포되어 투옥되었다. 나는 탈출에 성공하여 권총 한 점을 갖게 되었는데, 이 권총으로 나를 체포하려는 순사들을 위협했다. 개혁기도와 이 사건 때문에 참수형을 선고받고, 사형수들을 수감하는 감방 중 제일 나쁜 감방에 수감되었다. 감방크기는 한 평 반 정도였으며, 매우 어둡고 불결하며 통풍도 잘 되지 않았다. 무슨 연유인지 나의 처형이 하루 하루 지연되었으나, 나는 오로지 내일이면 죽을 것이라는 생각 속에 살았다. 나는 매일 더 이상 견딜 수 없을 정도로 장시간 족쇄에 채워져 있었다.

감옥에서는 책이 없어 양서가 줄 수 있는 위안도 얻을 수가 없었다. 그러나 최소한 성경과 사전은 허용될 것이라 생각하고 에비슨 박사에게 연락하여 보내달라고 했다. 감방에 혼자 있을 때 언제나 성경을 읽었는데, 선교학교에 다닐 때 별 의미가 없어 보이던 내용이 이제는 심금에 깊이 와 닿았다.

그러던 어느 날, 선교학교의 선생님이 우리가 하나님께 정성으로 기도하면, 우리의 기도를 듣고 응답하신다고 한 말이 머리에 떠올랐다. 나는 감방에서 하나님께 난생 처음으로 마음에서 우러나오는 기도를 했다. "오! 하나님, 내 영혼을 구원해 주십시오. 오! 하나님, 내 조국을 구해 주십시오." 그러자 갑자기 감방이 빛으로 가득 찬 것 같고 마음 속에 즐거운 평화가 깃들어, 나는 순간 다른 사람으로 변했다.

선교사들과 그들이 신봉하던 종교에 대해 갖고 있던 증오심과 그들에 대한 나의 불신감이 모두 사라졌다. 나는 그들이 자기들이 고귀하게 여기는 것을 우리들에게 주려고 왔다는 것을 알았다.

기쁜 마음으로 옥리에게 내 경험에 대해 이야기해 주었다. 그는 그의 동생이 감옥에 오면 – 그는 자주 투옥되었다 – 동생에게 이 이야기를 들려주면서, 내가 그 후 사람이 달라졌다고 전해 주었다고 했다.

이들 두 사람은 내게 일어난 변화를 보고, 예수를 믿기로 결심했다. 감옥에서의 내 생활도 크게 달라졌다. 좀 더 나은 감방으로 옮겨지고 족쇄를 채우는 일이 중단되었기 때문이다. 유감스런 일이긴 하지만 감옥에는 나이 어린 소년들이 많이 수감되어 있었다. 옥리는 내가 이들 소년들에게 감옥 내에서 공부를 가르치게 허락해 주었다.

그는 선교사 친구들에게 선교회에서 구할 수 있는 조선어로 된 인쇄물을 모두 한부씩 보내달라는 편지를 쓰도록 허락해 주었다. 수감자들은 관심을 쏟을 것이 아무것도 없었기 때문에 이 책들을 열심히 읽었다. 옥리의 동생도 성경에 대한 공부를 시작했다. 그 후 그는 미국으로 가서 더 공부하고, 조선에 돌아와 조선 동포들에게 복음을 전했다. 곧 수감자 중 다수가 기독교를 신봉하기로 약속하는 것을 보고 기뻤으며 만족감을 느꼈다. 삶이 내게 새로운 의미를 갖게 되었다.

당시 서울에 만연하던 콜레라가 감옥에도 퍼졌다. 그 무서운 상황을 도저히 표현할 수 없다. 내 모든 시간을 환자들을 돌보는데 보냈으나, 환자들 대부분이 죽어갔다. 나의 요청에 따라 에비슨 박사가 감옥에 와서 치료약을 주고 갔다. 이 전염병은 수주일 후에 사라졌다. 다른 사람들을 위로하고 도와주는 등 너무나 할 일이 많았기에, 살아남아 쓸모 있는 일을 할 수 있게 된 것이 정말 고마웠다.

감옥의 정치범들

이제 앞서 하던 이야기를 계속해야겠다. 감옥에는 많은 유명 인사들이 정치범으로 수감되어 있었다. 이들 대부분이 처음에는 리 씨 못지않게 기독교를 강력히 반대했다. 그러나 방금 이야기한 일과 리 씨에게 일어난 큰 변화로 이들도 성경을 읽게 되었고, 읽다 보니 공감하게 되어 이들 중 다수가 기독교를 받아들였다. 이들은 석방된 후 교회에 협력하여 선교활동의 적극적인 조력자가 되었다.

이들 결신자들 중에는 당대 조선에서 매우 유명했던 한학자(漢學者) 이상재(李商在)[131]가 있는데, 그의 이야기는 이 회고록의 다른 곳에서 할 것이다. 수감자 중 한 사람인 김정식이 생각나는데, 그는 석방된 후 서울 YMCA 최초의 조선인 사무총장이 되었다. 지금은 은퇴하여 서울에서 조용히 살고 있으며, 아직도 서울에서 가장 큰 장로교회의 장로로 봉직하고 있다.

리 씨는 1897년에서 1904년까지 7년간 옥살이를 했다. 1904년 8월 9일 석방되자 그의 친구들은 그가 무슨 일을 해야 할 것인가라는 문제를 두고 매우 진지하게 논의했다. 그가 아직도 조선의 개혁에 대한 열의를 분명히 갖고 있었기 때문이었다. 모두 합심하여 그에게 즉시 미국으로 가서 앞으로 효과적인 일을 할 수 있도록 더 공부할 것을 촉구했다. 그는 처음에는 거절했으나 결국 이에 동의하고, 아들 태선을 데리고 미국으로 갔다. 불행히도 이 소년은 오래지 않아 미국에서 디프테리아에 걸려 죽었다.

---

131. 이상재(1850~1927)는 1888년에 주미 공사 서기를 역임하고, 귀국 후 의정부 참찬 등을 지냈다. 1898년 서재필 등과 독립협회를 조직하여 민중 계몽에 힘썼으며, 1906년 기독교 청년회장, 3·1 운동 후 조선일보 사장, 1927년 신간회 초대 회장 등을 역임하였다.

7년 동안의 옥살이로 가정생활을 못하다가 곧바로 미국 길에 오르게 되어, 또 다시 장기간 아내와 가족들과 별거생활을 해야 했고, 다시 못 볼지도 모를 연로한 부모님과도 떨어져 살아야 할 운명이 되었다. 1894년 그를 처음 만났을 때, 만약 조국의 정부를 개혁하는데 생애를 바친다는 목표로 살아가려 한다면, 이와 같은 고난은 수없이 겪게 될 것이라고 벌써 말한 적이 있었다.

미국으로 떠나다

1904년 11월 4일, 그는 열여덟 통의 소개장을 가지고 서울을 떠났다. 목사인 게일 박사(Dr. J. S. Gale)가 써준 다음의 소개장을 보면 리 씨가 조선의 외국인 사회에서 어떤 평가를 받았던가를 잘 알 수 있다. 그에 대한 평가는 후일 사람들이 그에게 표한 존경을 통해서도 분명히 알 수 있다.

워싱턴 및 미국 각지의 기독교인 형제들에게 :

1875년 서울에서 출생한 조선인 리승만(李承晩)을 소개합니다. 그는 구식 한학교육을 훌륭히 받았으나, 일찍이 현 시대의 세계에서 이것으로 부족함을 깨닫고 새로운 학문을 통해 접할 수 있는 영어와 여러 분야를 공부하는데 정력을 기울였습니다.

그는 조국의 독립을 염원했으며, 조선은 독립이 되어야 할 뿐 아니라 조선인들은 지둔(遲鈍)함에서 깨어나 올바르게 사고하며 생존해야 한다고 믿고 있습니다. 그는 일찍이 일간지 매일신문을 처음으로 시작했으며, 후에는 제국신문을 창간하여 영어번역물을 싣는 한편 자유에 대한 자신의 생각을 피력했습니다. 이것은 보수적인 조정의 생각에 상반되는 것으로, 리 씨는 1897년 9월 체포되어 7년간 옥고를 치렀습니다.

7개월 동안 그는 무게가 20파운드가 넘는 나무 칼(cangue)을 썼는데, 여기에 고통이 더하도록 두 발에는 족쇄(stocks)까지 채워졌습니다. 그 동안 동료들이 끌려 나가 구타당하고, 고문을 받아 혼절하거나 참수되는 것을 보았습니다. 그는 처형장의 둔탁한 칼 소리에 따르는 모든 감정을 알고 있었으며, 이 운명을 자신의 운명으로 생각했습니다.

여러 번 조간신문에 '리승만(李承晩)이 간밤에 참수되었다'는 기사가 보도되기도 했습니다. 그는 어깨에 두꺼운 쇠사슬을 묶고 뒤에다 맹꽁이 자물쇠가 채워진 채 죄수부대에서 일하기도 했습니다. 이 모든 것이 그와 그의 동료들이 만나 토론하고 담화하고 상호발전을 기할 수 있는 민중 집회의 권리를 주장했기 때문이었습니다.

그는 투옥되기 직전에 복음을 들었습니다만, 고통 속에서도 오직 믿음을 쌓아갔습니다. 즉 자신을 버리고 자기 마음을 신에게 바치고 복음전도에 나서자, 동료 죄수들이 구원되는 것을 보았습니다. 상해에서 그에게 보내 온 중국 서적으로 감옥에 서재를 만들기도 했습니다.

리 씨의 노력으로 개종한 사람 중에는 워싱턴 주재 초대 공사관 서기관 이상재 씨가 있습니다. 그 분은 조선에서 가장 유명한 학자 중의 한 사람이며, 지난번 세계 문학 작품집에 이름이 특기되어 있는 이원종이란 사람과 1895~1896년 조선경찰 총수였던 김충직 씨도 있습니다. 그외에도 많은 사람들이 있어 그 수는 모두 40여명이나 됩니다. 이들은 모두 리승만의 끈질긴 노력에 감화된 사람들입니다.

그는 재판을 받고 장(杖) 일백 대에 종신중노동형(終身重勞動刑)을 선고 받았다가, 지난 여름(1904년 8월 9일)에 사면 석방되었습니다.

이 한 사람의 황인(黃人)은 그가 겪은 시련을 생생하게, 그리고 훌륭하게 이야기할 수 있습니다. 그가 자유로운 미국 땅에서 백인 형제들 중에 좋은 친구를 많이 사귀기를 바라며, 그가 그곳에서 공부하고 관찰하고 저술도 하려는 3년 동안 용기를 북돋워 주어, 귀국 후 그의 동포들을 위해 큰일을 할 수 있도록 도와주시기를 간곡히 부탁드립니다. 그는 신사로 태어났고, 학자이며, 하나님의 종 기독교인이기에 아주 훌륭한 친구입니다.

Jas S. Gale
장로교 조선 선교사
"선구자"의 저자

1904년 11월 2일, 서울에서
(소책자 1부 동봉함)

조선의 백성들이 그를 어떻게 생각했는가에 대한 일례로 다음과 같은 그의 일기 내용을 인용한다. "부산에 도착하여 지사(知事)와 오찬을 함께 했다." 이 일기는 그가 감옥에서 석방된 지 3개월이 채 못 된 때의 일로서, 심지어 그 당시에도 그가 존경을 받았음을 보여준다.

일본 고베에 도착하자 그는 과거 감옥의 옥리이던 사람의 동생 이준혁(미국명 하워드 리)을 만났는데, 이미 언급했듯이 이 사람은 감옥에서 리 씨의 교화로 기독교인이 되었으며 서울에서 신학공부를 마친 후 공부를 계속하려고 미국의 대학으로 유학을 가는 길이었다.

호놀룰루에 도착하다

11월 29일 호놀룰루에 도착하자 그가 온다는 말을 들은 수많은 조선인들이 부두에 나와 그를 맞이하여, 조선인 교회에서 열리는 집회에 데려갔다. 호놀룰루에 잠시 머무는 동안, 그는 조선인 단체에서 강연을 하고 당일 저녁 호놀룰루를 떠나 12월 6일 샌프란시스코에 도착했다.

그의 일기에는 일본인이 경영하는 호텔에서 친구와 함께 쓴 2인용 객실료가 80센트, 식사 한 끼에 10센트씩 추가되었다는 재미있는 말이 적혀 있다. 낭비하지 않으려 했던 것이 분명하다.

그들은 12월 16일 샌프란시스코를 떠났는데, 그의 일기에 의하면 '베일 씨가 우리들에게 절반 할인된 가격으로, 시카고 경유 뉴욕 행 기차표 두 장을 구입해 주었다' 고 했다. 그는 12월 21일 워싱턴에 도착하여, 그날 저녁 목사인 햄린(Hamlin) 박사에게 소개장을 제시했다. 그의 이러한 직선적인 성격은 그의 모든 행위에서 찾아볼 수 있는데, 일을 하기로 작정하면 추호의 시간도 낭비하지 않았다.

일요일인 다음날 그는 햄린 박사의 교회에서 조찬 기도회를 가졌다. 목사관에서 점심 식사를 하고, 조선 공사관에서 저녁식사를 한 후 저녁 예배에 참석했다.

4월 23일 그는 언약교회(言約敎會 : The Church of the Covenant)에서 햄린 목사의 집도로 세례를 받았는데, 세례는 미국에서 받기 위해 그때까지 연기되어 온 것이었다. 그 이유는 동료들이나 여타의 주변 환경에 구애받지 않고, 자유롭게 그가 원하는 종파를 선택할 수 있도록 하려는 외국인 친구들의 조언과 배려를 존중했기 때문이다.

그는 장로교 교인으로 세례를 받았지만, 궁극적으로는 감리교 교인이 되었다. 그 배경을 보면 양 교파의 미국 선교위원회 사이의 상호협정에 따라, 감리교 감독교회에 운영권이 위임된 하와이 조선인 교육임무를 받아들였기 때문이다. 그러나 이런 변화는 그가 미국에서 학업을 모두 끝마친 뒤의 일이다.

그는 조지 워싱턴 대학에서 1907년 6월 5일 학사학위를 받았다. 마침 가족과 나는 1908년 정기 휴가를 얻어 미국에 체류 중이었다. 우리는 그 기회에 그와 재회하고, 같은 연단에서 강연하는 기쁨도 가질 수 있었다.

그해에 리승만 박사는 언더우드 박사나 헐버트 씨의 순회강연에 동행했다. 언더우드 박사와 헐버트 씨, 그리고 나 에비슨은 과거 왕비의 측근들이 조선조정에서 실권을 행사하던 친일내각을 타파하려 하였을 때 국왕과 함께 밤을 새운 적이 있었는데, 그해 미국 곳곳에서 강연을 할 때 반일정신에 투철한 리승만 박사의 도움을 받게 되어 참으로 인연이 묘하다는 생각이 들었다.

하버드 대학과 프린스턴 대학에서 공부하다

이미 언급했듯이 그는 학사학위를 받은 후 하버드 대학에서 공부를 계속하여 1910년 석사학위를 획득했다. 그 후 그는 프린스턴 대학에서 박사학위를 받았는데, 그의 논제는 「미국이 도입한 중립(Neutrality as Introduced by the United States)」이었다.

조선에서 출감한 후, 교회에서 그리고 공개 연단에서 설교와 연설을 하고 생활비를 벌어가면서도 불과 6년 만에 학문적인 성취를 이룩한 그의 능력은 조선인의 지력이 백인이나 여타 유색 인종과 동등하다는 것을 명백히 입증하며, 조선인이 역경에 처해 있고 다른 국가의 인정을 받을 수 있는 길을 찾지 못한 것은 지적으로 열등하기 때문이 아니라, 다른 이유에 연유하는 것임을 분명히 보여 주었다.

박사학위를 받은 후 그는 조국을 방문했는데, 그의 친구들은 그가 또 다시 정치 분쟁에 말려들지 않도록 엄밀히 주변을 보살펴 주었다. 이런 노력의 일환이면서 또한 그가 적격자이기도 하여 조선의 감리교회는 그를 미네소타 주 미네아폴리스에서 열리는 총회에 파견할 평신도 대표로 선발했다.

윌슨 대통령과 친분을 맺다

프린스턴 재학 중에 그는 우드로우 윌슨(Woodrow Wilson) 대통령과 교분을 맺었다. 대통령과 가족들의 일기에 그가 마지막 조국 방문에서 돌아온 후 수년간 대통령의 집을 방문했다는 사실이 자주 언급되어 있다.

언젠가 그가 남긴 기록을 모두 본적이 있는데, 누구든지 그 내용을 읽으면 그가 미국 사람들로부터 조선의 처지에 대한 공감과 이해를 얻어내기 위해, 장소와 때를 불문하고 동분서주한 행적에 크게 감명을 받을 것이다.

하와이로 돌아간 그는 그 후 5년간 직무수행을 위해 하와이 제도 전 지역을 수없이 여행했다.

임시정부 초대 대통령으로 선출되다

세계대전 중에 연합국이 약소국에 '민족 자결의 기회(an opportunity for an undisturbed national life)'를 부여하려는 계획을 선포하자, 조선인들은 그들이 기대하던 대로 승리를 거두어 전제정권을 무너뜨리고 민주정체를 수립하면 조선도 정치적 독립을 되찾을 수 있다고 믿고 있었다.[132)]

이에 대비하여 그들은 대한민국 정부를 조직하는 일에 착수했다. 물론 당시에는 문서에 불과했으나, 독립선언서를 준비하고, 대통령과 내각을 임명했으며, 전쟁이 끝나는 대로 행동에 옮길 만반의 준비를 갖추었다. 그러면 대통령으로 누가 지명되었겠는가? 리승만 외에 누가 있었겠는가?[133)] 그는 조선에 민주주의를 실현시키기 위해 온 생애를 바쳐오지 않았던가? 그의 추대는 동포들이 그에게 주려했던 크나큰 영예이기도 했지만, 그 자신의 부단한 노력이 가져다 준 동포들의 존경과 사랑과 신임의 증표이기도 했다.

나는 이 소식을 듣고 리 박사와 함께 기뻐하면서, 20여 년 전 그가 조국에 자유로운 정치체제를 수립하는데 일생을 바칠 각오가 되어 있다고 했을 때, 그 일을 하려면 가시밭길을 걸어야 하며 생명을 잃게 될지도 모른다고 충고한 일이 생각이 났다. 당시 그는 백성의 자유와 행복만 보장된다면 어떤 고생이라도, 심지어 죽음이라도 감수하겠다고 했다. 그가 걸어온 길은 분명 가시밭길이었고, 언제나 죽음이 따라다녔다. 그러나 이제 성공을 눈앞에 보게 된 것이다.

---

132. 윌슨 미국 대통령이 주도한 민족 자결주의는 어느 한 민족의 장래는 민족 '스스로 결정(自決)'해야 한다는 것으로, 조선 등 식민지의 독립에 대한 기대감을 높였다. 반(反)식민주의의 성격을 띤 민족 자결주의는 식민지를 별로 가지고 있지 않던 미국이 다수의 식민지를 확보한 서구 열강으로부터 식민지를 내놓게 함으로써 세계의 지도권을 확보하려는 목적도 있었다.

133. 1차 세계대전과 3·1운동 이후의 상해 임시정부 성립과 리승만의 임시 대통령 선출을 말한다.

파리 강화회의 참석을 시도하다

물론 이와 같은 일은 극비리에 행해져야 했다. 수많은 애국지사들이 망명 중이었으므로, 대부분 인편서신을 통해 연락을 취했다. 그리하여 대통령으로 지명된 사람과 그 일행이 파리로 가, 약소국에 대해 문서로 작성한 제반 약속사항을 이행할 책임이 있는 당사국들에게 조선의 대의명분을 설명하기로 했다.

1919년 1월 6일의 일기에는 사전설명 없이 갑자기 S. S. 엔터프라이즈호를 타고 오후 6시 호놀룰루를 떠났다고 적혀 있다. 무슨 용무로 어디에 갔는지 궁금할 것이다. 그 다음 1월 12일 일기에는 '시카고 안(安) 선생[134]에게 전보'라고 기록되어 있다.

이때의 전후 날짜와 서둘러 호놀룰루를 떠난 사실, 중국과 미국으로 망명생활을 하던 또 다른 열렬한 애국자 안(安)선생[135]에게 전보를 친 사실 등을 종합해 보면, 리승만은 베르사유 강화조약을 준비하던 각국 대표들에게 "대한민국(The Republic of Korea)"을 일본의 압제에서 벗어나게 해달라는 호소를 행동을 통해 적극적으로 실행하려는 바로 그 시점에 있었다는 결론을 내릴 수 있다.

사실이 그랬다. 리 박사와 안창호 선생은 파리로 가서 중국에 정부를 수립한 조선의 애국자 김규식(金奎植)[136] 선생과 합류하여 함께 탄원서를 제출하려 했던 것이다.

---

134. 저자 주 : 안 선생은 북(北)장로교 선교학교 졸업생으로 기독교인이 되었다. 그는 조국의 기독교화와 독립을 위해 헌신했다. 웅변가로서 그는 분명 조선에서 가장 유능한 연사였으며, 그보다 나은 사람은 그 어느 나라에서도 찾아보기 어려울 것이다.

135. 도산(島山) 안창호(安昌浩, 1878~1938) 선생을 말한다. 1900년에 미국으로 건너가, '공립협회(公立協會)'를 설립하여 교포 사회의 생활을 향상시키고자 했고, 1906년 입국해 '신민회(新民會)'를 조직하였으나 곧 105인 사건으로 투옥되었다. 청년 학우회, 흥사단을 조직하고, 평양에 대성학교를 설립하기도 했다. 3·1 운동 후 상해 임시정부 내무총장으로 헌신하였고, 윤봉길 의사 사건으로 투옥되는 등 독립에 크게 헌신했다.

136. 저자 주 : 김씨는 이미 수년 전에 언더우드 박사에 의해, 그가 장성하면 조선을 위해 봉사하도록 특별교육을

이렇게 계획된 파리 행을 위해서는 미국 정부에서 발급한 여권이 필요했다. 그러나 미국정부는 이들 두 사람이 수년간 미국에 체류했지만 시민권이 없기 때문에, 여권을 발급해 줄 수 없는 입장이었다. 당초의 계획이 좌절되자, 그들은 윌슨 대통령에게 이 탄원서와 중국에서 파리로 간 김씨의 호소를 우호적으로 경청해 달라는 간절한 소청을 써 보낼 수밖에 없었다.

리승만 박사와 안창호 선생은 다른 조선인 인사들과 함께, 베르사이유 회의에서 자유를 보장해 주기를 갈망하는 다른 약소국들의 대표자들이 모이는 회의에 참석하기 위해 뉴욕으로 갔다. 리 씨가 파리로 가기 위해 한 수많은 노력이나, 그가 미국 정부관리들을 찾아 갔다거나, 영국의 로이드 조지에게 전보를 쳤다는 등의 이야기를 일일이 할 필요가 없다. 그러나 마침내 나는 '4월 10일, 나는 포기했다'라는 짤막한 글귀를 일기에서 찾아냈다. 용감하고 성실하게, 그러면서도 그가 할 수 있는 일을 다 했지만 헛수고였던 것이다.

강화조약 회담이 진행되고 있을 때, 김규식 선생 한 사람만 베르사유에 있었다. 그는 이 조약이 조인되고 조선의 독립에 대한 희망이 산산조각 날 때까지 그곳에 머물면서 일했다. 조선인들은 리 박사의 친구인 윌슨 대통령의 말을 매우 신뢰했고, 리 박사도 그가 조선의 주장에 극히 호의적이라고 알았지만, 결국 윌슨은 그가 예상했던 것보다 훨씬 복잡한 상황에 처했다고 말하지 않을 수 없었다.

너무나 많은 국가들이 관련되었고 참전국들의 이해관계가 너무나 다양하여, 그가 생각한 것과 같은 해결책에 이를 수가 없었던 것이다. 특히

시킬 가치가 있다고 선발되었다. 그는 미국에 보내져 그에게 적합한 교육을 받았는데, 조선에 돌아와서는 언더우드 박사의 조수로 일했다. 당시 국내에서 일어나고 있던 독립운동에 관심을 가진 다른 많은 사람들과 마찬가지로, 정복자의 손에 죽임을 당하지 않기 위해 중국으로 망명했다.

조선의 경우, 일본의 요망사항이 고려되어야 했다. 일본은 조선을 포기하지 않으려 했고, 조선이 일본을 만주와 중국으로 연결하는 교량과 같은 요충지로서 자칫 또 다른 분쟁을 초래할지도 모른다는 생각에서 조약에 명시된 조건을 적극 지지하지 않았던 것이다.

오랫동안 조선인들이 자주권을 되찾을 수 있는 길을 열어 줄 그 어떤 일이 일어나기를 줄곧 기대하면서 워싱턴에 대표를 주재시켰으나, 결국 리승만 박사는 호놀룰루로 돌아갔다.

리승만과 안창호

그러는 동안 안창호 선생은 가족들을 로스엔젤레스에 남겨둔 채, 배를 타고 상해로 갔다. 그의 가족들은 아직도 그곳에 살고 있다(1931년 우리 부부가 뉴욕으로 가는 도중, 그곳에 살고 있는 그의 가족들을 만났다). 안 선생은 대부분의 교육을 서울에 있는 장로교 선교 고등학교에서 받았는데, 나는 그곳에서 그를 만나 잘 알게 되었다. 그는 헌신적인 기독교인이었고, 진실한 애국자였으며, 내가 들어 본 중에서 가장 유능한 웅변가였다.

그는 수년간 상해에서 활동을 계속했으며, 조선동포 중 많은 사람들은 그를 조선민족의 진정한 지도자로 생각했다. 결국 이 때문에 그와 이 박사 사이의 절친한 관계가 깨어지게 되었다.

1920년 6월, 리 박사는 조선의 독립을 위해 앞으로 취할 조처에 대해 교민들과 의논하기 위해 상해로 가는 도중, 호놀룰루에 들렀다. 중국에 가서는 조선의 유일한 대표로 베르사이유에 있다가 최근 돌아온 김규식을 만났다.

리 박사의 중국 방문은 이미 언급한 바와 같이 안창호 선생과의 관계가 소원해진 데에도 원인이 있었던 것으로 생각된다. 당초 독립선언서 서명 인사들의 대표자였던 리 박사에 반대하고 특히 중국에 있던 많은 조선인들이 안창호를 대표자로 지지했기 때문에, 리승만은 다시 뭉칠 수 있도록 이 두 사람 사이의 불화를 종식시키고자 했다.

중국에 있던 사람들이 리승만에게 대통령직을 사임하라고 요구했다. 그는 후계자가 즉각 합법적으로 선출되고 지지를 받을 것이 확실하면, 기꺼이 그렇게 하겠다고 했다. 분명 이 일은 만족스럽게 타협될 수가 없어서, 리승만은 미국으로 돌아갔다.

수년 후 안 선생은 중국에서 일본 순사에게 체포되었다. 일본 경찰이 오랫동안 그를 추적했으나 국제관계 때문에 체포할 수 없었던 것이다. 그는 조선으로 압송되어 일본 법정에서 재판을 받고, 국사범(國事犯)으로 유죄판결을 받고 수년간 구금되었다.

석방되자 그는 서울에 있는 병원으로 나에게 작별인사를 하러 왔다. 석방 조건 중 하나가 서울을 떠나 시골에 살아야 한다는 것이었기 때문이다. 그 후 오래 살지 못했으나, 그의 이름은 조선의 모든 애국자 중 가장 존경받는 사람 중의 한 분으로 남아 있다.

1932년 제네바 국제연맹에 청원하다

다시 리 박사의 이야기로 돌아간다. 그의 일기에 '워싱턴에서는 조선의 대표부가 조선 공사관으로 알려져 있다'라고 적혀 있다. 이 말은 대한민국은 리승만을 수반(首班)으로 하여 워싱턴에 대표부를 설치했으며, 미국정부가 이를 인정했음을 의미한다.

리 박사는 필립 박사(서재필을 말함)와 H. B. 헐버트 박사를 대동하고 미국 사람들에게 미국이 조선과 통상우호조약을 체결할 때 그 어떤 나라의 기도가 있더라도 조선의 독립을 지지하기로 약속했음에도 불구하고, 그 후 루스벨트 대통령이 '포츠머스 조약[137]은 일본의 조선점령을 인정한다는 뜻'이라는 우회적인 발언을 함으로써, 미국 정부가 조선에 대한 신뢰를 져버렸음을 알릴 목적으로 미국 전역으로 순회강연에 나섰다.

리 박사는 1932년까지 수년간 애국심의 불길을 고취시키기 위해 이리저리 뛰어 다니다, 마침내 제네바에 가서 국제연맹에 한국의 대표를 옹호해 주도록 청원할 계획을 세웠다.

비록 1910년 미국 정부가 리 박사에게 베르사이유로 갈 수 있는 여권을 발급해 줄 수 없다고 거절했지만, 그간 미국 정부는 태도를 바꾸어 사실상 외교관 신분의 여권을 발급해 주었다. 이러한 여권은 미국 정부에서 처음으로 발급한 것이었으나, 모든 공사관에서 사증(査證)되었다. 제네바로 간 그는 개인적으로 수개국 대표들로부터 환영을 받았지만, 당시 국제연맹이 직면하고 있던 수많은 국제 문제를 보는 견지에서 일본과의 관계에 혼선을 일으키지 않으려는 태도가 여전하여 아무런 성과도 거두지 못했다.

이 문제는 결국 일본이 군사력을 잃고 조선이 안전하게 일본의 지배에서 벗어나 자유 국가로 독립할 때까지 쉽게 해결될 것 같지가 않아 보였다.[138]

---

137. 1905년 미국의 중재에 의한 러일전쟁 강화조약. 이 조약의 체결로 일본의 조선 지배가 세계열강의 묵인 아래 공공연히 자행되었는데, 1882년 조선과 미국 사이에 체결된 조미수호조약(朝美修好條約)은 사실상 이 때를 계기로 무효화되었다고 할 수 있다.

138. 저자 주 : 지금(1944년)의 전쟁이 이를 가능케 할지도 모른다 - 실제로 지금(1944년 8월) 이것이 확실시되는 것 같다. 이미 여러 나라에서 전쟁이 끝나면 조선의 독립이 실현될 것이라 했기 때문이다.

리승만의 위대함

리 박사는 호놀룰루로 돌아가 그곳에서 다시 교편을 잡았다. 나는 얼마 전에 하와이에 있는 한국인 친구로부터 호놀룰루에 크게 확장된 한인교회가 새로 건립되었고, 이 교회가 리 박사와 만년의 여러 해를 함께 보낸 사람들이 그가 그 동안 조국의 발전을 위해 행한 모든 일과 아직껏 한국의 어린이와 하와이의 젊은이 교육을 위해 헌신하는 그를 존경하고 사랑한다는 것을 알리기 위해, 그리고 그를 추앙하는 의미에서 그의 이름을 따서 교회명(敎會名)을 지었다는 말을 들었다.

1939년 봄 그가 다시 워싱턴에 왔다는 소식을 들었고, 4월 말경에는 뉴욕에 잠깐 들렀다. 나는 그때 그와 몇 시간을 함께 보내는 특전을 누렸다. 당시 그는 64세였다. 그에게는 세월도 자비를 내려 흰머리가 거의 없었다. 그의 정신력도 여전히 왕성했다.

언젠가 미국으로 휴가 여행을 가던 우리 부부가 그를 보러 호놀룰루에 들려, 학교로 가 그를 만나보고 싶다는 전갈을 보냈다. 그는 우리를 보자 달려와, 마치 내가 형이라도 되는 듯 목을 얼싸안고 기뻐하며 눈물을 흘렸다.

자기 조국을 빼앗으려 왔다고 생각한 사람들에 대한 깊은 증오심으로 시작한 그의 지난날들을 모두 기억하고 있던 나는 그 감회가 한층 더 깊었다. 이제 그에게 증오심은 사라졌다. 반기독교가 아닌 깊은 사랑과 신앙의 열정으로 충만해 있고, 아직도 세상 사람들을 갈라놓는 전쟁이나 전쟁에 대한 뜬소문을 낳게 하는 편협한 민족주의는 없었다. 그는 변함없이 성실한 한국인으로서 모든 사람들을 형제로 생각하고 있었다.

바로 이런 것이 분명 그리스도가 나사렛의 유대교 회당에서 그의 일생의 과업 – 궁극적으로 모든 인간을 사랑하는 한 형제로 만들어 줄 두 가지 힘, 즉 착한 믿음과 정성이 깃든 행위 – 을 제자들에게 설명하면서, 너희는 세상 끝까지 가서 내가 가르친 대로 사람들을 가르치라고 한 말씀의 진정한 뜻이었다.

사람은 자신이 정한 목표를 성공적으로 달성하는 경우 뿐 아니라, 온갖 장애에도 불구하고 고통을 겪으면서 때로는 죽음 앞에서도 굽히지 않고 높은 이상을 끝까지 추구해 나갈 때 비로소 위대한 것이다. 리승만은 위대한 사람이었고, 지금도 위대하다. 조선이 낳은 위인 중의 한 사람임이 분명하다.

솔내 마을 이야기 9장

솔내 마을 최초 교회당 자리 / 연대 미상

선교의 거점 솔내 마을*

게일(James S. Gale) 박사가 토론토 대학 YMCA의 후원으로 조선에 왔을 때, 그는 영어를 전혀 사용하지 않고 조선인들과 부단히 접촉함으로써 조선어를 배울 수 있는 깊은 시골로 들어가기를 원했다. 그는 서울에서 2백마일 가량 떨어진, 조선에서 개신교 교회가 처음으로 세워진 솔내 마을 이야기를 듣고 이곳으로 공부하러 갔다.[139] 그는 최초의 조선인 개신교도인 서(徐)상윤[140] 씨 집에 하숙하면서, 조선어를 상당히 잘 할 수 있을 때까지 머물렀다. 그는 조선에서 가장 훌륭한 외국인 언어학자로 간주되었는데, 한자에 대한 지식은 그 어느 외국인도 따라갈 수 없었다. 그곳에 있는 동안 그는 전적으로 조선음식만 먹었다.

게일 박사에 곧이어 들어온 맬컴 펜윅(Malcolm Fenwick) 목사도 게일 박사의 선례를 따라, 솔내 마을에 가서 조선어를 배웠다. 그도 조선어다운 조선어를 할 수 있었으며, 조선음식만 먹었다. 이렇게 조선어를 잘하고 조선음식을 먹자, 게일 목사와 펜윅 목사는 이 두 가지 일만으로도 조선인들과 매우 가까운 관계를 맺게 되었다.

우리가 조선에 살던 첫 해에 노바 스코시아(Nova Scotia) 출신의 매켄지(W. J. McKenzie) 목사가 방문 차 조선에 왔는데, 내가 캐나다인이었으므로 곧바로 우리 집으로 찾아 왔다. 그가 노바 스코시아에서 목사로

139. '솔내'는 황해도에 소재하는 마을로 한자 표기로는 송천(松川)이다. 이글에서 볼 수 있듯이 개신교의 개척지이자 선교거점이었다.

140. 만주지방 선교사인 존 로스의 영향으로 기독교를 받아들인 인물이다. 1882년에 조선 최초의 한글성경을 번역하고, 1884년 황해도 송천(솔내)에 최초의 교회를 세웠다.

재직할 때 조선의 선교 사업에 관하여 들은 적이 있어, 직접 와서 살펴볼 결심을 했던 것이다.

당시 그는 고향 마을의 젊은 처녀와 약혼을 했었지만, 그녀는 조선에 매력을 느끼지 않아 함께 오기를 거부했다. 조선에 도착한 후 캐나다에서 알고 지내던 중국 선교연합회에서 일하는 젊은 처녀에게 편지를 보내, 신부가 되어 달라고 했다. 그녀는 이에 응했으나 이미 중국에서 선교사로 일하고 있어서 후임을 찾으려면 시간이 좀 걸려야 했고, 그녀를 후원해 주던 사람들과의 관계가 끊어질 우려도 있었다. 이런 배경으로 결혼은 지연될 처지에 있었다. 매켄지 박사는 서울에 있던 선교사들과 상의한 후, 조선어를 배우기 위해 솔내 마을에 머물기로 작정했다.

매켄지 박사가 소속된 교파는 캐나다의 매리타임 지역 장로교로서 당시 선교구역 관계로 소속 교파에서 정식으로 임명한 경우는 아니었으나, 본인은 후에 자기 교파에 배정될 지역에서 일하고 싶어 했다. 그의 활동지역 결정 문제는 선교구역 배정과 그에 따른 업무에 관한 권한을 위임받는 범(汎)교파 선교위원회(Intermission Committee)에서 결정하도록 했다. 그도 게일 박사나 펜윅 씨가 그랬듯이 한동안 솔내 마을 서(徐)씨 댁에 머물기로 했는데, 그곳에 거주하는 동안 주민 모두로부터 사랑을 받았다.

솔내 마을과 동학(東學)

그 때 동학이라 불린 일단의 조선인들이 솔내 마을이 있는 황해도에서 활약하고 있었다. 이들은 조선 고유의 문화를 지키고 조선을 조선인의 땅으로 보존하는 일의 중요성을 강조했는데, 동학은 '동양의 문화'

라는 의미였다. 일반적인 말로는 '조선인을 위한 조선'이라는 뜻으로 이해된다.

이들은 가끔 마을을 불태우고 자신들에게 대항하는 지역을 위협했다. 이들이 솔내 마을을 위협하자, 매켄지는 단신으로 그들을 만나 솔내 마을을 괴롭히지 말라고 요청하겠다고 자원하여 나섰다. 친구들은 그가 혹시 피살되지나 않을까 두려워했으나, 그는 아무도 따라오지 못하게 하고 혼자 갔다. 그는 키가 장대하고 몸이 육중했으며, 호감이 가는 미소를 짓는 사람이었다. 그가 반군의 진영에 도달하여 지도자들과 이야기를 시작하자, 곧 그들의 신뢰를 얻어 마을을 안전하게 지킬 수 있었다. 그 후 그는 이들 무리를 자주 찾아갔으며, 그 지도자와 많은 사람들을 기독교로 개종시켰다.

솔내 마을의 매켄지(W. J. McKenzie)와 그의 약혼녀

이와 같은 사연 속에 당시 조선에 만연하던 발진티푸스에 매켄지 박사가 감염되었다. 때는 1895년 여름으로 청일전쟁에서 일본이 승리하여, 서울에서는 일본인들이 이를 축하하기 위해 큰 연회를 열고 있을 때였다. 마침 이 행사에 참석하고 있던 나에게 매켄지로부터 몹시 아프니 제발 좀 와 달라는 서신을 받았다. 언더우드 목사와 의논했더니, 그도 역시 나를 즉시 보내달라는 편지를 받았다고 했다. 이 문제로 서울지구 회의가 소집되어 당시 서울에서 과중한 의료 업무를 담당하고 있는 내가 가는 것이 바람직한가에 대하여 의논했다.

그때 마침 오래건 주 포트랜드에서 근래에 도착한 젊은 의사 헌터(J. W. Hunter)가 서울에 머물고 있었다. 그에게는 가족이 없었으며 아직껏 맡은 부서가 없어, 서울 교구에서는 그에게 나 대신 가 달라고 부탁했다. 그는 이를 수락했으나, 조선어를 전혀 몰라 밀러 목사(Rev. F. S. Miller)가 동행하게 되었다.

이들은 그 다음날 떠났으나, 그곳까지 가는데 여러 날이 걸려 솔내 마을에 도착했을 때 매켄지 박사는 이미 죽고 난 후였다. 그는 열병이 심하여 정신착란에 빠졌음이 분명했다. 침대에서 벌떡 일어나 서씨 형제 중 어느 분이 가지고 있던 권총으로 아무도 모르는 사이에 자살해 버렸기 때문이다. 이렇게 해서 아주 유망한 젊은 선교사 한 사람이 극히 짧은 기간 활동하다가 사라졌다. 솔내 마을 사람들은 장례식을 치르기 위해 그의 시신을 서울로 운구하는 것을 허락하지 않았다. 그들은 그가 자기들 사람이라며 교회 외곽에 묘지를 마련하여 매장하고, 조선어와 영어로 새긴 비석을 세웠다. 그가 이들과 함께 산 기간은 극히 짧았지만, 이들은 그를 더 없이 사랑했으며 묘지도 잘 관리해 오고 있다.

중국에 있는 맥컬리(Louis H. McCully) 양에게 애인의 불행한 죽음을 알렸다. 그녀는 혼담이 있을 때부터 중국을 떠나 조선에 올 결심을 했으므로, 이를 소명으로 알고 조선으로 오겠다고 했다.

그녀는 조선에 오자 매켄지 박사가 하던 일을 계속했다. 그 후 곧 전시지구(戰時地區 : Wartime Provinces)의 장로교 선교회는 공식적으로 조선 선교활동을 시작하기로 결정하고, 그녀를 이곳 초대 선교사로 임명하였다. 범(汎)교파 선교위원회는 원산에서 시작하여 북쪽으로 조선과 만주 국경에 이르는 동경지구를 장로교의 전도 책임구역으로 배정했다. 이 지역은 미국 남부 감리감독교회(Southern Methodist Episcopal Church)의 활동 구역이었으나, 캐나다 선교사들이 자유롭게 활동할 수 있도록 구역을 양보했다. 단, 원산 지역에서는 두 교파가 같이 선교활동을 할 수 있도록 했다.

솔내 마을의 정경

솔내 마을은 이름이 두 가지인데 의미는 같다. 조선에는 이처럼 어디나 이름이 둘씩 있는데, 하나는 한자의 조선 음이고 다른 하나는 순수 조선말 이름이다.

조선에서는 소나무를 '솔'이라 부르고 개울을 '내'라 하기 때문에, 이 마을의 이름은 '솔내'이다. 그런데 한자로는 소나무를 '송(松)'이라 하고, 개울 즉 내를 '천(川)'이라 하므로 송천(松川)으로도 불리지만, 똑같은 뜻을 지닌다.

어느 이름으로 부르든 조선인의 생각으로 보면, 이 마을은 정말 아름다운 동네이고 미국인의 눈에도 그림 같은 마을이라고 할 수 있다. 마을은 대경산 기슭에서 황해까지 펼쳐져 있는 매우 기름지고 아름다운 평야 한가운데 위치하고 있다. 산에서 발원한 시내는 굽이굽이 흘러 평야 중간쯤에 이르러, 이 마을 쪽으로 방향을 바꾼다. 흐르는 물에서는 10여 피트나 되는 거품이 솟아올라, 마치 그릇에서 물이 끓는 것 같다. 옛적부터 밤낮으로 흘러내리는 물은 뜨겁지도 않고, 깊은 샘에서 갓 길어낸 듯 매우 차갑다. 마을사람들에게는 큰 혜택이 되어, 시냇물 가운데에서 식수를 긷는다.

끓여서 정화할 필요도 없고, 차갑게 냉장할 필요도 없다. 자연이 선사한 순수하고 차가운 물이다. 사람들이 이곳에 마음이 끌려 집을 짓게 된 것은 바로 이 강 때문인 것이 분명하며, 이것이 마을 사람들의 정신과 기상을 형성하는 데 큰 영향을 끼쳤을 것 같다. 이 아름다운 솔내 마을 교회에서 전국적으로 유명한, 총명하고 강건하며 헌신적인 사람들이 많이 배출되었기 때문이다.

솔내 마을의 기독교 전파

이곳에 기독교가 전파된 배경을 보면 흥미롭다. 본래 이 곳 주민들은 유교, 불교, 그리고 토속신앙을 통해 나름대로 깊은 신앙심을 갖고 있었다. 이들 중 점잖은 농부이며 한학을 배운 서(徐)상윤이란 사람이 있었다. 그는 가끔 조선에서 생산된 물건을 가지고 멀리 북쪽으로 압록강을 건너 만주지방과 만주의 수도 목단(Mukden)으로 다니다가, 돌아올 때 이웃사람들이 귀하게 여기는 중국 상품들을 가지고 왔다.

어느 땐가 서상윤 씨가 목단으로 갔다가 그곳에 개신교 선교회를 설립한 스코틀랜드 장로교 선교사들을 만났는데, 특히 중국어로 대화를 나누었던 존 로스 목사에게 매력을 느끼게 되었다. 서상윤 씨는 로스 목사로부터 기독교에 관한 것을 알게 되었고, 한문으로 된 신약성서 한 권도 가져왔다. 이것이 그가 기독교를 믿게 된 과정이며, 그를 통해 이 아름다운 솔내 마을에 기독교가 들어오게 되었다. 미국 선교사들이 이곳에 처음 왔을 때, 이미 기독교의 씨앗이 뿌려져 싹이 자라고 있었던 것이다.

한번은 서씨가 목단에서 조선의 상품을 한문 성경과 바꾸어, 압록강변 만주국경에 있는 단동까지 짊어지고 왔다. 당시 조선에서 기독교는 물론 성경과 기독교 관련 책자들은 금제(禁制)의 대상이었다. 따라서 그곳의 세관 관리가 그가 소지한 경전과 책자의 반입을 허락하지 않자, 그는 이들을 배에 실고 압록강 하구를 빠져나와 먼 남쪽 제물포 항까지 운반해 왔다. 이곳에서도 세관 통과가 어려워졌으나, 일정기간 보관한 후에 미국 공사의 호의와 중재에 힘입어 통관에 성공했다.

정력적이고 헌신적인 서씨는 여러 권의 한문 성경을 솔내 마을로 가져와, 한문 해독이 가능한 사람들에게 나누어주었다. 이와 같은 일로 서씨와 솔내 교회의 이름은 조선의 개신교 초기 포교에 길이 남게 되었다. 둘다 토론토 출신으로 미혼이었던 S. 게일 목사와 M. 팬위크 씨가 조선에 오는 즉시 솔내 마을로 가게 된 배경에는 이와 같은 마을 내력이 있었기 때문이다.

이 마을에서는 영어로 이야기를 나눌 이웃도 없어 더 빨리 조선어를 배울 수 있었으며, 호의적인 마을사람들의 도움으로 조선의 생활방식에도 쉽게 익숙해 질 수 있는 잇점도 있었다. 이 지역은 언더우드 목사의 감독 구역으로, 그는 솔내 마을을 황해도 지구 선교활동의 거점으로 삼았다. 우리 부부가 조선에 도착했을 무렵, 이곳 주민들은 거의 모두 개종하여 함께 예배를 보려면 큰 교회당을 신축하지 않으면 안 될 사정이었다.

솔내 마을의 조선 최초의 개신교 교회

그리하여 주민들의 투표로 교회를 지을 가장 적당한 곳으로 마을의 불교 사찰이 있는 장소로 결정되어, 곧 이 절이 헐리고 기독교 교회를 세울 터를 닦았다. 장소 문제가 결정되자, 이번에는 방법 문제가 고려되어야 했다. 천주교 선교사들은 성당 건물을 선교 자금으로 지었다. 그래서 솔내의 기독교인들이 터를 마련한 후 언더우드 씨를 찾아가 이 사실을 보고했다. 당연히 건축비가 즉각 나올 것으로 기대했다가, 언더우드 씨가 사업 진척에 감사를 표하면서 건물이 언제쯤 완공되어 헌당(獻堂)할 수 있겠느냐고 묻자 모두 깜짝 놀랐다.

그들은 "아니, 우리는 목사님이 자금을 마련해 줄 것으로 생각했습니다. 우리에게는 건축비가 없습니다. 건축 자재를 구입해야 하고, 노임도 지불해야 합니다"라고 했다.

그러자 언더우드 씨는 "당신들 집은 어떻게 짓습니까? 누가 돈을 대줍니까?"하고 물었다. "그야, 각자 자재를 사서 이웃의 도움으로 함께 집을 짓지요"라고 대답했다. 이에 언더우드는 "그렇다면 교회를 짓는데도 같은 방법을 따르면 되지 않습니까? 나무가 필요하다면 마을 주위에 나무가 없습니까? 돈을 주지 않고도 주워올 수 있는 돌이 많고, 필요한 흙과 모래도 있지 않습니까? 마을에는 교회에 나오는 목수와 석공들도 있지 않습니까? 그 분들도 봉사로 도우려하지 않겠습니까?"라고 응수했다.

이들은 처음 기가 막혀 했으나, 이윽고 지도자가 미소를 지으면서 "물론 그렇게 할 수 있고 말구요"라고 외치고는 물러갔다. 그들은 그대로 이행했고 이렇게 해서 조선 최초의 개신교 교회당이 세워졌다. 그 후 이 나라에서는 항시 이 선례를 따라 예배당을 지어 나갔다. 이 건물은 순수한 조선식 건축물이었으며 마을의 모든 주민을 수용할 수 있을 만큼 넓었다.

교회당이 준공되었을 때 언더우드 목사와 동료 선교사들이 이 교회 건물을 하나님을 경배하는 예배당으로 봉헌했다. 이 예배당이 전적으로 조선인의 기금으로 세워졌다는 것, 이 사례가 교회를 필요로 하거나 다시 짓고자 하는 다른 모든 지역의 신도들에게 귀감이 될 일이었기에 봉헌 예배의 기쁨은 한층 더했다.

1896년 나는 처음으로 언더우드 씨를 따라 이 마을에 갔는데, 그 때 몇 가지 특이한 경험을 했다. 도중에 여러 마을과 읍을 들른 후, 토요일 저녁 황혼녘에 솔내 마을에 도착했다. 서씨 댁에 도착하여, 조선인들이 방문객의 내방을 알리는 특이한 기침소리를 냈다.

곧 문이 열렸는데 아주 놀라운 광경이 보였다. 그들은 모두 조선의 예에 맞지 않게 갓을 벗고 있었다. 더욱 놀라운 일은 모두 상투를 자르고 머리를 짧게 깎고 있지 않는가! 나는 이런 예기치 못한 광경을 보고 숨을 죽였다. 모두가 마치 불교 스님처럼 보였기 때문이다. 방문 인사가 끝나자, 왜 그렇게 했느냐고 물어 보았다.

"우리나라를 점령한 일본인들이 모든 조선인들에게 단발령을 내렸습니다. 상투를 자르기 싫었지만, 이 문제를 같이 의논하면서 이런 경우에 처했을 때 기독교인을 안내할 성경 구절이 있나 찾아 보았습니다. 로마서 13장 1~7절에서 개종자들에 대한 바울의 가르침을 찾았지요. 그래서 기독교도로서 우리는 지배자들의 명령을 따라야 한다는 결론을 얻었습니다"라고 했다. 물론 우리는 이와 같은 태도에 반대할 수 없었다. 일요일 언더우드 목사가 예배를 인도했는데, 끝날 무렵 매우 특이한 의식을 목격했다.

솔내 교회의 결혼식

이 교회의 지도자는 머지않아 장립식(長立式)을 치를 서(徐)경조로, 조선에 처음으로 성경을 들여온 서상윤의 동생이었다. 그는 첫 부인을 잃고 두 번째 부인을 맞았는데, 당시 조선의 관습에 따라 혼인식을 올리지 않고 집으로 데려왔다. 둘째 부인에게서 수 명의 자녀를 두었는데, 그 중 둘은 남자아이로 각기 12살과 14살이었다.

서 장로의 두 번째 결혼은 예식은 올리지 않았다. 그러나 조선에서는 통상 관례의 존엄성이 유지되었으므로, 자녀들은 모두 적출(嫡出)로 입적(入籍)되었는데 이 풍습의 타당성 여부가 거론된 적은 한 번도 없었다. 그러나 서경조 씨는 곧 정식으로 장로교회의 장로직에 임명될 예정이어서, 스스로 교우들의 본보기가 되기 위해 기독교 의식에 따라 교회에서 결혼식을 올릴 것을 제의했다.

이에 언더우드 목사가 기존의 부부 관계에 대한 합법성을 존중하면서, 정상적인 결혼식을 엄숙히 집전했다. 당시로서는 보기 드문 행사였으며, 더욱이 조선에서는 처음 있는 일이었다. 그들은 자녀들을 양옆에 세우고 목사 앞에 섰는데, 결혼식에 자녀들까지 대동한 것이다. 이런 일은 조선에서 처음 있는 일이라고 한 바 있지만, 실제로는 달리 또 있었는지는 알 수 없다. 그러나 내가 그 후 40년간이나 조선에 살았지만, 이와 같은 예는 듣지도 보지도 못했다. 그날 이들의 자녀들은 모두 세례를 받았다.

그날 저녁 언더우드 목사와 나는 서 장로님 댁에서 가족들과 함께 한 자리에서, 장로님 자제들의 장래에 대해 이야기를 나누었다. 서 장로가 말하기를 장남은 목회자가 되었으면 좋겠고, 둘째 아들은 의사가 되기를 바란다고 했다. 어른들의 대화에 끼어들지 않고 묻는 말에만 대답하는 조선의 풍습을 따라 조용히 듣고만 있던 두 아들을 향해, 나는 그들의 생각도 아버지와 같으냐고 물어 보았다. 그들은 아버지의 뜻에 따르겠다고 했다. 다만 큰 아들은 의사가 되고 싶다고 했고, 작은 아들은 목회자가 되고 싶다고 했다. 우리는 이 문제를 깊이 의논했으나, 서 장로는 별 말이 없었다. 그는 여전히 자기의 뜻대로 되었으면 하는 눈치였다.

그러나 아들들이 장성하여 진로를 결정하지 않으면 안 될 때가 되자, 아버지는 장남을 우리 의과대학으로 보냈다. 그 아들이 나중에 조선에서 최초로 의과대학을 졸업하고 의사가 된 7명 중 한 사람이었다.

한편 서경조 장로는 그동안 여러 가지 시련을 겪었다. 둘째 아들은 설교자가 되려고 하였으나 독립운동에 관련된 사실이 발각되어, 일본 경찰의 추적을 따돌리고 중국으로 피신했다. 그는 지금까지도 사랑하는 고국으로 돌아오지 못하고, 그의 뜻도 이루지 못하고 있다.

아버지 서 장로는 평양의 장로교 선교회 신학교의 학생이 되었으며, 1908년에 졸업한 최초의 졸업생 명단에 그의 이름이 들어 있다. 졸업 후 그는 일찍이 지도자로서 교인들을 이끌었던 솔내 교회에 최초의 안수목사(安受牧師)로 서임되었다.

솔내 마을의 근대식 학교

전술한 바와 같이 솔내 교회(松川敎會)는 조선에서 개신교가 발을 붙인 교두보이자, 초기 선교사들이 그 곳에서 새로운 언어와 풍습을 익히는 거점 역할을 충실히 했다. 이와 같은 배경으로 솔내에는 그곳 교회만큼이나 유명한 학교도 세워졌다.

솔내 지역의 학교는 교회 못지않게 유명해졌다. 우리 의과대학의 최초 의학도 중에 졸업 후 모교에서 미국인 생리학 교수의 조수로 임명된 김경선이라는 사람이 바로 이 학교 출신이었다. 그는 직무를 훌륭히 수행하여 대학에서 몇 년간의 수련과정을 거친 후, 시카고의 노드웨스턴 대학에 보내져 생리학을 전공했다.

그는 이 대학에서 생리학 학사학위를 받고, 연구를 계속하여 석사학위에 이어 생리학 박사학위도 받았다.[141] 조선으로 돌아온 그는 모교에서 생리학 교수직을 맡아, 훌륭히 봉사해 오고 있다. 최근 일본인들이 그를 서울에서 북쪽으로 2백마일 가량 떨어진 평양 소재 큰 병원의 원장으로 임명하여, 그는 겸직으로 세브란스 병원에서 강의도 하고 평양 병원의 원장직도 수행하고 있다. 그는 매주 반은 평양에서, 나머지 반은 서울에서 보냈다. 이처럼 솔내는 종교 뿐 아니라, 현대 의학교육에서도 선도역할을 했다.

---

141. 저자 주 : 그가 연구를 마치기 직전, 그의 능력이 대학의 생리학 교수가 되어도 부족하지 않으리라는 말을 들은 적이 있다.

이제 솔내 마을에는 큰 교회가 세워졌고, 명성 있는 공립학교도 있다. 그러나 무엇보다도 솔내 교회는 조선의 선교 활동 초기에 쌓은 공적으로 기독교계에서 여전히 정신적인 선도역할을 하고 있어, 모든 지역의 신도들로부터 칭송과 부러움을 받고 있다.

조선의 휴양지 이야기 10장

한강 다리와 겨울 낚시 / 1910

조선의 하계 휴양지*

한 사람이 실제로 조선의 하계 휴양지를 기술하기에는 너무나 벅차다. 그 수도 많고 유형도 가지각색이기 때문이다. 항상 그렇듯이 명승지로 가는 사람들은 자기들이 제일 좋은 곳을 선택했다고 한다.

여름휴가 장소를 선택하느라 내가 처음 겪은 일은 나름대로 흥미롭다. 때는 우리가 조선에 정착한 후 처음 맞는 1894년 여름이었다. 서울에 살고 있던 대부분의 외국인들은 7, 8월에는 당연히 도시를 벗어나야 한다고 생각했다. 이 두 달은 장마철이자 더위마저 극심하여 도시에 사는 사람들이 병이 날 위험이 극히 높았기 때문이다. 현대식 위생시설이 없는 관계로 몸이 쉽게 쇠약해져 건강뿐 아니라 생명까지 위협받는 이 나라에서 선교사들은 이런 관행에 모두 익숙해져 있었다. 특히 자녀를 가진 사람들은 도시를 벗어나 한여름을 무사히 보낼 곳을 찾을 필요가 있었다.

어떤 가정에서는 하계 휴양시설을 갖춘 일본의 산을 찾아갔고, 어떤 가정에서는 중국으로 피서를 갔다. 그러나 대부분의 외국인들은 여러 가지 이유 때문에 조선에 남아 있어야 했는데, 우리 집도 같은 처지였다.

당시 갓난 아기를 포함하여 어린애들이 넷이나 되고, 오랜 여행으로 우리 내외의 건강도 좋지 않았기 때문에 특별히 조심해야 했다. 나는 병원(조선왕립병원인 제중원) 일에 잠시라도 손을 뗄 수 없는 처지여서, 거리가 멀지 않는 도시 외곽지 어딘가에 단기간 머물 수 있는 곳을 찾아야 했다. 이왕이면 매일 병원으로 출퇴근할 수 있을 만큼 가까운 거리여야 했다. 조선에 남아있던 동료 선교사들은 대개 산 속 절간을 찾아갔으나, 우리는 대가족이라 교통문제 때문에 그렇게 할 수도 없었다.

한강변의 하계 휴양지*

친구인 H. G. 언더우드 목사와 F. S. 밀러 목사도 상황이 비슷하여, 우리 셋이 함께 적당한 장소를 찾아 나섰다. 서울 외곽 3마일 가량 떨어진 곳에 반월형으로 굽어 흐르는 한강 둑 근처 어디쯤이면 적당하리라 생각했다. 그런 곳이면 매일 출퇴근해야 하는 우리들의 조건에 맞고, 강가에 있어 시원하고 목욕이나 뱃놀이를 할 수 있는 등 최적의 요건을 갖추었기 때문이다.

한참 헤매다가 한강변에서 우리들에게 꼭 알맞은 곳을 찾아냈다. 언더우드를 앞세워 몇 명의 지주들과 교섭하여, 오래지 않아 땅을 살 수 있었다.

세 사람이 팀을 이루어 권익을 삼분의 일씩 나누어 갖기로 하고 모든 법적 절차를 밟았는데, 비용을 3등분하고 한 집에 한 동씩 도합 세 동의 건물을 지을 터를 닦았다. 이리하여 각자 정원이 딸린 여름별장을 짓고 나머지 터는 공동으로 사용하기로 했다. 법적 문제와 주민들의 반감 때문에 많은 걱정을 했는데, 이에 대해서는 후에 다시 쓰기로 한다. 서둘러 별장을 지을 계획을 세워, 8월이 되자 곧 입주할 준비가 되었다.

그러나 우리가 조선에 막 입국했을 때 부산에서 태어난 막내 더글러스가 장 질환으로 생명이 위태로웠고, 우리 내외도 같은 병에 걸렸다. 그런데 우리가 이쪽으로 옮긴 바로 그날, 보트 한 척을 빌려 가족을 태우고 강을 유람했는데 그 결과가 기적 같았다. 그날 밤 모두가 잘 잤으며, 매일같이 되풀이 하니까 건강이 나아졌다. 시내에서 빠져 나온 것이 실제로 우리 가족 절반의 생명을 구했다는 생각이 들었다.

나는 매일 병원으로 출근해야 했으므로, 가장 편리한 교통수단이라 생각하고 말을 한필 샀다. 그러나 막상 말 잔등에 올라 보니 흔들거리는 사린교(四人轎)가 더 나을 것 같았다. 험한 길로 구릉을 오르내리자니 몸이 너무 흔들려 탈수록 힘이 들었고, 지난 수개월 무더운 서울 시내에 있을 때만큼이나 몸이 쇠약해졌다. 그러나 가을이 되고 날씨가 점차 서늘해지자 우리들의 건강도 회복되어, 시내에서 일하기가 한결 수월해졌다.

우리는 이 강변 피서지를 수년간 이용했다. 아이들은 이곳을 너무나 좋아했으며, 오래전에 이곳을 떠난 큰 아이를 위시해 아이들 모두가 한강에서 보낸 그 여름철을 가장 즐거웠던 추억으로 간직하고 있다.

솔내 해변 휴양지*

세월이 흐름에 따라 많은 변화가 일어났다. 하계 피서지들이 여기저기 속속 개발되었으나, 솔내 해변은 그 중 가장 일찍 개장된 곳이었다. 조선에 관한 이야기 중에 선교협회로부터 재정지원을 받지 않고 최초의 개신교회가 세워진 솔내라는 그 조그마한 마을에 관한 이야기는 이미 읽었을 것이다. 그 곳은 윌리엄 J. 매켄지 목사가 살다가 요절하여 묻힌 곳이며, 조선의 기독교도들이 항상 그 이름을 기리는 서씨 형제의 고향이기도 하다. 솔내 마을은 황해도 중남부 지방, 해변에서 내륙으로 2마일 가량 떨어진 곳에 위치하고 있다.

언더우드 목사가 수년간 이 지역의 선교활동을 담당하고 있었는데, 그는 자주 해안으로 나가 넓은 백사장에 둘러싸여 바다 쪽으로 수마일은 족히 뻗은 높다란 언덕에 올라 주변의 아름다운 경치를 바라보곤 했다. 그는 이곳에 앉아 바다 쪽으로 뻗어나간 언덕과 이를 감싼 아름다운 해안이 일 년 중 가장 무더운 두 달간 임지를 떠나 있어야 하는 선교사들에게 휴식과 건강을 제공하는 귀중한 피서지가 되었으면 하는 생각을 했다.

이런 생각을 하고 있노라니, 이 높은 언덕이 온통 별장으로 뒤덮인 모습이 떠오르고 사방에서 부드러운 바닷바람이 불어오는 것 같았다고 했다. 그는 또 반마일 저쪽 바다에서 잔잔한 물결이 밀려와 경사가 극히 완만하면서 고르고 단단한 모래 바닥을 덮으면, 아직 수영을 배우지 못한 어린 아이들이 그곳에서 안전하게 놀고 있고, 좀 더 나이든 사람들은 우렁차게 밀려오는 파도를 넘어 저쪽 깊은 바다 쪽으로 헤엄쳐 가고 있는 모습을 눈앞에 떠올리곤 했다고 한다.

그는 이 꿈을 실현시키려고 마음먹었다. 마침내 그는 이 언덕 전체를 매입하였을 뿐 만 아니라, 어른들이 울창한 숲 사이를 산책하는 동안 아이들은 마음껏 뛰놀 수 있는 그런 장소를 마련하기 위해 인접한 넓은 소나무 숲을 매입했다. 또 야구장, 정구장, 골프장 등으로 개발할 들판과 피서객들이 좋아할 각종 채소를 가꿀 밭들도 매입했다.

매입한 땅을 모두 답사하여 지적도를 만들게 하고, 특히 언덕 쪽은 주택조합이 결성되면 회원들에게 매각할 주택 건축대지로 개발하게 했다. 그 후 나를 포함한 6명을 초빙하여 개발단지 운영위원회를 조직하고, 별장을 구입하는 모든 사람들이 지켜야 할 규약도 만들었다. 그는 우선 작은 마을을 하나 만들었다. 먼저 자기 집을 짓고, 좀 규모가 작은 셋집 두서너 채, 그리고 예배와 오락실을 겸용하는 건물도 하나 지었다.

높이가 약 80피트 되는 이 해변 언덕 한편에는 폭이 수 마일 되는 포구가 있고, 다른 쪽은 완만한 경사를 이루는 백사장이 있었다. 이 돌출 언덕에서 25마일 쯤 떨어진 곳에는 백령(White Wings)이라고 알려진 큰 섬이 수 마일에 걸쳐 뻗어 있고, 해안 쪽으로 작은 섬들이 활 모양으로 길게 늘어서 있었다. 이러한 섬 배치는 마치 내해(內海)같은 조건을 이루어, 그 너머에는 큰 배가 정박기도 하고 가끔 고래도 나타났다. 이처럼 언덕과 섬에 둘러싸인 바다도 파도가 일면 피서객들의 놀이용 보트를 타기에는 거칠었다. 그러나 작은 요트나 작은 발동선을 타면 안전하고 재미있었다.

조수 간만의 차가 15피트나 되어, 썰물이 되면 4분의 1마일이 넘는 멋진 모래 사장이 나타났다. 밀물 때는 큰 파도가 밀려와 사람들은 수영연습을 하면서 즐길 수 있었다. 정말 완벽하고 안전한 해변이었다. 어른들이 교대로 보살피는 가운데 어린 아이들까지 파도 속에서 놀았지만, 우리가 이곳에서 여름을 난 여러 해 동안 한 건의 익사 사고도 없었으니 말이다.

장거리 수영을 권장하기 위해, 해안을 따라 1마일 코스를 마련해 두고 나이와 성별을 구분한 수영 경기도 열어 성적에 따라 상도 주었다. 어린이 가운데는 놀랍게도 1마일이나 헤엄치는 꼬마가 있어 우리를 놀라게도 했다. 가장 가까운 섬과의 거리는 3마일이어서 1마일을 수영할 수 있는 담력과 힘을 기른 어린이들은 이 3마일에 도전하도록 훈련도 시켰다.

아이들은 지금이나 다름없이 물을 좋아했다. 그러나 나이에 따라 좋아하는 운동도 달랐다. 특히 테니스는 10대에서 40~50대에 이르기까지 많은 사람들이 즐겼으며, 소년들이나 성인 남자들은 야구를 했다. 골프는 남녀노소를 막론하고 많은 사람들이 즐겼다.

인근 농민들은 곧 우리가 좋아하는 채소와 과일 종류를 알고 그것들을 재배하기 시작했다. 시장을 개설하여 주민들이 거기서 과일과 채소를 팔게 했는데, 판매와 구매가 한결 간편해져서 집집마다 찾아다니던 행상들이 사라졌다.

오락, 종교, 문학을 위한 위원회가 조직되어 시간 활용을 극대화 할 수 있게 했으며, 「솔내바람」이라는 등사판 주보(週報)를 만들어 사람들에게 자기 의견을 발표할 기회를 주는 동시에 마을소식도 실었다.

종교위원회에서는 노인, 젊은이, 그리고 어린이들을 위한 일요예배를 가졌는데 출석률이 좋았다. 그러나 가장 큰 인기를 끈 모임은 언덕 끝머리에서 열리던 저녁 집회였다.

집회 장소는 언덕 끝 남향 기슭에 자리 잡고 있었다. 해변까지 완만하게 뻗어 내린 긴 경사지에 계단식 의자를 만들고 잔디를 입혀, 모두들 편안히 앉아 찬송을 부르면서 마음껏 즐거운 시간을 가졌다. 집회는 대개 일몰시간에 맞추었는데, 3~4마일 밖 바다 건너 산 너머로 해가 지는 광경은 장관이었다. 한쪽에는 해가 지고 반대편 수마일 저쪽 바다 위로 달이 떠오르는 광경을 바라보면서, 조용한 저녁 속에 앉아 있는 것만으로도 즐거웠다. 더욱이 낙조의 장관을 놓칠 세라 '해는 서산에 지고'를 다 같이 부르면, 가슴이 찡해 오는 깊은 감동을 느끼곤 했다.

이제 나이 들어 은퇴하여 서양으로 돌아온 우리가 잊을 수 없는 그 시절을 회상할 때, 그때 자주 불렀던 '솔내, 솔내, 해변의 솔내'라는 정겨운 노래가 항상 마음에 떠오른다.

원산 휴양지*

대도시의 무더위를 피하여 휴식을 찾아 가는 곳은 솔내 해변 뿐이 아니었다. 사업가들 중에는 주말에 갈 수 있는 가까운 곳을 좋아 했으며, 어떤 이들은 특별한 경관을 선호하여 좀 더 먼 곳으로 가기도 했다.

동해안의 큰 항구인 원산 근처에도 휴양지가 개발되어 있었다. 그곳의 별장들은 수면보다 조금 높은 바닷가 모래사장에 지어져 있었다. 조수 간만의 차이는 1~2피트에 지나지 않았고, 모래사장에 쇠 파이프를 8~12피트 쯤 내리고 간단한 펌프만 달면 충분한 물을 얻을 수 있어 솔내에서 보다 식수를 구하기가 쉬웠다. 파이프를 얕게 박으면 물에 염분이 있었으나 좀 더 깊이 내리면 항상 차고 신선한 물이 나왔다.

솔내의 물 공급은 이와는 사뭇 달랐다. 우선 샘을 깊이 파야했는데, 굴착하다 암반에 부닥치기도 하고, 굴착해도 물이 없거나 발견한다 해도 식수로 적합하지 않은 경우가 잦았다. 이를 해결하기 위해 대부분의 식수를 2마일 떨어진 솔내 마을의 마르지 않는 찬 샘물에서 길러 와야 했다. 물 배달꾼들은 하루 종일 소달구지에 물을 실어 나르기에 바빴다. 결국 수질은 좋았으나 구하기가 어려운 단점이 있었다.

원산 해변은 동해에 접해 있어 일출의 장관은 볼 수 있었으나, 솔내의 그 아름다운 일몰은 볼 수 없었다. 솔내 휴양지는 바다 쪽으로 돌출한 지역에 위치하고 있어, 바다 위의 일출과 일몰을 동시에 즐길 수 있었다. 접근 방향은 달랐으나 두 곳에서는 다 같이 보트 놀이와 수영은 물론, 정구, 야구, 골프를 즐길 수 있었고 예배당과 오락실도 있었다. 양 쪽 어느 곳에나 좋은 사람들이 모여 만족스럽게 여름을 보낼 수 있었다.

이 두 곳 휴양지는 각기 장단점이 있어 끊임없는 경쟁 관계에 있었고, 이로 인해 두 곳에 대한 휴양객들의 관심도 한층 더 높아지고 있었다. 사람들은 모두 궁극적으로 성격이나 목적이 같으며, 이 때문에 서로 왕래하며 살고 있지 않은가!

그런데 어찌된 영문인지 일본 정부는 원산의 이 멋진 평야 지대에 눈독을 들이고 있었다. 그곳이 큰 항구에 가까워 해군용 비행장을 건설하기에 적당한 곳이라 생각하고, 마침내 이 지역을 비행장 부지로 사용하겠다는 발표했다. 철거 기간이 정해지고 모든 건물의 가격이 평가되었다. 일본 정부는 별장 주인들에게 새로운 장소를 선택하면, 그 곳에 택지를 제공하겠다고 약속했다. 마침내 금강산 동쪽에서 이런 곳을 찾았는데 휴양객들은 이전 장소보다 실제 더 좋다고 했다.

해변에 위치한 곳은 아니었지만, 아름다운 호수를 끼고 있었다. 호수 주변에 그 유명한 '외금강(外金剛 : The Outer Diamond Mountains)'을 배경으로 별장들이 지어졌다. 피서객들의 불평거리이기도 한 이곳의 단 한 가지 결점은 하계 휴양지의 요건으로 여기는 바다 바람이 별로 불지 않는다는 것이었다.

지리산 휴양지*

남장로교회 선교사들은 조선의 남부지역에서 주로 활동하고 있었다. 앞서 말한 두 휴양지는 한반도 중앙에서 비교적 북쪽에 치우쳐 있어 접근성이 별로 없던 터라, 이들은 수년전부터 여름나기에 알맞은 시원한 곳을 가까운 곳에서 물색하고 있었다. 이런 요건을 맞추느라 이들은 해변보다 오히려 지리산 높은 곳을 휴양지로 선택하게 되었다.

오르는 길이라고는 콧잔등 같이 가파른 산길뿐이어서 그곳에 가려면 무척이나 힘이 들었지만, 해가 갈수록 점점 별장의 수가 늘어났다. 그러나 지리산 휴양지는 평지가 없어 오락시설을 제대로 갖추지 못하였고, 또 사람들이 해수욕과 보트 놀이를 위한 시설을 갖춘 해변을 더 좋아했기 때문에, 앞의 두 휴양지와 경쟁 상대가 될 수는 없었다. 그러나 이곳을 즐겨 찾는 사람들은 분명 이런 생각에 완강히 반대할 것이다.

앞으로 조선에 체류할 외국인 사업가나 선교사들의 수가 오히려 줄어들 전망이므로, 이런 휴양지들의 규모가 커질 것 같지는 않다. 모르긴 하나 오히려 더욱 줄어들 것이다.

조선 사람들에게는 자기들을 위한 하계 휴양지를 일부러 만드는 경향은 없는 것 같다. 그들은 휴식이나 휴양 차 산속의 조용한 사찰 같은 곳을 찾아 나선다. 그런 경우에도 단체가 아니라 단독으로, 또는 두 서너 사람씩 작은 일행을 이루어 이곳 저곳으로 다닌다. 경우에 따라 몇 사람씩 무리를 지어, 가까운 강이나 해변으로 소풍 삼아 가기도 한다. 그러므로 조선인들에게서는 적어도 당분간은 외국인들이 누리는 정기 휴가나 대규모 휴양시설을 이용하는 관행은 찾아보기 어려울 것이다.

일본인들은 이미 자기들이 이용할 휴양지를 몇 곳 만들었으나, 그들 역시 장기간에 걸친 휴가보다는 단기 주말여행을 선호하며 주로 온천욕을 즐길 수 있는 곳을 찾는다.

백정(白丁) 박씨와 그의 가족 이야기 11장

소 신발 끼우는 작업 / 1904

백정과 불교의 윤회설

우리가 1893년 서울에 도착한 직후 무어 목사(Rev. S. F. Moore)가 나더러 박씨라는 조선인 환자를 왕진해 달라고 했다. 당시 나는 조선말을 몰랐으므로 무어 목사가 통역을 했다. 환자의 집은 궁색해 보이지는 않았으나, 대부분의 다른 집들과 마찬가지로 자그만 했다. 병자가 누워있는 방은 가로 세로 7피트 정도 되고, 내부 높이도 그 정도였다. 방바닥에는 두꺼운 기름종이가 깔렸는데, 부엌에서 피운 연기가 방바닥 밑을 통해 굴뚝으로 나가게 한 난방시설 때문에 이미 9월이 되었으나 방안은 더웠다. 환자는 방바닥의 열을 쾌적하게 받아들일 수 있는 솜으로 된 요 위에 누워 있었다. 나는 방바닥에 책상다리를 하고 앉았는데, 이 자세는 서양인들에게는 편한 자세가 못되며 의사가 환자를 진료할 때는 극히 불편했다.

진찰을 하고 처방을 내려주자, 무어 목사는 환자에게 적당한 성경 구절을 읽어주고 잠시 이야기를 나누었다. 우리는 그가 회복될 때까지 규칙적으로 찾아갔다. 그는 후히 감사했을 뿐 아니라 기독교인이 되기로 결심했다고 하여, 우리 두 사람은 크게 기뻤다. 그는 또한 열성적이어서 외출이 가능하게 되자, 사람들에게 새로이 얻은 종교에 대한 이야기를 하고 자기처럼 기독교인이 되라고 권했다.

당시 박씨의 신분이 조선에서는 멸시의 대상인 말단 사회계층에 속하는 백정이었기 때문에, 그의 말을 귀담아 듣는 사람은 많지 않았다. 물론 육류를 먹는 모든 사람들에게는 필요한 사람이긴 했지만, 조선인들은 대부분 불교신자들이었으므로 짐승을 잡거나 그 고기를 먹는 것을 꺼려했다.

불교의 가장 중요한 교의 중의 하나가 영혼 재래설(reincarnation), 즉 윤회설(transmigration)이다. 이 믿음은 열반(nirvana)에 대한 불타의 중추적인 사상과 관계있는데, 열반이란 속세에 살 동안 타고난 육체적 욕망을 극복한 사람만이 얻을 수 있는, 정신적으로 완벽한 경지를 말한다. 이런 사람의 경우, 적극적인 자질은 모두 극복되었기에 완전히 소극적이다. 속세에서 열반에 도달하기란 극히 어려운 과정이고 일생 중에 이에 도달한 사람은 극히 드물 것이므로, 자연히 윤회설이 나오게 된 것이다. 영혼이 다른 육신을 빌어 다시 세상에 나올 때 인간의 형태로 환생할 수도 있으나, 하등 동물의 형체로 나타나는 것이 더 흔하다는 것이다.

짐승들이 조상의 영혼을 갖고 있는지, 그렇지 않은지는 알 길이 없다. 윤회설에 연결하면 모든 동물의 생명은 신성하다는 생각이 자연스레 나오게 된다. 따라서 짐승을 함부로 죽일 수 없었는데, 짐승의 살생은 곧 부모나 절친했던 친구를 죽이는 결과가 될지도 모르기 때문이다.

백정의 교회 출입과 그로 인한 갈등

도살업을 하는 사람은 직업상 짐승을 죽여야 한다. 불교 사상의 관점에서 보면, 도살 행위는 자신의 친구 뿐 아니라 다른 사람들의 친구들도 죽이는 일이므로 이들을 경멸하게 된 것이다. 그런데 죽은 짐승의 고기를 먹은 자는 어떻게 되는가? 죽은 육신만 먹지 않는가? 영혼은 다시 심판을 받으러 영혼 세계로 가고 없는데, 무엇 때문에 이미 죽은 육신을 이용하지 말아야 하는가라는 생각이었다.

백정은 조선에서 남자의 가장 거룩한 두 가지 상징인 갓을 쓰거나 상투를 할 수 없었다. 박씨는 이른바 '사람'이 아니었기에, 다른 사람들은 그의 말을 들으려 하지 않았다. 그는 기꺼이 자신의 말을 들어 줄, 같은 계급에 속해있는 사람들에게로 관심을 돌렸다.

무어 목사가 인도하는 일요 예배에 박씨도 참석하기 시작했다. 그 곳 회중들은 갓도 쓰지 않은 사람이 끼어드는 것을 보고 눈을 흘겼고, 다수의 백정 동료들이 집회에 나오기 시작하여 '백정 교회'라는 별칭까지 붙여지자 몹시 당황하게 되었다. 앞서 말한 배경에서 볼 때, 얼마나 기막힌 교회 이름인가!

이 교회의 회중 가운데는 소위 상류계급에 속한 사람들이 몇 명 있었다. 이 사람들은 기독교인이 된 사람은 갓을 쓸 수 있는 신분이거나 그렇지 않거나 간에, 모두 불신자(不信者)들 보다는 우위에 있다고 생각했다. 그런데 당초 갓도 쓸 수 없는 자들이 끼어들어 목사들의 환영을 받는 것을 보고 어떤 생각을 했겠는가? 물론 크게 당황했다. 외부의 친구들이 이상한 종교를 믿는다고 비웃고 있는 터에, 하물며 천대받는 백정들과 어울린다면 얼마나 더 비웃겠는가!

갓을 쓴 양반들은 무어 목사를 "난처하게 해드리고 싶지는 않으나 백정들이 끼어들어 체통이 말이 아니니, 무슨 조처를 취해줄 수 없겠습니까?"라고 물었다. 딱하게도 무어 목사는 여러 가지 곤경에 직면하게 되었다. 백정들을 내 보내고 싶지도 않았고, 다른 사람들을 떠나 보내고 싶지도 않았다. 더욱이 바로 초창기에 기독교회가 사회적 신분으로 교인의 자격을 판정하는 것도 원하지 않았다. 그러나 갓 쓴 사람들이 갓을 쓰지 못하는 사람들에 대해 가진 깊은 반감을 이미 알고 있었으므로, 무어 목사의 입장은 참으로 난처하였다.

예수 그리스도가 당시 바리새인들이 죄인으로 취급하고 사회에서도 타기(唾棄)하는 세리(稅吏) 마태와 그의 친구들의 식사 초대에 거리낌 없이 응한 선례를 무어 목사도 기억하고 있었을 것이다. 이 문제는 결국 전 시대를 통해 거듭 교회를 난처하게 했으나, 아직 어떤 교회도 명쾌하게 정리하지 못하고 있는 종교 민주주의와 관련된 난제 중의 하나였다.

무어 목사는 이 문제를 양반들과 협의하고 그들에게 모든 사람은 똑같이 하나님의 아들이며, 따라서 서로 형제이고, 교인인 백정을 교회 밖으로 몰아내는 것은 이 위대한 원칙에 위배되는 것임을 명백히 말했다. 그들의 자존심에 일격을 가한 셈이었다. 그러나 매우 다행스럽게도 그 양반님들은 교회에 계속 나오기로 결정하였으며, 교회는 더욱 번성하게 되었다. 이로써 '백정'과 동료 교인들은 획기적으로 새로운 관계를 확립하는데 성공했다. 이는 조선의 기독교가 그 시초부터 민주주의 원칙을 지켜 나간 훌륭한 본보기일 것이다.

콜레라 만연하다

1894~95년에 일어난 청일전쟁에서 두 교전국 사이에 위치한 조선은 개전 초에 전쟁터가 되고 말았다. 그러나 전쟁 말기에는 전세가 유리해진 일본군이 만주로 진군했다. 흔히 있는 일이지만, 전쟁 후에는 전염병이 유행했다. 아시아 콜레라였다. 만주에서 발생한 이 전염병은 점차 남하하여 조선 전역에 만연했다. 조선의 풍토병이 아닌 콜레라는 항상 외부에서 다시 들어와, 그때마다 많은 생명을 앗아갔으므로 그때에도 사람들이 몹시 두려워했다.

사람에 의해 감염되는 콜레라의 확산은 사람들의 내왕과 속도를 같이 한다. 이 병이 서울에 들어오기 전에 대비책을 강구할 수 있는 시간적 여유가 있었지만, 나날이 북쪽의 큰길을 따라 내려오면서 사람들이 병에 걸렸다는 소문이 전해지면서 공포심은 날로 더해갔다.

내무대신(內務大臣) 유길준(兪吉濬)[142]은 나를 집무실로 불러, 예방책에 대한 자문을 구하고 서울 일원의 예방과 치료에 관한 책임 일체를 위임했다. 그는 내게 도성의 치안대를 지휘할 전권을 주었으며, 이를 운용할 자금도 주었다. 이 무서운 질병에 대처하는 일은 이번이 처음이었기 때문에, 당연히 무거운 책임감을 느꼈다. 국왕도 몹시 걱정하고 있었다. 나를 왕궁으로 불러 몇 가지를 하문하신 후, 대궐에 남아 항상 곁에 있어 달라고 간곡히 말씀하셨다.

어찌해야 한단 말인가? 원래 국왕의 말은 절대적이고 부탁은 곧 명령이었지만, 이번만은 그럴 수 없었다. 이미 서울시 전체를 책임지기로 약속했기 때문이다. 전하께 나의 입장을 일단 말씀 드렸다. 그리고는 내가 병원에서 가르치고 있던 조선인 청년 한 사람을 궁궐에 상주시키고, 내가 올 때까지 콜레라로 생각되는 환자를 치료할 약을 드리겠으며, 이틀에 한번 씩 밤에 전하의 곁에 머물러 있겠다고 약속했다. 국왕이 이에 동의함으로써 그 문제는 무사히 해결되었다.

그때의 사정을 좀 더 부연하면, 무어 목사의 경우에는 교회에서 백정을 내 보내거나 교회 측을 압박하던 양반들을 잃거나 하는 선택의 기로에서 있었다. 나의 경우는 서울의 평민들을 돌봐야 하는 문제로, 국왕의 명에 불복해야하는 곤경에 처해 있었던 것이다. 나는 전하께 내가 할 일은 전하는 물론 다른 사람들도 필요로 하는 처방이라고 진언했다. 이번에도 민주주의 원칙이 승리했다. 국왕도 이 점을 이해하고 내 뜻에 따라주

---

142. 유길준(1856~1914)은 일본을 거쳐 미국에서 공부하고 돌아와 김홍집 내각의 내무대신이 되었다가 아관파천 후 일본에 망명, 다시 귀국하여 교육과 애국 계몽운동에 헌신했다. 일제 강점기에 일본 정부가 남작을 주었으나 거절했다. 저서로 『西遊見聞錄』 등이 있다.

셨기 때문이다. 사소한 일이라고 할 수도 있겠지만, 전제 군주정치가 또 한 번 흔들린 셈이다. 소수의 작은 가치에 대하여 다수의 큰 가치를 의미하는 "전하, (도움을 요하는) 다른 사람들도 있습니다"라는 나의 말이 실현되었기 때문이다.

나를 대신해 왕궁에 보낸 젊은이는 극히 성실하여, 국왕과 신하들의 칭찬을 받았다. 다행히 궁내에는 이 병에 걸린 사람이 아무도 없었다. 나도 내 약속을 지켰다. 흔히 밤늦게 격무에서 풀려났으나 이틀 밤마다 왕궁에 갔다. 궁에 가지 않는 날에는 밤이 이슥해진 후에 시내에서 3마일 가량 떨어진 한강변에 있는 여름 별장까지 걸어가서 가족과 함께 지냈다. 당연히 아내는 항상 내가 돌아올 때까지 걱정하고 있었다. 이 어려운 상황에서 네 명이나 되는 아이들을 돌보아야 했기 때문이다.

그 사이 전염병은 날이 갈수록 북쪽지방에서 서울 쪽으로 확산되고 있었다. 서울 지역의 선교단체들은 합심하여 콜레라 방역대를 조직했다. 사실상 우리들은 모든 일을 제쳐놓고 방역에 매달렸다. 의사와 간호원들은 일반직원들에게 환자를 치료하는 방법과 전염을 피하는 방법, 감염된 집을 찾아가 임시 특설병원에 환자를 보내도록 설득하는 방법, 그리고 환자가 있던 집을 소독하는 일 등, 가능한 모든 대책과 방법을 지도했다.

전염병에 대한 새로운 인식

일손을 늘리기 위해 병원에 간호 보조원 겸 심부름을 할 조선인 조수들을 구하여 훈련을 시키고, 심지어 시내 도처에 병원으로 가는 길을 알리는 안내문도 게시했다. 그 당시 많은 사람들은 이 병도 다른 질병과 마찬가지로 환자에게 귀신이 붙어 생긴 역병이므로, 예물을 바치고 빌어 귀신을 잘 대접해야만 낫는다고 생각하고 있었다. 예방과 치료에 효과를 거두려면 우선 이런 생각부터 근절시켜야 했다. 사람들은 콜레라도 다른 질병과 마찬가지로 악귀가 옮기는 병이라 믿고 있었던 것이다. 콜레라 귀신이 쥐의 형상을 하고 있다고 하여, 병명도 악령병(惡靈病)이란 의미의 괴질(怪疾)과 쥐로 인한 병이란 의미의 쥐통(Chwee Tong) 등 이름이 두 가지였다.

7~8주간의 힘든 방역활동을 하고 나니, 전염병의 위세도 한풀 꺾이기 시작했다. 우리도 곧 정상적으로 병원 문을 열 수 있게 되었고, 교사와 전도사들도 본연의 업무로 되돌아갈 수 있었다. 생명을 구하는 일에 관한 한 우리들의 많은 노력이 별 성과를 거두지 못한 것 같았지만, 이런 질병의 원인에 대해 사람들의 생각을 바꾸게 하는 성과는 있었다.

우리가 쓴 예방책이 효과적이었다는 사실은 상당기간 환자들과 계속 접촉한 의료요원 중 이 병에 걸린 사람이 하나도 없었다는 것으로 증명되었다. 이것 하나만으로도 수 주간의 힘든 노력의 대가는 찾은 셈이었다. 입을 통한 설명만으로는 수년이 걸려도 이만한 효과는 거두지 못했을 것이기 때문이다.

우리들 역시 몇 가지 교훈을 얻었다. 협력이 얼마나 중요한가 하는 점과 이와 같은 전염병을 취급하는 방법에 대해 시행착오를 거치면서 실용적인 지식을 많이 얻게 되었다는 점이다.

사람들에게 그 목적을 이해하지 못하는 일을 시켜 보았자 제대로 이행하지 못한다는 것을 이번의 경험으로 분명히 알게 되었다. 또 전염병이 발생하기 전에 대비책을 강구해야 할 것과 발생 후에도 이를 효과적으로 피하거나 통제하려면 일반 대중에게 위생에 관한 교육을 소홀히 해서는 안된다는 사실도 알게 되었다. 정부는 내무대신을 통해 우리들에게 감사의 뜻을 전했으며, 이 일에 참여한 모든 외국인들에게도 선물을 보내왔다.

백정도 상투를 틀고 갓을 쓸 수 있게 된 연유

정부가 취한 이와 같은 호의적인 태도를 본 무어 목사가 이 기회야 말로 큰일을 부탁할 절호의 호기라고 생각하고 일단 나에게 하나의 제안을 하겠다고했다.

"무슨 생각을 하고 계십니까?"고 물었더니,

"글쎄요. 처지가 너무나 딱한 가련한 '백정'들을 생각하고 있습니다. 조정에 부탁해서 이 백정이란 분들도 다른 사람들처럼 상투를 틀고 갓을 쓰도록 하는 조례를 만들도록 합시다"라고 했다.

이 말을 듣고 망설이다가 "만일 당신이라면 그런 어려운 일을 요구할 수 있겠습니까? 당신은 나의 영향력을 너무 과대평가하고 있군요"라고 말했다.

그러나 마침내 그의 고집을 꺾을 수 없어, 함께 유(兪) 대신에게 편지를 보내기로 했다. 그 편지 내용은 다음과 같다.

각하,

각하께 조선의 '백정'들이 극히 하잘 것 없는 생활을 하고 있음을 새삼 환기시킬 필요는 없을 것 같습니다. 이들이 비록 사회에서 천하게 여기는 일을 하고는 있으나, 지력이 결코 다른 사람들에 비해 뒤떨어지는 것은 아닙니다. 그럼에도 이들에게는 조선 남자의 상징인 상투를 틀고 갓을 쓰는 영예로운 관습이 허용되어 있지 않습니다. 조정에 도량이 넓고 진보적인 인사가 많은 차제에, 감히 이런 상황이 개선되기를 바라는 바입니다.

이것은 조선에 있는 모든 외국인들의 생각으로, 오랫동안 고난을 받아온 백정들에게 정의로운 조처가 취해진다면 우리 모두 크게 기뻐할 것임을 밝혀 두는 바입니다.

근 계(謹啓)

유 대신으로부터 우리의 제의를 고맙게 생각하며, 당장 전국에 새로운 법을 선포하는 포고문을 붙이도록 하겠다는 회신을 받고 우리는 매우 기뻤다.

포고문의 요지는 다음과 같다.

지금부터 백정들을 사람으로 간주한다. 이에 따라 백정들은 조선 남자들의 일반적인 관습에 따라 상투를 틀고 갓을 쓸 수 있다.

갓을 쓴 백정 박씨

그 후 오래지 않아 옷을 잘 차려입은 사람이 양반의 당당한 걸음걸이로 저만치 오고 있었다. 거리가 가까워져 알고 보니 그는 바로 백정 박씨였다. 그는 난생 처음으로 남자다운 걸음걸이로 걷고 있었던 것이다. 그가 갓을 쓰고 어떤 생각을 하고 있는지, 또 어떤 연유로 이런 특권을 갖게 되었는지 알고 있는지 궁금했다. 조선인들의 마음 속에 자리잡기 시작한 하나님은 아버지요, 모든 사람들은 형제라는 것을 인식하게 된 덕택이 아닐까?

나는 그때 과거 그 어느 때보다도 더욱 확연하게 선교 사업은 사람을 개조하는 일(making of men)임을 알았다. 내가 조선에 있는 것은 바로 사람들이 하나님 아버지와 올바른 관계를 맺고 또 다른 사람들과 형제의 관계를 맺게 함으로써, 사람을 사람답게 만드는 일을 하기 위함이라는 섭리를 새삼 깨달았다.

이번 조처로 박씨가 신분 상승의 큰 발걸음을 내딛게 된 것은 말할 것도 없다. 세월이 흐르자 그는 은행가가 되었고, 신앙심이 더욱 돈독해져 교회에서 인정받는 지도자가 되었다. 그런데 소속 교회에서 장로 한 분을 선출하게 되었을 때 누군가가 박씨의 선출을 제의하자, 비교적 조심스런 교우 한사람이 박씨가 백정이었다는 사실을 잊어서는 안되며, 그가 다른 교우들에 앞서서 지도하는 일은 합당하지 않다고 하여 다른 사람이 뽑혔다. 후에 또 다른 장로선출 시에도 박씨의 이름이 거론되었으나, 마찬가지 반대가 있었다. 교우 한 사람이 "당장은 가망이 없으니 더 기다립시다. 지금은 집사가 필요하니 그 분을 집사로 선출합시다"라는 대안을 제시했다.

교회 직책의 직급을 잘 모르는 사람들은 장로가 교회의 지도자이고 집사는 일꾼이라고 이해하면 될 것이다. 이렇게 해서 박씨는 집사가 되었다. 그는 입교한 지 21년이 지나서야 장로로 선출되었는데, 그때에는 서울에서 가장 큰 교회의 장로가 되었다. 기독교회 안에서도 편견을 없애는데 이처럼 긴 시간이 걸렸다.

나는 그의 장로 장립식에 참석했다. 서임 인사를 할 때 나는 그가 자기의 입교 날짜와 무어 목사가 "백정들을 내 보내지 않겠습니다"라고 한 말, 그가 처음으로 상투를 틀고 갓을 씀으로써 '사람'이 된 날들을 기억하고 있는지 궁금한 생각이 들었다. 그의 생애에 일어난 이런 중대한 일들을 그는 결코 잊지 않고 있으리라 생각한다.

백정 박씨 아들의 결혼

박 장로에게는 '서양이' 라는 아들이 하나 있었는데, 당시의 모든 소녀들과 같이 젊은 처녀들이 하듯이 머리를 길게 땋아 내렸다. 그도 맨머리로 다녔는데, 날씨가 몹시 추울 때에는 모자 같은 것을 썼다. 갓은 어른들만 썼기 때문이다.

소년이 12세 혹은 13세 쯤 혼인할 연령이 되면, 어른이 되는 과정을 거쳐야 했다. 우선 땋은 머리를 풀고 정수리에 상투를 틀어 갓을 써야 하고, 아내를 맞이해야 하는 일이다.

어른이 되게 하는 첫 단계는 그에게 아내를 찾아주는 일이었다. 그 때 '서양이' 에게 나가서 아내를 찾으라고 한 것은 아니다. 절대로 그럴 수 없는 일이다. 어른들이 네 아내감을 구하고 있는 중이라고 했다. 조선에서는 이런 일은 매파(go-between)를 통해 처리한다. 이 매파는 적당한 처녀 총각이 있는 곳을 알아내어 사회적 지위와 경제사정 등을 고려하고, 서로 어울리는 조건들을 알아 연결해 주는 일을 직업적으로 하는 여자다.

박 장로 댁에서 매파를 불러 며느리를 보고 싶다고 했다. 물론 그들이 바라는 처녀에 대해 설명해 주었다. 어느 정도 아름답고 상냥하며, 시어머니가 하는 모든 힘든 가사를 도맡아야 하므로 몸이 건강해야 하며, 게다가 돈이 있다면 더더욱 좋다는 것이었다.

얼마 후 매파가 소식을 갖고 왔다. 일단 꽤 만족스럽게 생각되었다. 그 다음 단계로 신랑측 부모들이 처녀를, 신부측 부모들이 총각을 볼 수 있도록 하기 위해, 먼저 양가 부모들의 만남이 주선되었다. 두 젊은이는 비록 혼례식장에 설 때까지 서로 만나 볼 기회가 없겠지만, 양가 모두 만족하여 혼례식을 치르기로 약속하였다.

곧 혼인날짜가 정해지고 혼례준비가 시작되었다. 대개 예비신랑은 상투를 틀고 처음으로 갓을 쓰게 되는데, 이 갓은 어른들이 쓰는 것보다 조금 작고 색깔도 여느 갓처럼 검은색이 아닌 흰색이었다. 이 독특한 형태의 갓을 쓰는 것은 친구들과 일반 사람들에게 그가 곧 결혼할 예비 신랑임을 알리기 위함이었다.

조선의 결혼식에 대한 자세한 이야기는 다른 곳에서 하겠고, 여기서는 조선식과 서양식이 절충된 이번의 결혼식에 대한 이야기를 간단히 하겠다.

박씨 내외는 기독교인이기 때문에 일부 서양 관례와 병행하기로 하였으며, 무어 목사가 기독교식이라고 할 수 있는 부분을 맡아 진행했다. 조그마한 방들과 마당에는 손님들로 붐볐는데, 우리 내외도 한몫 끼었다.

신랑 신부가 나란히 서고, 목사가 의례적인 질문을 하고는 두 사람이 부부임을 선언했다. 두 사람은 조선의 전통적인 결혼 예복을 입었으나 신부는 독특한 석고분을 바르는 전통적인 신부 화장방식을 따르지 않았다. 이들 두 사람이 결혼식 전에 서로 만나 본 적이 있었는지는 모르겠지만, 일반적인 관습대로 처음 만났다고 생각할 때, 결혼식이 진행되는 순간 이들 두 사람의 마음속에 어떤 생각이 떠올랐을까 궁금하기 짝이 없었다. 이런 결혼식을 독자는 어떻게 생각하는가?

그러나 부모들과 선조들의 관습에 따라 혼례식이 진행되는 것에 이들은 만족하고 있는 것 같았다. 나는 아내를 맞는 조선의 풍습과 캐나다와 미국의 관습을 비교해 보지 않을 수 없었다. 나의 경우 한 젊은 처녀에게 구애하여 동의를 얻고, 거주할 집을 마련하는데 거의 3년이나 걸렸다.

조선에서는 혼례에 관한 한, 모든 일은 부모들의 몫이다. 집을 마련하는 문제는 신랑 신부가 시가에 들어가면 된다. 신랑은 이 일에 책임이 없다. 모든 것이 너무나 쉬웠으나 사실 이들은 재미있는 과정을 너무나 많이 놓치고 있는 것이다. 여하튼 이들은 번민 한번 해보지도 않고 결혼하는 것이다. 내 경우 아내를 얻기 위해 노력한 시절, 그에 관련된 행복한 추억들, 때가 되어 서로가 확인한 애정, 그리고 이 사랑에 기반을 둔 가정에 스며드는 즐거움 등, 나는 이런 것들이 훨씬 좋다고 생각한다.

백정 박씨의 아들에 대한 교육

혼례식이 끝나고 손님들이 떠날 시간이 되자, 박씨는 우리 내외를 대문까지 따라 나오면서 "박사님, 이제 제 아들 놈을 장가보냈으니 병원으로 데려가서서, 사람 좀 만들어 주셨으면 좋겠습니다"라고 하여 나를 놀라게 했다.

사람을 만들다니! 방금 사람 만드는데 필요한 모든 단계를 끝내지 않았는가? 상투를 틀고 갓을 씌웠고 아내를 구해 주었는데, 박씨는 무슨 생각을 한단 말인가.

"아하, '백정'이 이제 '사람'이 되고 나니, 새로운 생각을 하게 되었구나. 그는 이런 일들은 겉으로만 사람을 만든다는 것임을 알고, 아들의 속마음이 사람이 되게 하고 싶어 하는구나"라고 생각했다. 그래서 기꺼이 그가 부탁하는 대로 하겠다고 했다.

그 후 오래지 않아 그를 데려 왔으므로 그에게 진정한 사람의 길을 가르치기 시작했다. 그에게 병원 바닥 청소와 침대 정리, 그리고 그를 시험하여 그에게 참된 인간이 될 수 있는 자질이 있다는 확신을 줄 수 있는 모든 일들을 하게 했다. 조선 사람으로서는 하기 힘든 일들도 시켜보았다. 그는 비록 힘들기는 했지만, 맡은 일들을 거뜬히 처리하곤 했다. 얼마 되지 않아 그에게 글공부를 시키기 시작했다. 그 후부터 그가 의사과정을 마칠 때까지의 자세한 이야기는 '의사 양성' 편에서 보기로 한다.

백정 박씨 아들의 의과대학 졸업식과 이토(伊藤) 통감

1908년이 되어 나는 드디어 여러 해 동안 의학공부를 해오던 7명의 젊은이들이 의사로서 자립할 때가 되었다고 생각했다. 그리하여 그 해에 동료와 함께 그들에게 철저한 시험을 치르게 하고, 6월 8일을 졸업식 날로 정했다. 이 행사는 조선에서 서양의 기준에 따라 양성된 의사들의 첫 졸업식이기에, 그 의미가 매우 컸다.

당시에는 우리가 계획하는 이런 모임을 수용할 정도로 큰 강당이 없었다. 계절이 6월이라 옥외에서 노천행사를 할까 생각해 보았으나, 우기가 가까워오고 있어 혹시라도 비가 오면 행사를 망칠 것이기 때문에 그 또한 안심이 되지 않았다. 궁리 끝에 우리는 조선 통감부의 관심과 협조를 얻기로 했다. 통감부의 협조가 없으면, 새로 배출될 의사들의 개업을 보장하는 의학학위를 의식에 맞추어 수여할 장소를 확보할 수 없었기 때문이다. 이 일을 위해 이토 통감에게 면담을 요청했다.

그는 아주 점잖게 나를 맞더니 무엇을 원하느냐고 물었다. 나는 우리 의료선교사들이 병원에서 수년간 일단의 조선 젊은이들을 훈련시켰고, 이들에게 의학의 원리와 실제를 가르쳐 의사로서의 자격을 갖고 있음을 확신한다고 말했다. 나는 이 모든 일이 그의 관심과 도움이 없다면 쓸모

없는 것이며, 그가 보장해 준다면 이들에게 의학 학위를 줄 계획이라고 설명했다. 그는 깊은 관심을 갖고 경청하더니, 어떻게 도와주면 좋겠느냐고 물었다. 나는 대형 군용 텐트 몇 개를 빌려주면, 병원 잔디밭에서 초대 손님들을 모시고 졸업식을 거행할 수 있을 것이라고 했다. 다행히 그는 이 요청에 즉각 동의했다.

나는 그에게 주빈으로 참석해, 졸업생들에게 졸업증서를 수여하고 아울러 격려사도 해달라고 요청했다. 그는 이 모든 일을 해주기로 동의했다. 집으로 돌아와 졸업장을 준비하고, 시내의 모든 내외국인 요인들에게 초대장을 발송했다.

이 중대한 행사가 열리기 전날, 이들 7명의 젊은이들을 불러 모았다. 그간 수년간 의사 자격을 갖추는데 소요된 어려운 공부와 힘든 일들을 끝낸 소감을 듣기 위해서였다. 젊은이들이 졸업을 앞두고 어떤 생각을 하고 있는가를 알아보는 것은 항상 흥미있는 일이지만, 경우가 경우인지라 비상한 관심으로 이들 젊은이들이 어떤 생각을 품고 있는가를 알고 싶었다.

그들 중 한 사람이 바로 이 문제를 함께 얘기해 왔다고 말했다. 그 대표자 격인 학생의 말은 모두가 의학에 대한 관심은 매우 컸지만 장기간 아주 힘들었다고 하면서, 만일 내가 일을 통해 자기들을 붙들어 주지 않았다면 가끔 모든 것을 팽개쳐 버리고 싶었다고 했다.

그의 말을 직접 옮기면, "아시다시피 우리는 아직 어리고, 의학도가 되기 전에 이미 조선의 관습을 따라 모두 결혼도 했습니다. 우리 모두가 처자가 있음에도, 우리가 공부하는 동안 그들을 부양할 아무 일도 할 수 없어 정말 어려웠습니다. 이제 개업하여 생계를 꾸려갈 수 있다는 생각에 안도감을 느낍니다"라고 했다.

이는 바로 내가 우려하면서 예상했던 그런 대답이었다. 내가 졸업할 때

느꼈던 생각 그대로였다. 모든 졸업생들이 과정을 끝마쳤을 때 갖는 생각인 것이다. 그러나 나는 이 말을 듣고 별로 기쁘지 않았다. 그런데 그때 그들 중 하나가 "개업도 할 수 있고 가르칠 수도 있는 준비를 갖출 사람들을 키워내기 위해, 여러 해 동안 우리들을 교육하는데 기울인 선생님들의 노고를 생각합니다. 저는 여기 남아서 다음 학년을 가르치는 것을 도와야 한다고 결심했습니다"라고 했다.

그때 나는 7명의 의사를 양성하는 동안 7명의 인간을 만들었다는 것을 알고 감개무량했다. 인간은 무엇 때문에 존재하는가? 인간과 한낱 동물과의 차이는 무엇인가? 인간은 동물이 갖고 있지 않은 타인에 대한 책임감을 갖고 있지 않은가? 이 젊은이들은 이를 알고 이에 따라 살려는 자세가 되어 있지 않은가? 이제 나보다 훨씬 더 유능하게 자신들의 모국어로 후학들을 가르칠 수 있는 선생들이 배출된다는 생각에, 내 나름대로 상당한 자부심을 느꼈다.

지금도 박씨가 아들을 데려가 인간을 만들어 달라고 했을 때 무슨 생각을 했는지 알고 있다. 그의 아들은 그동안 내내 우리와 함께 있었고, 이제 사람이 된 것이다. 졸업식에 대한 자세한 이야기는 후에 하기로 하고, 그 큰 천막은 백여 명을 수용할 수 있었으나 식이 시작되기도 전에 만원이 되어 수백 명이 되돌아 가야했다. 조선인들이 이 나라 역사에서 처음 있는 이 졸업식에 깊은 관심을 가지고 있음이 분명했다.

백정 박씨의 딸들에 대한 교육

백정 박씨에게는 딸도 몇 있었다. 이들은 조선의 오랜 관습에 따라 별다른 교육을 받지 못하고, 12~13세에 결혼하여 시집살이를 해야 할 처지에 있었다.

이 관습 때문에 조선에는 1885년 기독교 선교사들이 들어오기까지 여학교라고는 없었다. 이들 아버지의 말에 따르면 여자들은 어릴 적부터 밥 짓고 바느질하는 일을 배워, 결혼하면 시어머니가 하던 고된 가사를 이어 받아야 한다고 했다. 더욱이 여자들은 명석하지 못하여 글공부를 가르쳐 봐야 별 소용이 없다고도 했다.

선교사들은 아직 너무 어려서 집안일을 할 수 없는 소녀들 외에는 학생으로 지원할 대상자가 없을 것임에도 여학교를 개설했다. 그런데 오래되지 않아 기독교인 부모들이 비교적 나이든 소녀들을 학교에 보내기 시작했고, 백정 박씨의 두 딸도 학교에 다니게 되었다. 그는 딸에게도 아들과 똑같은 기회가 주어져야 한다고 생각했던 것이다.

세월이 흘러 최초의 의사들이 졸업하여 세간의 이목을 크게 끈 해인 1908년, 박씨의 딸 하나가 여학교를 졸업했다. 이 학교의 교장은 특별히 나에게 학교 인근에 있는 교회에서 열리는 졸업식의 사회를 맡아달라고 했다. 이 교회당은 서울에서 가장 큰 예배당 건물로, 밀집해 앉으면 1천 2백 명 가량은 수용할 수 있었다. 그날 실내는 초만원을 이루었다. 많은 사람들이 조선의 해묵은 관습에 따르면 이미 오래전에 결혼했어야 할 처녀들의 졸업식이라는, 흔치 않는 광경을 보고 싶어 했기 때문이다.

그날은 나도 놀랄 만한 일이 벌어졌다. 교회에 들어가자, 남녀가 동시에 예배를 보게 된 이래 교회 가운데를 천으로 가려 남녀의 좌석을 갈라놓던 칸막이가 보이지 않았던 것이다. 도대체 무슨 일이 일어났을까? 이 교회의 신자들이 조선 처녀들의 이 졸업식은 비록 아직 연소한 여자 중학생을 위한 것이라 할지라도, 과거의 관습에서 벗어나는 상징적인 행사이므로 이번 기회에 남녀를 구분하는 또 하나의 상징물인 행사장의 칸막이를 제거하여, 서양인들처럼 남녀가 자유로이 교제하는 새로운 시대를 열기로 했다는 것이다.

여자 신도들의 요구로 커튼은 제거하였으나, 남녀 좌석은 전과 같이 구분되어 있었다. 어쨌든 이 사건은 개화를 향한 하나의 큰 걸음이었다. 오래지 않아 서울의 모든 교회들이 이 선례를 따랐고, 이 새로운 관행은 전국으로 확산되었다.

이날은 놀라운 사건의 연속이었다. 우선 교회당에 들어 온 졸업생들은 단상으로 안내되어 사람들이 볼 수 있는 자리에 앉았다. 과거에 없던 이 광경을 보고, 조선에 새로운 날이 밝아 오고 있음을 알 수 있었다. 식순에 따라 졸업장 수여가 끝나고, 격려사와 축사가 이어졌다.

그 다음으로 참으로 놀라운 일이 벌어졌다. 내빈들의 축사가 있은 후, 여학생 대표가 고별사를 할 차례가 온 것이다. 지금까지 혼도 없고 두뇌도 없다고 여겨왔던 여성 중의 한 처녀가 자기와 같은 600여명의 여성을 포함한 1,200명의 청중 앞에서 연설을 하게 된 것이다. 거기에는 노인들과 소년들, 그리고 젊은이들도 있었다. 이 많은 청중 앞에 나선 졸업생 대표는 과연 누구였을까? 놀랍게도 다름아닌 우리의 친구 백정 박씨의 딸이었다. 불과 몇 년 사이에 일어난 변화치고는 너무나 놀라웠다.

그녀가 그때 무슨 말을 했는지 잘 기억이 나지 않지만, 분명히 매우 훌륭한 내용이었다고 생각한다. 나는 그녀가 이제 새로운 유형의 아내이자 어머니가 될 것이며, 새로운 차원의 훌륭한 가정을 꾸릴 것이라고 생각했다. 조선의 모든 처녀들을 이처럼 교육시킬 수만 있다면, 이 나라는 머지않아 더 이상 선교사들이 필요치 않으리라는 생각이 들었다.

단 위에 앉아 청중을 둘러보니, 이 놀라운 처녀의 입에서 흘러나오는 말을 한마디도 놓치지 않으려는 듯 모두가 경청하고 있었다. 지난 15년간에 걸쳐 백정 박씨에게 일어난 모든 일들을 생각할 때, 이는 경이롭기 짝이 없는 일이었다.

이 나라의 모든 백정들이 '사람'이 될 때, 그는 그 중에서도 가장 뛰어난 '사람'이 된 것이다. 그의 아들은 조선에서 서구식으로 훈련받는 최초의 의사 중 한 사람이 되었으며, 그의 딸은 여자의 피치 못할 숙명으로 생각되던 무지에서 벗어나 조국의 교육, 사회 및 종교 분야에서 앞장서 활동할 수 있는 여성이 된 것이다. 박씨 가족의 이 경이로운 일은 여기에서 끝나지 않았다.

백정의 아들 의사(醫師) 박씨와 그의 가족

백정의 아들 의사 박씨가 수년간 모교에서 교편을 잡고 있을 때, 성장일로에 있던 의과대학은 개교 당시보다 능력을 갖춘 선생을 더 많이 필요로 하게 되었고 이에 대한 정부의 요구도 늘어났다. 그러던 중 의사 박씨는 우리 병원과 교수직을 그만 두고, 개인 병원을 열기로 마음먹었다. 조선의 북쪽 국경선인 두만강 건너로 이주하여 살고 있는 조선인들과 함께 살기로 한 것이다. 그는 그 곳에 조그마한 병원을 열었고, 곧 중학교와 교회를 설립했다. 처음에는 스스로 모든 비용을 부담했다. 세월이 흘러 그도 어느덧 대가족을 거느리게 되었다.

한편 세브란스 병원에 소속된 교회가 교인들의 자녀를 위한 유치원을 세우기로 결정하자, 나의 아내 에비슨 여사가 원장으로 선출되었다. 얼마 후 유치원생들의 학부모들이 추천한 젊은 여인을 원장에게 데려왔다. 그녀는 분명 능력있는 사람이었다. 아내는 그녀의 자질을 세심하게 조사한 후 교사로 임명했다. 그 때 아내는 그 여인이 의사 박씨의 딸임을 알게 되었다. 그녀는 자기 아버지가 학생으로 다녔고, 또 의사이자 교수로 재직했던 의과대학과 병원 근처에 있는 큰 교회의 유치원 교사가 된 것이다.

그 뿐만 아니라 처음의 노력이 더 많은 열매를 맺기 시작했다. 얼마 지나지 않아, 의사 박씨의 자녀 중 두 아들이 세브란스 의과대학에 학생으로 입학했다.

아내인 에비슨 여사와 나는 선교회의 규정에 따라 1932년 6월 말 선교 업무에서는 은퇴하였으나, 1934년 9월까지 대학과 병원의 총장과 원장으로 계속 집무했다. 이듬해인 1935년 가을에 새 임원진이 매사를 나와 상의할 필요없이 자유롭게 대학과 병원 업무를 수행할 수 있도록 해주기 위해, 그 직에 물러나 귀국하기로 결심했다.

그 동안 우리는 캐나다 연합선교회 소속 지부들 가운데, 이 나라의 가장 북쪽지역에서 복음전도 활동을 하던 지역 지부들을 한번도 방문하지 못했다. 이제 영원히 조선을 떠나게 되었으므로, 출국하기 전에 그곳으로 마지막 여행을 하기로 했다. 우리가 만주 국경에서 30마일 쯤 떨어진 마지막 지부를 방문하면서, 그곳에서 겨우 10마일 가량 떨어져 있는 의사 박씨의 집과 그가 운영하는 교육기관을 찾아보기로 했다. 그러나 마침 며칠째 계속되는 심한 장마로 새로 닦은 도로가 흙탕길로 변하여, 도저히 여행할 형편이 아니었다. 달리 방법이 없어 여행을 포기했다. 애석한 일이었다. 우리의 삶과 너무나 인연이 깊었던 사람을 지척에 두고 다시 만나 볼 수 없게 되었으니 말이다.

애석한 마음으로 지내 던 어느 날, 폭우가 거세게 쏟아지는 가운데 우리가 머물고 있던 집 문간에 의사 박씨의 부인이 나타난 게 아닌가! 오랜 세월이 흘렀건만 에비슨 여사는 나보다 먼저 그녀를 알아보았다. 그녀는 두 뺨에 비오듯 눈물을 흘리면서, 우리의 품으로 뛰어들어 목을 껴안았다. 의사 박씨의 안부를 묻자 진창길이라 우리가 여행하기에는 너무나 어려우므로 부부가 우리를 맞으려 함께 오려 했으나, 마지막 순간 방향이 다른 곳에 긴급환자가 생겨 의사의 의무를 다하기 위해 왕진을 갔다고 했다. 의사에게 환자를 돌보는 일 말고 더 중요한 일이 어디 있겠는가!

한국의 훌륭한 풍습대로 그녀는 우리를 아버지, 어머니라고 불렀다. 그녀는 자기네 가족이 우리를 통해 알게 된 하나님의 은총으로 이 모든 일이 이루어 졌음을 너무나 잘 알고 있었다. 그 오랜 세월 동안, 그들의 마음 속에 우리가 항상 살아있었음을 알고 너무도 기뻤다.

조선의 농업* 12장

풍구질하는 농부 / 1904

계단식 논과 밭

조선에서의 농사는 결코 미국의 방식대로 이루어질 수는 없다. 우선 넓은 평야가 별로 없다. 온통 산으로 둘러싸인 이 나라의 지세에 맞게, 조선식 농법이 정착된 것이다. 대개 골짜기는 너무 좁아 상당한 높이까지 계단식으로 층층이 논밭을 일구어야만 한다.

이러한 계단식 논밭은 흙이나 돌로 둑을 쌓아 물에 씻겨가지 않도록 해야 한다. 처음 오는 외국인들은 꾸불꾸불한 논밭의 경계선들을 보고 왜 그렇게 하는가 의아해 한다. 논밭에 둑을 만드는데 왜 그렇게 많은 땅을 허비할까? 왜 곧게 만들지 않을까? 이 같은 질문을 하는 사람이 이 땅에서 두어해 여름을 보내면서 7~8월의 장마를 겪게 되면, 그 이유를 알게 될 것이다. 골짜기 주위의 산에 비가 너무 많이 내려, 논밭이 유실될 위험이 뒤따른다. 둑이 곧으면 약해질 염려가 있기에, 오랜 경험을 통하여 현재와 같이 꾸불꾸불하게 만든 것이다.

물론 모든 논밭이 다 가파른 곳에 있는 것은 아니지만, 평지에도 비탈진 곳이 있으면 이와 같은 방법을 쓰고 있다. 경사지 역시 벼농사에 적절하게 이용되어 큰 몫을 하고 있다. 골짜기에 흐르는 물은 높은 지대의 벼논에 처음 유입되고, 점차 낮은 지대의 벼논으로 흘러들어 골짜기 안에 있는 모든 벼논을 적실 수 있기 때문이다. 논이나 밭에 만들어진 둑은 농사에 이용되는 소 뿐 만 아니라, 사람들이 건너다니는 통로로도 이용된다.

농업은 이 나라 인구의 대다수가 종사하는 주요 생계수단이다. 몇 년 전에는 농업 인구의 비율이 85%였으나, 근년에는 그 비율이 다소 변하고 있다. 인구가 급증함에 따라 다른 산업도 속속 발전하고 있기 때문이다. 농업에 종사하는 인구는 줄고 전체 인구는 늘어가는 추세를 감안하면, 늘어가는 농산품 수요를 감당하기 위해서는 영농 방법도 개선되어야 할 필요가 있다.

조선의 농산물을 살펴보면, 곡물로는 쌀 · 보리 · 밀 · 메밀 · 귀리 · 수수 · 호밀, 그리고 옥수수와 여러 종류의 콩이 있고, 토종 과일로서는 야생 능금 · 복숭아 · 포도 · 감 등이 있다. 호두 · 잣 · 밤, 그리고 도토리 등은 아주 풍부하다. 또 미국에 잘 알려져 있는 중국의 배추 비슷한 토종 배추와 감자 등이 있으며, 북부지방에서는 여러 가지 뿌리채소가 재배된다. 이 외에 목화도 이 나라 전역에 걸쳐 재배되고 있다.

벼 재배 지역에서는 건기에 대비한 관개 용수가 필수적이므로, 조선 사람들은 논 가까운 곳에 우물을 파고 수로를 만드는데 온 힘을 기울인다. 재래식 관개시설은 비교적 간단하다. 골고루 물을 공급받을 수 있도록 높은 곳에다 웅덩이를 파고 도랑을 내어 아래로 물이 흐르도록 한다. 얕은 지역에서는 웅덩이의 물을 수로나 벼논으로 퍼 올리는 방법도 사용한다.

웅덩이에서 물을 끌어올리기 위해 흔히 쓰는 방법은 지름이 6내지 8피트 쯤 되는 물레바퀴를 웅덩이 가장자리에 설치하고, 바퀴의 크기에 따라 한 사람 또는 그 이상의 사람들이 이 바퀴의 디딤판을 연속으로 밟아 작동시키면 연결된 두레박들이 물을 위로 퍼 올리는 것이다.

더욱 간단한 방법은 얕은 웅덩이 위에 목조 얼개를 세우고, 거기에 매단 기다란 두레박을 옆으로 기울여 물을 담아 도랑으로 퍼 올리는 방식이다. 일은 능률이 높지 않지만, 그렇다고 굳이 서두를 이유도 없다. 대개 웅덩이에 물이 충분히 차려면 시간이 걸리기 때문이었다.

일제(日帝)의 조선인 농지 강탈

최근에는 강이나 하천에 댐을 막아 적당한 크기의 저수지를 만들고, 물이 필요치 않을 땐 저장해 두었다가 필요시 배수문을 열어 논의 위치와 면적에 맞추어 설치된 여러 갈래의 수로를 통해 넓은 농지에다 물을 공급하고 있다.

이처럼 비교적 큰 시설은 생산성 높은 영농을 겨냥한 일본인들에 의해 설치되었다. 수년 전 조선 사람들은 스스로 농촌학교를 설립하여, 농업 생산을 늘리고 그 방식도 개선하려는 시도를 했지만 뜻을 이루지 못했다. 농민들은 교육을 받지 못하여 극소수만이 한자나 영어 혹은 일본어를 읽거나 이해할 수 있었으며, 이들이 비교적 쉽게 익혀 읽을 수 있는 언문(한글) 책도 발간되지 않았다. 농업에 다소간 선도적 역할을 담당했던 선교사들도 이 분야에 대해 잘 알지 못했을 뿐 아니라, 대규모의 사업을 벌일 충분한 자금도 없었다. 혹 선교자금을 본래의 목적 이외의 사업에 전용했더라면 큰 반대에 직면했을 것이다.

그러나 일본인들은 이 땅에 들어와 조선 농민들에게 영농방식을 바꿀 필요성을 일깨워 주기 위해 여러모로 많이 노력했다. 우선 그들은 자국 내의 농민들을 조선에 이주하도록 권장했다. 이주를 촉진하는 방법으로 지원자들에게 보조금이나 대부금 또는 지원금을 제공하는 등, 각종 수단으로 조선의 농지(물론 최상급의 토지)를 소유할 수 있도록 도와주었다.

또 일본은 자국의 고리대금업자들을 앞세워 곤경에 처한 조선 농민들에게 돈을 빌려주고, 정한 기한에 상환하지 못하면 농지를 포기하도록 유도하는 비열한 방법도 사용했다. 이런 방법에 희생되어 농지를 잃어버린 농민들을 만주로 이주케 했다는 비난도 받았다. 사실 여부를 막론하고(이에 관한 뚜렷한 증거가 있다), 일본인들에 대한 채무를 이행하지 못하고 이주해 간 농민들이 지금도 만주지방에 많이 살고 있다.

그나마 토지를 빼앗기지 않고 살아남으려는 조선 농민들은 어쩔 수 없이 일본인들의 영농 방침에 따라야 했다. 일본 당국은 심어야 할 벼의 품종이나 기타 재배해야 할 곡물의 종류를 엄격히 정해 놓고, 감독자를 파견하여 지시사항이 지켜지고 있는지, 그리고 수시로 공고했던 경작과정에 관한 규칙이 준수되고 있는지를 엄밀히 점검했다.

조선인들은 통제적인 영농방식에 불만이 있었지만, 값나가는 곡식을 더 많이 수확할 수 있다는 것을 알고 저들이 권장하는 새로운 영농방식을 따르기 시작했다. 비록 민주적인 과정은 아니었으나 그 성과는 빨리 나타났다.

농법 개량과 토마토

선교사들과 이들을 지원하는 선교협회도 자력운영이 가능한 교회를 개척하려면 무엇보다도 국민들의 재정 상태가 향상되어야 한다는 사실을 깨닫기 시작했다. 이리하여 영농교육을 받은 선교사들이 나서는 농업교육의 시대가 열리게 되었다. 기독교로 개종한 사람들 중에도 이 영농교육을 잘 받은 사람들은 재정상태가 좋아지고, 자녀들을 학교에 보내게 되는 예가 매우 많았다. 그 결과 학교의 수도 더욱 늘어나게 되었다.

우리가 처음 조선에 왔을 때(1893년)는 야생종 사과만 있었으나, 이 선구적인 농민들의 덕택으로 상황은 크게 달라지고 있었다. 조선의 기후가 이웃나라들 보다 사과재배에 더 적합하여, 조선에서 생산된 개량

종 사과는 캐나다를 경유하여 사과의 본고장인 영국으로까지 수출되고 있다.[143)]

그동안 딸기, 산딸기, 개량된 품종의 복숭아, 그리고 서양 채소도 도입되었다. 진보된 영농법도 함께 도입되어 대구 근교 시장에는 개량된 과일과 채소가 대량으로 공급되었다.

어느 여름날 나는 교육담당 선교사를 따라 황해도 지방을 여행했다. 어느 읍에 도착하여, 교회 장로이며 지역 유지인 사람을 찾아갔다. 그가 막 이사해 왔다는 새집은 매우 훌륭하여, 조선의 규격으로는 매우 큰 방으로 우리를 안내했다.

우리는 방바닥에 깔린 돗자리 위에 책상다리를 하고 앉았다. 조선 사람들이 어떻게 앉는지를 여러분께 보여주고 싶지만 내가 말하는 대로 따라해 보면 아주 쉽게 이해할 것이다. 먼저 바닥에 앉아서 오른발을 왼 무릎 위에 얹고, 왼발을 오른 무릎 위에 얹어보라. 물론 오랫동안 연습해야 이 자세를 취할 수 있다. 일본인들은 방바닥에 무릎을 꿇고 발뒤꿈치를 깔고 앉는다. 중국인들의 방식도 비슷한데, 단지 그들은 발뒤꿈치를 세워서 꿇어앉는다.

우리 집에 오는 조선인들은 처음에는 우리처럼 의자에 앉지만 조금 지나면 우리가 보지 않는 사이에 한쪽 다리를 끌어당겨 다른 다리 위에다 포개 놓고, 또 조금 있다가 우리가 다른 곳을 보고 있을 때 나머지 다리도 포개어 앉았다. 우리는 이들의 습관적인 행동을 보고도 모르는 체 했다.

---

143. 저자 주 : 여러 항구를 거치면서 홍해를 지나 지중해로 운송되는 것은 적절하지 못했다. 거리가 너무 멀고 더위 때문에 사과가 썩을지도 모르기 때문이었다. 그래서 태평양을 건너 캐나다로 운송하여 다시 대서양을 건너 영국으로 보냈다. 캐나다 사람들은 조선인들이 너무나 빠른 시일 내에 그들을 제치고, 캐나다에서만 생산할 수 있다고 생각한 품질 좋은 사과를 영국시장에 공급하는 것을 보고 크게 놀랐다.

주인과 함께 이야기를 나누는 중, 과일이 가득 담긴 쟁반이 우리 앞에 놓여졌다. 복숭아가 있고 사과와 토마토도 있었는데, 특히 토마토는 크고 매끄러워 꼭 사과를 베어 먹는 기분이었다.

조선 사람들은 토마토를 별로 좋아하지 않는데 이처럼 토마토가 나오는 것을 보고 놀랐다고 했더니, 주인은 "글쎄요, 토마토가 사람 몸에 아주 좋다기에 심기 시작했는데, 어느새 토마토를 좋아하게 되었지요"라고 했다. "그렇지요. 우리는 다른 과일처럼 토마토도 많이 먹지요. 많이 드십시오"라고 하고는, 복숭아를 더 좋아하면서도 토마토를 먹었다.

조선의 감과 곶감

조선 사람들이 좋아하는 과일 중에서 특별히 맛이 좋은 감이 있다. 이 과일은 조선의 토착종 과일인데 그 품종도 매우 다양하다. 미국의 감 맛과 흡사하지만, 품종이 아주 좋은 감은 크기가 굵은 토마토만 했다. 모양으로는 토마토처럼 납작한 것과 배(船)를 거꾸로 세워 둔 모양과 같은 것도 있으며, 익은 후에 단단한 것과 물렁해지는 두 종류가 있는데 사람마다 좋아하는 품종이 달랐다.

선교사들이 처음으로 토마토를 들여왔을 때 사람들이 제일 먼저 물어온 질문은 "이 과일을 뭐라고 부릅니까?"라고 하는 것이었다. '토마토'라고 말해 주었으나 그들에게는 이 발음이 너무 어려워, 얼마 후 그들이 재배하는 납작한 감과 모양이나 색깔이 비슷하다 해서 '일년 감'이라고 부르는 것을 들었다. 감은 다년생 나무에서 해마다 열리지만, 토마토는 한해살이여서 일년 감이라는 이름을 붙였던 것이다. 이 감나무는 미국에도 소개되어, 맛있고 굵은 품종을 여러 시장에서 볼 수 있는데 배를 거꾸로 세워 둔 모양을 한 품종이 주류를 이룬다. 이 품종은 텍사스와 캘리포니아에서 가장 잘 재배되는 것 같다.

감을 말리면 훌륭한 무화과 대용 식품이 된다. 감을 말릴 때는 뜨거운 햇볕에 내놓아 발효되기 전에 수분이 증발되도록 하는, 즉 증발 건조방법을 취한다. 납작한 모양으로 말린 감을 열 개씩 묶어 시장에 내다 판다.[144]

말린 곶감을 만들어 판매하는 방식에는 두 가지가 있다. 부유층 가정을 대상으로 한 최상품의 감은 낱낱이 말려 열개를 한 묶음으로 포장한다. 이 보다 품질이 다소 떨어지는 곶감은 약 4분의 1인치 굵기의 꼬챙이에 열 개 씩 꿰어 말린 것으로, 값이 비싸지 않으므로 더 많이 팔렸다. 일반적으로 이렇게 말린 곶감은 생채소를 먹듯이, 익히지 않고 그냥 먹는다. 그러나 끓는 물에 넣어 조리했을 때도 말린 자두나 무화과의 훌륭한 대용품이 된다. 말린 감을 조리한다고 해서 맛이 더 좋아지지는 않지만, 위생적인 기준에서 볼 때 안전하다.

쌀

쌀은 조선 사람에게 가장 중요한 곡물로서, 농민들 간의 빈부의 차이는 소유경지에서 산출되는 벼의 수확량에 따라 좌우된다. 따라서 날씨 이야기를 할 때에는 언제나 벼 수확에 미치는 영향을 두고 이야기 한다.

이처럼 벼 수확이 생활에 차지하는 비중이 매우 커서, 옛날에는 (지금도 다분히 그렇다) 소유하고 있는 벼논의 면적과 토질에 따라 그 사람의 재력이 측정되었다. 논의 면적이라는 말을 사용하지만, 이 글을 읽는 서

144. 곶감을 말한다.

양인들의 이해를 돕도록 하기 위해 사용한 것이다. 조선에서는 논을 면적상으로 측정하는 것이 아니고, 그들이 예상 평균 쌀 수확량에 의해 측정되는 것으로서 생각하고 있다. 예를 들면, 그 사람은 쌀 몇 가마를 산출하는 논을 소유하고 있다고 말하는 것이다.

미국에는 여러 종류의 소맥이 있듯이, 조선에는 다양한 품종의 벼가 재배되고 있다. 가장 좋은 조선 쌀은 질적인 면에서 이웃나라의 것보다 훨씬 우수하다고 한다. 쌀 수확량이 평년작에 미치지 못할 경우, 최상품 쌀은 대부분 수출되고 나머지 등급이 낮은 쌀은 국내에 소비된다. 작황(作況)에 따라 전체 쌀 생산량이 적을 경우, 수출상들은 값싼 하위 등급의 쌀까지 매입한다. 이런 경우 국내 수요를 충당하기 위해, 그보다 더 못한 품질의 쌀을 수입해 오는 때도 있었다. 그럴 땐 국민들의 불만이 대단하다.

이제까지 수답(水畓) 벼에 대해서 언급했지만, 밭에서도 벼가 재배된다. 물이 없는 밭에서 재배한 쌀로 밥을 지을 경우, 수답의 쌀밥보다 훨씬 더 점도(粘度)가 높아 평소 밥쌀로는 잘 쓰지 않는다. 그러나 접착성이 매우 강해 벽지 도배용 풀이나 제과용 반투명 조청[145]을 만드는데 사용했다

145. 저자 주 : 서양 사람들이 제조법을 소개하기 전까지, 조선이나 일본에서는 사탕을 만드는데 설탕을 사용하지 않았으며, 지금도 쌀이나 보리쌀로 빚은 꿀 비슷한 반 액체 상태이거나 아주 끈끈한 조청을 더 많이 쓴다. 이러한 조청은 서양인들이 많이 쓰는 사탕수수의 당분과는 성분이 다르고, 당도도 훨씬 낮은 포도당이나 맥아당 종류로 구성되어 있다. 그 중의 하나가 지금 미국 내에서 시판되고 있는데, 사탕과 함께 먹을 수 있도록 쌀로 만든, 종이로 싼 일본의 아메(ame)가 바로 그것이다.

쌀 이외의 곡식들

쌀 다음으로 흔한 곡물이 보리인데, 값이 훨씬 싸며 북부 지방에서 주로 재배한다. 비교적 부유한 사람들은 쌀을 많이 먹지만, 북부지방이나 가난한 층은 보리를 주식으로 한다.

서양 사람들이 식빵을 소개하기까지, 밀은 이 나라에서 모든 곡식 가운데 가장 적게 재배되던 작물이었다. 지난 30여 년 동안에 밀가루로 만드는 빵도 음식으로 인정받아, 만주로부터 밀가루가 다량 수입되고, 캐나다로부터도 소량이 수입되고 있다.

품질이 떨어지는 옥수수(Indian corn)가 오랫동안 가축의 사료로 재배되어 왔으나, 서양 사람들이 양질의 옥수수를 소개한 이래 재배 면적이 크게 늘어났다. 특히 덜 익은 연한 옥수수는 식용으로 사용하기 위한 것이다. 북부지방의 기후와 토양이 옥수수 재배에 매우 적당하여, 수 년 전에는 미국의 옥수수 제품회사가 평양에 큰 제분소를 세우고 여러 가지 옥수수 제품을 생산하기 시작했다. 이 회사는 매년 옥수수를 재배하여 전량을 팔겠다고 약속한 사람들에게 씨앗을 공급해 주기도 했다.

이제까지 조선의 생산량으로는 제분소를 지속적으로 가동할 물량을 충당하지 못한 이 회사는 만주로부터 막대한 양의 옥수수를 수입했다. 그런데 이 미국 회사도 일본인들을 감독으로 고용하지 않을 수 없는 입장이었다. 사정이야 어떻든 조선 사람들은 이 회사와 거래하기를 꺼렸다. 이러한 태도는 이 땅을 정복한 자들에 대한 민족적 혐오감의 발로였다.

기장(millet)도 주요 농작물의 하나로서, 몇 가지 품종이 있었다. 이 나라의 어느 지역에서든지, 특히 물이 귀한 곳에서는 기장이 쌀을 대신하였다. 색깔이 노란 조그만 씨앗들이 쌀처럼 조리되면, 매우 점도(粘度)

가 높고 건강에도 좋은데, 생산량의 일부는 가축 사료로도 쓰였다.

콩(soy bean)은 메마른 땅에서도 어느 곡식보다 잘 자라므로, 쌀 다음으로 많이 생산되었다. 품종도 다양하고 용도도 다양하다. 특히 대두는 과거에 광범위하게 재배되지는 않다가 최근 들어 재배지역이 크게 늘어났다. 일본, 중국뿐 아니라 미국에서도 이 대두에 대한 수요가 크게 늘어나자, 이에 자극받은 농민들이 이 유용한 콩을 더욱 많이 재배하게 된 것이다. 대두 외에도 콩과에 속한 작물이 많이 있지만, 각기 종류에 따라 특수한 용도로 쓰인다. 소위 콩이라고 하는 농작물 중 다수는 기실 완두콩에 속하지만, 일반적으로 조선에서는 이 양자를 굳이 구분하지는 않는다.

서양 사람들이 소개하기 전까지 녹두 콩은 식용의 대상이 되지 못했다. 완전히 익은 이 콩의 씨앗은 다양한 방법으로 요리되는데, 조선인들은 우리가 땅콩을 구워먹듯이 녹두 콩을 구워먹는다. 말에게는 거의 언제나 잘게 썬 짚에 콩을 섞어 끓여 주는데, 뜨거울 때 먹였다. 밀과 메밀(rye and buckwheat)도 가끔 볼 수 있지만, 주요 곡물은 아니다.

담배[146] 는 기독교로 개종한 사람들과 어린 소녀들을 제외한 거의 모든 사람들이 피우기 때문에, 여러 지역에 걸쳐서 재배되고 있다. 선교사들은 담배를 피우고 술을 마시는 것을 보고 눈살을 찌푸렸다. 그 영향으로 개신교 교인들 중 흡연하는 사람들이 초기에는 그다지 많지 않았다. 그러다가 담배를 피우는 서양인 교인들과 접촉하게 되면서, 미국을 비롯한 대부분의 유럽교회에서는 담배가 금기 사항이 아니라는 것을 알고, 담배를 피우는 사람들이 점차 늘어났다.

146. 저자 주 : 유럽에서와 마찬가지로 조선은 담배의 원산지가 아니다. '랠리' 경이 영국으로 가져온 후, 유럽으로 확산되고 이것이 다시 전해진 것이다. 조선식 이름인 담배는 중국 글자에서 유래한 것도 아니며, 담배가 처음 소개된 스페인어 사용 지역의 'tabaco' 라는 말에서 유래된 것으로 보인다.

벼농사

서양인들은 조선의 벼논을 패디 필드(paddy fields)라 부른다. 조선의 '밭'이란 말은 영어의 'field'에 해당되는데, 나는 이 표현에 나타나는 밭과 'paddy' 사이에 어떤 연관성이 있는지 궁금했다. 영어사전에서 'paddy'란 낱말을 찾아보니 paddy 혹은 padi는 도정(搗精)이 안된 벼 낟알이나 쌀을 총칭하는 의미의 말레이시아어(Malaysian word)라고 정의되어 있다. 결국 'paddy field'라는 말은 논(畓)에 적절히 붙여진 이름인 것 같다.

조선의 논은 마른 논과 무논(水畓) 등 두 가지가 있다. 마른 논은 밀, 귀리 등과 같은 곡물 경작지와 비슷하며, 그 면적은 무논보다 훨씬 적다. 왜냐하면 마른논에서 자란 쌀이 무논에서 재배된 쌀보다는 훨씬 더 점도가 높아, 보통 무논에서 생산된 쌀이 주로 식용으로 이용되고, 마른 논의 쌀은 단지 특수한 용도에만 쓰이기 때문에, 패디 필드라는 용어는 벼가 재배되는 무논에 대해서만 쓰인다.

이러한 무논에서 자라는 벼는 지속적으로 많은 양의 물을 필요로 하기 때문에, 크기에 관계없이 물이 끊임없이 흐르는 물줄기 부근에 위치해야 한다. 그래서 계곡을 선택하여 경사가 급하지 않은 산기슭에서부터 계단식 논을 층층이 만들고, 흙으로 둑을 막아 바로 위의 논에서 흘러 들어온 물을 충분히 공급받도록 했다.

둑에 조그만 홈을 파서 물이 논에서 논으로 흐르도록 하는데, 각 논에 필요한 양만 공급되도록 이 홈의 높이를 조절한다. 보통 골짜기를 가로지르는 길이 따로 없고, 흔히 이 둑이 통행로 역할도 한다. 볍씨 뿌리는 때가 오면, 낮은 지대에 위치한 어느 한 논에 특별히 거름을 주고 물을 채운 다음, 그 위에 볍씨를 조밀하게 뿌린다. 물을 빨아들인 볍씨는 가라

앉아 결국 싹이 트고 부드러운 흙 속에 뿌리를 내리며, 잎과 줄기가 자라 물위로 그 모습을 드러낸다. 이식할 무렵의 모판은 물에서 자란다는 점만 빼면, 논 전체가 잔디밭과 흡사하다.

볍씨가 적당히 자라는 동안 모내기를 위한 논이 준비된다. 거름을 논에다 듬뿍 흩뿌려 놓고 쟁기로 논흙과 한데 섞은 뒤, 써레질로 논바닥을 고르게 한 후 물을 채운다. 그 다음엔 이웃의 부지런한 모내기꾼들이 한데 모여 세 집단으로 나뉘는데, 한 무리는 모를 뽑아 작은 단(묶음)으로 묶고, 또 한 무리는 지게로 이들을 한데 모아 지정된 장소로 나르고, 나머지 사람들은 이 모를 몇 인치씩 띄워서 줄을 맞춰 심어나가는데, 어느 각도에서 보아도 선이 맞도록 한다. 단지 서툰 사람이 심은 모만이 줄이 맞지 않다. 부지런한 모심기꾼들은 이웃 논의 모심기가 모두 끝날 때까지 작업을 계속한다.

제초할 때가 오면, '잡초도 곡식과 함께 자라도록 하라' 는 성경 말씀을 어기고, 뿌리 채 뽑아 거름이 되도록 물에 던져 넣어 썩게 한다. 여름 내내 정성을 쏟아 논을 돌보아야 하는데, 피와 같은 잡초를 계속 제거하고 물의 양을 때맞추어 조절해야 한다. 벼 낟알이 익을 때가 되면, 논의 물을 빼거나 더 이상 물이 들어오지 않도록 해야 한다.

수확할 때가 되면 낫으로 뿌리 바로 윗부분을 벤 다음, 미국에서와 마찬가지로 다발로 묶어 세워 말린다. 그 다음 말린 벼 단을 집으로 운반하여 도리깨로 낟알을 떠는데, 이 도구는 탈곡기를 사용하기 전에 미국 농부들이 쓰던 타작용 도리깨와 흡사하다.

이상의 설명에서 알 수 있듯이 벼를 재배하는 과정은 하나 하나가 매우 힘든 작업인데, 몇 가지 이유로 앞으로도 상당기간 그럴 것 같다. 무엇보다 골짜기의 특성 때문에 논이 비교적 좁고 계단식으로 이루어져 있기 때문이다. 좁은 지역에서의 쟁기질과 써레질은 제한을 받게 되어있으며,

황소나 암소에 간단한 농기구를 연결하여 작업하는 재래식 방법에서 벗어나기란 쉽지 않을 것이기 때문이다. 모내기, 제초, 추수, 탈곡, 그리고 풍구질은 남녀가 각기 하거나 함께한다.

13장 조선의 운동경기*

활쏘기 / 1905

줄 당기기

소위 상류층의 인사들에게는 활쏘기를 제외하면 활동의 배출구가 거의 없는 듯 하며, 그들의 부인들은 그 어떤 운동 경기에도 참가하지 않는다. 이런 야외 활동은 거의 모두 하층계급에 맡겨졌는데, 일부 부인들(처녀들이라고 해야 할지 모르겠다)도 함께 했다.

가장 보편적인 마을 단위 경기는 모든 마을에서 연례적으로 행해진 줄 당기기였다. 경기가 있기 몇 주 전부터 큰 동아줄을 준비했다. 실제로 마을의 모든 사람, 남자는 물론 소년이나 처녀들까지도 참가하기 때문에, 이 줄은 길고도 튼튼해야 했다. 큰 줄에 쓰일 가닥 줄은 마을별로 만들며, 이렇게 다양한 굵기로 만든 수많은 가닥 줄은 새끼줄로 한데 묶어 큰 줄을 완성했다.

완성된 줄은 두께가 수인치나 되었고, 마을의 모든 사람들이 거들어 당길 수 있을 만큼 길었다. 이런 줄이 얼마나 무거울까 가히 상상해 볼 수 있을 것이다. 이 경기의 규칙은 서양과 동일하다. 심판이 당기라는 신호를 하면 장사진을 이룬 사람들이 행동으로 옮기는 데도 한참 시간이 걸리는데, 줄 당기기에 직접 가담하여 줄을 당기는 사람들은 동료들에게 고함을 질렀고, 구경꾼들도 당기는 사람들이 더욱 힘을 쓸 수 있도록 소리 높여 응원했다.

해마다 열리는 이 마을 줄 당기기 풍습은 조선 기독교 연합대학의 연례 행사가 되었다. 학교가 대도시에 인접해 있었기 때문에 구태여 학생들이 줄다리기용 줄을 직접 만들 필요는 없었다. 그 당시에는 훨씬 가볍고

질긴 대마로 만든 줄을 사용할 수 있었기 때문이다. 대학에서는 두께가 2인치나 되는 밧줄을 준비했는데, 대마로 만든 것이어서 수년간 쓸 수 있었다. 이 대학에는 세 개의 학과가 있었다. 먼저 두 개 학과 간에 힘을 겨루고, 이긴 학과가 나머지 학과와 맞붙었다.

세 팀 중 마지막 두 팀 간의 승자를 정하여 시상했다. 교직원도 참가하는 경기였으므로, 열광의 도가 더욱 높아지고 귀중한 동료애도 다질 수 있는 행사였다. 학장도 참석하여 격려했으나, 자신은 모든 학과에 속해 있는 셈이어서 줄다리기에는 직접 가담하지 못하고, 응원만 할 뿐이었다. 이 줄다리기 경기 단 한 종목에 소요되는 시간을 계산하니, 경기준비와 실제 경기, 그리고 밧줄을 보관소로 가져다 두는 시간을 합해 꼬박 하루의 절반에 달했다.

대학에서 목표한 바는 훌륭한 운동 정신을 함양하는 민속경기를 전승시키는데 기여할 뿐 아니라, 직접적으로는 참가자의 건강과 힘을 증진시키려는데 있었다.

서양인(정부 관리, 선교사, 사업가)들이 조선에 왔을 때, 그들은 서울외국인 구락부(club)를 결성하여 남자는 물론 여자들까지도 회원이 될 수 있게 했다. 구락부는 당시 외국인들이 거주하던 지역에 조그마한 땅을 사서 회관을 세웠다. 건물 내부에는 도서관, 독서실, 사교적 목적을 위한 몇 개의 방이 있었고, 외부에는 테니스 코트가 몇 개 마련되어 있었다. 남여 모두 테니스를 즐겼으며, 구락부의 회원실은 서울의 모든 외국인들에게 선교의 중심지가 되었다.

짐작하겠지만, 이런 관경은 조선인들에게는 큰 구경거리가 되었다. 이상하게 들릴지 모르지만, '구경'이라는 말은 '구'와 '경'의 두 음절로 이루어져 있고 둘 다 '본다'는 의미를 갖고 있다. 영어의 동일한 결합형 'sightseeing'이라는 단어가 '가치 있는 무엇인가를 보는 일'을 뜻하는 것과 같이, 조선말의 이 표현도 '어떤 대상을 유념해서 보는 것'을 특히 강조하기 위해 사용하는 것 같다.

그처럼 힘든 일을 왜 하인에게 시키지 않는가?

어느 더운 여름날 오후, 우리 회원 중 한분이 영어를 잘해 서양인과 교분이 있는 양반청년 한 사람을 초대하여 테니스 경기를 보게 했다. 그는 관심 있게 경기를 지켜보았다. 시합하는 사람이 한 세트의 치열한 경기를 끝낸 후, 전신이 땀에 젖은 채 가쁜 숨을 몰아쉬며, 붉게 상기된 모습으로 관전자의 옆자리로 가 경기가 재미있더냐고 물었다

그러자 그는 웃으면서 아주 흥미롭게 생각한다고 말하면서, '그처럼 힘든 일을 왜 하인들에게 시키지 않는가?' 라고 물었다. 이 질문은 정확히 그와 같은 계층의 모든 조선인들이 힘든 노력을 요하는 모든 체육 활동에 대해 갖고 있던 태도를 보여 주고 있다. 그에게는 운동경기가 무척이나 힘든 일로 보였던 것이다.

그러나 세월이 흐름에 따라 이런 생각도 바뀌어, 선교 학교는 체육을 교과과정에 넣게 되었다. 남학생들이 제일 먼저 배운 경기는 미국의 야구였는데, 이 경기가 이들을 흥분시켰다. 패한 측은 흔히 울거나 승리한 측과 싸우려 했다. 어느 것도 올바른 태도가 아니었으므로, 교사들은 읽기는 물론 작문 및 산술시간에도 운동 정신에 관한 내용을 포함시키지 않을 수 없었다.

이와 같은 정정당당한 경기정신과 훌륭한 스포츠맨을 존중하는 마음을 일깨우려는 노력으로, 운동경기가 점차 인기를 끄는 고등학교에서는 신입생을 받을 때마다 이들에게 참다운 스포츠맨 정신을 마음속에 새기

도록 지속적으로 교육하게 되었다.

그러나 수년 동안 경기장에서 불만스런 감정을 억제하지 못하여 고성이 나오거나 싸움까지 벌이는 일이 드물지 않았으며, 심지어 대학생들조차도 이런 모습을 보였다. 만약 수년 동안이나 운동정신에 대한 강의를 받고 실제 경기를 해 온 대학생들조차 경기 결과에 실망한 나머지 운동정신을 망각하는 행위를 일삼는다면, 자기 수양이 덜된 다른 집단의 팀들이 경기를 난투로 끝낸 다거나, 이런 싸움에 응원하던 관중까지 끼어드는 현상을 이상하게 볼 수만도 없다는 생각이 들었다.

가끔 경찰이 개입하여 싸움을 중단시키는 경우도 있었다. 그럴 때면 관중들은 싸움이 중단되어 버린데 실망을 하거나, 경기에 진 젊은 선수들이 소리 내어 울거나 흐느끼는 달갑지 않은 광경에 분통을 터뜨리곤 했다.

야구 이외에도 축구, 스케이팅, 하키, 수영 등 경기 종목이 하나씩 추가되었으며 학교마다 체육교사가 채용되었다. 소속 학생들은 부득이한 사유로 교장의 허락을 받지 않는 한, 적어도 한 가지 이상의 운동 종목에 참가해야만 했다.

최초의 실내 체육관

야외 경기장에 이어 실내 체육관도 건립되어, 겨울철에는 농구경기가 이루어졌고, 씨름, 유도 등 실내에서 할 수 있는 체육 훈련도 할 수 있었다. 또 얼마 후에는 이런 운동경기의 일부가 여학생들에게도 소개되었다. 특히 여름에는 옥외에서 테니스와 농구를 할 수 있었고, 겨울철에는 실내에서 체조와 농구를 했다.

그런데 이런 온갖 체육활동이 체육 말고도 다양한 학습활동이 절실했던 학생들에게 무슨 소용이 있었을까?

첫째, 체육활동은 사회생활의 요건인 타인의 권리 존중과 인화를 도모하는 기틀로서, 원만한 인격체를 길러내는 자기 수양의 과정이다.

둘째, 종전에 없었던 신체운동을 하여 신선한 공기를 많이 흡입함으로써, 혈액 순환을 촉진케 하였다. 이것은 지금도 그렇지만 조선 학생들의 큰 두통거리이던 폐병을 예방하기 위해서 꼭 필요하였다.

'씨름'은 역사적으로 오랜 기간 거의 모든 나라에서와 마찬가지로, 조선과 일본에서도 매우 인기 있는 운동이었다. 양국은 이웃해 있으면서도 서로 잡는 방법이나 경기 진행규칙이 크게 달랐으며, 서구 여러 나라의 방식과도 판이하게 달랐다. 그러나 이런 경기를 보고 재미를 느끼면 그만이기에 내가 본 조선씨름 경기에 대해서는 굳이 서술하지는 않겠다.

학생들은 조선과 일본의 씨름 경기방법을 익히기도 하고, 서구식 레슬링의 규칙이나 진행방법도 코치를 통해 배웠다. 미국에 돌아와 미국 프로 레슬링 경기를 관전해 보았다. 미국에서 행해지고 있는, 이 유도와 레슬링의 혼합형 경기는 동양에서 내가 본 그 어느 경기보다도 훨씬 더 야만적이라는 생각이 들었다.

조선의 운동 코치들이 일본 유도를 대학의 연례 운동경기 종목에 포함시킬 것을 제안한 적이 있었다. 학장을 포함한 서양인 교수들 가운데 대학의 운영목표에 상충되지 않을까 염려하는 의견도 있었으나, 학생들은 사실상 만장일치로 이를 원하고 있었다. 내심 그들은 이런 경기에서 일본의 유수한 선수들과 대등한 입장에서 겨룰 수 있는 기회를 원했던 것이다. 이리하여 곧 유도가 도입되었다. 2인치 두께의 짚으로 만든 푹신한 매트가 깔린 특별실이 마련되어, 여기서 씨름과 유도가 행해졌다.

뛰어난 용기와 기민성, 그리고 빠른 판단력을 요하는 아이스하키 경기는 많은 학생들의 관심을 끌었다. 학교에서는 운동장을 만들 때 스케이팅이나 하키 종목을 육성할 목적으로, 처음부터 실외 스케이팅장을 만들고 그 가운데 울타리를 쳐 하키 경기장을 만들었다.

독일 올림픽과 마라톤 우승

'도보 경주(foot racing)'는 항상 멋진 오락이었다. 잘 걷는 조선인들은 장거리 여행에서 가장 훌륭한 조랑말보다도 더 빨랐다. 조선인 젊은이가 시골길을 걸어가는 것을 보노라면, 참으로 재미있었다. 몸을 곧추 세운 상태로 고개를 쳐들고 팔을 힘차게 흔들며 성큼 성큼 걸어가는데, 빨리 가려고 애쓰는 것 같이 보이지도 않는데도 하루에 멀리 걷곤 했다. 보통 하루에 걷는 거리는 90리, 즉 약 30마일이었으나 좀 더 서두르면 더 갈 수 있었다.

또한 학교의 운동경기에 있어서도 달리기가 으뜸을 차지했다. 조선 기독교 연합대학에서는 조선의 고등학교 학생들이면 누구나 참여할 수 있는 운동경기를 해마다 개최했는데, 달리기 경기가 가장 두드러진 종목이었다. 100m에서부터 8마일까지의 경기가 있었는데, 8마일 경기는 당당하게 '마라톤'이라고 불렀다.

서울에 있는 모 고등학교는 언덕 옆에 자리 잡고 있어서, 종합 경기장을 만들 수가 없었다. 이런 조건 때문에 달리기 경기가 그 학교의 특기가 되었다. 그 학교에서는 매년 달리기 선수들을 우리 대학에 출전시켰는데, 해마다 이들이 상을 거의 모두 휩쓸어 가버렸다. 그들은 특히 장거리 경주에 뛰어났으며 한 학생은 재학 4년간 해마다 마라톤 경기에 우승했다.

2차 세계대전 전 독일에서 개최된 올림픽에서, 25마일 마라톤 경기의 우승자는 일본 선수였다. 일본인들은 자기들의 신장이 매우 작았으므로, 다른 키 큰 외국 선수들보다 앞설 수 없을 것으로 생각했던 경기에서 우승을 거두자 기뻐 날뛰었다. 그러나 이 올림픽경기의 우승자는 실상 조선인이었으며, 바로 조선 기독교 연합대학에서 개최한 운동 경기의 한 종목인 8마일 마라톤에서 우승한 바 있는 최우수 주장이었다.

이 선수의 이야기는 슬픈 여운을 남겼다. 그가 우승한 후, 회견을 요청한 기자들에게 자기는 일본인이 아닌 조선인이라고 하면서, 프로그램에 적힌 일본식 이름 대신 자기의 이름을 조선식 발음으로 밝혔다고 한다. 이 때문에 그는 귀국 후 심한 처벌을 받았다는 것이다. 그들이 정복했던 나라의 국민인 조선인이 그 영광을 안은 사실을 세상 사람들이 알기를 원치 않았으나, 오히려 그가 조선인이었음을 알리게 되는 실수를 범한 셈이다.

일본인과 조선인의 테니스 · 농구 경기

'테니스'는 곧 조선인 학생들에게 인기있는 종목이 되어, 자연히 조선이나 일본에 소재하는 일본인 학교의 선수들을 맞아 자주 시합을 갖게 되었다. 일본에서는 그들이 조선을 침략하기 훨씬 전부터 이미 테니스가 확실하게 정착되어 있었다. 처음 수년 동안 조선학생들과의 경기에서 거의 예외없이 승리하였으나, 결국 자신들의 열세를 알게 되었다.

한번은 호놀룰루의 하와이 대학 학생들로 구성된 농구 선수단이 일본을 방문했다. 이 집단은 실제로 하와이 본토인, 흑인, 일본인, 조선인, 미국인 및 캐나다인 등 그야말로 호놀룰루의 모든 시민들로 구성된 국제적인 성격을 지니고 있었다.

그들은 일본 국내 유수 팀들과 가진 경기에서 모두 이겼다. 그 후 서울에 와서 조선에 있던 일본인 대학을 포함한 여러 팀들과 가진 시합에서도 모두 이기고 있었다. 그런데 이 국제 팀이 순전히 조선인 학생들만으로 구성된 대학 팀과 경기를 가졌다. 이 경기를 아주 큰 관심을 갖고 관전해 보았는데, 정말 재미있는 경기였다.

한 팀이 앞섰다가는 다른 팀이 앞서는 등 그야말로 막상막하의 경기를 벌였다. 결국 조선의 대학팀이 한 점차로 승리함으로써 경기는 끝났다. 점수 차이가 거의 없었기에 패한 팀은 이미 차지한 영예를 조금도 손상받지 않았으며, 조선의 대학 팀으로서는 예기치 못한 영광스러운 승리였다. 두 팀은 영광을 함께 했으나, 조선 학생들의 영광은 좀 더 크지 않을 수 없었다.

이들은 조선인들과 함께 경기를 가진 경험으로 승자와 패자 간에 서로 우정이 싹트게 되었고, 우정은 그 후에도 계속되었다. 진정한 운동정신과 정정당당한 실력은 국가 간의 국경마저도 넘어선다는 참다운 이해에 기반을 둔 우정이었다. 내가 호놀룰루를 방문 하던 중 하와이 대학 총장 크로포드(Crawford) 박사와 가진 회견에서, 그는 이 경기가 학생들의 국제적인 안목을 크게 넓혀주는 기회가 되었으므로 매우 만족스러웠다고 했다.

총장은 호놀룰루에서 개최된 태평양 지역 아시아 국가 각료들로 구성된 의료협의회에 대해서도 언급했다. 조선에서는 이 회의에 Y. S. Lee 박사를 파견한 바 있었다. 총장은 그가 이 회의에 앞서 논문을 발표했는데, 그 논문이 다른 어떤 논문보다도 더 큰 관심을 불러 일으켰다고 했다. 이 박사는 서울에서 세브란스 연합 의과대학을 졸업한 후, 북경 연합 의과대학 병원(록펠러 재단)에서 수년간 근무했다.

그 후 모교로 돌아와, 그를 가르쳤던 루들러 박사의 조수로 일하다가 시카고에 있는 노드웨스턴 대학 의학대학에서 3년간 공부했다. 이 대학에서는 그곳에서 3년 이상을 수학하지 않은 학생에게는 의학 석사학위를 수여하지 않는다는 규정이 있었지만, 그 대학 총장은 그가 인정하는 어떤 기관에서든지 1년 동안 인턴과정을 거치면, 학위를 주겠다고 했다.

이 박사는 뉴욕에 있는 신체 장애아들을 위한 병원에서 1년의 인턴 과정을 마친 후, 노드웨스턴 대학에서 의학 석사학위를 받고 여러 의료센터를 방문했다. 조선에 돌아온 그는 모교에서 외과 담당 조교수직을 맡았다. 그는 루드하우 박사와 함께 간장 내 아메바성 농양에 대한 많은 임상연구를 했는데, 그의 논문은 특히 이 질병의 수술 치료를 다루었다.

여기서 이 사실을 언급하는 이유는 내과 및 외과 분야에 관한 연구와 실제에 있어 이 박사의 연구가 조선인으로서는 두드러진 성공을 거둔 대표적인 사례가 되기 때문이다. 다른 사람들이 운동 분야에서 그러했듯이, 그는 과학 분야에서 한국인의 능력을 과시했던 것이다.

여러 가지 운동경기에서 조선 사람들이 다른 민족을 능가하는 기량을 가졌다는 입증된 사례를 몇 가지 간략하게 소개하고자 한다. 축구는 대학과 고등학교에서 매우 인기 있는 운동이었는데, 이 분야에서 조선 사람들이 다른 나라 사람들과 대등한 입장에서 겨룰 수 있다는 것을 입증했다.

그들이 축구 시합을 할 때, 발과 머리를 아주 경쾌하고 기민하게 움직이는 것을 보고 있노라면 항상 즐거웠다. 물론 골키퍼 외에는 손을 사용하지 않고 항상 발로서 차야만 하는 진정한 의미의 경기였다.

씨름*

외국인들이 이 나라에 들어와 서구 여러 나라의 운동경기를 소개하기 전에도, 조선 고유의 운동 경기가 없었던 것은 결코 아니었다. 이런 고유의 운동으로서는 씨름 · 줄타기 · 궁술 그리고 무용 등이 있다.

조선 고유의 씨름은 우리 서구인들이 익히 보아오던 것과는 판이하게 달랐다. 씨름꾼은 옷을 벗고 허리부위만 가린 채, 허리에 띠를 두르고 두 넓적다리 사이로 띠의 한 자락을 빼내어 자기의 다른 넓적다리에다 묶었다. 심판은 두 씨름꾼이 상대방의 허리띠와 다리를 묶은 띠를 잡아 쥐게 하여, 자세를 취하게 해 놓고서 경기를 시작하게 했다.

한 경기자가 이기기 위해서는 정당한 방법으로 상대 경기자를 모래바닥에 쓰러 뜨려야 한다. 경기장을 모래 위에 설치한 것은 운이 없는 패자가 넘어질 때, 몸에 받는 충격을 줄이기 위함이다.

씨름 기술을 보면 매우 다양하다. 어깨 너머로 상대를 던져 버리기도 하고, 다리를 걸거나 발과 다리를 교묘하게 사용하여 넘어뜨리기도 한다. 내가 관전한 시합에서 한쪽이 상대편 허리띠나 다리 끈을 놓쳐 서로 떨어지게 되자, 기회를 봐서 먼저 상대방의 띠나 끈을 잡아 넘어뜨리려고 서로 노려보며 서 있기도 했다. 서양인 관중들에게는 그것이 오히려 더 무섭게 보였다. 경기 중에 사고도 발생했지만, 중상을 입은 적은 별로 없었다. 경기 도중 부상이 발생할 수 있다는 점에서, 유도와 레슬링을 혼합한 현대 미국식 경기[147]가 조선의 씨름보다 훨씬 더 거칠다.

최근 들어 일본의 유도가 조선에 소개되어, 지금은 각급 학교와 대학, 그리고 대학의 체육과에서 실시되었다. 중상이 자주 발생하기 때문에,

147. 프로 레슬링을 말한다.

벌점의 위기에 있는 사람은 뼈가 부러지거나 심줄이 끊어지는 것을 예방하기 위해 언제든지 졌다는 표시를 할 수 있다. 조선인들은 최근에 유도를 배웠지만, 아주 빠른 속도로 그들에게 기술을 가르쳐 준 사람들만큼 능숙해지고 있다.

줄타기

줄타기(rope-walking)는 마을이나 도시의 길거리나 공지에서 유랑단(traveling troupes)에 의해 자주 연출되는 구경거리이다. 생각과 달리 밧줄을 팽팽하게 매지 않는 것이 특징이다. 양 기둥사이에 밧줄을 느슨하게 묶어놓고 그 위에서 남녀 유랑 단원들이 아주 쉽게 걷고, 뛰고, 춤추며, 재주넘기를 했다. 보통 몸의 균형을 잡는데 필요한 장대를 사용하지 않지만, 밧줄 위에서 떨어지는 모습은 한 번도 본 적이 없다.

궁술

궁술(archery)은 시간적 여유가 많은 상류층 사람들이 즐기는 운동이다. 이제 조선에서는 유한층이 즐기는 기능 경기가 되었다. 이 게임이 궁궐 밖 보다 궁궐 내에서 더 많이 실시되는 것을 보았는데, 궁궐 내에 더 많은 유한층의 사람들이 있었을 뿐만 아니라, 궁술에 필요한 공간이 넉넉하였기 때문이다. 비록 국왕이 어떤 형태의 운동 경기에도 참가하는 것을 본 적은 없지만, 고관 시종들의 활쏘기를 지켜보기를 아주 좋아했다.

조선의 활은 힘이 있고 견고하며, 선이 아름다운 것으로 유명하다. 이 활은 호두과 나무(닥나무) 혹은 기타 단단한 나무로 제작되는데, 이 나무 위에 아교 칠을 하여 두껍고 질이 좋은 돈피(豚皮)를 팽팽히 당겨 붙였다.

묶어 놓은 줄을 풀면 굽혀졌던 활대가 똑바로 펴질 뿐 아니라, 심지어 양 끝이 맞닿을 정도로 반대편으로 젖혀지기도 한다. 그래서 시위를 당겼을 때, 그 추진력은 배가 넘는다. 화살은 지름이 4분의 1 내지 8분의 3인치 가량 되는데, 대나무 줄기로 만들며 마디를 깎아 매끄럽게 만든다. 이 화살은 길이가 18 내지 30인치나 되며, 그 끝에 쇠로 된 촉과 깃을 단다.

나는 사격의 정확성을 보고 자주 놀랐다. 과녁은 거의 1백 야드 정도 거리에 놓여져 있었는데, 다른 나라에서와 마찬가지로 원으로 표시되어 있었다. 활 쏘는 사람들은 한 줄로 나란히 서서 차례대로 쏘았다. 사수는 별로 주의를 기울이지 않는 듯한 표정으로, 화살 촉 부분이 활대에 닿을 만큼 귀 옆까지 시위를 잔뜩 당겼다가, 역시 긴장감 없는 표정으로 시위를 놓았다.

화살은 상당히 높이 치솟았다가 아름다운 곡선을 그리며 떨어지면서, 거의 언제나 과녁에 꽂혔는데, 어떤 때에는 과녁의 중심이나 바로 부근에 꽂히곤 했다. 과녁을 빗나가는 일은 좀처럼 없었다. 화살이 포물선을 그리면서 치솟았다가, 과녁을 향해 떨어지는 광경은 참으로 보기에 좋았다. 궁수가 어떤 방법으로 풍향과 풍속을 감안하여, 반원을 그리면서 날아간 화살을 표적에 정확하게 맞히는지, 보는 이로 하여금 경탄을 금치 못하게 하였다.

조선의 춤과 음악

조선 사람들은 춤을 운동으로 보다 하나의 예술로 받아들였다. 젊은 여성들만이 춤을 추었는데, 주로 남자들을 즐겁게 하기 위함이었다. 이런 여자들을 뽑을 때에는 무엇보다 미모와 동작의 우아함을 기준으로 삼았다. 다른 중요한 자질로는 목소리가 아름답고, 웃음소리가 듣기에 좋아야 하며, 노래를 할 수 있어야 했다. 이들은 특수한 학교에서 교육을 받았는데, 여기서 읽고 쓰는 법, 재미있게 이야기하고 매력 있게 보이는 법 등을 배웠다.

국왕에게는 수많은 응시자들 가운데서 엄선된 소위 최고의 여자들이 전속으로 배속되어 있었고, 틈나는 대로 자신은 물론 손님들까지 즐기게 했다. 그들은 조선 고유의 악단이 연주하는 음악에 맞춰 춤을 추었다. 이 음악은 전 음정이 항상 다섯 개 밖에 없어 서양인들의 귀에는 아주 단조롭게 들리지만, 동양인들의 귀를 즐겁게 하고 그들의 감정을 움직이게 했다. 비록 내가 음악이나 춤을 감상하는 능력이 설명을 듣지 않고 깨달을 수 있는 경지에는 도달하지는 못했지만, 동양의 춤은 언제나 상징적인 주제를 엮어 나갔으며, 적어도 그렇다고 알고 있다.

온갖 서양의 기악도 그 주제가 상징적인 것은 사실이다. 작곡가는 단풍, 봄과 같은 제목이나 혹은 해설이 있기 전에는 청중이 그것이 무엇을 의미하는지를 모르는, 그 어떤 주제를 암시하려 한다. 서양인들이 듣기에 동양의 음악이 바로 그렇다. 그러나 동양의 춤은 그것이 지니는 의미에 대한 설명을 들은 적이 있다면, 춤추는 사람의 동작에 따라 그들이 무엇을 표현하고자 하는가를 어느 정도 상상할 수 있다. 여유가 있는 사람들은 보통 오락을 즐길 때마다 여자들이 춤을 추게 한다.

이런 무희들은 대개 창녀로 취급되기도 하였다. 물론 세월의 흐름에 따라 그들이 선발되게 한 미모와 자질이 퇴색하여 마침내 창녀가 되기도 했겠지만, 그들을 창녀로 취급할 하등의 이유도 없었다. 그러나 최 전성기에 있을 때, 이들의 정조는 크게 위협받았다.

이들이 불려 다니는 주연에는 많은 술잔이 오가기 마련이었다. 주연이 끝날 무렵 남자들은 술에 취해 있을 것이고, 최상급의 여자들이 연회석으로 불려 나와 술을 받아 마셔야 하는 향연은 흔히 점잖지 못한 자리로 변질될 수 있었을 것이다. 이런 여자들 모두가 매춘부가 되었던 것은 아니다. 다만 그렇게 될 위험성이 도사리고 있었던 것만은 확실하다.

그러나 분명히 밝혀두고 싶은 것은 조선의 춤이 방탕한 생활을 따라다닌 것은 아니라는 점이다. 조선의 춤은 매우 우아하여, 사람의 감정을 고무시키는 것으로 생각된다. 그래서 조선에 서양 춤이 처음 소개되었을 때, 춤추고 있는 남녀들, 특히 여자들의 옷차림이 조선인들의 눈에 무례하게 보여 말썽이 되었다. 가벼운 옷차림을 한 여자들이 파트너의 팔에 안겨 미끄러지듯 움직이는 것이 몹시도 못마땅하게 보여 외면했던 것이다.

조선의 안경 이야기 14장

안경 낀 조선인 신사 / 연대 미상

현대식 안경 기술의 도입

조선에서 안경이 처음으로 사용된 것은 아주 오랜 옛날로 거슬러 올라간다. 시력이 약해진 노인들이 처음으로 안경을 사용해서인지는 몰라도, 안경을 착용하는 것이 존경받는 일로 생각되어 심지어 안경이 필요없는 사람들 중에서도, 나이 들어 지혜로운 사람으로 보이려는 마음에서 안경을 쓰는 경향도 있었다.

선교 사업 초기에 우리 서양인들은 큰 안경알과 눈에 두드러지게 큰 뿔테를 보고 웃었다. 우리는 될 수 있는 한 안경을 쓰지 않으려 하고, 어쩔 수 없이 쓰게 될 때는 테의 두께와 무게를 최소한으로 줄이려 했다. 사실 우리는 안경다리를 없애고, 후에는 안경알 주위의 금속 테마저 없애버려 죔쇠와 스프링만으로 코에 걸 수 있도록 하고서야 비로소 만족해했다. 여기서도 동서양의 관념이 상충했다. 어느 쪽이 이겼을까? 이 글을 읽는 사람들은 모두 그 대답을 알고 있을 것이다.

내가 병원 일을 하는 동안 안경 렌즈의 굴절 측정이 정밀하지 못하여, 이로 인한 질환이 발생하는 경우를 수없이 발견했다. 적절한 렌즈를 사용하면 시력이 좋아 질 뿐 아니라, 불규칙한 렌즈 착용에서 비롯되는 다른 증상들도 치료될 수 있다.

나는 환자에게 맞는 렌즈를 신속히 고르기 위해 간단한 굴절측정 도구를 한 벌 마련했다. 또 일반적인 시력 결함에 대비하여 안경테와 보통 렌즈도 다수 준비해 두었다. 난시의 경우는 그 증상이나 종류가 너무나 다양하여 이들 모두에게 맞는 제품을 다 갖출 생각은 할 수 없었다. 따라서 필요할 때마다 일본, 중국, 혹은 미국 등지에 적절한 제품 주문을 하지 않으면 안되었다.

굴절을 측정(refracting)하는 일은 너무나 많은 시간을 요하므로, 의과대학 첫 회 졸업생 한 명을 택하여 시력 측정 방법을 가르쳐 주었다. 그는 곧 그 과정을 충분히 습득하였으므로, 안과도 겸하는 이비인후과에 특별히 배치하였다. 이리하여 홍 박사는 이 분야를 전공으로 하는 최초의 조선인 의사가 되었다.

그는 난시의 굴절 측정도 할 수 있었다. 그러나 이미 말한 바와 같이 그의 처방대로 안경이 제조되기 위해서는 그 처방전을 멀리 보내야 했다. 나는 이 처방전들을 북경이나 상해 또는 도쿄 등지에 있는 감리교 병원이나 성공회 병원 안경부에 보내 보았다. 그러나 그 때마다 주문품을 받기까지 시일이 너무 오래 걸렸으므로, 고객들의 불평이 많았다. 이를 해결하기 위해 주문서를 미국으로 보냈더니, 먼 거리에도 불구하고 훨씬 빨리 주문품이 배달되었다. 내가 휴가 차 다시 미국에 갈 때까지 이 방법은 계속되었다.

조선 최초의 렌즈 깎는 기계 도입

나는 거래처인 미국 광학회사의 공장에 들러, 우리가 당면한 어려움을 설명하고 난시용 안경 렌즈의 표면처리 기술을 가르쳐만 준다면, 기계 한 대를 구입하여 조선으로 가져가겠다고 했다. 우리가 환자들에게 더욱 철저하고 신속한 봉사를 하게 되면 귀사의 안경테와 렌즈의 판매량이 증가될 것이므로, 안경렌즈의 표면 처리 기술을 전수한 데 대한 보상은 충분히 될 것이라고 설득하였더니 쾌히 승낙했다.

안경알 표면을 정확히 가는 방법을 배운 후 필요한 기계를 사서 휴가가 끝나는 대로 조선으로 가져왔다. 이것이 조선에서 처음으로 사용된 렌즈 깎는 기계였다.

명석한 젊은이를 골라 내가 배운 것을 가르쳤더니, 그도 얼마 후 상당한 전문가가 되었다. 이후 의사의 처방에 따라 적절한 렌즈가 제작되는데 소요되는 시간은 과거의 6~8주간에서, 하루 또는 이틀 정도로 크게 단축되었다.

안경 제작 기계를 설치한 후 우리가 겪은 가장 큰 어려움은 안경알의 크기, 모양, 테의 형태가 너무 자주 바뀐 것이었다. 손님들이 찾지 않는 형의 안경 재고가 많아, 우리가 기대했던 이익은 보지 못했다. 몇 년 후 우리와 함께 일하던 안경 제작 기술자가 독자적으로 사업을 벌이게 되어, 우리는 또 다른 사람을 훈련시켜야 했다. 마침 안경 장사를 해 본 젊은이가 나타나, 장소만 대여해 준다면 필요한 기계류와 안경알, 테의 재고품 전량을 기꺼이 매입하겠다고 했다.

그의 제안이 마음에 들어 이를 수락하고, 안경알을 위시하여 이 분야에 관한 제반 책임을 일임했다. 결국 그 거래는 피차 잘 이뤄진 것으로 판명되었다. 그 안경 상인은 우리를 위해 일을 계속하는 동시에 사업을 크게 확장하여, 일반 대중들과도 거래했다.

그는 조수들을 훈련시키고 돈도 많이 벌어, 내가 조선을 떠나기 전 가난한 사람들의 입원비 전액을 부담하는 등 우리의 의료 사업에도 상당한 관심을 보였다.

조선 최초의 안과·이비인후과 전문의 홍석후(Sukhoo Hong) 박사 이야기 15장

진료를 기다리는 환자들 / 1909

사진을 통한 나와의 대면

내가 홍석후 박사를 처음 알게 된 것은 1893년 우리가 서울에 도착하기 직전에 찍은 조선 최초의 장로교 남자 학교의 사진을 통해서였다. 그는 이 학교 학생으로, 여러 해 동안 선교사들에게 조선어를 가르친 어느 학식 높은 분의 아들이었다. 소년들의 차림새, 즉 흰색의 긴 두루마기와 땋아서 등까지 늘어뜨려 리본이나 끈으로 끝을 묶은 머리카락이 눈에 띄는 모습이었다.

전체 모습이 당시 비슷한 나이 또래의 미국 소녀와 흡사했다. 그래서 뉴욕의 외국 선교위원회 본부에서 이 사진을 받았을 때 여학교 사진이라 생각하고, 선교회보에 조선의 여학교에 관한 기사를 실으면서 이 사진에 '조선의 여학교'라 소제목을 붙인 것은 결코 탓할 일이 아닌 것이다.

그는 이 학교에서 영어와 함께 미국 초등학교 상급반 과목들을 공부했다. 이 학교가 문을 닫게 되자, 홍 소년은 조선의 예부(학부)가 설립한 의학대학에 입학하여 수료했다. 그러나 이 대학의 수련과정이 일본식 의학서적 강독으로만 이루어져, 학생들은 병원에서 환자를 다루거나 연구실에서 임상실험을 해볼 기회를 전혀 가지지 못했다. 따라서 이들은 질병이나 그 치료법에 관한 실질적인 지식을 제대로 갖추지 못했다.

제중원에서의 홍석후

나는 이즈음 왕실병원 제중원에서 조선 젊은이들에게 실용 의술을 지도하고 있었다. 국립 의료원이라 할 수 있는 제중원의 첫 졸업식이 거행된 후, 졸업생 중 두 명이 면담을 요청했다. 이들은 자신들이 아직 진료나 질병치료를 담당할 준비가 되어있지 않으므로, 기간에 상관없이 의술을 어느 정도 제대로 습득할 때까지 우리 병원의 보조원으로 일할 수 있도록 허락해 달라고 간곡히 요청했다.

그들을 받아들였는데, 이미 의학 서적을 읽었기 때문에 실기 연마가 빨랐다. 또한 의학 이론을 이미 공부했으므로, 병원 조수들을 교육시키는데 사용할 의학 용어집을 편집하는 중요한 일에 도움이 되는 유용한 지식도 갖추고 있었다. 우리가 과목별로 이 용어집을 준비하여, 서양의 의과 대학에서 개설하고 있는 모든 과목을 가르치기까지에는 여러 해가 걸렸다.

이 때문에 1908년 6월에 가서야, 이들 두 젊은이와 또 다른 5명을 우리가 당초에 목표로 했던 철저한 교육과 실제적인 훈련을 쌓은 유능한 의사로 육성해 낼 수 있었다. 이 7명은 졸업 후 모두 조교로 학교에 남아 있고자 하였으나, 그 중 네 사람만을 선발했다. 이 가운데 이미 없어진 국립 의료원에서 과거에 수학한 바 있는 홍씨 성을 가진 사람이 두 명 있었는데, 그 중 한 명이 바로 홍석후였던 것이다.

조선 최초의 안과 · 이비인후과 전문의가 된 홍석후

석후는 자신이 훌륭한 의사인 동시에 능력 있는 선생임을 입증했다. 물론 나머지 세 사람도 마찬가지였다. 불행히도 다른 홍씨는 폐결핵에 걸려 젊은 나이에 죽었으므로, 다음 졸업생으로 그의 자리를 채웠다. 이리하여 위의 네 사람과 나, 그리고 병원 및 학교 일을 돕도록 미국에서 파견된 제시 W. 허스트 박사 등 여섯 명의 직원으로 일을 계속했다.

이때쯤 우리는 자신감에 차서, 아니 오히려 대범해져 병원과 학교를 '세브란스 연합의대, 병원, 간호학교(The Severance Union Medical College, Hospital and Nurses' Training School)'라는 명칭 하에 '의과대학'이라고 불렀다.

더욱 훌륭한 교육을 실시하려면 과목 별 전문화가 필요하다는 것을 깨달았는데, 홍씨는 여러 과목 중 안과를 포함하는 이비인후과를 택했다. 당시 나는 모든 분야에 전문가 역할을 해야 했기 때문에, N. H. 보우먼 박사가 합류하기까지 이 분야에서 그를 지도하는 일을 맡았다. 보우먼 박사는 조선에 파견되기 전에 미국의 안과 · 이비인후과 전문의였으므로, 이 분야를 그에게 맡기고 홍씨를 그의 조수로 임명했다.

이 초년 전문의에게 이러한 관계는 일생 일대의 호기였다. 훌륭한 스승의 지도를 받게 된 그가 머지않아 스승에 못지않은 전문가가 되었기 때문이다. 그러던 중 보우먼 박사가 부인의 병으로 미국으로 돌아가게 되었다. 곧이어 부인이 죽자, 어린 딸을 데리고서는 조선으로 돌아올 수 없는 처지가 되었다. 이에 홍씨가 그의 뒤를 이어 조수들의 도움을 받아 이 분야를 맡게 되었다.

미국 유학을 떠나다

시간이 좀 지난 후 우리는 홍씨를 미국에 보내 더욱 연구하게 하는 것이 바람직하다고 생각했다. 그는 우선 의료계에 종사하는 사람들이 쓰는 영어와 전문의들의 임상처리 과정에 관한 견문을 넓히기 위해, 미네소타의 안과 · 이비인후과 전문의인 A. J. 매캔넬 박사의 병원 겸 사무실에서 한 달간 머물렀다. 매캔넬 박사는 서울의 세브란스 병원에서 수년간 홍씨의 일에 많은 뒷바라지를 해준 적이 있었다.

그 후 그는 나의 주선으로 캔자스 시 치과대학의 해부학 교수였던 D. J. 마이어스 박사 밑에서 두부 해부학 과정을 이수하였다. 다시 뉴욕 의과대학원으로 가 전공 연구를 계속했으며, 그곳에서도 우수한 학생이자 솜씨 좋은 의사라는 평을 얻었다.

그는 모교로 돌아와서, 여러 해 동안 해당부서의 과장직을 역임했다. 국적을 불문하고, 조선에 체류한 외국인들은 그의 의술을 신뢰했다. 세브란스 병원에서 다년간 훌륭하게 봉사하다가, 우리 병원이 줄 수 있는 보수로는 딸린 식구가 많은 대가족을 부양할 수 없어 사직하고 개인 병원을 차렸다. 우리 병원과 의과대학에 근무하는 동안 훌륭한 후계자들을 양성하여, 이들 기관이 지속되어 봉사의 기능을 다하게 하는데 기여한 공적이 매우 크다.

그의 자녀들은 그의 주위에서 성장했으나, 대부분 음악에 종사하고 있다. 예쁜 딸이 하나 있었는데 이화학당에서 수학했고,[148] 두 아들은 바이올린을 공부하여 유명한 협연자와 독주자가 되었다.[149]

---

148. 이화학당은 1886년(고종 23)에 미국 선교사 스크랜튼 여사(M. F. Scranton)가 서울 황화방(皇華坊), 지금의 서울 중구 정동(貞洞)에 창설한 사립 여자교육기관으로 이듬해 명성황후가 이화학당(梨花學堂)이라는 교명을 내렸다. 1904년에 4년제 중등과를 설치하여 1908년 중등과 제1회 졸업생을 배출하고, 같은 해 보통과와 고등과를 설립하였다. 1910년 4년 과정의 대학과를 신설해 1914년 김앨리스 · 신마실라 · 이화숙(李華淑) 등 3명의 우리나라 최초의 여자대학 졸업생을 배출했다. 1925년 이화여자전문학교로 개칭. 1945년 10월 일제 때 상실한 이화라는 교명을 되찾고 종합대학으로 승격하면서, 초대총장에 김활란(金活蘭)이 취임하였다. 이러한 수차의 교명 변경 등을 고려하여 이글에서는 편의상 '이화학당'이라 통칭한다.

149. 아들 중 한 명이 홍난파(1898~1941)이다.

조선에서의 우유* 16장

구한말의 우시장 풍경 / 1910

왕실에서만 사용하는 우유

우리가 조선에 도착했을 때 우유를 구할 수 없다는 말을 듣고 놀랐다. 나는 "수레를 끌거나 짐을 나르는 소를 많이 보았는데 왜 그렇지요? 이들 소의 젖은 어찌 합니까?"하고 물었다.

"소젖 말입니까? 왜 묻습니까? 송아지가 먹어야지요. 어미 소의 젖은 모두 송아지에게 먹이지요"

"그러나 송아지에게 다른 먹이를 주면 우유를 이용할 수 있지 않습니까?" "물론이지요. 그러나 조선에서 소는 당신네 나라의 말과 같이 짐을 나르는 짐승이랍니다. 당신 나라에서는 말의 젖을 짭니까?"

관점이 달랐기 때문에 나는 고작 서양에서는 짐을 나르는데 황소를 이용하고, 암소는 오로지 세 가지 목적, 즉 송아지를 낳고 송아지가 젖을 떼면 우유를 얻고, 마침내 잡아서 고기와 가죽을 이용한다는 말 밖에 할 수 없었다.

"그렇다면 모유가 없을 때 갓난애들에게 무엇을 먹이며, 단단한 음식을 먹을 수 없는 환자에게는 무엇을 먹입니까?"라고 물었다.

"갓난애들 말입니까? 쌀 물과 흰죽을 쑤어 먹이지요, 달리 무엇이 있겠습니까? 돈이 있다면 유모를 들일 수 있지만, 그건 부자들이나 할 수 있는 것이고 대부분의 사람들은 가난해서 그렇게 못합니다."

바로 그렇다! 이 때문에 허약한 유아들이 많고, 이것이 유아 사망률이 높은 이유 중 하나다.

"그렇다면 조선에서는 우유를 전혀 사용하지 않습니까?"

"아니, 사용합니다. 왕가에서는 사용하고 있지요. 이들에게 우유를 공급하기 위해 다른 사람들에게는 금지되어 있습니다." 나는 이 말을 이해할 수는 있었지만, 곧 또 다른 의혹이 떠올랐다.

"분유는 어떻습니까? 구할 수 있습니까?"

"구할 수야 있지요, 그러나 그걸 살 형편이 됩니까? 게다가 환자를 위해 구했어도, 환자가 입에 맞지 않아 먹지 않습니다. 분유도 우유나 다를 바 없습니다."

바로 이와 같은 사정이 높은 유아 사망률을 줄이기 위해 우리가 제안한 처방에 걸림돌이 되었던 것이다. 우유가 귀하고, 우유를 싫어하고, 우유가 비싸니까 말이다.

목장을 설립하다

부족한 분유는 수입하면 되고, 우유에 대한 기호는 점차 개선될 수 있으리라 생각했다. 이리하여 우리는 우유를 음식으로서가 아니라 약으로 처방할 수 있었고, 실제로 그렇게 했다. 조선인들은 구미에 맞지 않은 약품을 복용하는데 습관이 되어 있어, 약이라고 하면 우유도 마셨다.

가격문제는 우유가 비싸긴 하지만, 미국 약품이 모두 비싼데 모든 약 중에서 제일 좋은 약을 주는데 망설일 이유가 어디 있겠는가? 그래서 한동안 우리 병원에서 우유 문제는 해결되어 가고 있었다. 그 후 수년이 흘러가자, 젖소 목장을 만들어야 할 만큼 우유에 대한 수요가 커졌다.

최초로 설립된 목장은 보건 당국의 규정을 엄격히 적용하지 않는 상태에서 운영되었다. 따라서 그곳에서 공급되는 우유는 살균처리가 되지 않아 영양 공급의 수단은 될 수 있었지만, 그에 못지않게 질병의 원인도

될 수 있었다. 대개 우유를 담는 용기의 뚜껑이 열려 있어 먼지나 파리가 쉽게 날아들었다. 또 당시 조선의 가정에는 냉장시설도 없었다.

그러나 (좋은 모든 일을 가져다 주는) 세월이 흐름에 따라, 사람들의 위생에 대한 인식도 높아졌다. 먼저 관리들이 이를 알고, 목장의 청결유지와 적절한 우유취급 규정을 만들었다. 그러나 규정들은 인식이 부족한 백성들이 이행하기에는 너무 어려웠다. (세월처럼 좋은 것이 또 어디 있겠는가?) 세월이 흐름에 따라, 위생의 원리를 이해하게 되고 이를 이행하기 위한 간단한 방법이 고안되는 등 우유 공급에 따른 문제점에 관심을 기울이기 시작했다.

그러나 큰 문제 하나가 여전히 남아 있었다. 가격 문제였다. 어린이 한 사람에게 충분한 양의 신선한 우유를 공급하기 위해서, 가난한 집의 경우 하루치의 수입을 모두 지불해야 할 정도였으니 말이다.

우유 대용으로 콩 우유(Bean Milk)를 개발하다

의사들과 간호원들은 값비싼 우유 대신, 값싸고 영양가 높은 대용품을 구할 수 없을까 늘 생각하고 있었다. 전국 각 지방에 선교사들이 설립한 요양소에서도 사정은 마찬가지였다. 특히 가난한 집 어린이들의 경우, 영양실조를 해결해 줄 충분한 양의 우유를 확보하는 문제는 극히 심각했다. 이 문제는 반드시 해결되어야 할 오랜 숙제였다.

가난으로 인한 이 문제를 해결하는 방법은 두 가지 뿐이었다. 하나는 종교에 관계없이 모든 국가에서 극단의 빈부 격차를 유발하는 경제구조를 개선하는 일이고, 다른 하나는 영양실조에 걸린 이들에게 싼 값으로 또는 무상으로 충분한 영양을 공급하는 것이다.

우리 모두가 경제문제를 해결하기 위해 노력해야겠지만, 그보다 더욱 당면한 문제는 눈앞에 벌어지고 있는 불우한 아동들의 영양실조를 해결하는 일이었다. 그 당시 우리의 관심은 가난한 계층의 사람들, 특히 그들 자녀의 영양 상태를 개선하는데 있었으며, 이를 위해 우리는 모두 값이 싼 우유 대용품을 얻기 위해 많은 노력을 기울였다.

식량과 의약품 문제를 해결하기 위해 병원과 학교 연구소의 연구자들이 만주, 중국 북부 및 조선 반도 북부지역의 주요 농산물 중의 하나인 콩을 분석하는 연구에 몰두했으며, 이를 통해 이 난점을 해결할 길을 어느 정도 열게 되었다. 이들이 행한 연구의 내용은 자세히 모르나, 콩에서 뽑아낸 물질에서 실제 우유에 함유된 성분 대부분을 추출해 냈다고 한다.

이 연구 성과가 특히 중요한 것은 이 귀중한 물질을 추출하는 방법이 매우 간단하여, 전문가가 아니더라도 쉽게 배울 수 있다는 것이었다. 조선의 여러 병원과 어린이 복지 단체에서도 곧 이 방법을 배워, '콩 우유'를 만들어 공급하는 일이 하나의 '정규업무'가 되었다.

경제적인 여유가 있어 우유를 살 수 있는 사람들은 대용품인 콩 우유를 사용하지 않았다. 우유는 콩 우유에 비해 맛이 훨씬 좋고, 또 귀중한 영양소를 더 갖고 있었기 때문이다. 내가 처음 조선에 갔던 45년 전에는 오늘날과 달리 소가 주는 우유(cow's milk)도 콩 우유(bean milk)도 없었다.

조선의 시장(市場) 이야기 17장

제물포의 곡물상 / 1903

조선의 도로와 시장

1893년 우리가 조선에 도착했을 때 도시를 연결하는 도로가 없었다. 가장 넓은 길이라 해도 두 바퀴 소달구지가 겨우 다닐 수 있을 정도였고, 그마저 대개 길바닥에는 바퀴 자국이 깊이 패여 있었다. 당시 여행수단은 걷거나, 배를 타거나, 가마를 타거나, 아니면 조랑말이나 당나귀 또는 소를 타는 것이었다.

증기기관차도 없었고 전차도 없었다. 모두가 걸어 다녔는데, 다만 사정이 허락되는 사람이나 신분상 필요한 양반들은 네 사람이 메는 사인교(四人轎)를 타고 다녔고, 그보다 사정이 못하거나 세도가 낮은 사람들은 두 사람이 메는 이인교(二人轎)를 타고 다녔다. 나귀와 말을 타는 것도 신분에 따라 달랐다. 즉, 양반은 나귀를 타고 평민은 조랑말을 타게 되어 있었다. 그러나 사람을 태울 말은 극히 적었다. 대부분 짐말이었는데, 마부가 말 옆에서 함께 걸으며 고삐를 잡고 몰았다.

짐을 운반하는 말에는 보통 잔등에다 승마용 안장이 아닌, 특수한 짐 운반용 나무 구조물을 올려놓고 그 위에 짐을 실었다. 짐 위에 앉은 사람은 길이 평탄하지 않다거나, 말을 평탄한 길로 모는 등의 문제는 마부에게 맡기고 양다리를 말의 목 쪽으로 뻗은 채 편안히 타고 갔다. 말을 탄 사람은 높다란 곳에서 말이 힘들지 않도록 몸의 균형만 잡아주면 되었다. 타고 가다 지치면 여행속도를 감안하여 내려서 걸어가기도 하였는데, 말을 이용하는 여인들의 여행도 이와 비슷했다.

그러나 사실 당시 대부분의 여행자들은 걸어 다녔다. 조선인들은 훌륭한 보행자였다. 빠른 걸음으로 출발했다가 속도를 늦추는 것이 아니라, 하루 종일 같은 속도로 꾸준히 걸었다. 심지어 등에 꽤 무거운 짐을 지고도 하루 평균 백리를 걸었는데, 환산하면 30마일이나 된다. 그러나 이런 원시적인 여행수단 때문에, 시골 사람들은 집에서 그리 멀지 않은 곳에서 필요한 물품을 구입할 수 있는 방법을 찾게 되었다.

시골의 5일장 풍경

대개 여러 개의 농가가 안전과 화목을 도모하기 위해 한데 모여 조그마한 마을을 이루게 된다. 이런 마을이 조건에 따라 좀 더 큰 마을을 이루게 되는데, 상거래를 쉽게 하기 위해 이런 고장에는 5일마다 장[150]이 열렸다. 행상인들은 등짐을 지고, 장이 열리는 곳으로 돌아 다녔다. 마을사람들은 가정에서 만든 물건들을 시장에 내다 팔았다.

구매자는 물론 행상들의 편의를 위해, 하루길 쯤 떨어져 있는 이 고장 저 고장에서 연이어 장이 열렸다. 이 시골 장은 매우 흥미로웠다. 큰길 양편에는 여러 가지 상품들을 펼쳐놓은 노점이 늘어섰는데, 대개 길 가운데까지 차지하여 달구지나 다른 탈 것이 지나가기 어려웠다. 이 광경을 보았을 때, 미국 대도시의 혼잡한 길에서 차를 모는 광경이 떠올랐다.

그러나 동양의 통행은 속도가 느리기 때문에, 통행자나 상인들 모두에게 주는 위험은 그다지 크지 않았다. 실제로 이곳 사람들은 이와 같은 느린 교통에 그다지 신경을 쓰지 않는 듯 했다. 장으로 가고 오는 길목에는 거의 모든 사람들이 등에다 무엇인가 지고 있거나, 짐을 실은 소나 말을

150. 저자 주 : 서울이나 평양 같은 대도시에서는 매일 시장이 열렸고, 이런 지역의 가게는 상당한 상품을 갖추고 있었다.

몰고 있었다.

장터에는 갖가지 종류의 음식을 짚으로 만든 바구니에 담아 땅바닥에 늘어놓았다. 폭은 수 피트나 되지만 깊이는 4 내지 6인치 밖에 되지 않는 이 바구니 속에는 쌀, 콩, 보리 등의 곡물과 생선 및 건어물, 그리고 갖가지 채소, 감, 밀감, 배, 사과 같은 철 따라 나는 과일들이 담겨 있었다. 소, 말, 망아지, 나귀, 닭, 거위, 오리 등의 가축이나 가금류로 시장에 상품으로 가져 오며, 쇠로 만든 솥을 비롯하여 놋그릇, 옹기, 목공 도구, 농기구 등 가정용품도 팔았다. 사실 자질구레한 일상 용품에서 장례용 소나무 관에 이르기까지 무엇이든 있었다.

여행자가 어떤 마을에 가면 장날이 언제인지 항상 알 수 있었다. 이른 아침에는 짐을 진 사람의 행렬이 끊임없이 시내로 들어오고 오후나 저녁이면 구입한 물품을 지고 줄줄이 집으로 향했기 때문이다.

당시에는 신문이 없었으므로 장터는 한담을 하고, 소식을 주고받는 유용한 장소로 이용되었다. 그곳에서는 귀 기울여 듣는 사람들을 대상으로 온갖 화제에 관한 자기의 의견을 열심히 말하는 연사의 소리도 들을 수 있었다. 선교사들도 이 좋은 기회를 놓칠세라 열심히 복음을 외치고, 성경이나 종교 서적을 팔거나, 안내전단을 무료로 나눠주면서 이웃에서 열리는 예배에 사람들을 초대했다. 많은 사람들이 복음에 귀를 기울였으며, 이리하여 기독교의 가르침도 널리 전파되었다.

이런 장은 토산품을 교역하는 역할을 했을 뿐 아니라, 시골 사람들이 조그마한 마을 가게에서 취급하지 못하는 물품들을 살 수 있게 해주었다. 행상들은 대도시의 가게에서 비단, 모자, 신발, 여러 가지 상품을 시골시장으로 갖고 왔다. 이들은 그 수를 제한하기 위해서 각자가 다닐 수 있는 지역과 팔 수 있는 상품의 종류를 제한하는 상인조합을 결성했다. 또 이권 보호를 위한 이와 같은 조합이 과다하게 난립하는 것을 막기 위해, 상인조합 결성은 국왕의 재가를 받도록 했다. 조합원들은 이에 대한 보답으로 국가에 위급한 일이나 모반이 있을 때 왕의 요청에 따라 군졸로 봉사할 것을 서약했다. 그러나 내가 조선에 체류하고 있는 동안, 국왕이 이들의 군졸로서의 봉사를 명한 일은 단 한번 밖에 없었다. 이에 대해서는 후술하겠다.

당시 조선의 거리 측정 단위는 리(里)였다. 10리는 대략 3마일과 같았으나, 엄밀히 말해서 이 수치는 거리의 척도가 아니라 도보에 소요되는 시간에 더 무게를 둔 계산 방법이다. 길의 상태에 따라 실제 거리가 다르게 마련이어서, 비교적 평탄한 길의 리 단위는 험한 산길에 비해 훨씬 더 먼 거리였다. 당시 도보로 임무를 수행하던 우편 배달부가 한 시간에 걸을 수 있는 거리를 10리라고 했다.

우정 당국에서는 이런 방법으로 거리를 계산하여, 각지의 우편 배달부에게 담당구역을 배정하고 소요되는 시간을 기준으로 임금을 정했다. 유럽이나 미국에서의 1마일은 평지건 산길이건 변함이 없지만, 조선에서 사용한 이 방법은 생활 유형을 반영한 독특한 개념이다. 특히 도보 여행자들이 대부분이었던 시골에서는 평지길 또는 산길이라는 지형 조건보다는 목적지까지 가는데 소요되는 시간이 중요했다. 실제로 측정한 거리에 따르는 방법이 합리적이긴 하지만, 길의 조건이 지형에 따라 다양하므로 목적지까지 가는데 걸리는 시간에 근거하는 이 방식은 나름대로 일리가 있어 보였다.

18장 공수병에 얽힌 이야기*

마을 어귀의 장승 앞에서 기도하는 사람들 / 1903

아이들 미친개에 물리다

러일전쟁이 진행되는 동안 우리 가정에 큰 불행이 닥쳤다. 어린 것들 둘이 미친개에게 물린 것이다. 하나는 일곱 살, 다른 하나는 여덟 살이었다. 문제의 개는 포스테리어 종 강아지로, 아이들의 놀이 친구였다.

그날도 아이들은 여느 때처럼 장난을 걸었다. 뜻밖에도 개가 이날따라 으르렁거렸다. 달래려고 손을 내밀자, 느닷없이 아이들의 손을 물고 달아났다. 당황한 아이들은 엄마에게 사정을 알렸고, 아내는 나를 찾았다.

아이들에게 응급처치를 한 후, 개를 찾아 보았다. 놈은 잘못을 아는지 지하실에 숨어 있었다. 눈은 충혈되어 있었다. 달래 봐도 아랑곳하지 않다가, 쏜살같이 집 밖으로 달아났다.

수상하게 여긴 나는 가족들을 불러 함께 개를 쫓아가 보았다. 개는 다른 선교사 사택들이 있는 곳으로 달려가더니, 어느 집 지하실로 들어갔다. 광견병이 확실하여 문을 잠그고 지하실에 물을 채웠다. 다음날 아침 개는 죽어 있었다.

병인(病因)이 확실하여, 이 놈을 물었을 다른 개를 찾아보았지만 허사였다. 당시 조선에는 공수병(恐水病) 예방약이 없었다. 일본 공사에게 물었더니 나가사키의 한 의과대학 병원에서 공수병 치료(Pasteur Treatment)를 한다고 했다.

아이들을 데리고 거기까지 가는 것이 문제였다. 당시 러시아와 전쟁 중이었던 일본의 육해군이 조선과 일본을 오가는 모든 여객선과 화물선을 징발하여 수송선으로 이용하고 있었으므로, 아이들을 현해탄 건너로 데려갈 길이 없었다.

친분이 있는 하야시 일본 공사에게 도움을 청했다. 그는 근심어린 표정으로 한참 생각하다 미소를 머금고는 길이 있다고 했다. 나가사키행 군 수송선이 다음날 아침 제물포에서 출항하므로, 관련 해군 참모장에게 소개장을 써서 나와 두 아들을 부탁하겠다는 것이었다.

아이들을 데리고 그날 밤 서둘러 서울을 출발했다. 도착 즉시 소개장을 전했다. 다행히도 이미 하야시 공사의 전보를 받고 우리 일행을 기다린다며 반가이 맞아, 친절하게 승선절차를 안내해 주었다.

이틀이 채 못 되어 나가사키 항에 도착했다. 해군 장교들은 우리들의 도선 운임을 받지 않았다. 다만 우리에게 제공된 휴대용 군용 식품은 전시 중이라 재고품 소모에 대한 자료가 필요하여 원가에 상당하는 대금만 받겠다고 했다.

배에서 내리는 즉시 아이들을 데리고 병원으로 달려갔더니, 당장 치료가 시작될 수 있다는 말을 들었다. 그리하여 당일 1차 접종을 할 수 있었다.

이것 저것 물어 보면서 치료 과정을 지켜보았다. 승선이 허락되는 첫 배로 조선으로 돌아갈 예정이었던 나는 치료가 시작된 지 2~3일 후, 잔여 치료 기간에 해당하는 18일 분의 바이러스를 얻어갈 수 있겠느냐고 문의했다. 병원 측에서는 쾌히 승낙했다. 용기를 낸 나는 한 술 더 떠서 바이러스 배양법도 가르쳐 달라고 했다. 그렇게만 되면 조선에 이 치료 방법을 소개하겠으며, 내가 겪었던 불편, 그리고 시간과 비용을 절약할 수 있을 것이라고 했다. 확답을 하기까지 하루가 소요된 것으로 보아, 이 요청은 그들에게 상당한 부담을 준 것 같았다.

다음날 회답은 긍정적이었다. 다만 내가 시간을 두고 바이러스 배양과정을 관찰할 것과 필요한 장비를 구입해야 한다는 조건이 있었다. 이 과정이 끝나자 조선으로 돌아갈 방도를 궁리하기 시작했다. 마침 외신 종군 기자들이 런던 타임스 사가 전세 낸 일본 배편을 타고 제물포로 떠난다는 소식을 듣고, 영국인 책임자를 찾아가 저간의 사정을 털어놓았다. 그는 대단한 관심을 보이면서, 당일 중으로 출항하니 서둘러 준비하라고 했다. 그야말로 행운이었다.

항해 중에도 매일 두 아들에게 바이러스 주사를 놓았다. 아이들에게는 여간 고통이 아닐 수 없었다. 잘 참고 견디면 주사를 맞을 때마다 용돈을 주겠다는 조건을 걸었다. 아이들은 용기를 내어 입술을 깨물면서 견디어냈다. 다른 사람들에게는 재미있는 구경거리였다. 물을 끓여 시험관과 피하 주사기를 소독하고, 주사 놓을 부위를 깨끗이 닦는 것을 잊지 않았다.

궁궐의 화재와 공수병 치료기관의 설립

집에 돌아와 그동안의 일이 순조롭게 풀리고, 아이들에게도 아무런 증세가 나타나지 않아 매우 다행스럽게 생각했다. 공수병을 예방하는 의료기관 설립문제로 고심했지만 재정이 문제였다. 우리 모두가 그 필요성을 절감하면서도 방법이 막연했다.

그런데 궁하면 통한다더니 뜻하지 않은 일이 생겨, 문제를 해결할 수 있게 되었다. 러일전쟁이 발발하자 조선 국내의 이탈리아인들과 그들의 재산을 보호하기 위하여, 이탈리아 해병대 경비부대가 서울에 파견되어 궁궐에서 가까운 이탈리아 영사관에 주둔하고 있었다.

어느 날 밤 궁궐 내 집 한 채에 불이 났으나, 가까이 주둔해 있던 이탈리아 해병 대원들의 도움으로 신속히 진화되었다. 다음날 국왕은 진화 작업에 대한 사례로 이탈리아군 장교를 불러 금일봉을 하사하면서, 수고한 병사들에게 나누어 주면 좋겠다고 했다.

이 장교가 이탈리아 군법에 어긋난다고 하면서 사례금을 받기를 사양하자, 국왕은 그 돈을 돌려받을 수는 없으니 알아서 처리하라고 했다. 그 장교가 평소 공수병 예방에 관심이 있었는지는 모르나, 우리의 계획을 전해 듣고 찾아와 사례금 전액을 기부했다. 이 돈을 기금으로 하여, 최소한 공수병 예방부서를 신설할 수 있는 첫 걸음을 떼게 되었다.

그러고 보니 궁궐의 그 화재사건이 우연인지 하나님의 섭리인지 모를 일이다. 좌우간 그 사건이 우리의 숨통을 터 준 결과를 가져왔고, 우리는 감사한 마음으로 일을 시작했다.

먼저 토끼를 사육해야 했다. 바이러스를 배양하려면 적어도 하루에 한 마리가 필요했기 때문이다. 바이러스 배양 방법을 간단히 설명하면, 먼저 강한 바이러스를 토끼에다 주사하고 꼬리표를 붙여 둔다. 다음날 역시 같은 방법으로 다른 토끼에다 바이러스를 주사한다. 그리고 먼저 번의 토끼는 잡아서 체내에서 가장 강력한 바이러스를 함유하고 있는 척수액(脊髓液)을 빼내고, 염화칼슘이 담긴 유리병에 넣고 봉한다. 병에는 1번이라고 쓰고 날짜를 기록해 둔다.

매일 이와 같은 방식으로 척수액을 채취해 진열해 가다 21번째 병이 생기는 날, 환자가 없어 쓸 일이 없으면 제1번 병은 폐기하고 그 다음을 제1번으로 한다. 이렇게 하는 이유가 있다. 우선 바이러스는 건조될수록 힘이 약해지는데, 만 21일이 지나면 염화 칼슘이 습기를 거의 흡수해 인체에 주입해도 건강에 전혀 영향을 주지 않으면서 항체를 갖게 하기 때문이다. 이와 같은 원리를 이용해, 필요 시 첫날에는 제1번 병을 사용하고, 다음날은 제2번 병을, 그 다음날은 제3번 병을 사용한다. 이렇게 투입된 바이러스에 의해 환자의 저항력이 점차 강해져, 마침내 미친개한테서 옮은 바이러스는 병을 일으키기도 전에 궤멸되는 것이다.

토끼에게 바이러스를 주사하고, 척수액을 채취해 진열하는 작업을 하루도 빠짐없이 계속하고 있을 때, 마침 주한 일본 의무국에서 공수병 진료소를 설립하였다. 이 진료소를 통해 무료로 백신용 바이러스를 공급받을 수 있는 길이 열리면서, 우리의 토끼사육과 바이러스 배양 사업은 끝이 났다. 이 진료소의 바이러스는 효과도 높았으며, 필요시 언제라도 담당관에게 요청서만 보내면 충분한 양을 제공받을 수 있었다.

19장 조선인의 머리카락*

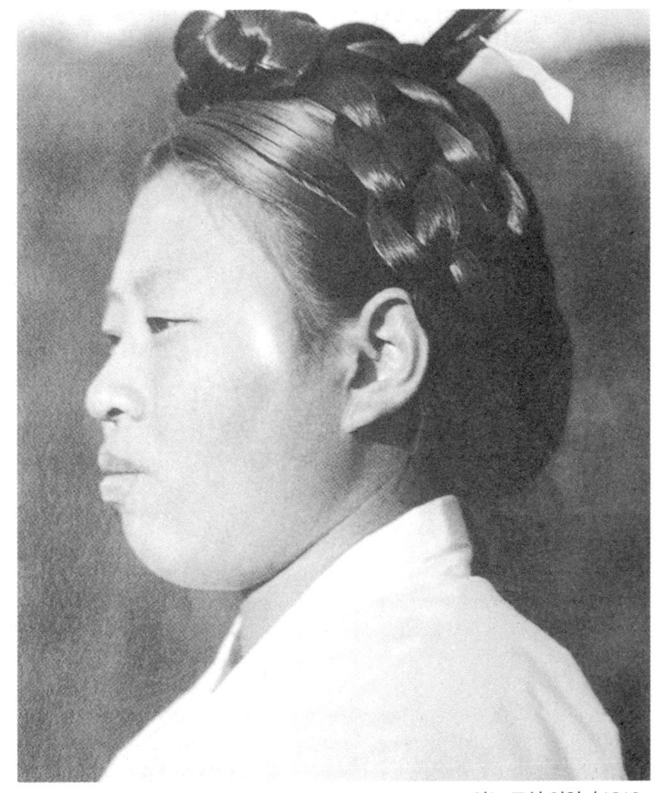

어느 조선 여인 / 1910

영국(여섯 살이 되기 전에 영국을 떠났지만)에서 보낸 나의 유년시절, 나의 머리카락 색깔이 백색증(albino) 환자처럼 흰색이어서, 지나가는 사람들이 걸음을 멈추고 쳐다 볼 정도였다. 그때 나의 머리카락은 하얀 명주 바로 그것이었다. 나는 사람들의 눈길이 몹시 귀찮았다. 그러던 어느 날 어떤 사람이 다가와서 머리카락에 대해 묻자, 화가 나서 정강이를 차버렸다. 그 사람이 낄낄거리며 웃자, 화가 풀리지 않아 더 심하게 차주었지만 그는 나를 더 놀린 후 매우 재미있어 하면서 가버린 적도 있었다.

나이가 들면서 나의 머리카락 색깔은 상당히 짙어졌다. 그래도 흰 편이어서 여전히 다른 사람의 눈길을 끌기는 했지만, 다행히 이런 일에 익숙해져 웃을 수도 있었고 무시할 수도 있었다. 이제 여든 두 살에 가까운지라 머리는 더 할 수 없이 희지만, 지금의 흰머리를 보고 놀라는 사람은 아무도 없다.

조선인의 두발은 북만주나 몽고의 흉노족 같은 적발족(赤髮族) 혈통이 혼혈된 듯 갈색을 띤 사람도 많지만, 중국인처럼 대체로 흑발이다. 구렛나루 수염은 검은색 보다는 갈색에 가깝다. 흰 머리칼과 핑크색 피부, 그리고 파란 눈을 가진 조선인을 찾아보긴 어려워도, 갈색이나 검은색 머리에 갈색 눈을 가진 사람은 더러 있다.

선교사들이나 나와 같은 금발의 사람들은 조선인의 눈으로 볼 때, 영락없는 색소 결핍증(albinism) 환자들이었을 것이다. 많은 사람들이 우리 젊은 서양인들을 노인으로 생각하고, 노인들이 어쩌면 그렇게 활동적이냐고 놀라움을 금치 못하기도 했다.

재미있는 것은 조선인들이 생김새나 머리카락 색깔이 서로 다른 서양인 두 사람을 앞에 두고 외국인이라는 사실 외에 아무런 차이를 발견하지 못하고, 이들을 오히려 형제간이라고 생각하기 일쑤라는 것이다. 예컨대, 갈색 눈에 검은 머리를 가진 언더우드 박사와 푸른 눈에 흰머리를 가진 나를 두고도 형제간 같다고 했던 것이다.

20장 천연두와 콜레라 퇴치에 얽힌 이야기

구한말의 무당 / 1904

악귀와 질병*

대개 악령론(惡靈論)이란 용어는 악령에 관한 이론 또는 연구라는 의미, 악마와 악령은 실재하면서 인간의 육체와 정신을 지배하고 여러 종류의 정신적, 육체적 병을 일으킨다고 믿는다는 두 가지 의미를 갖는다.

귀신의 존재 여부는 증명할 수도 논증할 수도 없으며, 오직 인간 심리의 비정상적 착각으로 설명될 수 있을 뿐이다. 우리들이 귀신에 관하여 많이 들으면 들을수록, 알면 알수록, 외부에 있는 그 어떤 영적 존재의 침입으로 병이 생긴다거나, 무슨 언짢은 일이 일어난다는 생각은 근거가 없다는 것을 알게 된다.

정신에 관한 연구가 발달하면서 정신의 병도 그 원인은 육체에 있음을 알게 되었다. 그리고 전염병의 원인이 귀신의 침입 때문이라는 생각은 세균이론이 발전하면서 의사들에 의해서 완전히 부정되었다. 악령의 침입이 병의 원인이라는 미신은 미개국 뿐 만 아니라, 심지어 미국의 옛날 사람들도 이상한 행동을 하는 사람이 있으면 신들린 사람이라고 심하게 다룬 나머지 생명을 잃게 하는 경우도 있었다.

안타까운 것은 선교사들조차도 더러 정신이상 증세를 마귀의 탓으로 보고 있다는 사실이다. 그들은 특히 무당이 못 고친 환자가 기독교를 믿으면서 치유된 경우에 특히 그렇게 믿었다. 그들 중에는 조선에서 전염병이 감소된 이유를 본질적으로 기독교 신앙이 전파된 때문이라고 생각하는 이들도 있다.

그러나 의사들은 이런 질병의 감소는 종교적인 믿음 때문이 아니라, 직접적으로는 전염병을 퍼뜨리는 세균 이론의 발전 때문이라는 것을 너무도 잘 안다. 기독교가 공헌한 일 중에는 기독교도인 의사들이 예방과 치료를 통해 사람들에게 이런 과학적 사실을 믿게 한 것도 포함된다.

질병과 귀신 몰아내기

과거에는 질병을 치료하려면 환자로부터 귀신을 몰아내야 한다는 생각이 흔했다. 귀신을 몰아내기 위해 미친 사람의 몸을 벌겋게 달군 쇠꼬챙이로 지지는 것도 한 방법이었다. 대개 머리나 등과 같이 정신과 관계가 있다고 생각되는 부위를 집중적으로 지졌다.

언젠가 치료는 고사하고 위와 같은 잔혹한 행위를 가한 후에, 그래도 병이 낫지 않자 최후수단으로 우리 진료소로 데려온 어린 소년이 생각난다. 머리에서 발끝까지 소녀의 몸은 무지한 부모의 잔인한 행위로 생긴 상처가 뒤덮고 있었다.

그러나 지금 나는 귀신들린다는 미신의 타당성이나 그 치료방법의 타당성을 논하려는 것이 아니다. 환자의 몸 밖으로 악령을 쫓아낼 수 있다고 자신하는 무당(巫堂 : sorceress)이나, 또는 그런 자신감은 없어도 생계를 위해서 병에 효과가 있다는 방법을 사용하고 다니는 무당에 관하여 말하려는 것이다.

흔히들 귀신을 풀어낸답시고 무슨 경을 읽는 남자 주술사와 무당이라는 여자 주술사를 불러들인다. 이들 직업적인 박수[151]와 무당들은 그 분

151. 남자무당을 보통 박수라고 하는데, 어원은 박사(博士), 박수(拍手), 복사(卜師)에서 나온것으로 보기도 하고,

야의 공부를 열심히 하며, 비록 그들이 목적한 바를 이루지 못할 경우에도 자신들의 방법이 타당하다고 생각하는 데에는 변함이 없다.

이들의 확신에 찬 치료 방법에도 불구하고, 환자가 낫기는커녕 병이 더 악화될 경우도 허다하다. 그러나 이것이 문제되지는 않는 것 같다. 우리 의사도 환자를 항상 성공적으로 치료하지는 못하지만, 그것을 병의 원인에 대한 우리들의 기본 이론의 잘못 때문이라고 생각하지는 않는다. 이 점은 무당의 경우에도 마찬가지이다.

나는 추호도 조선인들을 조롱하려는 것이 아니다. 그들의 많은 장점들을 무척 좋아한다. 다만 어느 민족이든 조상들이 노력하여 터득한 결과를 올바르게 사용하면, 올바른 혜택을 입을 수 있다는 사실을 독자들에게 이해시키려는데 나의 목적이 있을 뿐이다.

이 글을 쓰기 위해 필자는 같은 주제에 관한 어느 한국 학자의 글을 다소 참고했다. 그에 따르면 의식이 언제 어디서 발생했는지 정확히 알 수는 없지만, 옛날 페르시아 사람들은 춤추고 노래해 주기를 바라는 신이 있다고 믿었다고 한다.[152]

출애굽기 15장 20~21절에서는 "아론의 누이 선지자 미리암이 손에 소고를 잡으니, 모든 여인들이 그를 따라 나오며 춤을 춘다. 미리암이 그들에게 대답하기를, '너희는 여호와를 찬송하라. 그는 높고 영화로우며 말과 그 탄자를 바다로 던지셨도다'"라고 쓰여 있다.

사무엘 하 6장 14~16절에서도 "다윗이 여호와 앞에서 힘을 다하여 춤을 추고, 베 에봇을 입었더라. 다윗과 온 이스라엘 족속이 즐거이 노래 부르며 나팔을 불고, 여호와의 궤를 메어 오니라. 여호와의 궤가 다

우랄 알타이어권 민족의 남자 샤먼에서 기원을 찾기도 한다. 박수는 호칭으로도 사용되어 '김 박수', 또는 '영등포 박수' 등으로도 불린다.

152. 저자 주 : 이런 종교적인 감정을 표현하는 관습은 동양에서도 일반적인 것 같다. 우리들은 성경을 통해 이 풍습에 관한 이야기를 알고 있다.

윗 성으로 들어올 때 사울의 딸 미갈이 창으로 내다보다가, 다윗 왕이 여호와 앞에서 뛰놀며 춤추는 것을 보고 심중에 그를 업신 여기니라"고 쓰여 있다.

무속

이 성서 인용구에 나타나는 고사를 보면, 우리가 이교도라고 경멸하는 종족의 풍속이 기실 유일신 경배의 원시 방법을 연장한 것에 불과하다는 사실을 알게 된다. 그 조선인 학자는 계속하여 몽고를 통해 중국, 만주 그리고 조선으로 동진한 이 우상숭배에 대해서 언급하고 있다. 어떤 학자들은 신라시대에 한국에서 발생하였다고 주장한다.

어디에서 시작되었든지 간에, 조선의 무당에 의해서 실시되는 무속의식은 점차 불교 의식의 특징을 띠게 되었다. 그는 불교가 신라시대(BC. 57~AD. 924)[153]에 가장 번성하였기 때문에, 현재의 풍습은 그 시대부터 유래했을 것으로 보고 있다. 그러나 불교의 특징적 의식 가운데에는 조선의 초기 불교에는 없다가, 상당한 기간이 지난 1691년경 불교 자체에서 뒤늦게 도입된 것도 많다. 또 어떤 것은 일찍이 기원전 4백 50년경 중국에서 만들어진 도교의 의식에서 차용되었다. 여기 한국 학자의 글을 다시 인용한다.

> 여러 세기 동안 이런 무속의식은 종교적인 활동으로 생각되었고, 특히 이 조시대에는 많은 존경까지 받았다. 무당으로 불려진 것은 다만 여성이었으며, 남자는 박수 또는 경사(經師 : sorcerer)로 불려졌다. 그들은 의식에 의

153. 신라의 존속기간을 이렇게 부기하였으나, 『삼국사기』에 의할 경우 BC. 47~AD. 934년이다.

존해서 신이나 혼을 부를 수 있으며, 일단 초혼(招魂)이 되면 미래의 일을 예언할 수 있고 병을 치료할 수 있으며 악령을 사람에게서 쫓아낼 수 있다고 주장했다. 무당은 딸에게 의식 방법을 계승시킨다. 딸이 16세가 되면 주문을 외우고 어머니와 함께 연습함으로써, 무당의식을 배우기 시작한다.

처음 춤이나 소위 악기소리를 포함한 의식은 종교적인 것이었으나 점차 종교와는 아무런 관계도 없는 의식이 되고 말았다. 또 모든 병과 불행은 귀신에 의해 발생되는 것으로 생각하게 되었다.

즉 (본래 신성과 인성을 공유하고 있다 하여 반신이라 부르는) 귀신은 자신의 기분을 흡족하게 해 주지 않는 인간이 있으면, 몸에 침입하거나 혹은 몸 밖에서 괴롭힌다는 것이다. 그런 불행한 사람들에게서 악령의 영향을 물리치기 위해 고안된 것이 무당의 의식, 즉 굿이다. 악령의 성격에 따라 의식도 달라지므로 의식 또한 다양해지고, 그에 요구되는 무당의 수련도 그만큼 많아졌다.

박수와 무당

박수와 무당은 불행한 가정을 행복하게 하고, 행복한 결혼과 순산을 보장하고 부를 약속하며, 재앙을 막을 힘을 자기들이 가지고 있다는 주장을 한다. 그러나 뜻이야 좋지만 불행히도 일이 그들 말대로 풀리지 않을 때가 허다하다는 점이다.

이것으로 생계를 유지하다 보니 굿에 대한 수고비를 청하게 되는데, 액수는 자신의 귀신 풀이가 얼마나 효과가 있느냐에 따라, 또 상대방의 재산 정도에 따라 달라진다.

흔히 한 명의 주 무당이 있고, 그보다 지위가 낮은 무당이 있어 의식을 돕는다. 우리 의사들도 보조 의사의 도움을 받는 것은 무당 의식에서 온 것인지 모르겠다.

신령의 종류와 귀신 풀이 방법도 곳에 따라 다르다. 그러나 어떤 신령은 여러 곳에서 다 같이 크게 경배 받는 경우가 있다. 신의 수는 어찌나 많은지 그들을 다루는 무당을 만신(萬神)이라 부르기도 할 정도이다. 남, 여, 집, 대문, 방, 산, 강, 돌, 나무 등 온갖 것에 신이 있다. 일월성신(日月星辰)도 저마다 별개의 신을 갖는다.

상대하는 신에 따라 무당의 의상도 달라진다. 의상의 종류는 대체로 색상과 옷감을 달리하는 것 외에, 모양은 크게 다르지 않다. 음악 도구로는 징, 퉁소, 크고 작은 북 등이 있고 부채가 사용되기도 한다.

신이 좋아할 온갖 음식을 차리고 향을 피운다. 의식을 행하는 방법은 병의 종류나 해결해야 할 문제에 따라 다르다. 무당들은 특이한 모자와 옷을 입고, 주문을 암송한다. 의식을 앞두고 2~3일씩 단식을 하고, 목욕재계한 후 시체를 보지 않으려고 조심하며, 잠을 자지 않고 2~3일을 꼬박 세운다. 의식을 시작할 때 무당은 한 손에는 부채, 다른 손에는 칼을 잡고, 동료들이 악기를 연주하는 동안 특별한 주문을 되풀이한다. 아래와 같은 주문과 더불어 행동을 시작하기도 한다.

"비나이다. 비나이다. 신령님께 비나이다. 신력(神力)으로 이 자리를 도아주소"

그리고는 세 번에서 아홉 번까지 절을 한 후 "신령님이 나한테 오셨으니 내가 너의 원을 들어 주겠다"라고 하든가, 아니면 재앙을 내리라고 호령하고는 "자, 제천선신이 나가신다"며 칼을 땅에 던진다.

칼끝이 밖을 향하면 문제가 해결될 징조이지만, 반대로 안으로 무당 자신을 향하면 다시 날을 받아서 굿을 새로 하게 된다. 이렇게 칼끝이 부정적인 징조를 보이는 것을 용납하지는 않는다.

때때로 사기 자신 쪽으로 향한 칼끝에 서면, 신이 자기 몸 안에 들어와 있거나 함께 있는 증거라며 신 앞에 돈을 양껏 바치라 하고, 돈이 흡족하게 나오면 "네 소원을 들어 주마"라고 한다.

악령을 몰아내는데 동원되는 방법에는 환자를 때리거나 놀라게 하는 방법, 환부를 지지거나 찌르는 방법, 사람을 그려서 그 그림 위의 환부에 해당되는 자리에다 바늘을 찔러 놓았다가 병이 나으면 바늘을 빼내는 방법, 문 위에 부적을 붙이는 방법, 신체의 해당 부분을 흉내 내어 만들어서 그것을 부숴 버리는 방법 등이 있다.

때로는 가정의 근심거리의 원인은 조상의 산소에 문제가 생겼기 때문이라 하여, 가장(家長)이 산소에 가서 그 문제점을 찾아내 제거하도록 하기도 한다. 요컨대 가정의 우환은 귀신의 방해 때문이며, 그 귀신이란 것들은 자기들을 다루고 있는 무당한테 돈만 바치면 처리된다는 것이었다. 무당과 박수의 신풀이가 부모에게서 자녀들에게 직접 전수되다 보니, 그 기술은 사실상 일반에 대해서는 폐쇄적이었다.

천연두

필자가 조선에 체류하기 시작한 후 한참 지나서 발견한 사실로, 내가 만난 사람들 다수가 천연두의 흔적을 가지고 있었다. 이것은 이 나라에 천연두라는 전염병이 있다는 것을 말해 준다. 이 병은 소아 질병으로, 대개 두 살 전의 어린이들이 주로 걸린다. 또 사망률도 높다.

어느 날 한 부인이 치료를 받으려고 진료소에 왔기에 몇 가지를 물어보다가, 11명의 아이를 낳았다는 사실을 알았다.

"그 중 몇 명이나 살고 있나요?"

"갓난아기 때 모두 죽었답니다."

"안됐군요! 어떻게 죽었나요?"

"천연두로요."

"뭐라구요! 그런 병으로 그 애들 모두가 죽다니?"

"예, 사실입니다. 오죽 많이 죽으면, 아기가 천연두를 완전히 끝마칠 때까지 식구로 치지도 않을라구요!"

나는 이 말에 소름이 끼쳤다. 우리 선교회 의사들이 심한 유아사망을 막기 위해 해야 할 첫 조처로서, 끊임없이 발생하는 이 병의 퇴치법에 관한 올바른 지식을 보급시켜야겠다고 마음먹었다. 천연두 환자에 대해 조선 의사들이 어떤 치료법을 썼느냐고 어느 의사에게 물었더니, 그의 대답인즉 의사를 포함한 모든 사람들이 악령이 침입하여 발병한다고 생각하고 아예 의사를 찾아오지 않아 속수무책이라는 것이었다.

어린애의 생명을 구하는 유일한 치료법은 악귀를 달래서 아이한테서 떠나도록 하는 것이 그들의 생각이라고 했다. 앓는 아이 앞에 음식, 돈, 귀중한 것들을 쌓아두고 귀신에게 경건히 절하면서 제발 떠나달라고 빈다. 이 천연두란 병의 원인이 되는 귀신은 본래 중국 땅의 귀신인데 언젠가 조선에 찾아온 것이라 하여 '손님' 이라고 부른다.

어느 날 서대문 근처를 지나가가 이상한 것을 발견했다. 호기심을 일으킨 것은 대문의 담 벽에 붙은 나무 판자였다. 한 끝은 담 벽 돌 틈에 끼워져 있고, 다른 쪽은 막대기로 받쳐 둔 판자에 걸쳐 있는데 그 위에 거적에 덮여 있는 이상한 것이 있었다. 지나는 행인에게 무엇이냐고 물었다.

"저것 말입니까? 손님하다가 죽은 아이의 시체지요"라고 하고 지나가 버렸다. 주변을 돌아보니 나뭇가지에 매달려 짚으로 덮인 것도 보였다. 그것 역시 천연두를 앓다 죽은 아이의 시체이거니라고 생각했다.

그 후 내가 보았던 것에 관하여 조선어 선생에게 말하면서 왜 그런 시체를 매장하지 않고 방치해 두느냐고 물어 보았더니, "그렇습니다. 아이를 죽였던 악령이 아이의 시체를 매장하면 노할 것이고, 그렇게 되면 또 다른 아이에게 침입해서 그 아이 역시 죽인다고 생각하기 때문이지요" 라고 했다.

나는 이 잘못된 생각을 없애는데 전력을 다하기로 했다. 몇몇 어머니들에게 예방접종을 권했다. 그들은 방법을 묻기만 할 뿐, 행여 귀신을 노하게 할 일을 함부로 저질러 병을 불러들일까 봐 접종을 기피했다. 더욱이 그들은 그 방법으로 이 무서운 손님, 즉 천연두의 악령을 몰아낼 수 있을 것이라고 믿지도 않았다.

천연두 예방 접종

그러던 어느 날 기독교로 개종하여 신자가 되어, 의사의 말을 믿게 된 어떤 부인이 아기를 데리고 진료소에 와 예방접종을 해달라고 했다. 나는 기꺼이 들어주었고, 경과를 확인할 수 있게 매일 아기를 데리고 와 달라고 당부해 두었다.

접종한 자리는 곧 아물었고, 두 돌이 되어도 아기가 '손님'을 할 리 없었음은 말할 것도 없다. 이것을 본 다른 어머니들도 아이들을 데리고 왔다. 접종을 한 아기들 중 아무도 병에 걸리지 않았고, '마마'라는 악신도 간단한 우두[154)]에 의해서 사라졌다. 그 악신은 결국 도깨비에 불과했음이 증명되었다. 다른 전염병에 대해서도 같은 방법이 적용되어 갔다.

154. 천연두의 예방약으로 쓰이는 소의 몸에서 뽑아낸 면역물질.

선교사인 내가 이런 이야기를 하고 있으니, 독자들 가운데에는 마귀를 몰아낸 예수에 관한 성경 말씀을 생각하는 사람이 있을 것이다. 선교사로서 나의 사명은 그리스도의 이적과 복음을 증명하는 것이지만, 의사로서의 나는 많은 의학자들이 발견한 과학적 사실 또한 믿지 않을 수 없다.

조선의 아낙네들에게 천연두 귀신이 과학적인 백신 사용으로 퇴치되는 것을 보여주는 일은 선교사업의 두 가지 사명, 즉 의학의 과학적 측면을 알게 하여 질병에서 벗어나게 하고, 역신 따위의 허무맹랑한 존재에 현혹되지 않고 올바른 신앙의 길을 찾도록 도와주는 일을 실제로 수행하는 일이다. 일단 한 가지 목적, 귀신에 대한 그들의 미신은 타파된 셈이다. 그 후 종두는 의무사항으로 정해졌으며, 그로부터 50년이 채 못된 지금 천연두 흔적이 남아 있는 얼굴은 찾아보기 어렵다.

콜레라 퇴치 작전

내가 맞서 싸운 또 하나의 전염병은 콜레라였다. 앞서 이야기 한 바와 같이 이 전염병은 청일전쟁이 끝나갈 무렵 발생했다. 조선정부 당국은 만주에서 만연하고 있는 콜레라가 시시각각 조선쪽으로 번져오고 있다는 보고를 받자, 전에도 이 전염병에 크게 시달렸으므로 온 나라가 공포에 사로잡혔다.

내무대신 유길준은 나를 불러 책임지고 전염병의 도성 잠입을 막도록 당부했다. 나는 선교회 소속의 모든 의사와 간호원을 소집, 회의를 열고 대책을 논의했다. 사람들의 여행을 막을 수도 없고, 전염병의 남하도 저지할 수 없지만, 콜레라 발생 보고가 들어오는 즉시 대처할 준비를 서둘렀다. 곳곳에 전담 병원을 두었다. 당시 방역활동의 세부사항에 대해서는 다른 곳에서 취급하고 있으므로, 여기서 그에 대한 언급은 생략하겠다.

콜레라균은 감염된 음식물을 통해 소화기관으로 들어오며, 설령 감염된 음식일지라도 끓이면 살균되어 콜레라 예방이 가능하다는 사실을 다음과 같은 쉬운 글로 계몽했다.

<공 고>

콜레라는 악귀에 의해서 발병되지 않습니다. 그것은 세균이라 불리는 아주 작은 생물에 의해 발병됩니다. 살아 있는 이 균이 우리 몸에 들어오면, 그 수가 급격히 증가하면서 병을 일으킵니다.

만약 당신이 콜레라를 원치 않는다면, 균을 받아들이지 않아야 합니다. 지켜야 할 것은 음식은 반드시 끓이고, 끓인 음식은 다시 감염되기 전에 먹기만 하면 된다는 것입니다.

갓 끓인 숭늉을 마셔야 합니다. 담수를 마실 때에도 끓여서 깨끗한 병에 넣어 두어야 합니다. 언제 감염될지 모르니 식사 전에 반드시 손과 입안을 깨끗이 씻으십시오.

이상의 사항을 준수하면 콜레라에 걸리지 않습니다.

이런 내용의 포스터가 도성 안 여러 곳에 나붙었다. 병원 안에서만 근무하는 의사들은 물론이고, 콜레라 환자가 발생한 가정을 왕진하는 의사나 환자와 접촉이 잦은 간호원이나 보조원조차 한 사람도 이 병에 희생되지 않았다. 모두 포스터에 밝힌 수칙을 잘 따랐다는 훌륭한 증거이다.

그런데 이런 것들과 미신이 무슨 관계가 있단 말인가? 조수들이 말하기를, 조선 사람들은 누구를 막론하고 콜레라의 원인을 '쥐 귀신(rat spirit)' 탓으로 돌린다고 했다. 쥐의 형상을 한 이 귀신이 몸 안으로 파고 들면 콜레라에 걸리고, 사람의 발을 통해 침입한 이 악귀는 다리를 갉아 먹으면서 위로 올라가 마침내 내장에 이르며, 심한 근육경련도 쥐가 이동하면서 근육을 갉아먹기 때문이라 믿는다고 했다.

시내를 걷노라면 대문 바깥 쪽에 고양이 그림을 붙여 둔 광경을 수없이 보았다. 그 이유를 물었더니, 이 전염병의 원인이 '쥐 귀신'이므로 '고양이'가 '쥐'를 잡아먹기를 바라기 때문이라고 했다. 어디를 가나 무지에서 빚어진 이런 어처구니없는 일들이 벌어지고 있었다.

질병 퇴치 계몽운동을 펼치다

어느 날 저녁 시내를 지나다가 사람의 출입을 막는 금(禁)줄이 처져 있는 것을 보았다. 여러 채의 집을 둘러싼 이 금줄에 글씨가 쓰인 종이가 붙어 있었다. 알고 보니 경계선 안쪽 지역에 아직 콜레라가 번지지 않았으므로, 콜레라 귀신의 침입을 예방하기 위해 주문을 써 두었다고 했다. 그 뿐만이 아니었다.

멀지 않은 곳에 콜레라 귀신을 막으려는 제단이 준비되어 있었고, 그 위에 짐승들이 제물로 놓여 있었으며, 주변에는 국왕이 보낸 벼슬아치 몇 사람이 제관(祭官)의 자격으로 임석해 있었다. 우리 모두는 도처에서 발견되는 이 만연된 무지의 소치를 도대체 무슨 방법으로 계몽하여 퇴치할 수 있을까하는 문제로 크게 고심했다.

당시 조선인의 미신과 그에 맞서 계몽운동을 펼쳤던 초기 선교사들의 활동은 대체로 다음과 같다. 우리는 기독교 전도에 크게 성공한 데 힘입어, 제2단계 활동으로 질병 퇴치를 겨냥한 계몽운동을 전개하기 시작했다. 대중 계몽 방법의 일환으로 여러 질병에 대해 누구나 쉽게 읽어 알 수 있도록 그 원인과 예방법을 한글로 설명한 소책자를 대량으로 제작했다. 이를 배포하면서 틈나는 대로 질병퇴치 요령도 가르쳤다. 이 각종 소책자의 표제를 보면, 천연두와 백신, 콜레라와 음식, 모기와 학질, 파리와 장티푸스, 빈대와 회귀열(Relapsing Fever),[155] 이(body lice)와 발진티푸스, 감염된 야채와 이질 등 당시 누구에게나 절박한 문제를 다룬 것들이었다. 이들 책자는 병원의 약제실에서 환자들에게 직접 배부하기도 하고, 지방순회 선교사들에게도 나누어 주어, 성경 강의와 함께 위생 교육도 실시하도록 당부했다.

이리하여 조선의 초기 기독교인들은 위생과 보건생활에 관한 교육도 받았다. 교회는 신앙의 중심지인 동시에, 위생 교육장이기도 했던 것이다. 그 결과 질병의 원인이 귀신이라 생각하던 미신은 청결을 통한 예방과 과학적 치료에 의해 극복되어 가고 있었다.

지은 죄를 소멸시키는 방법

하루에도 몇 번이나 죄를 짓는다면 일 년을 통틀어 얼마나 많은 죄를 짓겠는가! 인간의 양심을 짓누르는 죄의 짐을 털어 버릴 방법은 어떤 방도로든 강구되어야 한다.

음력으로 섣달 그믐이 가까워지면, 짚으로 만든 인형이 상가에 나타나기 시작한다. 어느 영리한 사람이 고맙게도 이런 목적에 쓰이도록 짚으

155. 재귀열(再歸熱)이라고도 한다. 세계 각지 특히 열대권에 많이 분포하는 풍토병의 하나이다.

로 인형을 만들어 실물을 대신하는 방법을 고안해 냈던 모양이다.

이 인형과 연(kite)을 이용하여, 1년 간 지은 죄가 사면되는 흥미있는 풍습을 간단히 설명하려 한다. 대개 이른 봄, 그러니까 음력으로 한 해가 저물어 갈 때 사람들은 작은 종이에 한 해 동안 저지른 죄명을 모두 써서, 이 작은 인형에 붙이고 다시 이 인형을 연에 매달아 하늘로 날린다.

연이 높이 올랐을 때 연줄을 끊어 버리면, 모든 죄가 바람을 타고 연과 함께 날아가 버리고, 날려 보낸 사람의 죄는 소멸된다. 그러나 바람에 실려와 떨어져 있는 연을 처음 보는 사람은 인형에 적혀있는 모든 죄를 뒤집어쓰게 된다. 이런 불길한 연을 일부러 찾아다니는 사람은 없겠지만, 어쩌다 보게 될 경우 지체 없이 주운 인형을 새로운 연에 매달아 멀리 날려 보내면 문제의 죄목에서 벗어난다. 그러나 인형 속에는 대개 엽전 몇 닢이 들어있기 때문에 거지들은 일부러 연을 찾아다니는 모험을 하기도 한다.

조선의 연(鳶)과 화로와 봉화 21장

연날리기 / 1890

연(鳶)*

연 이야기가 나온 김에 조선의 연을 소개하겠다. 조선의 연은 대개 사각형이며 그 크기가 다양하다. 작은 것은 사방 몇 인치 정도에 불과하나, 큰 연은 사방 수 피트에 달한다. 네모라고 했지만, 더 정확히 말해서 장방형이다. 연의 뼈대와 테두리는 대나무를 가느다란 회초리마냥 다듬어 만들며, 특히 뼈대에 쓰이는 대나무 살은 연의 크기에 비례하여 그 두께를 달리한다.

몇 개의 살로 구성된 뼈대 위에 종이를 바른다. 뼈대에 발려있는 종이가 센 바람에도 견딜 수 있도록, 두 개의 대나무 살을 X자형으로 붙인다. 이렇게 하면 X자형 대나무 살의 끝 부분에 얇은 대나무 살들이 단단히 연결되어, 가름대가 교차하는 지점에서 수인치 떨어진 곳에서 서로 만난다. 바로 이 교차점에 연줄을 고정시켜 묶으면 어른도 아이도 날릴 수 있는 연이 완성된다.

이런 연은 균형을 잡아 줄 꼬리가 없지만, 제작이 정교하여 바람을 잘 타면서 오르게 되어 있다. 연줄의 끝은 얼레에 감겨 있어, 연의 고도를 조정하려면 실을 풀어주거나 감아주면 되므로, 막대기에 묶어 날리는 미국식 연보다 훨씬 조종이 용이하다. 연 자체에 꼬리가 없어 훨씬 더 폭넓게 조종할 수 있는 장점도 있다. 예를 들어 조선의 연은 풍향에 관계없이 바람을 안고도 날리고 등지고도 날릴 수 있다. 미풍 속에 날개를 펴고 높이 떠 있는 연을 이리 저리 방향을 바꾸어 가며 조종할 때, 팽팽한 연줄을 통해 소년의 손에 얼얼하게 전해오는 짜릿한 감촉은 상상만 해도 즐거운 일이다.

연 날리는 철이 될 즈음의 가장 흥미진진한 광경은 바로 연 싸움이다. 소년의 즐거운 모습만이 아니라, 연을 가지고 싸움을 할 태세를 갖추는 소년도 있으니 말이다. 이제 경기가 시작된다. 이때 한 소년이 다른 소년 가까이로 자기 연을 끌고 와서 누구의 연이 더 크게 회전할 수 있는가를 시험한다.

그런 다음 문제의 싸움이 벌어진다. 각기 자기의 연줄을 상대방의 줄에 교차시키고 상하로 움직여 상대의 줄을 끊으려 든다. 이러다가 어느 한 쪽 줄이 끊어지면 떨어져 나간 연은 멀리 날아간다. 연을 잃은 소년도 뛰고, 그런 일이 벌어지기를 애태우며 지켜보던 소년들도 열심히 쫓아간다. 날아간 연은 먼저 줍는 아이가 임자다.

그러나 대개 너무 멀리 날아가, 그곳에 사는 아이가 줍게 된다. 이미 문제의 연이 남의 차지가 되어 버린 후에 뒤쫓던 아이들이 도착하기 일쑤다. 허탕을 친 아이들이 울어봐야 소용이 없다. 마치 영어 속담에서 말하는 엎질러진 '우유'를 보고 우는 격이 된다. 이 경우는 '엎질러진 우유'가 아니라 '엎질러진 물'이라고 하는 것이 제격일 것이다. 그 당시 조선에는 쏟아 버릴 우유가 없었으니까.

그러면서도 항상 아이들은 날아간 연을 따라 달려간다. 연 날리는 철, 조선 소년들의 마음 속에는 항상 희망이 살아 있기 때문일 것이다.

연 싸움에서 가장 중요한 무기는 연줄이다. 싸움에 대비하여 공격용이나 방어용으로 사용할 줄을 준비하는 과정은 비교적 간단하다. 먼저 유리조각이나 사금파리[156]를 가루가 되도록 잘게 부순다. 다음으로 접착력이 강한 아교풀을 끓여 아직 뜨거울 때 이 가루를 휘저어 섞는다. 이 비

156. 깨어진 사기 그릇 조각을 말한다.

밀 병기인 사금파리 가루가 혼합된 아교풀을 연줄의 섬유질에 잘 스며들도록 충분히 문지른 다음 건조시킨다.

이런 처리를 한 연줄과 그렇지 않은 것끼리 싸움이 붙으면 승부는 간단히 끝난다. 그러나 양쪽 다 무장이 되었을 경우, 어느 한쪽의 약점이 나타날 때까지 계속될 것이므로 싸움은 더 길어진다. 소년 시절을 조선에서 보낸 우리 아이들은 지금도 그때 몇 시간씩 걸려 연을 만들고 사금파리 가루로 연을 무장시키던 추억담을 즐겨한다. 저마다 조선 친구들이 있어, 연을 만들 때면 와서 도와주곤 했다.

이런 우정으로 다행스럽게도 우리 아이들에게는 백인적인 속물 근성이라 할 수 있는 유색인종에 대한 이유 없는 우월감 같은 것이 싹트지 않았다. 우리 부부가 아이들에게 늘 조선아이들과 잘 어울리도록 특히 유의한 결과이기도 하다.

화로(火爐)*

조선 가정의 필수품의 하나로 화로라는 것이 있는데, 한자의 글자를 풀이해 보면 두 음절이 모두 불을 뜻하므로 축어적으로 영역한다면 '불불'이 될 것이다. 이 나라의 말은 한자에서 가져온 것이 많고, 강조를 위한 중첩어가 많다. 화로의 경우도 그 한 예이다. 이때의 효과는 듣는 사람의 관심을 그릇보다는 내용물인 불에 쏠게 하는 것이다. 동양어에서는 이런 예를 많이 볼 수 있다. 하지만 영어에도 예가 전혀 없는 것은 아니다. 그룹 노래를 뜻하는 'singsong'이 그렇고, 관광을 뜻하는 'sightsee'가 그렇다.

조선의 화로는 크기와 모양이 다양할 뿐 아니라, 만든 재료에 있어서도

도자기, 구리, 청동, 니켈 등 여러 가지가 있다. 화로에는 재를 반쯤 채우고 이글거리는 불덩이 하나를 얹고, 다시 그 위에 다른 숯을 여러 개 놓으면 금방 쬐기에는 충분할 만큼 열이 난다. 숯에 불이 빨리 붙게 할 때에는 부채질을 한다. 질 좋은 숯에서는 무색한 일산화탄소와 이산화탄소를 발생하지만, 연기는 전혀 나지 않는다.

불이 좋을 때 일산화탄소는 비교적 무해한 이산화탄소로 바뀌어 그 양이 매우 적지만, 그래도 방안의 통풍은 잘 되어야 한다. 석쇠만 올리면 화로에 무엇이든 데울 수도 있고, 긴 담뱃대에 불을 붙이기에도 안성맞춤이다.

일본에서는 각방마다 난방용 화로를 따로 사용하지만, 조선에서는 그보다 훨씬 효과적인 방법을 쓰고 있다. 이 점에 대해서는 다음에 기술하겠다.

난로 사용이 많다 보니, 숯 생산은 조선의 주요 산업 가운데 하나다. 알다시피, 나무가 덜 타면 숯이 되고, 서서히 타면 석탄 비슷하게 된다. 이러한 원리를 응용하여 목질 가운데 매연이 날 부분은 완전히 태우고, 나머지 부분은 덜 태우는 방법을 써서, 불꽃 없이 오래 타고 연기가 없으며 열량이 높은 목탄을 얻는다.

목탄의 원료가 되는 나무는 다양하지만, 그 중에서도 목질이 단단한 참나무가 특히 애용된다. 양질의 목탄을 얻기 위해서는 나무의 큰 줄기 부분이 선호된다. 대개 목탄 제조소는 잘 자란 참나무 숲이 많은 산기슭에 자리 잡고 있다. 숲 가까이 위치함으로써 손쉽게 재료를 얻을 수 있고, 수송비 등 생산 원가를 절감할 수 있기 때문이다.

숯은 난방도 하고, 난로에 쓰기도 한다. 난로에 사용할 경우, 그 위에다 음식을 데우기도 한다. 그러고 보니 만약 숯의 공급량이 줄어들게 되면, 이 나라의 생활방식도 크게 바뀔 것이라는 생각이 든다. 대장간이나 주

물공장에서도 숯을 사용하고 있는데, 조선인들의 생활에서 숯과 화로는 빼놓을 수 없다. 어쨌든 숯은 운반이 간편하고 열량이 풍부하며 값이 싼데다, 굴뚝이 필요 없고 야외에서 사용하기에도 편리한 땔감이다.

봉화(烽火)*

도성에서 맨 먼저 나의 주의를 끈 것 중의 하나가 매일 밤 복인재 근처 산꼭대기에서 잠시 타오르는 모닥불이었다. 나는 이것이 봉화라는 말을 듣고 "봉화라니요?"하고 물었다. "예, 그렇지요. 저것으로 매일 밤 변방의 사태에 대한 소식을 국왕에게 전한답니다"라는 대답을 들었다. 전보가 없던 시절에 수도에서 멀리 떨어진 지역의 상황을 빨리 알 수 있는 수단이 필요했던 것이다. 심지어 외침이 있거나 민란이 있어도, 며칠이 지나야 그 소식이 중앙 정부에 전달되기 때문에, 신속한 정보전달 수단으로 이 봉화제도가 고안되었던 것이다.

전국 각지의 일정한 산 정상에다 큼직하게 석축을 쌓고, 그 위에서 한 줄기 혹은 여러 줄기의 불을 피웠다. 불의 모양이나 연기의 색깔 또는 불줄기의 수 등에 따라, 무사하다거나, 변고가 있다거나, 기타 중대한 문제가 발생했다는 사실을 알렸다.

어느 지역에서 문제가 발생하면, 위에 말한 신호 수단으로 사건의 성격과 위치를 알린다. 다음 봉화대에서 즉각 이 불과 동일한 신호를 반복하여 수도의 봉화대까지 전달한다. 이 방법으로 전국 각지의 사건이 지체없이 왕에게 알려진다. 이 신호체계를 신속히 가동시키기 위해 불을 피울 나무를 비축해 두고, 담당자는 밤낮으로 불을 피울 시간에 대기하고 있으므로, 소식은 글자 그대로 전광석화처럼 수도로 전해졌던 것이다.

'소식이 전광석화처럼 전해지다'라는 말은 바로 이 봉화제도에서 생겨난 것이 아닌가 하는 생각이 든다.

재미있는 봉화 유적지 중의 하나는 모래 해변의 하계 휴양지에 있었는데, 흙으로 큰 둑을 쌓고 그 정상에다 돌무더기를 쌓아 만들었다. 이것은 놀이를 즐기는 사람들이 캄캄한 밤에 바다로 너무 멀리 나가 육지를 분간할 수 없을 때, 길잡이가 되는 유용한 목적에 사용되었다. 또 마음이 놓이지 않은 친구들은 봉화대 위에 높은 장대를 세워 그 위에 등불을 달았다. 배를 타고 있던 친구들은 이 불을 보고 방향을 잡았으며, 동시에 배에 비치되어 있던 전등으로 신호를 보냄으로써 걱정하는 친구들을 안심시키곤 했다.

이처럼 옛날의 봉화대는 지금까지도 현대 하계 휴양지의 유용한 시설물의 일부가 되고 있다.

22장 세브란스 연합 의과대학과 병원 설립에 얽힌 이야기*

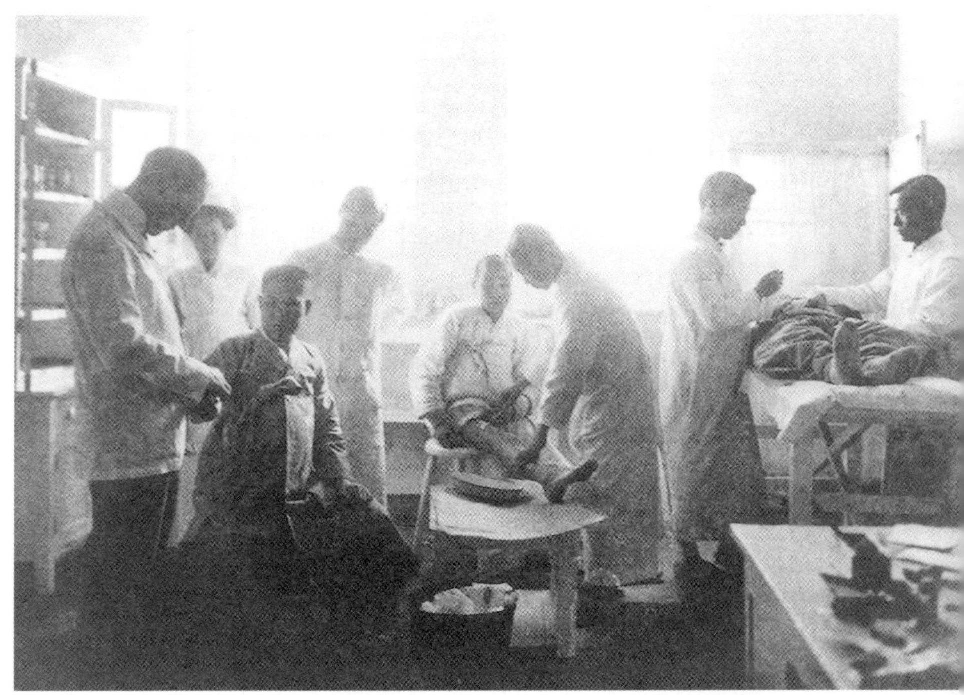

세브란스 병원 응급실 / 1920년대

병원 설계도를 완성하다

조선 근무 초기인 1893년부터 1899년까지는 구리개[157]에 있던 제중원에서 일했다. 이전하면서 알렌 박사가 제중원으로 명칭을 바꾼 이 병원은 여러 채의 재래식 조선 가옥들로 구성되어 있었다. 이 병원 이야기를 꺼내는 것은 그곳에서 내가 한 일의 내용이나, 장비의 부족이나 온갖 불편했던 일들을 말하려는 것이 아니라, 아직 서구식 건축이나 현대식 난방, 급수, 하수 시설 등이 전혀 소개되어 있지 않던 나라에 현대식 병원을 건립하는 것이 갖는 의의를 말하려는 데 그 이유가 있다.

선교사 근무 규정상 8년이 지나야 정기 휴가를 낼 수 있으나, 우리 부부는 5년 반이 지났을 무렵 건강이 나빠져 병가를 얻어 캐나다로 돌아왔다. 그 동안 조선에서 근무한 경험으로, 조선의 위생조건을 개선하려는 우리의 계획이 올바르게 수행되려면, 우선 현재 보다 월등한 의료시설을 갖추어야 되겠다고 생각했다. 캐나다에 도착, 건강이 회복되는 즉시 조선에 돌아가면 세울 현대식 병원의 설계도를 확보하고자 했다.

우연의 일치라고나 할까, 예상 외로 일들이 쉽게 풀려나갔다. 맨 먼저 찾아간 친구는 토론토에 사는 건축가 고든(N. S. Gorden) 씨였다. 우선 설계를 청해 보려는 생각에서였다. 그는 이미 조선에 상당한 관심을 가지고 있었다. 조선에 주재하는 '맬컴 폰웍' 후원회의 회원이었기 때문이다. 그의 첫 질문은 내가 미쳐 답할 준비도 하지 못했던 "가진 자금이 얼

157. 구리개는 오늘날 서울시 중구 을지로를 말하는데, 1946년 10월 현재의 이름으로 바뀌었다. 현재 한국외환은행 본점 앞에 제중원이 있었다는 표석이 있다. 구리개로 옮기기 전에는 '광혜원'이라는 이름으로 제동에 있었다.

마요?"라는 것이었다.

"아직 한 푼도 없소." 이것이 나의 대답이었다.

"그렇다면 일의 순서가 크게 바뀌지 않았소? 소요될 자금도 모르고 어떻게 설계도를 작성할 수 있겠소? 자금 규모에 따라 건물의 크기와 모양이 결정되는 것이라오."

"그러나, 추정 비용과 관련된 설계도가 없으면, 모금할 액수를 내가 어찌 알겠소?"라고 답했다.

그 말에 그는 크게 웃더니, 병원에 몇 명의 환자를 수용하기를 원하느냐고 물었다.

"40명 가량이면 되겠지요."

나는 마치 제안이라도 하듯이 말했다. 그는 한참 생각하더니, 별로 꾸미지 않은 수수한 건물이라면 만 달러 정도면 지을 수 있다고 했다.

"좋습니다. 그 정도를 염두에 두고 설계도를 하나 그려 주시오."

그는 즉시 설계도 제작을 시작하겠다고 하면서, 비용을 무료로 하여 자기가 이 사업의 최초의 기부자가 되겠다고 했다.

나는 그 말에 "고맙소. 설계도가 제작되기도 전에 필요한 자금을 이미 손에 넣게 된 셈입니다 그려"라고 화답했다.

어느 여인이 기부한 5달러

하루는 우리가 조선으로 가기 전에 내게 치료를 받은 적이 있다는 젊은 여자 분이 찾아와, 내가 조선에서 병원을 세우려 한다는 이야기를 들었다고 하면서 적은 액수 나마 기부금을 내겠다고 했다.

"얼마 되지 않습니다. 제가 노동일을 하다 보니… 5달러 밖에 안 됩니다. 그러나 기쁜 마음으로 드립니다."

나는 진심으로 감사하다고 하면서, "필요한 자금을 모두 모금할 자신은 없습니다만, 이런 뜻밖의 반가운 일을 보니 이 계획은 틀림없이 성공할 것입니다"라고 말했다.

이 이야기를 설계사 친구한테 들려주었다. 그는 내 말에 동조하면서, "무슨 사업이건 그 필요성을 절실히 느끼고, 하나님이 인도하심을 믿는 자는 반드시 성공하는 법"이라는 말로 나를 격려해 주었다.

뒤이어 기적이 계속 일어났다.

토론토에 머무는 사이 뉴욕의 해외선교위원회 총무간사에게 서신을 보내, '건강이 회복되었으니 무슨 일이든지 맡겨 달라'고 했다. 편지를 받은 그는 즉시 인편으로 상의할 일이 있으니 빨리 뉴욕으로 오라고 했다. 그 길로 뉴욕 사무실로 달려가, 조선선교사업 총무간사인 앨린우드 박사(Dr. Ellinwood)를 만났다. 서울 선교회에서 한 통의 편지를 보내왔는데, 에비슨 박사가 조선에 병원을 건립하기 위해 일만 달러의 기금을 모으려 하니, 뉴욕 위원회에서 승인해주기 바란다는 내용이라는 것이다. 상의할 일이란 바로 이 문제였다.

우리가 조선을 떠나오기 전까지 이 문제에 대해 조선 선교회와 한마디도 상의한 적이 없었으나, 일찍부터 조선에 병원다운 병원이 꼭 필요하다고 생각하고 이를 위해 나름대로 여러 가지 준비를 해왔으므로, 선교본부에서도 필히 승인해 주리라 생각한다는 뜻을 앨린우드 박사에게 간곡히 전했다. 또 이 일을 위해 토론토에서 행한 일도 이야기했더니, 앨린우드 박사는 이 계획을 지체 없이 위원회 회의에 상정할 것을 약속했다. 얼마 후 이 사업이 승인되었다는 소식을 들었다.

이 일이 있고나서 위원회 본부의 이곳저곳 사무실을 들리던 중 재무간사 핸드(C. W. Hand) 씨를 만났는데, 그때 나를 같이 이야기를 나누고 있던 젊은 사람에게 소개했다. 이름이 세브란스(Severance)라고 했다. 뒤에 큰 의미를 내게 줄 그 이름이 그 때에는 그냥 지나치는 이름일 뿐이었다.

세브란스(Mr. Severance) 씨와의 운명적 만남

그 젊은이가 간 뒤, 핸드 씨는 "병원건립을 원하시는데, 위원회에서 이미 승인을 했습니다. 세브란스 집안과 친해 두면 자기네 자금으로 병원을 지어 드릴 수도 있고, 또 그런 일에 그다지 부담도 갖지 않을 것입니다"라고 했다. 이때가 1899년 가을이었다.

얼마 후 동료 선교사 F. S. 밀러 목사로부터 한 통의 편지를 받았다. 그는 아내의 치료를 위해 일시 귀국하여, 뉴욕에 있는 크립턴스 스프링즈 요양원에 와 있다고 했다. 그런데 선교위원회의 총무간사 앨린우드 박사가 요양원으로 찾아와서 병원 건립계획에 관해 이야기한 적이 있는데, 나의 이름을 대면서 '미국 내에 재산가 친구를 갖고 있지 않아서 자금조달이 걱정'이라고 하더라는 것이다. 엘린우드의 이 말에 '에비슨은 돈 많은 하나님과 매우 친하니 걱정할 것 없다'고 말해 주었다는 사실 등을 전해왔다. 1900년 봄의 일이었다.

우리는 조선으로 돌아갈 채비를 하고 있었다. 그때 뉴욕 선교위원회 사무실로부터 뉴욕에서 개최되는 외방(外邦)선교 에큐메니칼 총회에 참석토록 출발을 가을로 연기해 달라는 요청이 왔다. 게다가 '의료선교 상의 예의(Comity in Medical Missions)'라는 주제 발표까지 요청했다.

그동안의 경험을 통해 선교병원을 연결하는 협력체제가 매우 필요하다고 생각해 왔으므로, 이 주제가 나에게 배정된 게 매우 기뻤다. 회의는

4월 말부터 5월 초까지 계속되었다. 큰 회의는 카네기 홀(Carnegie Hall)에서, 소규모 회의는 다른 건물과 인근 교회에서 개최되었다.

카네기 홀에는 하루에 3회씩 회의가 열려 5천여 명의 청중이 붐볐고, 그 밖의 시내 회의장도 모두 초만원을 이루었다.

나의 주제 발표는 카네기홀에서 오전 순서로 정해져 있었다. 아내와 함께 연단의 좌석에 앉아 만장한 청중을 보면서, 나의 목소리가 다 들릴 수 있을까 하는 걱정이 생겼다. 또 각국에서 온 유명 인사들의 깊이 있는 발표내용을 듣고, 나의 강연내용이 너무 빈약할 것 같은 느낌이 들어 초조하기도 했다.

그러나 나의 차례가 되자, 용감하게 나섰다. 모든 청중이 연사를 볼 수 있도록 약간 높게 마련된 연단에 올라가 맨 뒷줄 쪽을 바라 본 다음, 저 한 사람에게 들리게 말한다면 모든 청중이 다 듣게 되리라고 생각했다.

그리고는 그 쪽만 보고 나의 원고를 읽어내려 갔다. 나중에 친구들의 말을 들어보니, 처음에는 원고를 읽는 듯 하더니 점차 열기를 더하면서, 원고는 거의 보지 않고 연설하듯이 이야기 하더라고 했다.

연설의 요지는 서울에 파견된 가령 7명의 의사가 각 종파에서 세운 7개의 빈약하기 짝이 없는 병원에서 뿔뿔이 흩어져 근무하기보다는 이들 중 2, 3명만이라도 시설이 제대로 갖추어진 병원에서 협력하여 일할 수 있다면, 그 성과는 위의 방식보다 훨씬 더 클 것이고, 또 7명 중 나머지 의사들은 의사가 없는 다른 지방에서 근무할 수 있어 당초의 선교와 의료 봉사라는 목적을 달성하는데도 크게 기여하리라는 것이었다.

휴회 시간에 "에비슨 박사님, 연단 중앙에서 말씀드립니다. 이곳으로 와 주십시오"라는 소리가 들렸다. 그곳으로 가 봤더니 총무간사 앨린우드 박사가 그곳에 서서, "오셨군요, 박사님. 어떤 분이 선생님을 만나고 싶어 합니다."

그리고는 백발의 멋있는 신사 쪽으로 몸을 돌리더니, '세브란스 선생님'이라고 하면서, 인사를 시켰다. 세브란스! 순간 그 이름은 나의 심금을 쨍하고 울렸다.

지난 가을 선교회 문간에서 한 젊은이를 만났을 때, 재무간사가 그 집안의 관심을 끌기만 하면 다른 도움 없이도 병원을 지어줄 것이라고 한 바로 그 이름이 아닌가! 내 가슴속에 커다란 희망이 솟구쳤다.

세브란스 선생은 나의 발표가 흥미로웠다고 하고, 특히 '집단 간의 예의(comity)'라는 말과 '집단 간의 긴밀한 유대관계(unity)'라는 말은 지금까지 그가 들어본 그 어떤 어휘보다 좋았다고 했다. 두 단어가 다 좋으나 단합을 뜻하는 'unity'가 더 좋다고도 했다. 그는 다시 만나 더 이야기하고 싶다고 하면서, 다음 수요일 오후에 만날 약속을 했다.

나는 그에게 몇 달 전 선교회관 복도에서 세브란스라는 이름의 젊은 분을 만난 적이 있는데, 혹시 같은 집안이 아닌지 모르겠다고 했더니, "생긴 모습이 어떻습디까?"하고 물었다. 나의 설명을 듣고는 미소를 띠면서, "그 애가 바로 내 아들 존이라오"라고 했다.

그때 내 생각이 어떠했느냐고요? 글쎄요, 그야말로 연속되는 우연 중의 하나라는 생각밖에 달리 할 수 없었다. 이 가족이 틀림없이 병원을 지으리라는 확신을 가졌다고 하면, 여러분은 믿겠소?

수요일, 약속한 장소에서 세브란스 씨를 만났고 이야기는 곧 본론으로 들어갔다.

"목사님이 연설에서 밝힌 대로, 각 교파에서 운영하는 병원이 서울에 이미 여러 개가 있다면 더 지을 필요가 있겠느냐?"는 그의 말에,

"종파의 지원을 받는 병원이 몇 개 있기는 하나, 실제로 보시면 그곳을 무엇이라 부를지 모르겠습니다. 하나같이 시설이 보잘것 없고, 간호원도 없이 의사 한 사람만 배치되어 있습니다."

그리고는 내가 한 발표문의 일부를 반복했다. "이들 의사 중 3, 4명이 시설이 제대로 갖추어진 병원에서 함께 일할 수 있다면, 현재 조건 하에서 7개의 병원을 운영하는 것보다 더 좋은 일을 할 수가 있습니다. 어디 그 뿐입니까? 나머지 3, 4명의 의사들은 이 나라 여러 곳에 가서 훨씬 더 많은 환자들을 돌볼 수 있습니다." 나는 이 뜻을 힘주어 말했다.

"당신 말이 맞습니다. 박사님의 계획은 어떤 것입니까?"

드디어 가장 중요한 순간이 다가왔다. 마침 설계도를 제때에 마련해 두어 나의 준비성을 그에게 증명하기에 충분하였다. 사업추진의 첫 단계로 고든 씨에게 설계도를 부탁했던 일은 백 번 잘했다는 생각이 들었다. 얼른 가방에서 설계도를 꺼내 그분 앞에 펼쳐 놓았다.

설계도를 면밀히 검토한 후, 지금까지 내가 한 번도 듣지 못한 수많은 질문을 퍼부으면서 아주 세밀한 부분까지 점검했다. 그는 또 내 생각의 흐름을 밑바닥까지 추적하고, 계획의 타당성과 설계도에 따르는 요구사항에 대해서도 자세히 물었다.

나는 최선을 다해 머뭇거리지 않고 명쾌하게 답하려 했다. 마침내 그는 만족한 표정을 지었다.

"자 이제 가야겠군요. 곧 만나게 되겠지요."

그는 다소 막연한 작별인사를 남겼지만, 대화에서 보여준 진지한 태도를 믿었기 때문에 가슴이 설레었다.[158]

회의가 끝나갈 무렵, 앨린우드 박사는 토요일 밤 뉴욕 주의 쉐넥터디

---

158. 저자 주 : 내가 카네기 홀에서 연설할 때, 객석에 앉아 듣고 있던 이 신사분은 나를 도와줄 사람이 아직 결정되어 있지 않다는 사실을 알았음에 틀림없다. 그로부터 8년 후 안식년 휴가 차 아이들 둘이 대학에 다니고 있던 오하이오 주 우스터시에 1년간 머물기로 했을 때, 그 곳 대학 총장인 홀덴 박사가 어느 날 나를 사륜마차에 태우고 시내 구경을 가자고 했다. 총장은 마차 위에서 세브란스 씨가 내게 병원을 지어준 경위를 아느냐고 했다. 사실 나는 몰랐다. 그러자 그는 다음과 같은 이야기를 들려주었다. "박사님이 카네기 홀에서 연설할 때, 나는 세브란스 씨와 뒤쪽 좌석에 앉아 있었지요. 박사님이 연설을 시작한 지 얼마 되지 않아, 내게 이런 말을 했지요. '저 사람에게 병원을 주고 싶은데 어떻게 생각하시오?' 그 말을 하면서 일어서더니 홀 바닥으로 내려가, 청중 사이의 복도를 따라 연단 앞까지 걸어가더니 당신을 만나기 위해 그곳에 서서 정오까지 기다리시더군요."

시에 가서 일요일 아침과 저녁 두 차례에 걸쳐 모든 교회에서 일제히 선교 사업에 관한 연설을 하기로 되어 있는데, 그 행사에 나도 참가해서 연설을 해달라고 했다. 참가 연사 중에는 인도 감리교의 토버언 감독(bishop),[159] 중국 내지 선교 사절 단장 허드슨 테일러 씨 등 유명 인사들도 있어 그들과 함께 참가한다는 것이 자랑스러웠다.

세 번째 기부금을 받다

밤중에 뉴욕에 도착하여 그곳 유니언 대학 총장 리치먼드 박사 댁에 기숙하고, 아침에 총장의 안내로 쉐넥터디 기관차 제작회사 부사장 월터 핏트킨(Pitkin) 씨 댁을 방문했다.

핏트킨 씨는 쾌활한 성품에 접대를 훌륭히 했으며, 세브란스 씨처럼 예리한 데가 있었다. 아침 식탁에서 나온 얘기를 통해, 그의 부모도 국내 선교사로 미국 서부지역에서 활동했음을 알았다. 보수가 적어 가족을 부양하는데 어려움을 겪었다고 하면서, 크리스마스 때 실려 오는 구호품 통 속에 헌 옷가지가 잔뜩 들어 있었는데, 어떤 것은 너무 작아 몸에 맞지 않거나 혹 몸에 맞아도 너무 낡아 입을 수 없었다고 했다. 그는 감회어린 듯이, 어찌 보면 무심한 듯이 이야기했다. 그러나 그때는 옛날이고 지금은 편안한 환경에 부유한 생활을 누리고 있으며, 국내외에서 봉사하고 있는 모든 선교사들을 매우 존경한다고 했다.

그는 또 나의 선교 사업에 관한 질문도 했다. 이야기를 하던 중, 화제가 내가 추진하고 있는 종합병원 건립 계획과 모금운동에 이르렀다. 설계

159. 감리교에서는 'bishop'을 주교가 아니라 감독이라 한다.

도면을 보겠느냐고 물었더니, 그러마라고 했다. 그는 설계도를 보면서 여러 가지 질문을 해왔다. 아마 질문하는 일이 큰 사업가들의 취미인 듯했다. 마침내 설계도가 매우 치밀하게 작성되어 한 치의 쓸모없는 공간도 없어 좋다고 하면서, 화제를 사업 쪽으로 돌리더니, "박사님의 병원 건립을 돕고 싶군요. 건축비로 500달러를 내겠습니다"라고 했다.

첫 번째 기부는 건축사의 설계도, 두 번째는 5달러, 그리고 이번에는 500달러였다. 그때까지 아무에게도 기부금 요청을 한 적이 없었는데도 말이다.

그러나 나는 세브란스 씨를 생각하지 않을 수 없었다. 그 분이 몸소 병원 기증을 하려 든다면, 다른 사람의 원조를 별로 달가워하지 않을 수도 있다는 생각이 들었다. 핏트킨 씨에게 세브란스 씨가 병원 건립에 큰 관심을 보인다고 했더니, 그 분을 잘 안다고 하면서 이미 일이 이정도로 진척되어 있고 조만간 목사님을 만나겠다는 언질을 준 바도 있으므로, 세브란스 씨가 이 사업을 끝까지 추진할 것을 믿어도 좋다고 했다.

그러면서 그는 "좌우간 저는 500달러를 기부하겠습니다. 병원운영을 하려면 항상 돈 쓸 곳이 있게 마련이지요. 혹시라도 더 필요한 일이 생기면 기꺼이 더 내겠습니다"라고 하면서 격려를 아끼지 않았다.

이 얼마나 축복받은 약속인가!

세브란스 씨로부터 1만 달러의 기부금을 받다

뉴욕으로 돌아와 앨린우드 박사에게 결과를 보고했더니, 크게 기뻐하면서 그달 말경에 세인트루이스에서 개최될 장로회 교회 총회에 내가 참석해 주면 좋겠다고 했다. "이번 총회에서는 현지 교회의 자립문제가 토론의 주제입니다. 현지 교회 자립방안에 관한 문제라면 조선이 가장 모범적인 사례를 보여 왔기 때문에, 박사님의 말씀을 듣지 않을 수 없습니다."

나는 '토론 주제로 봐서 의료 선교사인 내가 현지 주민 교회와 더 가까운 관계에 있는 복음전도 선교사들만큼 설득력 있는 연설을 할 수 없겠지만, 기꺼이 가겠다' 고 했다.

"그동안 목사님이 세인트루이스로 가시는 일정에 맞추어 토론 날짜를 잡아 놓겠습니다." 그는 이와 같이 세심한 배려를 해 주었다.

계획은 차질 없이 진행되어, 총회 첫날 정오에 현지에 도착했다. 해외 선교에 관한 회의는 인근 교회에서 열리고 있는 중이라는 말을 듣고 그곳에 참석하였더니, 어느 젊은 여자 선교사가 마침 논문을 발표를 하고 있었다. 토론에 들어가자, 나는 일어나 나의 경험을 토대로 여자 분의 발표내용에 대해 2, 3분간 논평을 하고 자리에 앉았다.

그 때 선교위원회 이사장 홀시 박사가 청중에게 내가 조선에서 온 의료 선교사라고 소개하면서 아직 선교위원회에서도 발표하지 않았던 사실을 그 자리에서 공개하겠다고 했다. 어느 신사분이 위원회를 직접 방문하여 에비슨 박사와 그의 사업에 관해 오랜 시간에 걸쳐 많은 질문을 하고 나서, 에비슨이 조선의 서울에 세우려 하는 병원 건립기금으로 1만 달러를 기부하였다는 내용이었다.

처음 대면이 있은 후 세브란스 씨를 한 번도 만난 적은 없었으나, 그 분은 만나는 일보다 더 좋은 일을 했다. 병원을 준 것이다. 비록 1만 달러에 지나지 않았으나, 내게는 백만 달러나 마찬가지였다.

곧 선교위원회로부터 기부금 수령을 알리는 공식 서한을 받았다. 서한에는 세브란스 씨가 총회에 참석할 것이므로, 내가 직접 그분을 만나 기부에 감사를 표하는 것이 도리라고 했다. 나와 아내는 곧 그 분을 만날 기회를 가졌고, 다음과 같은 환담을 나누었다.

"세브란스 선생님, 이처럼 훌륭한 선물을 주시니 참으로 감사합니다. 이 선물로 고통에 시달리는 조선의 병자들이 크게 혜택을 받을 생각을 하니 우리 부부는 매우 기쁩니다."

"글쎄요, 선물을 받는 목사님 부부도 기쁘시겠지만 선물을 주는 내가 더 기쁘다오. 하고자 하시는 일에 이 선물이 큰 보탬이 되기를 바랍니다."

"세브란스 선생님, 선생님께서는 잘 모르셨겠지만 우리 부부는 이 병원을 위해 일 년 반 동안 기도해 왔습니다. 이 일은 우리 기도에 대한 하나님의 응답이라는 말 밖에 달리 설명할 길이 없습니다."

"그 말을 들으니, 나도 말씀드릴게 있군요. 일 년 전쯤부터 어딘가에 병원을 하나 세워야겠다는 생각을 하고 있었지요. 장소를 결정하지 못해 망설이고 있던 참에, 한 달 전인가 에큐메니칼 총회에서 선생님의 말씀을 듣게 되었지요. 그때 서울이야 말로 적지(適地)라는 생각이 들어 결정을 내렸지요. 그 동안에 일어난 여러 가지 일로 미루어 보니, 목사님 두 분 내외와 나는 분명히 하나님의 인도를 받았다는 확신이 듭니다."

그해 가을 우리 부부는 간절한 소망과 끊임없는 기도의 결실인 푸짐한 선물을 안고, 행복한 마음으로 조선을 향해 출발했다.

우여곡절 끝에 병원 부지를 확보하다

한편 조선 국왕은 미국 공사관을 통해, '이미 체결된 협정에 따라 향후 1년 이내에 왕립 병원 제중원의 자산 일체의 소유권을 환수하니, 즉시 새로운 병원 부지를 찾아야 한다'는 통지를 보내 왔다.

크리스마스와 새해 사이 해가 바뀔 무렵, 나는 장티푸스에 걸렸다. 막 회복되어 갈 무렵, 국왕으로부터 친서가 왔다. 병원 건립을 위해 어느 미국인이 희사금을 낸 데 대해 기쁘게 생각하며, 자신은 병원 부지를 희사하고 싶다는 소식이었다. 또 재무 담당 관리를 보내 부지 선정에 협조토록 하겠다고 하셨다. 참으로 고마운 일이었다. 이제 알맞은 장소만 찾아내면 문제될 것이 없었다.

그러나 우리의 희망은 무산되고 말았다. 결국 우리는 돈을 마련하여 부지를 구입할 처지가 되었다. 알고 보니 왕이 보낸 신하는 궁중의 상당한 실력자로, 외국의 것이라면 무조건 반대하는 인물이었다. 우리와 함께 부지 물색에 나서기는 했으나, 요청하는 장소에 대해 언제나 적당한 이유를 꾸며대어 반대했다.

세브란스 씨는 일이 지연되는 것을 보다 못해, 5천 달러를 송금하면서 즉시 병원 부지를 확보하라고 했다. 수표와 함께 동봉한 편지에서 "에비슨 박사님, 이제 모든 것이 박사님께 달려 있습니다. 이후로는 목사님의 뜻을 거스르는 신하들의 말만 믿는 왕에게 기대를 걸지 말고, 즉각 일을 추진하세요."

송금을 받은 우리들은 사기가 충천했다. 쉽게 부지를 확보하였을 뿐만 아니라, 그것도 그때까지 답사한 지역 중에서 가장 좋은 곳이었다. 매입한 부지는 서울역 바로 건너편 남대문 가까이에 위치했다.

의외의 난관에 부닥치다

설계도까지 준비되어 있었으니, 남은 일은 건축업자를 선정하여 착공하는 일 뿐이었다. 그러나 "아무리 좋은 계획이라도 어중이 떠중이가 달려들면 일이 어긋나기 십상이다(the best laid plans o' mice and men gang aft agley)"라는 속담처럼, 시작과 끝은 다르기 십상이다.

그 내막을 보면 복음 전도를 주목적으로 하는 상당수의 장로교파 선교사들은 의료와 교육에 전념하는 선교사들과는 선교 사업에 대한 견해와 접근 방법이 달랐다는 점이다. 병원건립 목적기금으로 미국에서 1만 달러를 확보하여 목적에 맞게 지출하도록 되어 있었지만, 이 기금을 이용하여 그때까지 선교사업용으로 세워진 건물 중에서도 월등히 돋보이는 병원 건물을 짓게 되면, 조선 사람에게 기독교에 대해 혹시 잘못된 인식을 심어주지나 않을까 크게 우려하고들 있었던 것이다.

고든 씨의 설계는 건축학 상으로 정확할지언정 결코 사치스런 구도는 아니었음에도, 장로파 선교사들은 병원을 설계도대로 짓지도 말고 병원 건립에 그렇게 많은 돈을 들일 필요도 없다고 했다. 자칫하면 조선의 순수한 기독교 신자들이 기독교를 정신적 구령(救靈)사업이 아닌, 자선사업 단체로 오해할 수도 있다는 것이었다.

장로파 선교사들은 뉴욕 사무실로 진정서를 보내, 기금을 절반으로 나누어 병원건립에는 5천 달러만 쓰고, 나머지 5천 달러는 복음 전도사업에 써야 한다고 주장했다. 그들의 생각으로는 이 방법이 그들이 갖고 있는 우려를 예방하는 올바른 길이라는 것이었다.

사실 나는 이 일련의 반대 소동이 일어나기 직전에 장티푸스로 앓아 누었으므로, 병에서 회복된 뒤에야 내막을 알게 되었다. 이 반대운동은 정작 병원이 세워질 서울에 주재하는 선교사들이 일으킨 것이 아니라, 평양주재 선교사들의 주도 하에 일어났다.

뉴욕 선교위원회에서는 말하자면 5천 달러가 쉽게 확보되는 격이므로, 기꺼이 이 욕구에 응했다. 선교위원회의 조선담당 간사이던 앨린우드 박사가 세상을 떠나고, 사안의 전말을 숙지하지 못한 후임자가 동의함으로써, 위원회의 이사들은 기금의 분할을 결정하고 서울 선교부에 이 사실을 통보했다.

세브란스 씨의 반발

아직 기운이 회복되지 않아 내가 자리에 누워 있을 때, 서울 주재 선교사들이 찾아와 이 황당한 문제에 대한 대책을 의논했다. 토론에서 얻어진 결론은 서울 주재 선교사들의 연명으로 된 진정서를 뉴욕 본부로 보내고, 세브란스 씨에게도 연명서의 부본을 보내 우리의 뜻을 전하자는 것이었다.

세브란스 씨가 자기가 낸 목적 기금을 무슨 이유로 임의대로 처리하느냐고 항의하자, 문제의 담당 간사는 조선 선교단의 요청에 따라 처리했을 따름이라고 했다. 그는 조선 선교단의 보고 내용을 인용하며, 교단에서도 재정지원이 필요할 뿐만 아니라, 그곳 현지 사정에 맞는 병원건축비는 5천 달러 정도면 족하다고 했다.

"좋습니다. 선교단에서 어련히 알아야 하겠습니까만, 현 시점에서 우리는 병원을 신축하는 중인데 5천 달러면 충분하다고 하니, 나는 5천 달러만 내겠습니다. 그렇게 되면 전도사업에 쓸 돈은 남지 않겠지요. 복음전도사업은 훌륭한 일인 줄 잘 알고 있으며, 아낌없이 지원금도 내고 있습니다. 그러나 지금 우리는 병원을 짓고 있습니다." 세브란스 씨의 말은 단호했다.

당연히 이 소식은 평양 선교단에 알려졌다. 그리고 짐작하듯이, 뉴욕 선교위원회의 생각에도 결정적인 영향을 미쳤다.

한편 뉴욕 선교위원회의 신임 간사 브라운 박사가 자기의 담당 지역으로 현지 시찰을 하게 되었다. 태국, 필리핀, 일본, 조선을 돌면서 현지사정을 파악하자는 것이었다. 그가 서울에 도착했을 때, 나는 어느 정도 움직일 수는 있어도 정상근무는 하기에는 아직 무리인 처지였다.

브라운 간사는 서울 주재 단원들을 만나 사업 현황을 보고 받았지만, 병원문제에 대한 본부의 조처에 대해 한마디도 물어오지 않았기 때문에, 나도 그 문제에 관하여는 언급을 피했다.

평양행

다음 행선지는 평양이었다. 서울에서 북쪽으로 약 2백마일 가량 떨어져 있어 해로나 육로 교통이 가능했다. 육로의 경우 남자는 말을 주로 이용하고, 여자는 가마를 타고 가는 방법이 있었다.

브라운 간사는 현지의 실정을 면밀히 파악하기 위해 육로를 택했다. 안내하는 사람과 통역인이 필요했으므로, 서울 연락소에서 복음 선교사 한사람과 나를 지명하여 브라운과 동행하게 했다.

우리의 행렬은 거창했다. 브라운 부인을 태운 가마는 네 사람의 가마꾼이 메었다. 남자들은 각자 조랑말 등에 올랐고, 마부가 한 사람씩 딸렸다. 게다가 식량과 이부자리를 운반할 짐꾼 두 사람이 따랐다. 우리 선교사들은 평양길 중간 쯤 어느 소도시까지 함께 갔다가, 그곳에서 마중 나오는 평양측 대표단과 만나기로 되어 있었다.

가는 길에 나는 병원문제에 대해 단 한 번도 입에 올리지 않았다. 그러나 출발할 때 워낙 여정이 길었기 때문에 가는 곳마다 도움이 필요한 환자가 많을 것 같아, 약간의 약품과 의료 기구를 챙겨서 나섰다. 우리들의 행차소식이 우리보다 앞서 가 있었던지라, 길목에는 환자를 데리고 나온 사람들이 자주 있었고, 거동이 불가능한 환자를 위해 집으로 와 달라는 사람도 많았다.

이로 인해 여행의 일정이 지연되긴 했지만, 의사인 내가 그밖에 또 무슨 할 일이 있었겠는가? 그래서 우리는 도움을 필요로 하는 곳마다 멈추었고, 브라운 간사도 몹시 흥미를 가지고 지켜봤다. 그에게는 이 모든 것이 신기하게 느껴졌던 것 같다.

마침내 병든 자와 절름발이와 소경들을 도우며 여러 곳을 순행했던 그리스도의 행적이 생각난다면서, 마치 예수님 당시로 돌아간 느낌이라고 실토하기도 했다.

하루는 같이 걸어가던 브라운 박사가 나를 향에 돌아서더니, 뜸도 들이지 않고 이런 말을 하는 것이 아닌가!

"에비슨 박사님, 실은 세브란스 씨의 기부금을 나누자고 했을 때, 내 자신부터 찬성했던 사람이요. 당시로서는 이 가난하고 병든 사람들의 실정을 너무나 몰라, 그것이 옳다고 생각했지요."

"서울에 왔을 때, 박사님께서 이 문제로 나를 원망하는 한마디 말도 꺼내지 않는 것이 오히려 이상했습니다. 하지만 이제 모두 보아 알겠습니다. 박사님의 병원을 찾아오는 그 많은 사람들이 얼마나 절실한 도움을 필요로 하는가를 실제로 목격했습니다. 그리고 이번 여행 중에도 요 며칠 사이에 그렇게 엄청난 수의 환자가 있다는 사실에 너무나 놀랐습니다. 일행 중에 의사가 있다는 소문을 듣고 환자들과 친지 가족들이 마음속에 희망을 안고 치료를 받으러 몰려오는 모습도 놓치지 않고 보았습니다. 박사님 이제 나는 생각을 바꾸었습니다."

"이제 보니 의료 선교사가 환자들에게 자기가 가진 모든 힘을 쏟지 않으면, 그 노력이 온통 실패로 끝날 것이라는 사실도 알게 되었습니다. 또한 말씀을 통한 복음 전도도 중요하지만 그것만으로는 어림없으며, 올바른 예수의 가르침은 오로지 실천을 통해서만 나타낼 수 있다는 사실도 목격했습니다. 박사님과 동료 의사들이 하는 일을 현장에서 볼 수 있게 되어 기쁩니다. 이제 보니 1만 달러뿐 아니라, 더 많은 자금이 필요할 것 같습니다. 당장 뉴욕 선교위원회에 서신을 내어, 이 문제를 재고하고 세브란스 선생의 기부금 전액을 지출하도록 촉구하겠습니다."

나는 이 말이 고마웠다. 그리고 브라운 박사가 스스로 현실을 깨닫게 되어 기뻤다.

서울에서의 회의

중도에 평양에서 보낸 사람들과의 만남에 따라, 우리는 감독관 안내 업무를 그들에게 넘겨주고 서울로 발길을 돌렸다. 서울로 오는 길에 동료 선교사와 여러 곳을 방문했다. 그는 전도 설교를 하고 나는 환자를 치료하면서 이곳저곳 다니다가, 며칠 후에야 서울로 돌아왔다.

서울에 돌아오니 브라운 박사가 이미 평양 지역 시찰을 마치고 먼저 돌아와 있었다. 브라운 간사 부처와 동행한 평양 주재 선교사들이 마침 우리 집 응접실에서 선교단 전체 회의를 하고 있는 중이었다. 회의 도중에 브라운 박사가 따로 의논할 일이 있다며, 우리 부부를 서재로 불러내었다.

알다시피 그는 평양 동행 길에 우리가 하는 일을 직접 목격하면서 자기의 생각이 바뀌어 병원 건립 쪽으로 기울었다는 것, 우리와 헤어진 후 평양 선교본부 소속 선교사들에게 저간의 사정을 이야기 하였더니 일부는 생각을 바꿔 자기의 입장을 지지하였으나, 평양 본부 인사들을 설득하는 데에는 실패했다는 사실 등을 말했다. 이 문제를 마무리 짓기 위해 평양 본부의 대표를 서울로 보내 이 건을 심도있게 토론하고, 그에서 얻은 합의된 안을 뉴욕 본부에 전달하자고 제안하였고, 그 결과 평양 선교부의 대표 뿐 아니라 관계된 인사 모두가 자기와 함께 서울로 오게 되었다는 전후 사정을 이야기했다. 회의는 진행되었으나, 어느 쪽도 양보하려 들지 않았다. 다만, 평양 선교단 측이 다음과 같은 조건부 양보안을 내놓았다.

첫째, 향후 병원 확장이란 명목으로 더 이상의 보조금을 요구하지 말 것.
둘째, 뉴욕 선교위원회의 병원 운영비 보조금을 현재의 연 3천원으로 동결할 것.

내가 어느 조건도 받아들일 수 없다고 하자, 그들은 신중히 생각하여 이에 대한 해답을 문서로 만들어 회의장으로 가지고 오라는 말을 남기고 서재에서 나갔다.

나와 아내는 담당 간사 브라운 박사에게 밝힌 대로, 어느 조건도 받아들일 수 없다는 것, 장차 병원 확장에 관한한 바람직한 일이 어떤 것인가에 대해 그 누구도 예측하여 판단할 수 없다는 것, 그리고 병원 운영비에 관련하여 연료비, 급식비, 봉사비, 약값 등의 향후 변동 추이를 아무도 예측할 수 없다는 내용을 문서로 작성했다. 예를 들어 연료용 땔나무 값은 이미 두 배로 올랐고, 꾸준히 발생하는 말라리아에 대처할 키니네 가격도 그간 세 배나 올랐으니 어찌 그러한 어리석은 약속을 내가 할 수 있었겠는가?

나는 지금 1만 달러를 받고 이후 한 푼도 안 받기보다, 차라리 지금 5천 달러만 받고 앞으로 후속 지원을 받는 쪽을 택하겠다고 했다. 5천 달러에 맞는 작은 병원을 세우고, 뒤에 확장해 나갈 수도 있을 것이기 때문이었다.

병원 경비도 마찬가지였다. 환자의 후생을 희생시키지 않는 범위 내에서 최대한 절약하겠다고 약속할 수 있지만, 나를 믿고 생명을 맡기는 그들에게 추호의 피해도 줄 수 없는 노릇이었다. 이런 나의 솔직한 마음이 담긴 서류를 회의석상에 내놓자, 브라운 박사는 외치다시피 "이제 회의는 끝났군요"라고 말했다.

결국 회의는 아무런 결론도 내리지 못한 채 끝났다. 감독관 부부는 여의사와 간호원들의 숙소로 저녁 초대를 받아갔고, 나머지 선교사들도 각자 초대받은 집으로 흩어졌다.

그런데 한 시간이 채 못 되어, 뉴욕본부에서 보낸 편지 한 통이 날아 들었다. 생각을 바꾸어 조건없이 1만 달러를 병원에 쓰도록 결정했다는 내용이었다. 내가 이 소식을 알리려고 여의사 숙소로 달려갔을 때, 모두들 저녁식탁에 앉아 있었다. 그들을 향해 편지를 흔들어 보이자, 브라운 박사도 자리에서 벌떡 일어서면서 자기 앞으로 배달된 같은 내용의 편지를 흔들어 보였다. 어찌 기쁘지 않을 수 있으랴?

그 뒤 다시 본부에서 보낸 편지에는 캐나다의 토론토에 있는 건축가 고든 박사를 조선에 파견하여, 병원과 부속 숙소 건물의 건축을 돕도록 했다는 소식이 적혀 있었다. 또 고든 씨는 조선에서 일을 본 후, 같은 사명으로 중국을 방문한다고 했다. 이 소식에 모두 다시 한번 갈채를 보냈다.

건축 공사 준비하다

서울 선교 단원들은 신이 났지만, 평양 팀은 병원 건물이 완공되고 개업을 할 때까지 실망의 빛을 감추지 못했다. 그러나 세월이 지나면서 결국 대다수 선교 단원들이 나의 구상을 믿고 사실상 병원에 관한 일체의 업무를 일임해 주었으니, 무척이나 감사하게 생각하는 일이다.

그 동안 기부금 분배 문제를 놓고 설왕설래하는 동안에도, 나는 부지를 물색하고 있었다. 앞서 말한 대로 남대문 밖 언덕배기를 타고 앉은 땅이 안성맞춤이었다. 착공이 지연됨에 따라 세브란스 씨와 몇 차례 서신 왕래가 있었는데, 그는 나중에는 짜증을 내면서 국왕의 약속을 믿지 말고 즉시 부지를 매입하라며 5천 달러를 송금했던 것이다.

부지 구입이 막 끝났을 때, 철도회사가 큰 도로 건너편에다 철도 기점이 될 대규모 정거장 건물을 세울 계획이며 우리가 구입한 땅도 사들이고자 한다는 사실을 알았다. 돈을 더 줄 테니 양도하라는 요구에 끝내 굽히지 않았더니, 결국 그들은 산 밑의 밭을 매입하였다.

그러나 철도회사 측에서 구입한 땅은 너무 협소하여, 자기네 용도에 맞지 않았으므로 도로 우리에게 팔았다. 이리하여 우리는 총 9에이커에 달하는 부지를 확보하게 되었다. 이제 이 정도의 면적이면, 국왕이나 왕실의 은전에 의존하지 않아도 되었다.

토지 가격은 점차 올라, 1만 5천 달러로 매입한 땅이 요즈음 와서는 1백만 달러를 호가한다. 이렇게 어렵사리 시작한 사업이 지금은 수십만 원의 자본이 투입된 큰 병원으로 발전했다.

건축가 고든 박사의 봉급과 경비를 누가 부담한다는 말을 들은 사람은 없지만, 우리는 그 독지가가 누구인지 어렵지 않게 짐작할 수 있었다. 병원을 제공해 준 그분이 아니고 누구였겠는가?

이제 믿을만한 건축업자를 찾아 대망의 공사를 시작해야 할 차례였다. 공사를 맡을 사람은 중국인 건축업자 해리 창(Harry Chang)으로 결정했다. 그는 한때 미국공사관에서 일하면서 영어를 배웠고, 그 후 외국인 주택 건설공사에 참여하며 건축업에 손을 댄 사람으로서 무엇보다도 신뢰할 수 있는 인물이었다. 난방, 통풍, 상하수도 공사를 제외한 일체의 공사를 그에게 맡겼다. 제외 대상이 된 공사는 그가 한 번도 취급한 경험이 없었던 분야였다. 이 분야의 공사는 우리가 맡아 진행해야 할 처지였다.

하청업자 창 씨가 한창 공사를 준비하고 있을 때, 건축가 고든 박사가 도착했다. 만사가 잘 풀린다는 생각이 들었다. 고든 씨는 외국에 필요한 자재와 기계를 주문했고, 얼마 지나지 않아서 모두 확보되었다.

러 · 일전쟁 발발로 공사비 폭등하다

때는 1903년이었다. 항간에는 일본과 러시아 사이에 전쟁이 일어날 것이라는 소문이 파다했다. 드디어 1904년 전쟁은 터졌고, 그 결과 건축자재 값이 치솟았다. 청부업자 창 씨가 찾아와 청약 당시의 자재 값과 인상된 자재 값을 비교해 보여주면서, 꼭 청약대로 일을 추진하라면 끝까지 하긴 하겠지만, 자신은 파산하게 될 것이라며 울상이었다.

사정이 딱해서, 인상된 자재비에 맞추어 새 견적서를 제출하라고 했다. 그래도 그는 물가 변동에 대한 전망을 전혀 예측할 수 없으므로, 차라리 포기하는 편이 낫겠다고 했다. 달리 방도가 없어 청약포기 의사를 수락하고, 날품팔이 인부들을 고용하여 우리 손으로 공사를 진행하기로 했다.

이 사실을 즉시 세브란스 씨에게 알렸다. 공사비와 자재 값이 크게 올랐으나, 공사가 계속 진행되기를 원하시리라 생각하고 공사를 강행하고 있다고 보고했다. 기부금을 반씩 나누어 쓰자는 문제가 나왔을 때 세브란스 씨는 자신은 훌륭한 병원을 짓고자 하며, 소요 비용의 많고 적음은 문제되지 않는다고 한 적이 있었다.

나는 이 추세대로 나가면 건축비가 얼마나 더 오를지 정확히 계산할 수 없으나, 1만 달러는 훨씬 넘으리라는 내용의 편지를 그에게 보내지 않을 수 없었다. 곧 계속하라는 답장이 왔고, 공사는 중단없이 진행되었다.

교재의 한글 번역을 도운 의과 대학생 중 한명인 미스터 김이 고든 씨의 통역으로 수고해 주었고, 모든 일이 별다른 어려움 없이 진척되었다.

드디어 난방과 배관 공사를 해야 할 순서가 되었다. 조선에서는 아무도 이 분야에 대해 하는 사람이 없어 고든 씨와 미스터 김, 그리고 나 셋이서 이 일을 하지 않으면 안 되었다.

나는 병원 일과를 끝내는 즉시 공사장으로 달려가, 두 사람과 같이 일을 했다. 먼저 하수가 잘 빠지도록 지하실 바닥 밑에 타일을 사용하여 배수구를 만들고, 파이프 경사가 맞지 않거나 시멘트 접합이 나쁘지 않도록 일꾼을 시켜 도랑을 파게한 후, 설계도를 보면서 우리 손으로 파이프를 깔고 연결 부분을 시멘트로 접합했다.

그런 다음, 욕실에 연결되어 내려오는 파이프도 설치했다. 4인치 짜리 철관을 연결할 때에는 납땜질을 했다. 납땜을 해 본 사람이 아무도 없었지만, 고든 씨가 방법은 알고 있었으므로, 몇 번을 시험한 끝에 전문가의 솜씨만은 못했지만 땜질 자체는 틀림없이 했다. 수도관을 적절히 배분해 깔고, 더운 물을 사용하는 난방장치의 설치는 쉬운 일이 아니었다. 철관의 길이를 정확히 맞추어 자르고, 물이 새지 않게 연결하는 작업은 꽤나 어려웠다.

조선 최초의 근대식 병원 준공과 개원식

모든 난관을 극복하고 마침내 공사가 끝남에 따라, 조선은 최초의 현대식 병원을 갖게 되었다. 본관 건물들은 완공되었지만, 전염병 환자를 수용할 별개의 병동이 필요했다. 다시 세브란스 씨에게 사정을 알렸더니 당장에 필요한 자금을 보내 주었다.

모든 공사가 완료되었을 때, 총 공사비는 당초의 1만 달러가 아닌 2만 5천 달러에 달했으나, 세브란스 씨는 만족해 했다. 우리도 드디어 당연히 해야 할 일을 병원다운 병원에서 하게 되었다는 뿌듯한 느낌이 들어 마음을 가다듬었다.

제중원을 왕실에서 환수하면서 그때까지 투입된 비용에 대해 국왕으로부터 받은 보상금으로 외국인 의사와 간호원을 위한 사택과 조선인 조수와 용인들이 머물 한옥도 지었다.

병원의 개원식은 많은 내외 귀빈이 참석한 가운데 거행되었다. 다른 곳에서 언급했듯이 최초의 입원 환자는 성홍열을 앓던 두 아이였다. 당시 아직 전염병동이 환자를 받을 준비가 되어 있지 않아, 본관을 사용했다. 그 때문에 일반 환자를 받기 전에 본관 건물을 철저히 소독 하지 않으면 안되었다. 이와 같은 일은 환자를 위한 봉사는 아무리 잘해도 지나치지 않는다는 우리의 방침을 보여주는 일례일 뿐이었다.

세브란스 씨 조선에 오다

1907년 세브란스 씨는 전담의사 루드로우(A. I. Ludlow) 박사를 대동하고 서울에 왔다. 그는 자기의 호의로 만들어 진 병원에 무척이나 만족한다는 인사와 함께 처음 투자한 액수보다 더 자금을 지원해 병동을 추가로 건립할 수 있도록 하겠다는 약속까지 했다.

지금은 9~10에이커의 대지 위에 거대한 병원 단지가 형성되었고, 서울시의 범위가 확대되어 병원의 위치가 시내의 일부분이 되었다. 병원 정문 맞은편에 서울역이 자리하고 있어서 토지 가격도 상당히 올라있다. 현재(1940~1941년)의 건물 현황은 다음과 같다.

① 1호관 : 최초 병원 건물

② 2호관 : 1호관보다 더 큰 현대식 4층 건물로서, 층마다 복도로 1호관과 연결되어 있음

③ 전염 병동 : 위의 건물들보다 규모가 더 큰 3층 건물
(이상 3개 병동의 병상 수는 200개임)

④ 의대생들이 실습 관찰할 수 있는 검시 해부실과 시체실이 있는 건물

⑤ 현대식 세탁소와 취사장, 그리고 간호원 식당을 각 층에 수용한 2층 건물

⑥ 다용도 4층 건물

1층 : 제약공실(여기서 생산되는 약이 전국의 의사들에게 공급됨), 안경 제조부, 약제실, 무료 환자 치료실

2층 : X선과, 내과, 소아과, 피부비뇨기과

3층 : 신경과, 내과, 안과, 이비인후과, 결핵과, 산부인과

4층 : 화학강의실, 화학실험실, 생리학강의실, 생리학실험실

⑦ 다용도 검사실과 기생충과가 있는 2층 건물
⑧ 해부학 · 세균학을 위한 강의실과 실험실,
가축위생 관리과를 수용하는 건물
⑨ 정신과 병동
⑩ 좌석 5백 석을 갖춘 예배당
⑪ 40명을 수용할 수 있는 시설을 완비한 유치원 겸 지체 부자유아 훈련실
⑫ 학생 휴게실 건물
⑬ 간호학생 강의실 및 기숙사 건물
⑭ 병원에서 일하는 조선인 수련 간호원 숙소 1동
⑮ 외국인 간호원 숙소 2동
⑯ 외국인 의사 숙소 5동
⑰ 조선인 의사, 전도사, 용인들을 위한 3동의 사택
⑱ 다층 건물 : 3층까지는 치과에 딸린 강의실 1, 진료실 10, 실험실 1, 기계실 1, 사무실 1, 4층은 2호관과 통하면서 수술실이 2개 있고, 둘 다 의대생들이 견학할 수 있게 갤러리가 딸려있다.(이 갤러리는 특별히 마련된 통로를 통해 강의실과 바로 연결되므로 학생들은 병원 출입문이나 수술실 출입문을 통하지 않고 바로 갤러리로 갈 수 있게 되어 있다.) 또 소독실과 간호용품 준비실도 딸려있다.

3개 건물은 평면 옥상으로 하여, 폐결핵 환자 등 옥외 일광이 절대 필요한 환자들이 날씨가 좋은 날 옥상에 올라갈 수 있게 했다.

'세브란스 연합 의과대학·병원·간호학교'로 명명하다

이 모든 것이 나의 조선 근무기간인 1893년부터 1934년 사이에 이루어졌고, 대부분 L. H. 세브란스 씨와 그 분의 아들, 딸의 기부금으로 세워졌다. 이 세 분을 기념하기 위해 교명을 '세브란스 연합 의과대학 · 병원 · 간호학교'라고 명명했고, 약칭은 S. U. M. C(세브란스 연합의대)로 했다.[160]

'연합'이란 말은 여러 선교단체가 협력하여 기금조성이나 의사와 간호원 파견에 힘썼고, 또 나의 구상과 세브란스 씨의 소망이 결실되었음을 뜻했다. 참여한 선교단체는 북장로교파, 남장로교파, 북감리교파, 남감리교파, 오스트레일리아 장로교파, 캐나다 장로교파 등 여섯 개였다.

내가 은퇴하기 전에 세브란스 의대와 연희전문학교를 통합하여 연세대학을 만들자는 계획을 추진했지만, 당시 여건이 허락되지 않았다. 지금(1943년)도 이 계획은 실행을 기다리고 있는 것으로 알고 있다.[161] 처음 계획 당시 폐결핵 환자 요양소와 정신병 환자 요양소를 세울 생각으로, 조선 기독교 연합대학의 땅 몇 에이커를 구입하기까지 했지만 아직 짓지 못하고 있다. 그러나 아주 최근에, 그 자리에 새로운 의대와 병원, 숙소, 그리고 앞에 말한 두 가지 요양소를 지으려고 어느 건축가에게 설계를 맡겼다고 한다.

25년이 넘도록 나와 협력해 온 현 학장 오경석 박사가 이 숙원사업을 성취하는데 힘이 되어 달라며 나를 한국으로 초청한 바 있다. 세브란스 의대 명예학장인 나 에비슨도 이젠 나이 여든 둘이나 되었다. 아직 힘이 있어 다소의 도움이 될 수 있겠지만, 현 학장이 구상하는 계획이 실현될

---

160. 앞의 주 참고.

161. 조선 기독교 연합대학은 1917년 이후 연희전문학교로 바뀌는데, 이들 두 학교가 연세대학으로 통합된 것은 1957년의 일이다.

때까지 살아서 도움 수 있을 것 같지는 않다. 다만 세브란스 의대가 있기까지 물심양면으로 도와준 여섯 개 선교단체와 세브란스 가족, 그 밖의 모든 분들에게 심심한 사의를 표하는 바이다.

최초의 세브란스 병원 건물 입주자 – 스미스 박사(Roy K. Smith) 부처*

서울에서 새 병원을 개원한 직후, 스미스 박사와 그의 아내가 재령에서 일하기 위해 조선에 왔다. 아직 그들이 거처할 집이 준비되지 않았기 때문에, 당분간 서울에 남아 조선어를 배우기로 했다. 사실 서울에도 그들이 거처할 집이 없었지만, 많은 선교사들이 서울에 살고 있었으므로 당분간 어느 집에 신세질 수 있었다. 그런데 마침 세브란스 병원의 병실 몇 개가 아직 비어 있었다. 이 방들을 어찌 할 것인가? 그리하여 스미스 박사 부부가 얼마 동안 병실에서 살았다.

조선어 강좌를 틈타 스미스 박사는 관련 분야 진료소에서 일했다. 그가 해당 분야의 전문의 과정을 밟았으므로, 조선으로 오면서 약간의 의료 기구들을 가지고 왔다. 이들 기구의 도움으로 그때까지 우리가 할 수 없었던 실험진단이 가능해졌다.

스미스 박사 부부는 아직도(1941년 현재) 서울에 살고 있다. 얼마 전 스미스 부인으로부터 편지를 받았다. 편지에서는 옛날 그때를 이야기하면서, 당시에는 무척 힘들었지만 돌아보면 그때가 그들 생애에서 가장 행복한 때였다고 했다.

치료비에 얽힌 에피소드 23장

부상병 치료 / 1894

치료비 대신 달걀

동양 사람들은 흔히 의사들이 사용한 약에 대해서만 약값을 지불하고 의사들이 행한 봉사의 대가는 지불하지 않아도 된다고 생각해왔다. 아마도 많은 사람들이 그렇게 생각하고 있을 것이다. 이런 상황에서 의사들이 생활비를 벌 수 있는 유일한 방법은 환자에게 많은 양의 약을 주어 약값을 비싸게 받는 것 뿐이다.

우리는 사람들의 이런 태도를 수용할 필요를 느끼고, 빈 맥주병에다 물약을 주면서 지시에 따라 두 스푼씩 복용하게 하고, 가루약도 여러 첩으로 만들어주었다. 대개의 경우 지시한 대로 복용한다면 뚜렷한 효과가 나타날 것이라는 것과 약 맛은 꽤 쓸 것이라는 말을 반드시 해 주었다. 만약 병이 고질적인 만성병이라면 1, 2주 분의 약을 주고, 다 먹으면 빈 병을 가지고 오라고 했다.

이렇게 많은 양의 약을 공급함으로써, 우리는 적어도 약의 원가를 충당할 수 있을 정도의 치료비를 받아낼 수 있었다. 그러나 환자가 너무나 가난해서 약값을 지불할 수 없다면, 할인 또는 무료로 줄 수 밖에 없었다. 우리가 바라는 바는 오직 환자가 치유되는 것 뿐이었다.

의사가 바치는 시간이나 노고에 대한 보답으로 병이 나은 후에 선물을 가져오는 경우가 보통이었다. 가장 흔한 선물은 달걀이었다. 달걀은 대개 한 줄로 묶여 있었다. 달걀이 너무 많이 들어왔기 때문에 우리 가족으로서는 그 많은 달걀을 다 먹을 수 없었으므로, 대부분을 병원 환자들에게 먹였다. 심지어 때로는 달걀이 너무 많아, 밑바닥 직경이 넉자나 되고 높이가 석자나 되는 피라미드처럼 쌓이기도 했다. 그럴 때에는 달걀을 팔아 병원기금에 보태기도 했다.

우리는 종종 병아리나 생선, 과일 등도 받았다. 환자와 가족들은 치료해 준데 대한 감사를 표시하기 위해 이런 선물을 흔히 보내왔다.

매달 닭 한 마리를 받다

특별히 내 기억에 남는 환자가 있다. 1905년 꽤 부유한 김 씨네 집에 왕진을 갔다. 심하게 앓고 있다는 그 집 아들을 진찰하기 위해서였다. 아이는 정말 몹시 앓고 있었다. 성홍열이었다. 두 아들은 이미 그 병으로 죽었다. 유감스럽게도 그들에게 회복시킬 수 없음을 알리지 않을 수 없었으며, 실제로 그 다음날 그 아이마저 죽었다.

나는 부모들에게 나머지 두 아이, 즉 계집아이 하나와 사내아이 하나도 이 병에 걸렸을 가능성이 있으니, 증세가 보이면 알려달라고 부탁했다. 곧 김 씨가 달려와 두 아이가 앓고 있다고 했다. 어쩌면 좋으냐는 그의 목소리는 두려움에 떨고 있었다. 세브란스 병원이 막 완공되었으나, 아직 환자를 받지 않고 있는 상황이었다.

잠시 생각 끝에 환자를 즉시 병원으로 데려오라고 했다. 다른 병동과 격리시켜 수용할 생각이었다. 그는 집으로 가서 아픈 남매와 아내, 두 명의 하인과 몇 주일 동안 지낼 음식, 옷을 가지고 즉시 병원으로 되돌아왔다.

그들 모두가 지시에 잘 따르리라는 것을 알았으므로, 규칙적으로 약을 공급하고 복용하게 했다. 다행히 두 어린이는 회복되었다. 그들이 완쾌되어 퇴원할 때, 김 씨는 쾌히 우리가 청구했던 치료비를 지불했다.

그 다음날 초하룻날 감사의 선물로 닭 한 마리를 보내왔다. 이 닭 선물은 우리가 휴가 중 멀리 가 있을 때를 제외하고, 12년 동안 달마다 거르지 않고 되풀이되었다. 모두 1백 마리가 훨씬 넘는 닭을 받았던 셈이다.

이 두 어린애는 자라서 일본으로 공부하러 갔는데, 귀국할 때면 언제나 부모가 가르친 대로 우리 부부에게 인사하러 왔다. 딸이 결혼하게 되었을 때에도 마찬가지였다. 그 딸은 내 아내의 드레스를 입었는데, 아름다운 신부였다. 이러한데도 동양인은 감사할 줄 모른다고 어느 서양인인들 말할 수 있겠는가? 누가 나의 면전에서 동양인이 감사할 줄 모른다고 한다면, 이런 이야기를 들려주어 반드시 그런 생각을 고쳐 줄 것이다. 심지어 왕과 왕비조차도 그들의 건강을 돌보아 준 내게 자주 매우 귀중한 조선산 선물을 보냄으로써 감사한 마음을 표했으니까!

만약 우리가 왕의 선물을 모두 잘 간직하고 있었더라면 박물관을 차릴 수도 있었을 것이다. 그러나 우리는 이런 선물을 미국이나 다른 나라에서 온 방문객들에게 나누어 주었다. 그 분들도 전해 받은 물건들이 외국의 것이라는 점뿐만 아니라, 한 나라의 국왕이 자기를 돌보아 준 의사에게 수고에 대한 감사의 표시로 보낸 물건이라는 이유로 더욱 소중하게 여겼다.

왕비는 항상 음식과 예쁜 통에 든 화장품, 실크로 만든 벨트, 여러 가지 부채 등을 보냈다. 국왕은 병원 운영에 쓰라고 돈을 보내는 것 외에 우리 가족을 위해 돈을 보내기도 했다. 또 국왕은 우리들에게 인력거 하나에, 그것을 밀고 끌어줄 두 하인까지 보냈다. 하인들은 인력거를 끌지 않을 때에도 무슨 일이건 우리가 원하는 일을 해 주었다.

세월이 흐르면서, 우리는 환자들에게 약값 이외에 의사들의 전문 기술에 대한 대가도 지불해야 한다는 생각을 심어 주었다. 그러자 여러 해 동안 달걀이나 닭으로 지불되던 관행은 사라지고, 대신 돈을 보내주었다.

조선인 양반이 기부금을 내다

최근 어떤 부유한 조선인 양반이 외과 치료를 요하는 아내를 병원으로 데리고 왔다. 그는 아내를 위해 특실을 예약하고, 그녀를 따라 온 하인들을 위해 옆방도 계약했다.

수술을 하자 병이 치료되었다. 부인을 집으로 데려갈 때, 그는 치료비를 지불하고, 아내를 세심히 보살펴 준 의사와 간호원들에게도 매우 감사하다는 인사를 했다. 또 감사의 표시로 당시 약 750달러와 맞먹는 2,000원을 가난한 환자들을 위해 써달라고 병원으로 보냈다.

그는 병들고 수많은 가난한 사람들이 무료로 치료 받는 것을 보았다면서, 전에는 전혀 생각해 보지도 않았던 불쌍한 사람들을 돕고 싶은 마음이 생겼다고 했다. 이렇듯 보은이나 사은이라 할 수 있는 행위는 조선에서 얼마든지 볼 수 있다.

그 후 그가 부인의 건강이 계속 좋다는 소식을 전해 주려 찾아왔다가, 너무 많은 사람들이 입원실이 모자라 되돌아가는 것을 보고, 무료 환자 입원실을 늘리고 별도의 병동을 세울 필요가 있다며, 그 목적에 10,000원을 기부하겠다고 했다. 이 소식을 전해들은 사람들도 더러 적은 돈이나마 성금으로 보탰다.

그러던 어느 날, 그가 또다시 찾아와 우리의 의료사업을 생각해보니 세브란스 병원에 가난한 환자를 충분히 입원시키기 위해서는 적어도 침상 100개 정도를 갖춘 건물이 필요할 것으로 보였다고 했다. 그래서 우리 병원이 그렇게 많은 환자들을 돌볼 수 있는 기부금을 매년 확보할 수만 있다면, 병동건립과 부대시설을 위해 100,000원 혹은 그 이상이라도 희사하겠다고 했다.

그 사람은 인심이 좋다거나, 은혜를 안다거나 하는 그런 차원을 넘어선

정신을 가지고 있었다. 신앙을 고백한 기독교인은 아니라 할지라도, 예수의 정신을 갖고 있는 사람이라 할 수 있었다.

아무튼 치료비는 이제 현금으로 지불되고 있었다. 환자들은 흔히 앞서 말한 그 양반만큼 거액을 내지는 못했지만, 소액이나마 성의껏 기부금을 내 놓곤 했다. 사실 조선에서 그 분 만큼 기부할 수 있는 재력을 가진 이는 극소수에 불과했다.

안타까운 일이지만, 병원의 모든 사람들이 아무리 애를 써도 그렇게 많은 환자들을 돌보기에 충분한 기부금을 확보하는 것은 불가능했다. 극빈자용 병상 30개를 운영해 보니, 무료환자 한 명을 돌보는데, 음식과 약과 난방을 포함해 하루에 1원의 비용이 들었다. 100명이면 하루에 100원, 일년이면 36,500원, 이를 미화로 따지면 18,000여 달러가 필요하다는 계산이 나온다.

금리가 5%일 경우 이런 수입을 얻기 위해서는 365,000달러의 기부금이 필요할 것이고, 그만한 돈을 구하려면 아주 대단한 독지가를 만나야 할 것이다. 그러나 경제 사정이 그다지 좋지 못했던 당시, 형편보다 그리스도 정신을 증명해 주고 불어 넣어 주기에 더 좋은 조건이 달리 또 있었을까?

개화기 조선의 여인들 24장

김활란 박사 (1899~1970)

조선의 전통적 여인들

조선의 여인에 대해 쓴다면 19세기 말의 상황대로 쓸 것인가, 아니면 조선의 여인이 개화되어 가는 모습을 쓸 것인가? 양자 간에는 현저한 차이가 있다.

우선 선교사들에 의해 기독교가 전래된 1884년을 기점으로 이야기를 풀어 가보자. 그 시대에는 집 밖으로 자유롭게 돌아다닐 수 있는 여인은 서민층의 여인이거나 일반적으로 기생이라 불리는 다소 대중적인 여인들 뿐이었다.

여염집 여인들은 모두 집안에만 기거하고, 혹 외출을 할 때에는 코트와 비슷한 겉옷을 쓰고 다녀야만 했다. 이 옷은 소매가 있는 것으로 보아, 한때 저고리로 입었을 것으로 짐작되나, 지금은 머리와 얼굴과 상반신을 덮거나 가리는 망토로 쓰이며, 소매는 팔을 끼지 않은 채 그냥 늘어뜨려 두었다.

여인들이 이런 의상을 사용하면, 본인은 상대방의 얼굴을 망토 틈으로 볼 수 있지만, 상대편에서는 여인의 얼굴을 볼 수 없다. 이런 덧옷 덕분에 여인들도 남자들처럼 마음 놓고 외출할 수 있었던 셈이다.

옛날 중국과 전쟁이 있을 때 중국 병사들이 미모의 젊은 조선 여인들을 능욕하는 일이 잦자, 나이나 미추를 분간할 수 없도록 하기 위해 평소에 입던 옷을 덮어 쓰게 되었다고 한다.

중류나 상급 계층 여인들의 은둔생활은 여러 면에서 선교사들의 활동에 방해가 되었다. 물론 이런 여성들은 여인들만 참석하는 공공모임에도 얼굴을 드러내지 않았다. 선교사 부인들과도 자기네 집에서 만날 뿐이었는데, 그것도 항상 가능한 것은 아니었다. 집안의 남자들이 반대하면 만날 수 없었다.

11세까지의 어린 소녀들은 훨씬 더 자유로워, 종종 바깥에서 놀고 있는 것을 볼 수 있다. 그러나 이들도 12살이 되면 집안에 갇혀 살아야 했다. 결혼할 나이가 가까워지면 온갖 집안일, 즉 음식 만드는 법, 바느질, 기타 일상생활에 여인이 해야 할 일들을 배우면서 결혼준비를 한다. 이런 수업은 결혼 후 시집살림의 책임이 주어지기 때문에, 반드시 거쳐야 하는 과정이다.

시집살이는 사실상 시어머니의 하녀 노릇을 하는 격이었다. 무능하다는 낙인이 찍히면, 구박을 받거나 친정으로 쫓겨 가게 된다. 젊은 여인의 가장 큰 소망은 시어머니를 기쁘게 해주는 일이다. 그 다음으로 아들을 낳아 주는 일이다. 첫딸은 온 집안에 실망을 안겨준다. 부부로서 제일 큰 일은 가문의 대를 이어주는 일이며, 대를 잇는 역할은 오직 남자를 통해서만 가능하기 때문이다. 딸이 시집에 들어가 가문의 대를 이어주는 일은 무엇보다도 중요한 사명이었다.

그러므로 여인들에게는 결혼 전이나 후를 막론하고, 독서할 기회가 거의 주어지지 않았다. 그 결과 조선의 여성들은 대개 글을 읽지 못하며, 가사 이외에는 사실 아무것도 모른다.

이 때문에 남자들은 역사상 기억될 만한 여성이 적지 않다는 사실쯤은 무시해 버리고, 여자란 살림살이 외에는 아무것도 배울 능력이 없는 존재라고 몰아붙이기 일쑤다. 역사를 보면 여왕들도 있지 않았던가? 그런데 일반적으로 당시 조선에서 받은 인상을 굳이 말한다면, 그 원인이야 어떠하든 다른 동양의 나라에서와 마찬가지로 지적인 면에서 여성은 남성에 미치지 못한다는 느낌을 받은 것만은 부인할 수 없다.

개화기 여자학교의 졸업식

초기 선교사들이 조선에 오면서, 남자 학교는 물론이고 일찍부터 여자 학교도 세웠다. 부모들은 대체로 아들의 학교 입학은 쉽게 허락 하였으나, 딸에 대한 부모들의 생각은 크게 달라 입학을 쉽게 허락하지 않았다. 이유인즉 두뇌가 명석하지 못하여, 공부를 제대로 할 수 없다는 것이었다. 여자는 혼이 없는 존재이니, 배움이 무슨 소용이냐고 반문하기 일쑤였다.

또 다른 이유는 여자는 열 두세 살이 되면 시집을 가야하므로, 살림살이 공부가 더 중요하다는 것이었다. 집안 일을 하는 법을 제대로 배우지 못하면, 시집갈 자격이 없기 때문이라는 것이다.

그러나 어린 소녀의 경우, 집안 일을 할 나이가 될 때까지 학교에 보내겠다는 부모들의 제의가 있어, 이를 근거로 몇몇 여자 학교가 문을 열게 되었다. 당연한 일이지만, 소녀들의 학습 속도는 매우 빨랐다. 그러나 북장로교 선교여학교는 1908년이 되어서야, 미국 중등학교 1, 2학년에 해당되는 과정을 이수한 졸업생을 배출할 수 있었다.

나는 이 학교의 첫 번째 졸업식을 생생히 기억한다. 졸업식에 이사장의 자격으로 참석하는 영광을 누렸기 때문이다. 이 역사적인 졸업식은 실내 바닥에 1,200명이 앉을 수 있는 연못골 큰 교회당에서 거행되었다. 예배당을 가득 메운 청중을 보니, 남녀의 숫자가 비슷하였고 얼굴마다 호기심과 흥미가 역역했다.

연단에 올라 아래를 바라보니, 이외의 모습이 눈에 들어왔다. 평소 남자와 여자 좌석 사이에 늘 설치해 두는 칸막이 휘장이 이날따라 갑자기 보이지 않았던 것이다. 이 칸막이 휘장은 규방 여인들은 칩거하는 조선의 전통관습에 따라 교회에서도 남정네와 여인네의 자리를 구분하기 위해 선교 초기부터 설치해둔 것으로서, 이 모습을 보고 적잖이 놀란 적이 있는 나는 그 연유를 물어 보았다.

이 날은 조선 여성을 위해 길이 기억될 매우 뜻깊은 날이며, 이제까지 남성의 전유물이었던 공부를 그들과 동등하게 해 낸 최초의 여성들이 탄생하는 날이기 때문에, 교회소속의 모든 남녀 신도들이 이 행사를 남녀평등을 향한 새로운 출발의 계기로 삼고자하여, 이 인공적인 장막을 없애기로 결정했다는 것이다. 훤히 트인 실내를 가득 메운 남녀의 얼굴을 한꺼번에 바라보노라니, 오히려 생소한 느낌이 들었다.

한 처녀의 졸업사

휘장은 제거되었지만, 남녀 간의 좌석은 나뉘어져 있었다. 그러나 이제 서로 얼굴을 볼 수 있게 되었다. 이러한 변화는 지금까지 누리지 못했던 여성의 자유를 조금이라도 보장해 주는 시발점이 되었다고 할 수 있다.

특히 이날 전래의 관습을 깨뜨린 또 하나의 획기적인 사건이 있었다. 모두 결혼기에 달한 처녀 졸업생들을 청중 모두가 한 눈에 볼 수 있는 연단 위에 당당히 앉힌 것이다.

졸업생 대표의 고별사 낭독도 이제껏 없었던 서양식이었다. 어떤 어여쁜 여학생이 졸업생을 대표하여 고별사를 읽었다. 이 대표 학생은 과거에는 감히 이 자리에 서지도 못할 신분이었다. 그 반듯한 여학생의 아버지는 앞서 소개한 백정 박씨였던 것이다.

그녀가 고별사를 하려고 일어설 때, 나는 그곳에 앉아 있는 남자들이 하나 같이 한마디라도 놓칠세라 온통 귀를 기울일 모습을 상상해 보았다. 조선 남자치고 그다지 대수롭지 않은 처녀가 대중 앞에 나서 대담하게 하는 말을 들으며 있어 본 적이 그때까지 없었을 것이기 때문이다.

처음엔 시큰둥해 있던 사람들의 표정은 그녀의 입에서 토해지는 대담한 연설 내용에 점차 흥미에 찬 표정으로 변해갔다. 나는 어느새 재미있는 생각에 잠겼다. '저 여성이 결혼을 하면 새로운 분위기의 가정을 꾸미는 새로운 유형의 어머니가 될 테지. 모든 조선 여인들이 이런 식으로 교육을 받게 되면, 이 땅에 더 이상 외국인 선교 활동도 필요 없게 되리라.'

김활란 박사(Dr. Helen Kim)*

그 일이 있은 1908년 이후 만 35년이 지난 지금 여성교육을 위한 보통학교, 고등학교, 대학 등의 교육기관들에는 학생들이 넘쳐나, 이제 선생님들이 학생을 구하러 찾아다닐 필요가 없게 되었다. 수용시설에 비해 지원자들의 수가 너무나 많아 진 것이다. 최근에 받은 이화학당 학장의 편지를 보면, 6:1의 입시 경쟁률을 보이고 있다고 했다.

이화학당의 현 학장은 보스턴 대학에서 박사학위를 받은 김활란이라는 한국 여자로서,[162] 지금 자기가 학장으로 있는 이화학당을 졸업한 바 있다. 그녀는 대학 졸업 후 도미, 시라쿠스 대학(Syracuse University)에서 학사와 석사학위과정을 거치고, 보스턴 대학(Boston University)에서 박사학위를 받았다. 뿐만 아니라 그 분은 거기서 영광스런 피 가파 감마 열쇠(Phi Kappa Gamma Key)도 수여받았다.

162. 김활란(**金活蘭**, 1899~1970)의 초명은 기득(**己得**), '활란'이라는 이름은 세례명 헬렌을 한자로 표기한 것이다. 인천에서 태어나 1907년 이화학당에 입학, 초·중·고등과를 거쳐 1918년 대학과를 졸업, 졸업 뒤 교사로 근무하다 미국에 유학, 1924년 웨슬리언 대학, 1925년 보스턴 대학을 졸업하고 그해 이화여자전문학교 교수로 부임하였다. 1945년부터 1961년까지 이화여자대학교 총장을 지냈고 공보처장을 지냈다.

그 분은 수차례에 걸쳐 '태평양 관계회의'에 조선 대표로 참석하는가 하면, 또 미주리 주 캔자스 시에서 개최된 감리 감독교 총회에 조선교회 대표로 참석하기도 했다. 이 총회에서 조선에 감독 한 분을 계속 주재시킬 것인가 하는 안건을 다루던 중, 반대쪽으로 분위기가 기울어지고 있을 때 그녀는 발언권을 얻어 설득력있는 웅변을 토한 끝에, 거의 만장일치의 지지를 받아 이 제도를 존속시키도록 하자는 결론을 이끌어 내기도 했다.

그 후 세계 각국 대표가 모이는 기독교 예루살렘 회의에 한국 대표로 참석했을 때, 일본 대표로 참석한 일본인 감독이 '한국은 일본의 속국이 되었으므로, 앞으로 열릴 국세회의에는 대표자를 따로 참가시킬 필요가 없고, 일본대표만으로도 충분하다'고 주장하자, 김활란은 뒤따라 일어나서 한국이 독자적으로 대표를 보내도록 인정하고 있는 당시의 제도를 옹호하는 연설을 하여, 역시 만장일치에 가까운 찬성표를 얻었다.

박인덕(Pak In Duk)*

여러해 전 여학교가 없는 시골에 살고 있던 소녀 박인덕은 여자들도 서울에서는 유치원에서부터 시작해 초등, 중등학교를 거쳐 대학까지 갈 수 있다는 이화 선교학교(감리교)에 관한 소문을 들었다. 소녀는 향학열에 불탔으나, 집안이 너무 가난해 서울로 갈 수 없었다.

마침 그 지방에 남자 학교가 있었다. 그 학교라도 입학할 수 있다면 얼마나 좋을까라고 생각하던 중, 묘안이 떠올라 어머니께 털어놓았다. 남장을 하면 남학교에 갈 수 있지 않겠느냐고. 어머니는 처음엔 놀랐으나, 생각을 거듭할수록 딸을 공부시키고 싶은 욕망이 생겨 마침내 허락했다.

소녀가 어떻게 선생님의 동의를 얻었는지는 모르겠으나, 실제 남장을 하고 전 과정을 이수할 때까지 남학교에 다녔다. 목적은 서울로 진학하는데 있었다. 이제는 혼자서도 충분히 도시로 갈 수 있는 나이가 되었으므로, 다시 원래의 소녀 복장으로 이화학당에 입학하기 위해 서울로 갔다.

학당을 찾아가, 남장을 하고 고향의 남학교를 다닌 사실과 진학하여 공부를 더 하고 싶다는 소망을 이야기하고 호소했다. 물론 학당측에서는 기꺼이 도와주었다. 이런 소녀를 돕지 않고 누구를 돕겠는가. 이렇게 해서 그녀는 이화학당에 입학했다. 소녀는 야심과 총명함 외에 끈기도 있어 무난히 대학까지 진학했고, 졸업 후 이화학당의 고등부 교사가 되었다.

1919년 온 나라가 하나같이 일어나, 일제 탄압에 맨손으로 맞서 단결과 항일정신을 과시했다. 이미 정신이나 책임면에서 남녀평등을 주장해 온 그녀는 자기가 가르치는 학생들에게 어른이든 소녀이든 여자라는 핑계로 이런 애국적인 항거운동에 참가하지 못할 이유가 없다고 가르쳤다. 그녀와 학생들은 손수 만든 작은 태극기를 들고 대열을 이루어 큰 거리로 나가, 태극기를 흔들며 목이 터지라고 "대한독립만세"를 외쳤다.

온 시내에 배치된 일본 경찰들이 그들을 따라 잡아, 선두의 교사와 모든 시위 학생들을 이미 만원에 가까운 구치소로 끌고 갔다. 박인덕 선생은 모든 책임은 자기에게 있으니, 어린 학생들은 석방해 줄 것을 호소했다. 학교 관계자들은 전혀 모르는 일이며, 일체 자기 혼자 한 일이라고 했다.

그녀의 주장을 받아들여, 그녀만 재판에 회부했다. 재판 날이 되었을 때, 그녀는 죄를 줄이려 하기보다, 오히려 일본이 나라를 병합한 행위에 대해 항변하고 국가에 대한 충성심을 표현한 시위자의 정당성을 주장했다.

당국은 그녀를 특별범죄 행위의 주동자로 지목하고, 무기수를 수용하는 독방에 수감했다. 박 선생을 다른 여성들과 함께 수감하면, 그들에게 확고한 애국정신을 주입시킬 것을 우려했기 때문이다.

나는 그 후 어느 시점에 그때의 시위 주동자들이 수감되어 있는 큰 형무소를 방문할 특별기회를 얻게 되었다. 그곳에 수감된 남자 수인들을 모두 만나고, 또 경찰 입회 아래 이야기도 나누었다.

다음으로 여자 감방도 보고 싶으냐는 제의에 그렇다고 했더니, 그곳으로 안내했다. 복도를 걸어가며 간수가 몇 개의 감방 문을 열어 보였다. 각 방에는 4, 5명의 여자들이 수감되어 있었는데, 내가 아는 소녀들도 많이 있었다. 내가 지나갈 때 그들은 미소로 반겼다.

그런 다음 감방 두 개를 열었는데, 각각 한 사람씩 수감되어 있었다. 그 중 한 사람은 박인덕 선생이었다. 인덕은 한평 반 정도의 작은 방에 앉아, 성경을 읽고 있었다. 성경책은 소지할 수 있는 물품이었다. 머리를 든 그녀가 나를 알아보고 미소로 반겼으나, 대화는 허락되지 않았다.

독방 구금의 명목상 의미는 죄수가 매일 일정시간 신선한 공기를 마시며 걸을 수 있다는 규정과 상충되지 않는다. 그러나 실제 의미는 주변에 아무도 없고, 남의 눈에 띄지 않을 경우에만 잠깐 밖으로 나올 수 있다는 것이었다. 인덕의 경우도 절대 고립(absolute aloneness)이라는 고통 중의 고통을 참고 견뎌야 했다.

6개월 복역 후 석방되어 학교로 되돌아왔으나, 일본법에 따라 복역한 자는 교단에 설 수 없었으므로 복직은 불가능했다. 그녀와 대화를 나눈 어떤 사람이 독방에 구금된 6개월 동안 아주 외로웠을 것이라고 말하자, 그녀는 웃으면서 "외롭다고요? 제가 왜 외롭겠습니까? 저는 성경을 읽을 수 있었고, 학교와 대학에서 배웠던 모든 것들을 곰곰이 생각해 볼 수 있어 외롭지 않았어요"라고 대답했다 하니, 이 얼마나 훌륭한 정신인가!

그 후 그녀에게 미국 오하이오 주 델라웨어의 오하이오 웨슬리 대학(Ohio Wesleyan College)[163]의 유학이 주선되었다. 이 대학 학장은 후에 감리교 조선 감독이 된 허버트 웰치 박사였다. 아시아 여러 나라 출신의 많은 청년 남녀들은 그곳에서 뜻하는 교수에게서 공부할 수 있는 황금 같은 기회를 누렸다.

이 대학에서도 열렬한 야망과 명석한 두뇌, 그리고 앞의 두 가지 재능에 결여되기 쉬운 끈질긴 지구력마저 갖춘 그녀는 크게 자아 성장을 이룩하고, 유창한 영어를 구사하는 웅변가로 인정받아, 대학생 선교회로부터 졸업 후 선교사 대열에 참여할 유능한 젊은이를 찾기 위해 미국과 캐나다의 여러 대학을 순방하며 독려 연설을 해달라는 요청을 받을 정도였다. 학생들 뿐 아니라, 선생님들 앞에서도 연설을 해야 하는 일자리였다. 이처럼 중요한 일에 그녀보다 더 적절한 사람이 누가 있었겠는가!

인덕은 사회계층으로 말한다면 모든 계층을 거쳤고, 그녀 자신이 선교사업이 거둔 결실이며, 당당한 권능으로 말할 수 있는 웅변가였다. 그녀가 입을 열어 말하면, 듣는 청중은 이 세상을 바로 세우는 일에 자기 몫을 할 준비가 잘된 인물의 본보기를 실제 눈앞에 보게 되는 것이다.

나는 당시 조선에 체류하면서, 다소 보수적인 캐나다의 토론토 대학에서 그녀가 해낸 성과를 전해 듣고 여간 흐뭇해하지 않았다. 친구의 편지에 따르면, 많은 교수와 학생이 경청했으며 이 대학 방문 강연 가운데 가장 설득력 있는 연설의 하나였다고 했다.

모국에 돌아온 그녀에겐 1919년의 독립운동과 투옥됐던 사실 때문에 교단 복직이 허락되지 않았다. 달리 무언가 한국여성을 위해 가장 절실하게 자신이 쓰일 수 있는 길을 찾았다.

그녀는 마침내 아직도 자아발견의 기회를 갖지 못한 농촌 여성에게 관

163. 감리교 계통의 대학이다.

심을 돌렸다. 우선적으로 해야 할 일은 여성의 경제적 지위를 높이기 위해 올바른 농촌 여성의 길을 가르치고, 나아가 현명하게 현실을 개척해 나갈 정신을 일깨워 주는 일이라고 판단했다. 농부의 딸을 위해 농한기를 이용한 단기간의 학교를 열기로 했다. 읽기, 쓰기, 셈하기, 가축 기르는 법 외에 위생도 가르쳐, 여성 자신과 2세들의 건강을 증진시키고자 했다.

그녀는 이 일을 시작해 놓고, 필요한 경제적 원조를 얻기 위해 다시 미국을 방문했다. 미국에 머무는 동안 강연초청을 수없이 받았고, 특히 플로리다 지역 선교회에서 주관한 여러 차례 강연에서 눈부신 성과를 거뒀다.

나는 1937년부터 1941년까지의 최근 5년간의 겨울을 플로리다에서 보냈는데, 만나는 사람마다 내가 한국에 있었다는 사실을 알기만 하면 박인덕을 아느냐고 물어볼 정도였다. 그녀는 그때 이미 한국으로 돌아간 뒤였다. 최근 한국에 있는 나의 아들과 며느리가 보낸 박 여사에 관한 소식에 따르면, 세브란스 의과대학 교수 부인들의 모임에서 강연할 예정이라고 했다.

김 마리아(Kim Maria)*

김 마리아는 아주 어려서 세브란스 의과대학촌에 이주해 와, 어른이 될 때까지 그곳에서 살았기 때문에 우리 집 아이들과 다름없이 잘 안다. 그녀는 장로교 재단의 여학교에 입학해 졸업한 후, 감리교 재단인 이화학당에 입학해서 우등으로 졸업했다. 대학 졸업 후 마리아는 서울에 있는 장로교 재단에서 운영하는 여자고등학교 교사로 임명되었다.[164)]

---

164. 저자 주 : 김 마리아의 가족은 서울에서 멀리 떨어진 황해도의 작은 마을에서 살았는데, 조선 최초의 기독교

김 부인(Lady Kim or Kim Poo-In)*

김 여사는 사회적 신분이 높은 가문의 유복한 가정에서 자랐다. 우리가 처음 그녀를 만났을 때, 그녀는 남편을 잃고 혼자 지낸지 수년이 되었을 때였다.

양반 가문 출신으로 유교를 신봉하는 것은 당연한 일이었는데, 또 당시 조선 여성으로서 자연스레 불교 신자이기도 했다. 이같이 두 가지 종교를 갖는 것은 유대교나 기독교를 신봉하는 국가를 제외하면 어디서나 흔히 있는 일로, 다신 숭배(polytheism)를 오히려 당연하게 여기고 있었다. 이러한 종교관은 그들에게 큰 위안이 되었던 것이다.

사도 바울이 아테네 사람들에게 "여러분들은 신앙심이 깊도다. 그래서 심지어 '알지 못하는 신에게' 라는 글을 쓴 제단조차 있음을 보았도다" 라고 한 것은 조선에도 통하는 말일 것이다. 사실 조선 사람들도 자신들이 소홀히 해, 경배하지 않은 이유로 화를 내는 신이 있을까 봐 두려워했던 것이다.

김 여사는 기독교 신앙을 받아들인 최초의 여성 중 한 사람이었다. 아내와 내가 그녀를 처음 만났을 때, 그녀는 벌써 그리스도를 헌신적으로 신봉하고 있었다. 신앙 덕분으로 그녀는 마치 마르다의 누이, 아름답고 온유했던 마리처럼 바뀌어 있었다.

그러나 그녀 주위의 상류 계층 친구들은 그녀의 신앙 변화를 인정하지 않았다. 혹은 달래기도 하고, 혹은 가문에서 추방하겠다고 위협했다고 한다. 하지만 그녀는 확고하여, 오히려 다른 부인들에게 복음을 전하는

인에 속한다. 앞서 만주를 드나들며 장사하던 서상윤의 개종에 관해 언급한 바 있지만, 그는 만주에서 스코틀랜드 선교사를 통해 입교하여 고향 마을에 기독교를 전했다. 그가 가져온 성경은 한문으로 되어 있었다. 김 마리아의 삼촌은 세브란스 의대 제1회 졸업생으로, 강의 교재 저술 번역에 크게 기여했다.

일에 대부분의 시간과 정력을 쏟았다.

처지를 아는 선교사들이 유급 전도사 자리를 맡도록 권유했지만, 집안 사람들이 바뀌지 않는 한 자신도 보상 없이 헌신적으로 활동하는 편이 낫다고 했다. 병든 사람들을 싫다고 하지 않고 돌봐주는 것을 보면, 집안에서도 언젠가 자기를 인정하고 기독교를 믿게 될 것이라고 고집했다.

그러나 사람들은 여전히 완고하여, 마침내 가족회의에서 그녀를 가족의 한 사람으로 여기지 않는다고 선언하고 그 짓을 하려거든 집을 나가라고 했다.

사정이 이쯤 되자, 마지못해 여전도사가 되는데 동의했다. 그러나 식사와 거처를 제외한 어떤 보수도 거절했다.

집안에서는 의복 몇 벌과 개인 소지품을 챙겨 가도록 허락했다. 그녀는 결코 가족을 욕하거나 불평하지 않았다. 그들을 만날 기회가 있을 때마다, 자신의 신앙을 전하려 했다.

한번은 오라버니 되는 사람이 그녀에게 "너는 너의 하나님이 사랑의 하나님이라고 말하고, 천지만물을 지으신 분이라고 했다. 만약 그것이 사실이라면 그는 죄까지 만든 것이 된다. 그것은 나쁜 일이다. 왜 사랑의 신께서 그 같은 나쁜 것을 만드셨는가?"하고 물었다. 이러한 질문은 예나 지금이나 아무리 지혜로운 사람이라 해도 당황할 수밖에 없는 질문이다.

답을 못한 그녀는 고민 끝에 나를 찾아왔다. 나는 내가 알고 있는 간단한 애기를 해답으로 들려주었다.

"제물포로 가는 길이 있습니다. 그렇지요?"

"물론 있습니다."

"송도로 가는 길이 있습니까?"

"예, 있습니다."

"만약 그렇다면, 제물포로 가기를 원하면서 송도로 가는 길을 택했다면 어떻게 될까요?"

"그야 당연히 제물포에 닿을 수는 없겠지요?"

"맞습니다. 만약 당신이 제물포로 가는 길을 알면서도, 다른 길로 갔다면 어떻게 되는 것일까요?"

"실수가 아니면 바보짓이지요?"

"맞습니다. 그런데 만약 제물포로 가는 길을 안 후에도, 계속해서 다른 길로 가기를 고집한다면 뭐라고 하겠습니까?"

"글쎄요. 아무래도 바보이겠지요?"

"무슨 일이든지 올바른 일이 있기 마련입니다. 그렇지요?"

"맞습니다."

"바른 길이 하나 있다면, 그 밖의 길은 어느 길도 바르지 못한 길이겠지요?"

"그렇습니다."

"그렇다면 당신에게 실수할 기회를 제공하기 위해, 고의적으로 잘못된 길을 만들겠습니까?"

"아니겠지요, 그 길도 다른 어디든가 가는 데에는 바른 길이 아니겠습니까?"

"바로 그겁니다. 만약에 길이 하나밖에 없다면 선택의 여지도 없을 것이고 그렇게 되면 잘못도 죄도 없겠지요. 결국 옳지 않는 길을 선택하여 가려고 할 때, 그것이 죄이거든요. 그런데 외길이 아닐 때, 하나가 옳은 길이면 자연적으로 나머지 길은 그릇된 길이 될 겁니다.

흰색이 있으면 검은색이 있지요. 흰색뿐이라면, 그곳에는 빛깔의 구분이 있을 수가 없지요. 이 세상의 모든 일에는 반드시 상반되는 길이 있습니다. 이 점에 있어 예외라곤 없습니다. 하나님께서 죄를 만드시지는 않으셨습니다.

죄는 의(義)로운 것의 반대되는 것으로서, 어쩔 수 없이 존재하는 것이지요. 사람들은 스스로 원하는 쪽을 택할 능력을 갖고 있습니다. 그런데 경험을 통해 옳은 것을 알고 난 후에도 옳지 않은 쪽을 택할 때, 그것이 죄가 되는 것이지요. 그러니 부인께서는 오빠한테 바로 이런 까닭에 하나님이 죄를 만드신 게 아니라고 얘기할 수 있을 겁니다."

"아, 이젠 오빠가 다시 그 질문을 해 왔으면 좋겠군요."

그녀의 눈이 유난히도 빛났다.

마침내 가족들은 그녀가 외국인들 틈에 사는 것이 창피스럽게 생각되어, 작은 집을 따로 마련해 주고 매월 용돈을 주었다. 그녀는 보수를 받지 않고 복음 전도사업을 할 수 있다는 것이 너무나 기뻤다.

하루는 나를 찾아와, 친척집에 같이 가자고 했다. 그는 은행가였다. 그의 부인은 중병을 앓고 있었는데, 계속해 한방치료를 받아도 점점 악화되고 있으므로 와서 진찰해 달라는 것이었다.

김 여사가 환자의 가족들에게 오랫동안 나의 왕진을 허락해 달라고 애원했지만, 양반집 부인이 외간 남자를 만나서는 안된다는 관습을 고수했다. 그러다 환자가 다 죽게 되어서야, 나를 불러오는데 동의했던 것이다.

김 여사는 그들에게, 만약 나를 부를 경우 반드시 나의 인도자이신 하나님께 기도를 드려야 한다고 미리 일러두었다. 한편 김 여사는 나를 데리러 와 그 사실을 얘기하면서, 환자의 방에 가서 기도를 올려 달라고 했다. 김 여사는 친척 부인이 회복되기를 간절히 바랐을 뿐 아니라, 나의 방문을 통해 그 가족들에게도 전도의 기적이 일어나기를 내심으로 열심히 기도하고 있었던 것이다.

나는 환자가 있는 방으로 안내되었다. 환자는 작은 방에 요를 깔고 누워 있었다. 그녀는 큰 기대에 찬 미소를 머금고, 나를 맞아 주었다. 진찰

후 한 쪽 허파에 고름이 고였다는 것, 수술을 하면 회복이 가능하다는 것, 그리고 수술을 하려면 즉시 병원으로 옮겨야 한다는 것 등을 일러 주었다.

물론 환자의 남편은 부인의 입원을 처음에는 완강히 거부했다. 며칠을 두고 부인이 고생하는 것을 보며 고심한 끝에 입원시키기로 결정했다. 아내를 가여워 하는 생각과 아내의 죽음을 생각한 슬픔이 그를 움직였던 것이다. 미소를 띤 김 여사가 나에게 소식을 알리면서, 입원실 하나를 청했다. 바로 그 날로 입원시켰고, 환자는 치료될 수 있다는 자신감을 갖게 되었다. 그 다음날 수술이 이루어졌다.

김 여사는 환자에게 용기를 주기 위하여 수술실에 남았고, 머리가 희끗희끗한 남편은 복도에서 기다렸다. 하지만 그는 아무 것도 보이지 않는 몸속에 고름이 있다는 의사의 말이 믿어지지 않았다. 그러나 아무도 볼 수 없는 몸속의 고름을 빼내기 위해 아내의 가슴에 메스를 대려고 하는 이 낯선 자를 아주 신뢰하고 있는 것만은 확실했다.

가슴을 절개하자, 고름이 쏟아져 나왔다. 김 여사는 환자의 남편이 이 장면을 볼 수 있게 수술실 문을 열었다. 그가 두 눈으로 의사가 손가락으로 찾아낸 것을 보는 순간, 그의 얼굴은 놀라움과 기쁨으로 가득찼다.

수술이 끝난 후 미국인 간호원과 한국인 조수의 도움으로 입원실로 옮겨진 그녀에게 당일은 누구의 면회도 받지 못하게 했다. 다음날 남편이 병실로 들어오자, 부인은 미소로 그를 맞았다. 그녀에게서 통증과 열이 사라지자, 남편은 기뻐했다. 하루 하루 건강이 회복되어 갔다.

한번은 좀 급하게 그녀의 방문을 열었을 때, 남편이 침대 위에서 양반다리를 하고 앉아 자기 아내의 손을 잡고 사랑에 넘치는 눈길로 아내의 얼굴을 들여다보고 있었다. 나의 갑작스런 침입에 조금 어색해 하면서 얼굴까지 붉히며, 손을 놓더니 더듬거리듯 입을 열어 “선생님, 제가 새 장가를 든 기분이지 뭡니까"하면서 좋아했다.

결국 사랑이란 어느 곳에서나 아주 강한 것이다. 나는 그에게 마땅히 그렇게 해야 하며 나 자신도 그렇게 한다고 했다. 그랬더니 그는 부인의 회복이 신의 선물이라는 사실을 깨달았다고 했다. 자신들도 기독교인이 되겠다고 했다. 나아가 자녀들도 기독교를 믿게 하겠다고 했다.

이렇게 해서 그 동안의 김 여사의 신앙생활에 반대했던 사람들의 생각은 바뀌게 되었고, 가족들은 옛날의 그녀로 받아 들였다.

은행가 김씨는 주위의 부유층 인사들에게 전도하여, 자기 집에서 매주 예배를 가졌다. 이것이 계기가 되어 후에 새로운 교회를 지을 부지를 물색할 때, 그 집 부근의 땅을 선택했다.

우리 부부는 자주 김 여사집 사람들의 가정을 방문했다. 김 여사는 오랜 병고 끝에 세상을 떠났지만, 그 전에 나에게 한 가지 소망을 털어놓은 적이 있었다. 온 집안이 기독교를 믿는데 아직 한사람이 믿지 않고 있어, 죽기 전에 그가 교회에 나가는 것을 보기만 하면 여한이 없겠다고 했던 것이다.

이렇게 병상에 누워서도 김 여사는 아름다운 마음을 보여주었다. 그녀는 우리가 다음 휴가를 가 있는 동안, 조용히 세상을 떠났다. 장례식은 비기독교인들이 하는 소란스럽고 사치스런 장례식 대신, 교회의 예식을 따라 간단히 치뤄졌다.

조선 남편의 부인 사랑*

1894년의 일이었다. 서울에서 약 20마일 떨어진 한 가정으로부터 와 달라는 청을 받았다. 부인이 아프니, 봐 달라는 것이었다. 조선에 온 지

약 6개월 밖에 되지 않았기 때문에, 조선말을 못했으므로 언더우드 씨에게 함께 가자고 하여 심부름 온 사람을 따라 나섰다.

환자의 집에 도착했을 때, 남편은 관습에 따라 우리를 손님으로 맞으면서 환자를 보기도 전에 정성껏 차린 음식을 내놓으며 기어이 들라고 권했다. 서양에서는 거의 찾아볼 수 없는 동양 예의의 한 본보기였다.

식사 후 환자의 방으로 안내됐다. 안채에 있는 그 방은 유리창 대신 종이가 발려 있는 문이었지만, 채광이 잘되는 문이었다. 문 한 곳에 종이를 뚫은 구멍이 나 있었다.

부인이 그 문틈에다 가슴을 대고, 나는 방 밖에서 눈으로 진찰을 했다. 그러나 병세는 아주 분명했다. 암이 너무 오래되어 수술을 해도 힘들 것 같았다. 남편에게 이 사실을 알리자, 상당히 실망했다. 한숨을 내쉬면서, 예상은 했으나 완전히 포기하기 전에 외국인 의사의 의견을 들어 보고 싶었다고 했다.

우리는 그 가족을 도울 수 없게 된 것을 마음 아파하면서, 집으로 돌아왔다. 그러나 나를 기쁘게 하는 한 가지 사실이 있었다. 조선 남자들에 대해 지금까지 들어온 것과 달리, 이 땅에도 아내를 사랑하며 단순한 일꾼으로 여기지 않는 남편들이 있다는 사실을 알게 된 것이다. 적어도 나의 생각을 바꾸게 해주었다는 것만으로도 그 방문은 내게 유익하였다.

이와 같은 사실은 민비가 암살되었을 때, 국왕이 슬퍼하는 모습을 보고 더욱 확신하게 되었다. 장례 날까지 여러 주간 동안, 국왕은 매일 빈소를 찾아 제를 올리고 왕비의 죽음을 슬퍼했다. 앞서 민비의 장례식 편에서 말했듯이, 관이 운구되는 동안 국왕은 상여꾼과 함께 당기기도 하고 밀어주기도 했다.

부부애를 보여준 또 다른 예는 은행가 김씨의 경우였다. 병원에서 부인의 침대 위에 양반 다리를 하고 앉아, 그녀의 손을 잡고 앉아 있는 것을 보지 않았던가. 비록 그 장면을 들켜서 얼굴을 붉히면서도, 새 장가를 든 기분이라며 좋아하지 않았던가.

여자는 집 밖을 모르게 해야 한다는 관습을 무시한 채, 오직 부인의 목숨을 구해야겠다는 일념으로 외국인 의사를 내실에까지 불러들였을 뿐 아니라, 아내를 병원으로 데리고 와 남자 의사에게 수술까지 시킨 것은 조선 남성의 애정도 그 어느 나라의 남성에 못지않다는 것을 증명해 주기에 충분했다.

그러나 대를 이을 아들을 낳는 것은 부인으로서 최소의 조건이지만, 딸만 낳는 부인이 있다면 하는 수 없이 내보내거나, 아니면 본 부인은 두고 둘째 부인을 맞아 들어 아들을 갖고자 하는 것이 이 나라의 관습이었다. 본 부인을 두고 맞아들인 둘째 부인이 아들을 낳을 경우, 둘째 부인에게는 좀 잔인한 처사이긴 하지만 그 아들은 본부인에게 돌아가도록 되어 있었다.

유대에도 이와 비슷한 풍습이 있었다. 아브라함은 그의 부인 사라가 아들을 낳지 못하자 이와 같은 방법을 취했고, 후에 그의 손자 야곱도 여러 부인을 두었다. 사라는 남편 아브라함에게 자신의 하녀 하갈을 둘째 부인으로 취하도록 간청했다.

이는 마치 여러 해 동안 언더우드 목사의 조선어 교사로 일한 유명한 조선인 학자의 부인도 자신이 아들을 못 낳자, 남편에게 둘째 부인을 얻으라고 권했던 것과 같다. 하는 수 없이 그는 아내의 권유를 받아들였다. 두 번째 부인이 사내아이를 낳자 바로 본 부인이 자기 아들로 삼았다. 그리고 이 부인은 하갈을 시기하던 사라와 달리, 젊은 둘째 부인과 함께 남편을 모시고 화목하게 살았다.

조선에서의 간호원 양성에 얽힌 이야기 25장

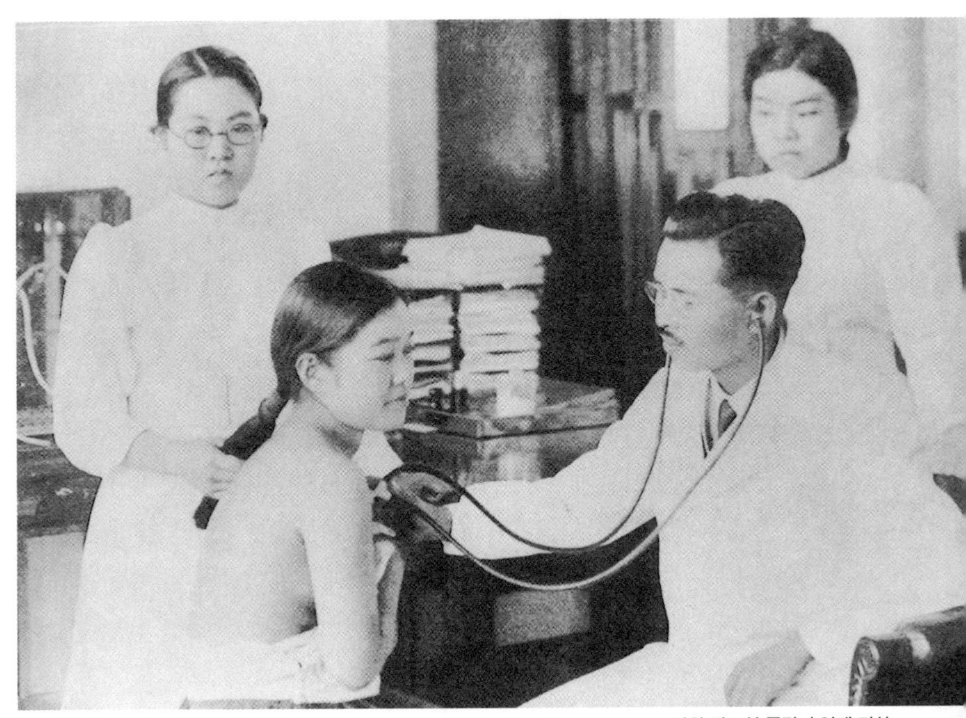

병원 진료실 풍경 / 연대 미상

걸림돌들

조선 청년을 교육시켜 양의(洋醫)로 길러내겠다는 생각이 망상으로 간주되던 선교 초기, 조선 여성을 간호원으로 양성하겠다는 생각 또한 얼마나 어처구니없는 일이었겠는가? 글자 그대로 이 길에는 사자가 도사리고 있었다. 그것도 한 마리가 아니라 여러 마리가 이빨을 드러내고, 목적지를 향해 성급한 발걸음을 내딛는 자를 위협하고 있는 격이었다.

첫 번째 난관은 부친들의 태도였다. 우선 부친들은 어떤 학교에도 딸이 입학하는 것을 허락하지 않았다. “누가 그렇게 여자를 내보낸다던가? 시집가기 전까지 여자가 해야 할 일은 살림 사는 법을 배우는 일이야. 여자는 공부를 않고도 현모양처가 될 수 있어. 학교라고? 그건 절대로 안 될 말이야”라고 잡아뗐다. 그래도 더 사정을 해보면, “글쎄, 여자들은 머리가 없어서 공부를 시킨다는 건 말도 안 되고, 더구나 생각이 없는데 교육을 시켜 뭘 한단 말인가?”하고 핀잔을 주었다.

두 번째 장애는 여인의 외출을 크게 제약하는 오랜 관습이었다. 혼기에 이른 여성은 어쩌다 저녁을 틈타 잠시 외출이 허용될 뿐이었는데, 그나마 어머니나 가까운 친척 또는 가사를 돕는 몸종이 동행했다. 밤이 되면 나다니는 남자들이 뜸하여 여자들이 안심하고 다닐 수 있기 때문에, 대개 모친이 딸을 데리고 이웃 나들이를 했다.

세 번째 장애는 조혼 풍속이었다. 여자는 12~14세에 결혼을 하면 바로 시댁으로 보내져, 사실상 시어머니의 종노릇을 해야 했으므로 책을 손에 들 시간이 없었다.

물론 극히 예외적으로, 양반 계층의 여인을 제외하고도 글공부를 한 여자가 없는 것은 아니었다. 이들은 글 외에도, 음주와 가무를 익혀 부유층 남자들을 접대하는 특수계층의 여인들이었다. 결혼을 하지 않기 때문에 요건은 되었지만, 만일 간호원으로 채용하면 우리 병원의 평판이 나빠질 것 같았다. 대체로 기생들에 대해 좋지 않은 인식을 갖고 있었기 때문이다.

기발한 발상

1893년 당시의 사정은 이와 같았다. 학생들 중에서 간호원을 구할 수는 없을까? 그러나 여자 선교사들이 한 두 개의 여자학교를 열었으나, 학생이라고는 아주 어린 여자 아이들 뿐이었다. 왕립 병원의 조수로 일하는 청년들에게 간호원으로 양성할 처녀들을 구해 달라고 요청해 봤더니, 모두 머리를 저으며 불가능한 일이라고 했다. 다른 사람들에게 부탁해 보아도 답은 마찬가지였다.

그런데 그 중 어떤 사람이 한참을 생각하더니, 처음으로 희망적인 안을 냈다. 즉 나이 많은 과부들이라면, 여성 병동에서 일할 수 있지 않겠느냐는 발상이었다. 그런데 이 지나치는 말 정도로 내 놓은 안이 사실상 경이로운 변화를 가져오는 계기를 제공했다. 이 제안을 실제로 적용한 결과, 기피의 대상이었던 간호 업무가 발전에 발전을 거듭하여 크게 존경받는 전문 직종이 되고, 세월이 지나면서 더욱 인기를 얻어 이제는 급속한 발전을 이루고 있는 이 나라 조선의 교육받은 젊은 여성들이 가장 선망하는 직업으로 성장해 왔기 때문이다.

물론 우리를 실망시킨 경우도 더러 있었다. 하기야 인간사가 다 그런 법이니까. 그 예를 하나 소개하겠다. 한번은 간호원 면접시험에 응한 사람 가운데 이런 여성이 있었다. 과부라고 보기에는 나이가 너무 어려 보였고 그리 호감이 가는 형도 아니었다. 안내자가 여인을 내 방으로 데려왔을 때 몹시 불안한 모습을 보였고, 더구나 면접시험이라는 환경에서 외국인인 내가 뚫어지게 바라보자 더욱 어쩔 줄 몰라 했다.

내가 물어보는 동안 시종 고개를 숙인 채, 손가락으로 치마 주름만 비틀면서 이름을 물어도, 주소를 물어도, 나이를 물어도, 남편의 이름을 물어도, 그리고 남편을 잃고 난 지 얼마나 되느냐고 물어도 도무지 대답을 하지 않다가 간호원이 되고 싶으냐고 묻자, 고개만 끄덕였다.

이때 옆에 있던 사람들이 킬킬대며 웃는 바람에 분위기가 좀 어색해졌는데, 나는 무뚝뚝하게 그들에게 왜 웃느냐고 물었다. 그러자 병원에서 일하는 청년이 귀띔해 주기를, 조선 풍습에는 여자가 남자에게 말을 하지 못하게 되어 있고, 또 남편의 이름은 함부로 불러서는 안 된다지 않는가!

그때 갑자기 그 여인이 키득키득 웃어 대기 시작했다. 그래서 나는 "저렇게 함부로 킬킬대는 여자를 어디에 쓰겠는고?"라고 쏘아 붙이고 말았다. 그러나 응모자의 수가 워낙 적고, 이 여자에게 시험 삼아 시켜보는 것도 괜찮다는 생각에서, 사람을 시켜 간호원 숙소로 데려가 필요한 조처를 취하게 했다.

남편 따라 가버린 간호원

이튿날 내 방으로 안내되었을 때, 몸을 깨끗이 하고 차림을 단정히 한데다 머리를 잘 빗고 손질을 해 전날보다 간호원 자질이 좀 나아 보였다. 그러나 새로운 환경인지라, 아직도 얼떨떨해 하고 있었다. 긴장을 풀어 주기 위해 테니스를 가르쳐 주기로 했다.

창문 너머로 테니스를 배우는 장면을 보니 딱하기도 하고 우습기도 했다. 라켓 잡는 것부터 어색함은 물론이고, 공을 쳐봤댔자 생각대로 나가지 않았음은 물론이다. 그러나 역시 세월이 말해 주었다. 자세가 바르게 잡히고 고개를 똑바로 하여 사람의 얼굴을 정면으로 보면서, 미소 지을 줄도 알게 되었다.

놀라운 변화였다. 우리가 교재에 쓰는 쉬운 한글을 가르치고 병실의 뒷일을 시켜봤더니, 일에 재미를 붙이는 눈치였다. 점차 훌륭한 간호원이 될 것이라는 기대를 갖게 되었다.

그러던 어느 날이었다. 아침에 출근해서 간호원에게 김씨를 불러오라고 했더니, 아무데에도 보이지 않는다고 했다. 다시 찾아 보라고 했더니 더듬거리는 말투로,

"간밤에 남편이 찾아 왔습니다."

"무슨 소리요? 그녀는 과부라는데…"

"예, 과부긴 과부지요."

"그 말이 무슨 뜻이요?"

"남편은 그녀가 싫어져서 본처를 버리고 새 장가를 들었지요. 그러다가 그가 지난 밤 전처가 무슨 일을 하나 보려고 왔던가 봅니다. 남편이 저 아래 길에서 부인을 불러내 만나자고 했습니다. 남편이란 사람이 보자 하니 나가지 않을 수 없었지요. 이제 깨끗하고 단정한 모습으로 예뻐

진 부인을 보자, 히히히 그만 남편이 홀딱 반해 가지고 집에 가자고 했답니다. 따라가는 게 옳지요. 아내 된 도리로!"

어쩌면 이런 일도 있으리라는 예상을 은연 중에 하고 있었는지 모르겠으나, 모두가 허사로 돌아갔구나 하는 생각이 들었다. 다음 순간 곰곰이 생각해 보니, 그녀가 그 짧은 기간에 참으로 많은 것을 깨우쳤으리라는 생각과 함께 그녀가 이제 다시는 처음 우리를 찾았을 때 모습으로 돌아가지는 않으리라는 말을 혼자 되뇌이게 되었다.

'아마 더 훌륭한 가정을 꾸밀 것이다. 그것은 이 나라에 절실히 요구되는 일이다.' 생각이 여기에 미치니 조금도 실망할 일이 아니었다. 그리하여 안심하고, 그 자리를 메울 다른 여성을 공개 모집하기로 했다. 물론 이것은 과도기 현상이고, 언젠가 간호학교가 세워지고 기본교육을 받고 자격을 갖춘 여성들이 입학할 날이 오리라는 신념을 버리지 않았다.

이미 여학교에서는 초창기보다 훨씬 높은 수준의 교육을 하고 있었다. 기독교 가정에서 딸의 장래를 생각하는 경향이 일반화되어 가고 있었으므로, 머지않아 여학교 졸업생들이 간호학교에 지원할 날이 올 것이다. 그럴 경우 간호원이 되기 위한 실무훈련 말고도 고등교육의 기회를 제공해 줄 필요도 있을 것이다. 이런 것이 당시 나의 생각이었다.

선교 초기의 서양인 간호원들

왕립병원 근무 당시 나의 요청으로 미국에서 보낸 최초의 간호원 안나 P. 제이콥슨 양이 2년이 채 못 되어 죽고, 그 자리에 쉬일즈(Miss Esther L. Shields) 양이 온 것은 1897년의 일이었다.

쉬일즈 양은 1차적인 임무인 환자 간호를 위해 파견되었지만, 조선인

의사를 양성하기 위한 의과대학 설립의 필요성을 절감하고 있던 터라, 그녀와 나는 이에 상응하는 간호교육 개발에도 기대를 걸고 있었다. 그러나 그녀 자신의 건강과 선교회의 우선 급한 일들로 당장은 왕립병원에서 일할 수가 없었다. 이 시점에서 선교 초기 시절 많은 개척업무를 수행한 다른 간호원들에 관해 간단히 언급하고자 한다.

이들 간호원들의 개척자적 역할은 감리감독 교회 여자 선교위원회에 소속된 블록 박사(Dr. L. C. Block)와 스튜어트 박사(Dr. I. M. Stewart)가 작성한 「초기의 간호원」이란 보고서에 잘 나타나 있다. 다음에 이 보고서의 일부를 인용한다.

> 우리가 알기로는 조선에 온 최초의 서양인 간호원은 에밀리 히스코트(Miss Emily Heathcote)였다. 그녀는 1891년 쿠크 박사(Dr. Louisa Cook)를 따라왔다. 이 두 여인은 '복음 전도회' 라는 단체가 발족한 '브리티시 선교회' 와 연관되어 있었다. 그들은 함께 서울에 성 베드로 병원을 세우고, 5년간 일하다 영국으로 돌아갔다.
>
> 그 다음 1890년 11월 엘리자베스 웹스터 양(Miss Elizabeth Webster)이 베드로선교 단체의 다섯 수녀와 함께 의사 랜디스 박사(Dr. Landis)를 도와, 제물포에서 일하기 위해 입국했다. 이 개척자 역할을 한 웹스터 양은 그 후 5년간 성공회 서울주재 선교회의 지시를 따르며 충실하게 봉사하던 중, 약 12주간 심하게 앓다가 1899년 5월 17일 세상을 떠났다.
>
> 그리고 미국 북 장로교 해외 선교위원회의 '조선 간호원 파견계획' 에 따라 1895년 제이콥슨 양(Miss Anna P. Jacobson)이 처음 파견되었다. 그녀는 서울 구리개에 있는 왕립병원에서 에비슨 박사와 조지아나 화이팅 박사(Dr. Georgiana Whiting)와 함께 일하도록 배정되었다.
>
> 화이팅 박사는 제이콥슨 양과 함께 조선에 온 의사였다. 불행히도 제이콥

슨 양은 아메바 성 이질에 걸리고, 잇달아 간염으로 고생했다. 수술을 했으나 실패하여 간호원으로서 2년도 채 봉사하지 못하고, 1897년 1월 3일에 사망했다. 이렇게 하여 조선에 온 첫 2명의 간호원은 모두 2년 내에 죽었고, 그들의 유해는 서울에서 약 3~4마일 떨어진 한강 옆 아름다운 산기슭에 있는 외국인 공동묘지에 안장되었다.

이 보고서에서는 제이콥슨 양의 봉사정신에 대해 다음과 같은 찬사를 찾아볼 수 있다.

한때 조용히 조선어를 배워 보려고 혼자 시골에 내려가 있은 적이 있는데, 한 평짜리 방을 구해서 조그만 침대와 여행용 가방을 넣고 나니 여유가 없었다. 당시 조선 가정에는 의자라는 것이 없었으므로, 찾아오는 사람들은 방바닥에 앉을 수밖에 없었다.

어느 날 밤, 그녀에게 놀러온 사람이 열 명이나 되었다. 방안의 환기를 위해 문을 열어 둔 채 두 사람은 침대에 앉고, 자신은 트렁크 위에, 나머지는 모두 서 있게 되었다. 이러한 광경을 배경으로 한 그녀의 이날 일기는 조선인, 특히 조선 어린이들에 대한 훈훈한 정으로 베여 있다.

그러나 그날 저녁의 이야기 속에서 순간적으로 눈길에서 나타나는 불쾌한 기분이나 혀를 차는 모습을 상상해 볼 수도 있다. '이야기를 나누고 있는 동안 한 소년이 내 베개 위에 서 있었다. 나는 소년을 보고 우리나라에서는 베개 위에는 올라서지 않는다고 일러 주었다. 이제 나는 조선 어린이들을 가리지 않고 모두 좋아하게 되었다. 아이들이 나를 보고 무서워하지 않고 친근하게만 생각해 준다면, 만족하리라.'

제이콥슨 양이 사망하자 곧바로 뉴욕 선교위원회에 다른 간호원을 보내달라는 편지를 썼고, 그 결과 쉬일즈 양이 파송되어 왔던 것이다. 병원 생활에 필요한 조선어 공부를 하기에는, 바쁜 서울시내 병원보다 나을 것 같아 처음 얼마동안 지방에서 근무토록 했다.

일본인 간호 교사 초빙

한편 우리 서울 주재 의사들은 간호원 양성을 위한 임시 계획을 세웠다. 이미 훈련받은 일본인 간호원을 교사로 쓰는 것이 괜찮겠다는 생각이 든 것이다. 일본 주재 선교단이 조선에서 일하고 싶어 하는 기독교인으로서 숙련된 일본인 간호원 두 서너 명을 소개해 줄 수도 있겠다는 생각이 들었다. 비록 일본인에 대한 조선인의 감정을 잘 알고 있었으나, 병자를 위해 함께 일하는 것이야 말로 그런 반감을 없애 주는 데 더할 나위 없이 좋으리라는 생각도 들었다.

서울 선교회원들의 합의를 얻은 후, 일본 주재 회원들에게 편지를 보냈다. 그들의 판단에 따라 선발하라고 했더니, 비교적 단시일 내에 도쿄에서 두 명의 일본 여성을 보내왔다. 그들은 일본식으로 잘 훈련되어 있었고, 우리가 일러주는 대로 기꺼이 잘 따라주었다.

또 그들은 마음씨가 착하고 신앙심이 깊은 사람들이었던지라, 조선인 환자와 간호 수련생들이 갖는 일본인에 대한 편견을 극복하는데 어려움을 겪으면서도, 이들의 신뢰와 우정을 쌓기 위해 애써 주었다. 민족적 반감은 완전히 허물어 버릴 수 없는 장벽이었지만, 그들이 꿋꿋이 대처해 어느 정도 성공을 거둘 수 있었다.

그러나 그들 자신이 훌륭한 간호원이긴 했지만, 사람을 지도하거나 가르칠 수는 없었기 때문에 우리가 의도 했던 당초의 목적에는 맞지 않았다. 이 점에서 우리는 중대한 실수를 저지른 셈이었다. 영어는 조금 알지만 조선말을 전혀 하지 못했으므로, 간호원 지망생들을 가르치는 데 맞지 않았던 것이다. 그리하여 얼마 되지 않아 그들을 일본으로 돌려보낼 수 밖에 없었다. 결국 조선에 와 장기간 살면서 일해 줄 간호 교사를 미국이나 캐나다에서 데려올 수 밖에 없음을 깨달았다.

이때 뜻밖의 심각한 일이 생겼다. 1년이 넘도록 우리 부부의 건강이 계속해서 쇠약해지고 있었으며, 1898년 2월에는 급기야 캐나다로 돌아가야 한다는 의사들의 진단이 내려졌던 것이다. 다행히 새로 파견되어 오는 의사가 있어, 우선 그를 왕립병원에 배치하고 쉬일즈 양이 그를 돕도록 했다.

지방에서 조선말을 배우다가 서울로 올라온 쉬일즈 양은 1900년 우리 부부가 귀임했을 때, 병원에서 계속 간호임무를 수행하고 있었다. 그 후에도 쉬일즈 양은 계속해 나이 70세가 되던 1939년 퇴임할 때까지, 오랜 세월동안 봉사하였다. 그녀의 봉사정신과 생애는 조선에 간호 업무를 하나의 직업으로 정착시키는 과정을 보여주는 살아있는 역사로 남아있는 것이다.

에드먼즈(Miss Margaret Edmunds) 간호원*

쉬일즈 여사의 이야기를 계속하기에 앞서, 조선의 간호교육을 일정한 수준 위에 올려 놓는데 보여준 에드먼즈 양의 공로를 말하지 않을 수 없다. 에드먼즈 양의 노력으로 1908년 정규 교과와 실습을 마친 2명의 조선 간호원을 처음으로 졸업시킬 수 있었던 것이다.

에드먼즈 양은 캐나다의 몬테리오 남서부에 있는 페트롤리아 출신이지만, 미국에서 간호교육을 받았기 때문에 미국 감리 감독교회 여성해외 선교위원회가 그녀를 발탁해 조선으로 보내게 되었다. 그녀는 조선의 젊은 여성들을 위한 간호학교를 세우라는 특명을 받고 파견되었다. 그녀는 이 일을 평생의 과업으로 생각하고, 감리교 병원과 손잡고 그것을 이루어냈다.

그 후 여러 해가 지난 후, 어느 조선인이 에드먼즈 양에 대해 쓴 기록의 일부를 보면 그녀의 노력을 짐작케 한다.

> 그녀는 조선에 파견된 바로 이듬해 최초의 조선 간호학교를 개설했다 … 처음 시도하는 일이라 어려움이 많았다. 여성이 두문불출하는 오랜 관습, 교육받은 여성의 절대부족, 간호업무에 대한 이해부족 등 학생 모집을 가로막는 난관이 이만저만 아니었다. 상황을 확실히 파악한 에드먼즈 양은 다음 구절을 자신의 좌우명으로 삼았다. 'Go slow! Be sure!'
>
> 그녀는 한글로 된 교재도 없고 설비도 없던 개척시대의 어려움을 극복하면서, 사정이 허락하는 범위에서 최상의 간호원을 양성하는 일을 끝내 훌륭히 해냈다.
>
> 1907년 8월, 일본의 조선군 강제 해산으로 시작된 전투에서 수많은 조선군 병사들이 부상당했을 때, 에드먼즈 양의 의료팀은 세브란스 병원으로 달려가 응급치료를 돕기도 했다. 그녀가 세운 간호학교는 1908년에 첫 졸업생들을 배출했다.

첫 졸업생 수는 2명에 불과했지만 신기원을 이루었다는 점에서, 연감에 이들의 이름이 오른 적도 있다. 에드먼즈 양은 남장로교 선교단의 해리슨 목사(Rev. W. B. Harrison)와 결혼할 때까지, 서울에서 계속 간호원 양성에 진력했다. 결혼 후 그녀는 남편을 따라 군산으로 갔다.

그 밖에도 많은 간호원들이 캐나다와 미국에서 왔고, 지금도 여러 병원에서 봉사업무를 수행하고 있다. 그들의 활동에 대해서는 누군가가 기록할 것이다. 이 회고록에서는 나이팅게일(Florence Nightingale)이 처음 시작했던 아름다운 운동이 온 세계 구석 구석까지 널리 확산되었듯이, 조선에서의 간호 봉사사업을 널리 보급한 생생한 이야기로서, 세브란스 병원 간호학교와 쉬일즈 양의 업적을 소개하는데 한정할 것이다.

조선의 의료교육은 기왕의 세브란스 병원 의료사업과 밀접히 연관되어 시작되었으므로, 당연히 이 학교는 설립목적에 충실하게 선교단체가 운영하는 병원 중에서도 최대 규모의 병원과 연계하여 최고의 간호학교를 육성해야 할 의무마저 지게 되었다. 굳이 그 이유를 더 말한다면 세브란스(The Severance Institution)가 여섯 개의 교단이 협력 운영하는 연합기관이었기 때문이다.

1889년에 쉬일즈 여사가 이 분야의 임무를 맡고 파견되었지만, 1906년 9월까지 정식 간호학교를 사실상 일구어내지 못했다. 그동안 다만 산발적인 교육을 행했을 뿐이었다.

간호학교 설립하다

쉬일즈 여사와 에드먼즈 양은 여러 차례 만나, 두 사람의 상호협력 아래 간호학교를 설립하자고 논의했다. 훈련 담당자의 전문성을 살리고 소속된 각 병원을 학생들의 실습장으로 이용하면, 폭넓은 임상경험을 쌓을 수 있을 것이라는 계산에서였다. 그러나 일부 협력은 이루어졌지만, 일일이 열거할 수 없는 사정으로 이 꿈은 실현되지 못하고 각기 별도로 간호학교를 운영하게 되었다.

여성 간호원들은 남자 환자 돌보기를 꺼렸다. 남녀가 7세가 되면 같이 앉지도 못하는, '남녀 7세 부동석'이라는 관습이 있었기 때문이다. 나이가 찬 여자는 집안사람이 아니면 어떤 남자의 눈에도 띄어서는 안 된다는 풍습이다.

나는 어쩌면 이 풍습을 타파할 수 있을까하고 오랫동안 고심했는데, 그러던 중 한번은 나이 든 선교사 한 분과 이런 대화를 하게 됐다.

"그 관습을 깨려면 최소한 향후 20년은 더 걸릴 거요."

"너무 긴 세월이 아닐까요?"

"그렇지요. 그러나 오래된 풍습이라 쉽게 변하지는 않을걸요."

그런데 이런 대화가 있고 난 후, 채 24시간이 지나기도 전에 그 변화가 일어났다. 러일전쟁 후 일본인에 대한 조선인의 적개심은 더욱 높아졌다. 소수의 군인들이 중심이 되어 항일조직을 결성하고 전국을 순회하며 조선 동포들에게 일본에 굴하지 말 것을 호소했다. 이들을 의병이라 지칭했는데, 구성원은 조선군대의 잔류병과 반일감정으로 단단히 무장된 민간인들이었다.

그들은 점차 무리를 지어 전국을 누볐고, 일본군은 이들을 소탕하기 위해 추격전을 벌이게 되었다. 일본군의 소탕작전은 대체로 성공했다. 남은 것은 서울의 남대문과 서소문 사이의 성안에 진을 치고 있는 조선군 1개 연대 병력뿐이었다. 일본 당국은 이 연대도 해체시키기로 작정했다.

조선군 부상병 간호

어느 날 아침 한 무리의 일본군 장교들이 이 명령을 수행하기 위해 조선군 진지에 도착했다. 그들은 책임 장교를 불렀다. 명령서를 조선군 장교의 손에 건네주면서, 병력을 집합시켜 해산 명령을 내리게 했다.

명령서의 표현이 너무나 모욕적인데 분개한 조선군 장교[165] 는 그 자리에서 명령서를 찢어 땅바닥에 내동댕이치고, 자결해 버렸다. 부대장의 죽음에 격분한 부대원들은 앞뒤를 생각하지 않고 일본군 장교들을 사살해 버렸다. 뒤이어 곧 일대 폭동이 일어났다. 이 소식이 통감부에 전해지자, 병력을 보내 진압하게 했다.

한편 조선군 군졸들은 곧 일본군이 공격해 올 줄 알고, 문이란 문은 모두 잠그고 입구마다 바리케이드를 쳤다. 잠시 후 일본군이 도착하여, 병영 안으로 진입하려고 안간힘을 썼다.

우리 병원은 그곳에서 멀지 않았다. 아침 9시경 우리들은 남대문 가까이에서 총성이 울리는 것을 들었다. 병원과 막사 사이에 남대문이 위치하고 있었기 때문이다. 병원에서 건너다보니, 일본 군인들이 남대문 위쪽에서 막사를 향해 기관총을 겨냥하고 있었다. 남대문 주위에 몰려있던 많은 조선군 군졸들이 병원 건너편에 있는 서울역[166] 쪽으로 달아났

165. 시위 보병 제1대 대장 박성환(朴昇煥, 1869~1907)으로 일명 성환(星煥). 구한말 군대 참령(參領)으로 시위 연대(侍衛聯隊) 제1대 대장을 지냈다. 1907년에 고종이 양위하였을 때 복위 운동을 펴려다 실패하고, 그해 8월 군대 해산 때 분격하여 자살하였다.

166. 서울역은 1900년 경성역이란 이름으로 만들어졌다.

다. 어떤 군인들이 총격을 피해 병원 마당으로 뛰어 들어오기도 했으므로, 그들을 통해 무슨 사태가 일어났는지 들을 수 있었다.

우리는 일본군의 한 부대가 조선군 막사를 향해 사격하기 위해 서울역에 배치되어 있는 것도 보았다. 얼마 후 조선군 병사들이 병영을 떠나 성벽을 뛰어 넘어서, 남산으로 기어 올랐다. 우리는 그들이 도망하는 것이라고 생각했는데, 알고 보니 우리의 짐작은 틀렸다. 서울역에 자리잡은 일본군들 보다 높은 곳에 진을 치고 공격하기 위해서였던 것이다. 병원에서 서로 총격을 교환하는 것을 볼 수 있었으며, 양측 모두에 많은 부상자가 나올 것도 짐작할 수 있었다.

나는 병원 조수들을 소집하고, 조선군 부상자를 날라 올 사람은 자원하여 나오라고 했다. 일본군 부상자는 자기네 앰블란스 부대가 처리하리라는 것을 알고 있었기 때문이다. 나의 조수들은 한 사람도 빠짐없이 지원했다. 심지어 병원에 고용되어 있던 인부들까지 들것을 들고 가겠다고 했다.

병원 뜰에서 외국인 여성들과 조선인 간호원들이 적십자 표지를 만들어, 셔츠 소매에 꿰매주기 시작했다. 8월이라 양복을 입지 않아, 이와 같이 셔츠에 표시를 해도 별 지장 없이 부상자를 찾아 다닐 수 있을 것 같았다. 곧 비가 쏟아지기 시작했다. 장마철이라 거의 매일 비가 왔던 것이다. 구급용 붕대를 준비한 뒤 남대문으로 향했다.

일본군은 우리의 적십자 표지를 보고 통과시켜 주었다. 큰길에서 막사로 통하는 골목에 들어섰을 때, 우리는 부상병들이 부대를 떠나 민가에 숨어 있다는 사실을 알았다. 이들에게 접근하려 했으나 집주인들은 아예 우리를 집에 들이지 않을 뿐 아니라, 부상병에 관해 물어도 모른다고 잡아떼기 일쑤였다.

집안에 들어간다 해도, 부상병에게 접근하기란 여간 힘들지 않았다. 일본군에 넘겨주지나 않을까 두려워 한 나머지 손도 대지 못하게 했고, 옮겨가는 것은 더욱 완강히 막았다.

대개 한참 실랑이를 벌이다 간신히 설득하여 부상자를 들것에 태워 병원으로 옮길 수 있었다. 병원에 도착하자, 우리를 기다리던 선교사 부인네들이 크게 놀랐다. 환자와 함께 도착한 우리가 온통 피투성이인데다, 옷도 흙으로 범벅이 되어 있었으므로, 우리도 부상을 당한 줄 알았던 것이다. 사실 피는 부상자를 다루다가 묻은 것이었고, 흙투성이 옷은 비로 인한 진창길 때문이었다.

약 50명의 부상병들이 병실 밖에 누워 있었다. 돌 볼 사람이 없었다. 동료의사인 허스트 박사는 휴가 중인지라 그 다음날 저녁까지 돌아오지 못할 형편이었고, 쉬일즈 여사조차 휴가 중이었던 것이다.

나는 전갈을 보내 감리교 여성 병원에서 일하는 에드먼즈 양에게 그 병원의 간호원을 최대한 동원하여 긴급히 지원해 달라는 쪽지를 보냈다. 앞뒤 사정은 절망적이었다. 우리 병원의 남자 조수들도 분주히 뛰었지만, 일손이 턱없이 부족했다.

젊은 여자 간호원들은 한번도 남자 환자를 돌본 적이 없었다. 처음에 그들은 모여서서 수많은 부상병이 한꺼번에 누워있는 엄청난 광경을 눈앞에 보면서 안타까워할 뿐이었다. 그러다 이 병사들이 바로 자기 민족을 위해, 아니 바로 거기 서있는 자기들을 위해 싸웠다는 것, 그리고 누구의 손으로든 이들을 돌보아야 한다는 사실에 문득 생각이 미쳤다. 간호원 중 한 사람이 그 오랜 관습을 깨뜨렸다. 그러자 모든 간호원들이 너나 할 것 없이 그녀를 따라 나섰다.

부상병들은 모두 수술이 필요했으므로, 오후 내내 수술을 계속했다. 저녁이 되자, 놀랍게도 허스트 박사가 예정보다 하루 앞당겨 돌아왔다. 그 동안 대구에 있었는데, 이상한 느낌이 들어 하루 일찍 돌아왔다는 것이다. 참으로 신기하게도 잠시 후에 쉬일즈 여사도 도착했다. 그녀 역시 심상치 않은 예감이 들어 예정보다 일찍 휴가에서 돌아왔다고 했다. 두 사람은 금방 옷을 갈아입고 일을 시작했다. 자정 무렵까지 모든 부상병의 상처 부위를 일일이 소독하고, 필요한 치료를 마쳤다. 드디어 모든 수술이 끝나고, 어지럽게 흐트러진 바닥 청소도 끝냈다.

조선 여성 간호원들은 그날 밤 내내, 그리고 그 다음날도 종일 부상병을 간호했다. 정신없이 일하느라 자기들이 간호하는 환자들이 남자라는 사실을 잊을 정도였다. 한번 해본 일을 또다시 못할 것도 없었다. 또 그렇게 했다.

이리하여 줄잡아 20년이 걸린다던 변화가 불과 24시간도 안되어 이루어진 것이다. 수세기를 지켜온 인습이 절실한 필요 앞에서 여지없이 허물어진 것이다. 우리의 사업에서 가장 어렵다고 생각되던 문제 하나가 이렇게 해결되었다.

얼마 후 조선 총독 이토가 병동을 방문하여 부상자들을 둘러보았다. 고맙다는 인사말과 함께, 이번 일로 인한 병원의 비상 지출비를 보상하라면서 500원을 주고 갔다. 그 뒤 일본 적십자사 총재로부터 우리의 노고에 감사한다는 전문이 왔다.

며칠이 지났던가, 서울지구 일본군 위수 사령관으로부터 달갑지 않은 편지 한통이 날아들었다. 자기네 군병원에서 조선군 부상병을 이감시킬 준비가 되었으므로, 적절한 시기에 사람을 보낼 테니 부상병을 인도하라는 내용이었다.

속셈은 뻔했다. 회복되는 대로 처벌하겠다는 것이었다. 그들을 인도하던 날, 우리는 침울했다. 떠나는 병사들도 울고, 보내는 조선 간호원들도 울었다. 그들이 회복되면 퇴원시기를 당국에 알리지 않을 수 없었겠지만, 이제 더 이상 이들을 돌볼 수 없게 된데 대해 우리는 모두 매우 안타까워했다. 부상병 중 2~3명은 아직 통증이 매우 심하고 상태가 좋지 않아, 이송을 거부했다.

이 사건을 계기로 우리 병원의 남자 환자들은 전보다 더 좋은 간호를 받을 수 있게 되었다. 간호는 아무래도 여성들이 잘하니까. 드디어 여성 간호원들이 남성 간호원을 대신하여, 남성 환자를 돌보는 시대가 도래한 것이다.

연동교회에 얽힌 이야기 26장

연동교회에서 열린 서울 연합재직회 / 1905

지포드 목사(Rev. D. L. Gifford)와 메리 헤이든 양(Miss Mary Haydon)

조선 장로교 선교의 개척자로 파견된 사람들 중에 지포드 목사[167]가 있었고, 거의 같은 시기에 여성교육 사업을 돕기 위해 온 메리 헤이든 양이 있었다. 이들은 따로 일하기보다 힘을 합하면 더욱 능률을 높일 수 있으리라는 생각에서, 머지않아 결혼했다.

지금 생각해 보면 일을 더 잘 해보겠다는 과욕에서 출발한 이 두 사람의 결합이 그 옛날 큐피드의 사랑이 그러했듯이, 지금부터 얘기할 재난을 가져오지 않았을까 하는 생각이 든다.

이들 부부는 서울시내 동편에 있는 연지골(the lotus pond district)이라는 마을에 자리를 잡았다. 마을 이름은 아름다운 연꽃이 있는 못이 가까운데서 연유했다. 이들 부부는 이 지역의 장로교 선교 본부처럼 된 자기네 집을 중심으로, 남편은 남성포교, 아내는 여성포교에 힘썼다.

지포드 목사는 이씨 성을 가진 조선 기독청년[168]을 발굴하여 부책임자로 세우고, 멀지 않아 교회를 창립할 남녀 핵심 멤버를 구성하게 된다. 뒤에 그 교회는 서울에서 가장 영향력 있는 교회의 하나로 발전하게 된다. 이 소수의 핵심 멤버는 이씨 청년이 중심이 되어, 매주 일요일의 예배와 수요일 밤의 기도회를 가졌다.

---

167. 1888년 조선에 들어온 선교사로, 1896년 연동교회를 새로 지었지만 1900년 병사하였다. 여러 선교사들의 전기나 자서전에 단편적으로 그의 이름이 나온다. 새문안 85년 편찬위원회, 『새문안 85년사』(서울: 새문안교회, 1973), 61쪽. 서울시 중구 연지동의 연동교회 홈페이지 www.ydpc.org 참조.

168. 이 사람이 누구인지 확실히 알 수 없으나, 위의 연동교회 자료에 의하면 이승두 전도사로 보인다.

이씨는 미국인들을 가까이 함으로써, 종교 이외의 일에도 흥미를 갖게 된다. 그 가운데 특히 정치 문제에 흥미를 보였다. 그리하여 그 후 입헌 군주제를 부르짖는 개화파 청년들과도 사귀었다.

이 개화파의 다수는 1884년의 사건에 참여한 바 있는 청년들로서, 10년간의 망명생활 끝에 사면되어 귀국하여, 다시 뿌리 깊은 전제정치를 종식시키고 이미 다른 나라에서 오래 전부터 시행되고 있는 입헌정치를 실현해야 한다고 주장했다. 이번에는 1884년과는 달리 정권을 강제로 탈취하겠다는 무모한 태도를 바꾸어, 민중을 개화시키는 운동을 벌였다.

그러나 국왕과 왕비는 여전히 전제정치에 익숙한 신하들의 의견을 따라 개화운동의 주동자들을 서슴없이 투옥하는 탄압정책을 폈다. 이씨가 정치문제에 관심을 갖기 시작할 무렵, 이미 개화파 청년 약 200명이 투옥되어 있었다.

이 소식을 전해들은 이씨는 자진해 형무소에 찾아가, 자신도 개화파에 속한 사람이므로 투옥시켜 달라고 했다. 형무소 소장은 사람을 투옥시킬 권리는 경시청장에게만 있다면서, 집으로 돌려보냈다. 이씨는 다시 경시청장을 찾아 갔으나, 역시 죄목이 없다면서 투옥을 거절했다. 이 청년 개혁자가 단념하지 않고 고집하자, 다른 용의자들과 함께 체포 영장이 발부되어 투옥되었다.

이씨가 이끄는 기독청년 단체는 이 소식을 듣고 경악을 금치 못했다. 회원들은 주례(週禮) 기도회를 열고, 이씨의 석방을 위해 간곡히 기도했다. 마치 베드로의 석방을 위해 기도하던 옛 기독교인들의 고사와도 같았다.

한편 수요일이 되자, 수감 중인 이씨는 자기가 이끌던 기도회가 걱정되어 형무소장에게 하루 저녁만 내보내 주면 신도들을 만나보고 곧 돌아오겠다고 간청했다. 처음엔 거절하였으나, 끈덕진 애원을 이기지 못한 소장은 반드시 돌아오겠다는 서약을 받고 그를 내보냈다.

기도회 중에 나타난 그를 본 회중이 얼마나 기뻐하고 놀랐을까 하는 것은 상상하고도 남음이 있다. 한창 그의 석방을 기도하고 있지 않았던가? 옛날 마리아의 집에서 베드로의 석방을 기도하던 자들도 베드로가 찾아갔을 때 놀라지 않았던가! 문밖의 베드로를 보고 들어와서 그 소식을 전하는 여인을 보고, 모두들 미쳤다고 말하지 않았던가!

기도회가 끝나는 대로 이씨는 약속대로 형무소로 돌아갔고, 소장은 안도의 한숨을 내쉬었다. 얼마 후 수감 중이던 개화파 청년 모두에게 석방 명령이 내려져 이씨 역시 신앙 활동을 다시 시작했다. 그러나 불행히도 그는 얼마 후 한강에서 배가 전복되는 사고를 당하여 익사하고 말았다. 그의 죽음은 교회 동지들에게 커다란 상실이었다. 다행히 남은 회원들이 기독정신에 투철했으므로, 하던 일을 계속하여 발전시켰다.

교회 지도자들의 잇단 사망

그해 여름, 지포드 목사는 서울 근교의 순회설교를 하던 중 이질에 걸렸다. 너무 심해서 집으로 옮길 수도 없어 부인이 달려갔지만, 의사의 손이 미치기도 전에 숨을 거두었다.[169] 부인도 같은 병에 걸려 역시 수일 후에 죽고 말았다. 악성 이질이었던 모양이다.

이 작은 교회는 이렇게 세 사람의 지도자를 잃었다. 그러는 중에도 교세는 계속 확장되어 더욱 큰 집회장소가 필요하게 되었다. 담당 선교사도 바뀌어 새로운 장소를 물색했다.

169. 연동교회 110년사에 의하면, 그가 죽은 것은 1900년 4월 10일이다.

이사갈 곳은 안뜰을 중심으로 여러 개의 방이 연결되어 있는 큼직한 전통 조선 가옥이었다. 방 사이의 벽을 허물고, 일곱자 간격으로 서있는 기둥을 그대로 둔 채 마당에 지붕을 덮고 마루를 깔자, 지금까지 어느 설계가도 생각하지 못한 묘한 구조의 건물이 되었다. 볼품은 없어도 200명이 앉을 수 있는 공간이 확보되어, 급한 대로 사용하기에는 충분했다.

세브란스 씨가 방한했을 때, 그곳에 들러 내부의 모습을 배경으로 나와 함께 사진을 찍기도 했다. 늘 미국 대도시의 호화로운 장식으로 꾸며진 큰 교회를 보아온 세브란스 씨에게 임시변통으로 개조하여 만든 이 교회의 별난 구조는 매우 신기한 모습으로 비쳤으리라 생각한다. 하지만 이 건물을 교회로 이용하던 그 몇 년 사이에 신자들의 수가 크게 늘어나고, 날로 더해가는 그들의 돈독한 신앙심에 대해 전해 들었다면 큰 교회 규모에 비해 회중의 규모가 크게 뒤지는 미국의 신자들은 적이 놀랐을 것이다.

조선의 습관대로 의자는 필요없고, 실내바닥에 그냥 방석을 깔고 앉았다. 이 때 사용하는 짚방석은 직경 18인치의 크기로서, 이 나라 농촌에서 흔히 보는 멍석 만드는 방법을 이용하여, 가운데를 중심으로 나선모양으로 엮고 흐트러지지 않게 짚으로 고정하여 만든 것이다. 이런 방석과 앉는 방식 때문에 서양에서라면 60~70석 가량의 좌석이 설치될 실내공간에 200명이나 앉을 수 있었다.

망나니 최씨의 변신

이 교회를 새로 맡은 목회자는 게일 목사(Rev. J. S. Gale)[170]였다. 그는 캐나다의 토론토 대학 출신으로 본래는 이 대학의 YMCA사절로 조선에 파견되었으나, 나중 미국 장로교 선교회에 가입하여 성장일로에 있는 이 교회를 맡게 된 것이다. 그는 최(崔)라는 사람을 조사(助事)로 데리고 왔는데, 최는 기독교 신자가 되기 전 평양에서 알아주는 망나니였던 모양이다.

머펫 목사(Rev. S. A. Moffet)가 전도하러 평양에 처음 갔을 때, 최는 무리를 끌고 와서 돌팔매질로 선교사를 몰아내는데 앞장섰다고 한다. 그런 그가 목사를 몰아내기는커녕 인간개조를 당하고 말았던 것이다.

기독교 신자가 되기 전 최씨는 술집, 도박판, 유곽을 드나드는 폐인이었다고 한다.[171] 신자가 된 후로는 옛날의 친구들에게 전도하는데 전력을 기울였고, 그 일을 성공적으로 해냄으로써, 곧 선교 조력자로 발탁되었을 뿐 아니라 목사교육까지 받게 되었다. 그 후 게일 목사와 함께 교회를 이끌어 오다가, 게일 씨가 서울의 이 교회에 부임하면서 함께 왔던 것이다.

이 교회는 꽤 부유한 신자들이 많았고 정부 관리들까지 끼어 있었으므로, 이런 교회에서 최씨가 과연 목사로서의 사명을 훌륭히 감당해 낼 수

---

170. 게일(James Scarth Gale, 1863~1937) 목사는 1888년 지포드 목사와 함께 조선 땅을 밟은 첫 번째 캐나다인으로 1927년 6월까지 머물렀다. 토론토 대학 YMCA 선교사 자격으로 들어와 『로빈슨크루소』, 『천로역정』 등 많은 책들을 번역하였다. 최초의 한국어성경번역에 참여했으며, 개인 차원에서 성경을 독자 번역하기도 했다. 초기에는 친일적 성향을 가지고 있었으나, 3·1운동에 대한 일제의 잔혹한 진압을 목격한 후 일제에 비판적이 되었으며 진상을 국내외에 알리는 데 힘썼다. 한국 YMCA의 창설멤버였으며, 1900년 연동교회 담임목사가 되었다. 1915년부터 1921년까지 연희전문학교(조선 기독교 연합대학) 이사로 있으면서 연세의 설립 및 발전에도 기여하였다. 연세대학교 · 주한캐나다대사관, 『20세기 한국과 세계, 연세와 캐나다』, 연세대학교 창립 115주년 기념 · 박물관 특별기획전시 21 도록, 2000, 44쪽.

171. 연동교회 자료에 이름이 보이지 않아, 최씨가 누군지 잘 알 수 없다.

있을지는 의문이었다. 결과는 성공이었다. 훌륭한 설교가일뿐 아니라, 젊어서 쌓은 훌륭한 서예능력과 풍부한 한문학 실력은 사회적인 풍조에 힘입어 목사로서 그가 한층 더 높이 존경받는데, 마치 '열려라 참깨(open sesame)'라는 동화 속의 주문같은 위력을 발휘하여 큰 도움을 주었다. 게일 목사도 조선어에 익숙하고 한자(漢字)도 많이 알아 두 사람은 멋진 조화를 이루었고, 더구나 다수신도가 교회에서 멀지 않은 미션계통의 남고와 여고의 학생들이어서 더욱 어울리는 지도자들이었다.

이 두 사역자(使役者)의 헌신적인 지도로 교회는 전보다도 더 빨리 성장하여, 어느덧 큰 교회당이 필요하게 되었다. 인근의 부지를 구입하여 1,200명을 수용할 수 있는 큰 교회를 신축했다. 건물을 짓는 동안에는 대형 천막에서 예배를 보았다.

교회 창립 30주년 기념행사에서 축사를 하다

훌륭히 목회를 끌어가던 최 전도사가 세상을 떠났다. 장례식과 묘지를 놓고 논란이 생겼다. 서울 신도들은 자기들이 장례를 맡겠다고 했고, 최 전도사가 한때 죄인(sinner)으로 악명을 떨치다 후에 성인(Saint)처럼 숭상받았던 고향 평양의 신도들은 그들대로 장례를 치르겠다고 고집했다. 평양 신도 측의 요구가 너무나 집요하고, 또 살아서나 죽어서나 고향이 제일이라는 동양의 풍속도 있고 해서 서울측이 양보했다.

그는 태어나서 그토록 죄악에 빠져 헤매다가 예수를 맞이하여 새 사람이 되었고, 열심히 주의 일을 하다 태어난 고향 땅에 묻혔다. 서울 신도들은 장례예배에 대규모 대표단을 보냈으며, 모든 일이 평화롭게 끝났다. 한 인간을 그리도 빨리 방탕한 생활에서 벗어나, 어제까지 함께하던 악의 무리를 구해내는 강한 자로 변화시킨 성령의 힘에 우리는 오직 경탄할 따름이다.

이 연못골 교회는 외국인 선교사 게일 목사가 65세를 맞아 영국으로 떠나간 후에도 계속 발전하고 있다. 지금 게일 목사는 저작활동으로 여생을 보내고 있다.

어느덧 세월이 흘러 연못골 교회창립 30주년을 기념하게 되었고, 나는 영광스럽게도 축사를 해달라는 요청과 함께 초대되었다. 당시 서울에 남아있는 선교사들 가운데, 초창기부터 그 교회를 알고 있는 선교사들이 별로 없었기 때문이다.

기념식은 일요일 오후에 거행되었다. 단상에는 당회장과 장로들을 포함한 교회 중진들이 자리를 매웠고, 회중석도 입추의 여지없이 만원이었다.

나의 축사 순서가 돌아왔다. 나는 교회가 걸어온 길을 이야기했다. 처음에는 가로 세로 일곱 자, 열 넉자 크기의 작은방에서 지포드 목사와 이씨 청년이 중심이 되어 신도를 이끌었다는 이야기부터 시작하여, 이씨의 투옥과 수요일 밤의 변칙 외출에 얽힌 이야기, 현재의 당회장[172]이 아직 신자가 되기 전 판사직에 있을 때 다리 뼈에 장기치료를 요하는 중병이 걸려 우리 병원에 입원하여 치료를 받던 중 주변의 분위기에 감화되어 예수를 구세주로 받아드린 일, 그 뒤 판사직을 사임하고 신학공부를 하여 목사가 된 일, 목사가 된 후 한동안 시골 교회에서 시무하다가 자기가 처음 예수를 만난 그 병원에서 가까운, 이제는 크게 성장한 교회로 옮겼고, 마침내 서울에서 가장 큰 장로교회인 이 교회의 목사가 되었다는

172. 함태영(咸台永, 1873~1964)을 말하는데, 3 · 1 운동 때에 민족대표 48인의 한 사람으로 투옥된 후 출옥하여 목사가 되어 교회사업을 하면서, 독립운동을 전개하였다. 광복 후 심계원장, 한국 신학대학장을 거쳐 1952년에 부통령에 당선되었다.

감회어린 이야기를 하고, 이제 이 모든 것이 결집된 매우 뜻 깊은 교회의 창립 30주년을 맞이하여 진심으로 축하한다고 했다.

또 단상에 앉아 있는 김정식 장로에 관한 이야기도 했다. 한 때 정치범으로 투옥되어 감방생활을 하던 중 신앙을 얻고, 출감 후 활동이 왕성한 YMCA에 가입하여 회원으로 활동하다 조선인 최초의 YMCA 총재가 된 일도 들려주었다.

끝으로 나는 이 교회가 성장하는 모습을 지켜봐 왔다는 사실과 교회 낙성식에 참여했던 내가 30주년 기념식을 하는 자리에 또 다시 초대되어 영광이라는 것, 특히 지금의 당회장이나 김 장로와는 오랫동안 사귀어 온 사이라는 점에서 이 자리에 초대된 게 더욱 영광스럽다는 이야기를 했다.

그 다음은 김 장로의 순서였다. 그가 일어서서 자기가 서울경시청장으로 있을 당시 개화파 청년 200명과 방금 에비슨 박사가 말한 이 교회 최초의 조선인 부목사 이씨를 투옥시킨 장본인이라는 말을 했을 때, 장내에 일어난 반응은 독자들의 상상에 맡긴다.

그 뒤를 이어 목사가 일어났다. 조금 전에 김 장로가 말한 인사들의 투옥영장을 발부했던 담당 판사가 바로 자신이었다고 고백하고, 방금 에비슨 박사가 말했듯이 그 뒤 병원에서 기독교 신자가 되었다는 이야기를 했을 때 그 많은 청중이 보여준 열띤 분위기는 참으로 대단했다.

그 때의 기념식 이후 몇 해가 지나 지금, 이 회고록을 쓰고 있는 순간에도 이 교회는 변함없이 선두에서 조선의 복음화 운동을 이끌고, 목사님도 바로 이 교회의 중심에 서서 영적 지도자로 열심히 일하고 계신다. 내 마음은 가끔 아직 예수를 모르는 젊은 판사가 입원 치료 받던 일, 그곳에서 그가 예수를 믿기로 작정했던 일, 병원에서 설립한 교회에서 그가 시무했던 일, 그리고 세월이 흘러 이제 머리가 반백이 되어서도 조선

(Land of Morning Calm)이라는 나라에서의 선교 초기에 참으로 미미하게 시작했지만 이제 크게 성장한 교회에서 당회장의 소임을 다하고 있는 그를 생각하는 것이다.

이토 통감과의 만남 이야기* 27장

초대 조선 통감 이토 히로부미 / 연대 미상

이토와의 만남

1882년 일본은 미국을 비롯한 세계열강과 우호통상조약을 체결하더니 이 일련의 조치를 이용하여 자국의 이익을 추구하려 들었다.[173] 일단 각국에 사람을 보내 상대국의 강점과 약점을 염탐하게 하고, 그들의 보고를 받는 즉시 미국 · 영국 · 프랑스 · 독일에 학생 자격으로 청년들을 보내어 그 나라의 언어와 장점을 익혀 오게 했다.

그 결과 교육제도와 육군제도는 독일에서, 해군제도는 영국에서, 법제도는 프랑스에서 각각 빌려와 그대로 모방했다. 이때 파견된 청년들 중 한 사람인 귀족 출신 이토는 영국에서 정치제도와 해군에 관해 공부하고, 다시 미국으로 가 정치제도를 살핀 후, 양국의 제도를 비교 연구하였다. 그동안의 견문과 연구를 통해 깊은 감명을 받고 돌아온 이토는 일본의 서구진출에서 주역을 맡게 되었다.

일본의 모든 정객 중에서 가장 걸출한 이 인물을 내가 처음 소개받게 된 것은 1895년의 일이었다. 청일전쟁에서 일본이 승리하고 그에 따른 평화조약을 체결하기 위해 그가 일본을 대표하여 청나라로 가는 길에 서울에 잠시 머물렀다. 그때 초대 받아 간 일본 공사관의 만찬 석상에서 이토를 소개받았던 것이다.

그날은 한여름 어느 날 저녁이었다. 나는 흰 양복에, 당시 동양에서 여름 예복으로 보통 입는 짧은 해군 상의를 입고 나갔다. 같이 간 미국 공

173. 일본은 1853년 미국의 페리제독이 내항한 이듬해인 1854년 미일화친조약, 1858년 미일수호통상조약을 체결했다.

사 알렌 박사는 여름철 간편 예복이 없어, 정식 예복인 검정 양복에 맞춤 코트를 입고 몹시 불편해 했다.

이토는 품위와 친절의 전형이라고 할 수 있었다. 몸에서 풍기는 위엄에다 미소짓는 얼굴의 매력은 상대에게 친근감과 호감을 주기에 충분했다. 그의 영어 솜씨는 영국과 미국에서 익힌 것으로 가히 완벽했다.

대화 내용은 영미에서 얻은 견문을 충분히 활용하고 있음을 보여 주었다. 서양 사람들을 좋아하고, 또한 그들의 민주주의 제도를 좋아한다고 했다.

이토 조선 통감으로 오다

그 뒤 1905년 러일 평화조약이 체결되고, 이토는 통감의 자격으로 조선에 왔다. 그의 의도는 본국에 대한 봉사와 조선의 발전이라는 두 가지 과제를 동시에 충족시키는 것이었다. 적어도 나는 그것을 믿는다.[174)]

그러나 그의 앞에는 쉽게 넘을 수 없는 큰 장애가 있었다. 그것은 바로 조선 국왕과 백성들이 일본인에 대해서 갖고 있는 적개심이었다. 이런 반감은 1592년 도요도미 히데요시의 조선 침략 이후 변함없이 지속되어 오다가, 특히 1893년에서 1905년 사이 일본인들이 조선에서 저지른 잔학행위로 인해 더욱 고조되어 있었다.

조선 백성들은 한결같이 일본인들이 저지른 왕비 시해사건과 단발령, 그리고 무엇보다 정치적으로 독립국가의 통치권을 탈취한 행위를 도저히 용서할 수 없는 한(恨)으로 여기고 있었으므로, 일본과의 화친이란

174. 이토 통감의 의도가 '조선의 발전'이라고 보는 것은 넌센스로, 당시 조선에 주재하던 외국인들이 가진 시각의 한 측면을 볼 수 있을 따름이다.

생각조차 할 수 없었다.

국왕 고종은 일본에 굴복하지 않으면 폐위 당할 수밖에 없는 현실 앞에서, 일본이 수시로 압력을 가해 올 때마다 그들의 요구를 들어주고 있었다. 임금과 백성의 이런 사정과 감정을 잘 아는 일본 정부는 가장 지략이 뛰어난 인물을 골라 통감으로 보낸 것이다. 그러나 그 조차도 조선인의 반일감정이라는 두터운 장벽을 뛰어 넘을 수는 없었다.

이토는 부임하자마자 외국선교사들이 누구보다도 조선인에게 가장 영향력 있는 존재라는 사실을 알고, 선교사들과 친분을 두터이 하려 했다. 이즈음 미국 주재 영국대사 브라이스 경(Hon. Bryce)이 임기를 마치고 귀국하는 길에, 극동문제 특히 조일(朝日)관계의 실상을 파악하기 위해 서울에 들렀다. 서울에 머무르는 동안 그는 조선 주재 영국공사 조던 경(Sir John Jordan)의 관저에 묵고 있었는데, 당시 나는 공사의 요청으로 브라이스와 환담할 기회를 갖게 되었다. 그가 묻는 말에, 나는 조선과 일본의 관계를 내가 본대로 솔직하게 털어놓았다.

그는 이토 통감을 만나 같은 문제를 놓고 토론을 한 뒤, 나를 다시 만났다. 그는 이토로부터 들은 대로 이렇게 전했다. 이토는 선교사들과는 아주 친근한 사이가 되었지만 그 어느 단체보다 선교사를 두려워하더라는 것이었다. 이유인즉, 선교사들의 영향을 크게 받은 조선의 기독교도들은 상당한 자주 정신을 가졌고, 다른 어떤 조선인 단체보다 단결력이 강하기 때문에, 기독교도야말로 일본에 대항하는 가장 강력한 장애 요소라는 것이었다. 그렇다고 선교사들이 정치문제에까지 관계할 것으로 보이지는 않지만, 선교사들과 접촉 하는 조선 기독교인들은 다른 어디서도 볼 수 없는 단결력을 갖고 있다는 얘기였다. 따라서 일본의 국익을 위해서, 간접적이긴 해도 선교사들의 영향력을 제거했으면 좋겠다는 견해를 갖고 있다고 했다.

그제야 나와 이토의 견해를 다 들어 본 브라이스 씨 자신의 견해는 어떠냐고 물었더니, 대답은 다분히 정치 외교적인 것이었다. 이미 조선이라는 나라가 사실상 이미 일본의 소유가 된 이상, 현실을 기정사실로 받아들이는 것이 옳다는 견해를 보였다. 그는 '이미 일어난 일은 돌이킬 수 없다'는 뜻의 "un fait accompli"[175]라는 외교 수사를 인용하면서, 조선이라는 나라는 이미 사실상 일본의 소유가 된 이상 현실을 기정사실로 받아들이는 것이 현명하다고 했다. 그러면서 나한테 당부하듯이, 자기 자신도 개인적으로 애석하게 생각하고, 그 심경을 조선인들이 인정해 주기를 바라지도 않지만, 더 이상의 반항은 그 누구에게도 도움이 되지 않으므로, 나를 비롯한 모든 선교단체 회원들과 조선인들이 이 점을 알아주었으면 좋겠다고 했다.

나는 대답 대신 선교사의 사명은 정치현실에 대해 찬반을 유도하는 일과는 너무나 동떨어진 것임을 일깨워 주는 외에는 달리 그의 조언에 대해 찬반을 말할 필요가 없었다.

그는 외교관다운 웃음으로 노련하게 넘겼고, 더 이상 그 문제는 이야기하지 않았다. 그날 저녁 조선 주재 영국공사가 베푼 만찬 석상에서 그를 한 번 더 보았는데, 그 다음날 그는 영국으로 돌아갔다. 극동정세와 조일관계에 대해 그가 영국정부에 보고한 내용은 짐작하고도 남는다.

의과대학 졸업식에 이토를 초청하다

1908년 초여름 의과대학의 전 과정을 성공적으로 마친 7명의 졸업식을 준비하면서, 이토 통감의 협조가 필요함을 느꼈다. 이 청년 의학도들

175. 기정사실이라는 뜻이다.

이 졸업한 후에 합법적인 의료 활동을 보장해 줄 방법을 찾아야 했기 때문이었다.

어느 날 오후 면담 약속시간에 맞추어 그의 관저로 찾아갔더니, 반가이 맞아 주었다. 이 졸업생들의 수련과정과 진로 문제 등에 관해 모든 이야기를 남김없이 했다.

이 조선 청년들은 나의 지도 아래 미국 의과대학 교과과정에 준하는 여러 해 동안의 철저한 훈련을 받았으며, 또 이들의 의사로서의 자격은 철저한 검증과정을 거쳐 확인되었으므로, 이들은 이제 각자 어디에서나 의사 개업을 할 준비가 된 인물들이라 역설했다. 그리고 이 일을 마무리 짓기 위해서는 이제 귀하의 협조가 꼭 필요하다고 말했다.

나의 긴 이야기를 진지하게 듣고 난 이토는 그 동안의 우리의 성과에 찬사를 보내면서, 자기로서 도울 일이 무엇이냐고 물었다.

"내가 할 일은 무엇인가요? 내가 무엇을 해 드릴 수 있습니까?"

나는 조선에서 최초로 거행되는 이 의사 졸업식은 이 나라 발전과정에 하나의 커다란 이정표가 될 것이므로, 졸업생 당사자들 뿐 아니라 졸업식을 참관하는 모든 사람들에게도 길이 기억될 큰 의미가 담긴 행사가 되었으면 좋겠다고 했고, 그는 좋은 생각이라고 맞장구를 쳤다. 내가 외국 대표와 정부 인사와 졸업생의 친지와 그밖에 이 행사에 관심을 갖는 분들께 초대장을 낼까 하는데, 이들을 모두 수용할 실내 공간이 없어 걱정이라고 했다.

"매우 훌륭한 생각입니다만, 참 그렇군요. 어디에서 그런 큰 방을 구할 수 있을까요?"

"그만한 방은 구할 수 없습니다만, 군용 천막을 몇 개 빌리면 병원 잔디밭에 그런 장소를 마련할 수 있을 것입니다."

그는 이 제안을 듣고선, 미소를 지으면서 기꺼이 그렇게 하겠다고 했다.

“그 밖에 또 도울 일이 없겠습니까?”

“예, 통감께서 직접 이 식전에 임석하여 졸업생과 친지들에게 이 행사에 대한 귀하의 관심을 보여 주셨으면 합니다.”

“그야, 나로서도 영광이지요.”

일이 이쯤 되자 내가 한 술 더 떠서 졸업장 수여도 직접 해 주었으면 좋겠다고 했더니, 쾌히 수락 했다. 내친김에 격려사도 해달라는 말까지 덧붙였다.

“각하, 대단히 외람되오나 이 젊은이들에게 좋은 조언과 가르침을 주신다면, 우리 모두 깊이 감사할 것입니다.”

조선 독립에 대한 이토의 견해

그가 흐뭇한 표정으로 이것까지 약속하여, 나는 자리를 뜨려고 일어났다. 그런데 그가 조선 백성에 대한 자신의 계획에 대해 의논해 보고 싶다면서 나를 다시 자리에 앉혔다.

영향력 있는 상당수의 일본 국내 인사들이 조선을 일본에 합병하여 하나의 현(縣)으로 두자는 주장을 하고 있지만 자기는 그 안에 찬성하지 않았다는 것, 자기로서는 조선의 정치적 독립 유지가 조 · 일 양국에 최대의 이익을 가져다 준다고 믿고 있다는 것, 만약 독립국가로서 조선국이 일본에 대해 우호적인 국가가 되어 준다면 자기는 조선을 돕는데 전력을 다하겠다는 것, 또 자기가 주장할 경우 일본 정부도 자기의 뜻을 받아들일 것이라는 것 등을 이야기했다.

그러나 조선이 독립을 유지하고 싶다면 일본에 대해 우호적인 태도를 보여주어야 하며, 조선이 강한 나라가 되기를 진심으로 소망하는 자기로서는 그런 이해의 바탕 위에서 조선을 위해 최선을 다할 수 있을 것이라고 했다.

회동은 두 시간이 넘게 이어졌는데, 주로 이 문제에 관해 이야기했다. 그의 이런 열성은 자신의 견해를 나를 통해 나와 가까이 하는 사람들, 특히 동료 선교사들에게 이해시키려는데 그 뜻이 있음을 짐작할 수 있었다.

그의 의도를 안 나는 진지한 태도로 들어 주었다. 이 사람으로 말하면 일본의 모든 정치가 가운데 가장 지혜있는 사람으로 일본의 새로운 모습을 가능케 한 장본인이 아니던가!

그렇다고 그가 내게 이런 말을 하는 것은 조선 백성들에게 가장 영향력이 큰 선교사들을 대상으로 한, 자기의 대변자 노릇을 해달라는 뜻은 결코 아니었을 것이다.

나는 그에게 선교사들이 조선에 와 있는 유일한 목적을 설명해 주었다. 우리의 유일한 목적은 오직 전도를 통해 되도록 많은 사람들을 기독교 신자로 만드는 것이라고 강조했다. 이 목적을 위해 우리가 몸소 가르침과 실천을 통해 그들에게 기독교 정신이 무엇인가를 일깨우고자 한다고 했다. 우리가 교회와 학교와 병원을 세워 이들이 좀더 좋은 삶을 영위하도록 도와줌으로써, 그들의 복지를 구현하려는 우리의 소망을 확신시켜, 참다운 기독교인으로 거듭나게 하려는 것이 우리의 지상목표이므로, 그 어떤 정치 문제에도 관여하지 않는다는 우리의 뜻에는 시종일관 추호의 변함도 없다고 말해 주었다.

이토 통감도 우리의 그런 선교 태도가 옳다고 인정했다. 나는 선교사가 외국의 정치에 개입할 경우, 거기서 파생될 복잡한 문제에 대해 하나의 사례를 들어 장황한 이야기를 늘어 놓았다. 이토에게 들려준 예는 다음과 같다.

최근에 출간된 예일 대학 레드(Ladd) 교수의 『조선에서 이토와 함께』

라는 책 이야기를 꺼냈다. 레드는 일본에서 이토와 교분을 가지고 있었는데, 이토가 통감으로 부임할 때 함께 조선에 왔던 인물이다.

조선에 도착하자 래드 교수는 조선 청년들을 대상으로 수차례 강연을 하려고 서울 YMCA에 장소 제공을 요청했다. 주제가 '조 · 일관계의 향후 전망'이라는 사실을 전해들은 당시의 미국인 YMCA 총무 간사는 본 단체의 목적이 철저히 비정치적이며, 따라서 정치적인 연설모임에 장소를 제공하는 문제는 자신의 권한 밖의 일이므로, 이 사안과 관련하여 이사회를 소집할 테니 직접 와서 요청해 보라고 했다.

YMCA 이사들은 강연의 주제가 설립목적에 위배된다는 이유로, 회관 사용을 거부했다. 정치적인 문제에 관련하여 한쪽을 지지하는 집회를 허용할 경우, 그와 대치되는 주제를 지지하는 집회도 당연히 허락해야 할 것이므로, 이로 인해 원치 않는 결과가 초래될 수도 있다는 것이 주된 이유였다. 그러면서 이사들은 결코 래드 씨의 연설행위 자체를 인정하지 않는 것은 아님을 분명히 밝히고, 다른 장소를 이용할 경우 자기들도 기꺼이 강연에 참석하겠다는 의사를 표명함으로써 이 사안에 대해 신중한 태도를 보였다.

YMCA 이사의 한 사람으로 그 자리에 참석한 나는 우리의 결정에 대해, 레드 씨가 실망과 섭섭함을 금치 못하는 것을 보고 안타깝게 생각했다. 그는 우리를 너무도 이해하지 못하고 있었다. 그는 모든 선교사들이 항상 정치문제에 개입하여, 조 · 일 관계를 좀 더 가깝게 하려는 일본의 온갖 노력을 무조건 배척하도록 조선인들을 충동질하고 있다고 주장했던 것이다.

레드 교수는 이 모든 책임이 나한테 있고, 내가 그 주동자이며 왕의 전의라는 신분을 이용하여 궁중을 출입하면서, 의사 노릇보다는 정보를 전해 주는 반일(反日) 첩자 노릇을 해 왔다고 몰아 붙였다.

나는 이 시점에서 레드 교수가 미국으로 돌아간 뒤에 출판한 책에서도 같은 비난을 퍼부으면서 자신이 이토의 조선 문제 담당 보좌관이라고 주장하고 있지만, 이런 주장은 선교사들이 보기에 너무나 터무니없고 또 그런 글을 쓰고 있는 레드 교수보다 이토 경 자신이 조선 사정을 더 잘 알고 있을 것이라는 점을 이토 통감에게 지적했다. 나는 또 면전에서 이토에게 레드와 만난 그날 모임에서도 레드가 날더러 조선국왕의 첩자라고 한 사실에 대해 통감도 그 소리를 들었을 때 아마 일소에 붙였을 것이라고 말했다. 국왕과 그 밖의 궁중인사들과 나의 관계는 통감 자신이 잘 알고 있을 것이며, 특히 통감과 나는 궁궐 안팎에서 만날 기회가 잦았으므로 더욱 분명히 알고 있을 것으로 믿는다고 했다.

여기까지 레드 교수와 나의 견해, 그리고 이토의 입장을 내 나름대로 해석한 이야기를 듣고 있던 이토는 아주 멋있게 웃고는 모든 것을 다 사실대로 알고 있으며, 궁중에서의 나의 인간관계는 모든 점에서 정당한 것이라고 했다.

그는 계속해서 자기의 환심을 사기 위해 경찰이나 기타 많은 사람들이 온갖 보고를 다 해 오지만 대개가 남에게서 들은 소문에다 자기 생각을 더해서 얘기하기 일쑤라며, 그런 정보가 들어와도 보고의 대상이 된 사람의 인물 됨됨이를 이미 알고 있어 올바른 정보와 그릇된 정보를 구별할 수 있다고 했다. 잘못된 정보를 쉽게 받아들이지는 않을 터이니, 아무도 염려할 필요가 없다고 했다.

그의 말을 그대로 옮기면 "내가 혹시 박사님이나 박사님의 동료들에 대해 잘못 알고 있지나 않을까 하는 염려는 절대 하지 마시오. 나는 여러분이 정직한 사람들임을 분명히 알고 있습니다."

우리들의 정직성을 믿는다는 이토의 말에 감사를 표하고, 레드 교수에 관한 이야기를 계속했다. 우리들 선교사 가운데 어느 누구도 그의 말에 아무런 반응도 보이지 않았다고 했다. 그렇지만 조선 백성의 복리 증진을 위해 생애를 바치고 있는 선교사들로서는 조선 백성의 비극에 대해 가슴 아파하는 것은 당연하다는 점, 그렇다고 하더라도 조선의 정치 문제에 관여한 선교사는 아무도 없다는 점, 그리고 조선의 선교사가 조선 백성에게 동정심을 갖는 것은 일본에서 선교활동을 하는 선교사들이 일본 국민에게 동정심을 갖는 것과 같다는 점 등을 말해주었다.

여기까지 말한 나는 용기를 내어 만약 러일전쟁에서 일본이 패하여 러시아가 일본을 장악했다고 가정할 경우, 선교사들조차 일본 국민에 대한 관심을 버리고 러시아 국민의 편을 든다면 일본인들이 선교사를 어떻게 생각하겠느냐고 물었다. 그의 대답은 그럴 경우 틀림없이 선교사에 대한 호감이 일본인들에게서 사라질 것이라며, 그런 일은 상상조차 할 수 없는 일이라고 했다.

"그렇다면, 이제 전쟁에 이겨 조선을 장악한 당신들은 조선의 선교사들이 당신들 일본 편에 서서 일해 주기를 기대하는 일은 정당하다고 생각합니까?" 라는 공격성 발언을 했더니, 그는 잠시 침묵하다가 내가 말하는 요점을 알겠다고 하면서, 조선에서의 선교사들은 당연히 해야 할 일을 하고 있을 뿐임을 깨달았다고 했다.

나는 이 모든 이야기를 다른 선교사들한테 전했다. 그들은 조선과 일본 관계에 대한 이토 통감의 정치가다운 견해에 만족해하는 동시에 우리들의 정당성을 인정한데 대해 크게 흐뭇해했다.

이토 졸업식에 참석하다

이토는 내게 약속한 것을 모두 지켰다. 1908년 6월 8일 조선에서 훈련받은 최초의 조선인 양의들이 탄생하는 날, 통감은 그들에게 졸업장을 수여했다. 다음날 직접 보건청에 지시해서 이들 조선청년 의사들에게 조선 땅 어디에서나 의료 행위를 해도 좋다는 의사 면허증을 발급하게 했다.

그로부터 수개월 후, 이토는 만주 하얼빈 역에서 열차에서 내리다 조선 애국투사의 손에 암살당하고 말았다. 이 조선 애국투사는 이토가 일본의 앞잡이라고만 알았지, 이토의 조선에 대한 태도라든가, 주어진 상황 속에서 조선에 대해 가장 우호적인 인물이었다는 사실이라든가, 그런 호의적인 생각을 가장 잘 실천할 수 있는 사람이었다는 사실은 알지 못했다. 그 투사는 단지 국가에 대한 충성을 증명하는 것만 생각했다. 적어도 저격대상 인물이 경찰대의 경호를 받고 있어 도망칠 수 없는 이상, 자기 자신의 목숨도 잃게 될 거라는 사실 정도는 알았어야 했다. 사실 그는 곧 체포되어 얼마되지 않아 처형되지 않았던가.[176]

데라우찌(寺內正毅) 통감의 부임*

공석이 된 통감 자리는 부통감이 이어 받았다. 신임 통감도 선임자와 비슷한 태도를 가지고 있었지만, 선임자가 누렸던 특권을 일본 내에서 갖고 있지는 못했다. 구상이 같았다고 하더라도, 그런 구상을 실현할 수

176. 안중근(安重根) 의사의 의거를 말하는데, 당시 조선에 주재하던 외국인이 이토 통감을 어떻게 보고 있었는지, 또 이 의거를 어떻게 보고 있었는지를 보여주는 점에서 흥미롭다.

있었는가 하는 데는 의문의 여지가 있다. 더구나 당시 그의 건강은 위궤양으로 이미 약해져 있었다. 얼마 되지 않아 그는 사임하고 귀국하여, 곧 세상을 떠났다.

그 뒤, 후임 통감 데라우찌는 부임 당시 일본 정부로부터 조선 합병을 위한 준비를 하라는 지령을 받고 온 것으로 전해지고 있다. 그리하여 실제로 1910년 한일합방이 이뤄지고 말았다.

28장 조선 왕실 이야기*

덕수궁 석조전에서 영친왕, 고종, 덕혜옹주 / 1907

대원군과 민비

조선 왕조는 1392년에 창건되었으며, 시조는 태조(太祖)이다. 이 왕조는 1910년까지 518년간 지속되다, 일본이 합병하여 그 독립성이 종식되고 말았다.

1863년 철종(哲宗)이 후계자 없이 승하하자, 대비는 선왕을 이어 왕통을 잇기 위해 양자를 택해야 했고, 이 막중한 자리에 필요한 모든 자격을 갖춘 적합한 인물을 물색하기 시작했다.

소정의 필수적인 자격인 이(李)씨 성을 가진 지체 높은 가문 출신이어야 하고, 영특하고, 왕자의 도를 타고난 듯 교육을 받을 수 있도록 젊어야 했다. 이 일을 맡은 관리들은 세심한 물색 끝에 이흥선의 막내아들인 12살 된 이명복을 천거했다.

이 소년은 너무 어려서 정사를 맡을 수 없었기 때문에, 어린 왕이 성년이 될 때까지 섭정을 임명하지 않을 수 없었는데 그의 아버지가 맡게 되었다. 그는 대원군(大院君)으로 알려지게 되는데, 이 말은 위대한 가장(家長)이란 뜻이다.[177] 대원군은 정신력이 강하고 국사처리에 능하며, 당시 전제정치였던 정사를 원활히 수행하는 데 협조가 필요했던 사람들을 잘 다루고, 자신의 생각을 받아들이지 않을 수 없도록 치밀한 계획을 세워 양반들의 협력을 얻을 수 있었기에 최적임자였다고 할 수 있다.

오래 지나지 않아 어린 왕이 장가들 나이에 이르렀다. 당시 조선의 혼

177. 대원군은 임금이 대를 이을 자손이 없어, 방계(傍系)로서 왕위를 이은 임금의 친아버지에게 주던 칭호이다.

기는 12~14살이었으며, 부모가 왕비를 택해 주어야 했다. 여기서 부모라는 말을 썼지만 이 대권은 그의 아버지만이 행사할 수 있었다. 궁중에서나 집에서나 그의 뜻이 바로 법이었기 때문이다.

왕비로는 양반 가문 중에서도 가장 부유하고 지체 높은 동시에 대원군의 처남이었던 민영준의 질녀가 간택되었다.[178] 대원군은 민(閔)씨 가문이 극히 도도하고 항상 마음대로 하려 한다는 평판을 알고 있었기에, 이 간택에 주저하지 않을 수 없었다. 왕의 본성은 유순한데, 왕비는 민씨 가문의 자신감과 결단력을 지니고 있었기 때문이었다.

그러나 대원군은 분명 이들 젊은 부부가 성년이 될 때까지 자기 뜻대로 할 수 있으리라 생각했다. 조선의 모든 젊은이들이 부모를 공경하고 부모님의 충고를 따르며, 특히 아버지의 말씀을 따르며 여자가 결혼하면 시아버지를 공경하도록 가르침을 받았기 때문이다. 사실 그렇게 했으나, 이 며느리는 친정가문의 기질을 한껏 소유하고 있었다. 그녀의 뜻이 여러 면에서 시아버지의 뜻에 거슬렸기 때문에, 대원군은 그녀의 총명과 고집을 전적으로 잘못 평가했음을 깨닫게 되었다.

섭정 초기 수년간 대원군은 실제로 매사를 자기 뜻대로 처리했으나, 왕의 부부가 나이가 들어감에 따라 점차 어려움을 느끼게 되었다. 왕은 정사의 책임을 소극적으로 수행하려 들었지만, 왕비의 생각은 전혀 달랐기 때문이다. 그녀는 명실상부한 왕비가 되고 싶었으며, 남편인 왕이 성년에 달하자 불만 속의 섭정을 끝내도록 설득하여, 마침내 왕이 전권을 장악했다. 이때가 1873년이었다.

대원군은 상황이 불가피함을 알고 사태의 추이를 의연히 받아들였지만, 왕비의 태도에는 분개하였고 끝내 돌이킬 수 없는 앙숙이 되었다. 우

178. 민씨 중 일부 가문이 부유하고 지체가 높았던 것은 사실이지만, 민비는 9세 때 고아가 되어 가난하게 자라다가 고종의 비로 간택되었다.

리가 도착한 지 얼마 후, 어느 시종에게 들은 이야기에 따르면 대원군은 여러 번 왕비를 시해하려 했지만 그때마다 왕비가 이 시도를 교묘하게 좌절시켜 버렸다고 했다.

우리가 조선에 도착하기 얼마 전에도 대원군은 민비와 화친을 바란다는 구실로 또 선물을 보냈다. 그녀는 이전에도 경험한 터라 선물 보따리를 조심스럽게 풀도록 했는데, 그 속에는 역시 그녀를 시해할 의도로 설치된 비밀 폭파장치가 들어 있었다고 했다. 이 최근의 시해 기도는 대원군이 섭정에서 물러나고 20년이 지난 후인 1893년에 들은 일인데, 그의 증오심이 얼마나 컸으며 또 그가 얼마나 완고했던가를 여실히 말해준다.

대원군으로서의 그를 아는 사람들은 그가 훌륭한 군주이며 그것도 철저한 전제군주이며, 항상 자기 뜻대로 할 것을 고집했으나 공정했고, 백성들이 그를 두려워했으나 그의 명령에 따르는 한 비교적 안전하다는 것을 알고 있었기 때문에 만족했다는 등 그의 통치 방법을 좋게 말하고 있다.

그와 같은 강력한 군주라면, 아마 조선은 왕의 나약한 성격과 왕비의 독주에 따른 재앙을 겪지 않았을 런지도 모른다. 그러나 이것은 추측에 불과하다. 그의 퇴위는 세월이 흐름에 따라 오는 자연적인 결과로서, 왕과 왕비도 외부의 강력한 적과 국내의 수많은 장애를 맞아 최선을 다했을 것이다.

임오군란과 대원군의 청국 납치

1882년 5월과 6월에 조선은 미국 및 영국과 강화조약을 체결했으며 독일, 프랑스와는 협상이 진행 중이었다.[179] 분명 청나라를 추종하는 국내 지도자들의 자극을 받은 것으로 보이는 사람들이 이와 같은 조약이 체결된 배후에 일본의 입김이 크게 작용했으리라 믿고 일본 공사관을 습격하여 파괴해버렸다.[180]

왕비는 왕궁이 피습될까 두려워 한 나머지 서울에서 수십 마일 남쪽에 위치한 충주로 몰래 피신했으며, 장안에는 그녀가 죽었다고 공포하게 했다. 그녀는 비밀리에 청나라 재상 이홍장(李鴻章)에게 도움을 청했는데, 그는 친선 방문이란 구실로 청나라 함대를 제물포에 파견했다.

청나라 장수가 대원군을 알현하고, 이홍장의 명의로 청국 함대를 시찰하도록 제물포로 초대했다.[181] 대원군은 이 명백한 호의에 방심하고 응했는데, 그를 위해 성찬이 준비되어 있었으며 시찰이 끝나자 만찬에 임했다. 아름다운 무희들이 그를 즐겁게 했으며 술도 풍성했다. 가무가 계속되는 가운데 배는 조용히 닻을 올리고 중국을 향해 떠났다.

연회에 취한 대원군이 배가 움직이는 것을 알고 어떻게 된 일이냐고 묻자, 배가 얼마나 잘 운행할 수 있는가 보여주기 위해 잠깐 유람하고 있다고 말했다. 졸음이 와 잠자리로 옮겨졌는데, 다음날 아침에 일어나 보니 배는 이미 바다 가운데를 항해하고 있었다. 중국으로 모셔가 조선의 절

---

179. 조선은 1876년 일본과 강화도수호조약을 체결한 후, 미국과 1882년 서양과의 최초의 근대적 조약인 조미수호통상조약(**朝美修好通商條約**)을 체결했다. 영국과는 1883년 조영수호통상조약을 맺었는데, 모두 불평등조약이었다.

180. 임오군란을 말하지만, 단순히 서양과의 조약체결이란 배경만이 아니라 일본의 영향으로 건설된 신식군대와 구식군대의 갈등, 대원군과 민비의 갈등 등 여러 배경에서 발발했다.

181. 청나라 장수는 이홍장의 막하로 조선에 파견된 원세개(**袁世凱**)를 말한다. 조선에서 '원대인'으로 불리며 막강한 영향력을 행사했다.

친한 우방인 청국의 황제를 잠시 방문하고 곧바로 모셔다 드린다고 하면서 놀란 그를 안심시켰다. 그는 하는 수 없이 결과를 기다릴 수밖에 없었다. 이때가 1882년 8월 30일이었다.

일본은 이 기회를 이용하여 왕으로부터 몇 가지 이권을 강제로 얻어냈다. 그 첫 번째가 공사관의 재산 손괴에 대해 일본에 보상하고, 14명의 조선 젊은이들을 일본에 보내어 군사학을 공부하게 한다는 합의였다.

그해 10월 9일 왕비는 원세개(袁世凱)가 이끄는 3,000명의 청나라 군대의 호위 하에 환궁했는데, 그 후 한동안 대원군의 국사 참여를 배제할 수 있었다. 이와 같은 기만 행위로 인해 두 사람의 관계는 더욱 악화되었으며, 대원군은 전보다 더욱 민비를 제거하려는 마음을 굳히게 되었다. 그로부터 12년 후인 1895년 대원군은 자기 못지않게 왕비를 제거하고 싶어 했던 일본인들과 공모함으로써 왕비가 시해된 것이다.

민비의 아들들

우리가 조선에 도착했을 때 왕과 민비는 두 아들을 두고 있었는데,[182] 맏이는 불행히도 정신박약아였다. 그는 이미 성인이었고 신체적으로는 건장했으나 성적(性的)으로 미발달된 상태여서, 두 번이나 결혼했으나 후손이 없었다. 그의 얼굴에는 표정이라고는 거의 없었고, 주변의 일에 별 관심이 없는 듯 했다. 내가 입궁할 때마다 그를 보았지만, 내게 말을 건네는 일은 좀처럼 없었다.

그러나 일반적인 일에는 정신이 흐렸지만 사물의 형태나 이름에 대해

182. 아들 둘 다 민비 소생은 아니고, 여기서 말하는 두 번째 아들은 고종의 다섯째 아들인 귀인(貴人) 장씨(張氏) 소생으로 당시 법도에 따라 민비의 아들도 되는 것이다.

서는 놀라운 기억력을 갖고 있는 듯 했다. 그는 수천 자의 한자를 익혔으며 글자를 쓰는 즉시 글자의 음을 알 수 있었지만, 의미는 몰랐다는 이야기를 들었다. 글자들을 불러주면 받아쓸 수는 있었지만, 이들 글자를 결합하여 생각을 표현할 수 있도록 문장을 만들 수는 없었다. 그는 단 한번이라도 만나 본 사람들을 항상 기억했으며 이름을 거침없이 부를 수 있었다. 그는 자신의 호(好), 불호(不好)를 제외하고, 일상적인 일에 대해 자신의 의견을 밝히는 일이 결코 없었다.[183)]

일본인들은 조선을 지배하려는 온갖 계획이 국왕의 완강한 거부로 좌절되자, 1904년에 그를 퇴위시키고 왕재(王才)의 자질이 없다고 판단한 이 첫째 왕자를 옹립하려는 결정을 내렸다. 이에 대한 자세한 이야기는 적당한 기회가 달리 주어지면 술회하겠다.[184)]

둘째 왕자 의화군(義和君)은 형과 달리 정신적, 신체적으로 유능하고 기민했다.[185)] 불행히도 주위 환경이 여의치 못하여, 타고난 능력을 최대한 발휘할 수 없었으며, 그의 인생도 성공적이었다고 할 수는 없을 것이다. 별다른 일을 생각하거나, 생각이 있다 해도 구태여 행동으로 옮길 필요가 없는 일개 양반 신분에 불과 했기 때문이다.

---

183. 이상은 후일의 순종에 대한 에비슨의 기록인데, 에비슨은 순종을 정신박약자로 보고 있지만 그의 기록대로라고 하더라도 일종의 편집증 증세를 가지고 있었다고 해야 할 것이다.

184. 순종(純宗, 1874~1926) 이척(李拓)은 고종의 둘째 아들로, 명성황후 소생. 1875년(고종 12) 2월 세자가 되었으며 1897년 황태자에 책봉되었다. 1907년(융희 1) 일본의 압력과 이완용(李完用) 등의 강요로 헤이그 밀사사건의 책임을 지고 고종이 양위하자 즉위하였다.

185. 의화군 이강(李堈, 1877~1955)은 고종의 다섯째 아들로, 귀인(貴人) 장씨(張氏) 소생. 1891년(고종 28) 의화군(義和君)에 봉해지고, 1895년 특파 전권 대사로 유럽 여러 나라를 방문하고, 1899년(광무 3) 미국에 유학, 이해 의왕(義王)에 봉해졌는데, 의친왕(義親王)이라 하기도 한다. 국권 강탈 후 독립 운동가와 접촉하고 1919년에 상해 임시정부로 탈출하려다 만주 안동(安東)에서 일본 관헌에 발각되어 송환되었다. 그 뒤 여러 번 일본 정부로부터 일본으로 갈 것을 강요받았으나, 거부하고 끝까지 배일(排日)정신을 지켰다.

열강과의 조약 체결과 선교 문제

대원군이 계속 조선을 통치했더라면 어떻게 되었을까하는 문제로 되돌아가, 왕과 왕비가 정사를 떠맡게 되었을 때 실제로 어떤 일이 일어났는가를 살펴볼 필요가 있다.

왕과 왕비가 실질적인 왕권을 장악한 1873년 이후, 우리가 조선에 입국한 시점까지 약 20여 년간 이들은 이미 수많은 어려운 문제에 직면해 오고 있었다. 일본과 청국은 국제사회에서 고립정책을 포기하고, 서구 열강과 통상우호조약을 속속 체결했다. 이들 열강은 1879년 조선에 대해서도 이와 같은 조약을 요구하기 시작했다.

조선은 오랫동안 쇄국정책을 고수해 온 나라였다. 이 정책을 고수하려는 조선국의 강한 의지는 양국 국경지대에 무인지대를 설정하여, 그 어떤 나라도 조선을 경유하여 청국에 입국하지 못하도록 하자는 청국의 제의에 동의한 사실로도 충분히 알 수 있다.

미국이 조선과 교역하기 위해 이른바 '양이(洋夷)'에게 문호개방을 요청하는 사절단을 보냈을 때, 조선 국왕은 모든 우호적인 제의를 일축하고 심지어 한강 어귀로 들어와 수도 한양으로 운항 중인 미국 함정에 포격을 가하기도 했다.[186] 그러나 결국 조선도 청나라와 일본의 선례를 따라 1882년 그와 유사한 조약을 체결하였다.[187]

이러한 조약 체결로 조선인과 서양인은 교역을 위해 상대국의 영토를 자유로이 드나들 수 있었다. 그런데 조약 조항에 종교적인 신앙의 자유는 명문화되었지만, 선교사가 입국하여 포교 활동을 행할 수 있다는 내

---

186. 1866년(고종 3) 통상을 요구하며 대동강을 거슬러 올라와 평양에 이른 미국 상선(商船) 제너럴 셔먼(General Sheman) 호를 태워 버린 사건으로, 1871년(고종 8) 미국 군함이 이 사건에 대한 문책과 조선과의 통상 조약을 맺기 위해 강화도 해협에 침입하는 신미양요(辛未洋擾)의 원인이 되었다.

187. 이미 언급한, 미국과 체결한 조미수호통상조약(朝美修好通商條約)을 말한다.

용은 조문화되어있지 않았다. 그럼에도 불구하고 미국은 물론 몇몇 유럽 국가의 해외 선교위원회는 즉시 선교사들을 파송하기 시작했다.

미국 북장로교 선교위원회에서도 개척 전도 자금을 확보하고, 헤론 박사(Dr. J. W. Heron)를 최초의 조선파견 선교사로 임명했다. 그러나 헤론 박사는 사정상 당장 소속 선교협회를 떠날 수 없는 형편이었다. 마침 의료 선교사로 청나라에 파견되었으나, 특정 직책을 부여받지 못한 채 당분간 상해에 머물고 있던 알렌(Horace N. Allen) 박사에게 대신 조선으로 가도록 요청했다.

이 소식을 받은 알렌 박사는 즉시 수락 의사를 타전하고 가족들을 상해에 남겨둔 채 조선으로 건너갔다. 그가 서울에 도착한 날짜는 1884년 9월 20일 이다. 그러나 당시 조선에는 선교사의 법적 지위가 보장되어 있지 않아, 알렌의 입국 문제는 조선 주재 미국공사 제너럴 포크(General Foulke)가 해결해야 할 과제였다. 기지를 발휘한 공사가 알렌 박사를 미국 공사관 소속 의사로 임명함으로써, 이 문제는 쉽게 풀렸다. 알렌은 청국으로 되돌아갔다가, 가족을 대동하고 1884년 12월 서울로 돌아왔다.

알렌이 도착한 직후에 일어난 일련의 사건들을 보면, 그의 조선 입국 시기는 여러모로 의미가 있다. 왜냐하면 그가 이 나라의 중요한 역사적 사건들을 현장에서 몸소 지켜 볼 수 있었기 때문이다. 그 중의 한 사건이 앞에서 언급한 바와 같이 조선과 미국 사이에 조약이 체결된 지 2년 후, 그전부터 서양의 여러 문물에 접하여 전제정치의 한계를 깊이 깨닫고 최대한의 국리민복을 지향하던 양반 출신 젊은이들이 왕권 중심의 국가 통치 구조를 쇄신하기 위해 일으킨 1884년의 정변이었다.

조선의 시련

1884년의 폭동 이후 왕과 왕비에게는 수난의 시기가 계속되었다. 우호통상조약으로 나라가 개방되자 각국에서 상인은 물론, 종파와 교의가 서로 다른 선교사들이 줄을 이어 입국하기 시작했다. 뿐만 아니라 쇄국정책으로 수세기 동안 국제무대에서 소외되었던 이 나라를 알고자 하는 사람들이 저마다의 지식과 관심사에 따라 수없이 찾아 왔다.

이와 같은 상황에서 충분한 외교적 대처 능력을 갖추지 못한 국왕의 고통은 매우 컸다. 각국을 대표하는 사절들은 자국의 이익을 추구하느라 다양한 요구를 해왔고, 다각적인 국가 간의 균형 문제 또한 시련을 안겨주었다. 한 나라의 요구에 응하면 다른 나라와 미묘한 관계에 처하기도 하고, 타국의 요구에 응하면 조선의 국익에 바람직하지 못한 결과를 초래하는 등, 국왕은 모든 측면에서 각국 사절로부터 압력을 받고 있었다. 국왕은 국제관계에 대한 식견이 크게 부족했으나, 열강과의 접촉에서 야기되는 모든 결과에 대하여 책임을 지지 않을 수 없었다.

명칭이야 그럴듯한 우호통상조약이지만, 이러한 조약은 종종 강탈의 수단으로 이용되었다. 청국은 조선에 대한 종주권을 주장하고 자국을 대표하기 위해 다른 나라처럼 단순한 영사(領事)가 아니라, 특명전권을 가진 판리공사(辦理公使)의 주재를 요구하고 나섰다.

이와 같은 청국의 주장을 불쾌하게 여긴 일본은 청국이 사전에 일본 측에 통보하지 않고는 조선에 파병을 할 수 없다는 조항을 명문화하는 조약의 체결[188]을 청국에 요구하는 한편, 조선에 대해서는 특별 조약[189]을 체결하여 조선 측에 불리한 조건 아래 일본의 교역 증진을 꾀하려고 했다.

188. 갑신정변과 관련하여 1885년 청일간에 맺어진 천진(天津)조약을 말한다.
189. 갑신정변 뒤처리를 위해 일본과 맺은 한성(漢城)조약을 말한다. 배상금 지불 등을 규정했다.

조선에는 외교에 능하여 외국 사절을 현명하게 다룰 수 있고, 아량은 있으나 부당한 요구에 대해 확고부동한 태도를 취할 수 있는 지도자와 이를 보필하는 현명한 신하들이 필요했고, 또한 일단 결정된 사항을 뒷받침해줄 강력한 군대도 필요했다. 그러나 조선은 이와 같은 필수요건을 어느 것 하나 갖추지 못하고 있었다.

당시 조선의 국내사정을 살펴보면, 통치방법은 시대에 뒤졌고 국왕과 대신들은 서구 문명을 전혀 알지 못했으며, 무식하고 빈곤에 찌든 백성들은 나라에 대한 충성심은 강했으나 새로운 환경 아래에서 무엇을 어떻게 해야 할지 전혀 알지 못했고, 비록 알고 있다 하더라도 그 지식을 활용할 만한 힘을 가지고 있지 못했다. 모든 부(富)를 소수의 양반층이 차지하고, 일반 백성들은 부지런히 일하여 이들 양반을 부양하는 사회구조 속에서, 양반들은 시대의 변화에 아랑곳없이 한가하고 사치스러운 생활을 영위하고 있었다.

객관적인 안목으로 보면, 조선은 근대화의 기회가 온 것이고 양반층은 이에 적응할 자세를 갖출 때가 온 것이다. 현명한 군주가 나서 백성들의 사상과 욕구 분출의 방향을 올바르게 이끌고, 오직 자기네의 이익을 추구하는데 혈안이 되어 있는 모든 외국인들의 요구를 단호하고 분별있게 대처해 갈 수 있는 기회가 조선에게 온 것이다. 그럼에도 조선이란 나라는 이중 어느 것 하나도 실현하지 못하여, 오랜 역사와 조선 왕실의 운명은 마침내 피로 얼룩진 실패로 끝나고 만 것이다.

국왕의 능행(陵幸)을 구경하다

국왕의 위엄이 지엄했던 시절, 조선 국왕들은 궁궐의 내실을 거의 떠나지 않았다. 따라서 선조에게 경의를 표하고 제문을 바치기 위해 선대 왕릉으로 능행(陵幸)하는 것과 같은 특별한 경우, 국왕의 행차는 주목할 만한 행사였다.

우리가 서울에 도착한 직후, 국왕이 선대 왕릉으로 능행할 것이라고 했다. 행차는 궁궐을 나서 동대문을 지나, 성 밖 수마일 떨어져 있는 왕릉으로 향할 것이라고 했다.

이 장관을 한번 구경하기로 마음먹고, 행렬이 궁궐 문을 나와 약 2마일 거리에 있는 동대문을 벗어나기까지 자세히 지켜볼 수 있는 곳에 자리 잡았다. 행차는 양편에 조정 관청이 들어선 넓은 길을 천천히 지나 동대문가로 접어들고, 꽤 거리가 먼 동대문까지 간 후 성문을 벗어나 시골길로 이어질 것이라 했다. 나는 이 긴 행렬이 지나가는 모습을 자세히 지켜볼 수 있을 만큼 가까운 거리에 있었고, 특히 행렬이 동대문 가에 접어들었을 때에는 행렬 전체를 한 눈에 볼 수도 있었다.

아침 일찍부터 옷을 곱게 차려입은 구경꾼들이 궁궐 가까이의 거리로 모여들었다. 남자들은 색깔이 있는 겉옷[190]을 입고 있었는데 대부분 색상을 다소 낮춘 파란색, 녹색 혹은 노란색 계통의 차분한 색깔이었다. 그들이 쓰고 있는 관모는 까맣게 윤기가 났다.[191] 하류계층의 여자들을 제외한 부인네들은 이러한 공식행사에 참가하는 것이 허락되지 않았기 때문에, 창밖으로 내다볼 수밖에 없었다.

---

190. 조선인들의 평상복은 보통 흰색이지만, 능행이 아주 특별한 행사였기 때문에 상주를 제외한 모든 사람들이 나들이옷을 입었다.

191. 이 관모는 높이가 5, 6인치정도 되었으나 상단 부를 잘라낸 좁다란 원추형과 같은 모습이었다.

궁궐문은 굳게 닫혀 있었다. 곁에 서 있던 몇몇 조선인들에게 행렬이 언제쯤 나올 것 같으냐고 물었지만, 그들은 고개를 갸우뚱할 뿐이었다. 어느 누군들 궁궐 안에서 일어나는 일을 알 수 있었겠는가? 누가 국왕의 마음을 알 수 있었겠는가? 오래 기다리다가, 국왕 전하가 행차해도 좋다고 결정한 시간이 되면 틀림없이 구경할 수 있을 것이다.

이윽고 커다란 중간 대문이 열리며 행차가 시작되었다. 먼저 선봉 시위대가 밝은 색의 기를 들고, 긴 행렬을 이루면서 걸어 나왔다. 서두르지 않고 천천히 걸었으며, 전혀 발을 맞추려 하지 않았다. 두 번째로 기마대가 따랐는데, 칼 · 창 · 전투용 도끼와 같은 전통무기를 들고 있었다. 기마대가 지나가자, 이제껏 보다 더욱 화려한 깃발을 든 일단의 보군(步軍) 시위대가 뒤를 이었다.

마침내 육중한 어가(御駕)[192]가 나타났다. 어가에는 곤룡포로 정장한 국왕이 좌정하고 계셨다. 20명도 더 될 듯한 사람들이 어가를 메고 있었다. 이들은 어가 양쪽의 기둥같이 육중한 가름대에 부착된 밧줄 고리를 어깨에 걸고 있었다. 가마꾼들의 걸음걸이는 매우 느렸고, 이따금 비틀거렸다. 어가가 무거웠기 때문에 느릿느릿 나아갔다는 표현이 옳을 것이다. 이들도 발을 맞추어 걷지 않았으나, 국왕은 전혀 개의치 않는 듯했다. 어가 옆에서 한 사람이 높다란 붉은 일산(日傘)으로 국왕을 가리고 있었다.

국왕과 국왕 주변에 함께 가는 사람들은 진홍색 옷을 입고 있었는데, 이 진홍색은 왕국(王國)을 상징하는 색깔이었다. 동양에서는 왕국이라는 말을 완전 독립되어 있지 않는 나라에 대해서도 사용했다. 당시 조선 국왕은 청국의 종주권을 상징적으로나마 인정하고 있었으므로, 황제의 상징인 황색을 사용할 수 없었던 것이다.

---

192. 임금이 타는 수레로, 대가(大駕)라 하기도 한다.

세자가 탄 작은 연(輦)이 국왕의 뒤를 따랐다. 이 뒤를 휘장이 드리워진 가마에 탄 시녀들이 따랐다. 조복(朝服)을 입은 대신들은 네 사람이 메는 화려한 가마를 타고 있었다. 마지막으로 보군 시위대가 행렬의 후미에 길게 줄지어 나왔다. 이 행렬 역시 전혀 서두르는 기색이 없어, 한 지점을 통과하는데도 오랜 시간이 걸렸다.

행렬이 지나 갈 때 어느 누구도 환호성을 지르는 사람은 없었고, 다만 국왕에 대한 깊은 존경심을 보이는 듯 고개 숙여 절하고 있었다. 이는 아마도 너무나 두려워한 나머지 백성들이 감히 국왕을 쳐다볼 수 없었기 때문이리라. 유럽이나 미국의 유사한 상황과는 너무나 대조적이었다. 왕릉으로 가는 장시간의 행차 중에 가마꾼들은 길가의 주막에 멈춰 휴식을 취하도록 허락되었고, 이때 그들은 많은 술을 마셨다.

이 행렬이 도성으로 돌아오기 전에, 날이 어두워졌다. 선대(先代) 왕릉에서 모든 사람들이 음식을 나누어 먹었기 때문이었다. 게다가 많은 술을 마셨기 때문에, 도성으로 돌아오는 긴 행렬은 결코 질서정연한 것이라고 할 수는 없었다.

국왕의 공식적인 행차에 관련한 재미있는 일화가 있다. 앞서 설명한 바와 같이, 알렌(Horace N. Allen) 박사는 왕비의 사촌인 민 대감[193]을 성공적으로 치료한 공로로 국왕의 신임을 얻었다. 국왕은 다음번 자신의 행차가 있을 때 알렌 박사가 이 장관을 보고 싶어 할 것이라고 생각하고, 또 백성들이 주시하는 가운데 알렌에게 크게 호의를 표하고 싶어, 중심가의 어느 한 곳에 단을 쌓도록 명하고 알렌 박사에게 이 단을 이용하라는 전갈을 보냈다.

국왕이 이 단에 이르렀을 때, 행렬을 멈추게 하고 연에서 일어나 알렌

193. 민 대감은 1884년 갑신정변 시 부상당한 민영익을 말할 것이다.

박사를 향해 절을 했다. 아마도 알렌 박사 만큼 조선에서 그렇게 존경을 받았던 사람은 없었을 것이다. 이는 양반이나 상민으로부터 호의를 얻고, 또 복음을 경청할 여건을 확고히 하는데 의료 선교사들의 업적이 컸음을 잘 입증하는 일일 것이다.

1893년 미국 정부는 알렌 박사에게 조선 주재 미국 영사직을 맡도록 요청했다. 영사직을 수락한 알렌은 미국 정부를 대표하는 외교관으로서의 입장을 고려하여 전의직(典醫職)에서 물러났던 것이다.

조선 왕조의 여름 궁전

여름 궁전[194]이라고 알려진 건물은 북쪽 궁궐 바로 뒤에 있는 조그만 언덕 위에 위치해 있었고, 여름철이 되면 왕실이 여기로 옮겨가는 것이 관례였다. 이 궁전은 대궐과 비교하면 조그만 건물에 지나지 않았지만, 주위 환경이 수려하고 건물의 목적에 걸맞게 위치 또한 훌륭했다.

이 계설 궁으로 내가 처음 국왕을 뵈러 갔을때, 주 건물 바로 앞에 위치한 침상원(sunken garden)이라는 정원에 특히 관심이 갔다. 이 정원은 조선 지도를 본 따 만든 것으로, 여덟 개의 도(道)로 나뉘어져 있었다.

각 부분을 논으로 경작하여 똑같은 방식으로 돌보고 있었는데, 내가 방문했을 때에는 벼가 반쯤 자라 있었다. 시종이 이 정원의 목적에 관해 설명하면서 각 도를 나타내는 논에서 거둔 수확량에 비례하여 각도의 예상 수확량을 계산한다고 했다.

생전 처음 듣는 흥미로운 발상이었지만, 시종이 설명하면서 미소를 띤

194. 여기서의 궁전은 창경궁으로서 1484년(성종 15)에 건립되었다. 주궁인 창덕궁과 담장 하나를 사이에 두고 있다. 1910년 한일합방 이후에는 권농장을 고쳐서 연지와 수정을 만들었다.

것으로 보아 그도 분명히 믿지는 않는 듯 했다. 나도 별다른 말은 하지 않고, 다만 그 결과가 사실과 같다면 흉년에 미리 대비할 수도 있겠다는 말만 했다. 시종에게 전하께서도 이것을 믿으시느냐고 물었더니, 그는 미소를 지으면서 아득한 옛날부터 전해 내려오는 전통 관례라고만 했다.

한번은 여름 궁전으로 국왕을 뵈러 갔을 때, 전하께서 어떻게 입궐하느냐, 즉 어떤 교통수단을 이용하여 입궐하느냐고 물으셨다. 나는 때로는 걷기도 하고, 때로는 인력거를 타기도 하고, 때로는 가마를 타기도 하지만 그날은 자전거로 입궐했다고 했다.

국왕에게 자전거 타기 시범을 보이다

전하께서 자전거에 많은 관심을 보여 자전거를 어디에 두었느냐고 물으셨다. 내가 궁궐 출입 규정에 따라 궁문에 두고 왔다고 하자, 시종에게 자전거를 볼 수 있도록 사람을 보내 가져오게 하라고 지시하셨다.

자전거를 가져오자, 자세히 살펴 보시고는 어떻게 하면 자전거가 넘어지는 것을 막을 수 있느냐고 물으셨다. 처음에는 균형 잡기가 어렵지만 연습하면 쉬워진다고 대답했더니, 내가 자전거 타는 모습을 보고 싶어 하셨다. 자락이 긴 더블 프록코트를 입고 있었지만, 자락을 깔고 앉은 채 자전거에 올라 실제로 타는 모습을 보여 드리지 않을 수 없었다.

내가 안뜰을 빙글빙글 돌자 전하께서는 웃으시면서 이 광경을 즐기시는 듯 했다. 전하께서도 몸소 타보려 하시리라 생각했지만, 그렇게 하시지는 않았다. 자전거를 타고 어느 건물 창문 앞을 지나갈 때, 커튼이 한쪽으로 약간 밀쳐지는 것을 볼 수 있었는데, 중전께서 몰래 지켜보고 계시다는 것을 알았다. 물론 왕비는 우리가 있는 곳으로 나오실 수 없었다.

부녀자는 근친 이외의 다른 남자 앞에 나타나서는 아니된다는 관습 때문이었다.

시범이 끝나자 하인들이 자전거를 본래 있던 곳으로 가져갔는데, 전하께서는 내게 감사를 표하면서 시종에게 자전거를 가져다 둔 대문까지의 4분의 3마일 거리를 나와 동행하도록 하셨다.

조선에 처음 자전거를 들여 온 사람은 벙커 목사(Rev. D. A. Bunker)였다. 이 최초의 자전거는 공기 타이어가 아닌 딱딱한 타이어 형이었다. 그러나 우리가 서울에 도착한 직후, 밀러 목사(Rev. F. S. Miller)가 우리에게 자기와 함께 새로이 연한 타이어가 달린 자전거를 영국에 주문하자고 제안했다.

얼마 후 주문했던 자전거가 도착했다. 이러한 종류의 자전거 중에서는 조선에 수입된 최초의 것이었다. 이때가 1895년경, 밀러 목사와 내가 울퉁불퉁한 거리를 자전거로 달리는 모습을 보고 모두들 신기해했다.

언더우드 목사는 최초의 자전거가 조선식 명칭을 가지게 된 연유를 말하곤 했다. 어느 날 그는 어느 조선어 교사와 이야기를 하고 있었는데, 그때 마침 벙커 목사가 자전거를 타고 지나가자 언더우드 목사가 조선에서는 이를 무엇이라고 부를 것인가 하고 물었다. 그랬더니 이 조선어 교사는 이전에 한번도 본적이 없었음에도, 조금도 망설이지 않고 휠(Wheel)에 해당하는 조선어 낱말인 '바퀴'라고 불렀다고 한다.

언더우드 씨는 미국에서도 흔히 '휠'이라 하는데, 이 말과 똑 같은 뜻을 가진 조선어로 '바퀴'라고 명명한 그가 매우 현명하다는 생각이 들었다고 한다. 그러나 바퀴라는 이름은 정착되지 못하고, 스스로 나아가는 차 즉 '자전거'라는 보다 설명적인 이름이 대신하게 되었다는 것이다.

곧 미국공사인 알렌 박사도 자전거를 가지게 되었는데, 미국 정부의 대표자에 어울리는 위엄에 대한 우리 생각을 뒤엎고, 그 키 큰 신사가 자전거를 타고 서울 거리를 달리는 것은 실로 구경거리였다. 물론 당시 자전거를 소유하는 데에는 큰 장애가 있었다. 거리의 노면은 고르지 못했고, 여기저기 굴러다니는 뾰족한 돌은 곧잘 두께가 얇은 바깥 타이어에 박혔다. 여러 부분에 고장이 생기기도 하고, 부품은 그 먼 영국 이외의 다른 어느 가까운 곳에서도 구할 수 없었다.

그러나 이 모든 장애에도 불구하고 자전거는 큰 도움이 되었다. 다른 사람들도 자극을 받아 자전거를 수입하게 되었고, 곧 미국으로부터도 수입이 가능해졌다. 이때쯤 일본인들도 자전거를 생산하기 시작하자, 가격이 내리고 수리와 새 부품 구하기도 한결 쉬워졌다.

세월이 지나면서 거리 상태는 개선되고 나중에 도로포장까지 되면서 자전거 숫자가 증가하였으나, 보행자들의 통행은 이전보다 어려워졌다. 또한 자전거를 탄 사람들이 자동차 운전사들을 위해 특별히 세운 교통표지판에 그다지 주의를 기울이지 않았으므로, 많은 사고가 발생했다.

병원에서 3마일 떨어져 서울시 경계 밖에 위치하는 조선 기독교 연합대학의 학장이 된 나는 자동차와 운전기사를 두게 되었는데, 운전기사의 능란한 기술과 세심한 주의 덕분에 혼란한 서울 시가지를 무사히 지나다닐 수 있었다.

길거리의 모습을 보면 보행자는 거리 한가운데로 걸어가고, 자동차는 자신들에 대해서나 상대방에 대해 거의 주의를 기울이지 않은 채 굴러가고, 전차는 전 속력으로 질주하고, 수많은 자전거들은 그 사이를 곡예라도 하듯이 이리저리 누비며 달리고 있었다. 간혹 나는 우리 운전기사가 어떻게 충돌하지 않고 잘도 피해 가는 가를 궁금해 하기도 했다.

한번은 번잡한 길모퉁이에서 전차를 기다리는 동안, 심심풀이로 1분 동안 지나가는 자전거의 수를 헤아려 보았다. 실제로 헤아렸던 숫자를 말하기가 쑥스럽지만, 몇 번이나 헤아려 보았더니 1분에 120대, 1초에

2대 꼴이었다.

언젠가 길 건널목에 서서 횡단할 기회를 기다리는 동안 또 헤아려 보았지만 그 숫자는 언제나 비슷했다. 자전거를 타고 가는 이들은 전갈을 전하러 가는 심부름꾼 소년들이거나, 당시 서울의 중심가 양쪽에 줄지어 들어선 많은 상점에서 상품을 배달하는 소년들이었다.

어느 날 사고가 발생했으나, 그다지 놀라지는 않았다. 사고가 일어난 과정보다 현장 가까이에 있던 순경이 재치있게 일을 수습하는 과정을 이야기하고 싶다. 길 건너편에 서 있던 소년 하나가 길을 건너기 시작하더니, 우리 차의 진행 방향 쪽으로 자전거를 몰고 왔다. 차량의 뒤쪽으로 지나가야 하는데, 급한 생각에 앞으로도 무사히 빠져나갈 수 있으리라고 생각했던 것 같다.

우리 운전사는 그 소년의 의도를 간파하고 재빨리 브레이크를 밟았지만, 이미 때는 늦었다. 앞으로 횡단하던 자전거가 자동차 바퀴에 충돌하여 한쪽으로 쓰러짐과 동시에 소년도 굴러 떨어졌다.

차를 멈췄었는데, 마침 현장에 순경이 있었다. 그 순경은 소년을 일으킨 후, 소년과 자전거를 한쪽으로 세우고 기다리라고 명령했다. 그리고는 우리 자동차를 향해 돌아서더니, 호주머니에서 흰 분필을 꺼내 도로 위 자동차 주위를 돌아가며 선을 긋고는 우리에게 도로 가장자리로 차를 몰고 가, 그곳에서 기다리라고 했다.

그리고는 분필 선 가운데 서서, 사고가 났을 때의 그 소년과 자동차의 위치를 확인하기 위해 둘러보더니, 우리의 도로 주행은 정당했고 소년의 횡단 위치가 올바르지 않았다는 것을 알아냈다. 그는 우리에게는 전혀 잘못이 없다고 말하고, 소년에게는 앞질러 가려한 성급한 행위를 말하면서 몹시 꾸짖었다. 이어 소년과 자전거를 자세히 살펴보더니, 둘 다 경미하게 상했을 뿐임을 확인했다.

나의 신분을 안 순경은 이 소년이 다만 무식하고 가난하므로 내가 병원으로 데려가 자세히 진찰해 필요한 치료를 해주고, 자전거에 대해서는 가까이 있는 수리점에서 고칠 수 있게 소년에게 2원을 지불하여 호의를 베푸는 것이 어떠냐고 제의했다.

순경은 제안을 하면서 미소를 지었으며, 우리가 잘못한 점은 없지만 아량을 베풀 수 있는 입장인 반면, 소년이 다쳤고 또 수리에 필요한 2원은 소년에게 큰 돈이라는 설명을 곁들였다. 우리 역시 미소로 답하면서, 수리공에게 2원을 건넨 후 소년을 차에 태워 병원으로 데리고 갔다. 병원에서 치료받은 소년이 기분마저 좋아졌음은 물론이다. 아마 그 아이는 상처의 고통보다 순경에 대한 두려움이 더 컸을 것이다. 소년은 여러 말로 고맙다고 하면서 떠났다. 어쨌든 이 순경의 행동은 모든 상황을 고려한 현명한 처사였다.

분명히 잘못한 소년을 꾸짖어 우리를 위로했고, 또 얼마되지 않는 돈으로 곤경에 처한 소년도 구할 수 있도록 하자고 제안함으로써 우리 모두를 만족케 한 셈이다.

그때 나는 '자비는 두 번 축복받는다. 자비는 주는 자도 축복하고 받는 자도 축복한다'는 셰익스피어의 멋진 구절을 생각했다. 이렇듯 자비는 단순한 정의보다 더 나은 것이다.

왕비를 끝내 알현하지 못하다

부녀자 칩거라는 관습 때문에, 왕비는 결코 공개 행사에 나타나지 않았다. 왕비의 시의(侍醫)인 언더우드 부인이 직업상 왕비를 배알하도록 부름을 받으면, 궁궐로 가 치료와 처방을 하기 전에 항상 언더우드 부인은 나와 함께 병세에 관해 의논했음에도 불구하고, 왕비를 직접 뵌 적은 없었다.

왕비에 관해 너무나 많은 이야기를 들었으므로, 그 분의 성격과 모두가 인정하는 강인한 의지력에 관해 나 자신이 어느 정도 결론을 내릴 수 있는 기회가 될 알현을 고대했다.

어느 날 아침, 마치 내 호기심이 충족되어질 것 같아 보였다. 사자가 우리 집으로 와, 중전마마가 원하는 것만큼 빨리 병에서 회복하지 못하시므로 모든 거리낌을 멀리하고 국왕의 시의를 만나기로 하셨다는 마마의 뜻을 전했다. 나는 기대감으로 설레었다. 이같은 오랜 인습을 왕비가 파기할 수 있다면, 백성들에게도 영향을 미쳐 그와 같은 방향으로 나아가지 않을까 생각했기 때문이다.

그 날 오후 정해진 시간에 사자가 왔지만, 왕비의 병세가 다소 차도를 보이므로 계속 호전되기를 바라며 소환을 연기하고 싶으시다는 마마의 말을 전했다. 왕비가 회복되어 간다는 사실은 기뻤으나, 알현의 기회를 잃은데 대해서는 실망을 금할 수 없었다.

11월에 왕비 탄생 축하연이 거행될 것이고, 축하 연회에는 모든 외국 공관원과 그들의 부인들이 초대될 것이라고 했다. 나와 내 아내도 초청인사 명단에 들게 될 터이므로, 결국 내 소원도 이루어지게 될 것이리라 생각했다.

그러나 이 탄신 축하 연회는 결코 열리지 않았다. 축하 연회의 날짜가 되기 전에 불운하게도 왕비가 시해되고 말았기 때문이다. 돌이켜 보면 왕비의 때 아닌 죽음으로, 조선의 부녀자들이 규중에서 벗어나 자유롭게 활동할 수 있는 행동 자유의 단초가 될 기회도 사라진 셈이다.

왕비 시해 사건 29장

명성황후 장례식 / 1897

청일전쟁과 광무(光武)개혁[195)]

1894~1895년에 일어난 청일전쟁으로 조선에 대한 청국의 종주권이 자취를 감추고 조선이 자주 국가가 되었으나, 이 과정에서 왕실은 많은 고통을 겪어야만 했다. 왕과 왕비는 일본인들을 두려워했으며, 또 청일전쟁이 조선을 장악하기 위한 준비 작업이었음을 깨닫게 되었다. 따라서 소심하고 평화를 사랑하는 왕은 일본에 순종하는 손쉬운 방법을 따르려고 했지만, 민씨 가문의 거센 성미를 타고난 왕비는 타고난 지략과 강인함을 이용하여 일본인들이 하는 일을 사사건건 저지하려 했다.

왕비가 자기들에게는 가장 큰 장애물이라는 사실을 깨달은 일본인들은 왕을 몰아세워 왕비로부터 정사에 관여할 수 있는 권한을 모두 박탈하게 했다. 고종은 마지못해 그들의 요구에 따랐지만, 민비는 여전히 재력(財力)과 권세가 있는 친척을 통하여 영향력을 행사할 수 있었다.

이에 일본은 다시 왕을 강박하여 왕비로부터 중전(中殿)이 누리는 모든 권리와 특권을 박탈하고 서민으로 지위를 강등시켜, 사실상 사저(私邸)에 유폐시켰다. 그리고 궁중에 남아 있는 왕비 일가의 세력을 꺾기 위해, 민씨 가문 중 주요 인물을 청국으로 추방했다.[196)]

---

195. 저자는 '국왕과 밤을 새다' 라는 소제목을 달았지만, 편의상 제목을 수정하였다.

196. 청일전쟁 직후의 일련의 사태를 말하는데, 민씨 가문 중 중요인물이라 함은 동학란 때 청나라 원세개(袁世凱)의 권유로 구원병을 요청하기 위해 청나라로 간 민영준(閔泳駿, 1852~1935)을 말하는 듯하다. 갑신정변을 진압하였고, 임오군란 때 탐관오리로 논죄되어 임자도(荏子島)에 유배된 인물이다. 일제 어용기구인 중추원 의장(中樞院議長)과 헌병대사령관을 역임하였으며 일본정부의 자작(子爵)을 받았다. 천일은행(天一銀行: 商業銀行前身)과 휘문학교(徽文學校)를 설립하였다.

왕은 이제 모든 조선 백성들이 권위를 인정하는 자신을 통해 일본의 명령을 전달하는 대리인으로서 왕좌를 지키고 있을 뿐이었다. 청일전쟁이 일본의 승리로 끝나자 일본은 조선의 자주 독립을 선언하고, 따라서 조선은 대한제국(大韓帝國)이 되고, 고종은 황제(皇帝)가 되었다.[197] 왕과 왕국(王國)이라는 용어는 적어도 부분적으로 예속된 국가를 나타내는 반면, 황제와 제국은 완전 자주권을 가진 군주와 국가를 가리키는 동양의 관습과 일치하는 것이었다.

황제로 지위가 격상된 고종은 무엇보다도 먼저 왕비를 복권시켰다. 복권과 함께 민비는 이제 황후가 되었다. 이같은 국가 위상의 변화에 따라 황제의 복식 뿐 아니라 궁궐 내의 모든 시설물에 이르기까지 홍색(왕실의 색)에서 황색(황실의 색)으로 색상이 바뀌었다. 그러나 상징성을 지닌 색상의 변화나 국가 위상의 변화도 한 나라의 최고 지도자들의 타고난 성품이나 기질을 바꾸지는 못했다.

왕비 시해되다[198]

고종은 선왕과 꼭 같은 성격상의 특징을 가지고 있었다. 그는 지도자라기보다는 추종자였다. 왕비는 이전과 다름없이 맹렬했고 단호했으며, 따라서 곧 영향력을 구사할 수 있는 이전의 위치를 되찾기 시작했다. 추방되었던 왕비의 친척들을 한 사람씩 은밀히 국내로 불러들여, 조선의 운명을 결정짓는데 중요한 역할을 할 요직에 차례로 임명했다.

---

197. 1897년 10월 12일 독립 국가임을 선언하면서 국호를 '대한제국(**大韓帝國**)', 왕을 '황제'라 하고, 연호(**年號**) 역시 중국 것을 쓰지 않기로 하고 '광무(**光武**)'라 정했다. 이후 일련의 개혁을 '광무개혁'이라 한다.

198. 저자는 '거인과 모기'라는 소제목을 달았는데, 편의상 수정하였다.

일본인들은 이같은 정세추이를 경계하며 주시하고 있었다. 비록 명목상 조선의 독립을 찾아 주었지만, 일본인들은 국왕에게 외국과의 대외적인 문제에 있어서는 자기들의 조언을 따라야 한다고 했다. 사실상 조선의 외교권은 이미 일본의 손아귀에 들어가 있었다.

이렇듯 일본은 한편으로 조선의 독립을 찾아주고 다른 한편으로는 빼앗아간 것이다. 물론 지략이 뛰어난 왕비는 일본인의 이같은 계획에 겉으로 반대하고 나서지 않았으나, 갖은 방법을 동원하여 일본의 계획을 방해하려 했다.

방관자의 입장에서 볼 때, 이 현상은 마치 한 마리의 조그만 모기가 거인에게 매우 성가시지만 방치하다가, 획책하고 있는 더 큰 일을 추진하기 위해 언젠가 제거하려드는 것과 같다는 생각이었다.

실제로 조선을 완전 병합할 계획을 의중에 품고 있던 이 일본이라는 거인은 계속 성가시게 굴며 자신의 계획을 방해하는 이 모기처럼 연약한 왕비를 마침내 제거하기로 결정했다. 일본은 미우라(三浦) 백작[199]을 전권공사로 조선에 파견하여, 왕비를 시해하는 한이 있더라도 자국의 목적에 부합하는 일이라면 무슨 일이라도 자행토록 했다.

왕비와 시아버지인 대원군 사이의 오랜 불화를 알고 있던 미우라 공사는 이를 이용하여 자기의 목적을 달성하려고 하였다. 미우라 공사는 세심한 술책으로 대원군과 우호적인 관계를 맺은 후, 대원군에게 자기들과 협력하면 왕비를 파멸시킬 수 있다고 제안했다. 이리하여 이를 실행하기 위한 음모가 꾸며지게 되었다.

미우라 공사의 역할은 민비 시해를 위한 일단의 자객을 제공하는 것이었고, 대원군의 역할은 자객들이 궁궐로 들어가 왕비의 처소로 접근할

199. 미우라 고로(三浦梧樓, 1846~1926)는 일본 추밀원 고문관 · 육군 중장을 지냈으며, 청일전쟁 후 공사로 우리나라에 부임하여 친러 정권을 타도하고 친일 정권을 수립하고자 명성황후 시해를 지휘하여 을미사변을 일으켰다.

수 있도록 하는 것이었다. 그러면 자객들이 나머지 일을 처리한다는 것이었다.

들은 바에 의하면, 실수없이 왕비를 살해하기 위해 일본의 언어 및 풍습을 가르치는 교사로서 왕비의 측근에서 시중들던 일본인 여자에게 이 음모를 알려주면서, 자객들에게 시녀들 속에 은신한 왕비를 지목하도록 지시했다고 한다.[200)]

이들이 공모하여 거사일로 정한 날짜는 1895년 11월 상순 어느 날 밤이었다. 정한 시각에 자객 무리를 이끈 미우라 공사가 궁궐 문 근처의 약속 장소에서 조선 군졸을 거느리고 온 대원군과 합류했다. 왕과의 관계로 대궐 출입이 자유로웠던 대원군이 문지기에게 명하여, 궁문을 열고 자객들이 줄줄이 궁궐로 진입하도록 했다.

자객들이 왕비의 처소로 접근해 오는 소리에 황급히 잠에서 깨어난 친위대가 상황이 위급함을 알렸다. 왕비는 신변 보호의 임무를 띤 친척 민씨의 안내로 사이길 중 어느 하나를 통해 탈출을 시도했으나, 미리 꾸며둔 방법에 의해 왕비를 식별한 자객들이 총을 난사하여 신변보호 책임자를 사살하였고 왕비 역시 이때 총탄에 의해 변을 당한 것으로 추정된다.[201)]

이때가 자정쯤이었다고 생각된다. 왜냐하면 나와 아내는 우리 집에서 이 총성에 잠이 깨어, 총성이 나는 곳이 궁궐 근처라고 말을 주고 받았지만, 더 이상 총성이 들리지 않아 다시 잠들었기 때문이다.

---

200. 생명의 위험을 느낀 민비는 만일의 사태에 대비하여, 시녀들 가운데 얼굴과 자태가 자신과 닮은 궁녀를 택하여 평소 똑같은 옷을 입히고 일거수 일투족을 모방토록 가르쳐, 시해기도가 있을 때 자신이 피신하는 동안 대신 희생되도록 대비해 두었다고 한다.

201. 민비는 통상 일본 자객의 칼에 시해되었다고 보지만, 여기서는 총에 의해 사살된 것으로 추정하고 있는 것이다.

외국인들의 국왕 보호 작전

이튿날 아침 시해사건에 관해 들었다. 이 소식에 접한 도성의 조선인들은 물론이거니와 외국인 사회에서도 아연해했다. 이 돌발 사태로 큰 충격을 받은 각국 조선 주재 공관에서는 조선 국왕를 보호하기 위해, 자국 거류민들 가운데 남자들을 동원하여 조를 편성했다.

매일 밤 두 명의 외국인이 궁궐 내 국왕의 부르심에 응할 수 있는 아주 가까운 곳에 대기하고 있으면, 국왕의 목숨을 노리는 기도를 차단할 수 있으리라는 생각이었다. 굳이 그 이유를 말하자면 완력에 의존한 물리적인 저지가 아니라, 만에 하나라도 가상되는 사건이 발생할 경우 그 현장을 눈앞에서 목격할 수 있으므로, 이를 통해 위해(危害) 기도를 사전에 저지할 수 있다는 생각이었던 것이다.

나 역시 국왕을 보호하기 위해 선발된 외국인 중 한 사람이었다. 왕비 시해사건 이후, 일본의 지시로 내각이 해산되고 일본의 의도를 잘 따를 새로운 내각이 구성되었다.[202]

이 새 내각의 내무대신이 유길준(兪吉濬)이었다. 유길준은 불과 얼마 전, 진성 콜레라가 유행할 때 나에게 수도지역 방역 책임을 맡겼던 바로 그 사람이다. 궁정 내부의 일을 책임지게 된 사람은 이재면(李載冕)으로 국왕의 친형이었다. 동생이 왕으로 등극할 때 이미 언급한 바와 같이 병을 앓고 있었는데, 그 후 동생의 철저한 정적이 되었던 것이다.

조선의 풍습으로는 형이 동생에게 복종하는 일은 극히 어려운 일로 여겨진다. 이재면은 이같은 불쾌감으로 평소에도 그의 친동생인 국왕이

---

202. 일본은 을미사변(乙未事變)을 일으켜 민비를 시해한 뒤 제3차 김홍집과 유길준을 중심으로 하는 친일내각을 세웠다. 이 친일내각은 일본의 압력 하에 단발령(斷髮令) 등 과격한 개혁을 실시하였으나 전국에서 일어난 의병들의 규탄을 받았으며, 1896년 친러파 내각의 탄생과 함께 김홍집 내각은 붕괴되었다. 그때 많은 대신들이 죽음을 당하였는데, 김홍집도 광화문에서 난도들에게 살해되었다.

어려움에 처했을 때 오히려 외면했다. 이번 일로 그가 천성적으로 갖고 있던 일본에 대한 혐오감마저도 궁정 일의 책임자로서 일본 측에 협력함으로써 동생에 대한 굴욕감을 보상받을 기회를 저버릴 만큼 강하지는 못했음을 알 수 있다.

거의 모든 외국공사들은 일치단결하여 민비시해 사건을 비난하고, 새 내각을 인정하지 않기로 결정했다. 그들은 국왕와의 서신 왕래에서 새 내각을 경유하는 것을 거부하고, 장로교 목사이자 국왕의 절친한 친구인 언더우드 박사에게 국왕과의 서신 왕래를 맡아 달라고 부탁했다. 그는 이 일에 동의했다.

국왕은 적들의 간교한 책략을 우려해 궁궐에서 마련한 수라를 드시지 않고, 대신 언더우드 목사 집에서 준비한 음식만 잡수셨다. 언더우드 목사 댁 주방에서 준비된 음식을 금고에 넣어 자물쇠를 채우고, 목사 자신이 궁궐로 운반하여 국왕께 직접 진상했던 것이다. 음식에 관한 한 전의인 나도 접근이 허락되지 않았다.

왕비 유해를 둘러싼 소문들

시해 소식이 알려지고 수 주간이 지나도 왕비의 유골이나 흔적을 찾을 수 없었다. 이 때문에 왕비의 측근들은 왕비가 궁궐을 벗어나, 어느 사가(私家)에 피신하고 있을 것이라 여겼다. 이는 13년 전 대원군에 대한 두려움으로 궁궐을 빠져나가 수개월 동안 잠적했다가, 시아버지를 청국으로 유괴하여 상당 기간 억류토록 하고, 조선 정부의 지도적 인물로 복귀하면서 모습을 나타낸 전례가 있었기 때문이었다.[203] 급기야 왕비의 행방

203. 임오군란 시, 장호원(長湖院)에 있는 충주목사 민응식(閔應植)의 집에서 피신한 전례를 말한다.

이 묘연한 가운데 상당한 시일이 지나면서, 왕비가 정말로 궁궐을 빠져 나갔으며 몇몇 측근들은 그 은신처를 알고 있다는 소문마저 나돌았다.

긴박하게 돌아가는 거사

어느 날 조정의 고관을 지냈으며 제중원의 어느 선교사에게 조선어를 가르친 적도 있는 이(李)라는 사람이 찾아와, 왕비의 측근들이 드디어 은신처를 찾았다고 했다. 그는 왕비의 측근들이 결속하여 친일파 내각 전원을 살해하고, 왕비를 정당하게 복위시킨 후 국왕의 지위를 더욱 공고히 할 것이라고 했다.[204)]

이 거사는 그날 밤에 틀림없이 실행될 것이라고 했다. 그는 말하기를 궁궐내부의 호위대장이 왕비께 충성을 바치고 있으며, 궁궐 밖 왕비 측근들이 그와 긴밀히 연락을 취하고 있다고 했다. 호위대장이 외부 공격대를 궁 성벽의 어느 문으로 쉽게 잠입시키고, 궁내에서는 호위병들을 궁궐 요소에 배치하여 어떠한 불상사도 일어나지 않게 빈틈없이 거사할 것을 왕비의 측근들에게 확약했다고 했다.

이 방문객은 말을 이어, 그들은 공격대를 무장시킬 만큼 충분한 소총을 구했지만, 탄약이 부족하여 자기는 그들의 목적이 성취될 수 있도록 충분한 탄약을 구하고 있는 중이라고 했다. 내가 소총을 가지고 있다는 것을 알고, 내가 보관 중인 탄약을 넘겨주리라는 희망에서 나를 찾아 왔던 것이다.

그는 자락이 긴 비단 두루마기를 두벌 걸치고 있었다. 바깥 두루마기

204. 여기서 말하는 거사는 을미사변 후 김홍집-유길준 중심의 친일 내각(제3차 김홍집 내각)에 권력을 빼앗긴 친러파들이 친일내각을 타도하고 권력을 되찾으려 한 사태를 말한다.

자락을 걷어 올리자, 안 두루마기 자락을 빙둘러 접어 올려 만든 하나의 커다란 주머니, 즉 자루 같은 모양이 드러났다. 그 속에는 이미 상당량의 탄알이 들어 있었다. 나는 소총을 가지고 있었으나 윈체스터 엽총이었으므로, 내가 가진 탄약은 그들의 군용 소총에는 사용할 수 없는 것이었다.

그는 전하를 구하기 위한 거사가 바로 그날 밤 자정에 이루어질 계획이며, 선교사들과 다른 외국인들이 왕비의 친구라고 알고 있으므로 내가 그 일에 관해 외국인들에게 알려도 좋으며, 또 만약 국왕의 측근들이 궁궐을 재탈환하는 것을 외국인들이 보고 싶어 한다면 특정된 시간에 어느 장소로 가면 볼 수 있을 것이라고 했다. 또한 내가 원한다면 황실에 공감하고 있는 여러 외국공관에 이 정보를 전해도 좋다는 암시도 했다.

방문객이 돌아가고, 나는 아내에게 이 일을 알리려 집으로 갔다. 마침 알렌 박사의 부인이 방문 중인지라 이들에게 내가 방금 들었던 바를 알렸다. 그리고는 미국 공사관으로 가서, 이 문제를 미국 공사인 실(Sill)에게 보고했다. 그는 궁궐에서 막 돌아온 언더우드로 부터 이미 정보를 들어 알고 있었다. 궁궐에서 국왕의 사촌으로 몸집이 큰 종친 한 사람이 언더우드에게 일어날 일을 알려 주었다고 했다. 실 공사는 알렌 박사를 보내어 여러 외국 공사들과 앞으로 취할 조처에 대하여 의논하게 했다.

나는 영국 영사관으로 갔는데, 러시아 공사 웨버(Weber)가 찾아와 월터 힐리어(Walter Hillier) 경과 협의하고 있었다. 비록 그들이 말은 하지 않았지만, 아마 이 일에 관해 의논하고 있었던 것 같다. 그들은 내 말을 경청했지만, 이 문제는 순전히 조선의 내정에 관한 일이므로 자신들은 아무런 책임이 없고, 따라서 간섭할 필요도 없다는 결정을 내리고 있었다. 그러면서도 이 일은 조선의 현 상황에 비추어 볼 때 대단히 중대한 사태이므로, 정보를 제공해준데 대해 감사한다고 했다.

그 후 언더우드 씨 댁으로 갔는데, 거사에 관해 궁중에서 들은 일로 몹시 흥분해 있었다. 그가 국왕으로부터 전갈을 받았느냐고 묻기에, 나는 전갈을 받지 못했다고 대답했다.

그랬더니 "그래요. 전하께서 시종에게 박사님을 뵙고 싶다는 말을 전하라고 하시더군요"라고 했다.

의심할 바 없이 시종들은 일이 벌어질 것을 모두 알고 있었고, 이 문제의 시종은 국왕의 전갈을 나에게 전하는 대신 안전을 도모하기 위해 기회를 틈타 달아난 것이 분명했다.

언더우드 박사는 내가 취할 행동에 대해 아무 충고도 하지 않았으나, 전하께서 나를 원하시므로 그 내용을 알아보기 위해 궁궐로 가야겠다고 말했다. 언더우드 박사에게 그날 다시 입궐할 생각이냐고 물었더니, 다시 입궐 한다는 약속은 하지 않았지만, 내가 입궐한다면 동행하겠다고 했다.

오후 8시 궁문에서 만나 입궐하기로 하고, 입궐 준비를 위해 그 댁에서 나왔다. 도중에 헐버트(H. B. Hulbert) 씨를 만났다.[205] 그는 국왕의 절친한 친구로서 전에 국왕이 설립한 영어 학교의 교사였으나, 최근부터 미국 감리감독교회 선교단에서 활동하고 있는 중이었다.

그가 현재 일어나는 사건에 관심을 가지리라 생각하고 그 이야기를 해주었더니, 예나 지금이나 열정적인 그는 대단한 관심을 보이면서 상기된 모습으로 자기를 데리고 간다면 만사 제쳐놓고 동행하겠다고 했다.

---

205. 헐버트는 조선식 이름 할보(轄甫)로, 언어학자이자 사학자. 1886년(고종 23년) 6월 소학교 교사로 초청받아 조선식 이름 방거(房巨)인 벙크(D. A. Bunker) 등과 함께 조선으로 들어왔다.

죽음을 각오하고 국왕을 알현하다

그날 밤 저녁 식사 후, 아내는 소위 동양식으로 백인 거주지역이라고 부르는 몇 채의 건물이 들어선 울타리를 친 구역의 바깥 대문까지 따라 나와 상당히 불안해하면서 작별인사를 했다. 그러나 내 행동이 소명에 대한 나의 마음가짐에서 비롯되었다는 사실을 잘 헤아리고 있는 아내는 굳이 반대하지는 않았다.

입궐하는 도중에 미국 공사 실이 보낸 문지기이자 군졸인 조선인 한 명을 대동한 언더우드 목사를 만났다. 헌데 만나기로 한 헐버트는 우리가 대궐 큰문에 이를 때까지 모습을 드러내지 않았다.

시간이 늦어 대궐문은 이미 닫혔고 빗장도 걸려 있었다. 문지기 군관에게 입궐을 요청했으나, 대문을 열어 줄 수 없다고 잘라 말했다. 일이 심상치 않다는 느낌이 들었다. 문지기 군관이나 군졸들은 평소에 우리 두 사람을 익히 알고 있을 뿐 아니라, 언더우드 씨는 외국공사들의 사자로서, 나 자신은 국왕의 전의로서 무시로 입궐할 수 있는 권리가 있음을 잘 알고 있는 그들이 아닌가. 그러나 당직 위관 및 군졸들은 법규에 따라 열쇠를 전하께 드렸으므로, 우리의 입궐은 불가능하다고 거듭 말했다.

그러자 언더우드 씨는 미국 공사의 공무상 명함을 꺼내 보였는데, 이것이 위관의 태도를 바꾸게 했다. 위관은 열쇠에 관해 조금 전 자신이 했던 말을 잊은 듯 했다. 대문을 열어 우리가 들어가자 재빨리 닫아 걸었다. 궁궐 문에서 국왕의 처소에 이르는 반마일의 거리를 걸음을 재촉하여 빨리 걸어갔다. 우리의 도착을 알리자, 전하께서 즉시 맞아 주셨다.

나는 혹시라도 국왕께서 편안치 않아 진찰을 원하시지나 않을까 하고 약병 하나를 들고 갔다. 건강에 대해 여쭙고는 약을 손에 쥐어 드리고 사용법을 알려 드렸다. 이 시기의 불안한 상황 때문에, 나는 그 어느 누구도 약을 함부로 다루지 못하게 하고, 또 어떤 이유로 국왕이 붕어하실 경우 내가 국왕께 독약을 드렸다는 누명을 씌우지 못하도록 약은 언제나 내가 직접 드렸던 것이다.

이 같은 공식절차를 끝내고 하직 인사를 올리려 하자, 국왕은 우리가 집으로 돌아갈 것인지, 아니면 밤이 깊었으므로(약 10시가 되었다) 밤새 궁궐에 머물 것인지를 물으셨다. 질문의 의도를 이해했기 때문에, 우리는 집으로 돌아가려 하지만 전하께서 원하신다면 궁내에 머물겠다고 말씀드렸다. 국왕께서는 우리에게 폐를 끼치고 싶지는 않으나, 크게 불편하지 않으면 머물러주면 기쁘겠다고 하셨다. 국왕의 뜻을 받아들인 우리는 궁궐 시위대의 훈련에 관계하던 다이(Dye) 장군과 다른 2명의 미국인 장교가 머물고 있는 숙소로 갔다.[206]

다이 장군의 처소로 돌아온 직후, 헐버트 씨가 숨을 몰아쉬며 갑자기 나타나 우리는 몹시 놀랐다. 예기치 않게 늦어져 약속한 시간에 우리를 만날 수 없었고, 또 궁궐 대문 위병들에게는 이미 입궐한 2명의 미국인과 동행하기로 되어 있었으나 사정상 늦게 왔으니 그들과 합류하도록 입궐을 허락해 달라고 부탁했다는 것이다.

위병들이 입궐은 불가능하다고 해, 심한 언쟁을 하다가 마침내 고압적으로 밀치고 들어왔다고 했다. 궐문을 통과하고 위병들이 시야에서 벗어났지만, 혹시 뒤쫓아 올까봐 여기까지 곧장 줄달음쳐 왔다고 했다.

오래지 않아 궁궐 대문을 형식적으로 조금만 닫아 두기로 한 조선인 시위대장이 우리가 입궐했다는 말을 들었다며 찾아와 우리에게 예를 갖추어 인사를 했다. 그가 찾아온 이유는 알 수 없었으나, 거사에 관한 언급

206. 미 육군 퇴역장성 다이(W. Mc. Dye) 장군은 역시 퇴역 장교인 그의 부관 닌스테드(Nienstead) 대령과 함께 조선정부에 고용되어, 미 육군 방식에 따라 궁궐 시위대의 호위임무를 지휘하고 있었고, 또 한 사람의 미국인 레곤드 장군은 궁궐 내부의 일에 대한 고문으로 정부에 고용되어 있었다.

은 하지 않은 채 곧 가버렸다.

닌스테드(Nienstead) 대령은 우리가 무기를 지니고 있다면, 상태를 점검해 두는 것이 좋을 것이라고 했다. 언더우드 씨와 내가 바지 뒷주머니에서 권총을 꺼냈으나, 헐버트 씨는 유감스럽게도 서둘러 오느라 무기 생각을 미처 하지 못했다고 했다. 대령이 유사시에 사용할 수 있는 총신이 아주 짧은 소총 한 자루를 여분으로 가지고 있으므로, 자기 권총을 빌려 주겠다고 했다. 실제로 무기를 사용할 필요는 없으리라 생각했지만, 만일에 대비하여 우리는 무기를 손질하고 장탄까지 해두었다.

궁정의 총성과 긴박한 순간

자정쯤 한발의 소총 총성이 나고, 뒤이어 여러 발의 총성이 들렸다. 우리 다섯 사람은 국왕의 처소를 향해 달리기 시작했다. 불과 2시간 전에 국왕 전하가 계시던 건물의 대문으로 다가갔을 때, 대문에서 바깥쪽으로 일개 중대 병력이 두 줄로 서서 어느 누구도 대문으로 들어가지 못하도록 착검한 소총을 교차시키고 있는 중이었다.

아직 그들이 완전한 대형을 갖추지 못했기 때문에, 언더우드 씨가 이 순간을 이용하여 아직 느슨하게 쥐고 있는 총검을 밀치고 나아갔으며, 그의 뒤를 바짝 붙어 따라가는 내 등 뒤에는 헐버트 씨가 내 등을 밀면서 따라왔다. 군졸들이 무슨 일이 일어나고 있는지 미처 깨닫기도 전에, 우리는 대문을 통과하여 국왕 전하의 처소로 통하는 계단을 뛰어 오르고 있었다.

우리가 바깥 계단을 뛰어 올라 갈 때 국왕께서 "외국인들을 불러, 외국인들을"하시며, 외치는 소리가 들렸다. 우리가 방으로 뛰어 들어가면서

"우리가 여기 있습니다!"라고 하자, 전하께서는 크게 안심하셨다. 전하께서 우리가 내실로 들어가기를 재촉하셨지만, 사태 진전을 보다 더 잘 관찰할 수 있는 내실 앞 현관에 머무는 것이 가장 좋을 것이라고 말씀드렸다. 여기서 우리는 각자의 생각에 따라 움직였다.

때는 미국의 추수감사절 전날 밤이었고 밤공기는 매우 싸늘했다. 우리는 서둘러 국왕께 달려오느라고 외투를 두고 와서 한기를 느꼈다. 조선 군졸들은 우리들에게는 아무런 악의가 없음을 알고, 방금 뛰어 들어 온 대문 쪽으로 가서 가까이 있는 병사와 이야기를 나누었다.

공교롭게도 한 병졸이 환자로 우리 병원에 입원한 적이 있었기에, 나는 그를 알아보았다. 그에게 이 밤중에 병사들이 여기에 있기가 춥지 않느냐고 하자, 물론 춥다고 대답하기에 따뜻한 커피를 가져다주겠다고 했더니, 고맙다고 했다. 나는 웅대한 현관방으로 돌아와 하인을 찾아서 커피를 끓여 입구를 지키는 군졸들에게 대접하라고 지시했다.

그때 입구에 막 들어서는 헐버트 씨를 만났는데, 이빨이 부딪치는 소리가 들릴 정도로 몹시 떨면서 "추워서 그런지, 아니면 겁을 먹어서 그런지는 모르겠습니다만, 지금 이 순간은 세상 어떤 곳보다도 여기가 좋군요"라고 했다.

추위에 떨기는 나도 마찬가지였다. 숙소에 외투를 벗어두고 온 것이 실수였다. 하인을 시켜 외투를 모두 가져오도록 했다. 이때 궁내를 돌아보고 난 언더우드 씨가 들어 왔는데 그 역시 추워했다. 우리는 이따금 추위보다는 겁을 먹어 떠는 것 같다고 서로 놀리기도 했다.

우리는 자칭 국왕구조대가 들어오기로 되어 있는 대문 가까이에 있었는데, 이때 벌써 그들이 문을 열려고 애쓰는 소리를 들을 수 있었다. 그런데 이상하게도 대문을 약간만 걸어두고 병력을 넓은 궁궐 여기 저기에 분산 배치하겠다던 시위대장의 약속과는 다른 양상이었다.

대문은 이중으로 잠겨 있고, 다수의 병력이 그곳을 집중 방어하고 있었다. 마지막 순간에 시위대장이 생각을 바꾸어, 이 사건의 전모를 폭로하고 그 동안 주고받은 모든 서신을 내각에 넘겨주었던 것이다. 대문이 약속과는 달리 열려 있지 않은데 격분한 몇몇 공격 대원들이 동지의 부축을 받아 담을 뛰어 넘어오기 시작했다. 그러나 곧 시위대의 손에 붙들려 포로가 될 뿐이었다.

달 밝은 밤이었다. 달빛을 정면으로 받는 침입자들은 대문 안의 상황을 볼 수 없었으나, 달빛을 등지고 싸우는 방어군은 상대의 동향을 낱낱이 볼 수 있었다. 대궐 담을 넘어오는 공격자들을 힘들이지 않고 속속 사로잡았다. 곧 담장 밖의 사람들이 사태를 파악하고, 방어가 다소 허술한 근처의 다른 대문으로 돌진했다. 그쪽 대문을 돌파하는 데는 성공했으나, 소수의 병력으로 더 이상 전진하지 못하고 결국 패주하고 말았다. 공격대 지휘자들은 대부분 조선의 치안권이 미치지 않는 외국인 주거지역으로 피신했다.

한편 공방전이 벌어지고 있는 동안, 시종들은 전하의 처소를 지키는 장졸들에게 커피를 날라주고 또 우리의 외투도 가져왔다. 곧 한기가 가셔 떨지 않게 되었다. 결국 우리의 몸 떨림은 두려움 때문이 아니고, 11월 하순의 냉기 때문이었다고 할 것이다.

바로 담장 밖에서 총성이 나고 대소동이 벌어지자, 전하는 크게 놀라 황태자와 함께 우리가 있는 곳으로 나오시더니, 함께 내실로 들어가자고 하셨다. 바로 이때 각료들이 나타났다. 총리대신은 전하께 궁궐 내 더 안전한 곳으로 모시겠다고 하면서 전하의 동행을 요구했다. 국왕께서 우리를 향해 어떻게 하면 좋겠느냐고 하문하셨다. 언더우드 박사는 전하께 어떻게 하시라고 조언할 처지는 아니나 우리 외국인들은 이곳에 그대로 있을 것이며, 전하께서 함께 계신다면 아무 해가 없을 것으로 생각한다고 말씀드렸다.

그때 총리대신이 국왕의 어수(御手)를 잡고 강제로 모셔 가려 했고, 전하께서는 나의 팔을 꼭 잡으셨다. 병부대신이 황태자를 붙들자, 황태자는 언더우드 씨를 잡았다.

이런 모습으로 우리가 꼼짝 않고 서 있자, 그들이 우리에게서 떨어지도록 전하와 황태자를 세게 잡아당기지 않는가. 그러자 전하와 황태자는 오히려 우리에게 더 꼭 매달리셨다. 우리는 더욱 꼿꼿이 서 있을 뿐이었다. 이 광경을 영화로 촬영했더라면 훌륭한 장면이 되었을 것이다.

총리대신은 우리 외국인들이 무례하게도 전하를 붙들어 전하께서 마땅히 하셔야 하고, 또 원하시는 일을 못하시게 방해하느냐고 했다. 이 말에 언더우드박사는 우리가 전하를 잡고 있는 것이 아니라 오히려 전하께서 우리를 잡고 계시며, 또 무슨 총리대신이라는 사람이 자기가 섬기는 임금을 붙잡고 원하시지 않는 일을 강요하느냐고 했다.

그 모습으로 한참 서 있다가, 마침내 전하께서 우리와 함께 계시겠으며 '경들은 이제 가도록 하라' 고 말씀하셨다. 그제야 그들은 전하와 황태자를 놓아드리고 곧 떠나갔다. 한편 전하와 황태자께서는 우리를 꼭 잡으신 채, 실제로 우리를 내실로 끌고 가서 바로 곁 방석 위에 앉히셨다. 그러는 동안 담장 밖의 소란스런 소리가 잦아들더니 곧 잠잠해져, 전하 측근들의 노력이 실패로 끝났음을 알았다.

바로 그때 헐버트 씨는 앞서 경황 중에 미처 생각지 못했던 사실을 그제서야 깨달았다. 닌스테드 대령이 탄띠에 매달린 채로 건네주었던 권총을 겉옷 밖으로 둘러찬 모습으로 어전에 앉았던 것이다. 이리하여 어전에서는 어떠한 무기도 휴대하지 못한다는 엄격한 규칙을 어겼을 뿐 아니라, 그 모습을 확연히 드러내 보이게 된 것이다.

헐버트 씨는 갑자기 양해를 구하고 밖으로 나가, 겉으로는 보이지 않게 외투 아래로 탄띠를 고쳐 메었다. 국왕께서 이 사실을 주목하셨는지 우리로서는 알 길이 없다. 만약 알고 계셨더라도 자신을 보호하기 위해 사용될 수 있는 무기 하나 쯤 주위에 있다는 것을 다행으로 여기시고, 이 문제를 일부러 거론하시지 않으셨으리라.

얼마 후 소란이 조용해지자, 곁에 앉아 계시는 국왕께서 피곤해 하신다는 것을 알았다. 그래서 머리를 내 팔 위에 두시게 하고, 옥체를 뻗어 잠을 청하시라고 말씀드렸다. 전하는 그대로 하셨고 이런 상태로 동이 틀 때까지 깊이 주무셨다.

아침 7시경 각료들은 전혀 딴 사람이 되어, 다시 왔다. 총리대신은 어전에 무릎을 꿇고 문안을 드렸다. 우리 세 사람 외국인에게도 정중히 절하고, 지난 밤 자기들이 한 일이 잘못임을 인정하면서, 그 무례함에 대해 사과했다.

우선 그는 이미 날이 밝았으며, 우리가 매우 피곤하리라고 했다. 우리가 자기들의 사과를 받아들이고, 또 전하께서 자기들 손에 고통을 당하시지 않을 것을 믿어 달라고 했다. 자기들의 이 보장을 우리가 믿는다면, 기꺼이 우리의 수고를 덜어주고 또 우리가 무사히 귀가하도록 하기 위해, 그리고 전하를 위해 행한 지난밤의 수고를 치하하는 뜻에서 우리들 각자에게 군졸을 대동시켜 모시도록 하겠다고 했다.

추수감사절 아침식사 시간에 맞추어 우리가 집에 돌아오자, 아내들은 크게 안도하면서 맞아 주었다. 이 사건을 완전히 기술하려면 그 후에 일어난 일들을 언급하지 않을 수 없다.

왕비의 유해를 찾다

왕비가 실제로 자객들의 총탄에 살해된 후, 시신은 궁궐 안 가까운 숲 속으로 옮겨져 옷에 석유를 뿌려 분신한 사실이 나중에야 밝혀졌다. 이 때문에 왕비의 생사 여부를 쉽게 단정할 수 없었고, 아울러 왕비가 화를 모면하여 어느 사가에 피신하고 계시리라는 일말의 희망도 남아 있었던 것이다. 더욱이 사건 후 왕비를 실제로 본 사람이 없다는 사실이 중전의 생존 가능성을 더욱 점치게 했다.

결국 숲에서 타다 남은 뼛조각과 시해가 있던 날 왕비가 입고 계시던 옷 조각이 한 더미의 재속에서 발견되어, 왕비의 죽음이 확실해졌다. 이로써 '진실은 밝혀지게 마련이다(Truth will out)'라는 속담이 사실임을 다시 한번 증명된 셈이다. 암살자들은 사건의 흔적을 없애려 했지만, 발견된 것만으로도 그들의 만행을 입증하기에 충분했다.

유골 조각이 있는 재를 수습하여 관에 넣고, 명당자리를 찾아 육중한 관을 안치하기 위한 능이 마련될 때까지, 수개월 동안 유해를 모시기 위해 궁궐 내에 새로운 건물을 짓고 그곳에 안치했다. 이 기간 동안 매일 국왕께서는 왕비의 임시 묘소를 찾으셨다. 명복(冥福) 의식을 담당한 승려를 제외한 어느 누구의 출입도 허용되지 않았다. 나는 거의 매일 국왕을 뵈려 입궐했으므로, 이 기간 궁궐에서 일어난 일을 직접 알 수 있었다.

이 사이 지관(地官)들이 왕비의 유택지(幽宅地)를 선정했다. 이들이 하는 일은 망자와 그에 관련될 미래 사실을 미리 알며, 특히 사자의 시신이 악령으로부터 어떠한 방해도 받지 않고 평화롭게 쉴 수 있는 상서로운 자리를 선택하는 것이었다. 이리하여 능이 마련되었는데,[207] 분봉의

207. 명성황후가 묻힌 홍릉(洪陵)은 처음 동대문구 청량리에 있었는데, 1919년 고종 사후 오늘날의 경기도 남양주시 금곡리(金谷里)로 이장하였다.

크기는 높이가 약 40~50피트, 둘레도 그에 비례되는 정도였다. 시일을 두고 흙이 단단히 다져지게 한 연후에, 비가 와도 허물어지지 않도록 푸른 잔디를 입혔다.

분봉 상부 가까운 곳에 굴을 파서 육중한 관을 넣을 묘실을 마련하고, 천장과 바닥과 사방에 큼직하게 잘라낸 돌을 깔아 철저히 외부로부터 침입을 막도록 했다. 이 공간에는 관 뿐 아니라 망자가 필요로 하는 모든 비품과 제물을 넣는다.

장례를 준비하는데 수개월이 걸렸다. 입궐과 알현이 허락된 유일한 외국인이었던 나는 그동안 거의 매일 전하를 알현했다. 이러한 은전은 전하와 나의 특별한 관계 때문이었다. 전하께서는 나를 통해 외국인 사회와의 접촉을 유지할 수 있었는데, 외국인 사회는 마치 거미줄 망에 걸린 듯한 전하의 생활 속에 교묘히 섞어 짠 한 가닥 희망의 실 같은 역할을 하고 있었다.

왕비의 장례식*

왕비의 인산(因山)[208] 날짜가 다가오자, 왕비와 선교사들의 절친했던 관계와 불안과 슬픔의 나날을 함께 해 준 선교사들의 공을 염두에 두신 국왕께서는 알렌 박사를 통해 도성에서 동쪽으로 수마일 떨어진 장지(葬地)로 행차할 때, 선교사들이 행렬의 어느 위치에 설 수 있도록 특별히 배려해 주셨다.

당시 미국 대리공사 알렌 박사는 몇 사람의 연로한 선교사들과 이 문제

208. 국장(國葬)으로, 임금과 그의 비, 황태자 부부, 황태손 부부의 장례를 포함한다.

를 의논했다. 그 결과 외국인 사회 내의 어느 특정 집단에 대한 이같은 은총의 표시는 전하 자신 뿐 아니라, 선교사들 역시 오히려 난처한 입장에 처하게 될 수도 있다는데 의견이 모아졌다.

그는 전하께 우리가 해 온 일이 다른 외국인들의 일과 크게 다를 바 없음에도 과분한 은총을 베푸시는데 대해 감사의 뜻을 전하고, 기회가 되면 다른 외국인들 역시 기꺼이 전하께 충성을 다할 것이라고 간곡히 설명했다. 이어서 그는 전하께서 굳이 원하시면 받들 수밖에 없지만, 앞서 언급한 이유로 선교사들의 행렬 참가 초청은 거두시고 능묘에서 거행되는 장례식에 참석토록 허락해 주시길 바란다고 했고, 국왕께서는 이 요청을 승낙하셨다.

초청 인사를 수용하기 위해 세워진 건물들로 능묘 주위에는 작은 도시가 생겨났다. 한쪽에는 국왕과 시종들을 위한 소규모 궁궐과 관을 잠시 안치하기 위한 특별한 건물, 왕비를 모셨던 수많은 궁녀들을 위한 몇 채의 작은 집들이 지어져 있었다. 또한 외국 사절단, 공관원들, 그들의 가족과 거류 외국인들을 수용할 건물이 마련되어 있었고, 조정의 무수한 고관 대작을 비롯한 벼슬아치들을 위한 건물도 여러 채 있었다.

이 건물들은 비록 하루 낮과 하루 밤을 이용할 뿐이었지만, 침실 · 식당 · 주방 · 하인들의 방, 그리고 조문객의 편의를 위한 부속 건물들 등 필요한 시설을 모두 갖추고 있었다. 이 모든 것이 비운의 왕비를 위한 것이었기 때문에, 엄청난 비용도 무리라고 여기지 않았으리라.

장례 절차는 일반 부유층이나 양반 관료의 그것과 다르지 않았다. 다만 왕비의 지위에 걸맞게 더 장엄할 뿐이었다. 상세한 장례절차에 대해서는 이 회고록의 다른 부분에서 기술한 바 있다.

장례는 일요일 오후에 거행되었는데, 능묘의 위치를 결정할 때와 마찬가지로 노련하고 뛰어난 일관(日官)들이 정해준 바에 따라, 정확한 날짜와 정확한 시각에 시작되었다.

거류 외국인들은 장례 행렬에는 참가하지 않았으나, 행렬과 그 장엄함을 지켜 볼 수 있는 곳에 자리 잡고 구경을 했는데, 그 중 다수는 오후에 능묘 주변에 임시로 세워진 마을의 할당된 곳을 찾아갔다. 거기서 음식을 원하는 사람에게는 솜씨 좋은 조선인 요리사가 장만한 최고급 외국 요리가 제공되었다. 이 모든 것이 우리들에게는 놀라울 따름이었다.

우리는 관을 경사면 위로 운반하여 묘실에 안치하는데 필요한 준비작업과 영혼들의 호의를 간절히 빌기 위해 마련된 음식, 꽃, 그 밖의 여러 가지 물건의 제물을 구경하며 오후를 보냈다. 실제 하관(下棺)은 이날 밤에 거행될 예정이었지만 정확한 시간에 대한 정보는 없었고, 다만 모든 준비가 끝나는 대로 곧 있을 것이라고만 했다. 또 준비가 끝나기 직전에 징을 쳐 알리기 때문에 물러나 있는 것이 좋을 것이라 하여, 우리들 중 많은 사람들이 휴식을 취할 기회를 가졌다.

징소리가 나자, 나는 일어섰다. 높다란 능묘 위로 올라가는 도중에, 나는 롤러 위에 놓인 육중한 관을 많은 사람들이 가파른 능 위로 힘주어 당기고 또 한편 밀고 있는 광경을 보았다. 놀랍게도 국왕께서 직접 이 일을 진두지휘하시고, 다른 이들과 같이 수고하고 계셨다.

마침내 많은 구경꾼들이 모여 있는 묘실 입구까지 관을 끌어 올렸다. 그곳에 서있던 여성 선교사들이 관이 단에서 영원히 안치될, 내벽을 두른 공간으로 밀려들어가는 것을 더 잘 볼 수 있는 곳으로 가려고 했다. 가까이에 서있던 한 러시아 호위병들이 방해가 된다고 생각하고는 거칠게 밀어냈다(이때에는 러시아의 영향이 크게 미치던 시기였다).

그러나 국왕께서는 여성 선교사들을 불러 곁에 세워 두고, 장례 진행을 쉽게 지켜볼 수 있도록 했다. 물론 국왕의 이같은 처사로 병사들은 놀랐지만, 기실 그것은 거류 외국인에 대해 전하께서 느끼고 계시던 감사의 표시이기도 하고, 또한 부인네들에 대한 서구의 기사도를 어느덧 받아들이고 계시다는 증거이기도 했다.

이리하여 왕비의 관이 관습적인 제물과 음식들에 둘러싸여 영면할 곳에 바르게 놓이자, 모든 문상객들은 작별 인사를 올렸다. 그 다음 육중한 칸막이 돌문들이 닫히고 단단히 밀봉되었다.

이리하여 모든 의식절차가 끝나고 문상객들도 모두 물러갔다. 일꾼들만 남아 흙을 채워 능의 윤곽을 원상대로 하고, 그 위에 뗏장을 입히니 입구가 완전히 덮여 위치를 가늠할 수 없게 되었다.

이제 우리는 자유로이 잠자리에 들거나, 아니면 아침 식사 때까지 원하는 대로 시간을 보낼 수 있었다. 아침 식사 후 국왕께서 외국 공사관 직원들과 그들의 부인들, 그리고 참석한 거류 외국인들을 접견하시고자 한다는 전갈이 있었다. 그 밖의 다른 사람들은 어느 때고 집으로 돌아가도 좋다고 했다.

얼마 후 참석했던 우리 일행은 임시 접견실로 안내되었다. 우리를 위해 특별히 준비한 다과회 석상에서, 국왕께서는 우리의 문상에 대한 고마움을 말씀하시면서 무사히 돌아가라고 말씀하셨다. 귀로에 선 우리는 비록 슬픈 일이긴 하지만, 다시 볼 수 없는 장면을 아주 가까이에서 목격했다는 사실을 새삼 깨달았다.

거사 실패 후의 상황

국왕과 왕비에게 충성을 다하기 위해 크나큰 모험을 감행한 사람들은 그 후 어떻게 되었을까? 많은 사람들이 그날 밤으로 체포되었다. 그 후에도 더욱 많은 사람들이 체포되었지만, 이들의 행방과 신상에 대해서는 들은 바 없다. 그날 탄약을 구하러 나를 찾아온 이공(李公)과 윤 장군, 그의 아들 윤치호 등을 위시한 몇몇 지도자들은 언더우드 씨 댁으로 피신하여, 그곳에서 수 주간 머물렀다.

친일파 내각은 이 피신자들을 언더우드 씨 가옥 밖으로 유인해 내기 위해 자주 기만술을 썼다. 외국인 거주 구역 내에서는 이들을 체포할 수 없었기 때문이다.

그 한 예로, 어느 날 이공(李公)이 황급히 건네 준 쪽지를 받았는데, 신의가 두터운 친구로부터 온 것으로 언더우드 씨 거주 지역 밖의 모 장소에서 만나자는 내용이었다. 이공은 이 친구의 요구를 거절할 수 없는 입장이었다. 주변 사람들이 이 쪽지는 체포를 위한 유인책이며, 필요하다면 오히려 친구가 이곳으로 올 수 있다고 했다.

이공은 친구가 외국인 거주지로 오게 되면 그에게 화가 미칠 수도 있고, 또 철저히 위장하면 안전하게 바깥에서 친구를 만날 수 있다고 했다. 만류를 뿌리치고 거리로 나간 그는 곧 치밀하게 교육받고 대기하던 경찰에 체포되었다. 곧 이공은 투옥되고 이어 서해의 어느 작은 섬으로 유배되었다가, 수 년 후 사면되었다. 1935년 12월 우리가 조선을 떠나기 직전, 그의 방문으로 재회했으나 그 후 소식은 듣지 못했다.

한편 윤 장군의 친구들은 그를 조선으로부터 탈출시키기로 했다. 청나라 선박 한척이 제물포 항에서 출항할 것이라는 말을 듣고, 그를 변장시켜 서울서 26마일 떨어진 그곳으로 데려갈 준비를 했다. 우선 길게 드리워진 흰 수염을 깎았다. 그는 처음으로 이러한 수염을 깎는 야만적인 행위를 허락했던 것이다. 그리고 양복을 입었다.

그때가 겨울이었으므로, 나에게 수달피 가죽으로 된 캐나다 겨울 모자를 빌리러 왔다. 이 모자로 머리 뿐 아니라 이마까지 가리고, 또 두터운 목도리로 얼굴과 목을 감아 다만 눈만 나오게 했다. 이들은 나에게 공용

(公用)으로 배정된 지붕 있는 가마도 이용하자고 했다. 발이 빠른 4명의 건장한 청년들이 장군이 탄 가마를 메고 항구를 향해 떠났다.

2명의 남자 선교사들이 길을 선도하며, 또 도중에 만날지도 모를 파수꾼들의 심문에 응하기 위해 가마 앞에서 걸어갔다. 실제로 도중에 검문을 당하기도 했다. 파수꾼들은 미심쩍은 나머지 가마 속을 들여다보기도 했지만, 분명히 병든 외국인이라 믿고 통과시켰다. 마침내 목적지에 도착하여 닻을 올리기 직전인 청국의 소형 선박에 그를 태웠다. 그는 황해를 건너 무사히 청국에 상륙한 후, 안전한 귀향이 보장될 때까지 그곳에 머물렀다.

윤 장군은 과거에 조선 정부의 병부대신 자리에 여러 번 올랐었고 또 항상 고종의 충직한 신하였다. 이 일이 있기 전에도 국왕에 대한 충성으로 인해, 몇 번이나 변장이나 다른 방법으로 국외로 탈출한 적이 있었다. 그의 아들 윤치호는 계속 언더우드 목사 댁에 상당기간 머물렀는데, 정치 사정이 바뀌어 무사히 집으로 돌아갈 수 있었다.

구한말 간신배들 이야기 **30**장

동대문을 통과하는 조선군 / 1904

한성부윤(漢城府尹)이 된 러시아 공사관 요리사 출신 김홍륙[209)]

어느 나라에서나 사정은 비슷하겠지만 조선에서 국왕의 총애를 받는 가장 빠른 길은 큰 재물을 헌납하거나, 혹은 정적(政敵)을 제거하는 방법을 찾는 것이리라. 조선에서도 이 두 가지 방법 중 어느 하나, 혹은 양자를 이용하여 최하층 출신자가 단기간에 재물이나 주요 관직을 얻는 예가 드물지 않았다. 그 하나의 예가 러시아 공사관의 전직 요리사 김홍륙의 경우이다.

1894~1895년의 청일전쟁이 끝나자, 조선은 국제적인 소용돌이에 휘말렸다. 전쟁에 승리를 거둔 일본이 조선의 외교권을 요구하고, 이어서 내정까지 간섭하려 들면서, 일본인들이 입버릇처럼 말해 온 자주 독립의 꿈은 무산되고 말았다. 이런 경향에 편승하여 다른 강대국들도 일본과 같은 권리를 조선에 요구할 수 있다고 생각했으며, 러시아 역시 예외는 아니었다. 사실 러시아는 일찍부터 음모를 꾸미고 있었다.

국왕의 신임이 두텁거나 상당한 재물을 헌납한 대가로 은총을 누리는 소수의 총신(寵臣)을 통해 정사를 처리하는 고종의 성향을 잘 알고 있던 러시아는 국왕의 주의를 끌기 위해, 그런 부류의 사람들을 이용하는데 주저하지 않았다.

러시아 측으로서는 언어 문제가 우선 해결되어야 했으므로, 러시아어

209. 저자는 '간신배의 흥망 : 벼락 출세의 일례' 라는 소제목을 달았지만, 편의상 수정하였다.

를 구사할 수 있는 조선인을 물색하기 시작했다. 이런 인물로 자기네 공사관에 요리사로 일하는 김홍륙이라는 사람을 적격자로 지목했다. 러시아 측은 김홍륙의 출신 신분 따위에는 전혀 구애받지 않았고, 김은 재빨리 자기 앞에 펼쳐진 엄청난 출세의 기회를 간파했다.

김은 러시아 공관원들로부터 철저하게 자기의 임무에 관한 교육을 받았다. 이와 같은 치밀한 공작을 통해, 마침내 고종이 그를 매우 중요한 인물로 여기게 하는데 성공했다. 그러나 김의 출세가 마냥 순탄치 만은 않았을 것이다. 그 사실은 알렌 박사의 기록에 있는 다음과 같은 구절을 통해 엿볼 수 있다. '1898년 2월 22일, 러시아 공사관의 통역관인 김홍륙이 괴한들의 습격을 받았으나 마침 영국 해병에 의해 구조되었다' 라는 대목이다. 괴한들의 정체에 관한 언급은 없으나, 김의 출세욕을 달갑잖게 생각한 다른 공관원이나 하인들의 소행이라는 소리를 들은 적이 있다.

이 습격사건이 있은 지 불과 17일 후인 동년 3월 11일, 김은 조선 수도의 행정 책임자인 한성부윤(漢城府尹)에 발탁되었다. 요리사에서 러시아 공사관의 통역관으로, 다시 한성부윤이 되었으니 실로 놀라운 벼락출세라 하겠다.

그해 7월 27일 요리사 출신의 한성부윤 김홍륙이 체포되어 축출되었다. 그 이유는 비록 그의 도움으로 러시아인들이 획득한 이득이 크기는 했지만, 극히 일시적인 데 불과했기 때문이었다.

그 내막을 좀 더 자세히 살펴보면, 그 짧은 기간 동안 러시아는 조선정부를 위해 일하던 영국과 미국인 고문들을 자국 출신으로 대치했을 뿐만 아니라, 조로은행(朝露銀行)이라는 금융기관을 설치하고, 이 은행에 조선정부의 국고자금을 이체시켰다. 이와 같이 국가의 재정문제에까지 영향력을 행사하는 일 외에도 여러 가지 이권을 획책했다. 이 기간에 덩

달아 김의 위상도 크게 높아지고 있었으나, 어느 날 제물포 앞바다에 영국 함대가 나타나자 사태는 급격히 반전했다. 날로 높아만 가던 러시아의 영향력은 순식간에 사라지고, 전직 러시아 공관의 요리사의 출세운도 다하기 시작했다.

9월 말경의 어느 날 밤, 나는 목을 베어 자살을 기도한 사람을 치료하기 위해 형무소 감방으로 불려갔다. 그 사람이 바로 김홍륙이었다. 그는 결국 정치 음모자로 체포되어, 사형선고를 받고 있었다. 형 집행이 다음 날 있을 예정이었으나, 그는 자살을 택하여 입수 경로를 알 수 없는 칼로 자신의 기관(氣管)을 반이나 잘랐던 것이다. 그러나 양쪽의 주 혈관은 다치지 않아 상당량의 유혈은 있었지만, 생명에는 지장이 없었다. 감방에는 단지 조그마한 등이 하나 매달려 있었는데, 불빛마저 희미하기 짝이 없었다.

감방에는 그를 눕힐 탁자도 없어, 나는 맨 바닥에 누워 있는 그의 곁에 어색한 자세로 꿇어앉아 필요한 조치를 취할 수밖에 없었다. 흘러 내리는 피를 솜으로 막고, 절단된 기관을 꿰매었다. 그리고 방부액으로 상처를 씻어주니, 정상적으로 호흡했다. 그는 어느 정도 회복된 후, 그해 10월 12일 2명의 동료와 함께 교수형에 처해졌다. 그러고 보니 자해를 통해 죽게 내버려두는 것은 법의 권위를 부정하는 행위이므로, 법정의 선고에 따른 죽음을 겪도록 일단 그의 목숨이 구해진 셈이 되었다.

또 다른 총신 이용익(李容翊)*

왕의 총애를 받아 출세하였다가 몰락한 사람의 또 다른 예로 이용익이라는 사람의 이야기를 빼 놓을 수 없다.[210] 비천한 집안 출신인 그는 장성하여 물을 길러 각 가정에 날라주는 물장수가 되었다. 수완을 발휘하여 많은 가정과 물 공급계약을 맺고, 싼 가격으로 배달할 사람을 고용하여 차액을 벌었던 것이다. 이렇게 차츰 부를 쌓자, 이제 재산 증식 뿐 아니라 사회적 지위를 확보하는데 눈을 돌렸다. 결국 그는 재물을 이용하여 영향력있는 사람들의 환심을 교묘하게 사기 시작했다.

왕에게는 항상 돈이 필요하여 돈을 마련하거나 다른 이익을 가져다 줄 책사(策士)가 필요했다. 이용익은 왕이 이용하기에 적당한 사람이었다. 그는 돈으로 국왕에게 충성을 보여, 지방관에 임명되었다. 그리하여 자신의 영향력을 더욱 넓히고 사리를 취했을 뿐 아니라, 이를 이용하여 국왕에게 더욱 가까이 할 수 있는 더 큰 기회를 잡게 되었다.

당시 지방관은 국왕이 임명했으나 흔히 금전에 의한 것이었다. 지방관은 급료가 없고, 해당 지방에서 누리는 관직과 관직을 이용하여 궁궐로 보낼 세금을 징수하는 권한이 주어졌다. 이 권한을 이용하여 부정직한 지방관은 백성들로부터 세금을 과다하게 징수하고, 할당된 금액만을 국왕께 진상했다. 함구용으로 일부 수하 관리들에게 그 일부를 나누어 줄 뿐, 나머지 공물은 거리낌 없이 모두 착복하였다.

사실 지방관들이 돈으로 관직을 매수하고, 중앙 정부에서 할당한 공물의 몫을 충당하고, 법의 집행자이자 백성의 보호자로 생각하는 자신들

---

210. 이용익(李容翊, 1854~1907)은 이 글에서처럼 임오군란을 만난 민비의 장호원 피신 때 민비와 국왕과의 연락을 잘한 공로로 출세한 인물이다. 친러파의 거두로 황실 재산관리를 맡았다. 1904년 한일의정서 체결 후 배일 친러파로 일본에 납치되었다가 이듬해 귀국, 을사조약 체결에 반대하여 그 후 군부대신에 기용되었으나 사퇴하였다.

이 보상받기 위해, 과중한 징세가 없을 수 없다는 사실은 국왕도 잘 알고 있었다. 이 사실을 모르는 백성은 없었지만, 감히 불평할 수 있는 것은 지방관의 횡포가 지나치다고 생각될 경우에 한해서였다. 교활한 이용익은 궁궐로 계속 자금을 보내 궐내의 모든 사람들로부터 환심을 사는 한편, 영리하게도 곤경에 빠지지 않을 만큼 백성들에게 세금을 부과했다.

왕실의 재정사정이 점점 악화되자, 국왕은 그를 불러 왕실의 재정을 맡아보게 했다. 이 직위에 있는 동안 그는 조세를 인상하고, 심한 착취로 인해 더 이상 지불할 능력이 없는 관리를 해임하고 그 자리에 돈을 지불할 능력이 있거나 의향이 있는 자를 임명하는 등의 방법으로 국가 세입을 늘렸다.

내가 병원 건축용 부지를 찾고 있을 때, 국왕의 명에 따라 나와 동행한 사람이 바로 이용익이었다. 내가 제안한 장소에 대해 그가 매번 반대한다는 소문이 나돌았다.

그는 철저한 배타주의자였다. 그가 국왕의 신임을 크게 받던 시기에 일어난 다음 사건은 이를 잘 말해준다.

언더우드 목사가 부인과 아들을 대동하고, 시골 지역으로 오랫동안 미루어 온 복음전도 여행을 떠났다. 어느 일요일 그를 돕는 전도사가 그들이 머물고 있는 지역의 성문에 게시된 포고문을 필사해 왔다. 국왕의 명으로 발행된 포고문의 내용을 보니, 모든 외국인을 고발하고 발견 즉시 장소를 불문하고 극형에 처하라는 것이었다.

시행일로 정한 1900년 12월 6일이 불과 며칠 남지 않아, 즉시 조치를 취하지 않을 수 없었다. 서울로 사람을 보낼 시간적 여유가 없어, 그는 나에게 전보를 치기 위해 우체국으로 갔다. 그러나 전보에 사용할 언어가 문제였다. 조선어로 할 수도 없었고, 또 영어도 타인에게 해독될 가능성이 높았다. 그래서 그는 라틴어로 전보를 쳤다. 그날 밤 전보를 받았는데, 이 음모는 국왕 몰래 꾸며진 것이 틀림없으니 지체 없이 이 사실을 전하께 전하라는 내용이었다.

나는 즉시 동료 캐나다 선교사 게일 목사와 함께 미국공사 알렌 박사를 방문했다. 그는 크게 화를 내면서, 즉시 국왕에게 접견을 요청했다. 국왕은 일요일 밤에 있은 이 긴급요청에 놀랐으나, 잘 아는 미국공사의 요청이라 배알을 승낙했다. 알렌 박사는 언더우드 씨의 전보를 먼저 영어로 번역하고, 다시 조선어로 번역했다.

전보가 전적으로 신임하고 있는 사람인 언더우드 박사에게서 온 것이었으므로, 국왕께서도 틀림없는 사실임을 믿었다. 국왕은 이에 대해 전혀 모르는 사실이며, 누군가가 국왕의 명의를 도용해 당신의 의사에 반하는 명령을 내린 것이라고 하셨다. 물론 알렌 박사도 이같은 사실을 충분히 이해했다. 알렌 박사는 전하의 말씀을 믿지만 대살륙이 일어날 날짜가 불과 며칠 남지 않았으므로, 이미 전국적으로 게시된 명령을 취소하는 포고령을 즉시 방방곡곡에 내려야 한다고 강조했다. 이리하여 앞선 포고문의 효력을 긴급 정지시키라는 전하의 명령이 즉각 하달되었으며, 이리하여 천만 다행으로 외국인 학살행위가 일어나지 않았다.

왕명으로 백성을 책동한 사람은 누구일까? 물론 이용익이었다. 그는 자신이 국왕에게 절대 필요한 인물이므로, 이처럼 엄청난 죄를 저지르고도 생명이 위태롭지 않을 것이라 생각했던 것이다. 이 사건으로 국왕께서는 그와 같은 무법자들을 측근에 두게 되면, 자신에게 위협이 쉽게 미칠 수 있다는 사실을 깨닫고 이 총애하던 신하를 물리쳤다.

이 교훈을 전하께서 가슴깊이 새기셨더라면 좋았을 텐데. 그러나 매관매직이나 자금줄을 마련하는 자를 확보하는 방법 외에, 거액의 국가 운영 자금을 확보할 수 있는 합리적인 방법을 알지 못했다. 국왕은 지출을 삭감하거나 새로운 관리임용 제도를 도입하고, 합리적인 국가 행정을 통해 세계 개혁을 창출해 낼 지력과 용기를 갖추지 못했던 것이다.

국왕은 아첨꾼들에게 둘러싸여 있었지만 그들을 제거할 방법을 몰랐고, 대외적으로는 한쪽으로 일본, 다른 쪽으로 러시아, 그리고 상반된 이해관계를 가진 서양 열강들의 요구를 만족시키느라 정신이 없었다. 국왕은 외국 정부의 압력에 저항하는 수단과 방법을 몰랐던 것이다. 만약 외국에 대한 많은 지식과 견문을 겸비하고 충간(忠諫)하는 사람들을 신임했더라면, 국왕 자신은 물론 나라를 구할 수도 있었을지 모르지만, 실로 유감스럽게도 제반 사정은 그렇지 못했다.

이용익은 12월 14일 관직에서 물러났으나, 12월 16일 사면되어 2월 17일 황실재산 관리책임자라는 본래의 직위로 복직되었다. 이와 같은 나라 안팎 사정을 감안하면, 과거 국왕의 측근 중 올바른 인물들이 하나로 뭉쳐, 나약하고 무지한 군주의 엄청난 과오를 막기 위해 입헌군주제를 출범시키려 했던 일은 오히려 당연한 것이라 하겠다. 새 질서를 확립하려는 이러한 시도가 실패로 끝나면서 강대국들은 이러한 정황을 악용하게 되었고, 세계 속에서의 조선의 발전은 안타깝게도 좌절되고 말았던 것이다.

고종의 인품* 31장

말년의 고종 황제 / 연대 미상

다리를 절단한 소년을 위해 의족을 하사하시다

전제 군주들의 잔인무도한 행위를 책을 통해 읽거나 직접 목격했을 경우, 그들에게 이기심을 떠난 동정심 같은 것은 찾아볼 수 없을 것이라고 생각하기 쉽다. 그러나 오랜 세월을 두고 가까이서 보게 되면, 실은 그러한 비정한 모습은 국왕으로서의 자신의 신변에 위험을 느낄 때 한해서나 나타난다는 사실을 알게 된다.

나라가 태평할 때의 전제군주는 하는 일이 순조로운 때의 범부들이나 다름없이 생각이 깊고 인정이 많은 게 보통이다. 나는 고종의 전의로 있으면서, 이 사실을 여러번 확인할 기회가 있었다.

전제군주로서 그는 때로 아주 비정할 때도 있었지만, 인간으로서의 그는 누구 못지않게 인정스러웠던 실례를 소개하기로 한다.

어느 날 오후, 거리의 부랑아로 보이는 땟물이 줄줄 흐르는 어린 소년이 전차에 치여 병원에 옮겨왔다. 생명을 건지자면 대퇴부를 절단해야 할 형편이었다. 즉시 절단 수술 준비를 하고, 나는 궁중에 왕진해야 할 일이 있어 동료 의사들에게 수술을 맡기고 나섰다. 건강 상담을 마친 뒤 왕이 바로 그 부상당한 소년에 대해 묻는 바람에 나는 적잖게 놀랐다. 어찌 아시느냐고 물었더니 일체의 사고 소식은 전화로 보고된다면서, 병원으로 옮겼다고 하는데 보았는지, 몇 살이나 되며 중상인지 어떤지를 물으시는 것이었다.

바로 옆에 어린 세자가 서 있기에, 나는 세자 머리 위에 손을 올리면서 부상당한 소년의 키가 그만하다는 것과 다리를 절단하지 않으면 안된다는 사정을 말씀 드렸다.

금방 용안에 걱정스런 빛을 띠면서 무슨 수를 써서라도 그 아이의 목숨을 구해달라는 말씀과 함께 퇴원시킬 때 꼭 의족을 구해주면 돈은 자기가 지불하겠다고 하셨다. 소년은 회복이 빨랐고 의족도 준비되었다. 나는 왕께 소년을 직접 어전에 알현할 수 있게 해, 감사의 인사를 받아 주시겠느냐고 청해 봤다. 왕은 쾌히 승낙하셨다. 왕의 위로와 격려의 말씀을 들은 소년은 너무 감격해서 "고맙습니다"라는 말만 거듭했다. 왕은 매우 흡족한 표정이었다.

샌프란시스코 지진에 의연금을 내시다

샌프란시스코에 지진이 일어났을 당시, 고종은 현지의 조선 교민들의 사정에 대해 깊은 관심을 보이셨다. 나를 만나자 마자 현지 소식을 들어 봤느냐고 묻고, 교민들의 안전과 식량, 의료 문제에 관해서까지 염려하셨다. 방법만 있다면 의연금을 보내고 싶다시기에, 샌프란시스코에도 해외 선교사업 지원을 위한 사무실이 있으므로 그곳에 파견된 선교사들이 기꺼이 맡아서 도와줄 것이라고 말씀드렸다. 반가워하시면서 나에게 송금을 맡아 달라고 하시고는 사람을 시켜, 당장 5천원을 가져오게 하여 내 손에 쥐어주시며, 필요하면 곧 추가로 송금해 주겠다는 다짐까지 하셨다.

다음날 나는 은행을 통해, 뉴욕 선교위원회 경리 담당관 앞으로 전신송금을 하면서 처리 방법까지 부탁해 놓았다. 곧 호의적인 답신을 받고, 그 결과를 왕에게 보고했다. 왕은 마음을 놓으시면서, 선교 본부에 감사의 인사를 전해 달라고 하셨다. 다행히 조선 교민 중에는 이재민이 많지 않아 더 이상은 송금은 하지 않아도 되었다.

캐나다로 돌아가는 우리에게 보이신 정

우리 부부의 건강은 중국을 다녀오면서 크게 호전되었지만 그 후 다시 악화되어, 1899년 서울 선교회는 나의 병가 추천을 올려 캐나다로 요양차 귀국할 기회를 주었다.

소식을 들은 왕은 우리 가족을 만찬에 초대했다. 생후 1년도 안된 마틴까지 데리고 오라고 하셨지만, 꼬마 둘은 두고 가는 것이 낫겠다고 생각되어 잠을 재워 놓고 출발했다.

신축중인 궁궐이 완공될 때까지 임시 처소로 사용하던 손탁(Sontag) 호텔로 찾아갔다. 그러니까, 왕이 러시아 공사관에 체재하시던 직후가 된다. 도착 즉시 왕을 배알했을 때, 그는 겨우 걸어 다닐 정도의 어린 왕자와 같이 계셨다. 왕자가 아장 걸음으로 와서 우리 애들에게 장난을 걸면서도, 어른들에게 낯가림을 하는 것을 보시고 왕은 재미있다고 웃으셨다.

식사는 완전히 양식이었다. 다음날 지게꾼을 시켜 여러 짐의 선물을 보내는 외에, 먼 뱃길에 편안할 것과 우리 부부의 건강이 빠른 시일 내에 회복되어 곧 돌아오기를 빈다는 글까지 써 보내셨다.

선물은 조선산 비단과 중국산 비단, 부채, 놋쇠로 만든 온갖 물건과 식량, 그리고 그 밖에도 여러 가지가 있었다. 이미 여행 가방을 다 싸 놓은 뒤여서, 선물은 따로 상자를 준비해야 하는 번거로움이 있긴 해도, 왕께서 친히 보여주신 정표에 여간 감사하지 않았다. 이 선물들을 가져가 미국과 캐나다의 친지들에게 나누어주었을 때, 그들에게 인기가 대단했음은 말할 것도 없다.

궁궐에서의 스케이팅 파티

1894년 겨울이었다. 국왕은 나를 보고 외국인들을 궁중에 초대하여 스케이트를 타고 싶다고 하셨다. 스케이트를 타려면 서울에서 4마일이나 떨어진 강까지 가야 했으므로, 초대받은 사람들은 그저 황송할 뿐이었다. 거기에다 어쩌면 왕을 뵐 기회가 있을지도 모른다는 생각이 들어서 더욱 그랬다.

어전 바로 앞에 큰 연못이 있고, 못 가운데 작은 섬이 있고, 섬에는 아름다운 정자가 있어, 여름철에는 왕의 가족이 이곳에 와서 즐길 수 있게 되어 있었다. 때가 겨울인지라 연못은 얼음으로 덮여, 훌륭한 옥외 스케이트장이 될 만했다.

왕의 종제가 우리를 맞아 주었다. 그는 몸이 비대하고 성격이 명랑해서 보통 뚱보마마라는 별명으로 통하기도 했다. 이 날은 우리 일행이 즐겁게 놀다 가도록 뒷바라지하는 임무를 맡았던 것이다.

그 자신은 스케이트를 타지 못했기 때문에, 정자에서 내다보면서 거의 날 듯 타고 돌아가는 스케이트꾼들의 모습을 구경하고 있었다. 그러다가 누가 넘어지기라도 하면, 웃음을 참지 못했다.

실컷 타고나서 정자로 안내 받은 우리는 맛있는 음식을 대접 받았다. 왕의 종제는 구경한 것에 대해 이런 저런 농담을 늘어놓으며, 우리 일행 못지않게 즐거워했다. 우리는 궁중에서 대접을 받은 것을 기뻐하며, 오후 늦게 귀가했다. 이튿날 일행을 대표하여 감사의 인사를 하러 찾아갔을 때, 왕은 껄껄 웃으시면서 이렇게 말씀하셨다.

"실은 어제 짐의 내외도 구경을 다 했소. 아주 재미있었소. 처음엔 얼음판에 넘어지는 사람들을 보고 다치면 어쩌나 하고 걱정을 했는데, 그때마다 금방 툭툭 털고 일어나는 것을 보고 단련이 되어 있다는 걸 알았소.

에비슨 여사가 한번도 안 넘어지는걸 보고, 우리 부부는 입을 모아 여사께서 여자분들 가운데 제일 잘 타는 분이라고 감탄을 늘어놓았다오."

이 말씀에 나도 웃으면서, 우리 일행이 어찌나 재미있었던지 훗날에 얼음이 좋을 때 다시 날을 잡아 한번 더 초청해 주시면 좋겠다는 말을 하더라고 전했더니, 왕께서도 쾌히 청을 받아들이셨다.

며칠 뒤 왕은 우리 쪽에서 날짜를 잡아보라고 하셨다. 생각을 들어본 다음 그 결론을 왕에게 알렸고, 곧 두 번째 스케이팅 파티에 초대를 받았다. 이번에는 왕비가 특별한 배려를 베풀어, 내전을 우리들의 탈의장으로 쓰게 했다. 끝난 뒤에는 내전에서 성찬까지 대접받았고, 남녀를 따로 나누어 알현할 기회까지 누리게 되었다.

사이토 총독과의 만남 이야기[*211] 32장

일본군 지휘관 / 1905

211. 저자가 붙인 원래 소제목은 '사이토 총독(1919~1929)'이다.

사이토 총독과 나의 만남

1919년 비무장 봉기(unarmed uprising)[212]가 있은 후, 하세가와 총독[213]이 물러나고 사이토 총독이 부임했다.[214] 관례대로 외국인 거류자들은 신임 총독의 관저를 예방했다. 우리는 신임 총독 사이토가 훈장도 달지 않고, 칼도 차지 않은 평복 차림으로 내방객을 맞이하는 것을 보고 뜻밖이라고 생각했다.

전임 총독들은 공식 석상에서 항상 정장차림에 칼을 차고 가슴에는 훈장을 달고 있었는데, 사이토 총독은 우리와 조금도 다르지 않는 소박한 복장을 하고 있어 친근감을 주었다. 그 때문인지 우리는 금방 부담감 같은 것을 떨쳐 버릴 수 있었다.

관저에서 나와 그 점에 대해 이야기를 하던 중, 한 사람이 다음과 같이 설명했다. 그의 말을 빌면 일본의 해군 제독과 육군 장성을 비교하면, 예외없이 제독들이 더 소박하면서도 신사답다는 것이었다.

---

212. 1919년에 일어난 3 · 1운동을 말하는데, 이를 '비무장 봉기'라고 표현하고 있다.

213. 하세가와 요시미치(長谷川好道, 1850~1924)는 1916~1919년 제2대 조선총독 재임 시 철저한 무단통치를 자행하였으나, 3 · 1운동의 발발로 사임하였다.

214. 사이토 마코토(齋藤實, 1858~1936)는 1877년 해군병학교 졸업, 1906년 해군대신 취임, 1912년 해군대장 승진, 1914년 해군의 독직(瀆職) 사건으로 사임할 때까지 9년 동안 근무, 1915년 남작(男爵)에 서훈, 1919년 조선총독에 취임하여 기존의 식민지 통치방법을 '무단통치'에서 '문화통치'로 전환했으나, 실제로는 헌병을 경찰이라는 이름으로 바꾸었을 뿐 병력을 증가하고, 이 기간을 이용하여 많은 지식인을 변절하게 하였으며, 위장된 자치론을 이용하여 독립운동 방향에 혼선을 빚게 하였다. 1927년 제네바 해군군축회의에 일본의 전권위원으로 참석, 귀국 후 조선총독을 사임하고 추밀원 고문관이 되었다. 1925년 자작(子爵)에 서훈, 1929~1931년 재차 조선총독에 취임하였다가 1932년 거국일치 내각을 조직하여 수상에 취임, 만주국 승인 · 국제연맹 탈퇴 · 농촌 구제사업 등을 통하여 비상시국의 진정을 도모하였으나, 1934년 '데이진 사건(帝人事件)'으로 내각 총사퇴를 단행하였다. 1935년 재차 내무대신으로 취임했으나 1936년 군부의 급진파 청년장교들에게 친영미파(親英美派)의 중신으로 지목되어 '2 · 26 사건' 때 암살되었다.

이유인즉, 1879년 일본이 문호개방을 하고 서방의 해군제도, 육군제도, 교육제도, 사법제도를 모방할 때, 해군 장교 훈련은 영국식을, 육군 장교 훈련은 독일식을 전수했기 때문에 해군과 육군 장교 간의 그같은 차이는 당연하며, 그것이 오늘에까지 전래되고 있다는 것이었다.

또 일본의 교육제도가 독재적인 성격을 띤 것도 서구화 계몽 당시 독일의 교육방식을 모방했기 때문이라는 것이었다. 여하튼 사이토 남작은 영국 해군보다도 더욱 개방적이어서, 민주적 훈련의 좋은 본보기였다. 남작의 부인 또한 그런 남편에게 어울리는 반려자였다. 그녀는 동경에 있는 캐나다계 미션스쿨에서 교육 받았는데, 전형적인 일본 여성으로서 남편에게 헌신적이었다.

일본이 조선의 주권을 박탈함으로써 신의를 저버리긴 했지만, 사이토 남작은 조선인에 대해 순수한 공감을 가졌고 나아가 조선인의 독립에 대한 갈망을 이해하는 것 같았다.

물론 조선에 대한 일본정부의 정책을 수행하지 않으면 안되었지만, 적어도 조선민이 독립을 쟁취하려는 노력은 가상할 만한 일이라고 인정한 것은 사실이었다. 사이토의 이같은 태도와 공정을 기하려는 노력은 많은 조선인들로부터 존경과 호감을 샀다.

조선의 우국지사들도 이러한 사실을 알고 있지만, 오히려 이점을 염려하고 있다는 말을 1919년의 운동을 이끈 한 청년 지도자한테서 들은 적이 있다. 하루는 이 청년이 집을 방문하여, 자신을 포함한 모든 조선인들이 총독의 훌륭한 인품을 인정하고 참으로 존경할 만한 사람이라는 것을 알고 있으나, 사실은 그 때문에 총독이 하는 일, 심지어 조선에 도움이 될 일까지 포함하여 그가 하는 모든 일에 무조건 반대하고 나선다고 했다.

우국지사들의 염려는 조선 청년들이 사이토 총독의 덕망에 감화되어,

장차 일본 국민에 대한 증오가 그들 사이에서 사라져 버릴 수도 있으며, 이런 현상이 지속되면 일본의 지배가 청년들에게 현실로 받아들여져 적극적으로 독립투쟁을 하지 않을 수도 있다는 것이었다. 조선으로서는 차라리 나쁜 총독일수록 독립투쟁의 의욕이 더욱 강해진다는 점에서 좋다는 것이었다.

사이토 남작이 총독으로 파견될 즈음 일본은 조선인의 교육수준을 억제하려는 정책을 취하고 있었던 것 같다. 피정복자가 고등교육을 받게 되면, 정복자에게 저항하기 쉬워져 통치하기 힘들다는 계산이었을 것이다. 그에 반하여 미션 계통 학교는 교육수준이 높고, 더구나 신앙교육이 일본의 이익을 저해하는 요인으로 간주되어, 마침내 국립을 위시한 모든 학교에 신앙교육 금지령을 내리기에 이르렀다. 이런 시책으로 미션계 학교들은 설립목적에 맞는 교육을 시행하기 어렵게 되었다.

당시 나는 세브란스 의대와 조선 기독교 연합대학을 운영하는 책임자의 위치에 있었기 때문에, 이 문제에 대해 더 큰 관심을 기울이지 않을 수 없었다. 결국 타개책의 일환으로 관계 교육법을 융통성 있게 해석하자는 선교단체들의 결정에 따라, 나도 이 운동에 깊이 관여하게 되었다.

학교 문제를 두고 이야기 하는 중에 나는 다음과 같은 제안을 했다. 문부성이 정한 교육과정을 충실히 이행할 경우, 정부시책에 상충되지 않는 교과 과목을 추가할 수 있도록 해 달라는 것이었다. 다만 추가 과목의 종류와 성격은 말하지 않고 총독 자신의 뜻에 맡기겠다는 것이었다.

이 제안이 주효하여 그 뒤 어느 날, 총독으로부터 교육문제에 관한 회의가 있으니 총독 관저로 와 주었으면 좋겠다는 연락이 왔다. 동행을 원하는 사람이 있으면 말해 달라기에, 역시 미션계 남자 고등학교의 교장이었던 쿠운즈(Coons) 목사를 추천했다. 전령이 쿠운즈 교장 댁으로 출발하는 것을 보고, 나는 바로 교장에게 전화를 걸어 전령이 갈 것이니 댁에서 기다리라고 당부해 두었다.

우리는 정시에 총독관저에 도착하여, 회의장으로 안내되었다. 총독과 각료 전원, 그리고 교육관계 관리들이 자리하고 있었다. 나는 속짐작으로 우리에게 교육문제에 대한 질문을 퍼붓거나, 아니면 교육법 해석 문제에 깊이 관여하지 말라고 경고하기 위한 모임이라 생각했다.

그런데 나의 예상은 빗나갔다. 총독은 주머니에서 서류를 하나 꺼내, 책상 위에 펼쳐놓고 낭독하기 시작했다. 기존 법령에 대한 새로운 해석이었다. 모든 학교가 정해진 교과목을 충실히 가르치고, 시설과 교사진과 교육 실적이 문부성의 요구를 충족한다고 인정되는 학교에 대해서는 그들이 원하는 교과목을 추가할 수 있다는 요지의 법령 해석이었다.

우리는 경청했다. 낭독을 끝낸 총독이 나의 의견을 물었다. 나는 쿠운즈 교장을 쳐다봤다. 그는 고개를 끄덕여 만족한다는 표시를 했다. 총독에게 우리가 만족한다는 뜻을 전하자, 회의는 끝났다. 이 소식이 한 선교단체에 전해졌고, 이 일로 인해 선교사들이나 조선 기독교도들 사이에 사이토 총독의 명성은 더욱 높아졌다. 사이토는 조선 통치의 성공으로 일본 정부의 높은 신임을 받게 되고, 그 결과 곧 작위가 높아져 자작(Viscount)이 되었다.

사이토 총독의 재임 후기, 그는 런던에서 열린 워싱턴조약(The Treaty of Washington) 회원국 회의에 일본 대표 단장 자격으로 참석했다. 이 조약에는 영국 · 미국 · 프랑스 · 일본 등 네 나라의 해군 함정 보유수를 각기 5 : 5 : 4 : 3의 비율로 정해놓고 있었다.

일본 해군당국은 이 비율이 공평치 못하다고 생각하고, 일본의 국력 신장과 함정의 필요성에 비추어 회담을 다시 열어 이 비율을 재검토하자고 했다. 그러나 일본 대표단을 맞은 다른 나라들은 일본으로서는 유감스럽게도, 사소한 조항개정에 대해 양보하면서도 이 주요 쟁점에 대해서는 정면으로 거론하기를 회피하면서, 동일한 비율을 수년간 그대로 유지하려 들었다.

대표단이 도쿄로 돌아오자, 이 문제는 일본 의회에 보고되었다. 대표단의 일원이었던 마추오카는 런던회의의 결정을 대표단이 거부해야 한다는 주장을 강력히 제기했다. 이 운동에 비록 실패하였으나 그는 강력한 '반사이토 파벌'을 구성하는 데 성공하여, 후일 일본 육군 장교들 손에 그가 피살될 때까지 이 단체는 계속 유지되었다.

런던 출장에서 돌아 온 사이토 제독은 조선으로 귀임하여, 10년간의 임기를 마쳤다. 일본으로 귀환한 그는 곧 일본 의회 내에서 자유주의 계열의 지도자가 되었고, 얼마 후 일본의 수상 자리에 올랐다. 내가 일본을 방문했을 때, 그는 수상 사무실에서 친절히 나를 맞아 방문 목적에 도움이 될 일이 있으면 기꺼이 도와주겠다고 했다. 수상 직에서 물러난 그는 직책상 천황과 개인적인 접촉이 잦은 옥쇄(Privy Seal) 담당 궁내부 대신이 되어 궁중에서 막강한 영향력을 행사하게 되었다.

이 무렵 일본인들의 정신과 목적에 중대한 변화가 일어났다. 이러한 변화는 군부 내에 중국을 정복하려는 강력한 의욕을 고취시키려고 끊임없이 노력해온 과거 런던 대표단의 일원 마추오카의 책동에 주로 기인하였다. 이와 같은 책동은 전 세계의 황색 인종을 규합하여, 백색 인종으로부터 그들이 오랫동안 누려온 세계 지배권을 뺏기 위한 노력의 첫 단계였다.

사이토 총독의 후임자로 우가끼 장군이 부임하자, 조선에 우호적인 사람들은 그가 총독이 됨으로써 조선에 좋지 않은 결과를 가져올 수 있다고 우려했다. 그런데 의외로 이 장군은 조선 사람의 훌륭한 자질에 깊은 감명을 받고, 이들의 제반 조건을 향상시키기 위해 여러모로 노력을 아끼지 않아 조선에 파견된 총독 가운데 사이토 다음으로 훌륭하다는 평이 나올 정도였다.

수년간의 임기를 마치고 귀국한 그는 사이토와 마찬가지로 수상이 되었으나, 호전적인 사람으로 둘러싸인 정부의 수상이었다. 주변 인물들은 그가 자신들처럼 세계 정복의 꿈을 가진 것으로 기대하였다. 그러나 우가끼는 그들을 실망시켰을 뿐 아니라, 그들의 야욕을 실현시키는 일에 동참하기보다 차라리 군부의 고위직을 사임하겠노라고 선언하면서까지 중국 정복에 대한 그들의 계획에 협조하기를 거부했다. 이러한 태도는 상황적으로 미루어 보아, 말할 것도 없이 정부 고위직에서 물러나는 빌미가 될 수 있었다. 그러나 그러한 사태가 벌어지기 전에, 군부 내의 일단의 젊고 열성적인 장교들이 우가끼와 사이토를 함께 제거하기로 결정했다.

이러한 계획을 추진하던 중에 몇몇 장교들은 우가끼를 찾아 예상했던 바와 같이 사전 경고없이 그를 죽였다고 생각했다. 그러나 실제로는 우가끼의 동생을 살해했으며, 장군 자신은 다음 날 의회 회의실 자기 좌석에 앉아 있었다.

또 다른 분자들이 밤중에 사이토의 시골 저택을 찾아 나섰다. 이들이 사이토 장군은 침실에서 나와 자신들을 맞으라고 소리치자, 사이토는 부인의 간청에도 불구하고 이들과 공개적으로 따지기 위해 밖으로 나갔다. 부인은 그를 따라 나가 자객들에게 남편은 국가가 필요한 인물이니 대신 자기를 죽여 달라고 애걸했다.

그러나 그녀의 간청에도 불구하고, 장군을 사살했다. 이리하여 일본에 많은 의미를 부여한 한 인물의 일생이 끝났다. 그는 생전에 정치적인 수준을 한층 더 높였고, 노년에 이르러서도 외국인들이 일본에 가지고 있던 존경심을 한층 더 높였다.

사이토 총독이 은퇴한 후, 일본 정부는 그의 인품과 공적에 대해 필자가 증언한 내용을 발행하였는데, 다음은 그 사본이다.

사이토 자작(子爵)

사이토 총독 부처가 10년간 조선에 체류하면서 보여준 착한 심성과 훌륭한 태도에 대해 증언해 달라는 요청에 기꺼이 응하는 바이다.

사이토 자작은 일본에 대한 조선민의 충성심을 일깨우기 보다, 군사력으로 강제하여 예속케 하는데 부심한 바 있는 몇몇 전임 총독들의 뒤를 이어 조선에 부임했다. 전임 총독들은 항상 대중 앞에 설 때 군복을 착용했으며, 권위의 상징인 칼을 항상 겉으로 보이게 차고 있었다.

처음 사이토 총독의 초청을 받아, 해군 함대 제독도 아니고 화려한 군인의 휘장도, 천황이 하사한 수많은 훈장도 달지 않은 평범한 서양식 사복 차림을 한 인자한 모습의 한 신사에게 우리가 소개되었을 때 우리 외국인들은 모두 크게 놀랐습니다. 이리하여 우리는 자연스럽게 그에게 호감을 가졌습니다. 그 후로도 그에게서 조선에 대한 일본 통치의 상징인 칼은 보이지 않았습니다. 적어도 그의 재임 시에는 그러했습니다.

수년 후, 열렬한 조선 애국 청년 하나가 내게 이렇게 말했습니다. '우리 모두는 사이토 총독이 일본인이긴 하지만 완벽한 신사이며, 조선 백성의 복지를 마음에 두고 있음을 알고 있지만, 바로 그것 때문에 그가 총독임을 염려합니다. 왜냐하면 그가 너무 오래 조선에 머물러 선정을 베풀면 많은 조선 백성들이 자신의 위치를 잊어버리게 될 것이고, 그들의 자녀들도 일본의 신하로서 자라나는데 만족하게 되어, 조선인의 애국정신을 유지하려는 애국자들의 노력이 더욱 어렵게 될 것이기 때문이지요. 이 애국정신은 언젠가는 조선의 독립을 얻게 할 원동력입니다. 훌륭하고 고귀한 한 사람의 신사로는 백작을 존경하지만, 총독으로서의 그는 원치 않습니다. 나쁜 총독일수록, 조선 백성의 정신을 계속 살려 나가는데 더 도움이 될 테니까요'

그가 총독임무를 수행하기 시작했을 때, 우리 선교사들은 그로부터 정규 교과목의 일부로 성경을 가르치고 예배를 볼 수 있는 권리를 포기하지 않고 학교를 운영할 수 있게 해 달라는 양해를 얻어 낼 수 없었습니다. 당시 일본의 교육법은 이런 행위를 금지하고 있었던 것입니다. 그러나 매우 이해심이 많은 사이토 자작은 시간이 지나자 특별시행령을 발표하여, 학교 안팎에서 복음사업을 진행할 수 있게 해 주었습니다. 선교사업에 대한 이와같은 이해심 깊은 태도로 인해 총독 자신 뿐 아니라, 일본 정부에 대한 더욱 많은 협조를 선교사들은 물론 조선 기독교인들로부터 얻어 낼 수 있었던 것입니다.

사이토 자작의 훌륭한 임무 수행은 자작 부인께서 기회 있을 때마다 보여주신 우아한 조력과 깊은 이해 덕분에 한층 더 빛이 났습니다.

Oliver R. Avison, M. D. C. M. LL. D
세브란스 연합 의과대학 명예학장
조선 기독교 연합대학 명예학장

일본인 신사 오다 씨*

일본인이라 하여 다 나쁘지만은 않다. 이미 전술한 바와 같이 이토 경은 귀공자풍의 사람으로서, 진정한 정치가였다. 이미 사이토 총독과 그의 후계자 우가끼 장군에 대해 언급한 바와 같이, 적어도 그들도 이름과 명성에 관한 한 널리 알려져 있는 인물이다.

일본의 위대한 기독교 신자인 가가와 선생은 오늘날 세계적으로 가장 신실한 기독교인 중 한 분일 것이다. 국가를 대표하는 직책으로, 혹은 종교나 학문 분야에 종사하는 관계로 일본에 거주하는 온갖 국적의 사람들은 훌륭한 일본인의 행적을 수없이 증언할 수 있을 것이다. 다만 일본 정치인이나 군부 인사들 가운데 극히 악랄한 사람들이 국가의 위상을 떨어뜨려 전 세계가 일본을 매도하는 것이다. 일본이 다른 나라의 멸시를 받고 또 이들에 대한 국가적인 피해가 일종의 자업자득의 결과이기는 하나, 세계 구조를 바꾸기 위해 일본의 정치, 경제적인 잘못을 바로잡아줄 때가 오면, 우리가 늘 그래 왔듯이 도움의 손길을 내밀 태세를 갖추어야 할 것이다.

일본을 잘 아는 사람들은 수많은 일본인들의 훌륭한 면을 증언해 줄 것이며, 이런 점을 생각하면 한 사람의 선한 사람만 있어도 온 나라가 구원될 수 있도록 해달라는 신에 대한 아브라함의 호소와 같이 우리가 전 세계에 베푼 것과 같은 그러한 고려를 이 나라에도 허여할 태세를 갖추어야 할 것이다.

오다 씨는 젊은 나이로 더 좋은 교육을 받기 위해 미국으로 건너가 공부한 후, 동포들에게 봉사할 교육적 준비를 갖추었을 뿐 아니라 훌륭한 기독교인이 되어 귀국했다. 사이토 총독이 오다 씨를 자신의 영어 통역자로 조선으로 데리고 오자, 그는 일본을 위해 훌륭한 봉사를 했다.

그는 적어도 일본인들 가운데는 친절하고 예절바르며 공정한 사람도 있다는 것을 조선 사람들에게 보여주었으며, 일반 외국인이나 특별하게는 선교사들이 정부 여러 부서의 책임자에게 문제를 제기할 때 오다 씨가 나서서, 자기들의 견해나 원하는 바가 적절하게 전달되었다는 확신을 갖게 해 주었다. 오다 씨의 훌륭한 영어 능력과 자국 정부 및 외국인들 모두에게 도움을 주려는 그의 양심에서 우러난 성실한 태도로, 당사자들에게 상호 의사 전달이 충분히 되었다는 느낌을 주는데 큰 도움이 되었던 것이다.

전술한 바와 같이 그는 신실한 기독교인이었고, 여러 해 동안 서울 소재 일본 감리교회 주일학교 교장으로 봉사했다.

그는 모든 시간을 두 가지 일에 쏟았다. 한 가지는 훌륭한 영어를 통해 일본어를 모르는 사람과 일본인을 모르는 사람들을 위해 미국의 이상과 풍습을 이해시키는 통역자로서의 임무였다. 그의 이러한 능력은 장기간의 미국 체류에서 얻어진 것이었다. 두 번째의 일은 일본 정부 관리와 외국인 사이의 다양한 의사와 견해를 전달하는 공식 통역자의 임무였다.

이 두 가지 임무 가운데 두 번째 것은 매우 어려운 일이었다. 그 이유는 국적이 다른 사람들이 상호 간에 가지는 증오감은 상호 이해의 정도에 따라 달라지기 때문이었다. 이러한 종류의 오해는 여러 국적을 가진 사람들 간에 일어나는 수많은 분쟁의 근원이 되기에, 바람직하지 못한 오해를 풀어주는 통역은 매우 보람 있는 일이었다. 그와 같은 일을 훌륭히 수행하는 통역자가 바로 오다 씨였던 것이다.

한편 정부의 입장을 다루는 통역자는 가끔 매우 어려운 상황에 처하게 되지만, 내가 오다 씨와 교류하는 수년 동안에도 이런 일이 몇 번 있었다. 한 가지 예만 들어 보겠다.

일본 육해군이 중일전쟁 초기 상해의 일부 지역을 폭격하고 방화하여, 세계를 놀라게 한 사건으로 문명국가로서의 일본의 명성은 땅에 떨어졌다.[215] 조선 주재 일본 총독부의 외무국장은 외국 선교사들에게 일본이 상해에서 저지른 일은 중국 측이 일본의 호의를 평화적으로 받아들이기를 거부했기 때문에 피할 수 없는 일이었다고 설명하려 했다. 그는 서울 주재 개신교 선교사들 중 비교적 나이가 많은 선교사 열 두어 명을 나도 회원으로 가입한 은행가 클럽이라는 곳으로 식사 초대를 했다.

---

215. 중일전쟁은 1937년 7월에 발발하므로, 여기서 말하는 사태는 중일전쟁 이전에 발발한 만주사변(1931년 9월 발발) 조금 후인 1932년 1월 상해의 일본인 포교 주임과 신자 4명을 일본인에 매수된 중국인 무뢰배가 습격하여 1명이 사망하고 2명이 부상을 당하는 사건을 빌미로, 일본군이 상해를 공격한 사건을 말할 것이다.

화려한 식사가 끝난 후 아름답게 꾸며진 접견실로 안내받았는데, 편안한 의자와 소파 등이 커다란 화로 주변에 놓여 있었다. 외무 국장과 손님들 간에 일반적인 대화를 하느라 시간이 좀 흘렀다. 다행히 초대한 사람은 이 정도의 대화를 하기에 족한 영어를 알고 있었으나, 우리 모두는 이것이 단지 서막에 불과하다는 것을 알고 있었다.

조금 지난 후에 오다 씨가 이 모임의 진짜 목적을 꺼내었다. 그는 선교사의 대표 격인 우리들에게 상해에서 발발한 여러 사건은 일본 정부의, 그리고 군부 지휘관들의 좋은 의도에도 불구하고 피할 수 없었던 것이라고 했다.

그는 일본의 유화 정책에 반기를 들고 나선 중국인들이 무참하게 저지른 잔학 행위를 찍은 여러 장의 사진을 꺼내 보이면서, 이러한 행위는 압제에 시달리는 인민들을 위해 노력하는 일본의 선의에 반하는 폭거라고 했다. 그는 여러 개의 중국 깃발을 모아 놓고, 이 깃발들은 중국인들이 참다운 친구인 일본을 비롯한 여러 국가의 질서 유지에 항거하며 흔들던 깃발이라고 했다.

우리는 한동안 조용히 듣고 있다가 "오다 씨, 귀하의 말씀은 너무나 교시적입니다. 일본군이 상해에서 저지른 행위에 전 세계가 경악했습니다. 이 온갖 일들은 중국 위에 군림하기 위해 일본 군부가 저지른 행위일 것입니다. 현재 그곳에서 벌어지고 있는 일에는 그다지 관심이 없습니다만, 일본이 세계에서 차지하는 현재 국가적 위치를 보장하고 있는 신 열강조약에 가입한 국가라고 하는 사실을 상기하면, 일본이 도대체 왜 상해에 주둔하고 있는지를 알고 싶군요. 귀하는 그 이유를 우리에게 좀 설명해 줄 수 없겠소?"

가련한 오다 씨는 이 질문에 충격을 받았다. 잠깐 얼굴을 붉히기도 하고, 여러 불안한 모습을 보인 후, 하던 이야기를 계속했다. 다시 우리는 잠시나마 그의 말을 경청했다. 그러다가 다른 손님들 중 1명이 "그런데 왜 일본 군대가 상해에 주둔 해 있지요?"라고 같은 질문을 반복했다.

오다 씨는 다시 불안한 표정을 보이다가, 자기 이야기를 계속했다. 그러다 다시 세 번째 손님이 같은 질문을 했다. 마음에 평정을 더 이상 유지할 수 없었던 오다 씨는 자기는 기독교인으로서 자기를 위해 이야기하는 것이 아니라, 일본 정부를 위해서 일본 정부가 우리에게 이해시키기를 원하는 내용을 이야기하고 있다고 했다. 그때서야 우리는 그가 상해에서 자기 나라가 하고 있는 일에 개인적으로는 동조하지 않고 있음을 인지하고, 설명이 끝날 때까지 가만히 듣고만 있었다. 그러나 그는 자신의 임무를 수행한 것이다.

그 이후로 여러 해 동안 그는 자신의 공적인 임무를 다하려고 노력했으며, 동시에 외국 친구들의 다그침도 가능한 한 요령있게 벗어났다. 그야말로 어려우면서도 중요한 임무였다.

근래 미국, 영국, 그리고 캐나다 정부가 조선에서 자국민을 철수하라는 명령을 내렸던, 몇 사건의 경우에도 오다 씨는 이들의 배편 여행을 가능케 하기 위해 최선의 노력을 하는 등, 여러 면에서 도우려 애썼다. 이들을 제물포로 철도로 수송하여 S. S. 마리포사 선에 승선시키려 할 때에도, 일본 정부의 관리로서, 그리고 출국하는 외국인의 개인적인 친구로서 그들을 수행했다.

그는 계속해서 조선에 아직 남아 있는 외국인들을 도우고 있으며, 이들 가운데 운이 없어 이미 어려움에 처해 있거나 어려움에 처할 입장에 있는 사람들을 위해 헌신하고 있다. 오다 씨, 당신의 인품을 존경하며, 우리 모두를 위해 행한 일에 대해서 감사합니다. 우리 모두는 당신을 사랑하며, 일본인 기독교 신자인 당신을 존경합니다.

세브란스 연합학교 학장 오(吳)경선 박사 이야기*[216] 33장

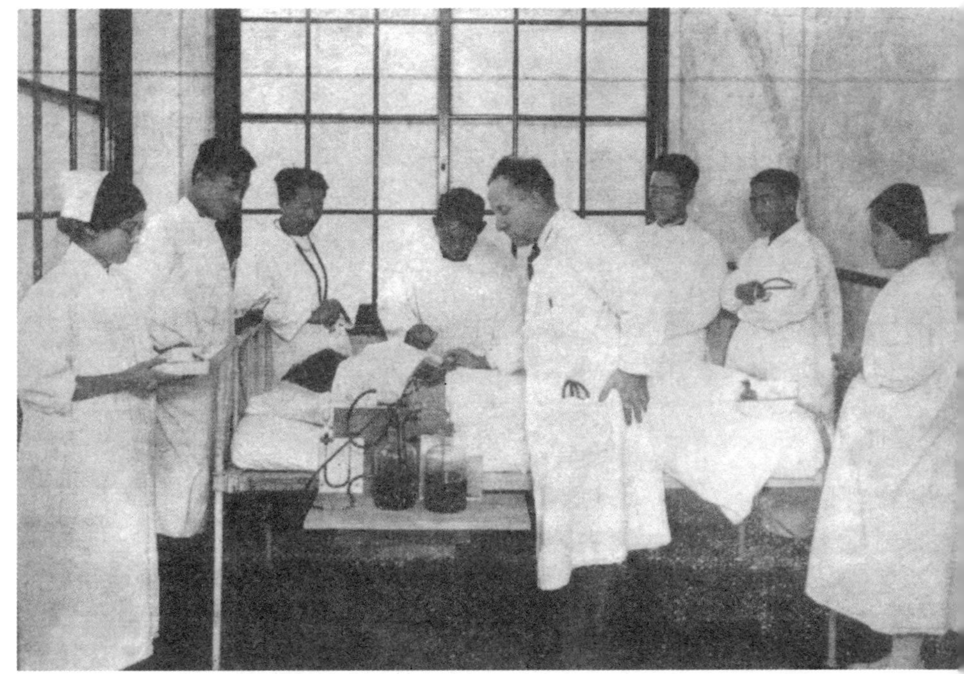

병실 풍경 / 1940

216. 저자가 붙인 원래 소제목은 '오경선 박사'이다.

오경선 박사에 대한 스테드만(F. W. Steadman) 목사의 회고*

내가 조선에서 의료 선교 활동을 하면서 만난 사람들 가운데 또 한 사람의 훌륭한 인물이 있어 소개한다. 그는 바로 세브란스 연합학교의 학장이었던 오경선 박사이다.

이 장(章)의 도입 부분은 소년 시절부터 오 박사를 알았던 스테드만(F. W. Steadman) 목사가 썼다. 스테드만 목사는 조선과 일본에서 선교활동을 하다, 지금은 은퇴하여 플로리다에 살고 있다.

우리가 공주(公州)에 살고 있을 때 오 박사를 처음 만났다. 공주는 그의 고향 도시였다. 어느 날 저녁, 집에서 심부름하는 사람이 웬 젊은이가 찾아와 뵙기를 청한다고 하기에, 접견실로 데리고 온 그를 만나게 되었다.

젊은이는 서울에서 공주까지 거의 100마일이나 되는 먼 길을 걸어 와, 발에는 물집이 생기고 매우 피곤한 상태였다. 청년은 부모님이 기다리는 공주 읍내의 자기 집으로 가는 도중, 나에게 먼저 들렀다고 했다. 찾아온 까닭을 물으니, 자신은 이미 기독교에 입교했으며, 이로 인해 아버지로부터 의절을 당하여 두 번 다시 고향을 찾을 수 없게 되었으므로, 자기를 위해 기도해 달라고 했다. 우리는 좀 더 이야기를 나누고, 하나님의 인도를 간구했다.

그는 서울 어느 선교학교에서 이미 수학한 바 있었다. 친구 1명과 함께 입학할 당시, 부모님과의 서약을 어기고 재학 중에 기독교에 입교했던 것이다. 학교에서 첫 번째 크리스마스를 맞을 때까지, 그는 가능한 한 기독교의 가르침을 멀리하려 했고, 심지어 교회 출석도 하지 않았다고 했다.

그런 그가 예수를 구세주로 받아들인 경위를 간략히 살펴보겠다. 크리스마스 때까지 교회를 멀리했던 그는 크리스마스 음악 예배에 친구의 권유로 마지못해 참석했다. 집회가 설교 예배가 아닌 단순한 음악 예배라는 주위의 권유를 듣고 따라갔던 것이다.

그러나 진행 중에 누군가가 우리 구주 예수 그리스도에 대한 이야기를 하며 '예수를 믿는다'는 것이 무슨 의미인지를 설명했다. 그런데 바로 그 몇 마디 말이 그의 마음을 사로잡았다. 이것이 계기가 되어 그는 심령 깊숙이 기독교인으로 다시 태어났다. 이러한 깊은 믿음이 자기에게는 왔지만, 이제 부모님들은 어찌할 것인가?

그는 편지로 부친에게 자기의 변화를 아뢰었다. 부친은 이제 집으로 돌아오지 말라고 했다. 그럼에도 그는 기독교인이 된 이유를 부친에게 이해시킬 때까지 집에 머무르기로 작정했다. 그러고 난 후, 집을 나가 돌아오지 아니할 결심이었다. 집으로 가던 도중이었던 그는 기도하는 중에 내가 자기를 따라 가도록 하나님께 요청했다. 우리는 함께 기도하고, 그 길로 그의 부모님을 뵈러 갔다. 이미 짐작했듯이 훌륭한 분들이었다. 그 후 일주일 가량 그를 보지 못했으나, 그의 부친이 자기 친구에게 아들이 전보다 훌륭한 자식이 된 것 같다는 말을 했다는 소식을 전해 들었다. 어쨌든 그는 이 선한 싸움에서 이겨, 다시 학업을 마치기 위해 돌아갔다.

그는 시간이 날 때마다 조사(助師)로 나를 도우러 왔다. 열렬한 기독교인으로서 기회 있을 때마다 큰 도움이 되었다. 스테드만 부인은 그의 영어 공부를 도와주었고 교인들 뿐 아니라, 일반인들도 모두 그를 좋아했다.

약 2년 후 우리는 미국으로 돌아가야 할 일이 있었다. 막상 떠나려 하니 우리를 대신하여 일해 줄 사람을 쉽게 구할 수 없었다. 우리는 서울에서 떠날 준비를 하고 있었으며, 오 씨도 여러모로 우리를 돕고 있었다. 우리가 떠나면 그의 생활은 어떻게 될 것인가? 나는 그에게 근래에 서울에 선로를 부설한 미국 전기회사가 젊은 일꾼을 구하고 있으니 그곳에서 직장을 구할 수 있으며, 보수도 내가 지불하던 액수의 배 가 넘을 것이라고 했다.

그러자 다음과 같은 대화가 이어졌다.

"전도할 시간이 있겠습니까? 일요일은 어쩌고요? 일요일에 일하면 전도할 시간이 없어요. 그런 일에는 일요일이 없거든요."

"그러나 보수는 좋지."

"그것 말고 다른 일은 없겠습니까?"

"음, 그렇지. 선교사와 일하기를 원한다면 되겠지만, 보수는 전과 다름이 없을 것이네."

"그러면 됐습니다."

얼마 후 그는 남장로교 선교회의 어느 선교사의 조사로 일하게 되었다. 이 젊은 의사는 선교사 자격으로 미국에서 파견되었는데, 두 젊은이는 곧 친해졌다. 그러나 외아들인 이 젊은 의사의 아버지가 갑자기 세상을 떠나 홀로 남은 어머니 곁으로 가지 않으면 안되었다. 그는 자기가 하고 싶었던 의료 선교사업을 오 씨가 계속할 수 있도록, 미국에서 의학교육을 받게 해 줄 터이니 함께 미국으로 가자고 했다.

그 후 그는 귀국 길에 일본에 있던 우리를 방문했다. 그는 분명 우리가 만난 청년 가운데서 단연 돋보이는 사람으로 생각하고 있다.

F. W. Steadman

오경선 박사에 대한 루드로우(A. I. Ludlow) 박사의 회고

다음의 감사장은 오 박사를 위해 서울의 세브란스 연합 의과대학의 동료 교수이자, 30년간 외과 과장을 지낸 루드로우(A. I. Ludlow) 박사가 작성한 것이다.

감사장

A. I. Ludlow. D, Sc. F. A. C. S.

1878년 10월 4일 유서 깊은 도시 공주에서, 한 신생아의 울음소리가 오(吳)씨 가문 22대의 시작을 알렸다. 선조들의 전통에 따라, 아버지는 그에게 한문 교육을 철저히 시켰다. 1894년 가을, 그는 서울 소재 북감리교 선교회에서 운영하는 배재학당에 입학했다. 수개월이 지나지 않아 아펜젤러(H. G. Appenzeller) 목사에게 세례를 받았으며, 그 후 몇 년 동안 극히 성실하게 스승과 같은 목사님을 따라 열심히 일했다.

남장로 교회 선교사였던 알렉산더(J. Alexander) 박사가 이 학당 졸업생인 오 씨에게서 엄청난 가능성을 발견하고, 더 공부를 하도록 미국으로 데려 가겠다는 제안을 했다. 청년 오 씨는 이 좋은 기회를 받아들이고 켄터키주 덴빌 소재 센터 칼리지에서 2년을 수학했으며, 그 후 현재의 루이빌 대학(The University of Louisville)인 Hospital Collage of Medicine에서 의학과정을 마치고 1907년 의학박사 학위를 취득했다.

오 박사는 조선 백성의 복지를 위해 일생을 바치려는 간절한 소망으로 즉시 귀국하여, 군산 소재 남장로교 병원에서 월 50엔(25달러)의 보수를 받고 근무를 시작했다. 1910년 같은 선교단의 목포 소재 병원으로 전근하였으며, 그곳에서도 남자 중학교인 존 와킨스(John Watkins) 학교의 교장을 겸무했다.

3년이 채 못 돼, 세브란스 연합 의과대학으로부터 초청을 받은 오 박사는 남장로 선교회의 대표로서, 세브란스 대학 교수진에 합류했다. 오 박사가 교수자격을 획득함으로써 세브란스 병원의 가장 귀중한 자산이 되었다.

그는 1년간 동경대학에서 피부병 연구과정을 이수한 경력과 세브란스 병원 피부과에서 보인 뛰어난 업적으로, 조선에서 이 분야 최고 권위자로 널리 인정받게 되었다. 1920년 오 박사는 세브란스 연합 의과대학 학생과장으로 임명되어, 이 대학 역사상 두드러진 발전을 이루었다. 1929년 안식년 휴가를 얻을 때 까지 학생과장직을 수행했으며, 미국과 캐나다를 방문하고 런던과 비엔나에서 박사 후 과정을 이수했다.

1931년 4월에서 1942년 3월까지 학장과 부학장의 공석기간 중에는 오 박사가 학장 대리직을 수행했다. 그는 병원 행정에도 탁월한 능력을 발휘하여, 모든 직원의 진심어린 성원과 존경을 받았다. 1932년 3월 31일 세브란스 이사회에서 오 박사는 부학장으로 선출되어 건강상의 이유로 사임한 벤 부스커크(Van Buskirk) 박사의 뒤를 이었다. 오 박사의 활동은 의과대학 업무에만 국한되지 않았다. 세브란스에 합류한 직후 서울 중앙 YMCA 이사회의 이사로 선출되었고, 서문교회 교인으로 활동했다.

세브란스 의과대학은 장래에 대비하여 간부나 교사를 훈련시켜 점차 중요하고 책임있는 자리로 승진시킴으로써 나중에 이들의 손에 병원을 넘겨주려는 사려 깊은 정책을 수립해 두고 있었다. 오 박사가 바로 이와 같은 정책에 맞는 인물이었다.

오 박사는 서울 거리에서 구걸하고 있는 수많은 거지아이들을 도울 특별한 계획이 있어야겠다는 생각에서, 1920년 고아 복지를 위한 기구 설립에 발기인의 한 사람으로 참가했다. 이 계획은 점차 확대되어 나중에 서울 고아원 설립으로 그 결실을 맺었다. 고아들이 "삼촌! 삼촌!" 하면서, 오 박사에게 달려가는 정겨운 모습은 보는 이의 마음을 흐뭇하게 했다.

근래 어느 겨울철 한 밤중, 오 박사가 따뜻한 자기 집에서 나와 거지들의 소굴을 찾아가, 동사 직전의 어린이 열 명을 구해내기도 했다. 바로 이런 모습이 우리가 존경해 마지않은 이 사람의 마음가짐이었다.

오 박사가 가진 직함은 매우 다양하다. 민동공립학교 교육위원회 위원, 서울시 사회사업 책임자, 한국 나병위원회 회원, 서울시 고문, 동물 학대 방지협회 회장, 연합자선위원회 회원, 기독교 문학협회 실행분과 위원 등의 직함을 가진 오 박사는 지역사회에서 온갖 선행을 위한 각종 조직에 강력한 영향력을 행사하고 있다.

필자는 1913년 이래 교실에서, 병원에서, 그리고 의료원에서 오 박사와 함께 일하는 행운을 가졌다. 의사이자 학자, 교사, 그리고 고아들의 아버지요, 버림받은 자들의 친구인 이 사람이 나의 친구라는 사실이 내게는 참으로 자랑스럽다. 오경선 박사는 선을 행함에 있어, 그의 스승의 예를 충실히 따르고 있다.

나와 오경선 박사의 만남

나 에비슨이 오경선 박사를 알게 된 것은 그가 1907년 의학박사 학위를 받고 미국에서 귀국한 때였다. 그가 서울에 도착했을 즈음 마침 세브란스 씨가 우리를 방문하고 있었는데, 외모가 수수하나 뛰어난 능력을 갖춘 듯한 그의 모습을 보고 크게 감명을 받았다. 오 박사가 우리와 인사를 나눈 후 자리를 뜨자, 세브란스 씨는 나에게 '바로 저런 사람을 당신의 의과대학에서 길러내기 바랍니다' 라고 했다.

그러나 우리 둘 중 아무도 오 박사라는 이 사람이 의료, 종교, 그리고 교육 분야에서 현재 우리가 알고 있는 바와 같은 훌륭한 지도자가 되리라고는 미처 깨닫지 못했다. 그가 처음 우리 병원에서 얻은 직책은 해부학 교수이자 루드로우 박사의 외과 조수였다.

나는 오래지 않아 우리 병원이 큰 발전 가능성을 가진 사람을 맞이했음을 발견하였고, 이 사람에게 기회 닿는 데로 모든 승진의 기회를 주기로 마음먹었다. 그가 피부과에 소속되기를 원한다는 뜻을 비쳐 그의 요구를 수락했는데, 그는 곧 그 부서의 진단 전문가로서, 그리고 치료 전문가로서 탁월한 실력을 발휘했다.

때가 되자 당시 해당 분야에서 세계적인 권위자로 명성이 나 있던 동경대학의 도에 박사 밑에서 수련하도록, 1년간의 연구 휴가를 주었다. 일본에 있던 그를 잠깐 방문한 적이 있었는데, 그때 담당 교수가 그의 우수성을 극구 칭찬하면서 개인적으로는 친구로 여긴다고 하는 말을 듣고 무척 기뻤다.

1년간의 수련을 마치자 동경대학은 그에게 일본 어느 곳에서든지 개업을 할 수 있는 자격증과 특별학위를 수여했다. 세브란스에 돌아온 그는 정교수로 승진함과 동시에 피부과 과장으로 임명되었다. 세브란스 병원의 미국인 학생과장 벤 부스커크(Van Buskirk) 박사가 휴가차 미국으로 떠나자, 나는 오 박사를 학생과장에 임명하여 직무를 대리케 했다.

그는 자기가 맡은 일에 탁월한 능력을 보였다. 휴가에서 돌아온 벤 부스커크 박사는 자청하여 학생과장직을 그만두고, 오 박사를 학생과장으로 임명하라는 제안을 했다. 이와 같이 그는 대학 모든 구성원들에게 더할 나위 없는 만족감을 주었다.

그 후 부학장 벤 부스커크가 요양 휴가를 떠나 나는 오 박사를 부학장 서리로 임명했으며, 부학장이 돌아오자 부학장은 물론이요 모든 직원이 찬성하여 오 박사를 부학장으로 승진시키기로 했다. 여러 해에 걸쳐 이런 과정을 거치는 동안에도 그는 계속해서 피부과 교수직을 성실히 수행했으며, 나의 부재 중에는 학장 직무도 대행했다. 이러한 관계는 대학 관리위원회가 만장일치로 그를 학장으로 선출한 1934년 이 기관에서 내가 은퇴할 때까지 계속되었다.

그는 그 후로 7년째 학장직을 맡고 있다. 그 동안 이 기관은 그 어느 때보다도 더 빠른 속도로 발전했으며, 1900년 미국에서 모금한 3,000엔의 예산으로 시작한 이 기관은 현재 1년 예산액이 45,000엔에 이르고 있다. 그리고 이 자금은 모두 조선에서 조달되는 것이다. 앞서 본 루드로우 박사의 기고문을 다시 읽으면, 이와 같이 중대한 직무를 수행하면서도 계속 또 다른 요직도 맡아 달라는 요청을 받고 있었음을 알 수 있을 것이다.

조선에서 은퇴하다* 34장

기독교 선교활동 허용 직후 / 대한제국 말기

70세를 넘긴 나와 조선

우리 부부가 조선 선교회(The Korea Mission)에서 퇴임하는 시기는 규정에 따라 내 나이 만 70세가 꽉 차는 달이었다. 그런데 조선 선교회는 뉴욕의 선교위원회(The Board of Missions)로 부터 아직 봉사할 여력이 있는 사람에 한해, 1회에 1년씩 3회까지 연장할 수 있는 권한을 위임 받고 있었다.

물론 그 때까지 이 규정이 실제로 적용된 전례도 없었고, 또 그런 경우에 대비한 사람도 없었다. 조선 선교회는 이 규정을 적용하여 우리 부부가 1년간 더 현직에서 봉사할 수 있도록 배려하였고, 뒤이어 2차 년도에도 그와 같이 했다.

그러나 조선 선교회에서 세 번째 연장을 준비하고 있을 때, 이 위임된 권한이 철회되어 내 나이 72세가 끝나는 날, 그러니까 1932년 6월 30일 우리 부부는 실무자 명단에서 제외되었다. 개인적인 만족감으로 계속 봉사할 수도 있었으나, 그동안 봉사해 왔을 뿐 아니라 세월도 많이 흘러, 우리 부부는 마침내 정해진 때가 온 것을 알고 은퇴할 마음을 굳혔다.

그러나 개교 이래 내가 줄곧 학장직을 맡아 온 조선 기독교 연합대학과 세브란스 의과대학의 두 재단이사회는 선교위원회의 통제를 받지 않았으므로, 선교회에 소속된 선교사들 가운데 적절한 인물을 학장으로 선출할 독자적인 권한이 있었다. 이들 양 대학의 이사회는 이 특권을 이용하여 내가 2년간 이들 대학의 학장직을 더 수행할 수 있도록 정년 연장을 결의했다. 이리하여 나는 1934년 2월까지 학장직에 머물러 있었다. 나의 임기가 만료되기 전 이들 대학에서 신임 학장을 선출했지만, 총독부 학무국에서는 그해 9월이 되어서야 이들의 학장 자격을 승인해 주었다.

수많은 조선인 친구들이 총장직에서 물러나 특별히 할 일도 없는 우리에게 조선에 계속 체류하라고 권유했다. 그러나 새로운 후계자들이 자유롭게 대학을 운영할 수 있도록, 하루 빨리 물러나 주는 것이 올바른 태도라는데 생각이 미치자 서둘러 귀국하기로 했다. 그리하여 준비에 소요될 최단 기간을 감안하여, 12월 초순경을 출국 시기로 정했다.

남은 서너 달 동안 우리는 더할 나위 없이 분주했다. 크고 작은 송별회가 연이어 열렸고, 시간을 내어 피차 방문도 하고 환담도 했다. 방문해야 할 곳도 많았다. 그 동안 바쁜 일정 때문에 미처 찾아보지 못한 캐나다 선교지부도 여러 곳 있었으므로, 캐나다에 돌아가 소속된 선교사들이 조선에서 활동하는 모습을 본 대로 보고할 수 있도록, 일부러 시간을 내어 찾아가 보기도 했다. 이런 여행은 즐겁기도 하고, 그만한 보람도 있었다.

연이은 환송식

출국 날짜가 가까워져 오자, 굳이 설명할 필요가 없을 정도의 온갖 종류의 환송 행사가 줄을 이었다. 그 많은 행사 가운데 조선 친구들이 베푼 특별한 행사가 있었다. 그 행사는 서울에서 가장 큰 식당에서 여러 개의 방을 차지하여 만찬 형식으로 베풀어졌다. 다수의 외국인 친구들도 초대되었지만, 대다수 손님은 각계 각층을 대표하는 조선 인사들이었다. 조선 풍습으로는 공식적인 방문은 모두 만찬에 앞서 행해지고, 만남이 끝난 후 인사말 따위가 예정되어 있을지라도 방문객들은 바로 물러날 수 있었다.

만찬이 시작되기 전, 선왕(先王)의 둘째 왕자를 모시는 비서가 마침 혼자 있는 내게 다가와 왕자가 보낸 명함을 건네주었다. 명함의 한쪽 면에는 조선어로, 다른 면에는 영어로 작별 인사가 적혀 있었다. 비서를 통해 사정이 있어 왕자께서 몸소 작별 인사를 하러 올 수 없게 되었음과 오랫동안 만날 기회는 없었지만 작별 인사도 없이 우리를 떠나보낼 수는 없다는 등 여러 말씀을 전했다.

명함을 건넨 전달자는 응당 그곳에도 사복 형사들이 배치되어 있을 것이고, 혹시 이런 일이 있었다는 사실이 밝혀질 경우 왕자에게 성가신 일이 생길 수도 있으므로, 명함을 누구에게도 보여주지 않았으면 좋겠다고 당부하듯이 말했다. 조선 생활 초기에는 왕자를 자주 뵈었으나, 지난 15여 년 동안 전혀 대면하지 못했다. 왕자께서 위험을 무릅쓰고, 나를 잊지 않고 계시다는 전갈을 주신 배려가 무척 고마웠다.

이윽고 우리는 만찬 홀로 안내되었다. 사방 가로 세로 50자와 60자가 됨직한 큰 방이었으며, 난방이나 식탁 배열로 보아 순수한 조선식 건물이었다. 식탁은 한자 정도 높이로 모든 손님은 조선식으로 다리를 꼬고 방석에 앉았다.

약 250여 명의 내빈들이 오늘의 만찬 주최자이자, 내가 존경하는 친구 윤치호 의장과 함께 앉았다. 기도에 이어 식사가 시작되었다. 상 위에는 온갖 음식이 한꺼번에 차려져 있었다. 각 상마다 모든 종류의 음식이 하나 같이 차려져 있어, 손님 스스로 원하는 음식을 먹을 수 있었다. 에비슨 여사와 나를 위해 세심한 주의를 기울이는 친구들의 배려로, 우리가 좋아하는 음식이 계속 상 위에 올려졌다.

그보다 앞서 우리는 여러 폭으로 구성된 석자 가량 높이의 병풍 하나가 등 뒤에 놓여 있는 것을 유심히 보고 있었다. 연희전문학교 상학부(商學部) 학감이 병풍을 보라고 하면서, 어느 부유한 조선 신사분이 보내온 것이라고 했다. 그 분은 에비슨 박사를 한 번도 만난 적은 없지만, 박사와 그리고 박사가 조선을 위해 하신 모든 일을 알고 있으며, 이 병풍을 자기 집에서 가져와 그날 저녁 박사와 에비슨 부인의 등 뒤에 두었다가, 박사에 대한 자신의 깊은 존경심과 감사의 마음과 함께 본국 고향 집으로 가져 가기를 바란다는 뜻을 전했다고 했다.

학감이 계속해서 설명하기를 비단으로 만들어진 열 폭 병풍은 각 면마다 비단실로 한자(漢字)를 수놓아 새겼는데, 글자 수는 모두 400자라고 했다. 글자 수는 그렇게 많았으나, 글자 모양과 색깔은 두 가지 뿐으로, 장수(壽)와 행복(福)이라는 두 가지 의미를 각각 나타낸다고 했다. 그러고 보니 장수를 나타내는 한자가 200개이고, 다른 200개는 행복을 상징하는 글자로서, 우리를 위한 기증자의 기원이 간절하게 담겨 있음을 알 수 있었다. 이날의 주최자 유길준 의장은 이와 같은 병풍은 매우 귀한 것으로서, 쉽게 찾아볼 수 없는 것이라고 했다.

비록 만나지는 못했지만 2천만 조선 사람들 가운데, 그 어느 한 분께서 그 동안 우리 부부가 이곳 생소한 조선 땅에 와서 살아온 삶의 의미를 깊이 이해하고, 우리에게 그 사실을 확실히 전해 주기 위해 이 귀중한 선물을 증거로 보내 준 것이다. 생각하면 할수록 영광스러웠다.

훌륭한 조선식 식사가 끝나고, 학교와 신문사와 협회 등등의 대표들의 인사말이 계속되었고, 온갖 선물들이 우리 손에 전달되었다. 그때 어느 신사 한분이 우리에게 다가와 조용히 말했다. 그는 선물을 받는 사람이 꾸러미를 열어 참석자 모두에게 보이는 것이 관례이지만, 이제 대학 측에서 조그만 선물을 드릴 터이니, 오늘밤 여기에서는 열어보지 말라고 당부했다. 그 곳에 배치된 수많은 사복 형사들의 눈에 내용물이 드러나면, 제공자들이 어려움에 처할 수도 있다는 것이었다.

물론 우리는 그의 요구에 따랐으며, 집에 도착하자마자 꾸러미를 열어 보았다. 그 속에는 조선의 금으로 만든 가락지 한 쌍이 들어 있었다. 우리 부부를 위한 것이었다. 가락지에는 색깔있는 법랑(琺瑯)으로 조그마한 조선의 태극기가 그려져 있었는데, 이 사실이 드러날 경우 기증자도 받은 사람도 틀림없이 심한 벌을 받을 수 있는 것이었다.

물론 이들 반지는 비밀리에 제작되었을 것이다. 반지에는 우리 부부의 마음에 조선이 새겨져 있고, 그들의 조국애를 우리가 깊이 이해하고 있음을 자기들도 잘 알고 있다는 뜻이 담겨 있었다. 또 우리가 귀국하여 이 반지를 끼고 있으면, 조선 백성들이 언젠가는 자유와 독립을 되찾아 자유 시민이 될 희망을 잃지 않고 있음을 우리가 늘 상기하리라는 그들의 마음도 전달하려 했을 것이다.[217)]

수많은 값비싼 선물 가운데, 이 한 쌍의 가락지와 열 폭짜리 병풍이 가장 귀중한 선물로 여겨졌다. 헤아릴 수 없이 수많은 분들과 학교, 병원, 대학, 교회 등으로부터 받은 그 많은 선물 가운데, 그 속에 담겨 있는 독특한 의미 때문에 이 두 가지를 특별히 언급하였다.

윤치호의 환송사

여러 연설과 인사말이 연이어 있은 후에, 윤치호 의장은 내빈 개개인과 또 모두를 대신하여 그날 저녁을 마무리하는 대표 연설을 했다. 연설은 영어로 했다. 연사는 75세가 넘었고, 젊었을 때 영어를 익힌 분이었다.

---

217. 저자 주 : 은퇴 후 8년이 지난 1943년 현재 나는 조선 기독교인 친선협회 회장 자격으로, 2차 세계 대전이 진행 중이지만 연합국측이 조선의 독립을 지체 없이 선포할 것을 촉구하는 운동을 전개하고 있다.

윤 남작과 조선 동포들에 대한 감사의 뜻으로, 철자 하나에 이르기까지 전혀 가감 없이 연설 내용을 그대로 옮긴다.[218)]

Dr. Avison, you see we are here assembled tonight, two hundred and forty men and women, representing practically every walk of life in the Korean community, to bid you farewell. I can assure you that there is not another person in the whole of Korea whose departure would have evoked such a unanimous sentiment of love, gratitude and regret.

In bidding you good bye we are losing two personalities in one: a great public benefactor, you are leaving behind you monuments of which anybody may be proud. In the first place, we have your bronze statute on the Severance Compound created by the Alumni Association.

When you are gone and we can see you no more in the flesh, we shall love at that statute with a degree of affection that none of us may realize at this moment. But a better monument than a mere statute we shall have in your two sons, one in the Y. M. C. A. and the other in the Medical College, who will continue the work you have begun in these two branches of the missionary enterprise. Nobler even than these monuments, you leave us three great institutions, the Severance Hospital, the Medical College and the Chosen Christian College, to perpetuate your memory to the end of time. Your greatest monument, however, will be the never ending stream of graduates from the colleges who will multiply your good work a thousand-fold, and the

---

218. '철자 하나도 고침이 없이 수록한다'는 에비슨 박사의 뜻을 존중하여, 윤치호의 송별사를 원문 그대로 전재한다.

patients who will be benefitted by the healing ministrations of the hospital.

"But as our personal friend your departure will create in our hearts a void that nothing can fill – neither your statue nor even your sons. nor your graduates, nor the beneficiaries of your hospital. As it would be a mere mockery for me to try to fill up an unfillable void with meaningless platitudes, I shall close by simply saying : God be with you till we meet again.

(에비슨 박사님, 보시다시피 오늘 여기에 조선의 각계 각층을 대표하여 250명의 남녀 인사들이 박사님께 작별 인사를 고하기 위해 모였습니다. 박사님께 분명히 말씀드리기로, 이 나라를 통틀어 그 어떤 분이 떠난다 해도 이처럼 모든 이가 한마음 한뜻으로 사랑과 감사와 아쉬움을 표해 드릴 분은 달리 없을 것입니다.

이제 작별에 임하고 보니, 우리는 한 사람 속에 거하는 두 분의 인간상을 잃게 되었습니다. 우선 누구나 자랑스러워 할 훌륭한 모본을 남기신 '베푸는 자'의 모습입니다. 세브란스 교정에는 동창회에서 마련한 박사님의 동상이 세워져 있습니다.

박사님이 떠나시면 우린 서로 육신으로 대면할 수는 없겠지만, 이 순간 우리가 미처 깨닫지 못하는 대단한 애정으로 동상 곁에 서서 당신을 사랑할 것입니다. 그러나 동상보다 더 훌륭한 기념비는 다름 아닌 두 아드님들입니다. 한 아드님은 YMCA에서, 또 한 아드님은 의과대학에서 박사께서 일찍이 선교사업으로 시작하신 일을 이어가고 있습니다.

그러나 박사님은 이들 기념비보다 더 훌륭한, 그리하여 우리의 기억에 영원히 남을 3개의 기관, 세브란스병원, 의과대학 그리고 조선 기독교 연합대학을 남기셨습니다. 그러나 무엇보다 소중한 기념비는 박사님의 업적을 수천 배로 늘려 영원히 이어 갈 이들 대학의 졸업생들과 병원에서 치료의 혜택을 입을 환자들입니다.

우리의 친구 당신이 떠나면, 우리 마음에는 그 누구도 채워줄 수 없는 빈자리가 남을 것입니다. 박사님의 동상도, 아드님들도, 졸업생들도, 그리고 병원의 환자들로도 채울 수 없는 그 빈자리 말입니다.

본인이 허사에 불과한 겉치레 말로, 결코 채울 수 없는 박사님의 이 빈자리를 메우려드니 오히려 송구스럽다는 느낌마저 듭니다. 이제 이 간단한 한마디 말로 인사를 끝내려 합니다. '우리 다시 만날 때까지 하나님이 함께 하시길 기원합니다.')

1935년 12월 6일 우리가 서울을 떠나던 날, 800명은 넉넉히 될 환송객들이 정거장에 나왔다. 그들은 "갔다 오시오(Kata osio)"라는 아름다운 조선말로 작별 인사를 했다.

나는 지금 81세를 넘긴 나이에 이 글을 쓰고 있다. 전쟁으로 세상은 온통 찢겨져 가고, 서로 간의 관계마저 허물어져 나는 조선으로 갈 수가 없었다. 아마도 두 번 다시 가 볼 수는 없겠지만, 생전에 내 아내의 마음이 그랬듯이 나의 마음도 항상 조선 사람들 곁에 있다.

제 **4** 부

일제 하 조선 주재 어느 미국인 실업가의 일기[*219)]

동대문 밖 풍경 / 1907

219. 저자가 붙인 원래 제목은 '어느 미국인 실업가의 일기'로, 순서 상 앞의 3부 33장 '조선에서 은퇴하다'의 앞에 위치하지만, 4부로 독립시켜 여기에 배치하였다. 이 글은 에비슨 박사의 요청으로, 어느 미국인 실업가가 서울에서 겪은 일을 삽화 형식으로 간략하게 쓴 글이다. 필자의 이름은 밝히지 않고 있는데, 회고록 집필 당시 일제 치하였으므로 신분 노출을 꺼린 듯하다.

전차와 관련한 에피소드

잘 아는 여자 선교사 한 분이 자기를 돕고 있는 조선인 전도사의 남편을 전화 회사에 넣어 달라고 여섯 달이나 졸라대었다. 당시 여자 선교사는 동대문 자선단체를 운영하고 있었다. 부탁한 전도사 남편이 취직하여 두 달쯤 지났을 때, 그 여자 선교사가 다시 찾아와 일요일 근무를 면제해 주라고 간청했다.

대답은 이러했다. 일요일 근무를 면제해 줄 수는 있지만, 만약 모든 선교사들이 자신이 추천해 취직한 사람들을 일요일에 쉬게 해 달라고 하면 그 결과는 어떻게 되겠는가? 전차의 차장과 기사의 75%가 미션학교 출신이거나 교사들의 추천으로 들어 온 사람들인데, 만약 일요일에 그들이 모두 휴무한다면 당장 당신네 선교사들 중에서도 상당수가 교회에 가려면 걸어가던가 아니면 인력거를 불러야 할 것 아니냐고.

또 다른 선교사가 같은 용건으로 찾아왔다. 이번에는 남자 선교사였다. 자기가 전도하여 입사한 전차 기사에게 일요일에도 일을 시킨다는 불만이었다. 나는 선교사에게 당신의 경우 2마일이나 떨어진 교회에 갈 때, 교통편으로 무엇을 이용하느냐고 물었더니 전차를 탄다고 했다. 일요일에 전차 기사들에게 일을 시키는 사람들은 바로 당신들이며, 그것은 잘못이 아니냐고 반문했다.

서울에 전차가 처음 등장했을 때 왕실 전용 전차가 한 대 있었다. 왕은 한 번도 사용하지 않았는데, 하루는 전차를 대기시키라는 전갈이 왔다. 동서대문로와 육조거리가 교차하는 모퉁이에 위치한 민비 빈소 가까이에 대기시키라는 것이었다.

국왕의 친척 중 한 사람이 여러 시종들을 거느리고 왕비의 능으로 행차한다고 했다. 알다시피 전차 선로 부설 초기에는 단선 궤도였기 때문에, 마주 오는 전차를 피하기 위해서는 전철기(轉轍機)를 이용하여 대피하는 방법뿐이었다. 나는 오전 10시 55분에 지정된 장소에 전차를 대기시켜 놓았는데, 정규 노선 전차가 지나갈 때마다 전철기를 이용해 비켜 주느라 불편이 이만 저만이 아니었다. 그런데 국왕의 친척이 친지들과 시종들을 거느리고 나타난 것은 오후 2시 45분이었다.

늦은 것만이 문제가 아니고, 인원이 너무 많아서 차량 하나에 모두 승차할 수 없었다. 하는 수 없이 시종들을 태우기 위해 서대문에서 출발하는 전차 한 대를 임시로 사용하기로 하는 대신, 동대문 차고에 전화해 정규 노선에 한 대를 보충해 운행하도록 지시했다. 이들 성묘객들이 마음껏 먹고 마시느라 시간 가는 줄 몰라, 성묘를 마치고 승차를 했을 때는 밤 11시였다.

눈보라가 심하게 치는 어느 겨울 저녁, 나는 회사 기사장 로버트 맥렐런, 전기 공무부장 헨리 잉글리시와 함께 동대문에서 전차에 올랐다. 육조거리에 이르렀을 때 잘 차려 입은 조선인 한 사람이 급히 올라와 맞은편 자리에 앉았다. 잉글리시가 그에게 "바람에 날려서 오셨지요?"하고 농담을 걸었다. 그랬더니 상대방이 "내 정신이 아닌 것 같죠?"하고 멋지게 영어로 받아 주는 것이 아닌가.

잉글리시는 너무도 놀라서 이름을 물어봤다. "내 이름은 조지 워싱턴이요." 알고 보니 그는 당시의 한성부 판윤의 부인 이재영의 조카 되는 사람으로, 이름이 조지 홍(George Hong)이었다. 일찍이 집을 떠나 미국으로 가, 샌프란시스코와 만을 격하고 마주한 샌 라파엘 시에서 학교를 다녔다고 했다. 이 일이 있은 후 나는 여러 해 동안 그와 친하게 지냈다.

애국 청년들의 탈출을 도와주다

한국에서 체험한 일 중 가장 극적인 사건 하나를 소개한다. 서대문 밖의 산 위에 가옥 건축을 하고 있을 때의 일이다. 공사는 중국인 하청업자에게 맡겼는데, 그 중국인의 사무실은 내 사무실 바로 건너편에 있었다. 즉 서대문 부근 공사관 길에서 스튜어드 상사가 경영하는 오래된 점포 안에 사무실이 있었다.

공사가 진행 중인 건물의 방 두 개가 우선 마무리 되자, 나는 공사 진행 상황을 조석으로 돌아보기 위해 그곳으로 이사를 했다. 어느 날 한밤중 새벽 2시 30분경, 어떤 사람이 찾아와 모 박사가 보낸 편지를 전해 주었다. 사연인즉 자기가 몹시 난처한 처지에 있으며 도와 줄 사람은 나뿐이니, 속히 자기 집으로 와달라는 내용이었다.

새벽 3시 15분 쯤 그 집에 도착했다. 서재에 조선청년 두 사람이 같이 있었는데, 한 사람은 고위 관리의 조카였고, 다른 청년은 평양사람으로 조선 제일의 웅변가이자 기독교인이었다. 두 청년은 일본인들에 의해 투옥 되었다가, 막 석방되어 나온 참이었다. 박사의 말에 의하면 청년들이 나가기만 하면 다시 체포될 운명이라고 친구들이 귀띔해 주더라는 것이다. 그들이 이 집에 오래 머물다가는 박사의 입장도 곤란해 질것이므로, 가능한 한 빨리 떠나지 않으면 안 될 처지였던 것이다.

나도 묘안이 떠오르지 않아 걱정하였는데, 한참 만에 나름대로 방도가 떠올랐다. 그들에게는 가서 준비 되는대로 곧 데리러 올 테니 2시간만 기다려 달라고 했다. 그랬더니 그들은 어쩔 셈이냐고 물었다. 안전하게 데려 갈 테니, 걱정하지 말라는 말로 안심시켰다.

지금 필요한 것은 그 길 뿐이라고 일러주고, 밖으로 나와 중국인 사무실로 향했다. 그를 깨운 시각이 새벽 4시 30분경이었다. 그에게 중국 목수들이 입을 옷 두 벌이 필요하니 이를 장만해, 목수 두 사람과 함께 나를 따라 모 박사 댁으로 가자고 했다.

5분쯤 걸려 준비가 되어 박사 댁으로 갔더니, 그는 몹시 놀랐다. 청년들은 낡아 빠진 중국 옷을 입기 싫어했지만, 다른 방법이 없다고 설득하여 마침내 옷을 입혔다. 얼굴에도 땟자국이 얼룩지게 칠을 하게 했다. 이제 네 사람의 중국인 목수가 되어, 아침 7시 30분 건축사무실에 도착할 수 있었다.

이틀 뒤 이 청년들은 제물포로 가기 위해, 서대문 밖에서 출발하는 기차를 탔다. 중국 산동성 곡부(曲阜)로 가는 배를 타기 위해서였다. 나는 정거장까지 나갔다. 4명의 일본 경찰이 여객을 일일이 감시했지만, 중국 목수들에게서 아무런 이상도 발견할 수 없었다. 2주 후 박사가 사람을 보내 자기 집으로 와 달라기에 들렀더니, 조선인 친구 인편으로 두 청년이 무사히 북경에 도착했다는 소식을 받았다며, 그동안 내게 신세진 것을 갚는다고 일금 천원도 같이 보냈더라고 했다.

그런 일이 있는 뒤, 박사는 그때 그렇게 보내지 않았더라면 청년들이 어떻게 되었겠느냐고 하면서, 두고두고 고맙다고 했다. 내가 아니고는 아무도 그런 일을 해내지 못했으리라는 과찬을 아끼지 않았다.

왕비 시해 사건 관련자의 사형

내가 서울에 도착한 지 3주가량 지났을 때의 일이다. 우리 전철회사 가족들은 캘리포니아 하우스라고 하는 가옥 한 채에 함께 기거하고 있었는데, 이 집의 위치는 러시아 영사관이 있는 언덕의 동쪽 기슭, 그러니까 동대문으로 통하는 한 길을 사이에 두고, 구세군 사령부와 마주보고 있었다.

그런데 새벽 3시경, 문을 부수어 버릴 듯한 큰 노크소리에 잠을 깨어 불을 켰다. 밖을 내다보니 착검한 총을 멘 사나이가 문간에 서 있고, 그 뒤로 역시 총검을 맨 1개 중대 병력이 버티고 있었다. 사나이는 내게 서신 한 통을 전했다. 왕의 보좌관으로 임명된 지 얼마 안 되는 샌즈가 보낸 것으로, 민비 시해사건에 연루되어 수년 동안 일본에서 망명 생활을 하다 귀국한 조선인 두 사람에 관한 얘기가 적혀 있었다.

한 사람은 전 씨였고 다른 한 사람은 윤 씨였다. 일본은 고종으로부터 이 두 사람의 조선인에 대해 고문하지 않겠다는 약속을 받아 두었는데, 국왕은 도착 즉시 이들은 체포해 서소문 안에 있는 형무소에 감금했다 교수형에 처해 버렸다.

이날 밤 궁중에는 일본인들이 국왕을 찾아가서, 약속을 지키지 않은 데 대해 한창 추궁하고 있었다. 일본 측의 주장은 두 사람을 고문하여 허위로 자백케 했다는 것이었다. 샌즈가 내게 바라는 것은 군인들과 같이 가서 시체를 확인해 보고 고문 흔적이 있는지 없는지를 사실대로 복명해 달라는 것이었다. 나는 군인들을 따라 나섰다. 두 시체는 잘 생긴 얼굴이었다. 옷을 벗겨 보았으나 고문한 흔적은 전혀 없었다. 다만 교수형에 처할 때 로프에 의해 생긴 검은 멍이 목 둘레에 남아 있을 뿐이었다. 사실대로 써서 샌즈에게 보냈다.

그러나 일본 측은 곧이곧대로 듣지 않고, 시체를 난도질해 고문 흔적을 인멸해 버렸다는 증거를 가지고 있다며 우겨댔다. 그리하여 다음날 아침 샌즈는 다시 성공회 선교회 소속 의사 밸도크를 재차 보냈다. 밸도크가 일본 해군 군의관 와다와 같이 가자고 해 두 사람이 검시했다. 이들의 보고 내용도 나의 것과 일치하자, 일본도 더 이상 이 문제를 거론하지 않았다. 결국 왕은 두 피의자를 고문하지 않았던 것이다. 단지 교수형에 처했을 뿐이었던 것이다.

부상당한 조선 병사에 대한 기억

에비슨 박사님, 박사님께서도 그 날의 일을 기억하실 것입니다. 서소문 안의 병영이었지요. 우리가 당도한 것은 문을 열고 항복을 강요하는 일본군을 향해, 조선군 병사들이 발포를 시작한 직후였을 것입니다. 조선 병사들은 하나같이 일본군의 총검에 찔려 부상당한 채로 건물 밑에 숨어 있었지요. 그걸 보면 일본 군인들이 얼마나 잔인한가를 잘 말해줄 겁니다.

일본의 잔학성이 어디 그 뿐입니까? 박사께서 세브란스 병원으로 운반한 조선군 부상자들한테서도 그 증거는 얼마든지 볼 수 있었지요. 한 조선군 장교는 배에 벌집처럼 총상을 입어, 총알이 뚫어 놓은 창자의 구멍마다 구더기가 기어 다녔으니까요. 저는 그때 박사님과 허스트 박사가 그를 위해 온갖 정성을 다했던 것을 기억하고 있습니다.

한번은 제중원 병원으로 박사님을 찾아간 날, 박사님은 환자 네 사람에게 붕대로 감아 주고 계셨는데, 터지는 대포 뒤에 있다가 당한 참변이라고 설명하셨지요. 그들의 사진을 부탁하셔서 찍어드렸습니다만, 머리와 손과 팔이 온통 붕대로 싸인 모습들이었지요.

천연두와 콜레라

내가 결혼한 지 2주를 지났던가? 조선인 사내 아이 하나가 전차에 무임승차 했던 모양인데, 차가 전철 지점을 막 통과 할 즈음, 뛰어 내린다는 것이 그만 전철 선로에서 나오는 차 바로 앞에 떨어지는 바람에, 전차가 오른쪽 다리의 대퇴부 위로 지나가 버렸다. 전화 보고를 받고 달려가 보니 소년의 다리에서는 피가 솟아나고 있었다.

동행한 통역 미스터 장을 시켜 포목점에 가, 무명베 1야드를 사오게 해 다리를 묶고 막대기로 뒤틀어 죈 다음, 인력거를 불러 세브란스 병원으로 직행시키려 했다. 그때 모인 군중들이 일단 집으로 데려 가야 한다기에 그 말을 따랐다.

방 한 구석에 요를 깔고 소년을 눕혀 놓았다. 한 시간쯤 지나서 사람들은 병원으로 옮기는 것이 좋겠다고 했다. 그 집을 나서면서 미스터 장이 "이 집은 오늘 운이 아주 나빴어요"라고 하기에, 무슨 다른 일이 있었느냐고 물어봤다. 그의 대답은 한 시간 전에 그 아이의 형을 땅에 묻고 왔다는 것이었다. 천연두로 간밤에 죽었다는 얘기였다. 어디서 죽었느냐고 물었더니, 바로 우리가 들어갔던 방에서 우리가 소년을 위해 깔아준 그 자리라는 것이었다.

병원에 도착한 나는 소년을 에비슨 박사에게 맡기고, 천연두로 죽은 소년의 형이 누웠던 방에서 그 때 깔았다는 요를 만졌다는 이야기를 해주고 어떻게 하면 좋겠냐고 했다.

박사는 대야에 소독액을 담아 눈에 들어가지 않게 조심하여 손과 얼굴을 씻게 하고, 집에 가서는 그 얘기를 하지 말라고 당부했다. 지시대로 한 것은 물론인데, 그 결과 아무 탈도 없었다. 내가 서울에 가서 처음 몇 년 동안 차를 타는 부인들에게 업힌 아기들이 흔히 곰보였는데, 몇 년 안 가서 곰보 자국이 있는 아기는 보이지 않았다.

서울에 콜레라가 휩쓸던 때였다. 점심시간에 차장과 기사들을 집으로 보냈더니, 한참 후 그 중 한 사람은 당사자 대신 부모가 찾아왔다. 배지와 차표 펀치기를 반납하면서 아들이 콜레라로 갑자기 사망했다지 않는가! 이와 같이 회사원 가운데 길가에서 숨진 사람도 적지 않았다. 언젠가 동소문 밖 산기슭에 내다 버린 시체를 헤아려 보니, 3백여 구나 되었다.

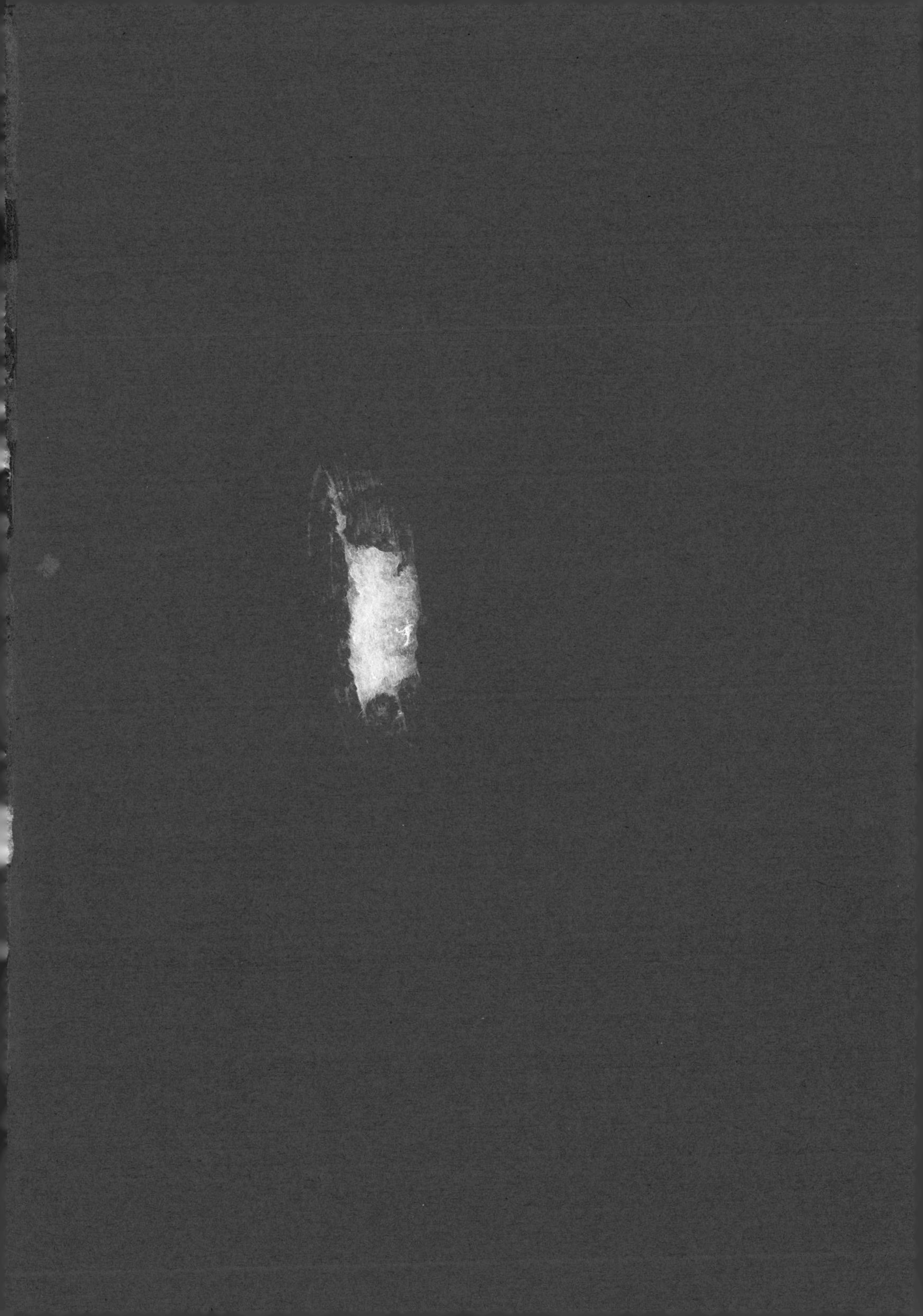